한국의 불평등

INEQUALITY IN KOREA

현황,
이론,
대안

김윤태 엮음

김윤태·공주·권혁용·김영미·김창환·변수용·신광영·윤태호·윤홍식
이강국·장지연·전병유·정세은·정준호·한서빈·홍민기 지음

한국은 지난 20세기 말 국제 금융위기의 충격에도 불구하고, 국가의 총량 생산 지표에서나, 일인당국민소득 수준에서나, 세계 10대 경제대국 반열에 올라서는 성과를 이루었다고 자랑할 만하다. 그러나 신자유주의적 발전국가라 부를 수 있을, 경제 발전 모델을 통한 외양적 성장과 발전에 가려진 한국의 사회적 불평등과 노동 문제는 경제적 선진 국가에 이르렀다고 자부할 수준과는 거리가 멀다. 그동안 사회경제적 문제를 연구해 온 학자들은 사회경제적 분배와 계층구조의 변화, 노동시장의 차별적 구조, 노년 생계와 청년 실업을 포함하는 사회복지체제 저발전 등의 문제에 대해 학문적 축적을 이루어왔다. 그러나 우리는 여전히 사회경제적 영역에서의 어두운 측면들을 포괄하는 전체적인 시야에서, 그 실상을 제대로 파악하지 못하고 있다 해도 과언이 아니다. 이러한 갈증을 많이 해소해 줄 수 있는 대표적인 학자들의 공동 연구가 고려대학교 김윤태 교수의 편집을 통해 출간된 것은 진정으로 환영할 만한 일이다. 이 책을 만든 학자들은, 공동의 학문적 과업을 통해 한국 민주주의가 해결해야 할 최우선의 과제가 무엇인지를 보여주고 있다.

고려대학교 명예교수, 『민주화 이후 민주주의』 저자

최장집

차례

서문 • 김윤태 ────────────────────────────────── 11

제1부 • 불평등의 추이와 분석

01 • 소득분포 분석의 네 가지 개념 불평등, 격차, 집중, 양극화 I 신광영 ─── 21
  1. 문제 제기 • 21
  2. 불평등, 격차, 집중, 양극화 • 23
  3. 소득분포의 단위 • 36
  4. 맺음말 • 39

02 • 거대한 분열과 불평등의 다차원성 추이, 원인, 정책 방향 I 김윤태 ─── 43
  1. 머리말 • 43
  2. 불평등의 추이와 국제 비교 • 48
  3. 불평등의 원인과 과정 • 58
  4. 맺음말: 불평등을 완화하는 국가의 역할 • 86

03 • 1990년대 이후 소득 불평등 변화 요인에 관한 연구 I 정준호·전병유·장지연 98
  1. 문제 제기 • 98
  2. 기존 연구 • 99
  3. 방법론과 자료 • 102
  4. 분석 결과 • 108
  5. 맺음말: 요약과 시사점 • 123
  부록 • 126

04 • 한국의 소득 불평등에 관한 새로운 접근 ㅣ 공주·신광영 ─────── 130

1. 문제 제기 • 130

2. 불평등 현실과 통합적 접근의 필요성 • 132

3. 자료와 분석 방법 • 139

4. 분석 결과 • 146

5. 맺음말 • 156

05 • 한국의 소득, 자산 불평등 변화 ㅣ 김창환 ─────── 161

1. 머리말 • 161

2. 소득 불평등 • 164

3. 자산 불평등 • 192

4. 맺음말: 대안적 정책 방향 • 197

06 • 최상위 소득 비중의 장기 추세(1958~2013년) ㅣ 홍민기 ─────── 207

1. 머리말 • 207

2. 자료와 계산 방법 • 209

3. 최상위 소득 비중의 추세와 소득 구성 • 220

4. 국제 비교 • 228

5. 최상위 소득 비중의 특징 • 231

6. 맺음말 • 235

부록 • 236

제2부 • 불평등의 구조와 변화

07 • 분절 노동시장에서 나타나는 젠더 불평등의 특징과 대안 ㅣ 김영미 ─────── 249

1. 한국 성별 임금격차의 특징 • 249

2. 분절 노동시장 내 젠더 불평등의 복합성 • 251

3. 차별 금지 제도 강화 • 253

4. 저임금 노동시장 축소 • 255

5. 성별 임금격차 해소에 도움이 되지 않는 정책들 • 256

6. 성평등주의를 여성 고용정책의 원칙으로 • 257

08 • 한국의 건강 불평등 현황과 정책과제 | 윤태호 ——————— 259

1. 건강과 건강 불평등 • 259
2. 우리나라의 건강 불평등 현황 • 266
3. 건강 불평등 해결을 위한 정책 노력 • 280
4. 건강 불평등 해결을 위한 정책적 접근 • 287

09 • 한국 사회의 교육 불평등 변화 | 변수용 ——————— 298

1. 머리말 • 298
2. 교육 불평등 • 300
3. 한국 사회의 질적 교육 불평등 변화 요인 • 318
4. 한국 사회 교육 불평등 완화를 위한 정책 제언 • 328
5. 맺음말 • 342

제**3**부 • 불평등의 정치경제적 과정과 대안

10 • 불평등과 조세재정정책 | 정세은 ——————— 353

1. 머리말 • 353
2. 한국의 조세정책의 역사와 특징 • 355
3. 한국의 조세체제의 누진성 평가 • 360
4. 조세재정정책의 불평등 완화 효과 • 370
5. 불평등 완화를 위한 세제 개혁 • 378
6. 맺음말 • 383

11 • 한국 복지국가의 불편한 이야기 왜 한국은 불평등한 복지국가가 되었을까 | 윤홍식
——————— 387

1. 놀라운 성공 • 387
2. 위험에 빠진 한국과 불평등한 복지국가 • 390
3. 한국은 왜 불평등한 복지국가가 되었을까 • 396
4. 맺음말 • 403

12 • 불평등과 경제발전 | 이강국 ——————— 408

1. 머리말 • 408
2. 불평등과 경제발전 • 410

3. 개도국의 경제성장과 소득분배 • 420

4. 경제성장의 근본 원인과 불평등 • 433

5. 맺음말: 한국에 주는 시사점 • 442

13 • **소득과 투표 참여의 불평등** 한국 사례 연구(2003~2014년) ┃ 권혁용·한서빈 ─────────── **453**

1. 머리말 • 453

2. 투표 참여의 정치학: 이론적 논의 • 456

3. 경험적 분석: 자료와 변수 • 461

4. 경험적 분석 결과 • 465

5. 맺음말 • 472

부록 • 475

14 • **평등과 이데올로기** ┃ 김윤태 ────────────────────────── **481**

1. 평등의 세 가지 차원 • 483

2. 평등과 이데올로기의 효과 • 486

3. 평등을 추구하는 새로운 대안 • 491

4. 포용적 사회제도의 주요 과제 • 497

5. 맺음말: 민주주의의 위기와 정치의 중요성 • 499

지은이 소개

김 윤 태 는 고려대학교 공공정책대학 교수이다. 영국 런던 정경대학교에서 사회학박사 학위를 받았다. 주요 저서로『복지국가의 변화와 빈곤정책』,『불평등이 문제다』,『정치사회학』을 출간했다. ≪한국사회정책≫, ≪한국사회복지정책≫, ≪비판사회정책≫ 등 학술지에 다양한 학술논문을 게재했다. 주요 연구 분야는 정치사회학, 국가의 역할, 불평등 등이다.

공 주 는 서울시여성가족재단 연구위원을 지냈다. 중앙대학교 사회학과에서 박사학위를 받았으며, 미국 UCLA 대학교에서 방문연구원을 지냈다. 대학에서 불평등 분야를 전공하고, 현재는 서울시의 노동·일자리 정책을 연구하고 있다. 서울시 일자리위원회 위원도 맡고 있다. 주요 저서로『코로나19 전후 여성노동의 변화와 과제』등이 있다.

권 혁 용 은 고려대학교 정치외교학과 교수이다. 미국 코넬 대학교에서 정치학 박사학위를 받았다. 주요 저서로『선거와 복지국가』,『불평등과 민주주의』등을 출간했으며, *British Journal of Political Science, Political Research Quarterly, Socio-Economic Review* 등 학술지에 학술논문을 게재했다. 주요 연구 분야는 비교정치, 정치경제, 정치행태이다.

김 영 미 는 연세대학교 사회학과 부교수이다. 코넬 대학교 사회학과에서 박사학위를 받았다. 사회계층과 불평등을 전공했으며, 경제위기 이후 한국 노동시장 구조 변화, 젠더 불평등과 차별에 대한 연구들을 *Work, Employment and Society, Sociological Perspectives*, ≪한국사회학≫ 등에 발표하면서 불평등, 인구 변동, 가족의 문제에 관한 통합적 관점의 필요성에 대한 문제의식을 발전시키고 있다.

김 창 환 은 미국 캔자스 대학교 사회학과 교수이다. 주 연구 분야는 계층론, 노동시장, 교육, 한국학 등으로 텍사스 대학교(오스틴)에서 사회학 박사를 취득했다. ≪한국사회학≫, *American Sociological Review, Social Forces, Demography, Sociological Methods & Research* 등에 다수의 논문을 게재했다.

변 수 용 은 미국 펜실베이니아 주립대학교 교육정책학과 교수이다. 미네소타 주립대학교에서 비교국제교육학으로 박사학위를 받았다. 주요 저서로『부모의 사회경제적 지위와 자녀의 교육 결과: 한국에서 교육불평등은 심화되었는가?』(공저)와『교육 프리미엄: 한국에서 대학교육의 노동시장 가치는 하락했는가?』(공저)를 출간했으며, *American Educational Research Journal, Comparative Education Review, Sociology of Education* 등의 학술지에 학술논문을 게재했다. 주요 연구 분야는 교육사회학, 교육 정책 효과 분석, 비교국제교육이다.

신 광 영 은 중앙대학교 사회학과 CAU-Fellow이다. 미국 위스콘신 대학교 사회학과에서 박사학위를 받았다. 주요 저서로는『한국 사회 불평등 연구』,『스웨덴 사회민주주의: 노동, 복지와 정치』, *Precarious Asia: Global Capitalism and Work in Japan, South Korea, and Indonesia*(공저) 등이 있다. 비교사회체제 관점에서 계급, 노동, 불평등과 복지정치를 연구하고 있다.

윤 태 호 는 부산대학교 의과대학 교수이다. 동아대학교 의과대학에서 의학박사를 받았다. 주요 저서로『보건의료개혁의 새로운 모색』(공저),『한국사회의 문제』(공저),『건강 형평성 측정 방법론』(공저) 등을 출간했으며,『대한예방의학회지』, *International Journal of Health Services*, *International Journal of Public Health* 등 국내외 학술지에 다수의 학술논문을 게재했다. 주요 연구 분야는 건강 형평성, 건강보장, 공공의료, 지역보건 등이다.

윤 홍 식 은 인하대학교 사회복지학과 교수이다. 미국 워싱턴 대학교에서 사회복지학으로 박사학위를 받았다. 주요 저서로『한국 복지국가의 기원과 궤적』(전3권),『이상한 성공』, 편저로는『우리는 복지국가로 간다』,『안보개발국가를 넘어 평화복지국가로』,『평화복지국가』,『우리는 한배를 타고 있다』등이 있고,『성공한 나라, 불안한 시민』등 다수의 공저서가 있다. 주요 연구 분야는 정치, 경제, 복지의 통합적 관점에서 복지국가의 현재와 역사이다.

이 강 국 은 일본 리쓰메이칸대학교 경제학부 교수이다. 서울대학교 경제학부와 대학원을 졸업하고 매사추세츠 주립대학교에서 경제학박사 학위를 받았다.『다보스, 포르투알레그레 그리고 서울: 세계화의 두 경제학』,『가난에 빠진 세계』,『이강국의 경제산책』등의 책을 썼고, *Cambridge Journal of Economics* 등의 학술지에 많은 논문들을 발표했다. 주요 연구 분야는 불평등과 경제성장, 금융세계화 등이다.

장 지 연 은 한국노동연구원 연구위원이다. 미국 위스콘신 대학교에서 사회학으로 박사학위를 받았다. 주요 관심 분야는 사회 안전망, 플랫폼노동, 여성노동시장이다. 최근에는 '기술 변화와 노동수요'에 관한 연구를 진행 중이다. 함께 펴낸 저서와 연구보고서로『글로벌화와 아시아 여성』,『노동시장구조와 사회적보호체계의 정합성』,『다중격차 1, 2』,『디지털 시대의 고용안전망』등이 있다.

전 병 유 는 한신대학교 사회혁신경영대학원 교수이다. 서울대학교에서 경제학 박사학위를 받았으며 한국노동연구원에서 연구위원이었다. 주요 저서와 논문으로는『다중격차, 한국 사회 불평등 구조』(공저),『코로나 팬데믹과 한국의 길』(공저),『임금과 일자리 기회의 코호트 간 차이에 관한 연구』(공저) 등이 있다. 주요 연구 분야는 노동경제, 사회정책, 한국경제 등이다.

정 세 은 은 충남대학교 경상대학 경제학과 교수이다. 프랑스 파리 13대학교에서 경제학 박사 학위를 받았다. 주요 저서로 『다중격차』(공저), 『촛불 이후, 한국 복지국가의 길을 묻다』(공저) 등을 출간했으며, 《경제발전연구》, 《사회경제평론》 등 학술지에 논문을 게재했다. 주요 연구 분야는 조세재정정책, 복지국가의 재정전략 등이다.

정 준 호 는 강원대학교 사회과학대학 부동산학과 교수이다. 옥스퍼드 대학교에서 박사학위를 취득했으며 산업연구원 동향분석실장을 역임했다. 최근 연구로 『뉴노멀』(공저), 『한국의 민주주의와 자본주의: 불화와 공존』(공저), 『진보의 대안: 자본의 민주화와 역량증진정치』(공역) 등의 저서가 있다. 주요 관심사는 소득 및 자산의 불평등, 부동산시장의 동학, 그리고 산업과 혁신 차원에서 바라보는 발전론 등이다.

한 서 빈 은 미국 오하이오 주립대학교 정치학과 박사과정 학생이다. 고려대학교 정치외교학과에서 학사학위와 석사학위를 받았다. 주요 저서로 『여론으로 본 한국사회의 불평등』, 『불평등 시대의 시장과 민주주의』 등을 출간했으며, *Policy & Society*, 《정부학연구》 등 학술지에 학술 논문을 게재했다. 주요 연구 분야는 비교정치, 정치경제, 정치학 방법론이다.

홍 민 기 는 한국노동연구원 선임연구위원이다. 미국 서던캘리포니아 대학교에서 경제학 박사 학위를 받았다. 최근 주요 논문으로는 『보정 지니계수』, 『양도차익(자본이득)의 추세와 불평등에 대한 영향』, 『산업연관표 패널자료를 이용한 정부지출 승수 추정』 등이 있다. 주요 연구 분야는 불평등, 재정정책이다.

서문

김윤태

불평등의 오랜 역사만큼 불평등에 관한 연구는 오랜 역사를 가지고 있다. 고대 그리스와 로마에서 고대 중국에 이르기까지 불평등은 위대한 사상가와 정치인들의 머리와 가슴을 끌어당겼다. 특히 현대 사회가 등장하고 거대한 분열이 혁명을 촉발하면서 불평등에 관한 중요한 고전적 연구가 등장했다. 장 자크 루소와 토마스 페인의 저서가 대표적이다. 그 후 현대 정치는 불평등에 대한 관점에 따라 자유주의, 보수주의, 사회주의 이데올로기로 지적 분화가 이루어졌다. 이런 점에서 불평등에 관한 연구는 언제나 격렬한 이념적, 정치적 투쟁의 소용돌이 속에 놓여 있었다.

19세기 말 이후 사회과학이 발전하면서 불평등을 체계적으로 연구하는 다양한 시도가 이루어졌다. 애덤 스미스, 카를 마르크스, 막스 베버와 같은 지적 거장들은 중요한 저서를 출간함으로써 불평등에 대응하는 정부의 정책에 커다란 영향을 미쳤다. 20세기에도 불평등은 격렬한 이데올로기 투쟁의 한복판에 있었으며 모든 사회과학도 이러한 현실 세계와 결코 분리될 수 없었다. 신고전파 경제학 대 비주류 경제학, 기능주의 사회학 대 비판이론, 다원주의 정치학

대 네오마르크스주의와 제도주의 정치학 사이의 분화는 많은 경우 불평등에 대한 상이한 관점에서 비롯되었다. 이러한 지적 논쟁 속에서 중요한 사회과학 연구의 발전이 이루어졌고, 새로운 이론과 방법론이 등장했다. 하지만 한국의 대학에서는 불평등에 대한 강의가 충분하게 개설되지 않았으며 사회에서도 불평등에 대한 학문적 성과를 제대로 다루고 있지 않은 형편이다. 이 책은 중요한 사회문제로 불평등을 체계적으로 바라보는 시각을 제공하고, 불평등에 관한 최신 연구를 이해하는 기본 지식을 독자들에게 전달하고자 한다.

한국에서 불평등에 관한 본격적인 연구는 1970년대 이후 소득분배의 계측에서 이루어졌고 주로 경제학자들의 선구적 연구가 출간되었다. 정부가 지니계수와 소득 10분위 배율 등 다양한 측정 방법을 활용한 통계 자료를 발표하면서 다양한 연구들이 제시되었다. 많은 연구 가운데 지난 수십 년 동안 지속적으로 불평등을 연구한 이정우 교수의 『불평등의 경제학』이 대표적이다. 최근에도 불평등에 관한 중요한 경제학적 연구가 발표되었다. 사회학에서도 신광영 교수의 『한국의 계급과 불평등』을 비롯한 많은 학자들의 연구 성과가 발표되었다. 정치학에서는 최장집 교수의 『노동 없는 민주주의의 인간적 상처들』을 비롯한 다양한 저서와 논문이 출간되었다. 그러나 한국 사회에서 경제성장을 중시하는 이데올로기와 지적 문화 속에서 불평등에 관한 연구는 대학에서도, 언론과 정부 기관에서도 큰 관심을 끌지 못했다. 실제로 한국 사회에서는 1990년대 중반까지 소득분배 지표가 다른 선진국들과 비교해서 양호하다고 간주되기도 했다. 1997년 외환위기 이후 집권한 김대중 정부와 노무현 정부의 국정 과제도 시장경제, 생산적 복지, 2만 달러 시대의 구호에 머물러 있었다.

한국에서 본격적으로 불평등이 사회문제로 부각되기 시작한 것은 2008년 세계금융위기 이후 전 세계적으로 불평등이 중요한 의제로 간주되었던 시점과 깊은 관련이 있다. 한국의 통계 자료를 보면, 소득분배 지표는 1990년대 이후 지속적으로 악화되고 있지만 불평등이 사회문제로 떠오른 것과 약간의 시차가 존재한다. 2010년 지방선거에서 무상급식과 무상복지 논쟁이 부각되었고, 2012년 대선에서도 경제 민주화와 복지국가가 중요한 선거 쟁점으로 떠오르며 불평등이 정치적 의제가 되었다. 이 시기에 2011년 미국 최상위 1%의 탐욕을 비판하는 미국의 '월가를 점령하라' 운동이 벌어지고, 유럽의 '분노하는 사람들' 시위와 중동의 '아랍의 봄'이 전 세계를 흔들었다. 불평등에 대한 광범한 대중의 불만이 커지던 즈음 2014년 출간된 프랑스 경제학자 토마 피케티의 『21세기 자본』은 전 세계적으로 커다란 지적, 정치적 주목을 받았다. 지난 200년간 주요 국가의 소득분배 추이를 분석한 이 책은 20세기 사회과학 역사상 초유의 베스트셀러가 되었으며, 한국에서도 번역되어 많은 관심을 끌었다. 이외에도 노벨 경제학상을 받은 조지프 스티글리츠, 폴 크루그먼, 앵거스 디턴도 중요한 책을 출간했다. 불평등의 증가에 무관심한 주류 경제학자와 사회학자들과는 크게 대조적이다.

지난 30년 넘게 급속하게 증가하는 불평등에 대한 학문적, 정치적 논쟁이 확산되면서 이 주제에 대해 전 세계 대학생들의 관심도 커지고 있다. 이런 점에서 이 책은 학부생과 대학원생을 위한 불평등에 관한 강의와 세미나에서 교재나 부교재로 활용될 수 있으며, 불평등에 관심 있는 일반 독자들에게도 유용한 정보를 제공할 것이다. 이 책은 주로 불평등의 개념, 측정 방법, 현황, 원인, 이론적 논쟁, 대안, 정책 방향 등을 다룬 경제학, 사회학, 정치학, 젠더 연구를 포함한 여러 사회 과학 분야의 중요한 최신 연구 동향을 소개하는 학술논문, 학술대회 발표문 또는 미발표 초고 등을 담고 있다. 해당 연구 분야에서 많이 인용되거나 의미 있는 연구 성과를 발표한 학자들이 대거 참여했으며, 되도록 일반 독자들이 쉽게 이해할 수 있도록 집필했다.

이 책은 다양한 학자들의 견해를 소개하기 때문에 하나의 단일한 이론적 관점과 분석 결과를 제시하지는 않는다. 그럼에도 불구하고 대부분의 학자들은 불평등을 개인적 특성과 능력에서 발생하거나 자연법칙처럼 불가피한 결과로 보기보다 사회적 차원에서 만들어진 결과로 본다. 특히 세계경제의 통합, 기술의 진보, 교육의 역할, 조세정책과 재정정책에 따라 상이한 소득과 자산 불평등이 발생했다고 본다. 대부분의 저자들은 정부의 역할에 따라 세계 각국의 불평등 수준이 상이하게 다르다는 점을 주목한다. 이런 점에서 불평등을 줄이기 위한 정부의 정책이 매우 중요하다고 보며, 특히 경제정책과 사회정책의 중요성을 강조한다. 또한 정부 정책에 영향을 미치는 다양한 사회세력의 권력관계와 선거와 정치적 과정, 이데올로기와 문화의 변화에 주목할 필요가 있다고 본다.

이 책이 불평등에 관한 다양한 개념적, 이론적 논의를 소개하고 평가하는 동시에 한국의 불평등의 주요 특징과 원인을 분석하는 최신 연구를 한데 모아 독자들과 불평등에 관한 지식을 공유하는 데 기여할 수 있기를 기대한다. 이 책 이외에도 전병유 등의 『한국의 불평등』, 전병유와 신진욱의 『다중격차』, 조윤제 등의 『한국의 소득분배』 등 여러 학자들의 책들도 불평등을 이해하는 데 유용하다. 이 책에 전부 소개하지 않았지만 구인회, 김낙년, 김태완, 김창엽, 이성균, 이우진, 이철승, 주상영, 최성수 등(가나다순) 다른 학자들의 주목할 만한 연구도 많다. 외국 학자들의 많은 책 가운데 리처드 윌킨슨과 케이트 피켓의 『평등이 문제다』, 앤서니 앳킨슨의 『불평등을 넘어』, 토마 피케티의 『21세기 자본』, 래리 바텔스의 『불평등 민주주의』, 이매뉴얼 사에즈와 게이브리얼 저크먼의 『그들은 왜 나보다 덜 내는가』, 이 5권은 반드시 읽어야 할 책으로 추천한다.

이 책의 저자들의 주요 주장은 다음과 같다. 1부에서는 불평등의 개념, 측정 방법, 현황, 주요 원인과 과정을 다룬 글을 소개한다. 1장에서 신광영은 불평등, 격차, 소득집중, 양극화 등 소득분포와 관련된 여러 개념이 가지는 차원의 다양성과 정책적 함의를 살펴보면 소득 불평등을 정확히 이해할 수 있다고 주장한다. 2장에서 김윤태는 '거대한 분열'이라고 표현한 한국 사회의 불평등 현황을 다양한 차원에서 살펴보고, 불평등의 주요 원인을 구조, 행위자, 제도의 차원에서 검토하면서 불평등의 완화를 위한 새로운 대안으로서 '포용적 사회 제도'를 제시한다. 지난 30년 동안 정치적 민주화 이후 한국 사회의 급증하는 불평등은 부유한 사람들과 가난한 사람들의 권력 관계의 불균형에서 비롯되었기 때문에 이를 조정하는 정부의 역할이 중요하다고 주장한다. 3장에서 정준호·전병유·장지연은 1990~2016년 사이에 나타난 한국 사회의 소득 불평등의 변화 요인을 소득원천별, 가구-개인 특성별로 분석·검토하고 단기적 노동시장

정책과 더불어 장기적으로 공적 이전소득의 불평등 완화 효과를 증대시킬 수 있는 사회정책의 필요성을 강조한다. 4장에서 공주와 신광영은 인적 자본, 노동시장, 계급과 같이 불평등에 영향을 미치는 요인 이외에 가구의 속성 및 가구재산소득이 불평등에 미치는 영향을 분석하며 향후 불평등에 대한 새로운 접근이 필요함을 역설한다. 5장에서 김창환은 소득 불평등과 자산 불평등의 변화를 검토하면서 사회 성원들의 삶의 질을 개선하는 생애 주기별 소득 안정을 위한 정책이 필요하다고 강조한다. 6장에서 홍민기는 1958년부터 2013년까지 최상위 소득 비중의 변동을 시대별로 검토하면서 노동소득이 최상위 소득에서 차지하는 비중이 커진 반면 재산소득의 영향력은 상대적으로 적다는 결과를 보여준다.

2부에서는 한국 사회의 젠더, 건강, 교육 불평등의 현황, 원인, 정책을 검토한다. 7장에서 김영미는 분절 노동시장으로서의 성격이 강한 한국의 노동시장에서 나타나는 젠더 불평등의 특성 및 현행 정책을 비판적으로 검토하고 노동시장 구조에서 젠더 평등 정책이 이루어져야 한다고 주장한다. 8장에서 윤태호는 건강 불평등의 변화 추이와 최근 쟁점, 해외 정책 경험을 살펴보면서 한국의 보건의료 정책의 새로운 대안을 검토한다. 9장에서 변수용은 한국의 교육 불평등의 변화 추이를 양적 측면과 질적 측면에서 실증적으로 분석하고 그 원인에 대해 논의한 후 교육 분야 공공지출 확대, 공교육 내 학습 기회 보장, 공적 사교육 기회 확대 등 교육 불평등 완화 정책을 제시한다. 지난 30년 동안 한국 사회의 높은 교육열과 대학 진학으로 교육 기회의 양적 확대가 이루어졌지만, 특목고·자사고 및 상위권 대학의 치열한 입시 경쟁으로 질적 차원의 교육 불평등이 커지는 현실에 주목해야 한다고 지적한다.

3부에서는 한국 사회의 경제적, 사회적, 정치적 불평등을 완화하기 위한 대안적 정책 방향을 검토한다. 10장에서 정세은은 국제 비교를 통해 한국의 조세재정정책의 역사와 특징을 설명하고, 한국의 조세정책의 재분배 기능이 소득 불평등에 어떤 영향을 미치는지 살펴본 후 불평등 완화를 위한 세제 개혁 방안과 복지재정의 새로운 방향을 모색한다. 한국의 조세부담률은 선진산업국가에 비해 매우 낮은 편이며, 향후 복지 재정 확대를 위해 조세 정의의 실현이 필수적이라고 강조한다. 11장에서 윤홍식은 노인, 비정규직 등 한국 사회의 성공 이면에 가려진 위기와 원인을 검토하면서 불평등 해소를 위해 총체적 삶의 조건과 제도 개혁이 필요하다고 강조한다. 특히 한국 사회보장 제도의 사각지대에 있는 비정규직, 노인, 청년, 여성, 사회적 약자를 위한 제도 개혁이 시급하며, 보편적 사회보험과 복지국가 강화를 통한 불평등 완화를 강조한다. 12장에서 이강국은 제도와 더불어 경제성장의 근본 요인이라 할 수 있는 혁신과 불평등의 상호관계, 경제성장을 촉진하는 현행 정책들이 불평등에 미치는 영향에 대해 살펴본 후, 소득 상위 10% 계층의 소득집중 문제 등 불평등 개선을 위한 다양한 논의와 정책이 필요하다는 점을 주장한다. 13장에서 권혁용·한서빈은 소득과 투표 참여의 상관관계, 투표 참여의 소득격차 현상의 추이 등을 분석하면서 한국 사회에서 저소득층은 과소 대표되는 데 비해 고소득층이 과다 대표되는 현상을 비판하고, 정치적 불평등 완화를 위한 제도적, 정책적 대안을 제시한다. 이 장은 계층별 투표 행위의 분석을 통해 한국 정치에서 왜 불평등이 중요한 정치적 의제로 제기되지 않는지에 대한 유용한 시사점을 제공한다. 동시에 중도 진보 또는 진보 정당이 어떻게 재벌, 노동, 조세, 복지 개혁을 도외시하고 불평등을 줄이는 정책을 외면했는지, 소위 '강남 좌파'의 함정에 빠지게 되었는지를 탐구해야 하는 학문적 과제의 중요성을 보여준다. 14장에서 김윤태는 평등에 영향을 미친 다양한 정치 이데올로기의 변화를 살펴보면서 사회통합을 위한 포용적 사회제도에 필요한 주요 원칙과 정책 방향을 검토한다. 지난 30년 동안 신자유주의적 경제 구조조정, 공기업 매각, 경제의 금융화, 감세, 탈규제가 전 세계적으로 심각한 불평등을 만든 현실을 타개하기 위한 새로운 평등주의의 비전과 전략을 모색한다. 특히 사회적 평등과 민주주의를 강화하기 위한 국회와 정부의 역할이 중요하다고 강조한다. 민주주의란 바로 평등을 의미하며, 이를 위해서는 정치의 변화가 필수적이다.

이 책은 아직 한국의 불평등에 관한 연구가 시작 단계임을 보여준다. 아직도 불평등에 관한 더 많은 심층 연구가 필요하다. 그리고 정부의 통계 자료도 학자들을 위해 더 투명하게 공개되어야 한다. 더 많은 조사와 연구를 통해 사회 각계에서 심각한 사회문제로 부각된 사회경제적 불평등을 줄이는 대안과 정책을 모색해야 한다. 아직도 상당수의 사람들은 불평등이 중요한 사회문제라고 생각하지 않는 경향이 있다. '불공정'은 못 참아도 '불평등'은 괜찮다는 생각도 널리 퍼져 있다. 그러나 많은 전문적 학술 연구의 결과를 보면, 불평등은 개인의 심리적 스트레스를 악화시키고, 개인의 행복감을 낮추고, 정치적 갈등을 격화시키는 동시에 장기적으로 경제성장에 장애가 되고 있음을 알 수 있다. 불평등이 사회에 미치는 부정적 영향에 관한 증거는 계속 증가하고 있다. 일반적으로 불평등 수준이 낮은 국가들의 행복감과 삶의 질이 훨씬 더 높고 정치적 안정과 사회통합의 수준이 높다. 이와 반대로 불평등 수준이 높은 국가에서 주로 행복감과 삶의 질이 낮고 적대적 정치와 사회갈등이 격화되는 경향이 있다. 그러나 불평등을 없애기 위해서 극단적인 분배의 강조나 획일적인 기계적 평등주의가 해법이 될 수는 없다. 개인의 자유를 존중하고 역량을 강화하며 약자를 배려하는 '새로운 사회적 계약'이 필요하다. 지금은 공정과 정의가 중요한 가치로 떠오르는 시대에 걸맞은 사회통합적 사회제도를 새롭게 재설계해야 할 시점이다.

불평등은 19세기 이래 사회과학의 오랜 주제이지만 21세기에도 여전히 중요한 문제이다. 오늘날 세계에서 가장 부유한 미국은 상위 10% 인구가 미국 전체 부의 절반을 차지하고 있다. 전 세계 최고 부자인 슈퍼리치(superrich) 8명이 전 세계 인구 절반과 같은 부를 소유한다. 현재 세계가 직면한 코로나19 위기, 경제위기, 기후 위기에 이어 '불평등 위기'도 인류 사회의 가장 커다란 도전 중 하나이다. 한국 사회에서도 코로나 극복, 경제성장, 기후 행동에 이어 지나친 불평등을 완화하려는 노력이 중요한 과제로 인식되어야 한다. 한국은 세계에서 가장 빠른 속도로 경제성장을 이룩하고 선진국으로 발전했지만, 한국 사회의 지나친 불평등은 사람들의 행복감을 낮추고 사회갈등을 유발하며 심각한 사회문제를 만들고 있기 때문이다. 이런 점에서 불평등은 학문적 연구 주제에 그치는 것이 아니라 모든 시민이 깊이 생각해야 할 문제이며, 정부와 정치권이 적극적으로 대응해야 할 의제이다. 봉준호 감독의 〈기생충〉과 황동혁 감독의 〈오징어 게임〉에 대해 '한류의 승리'로만 열광하는 대신 불평등의 상처가 남긴 한국의 자화상이라는 점을 깊이 성찰해야 한다.

이 책에 기고한 글은 다양한 학술지 논문, 학술대회 발표문, 연구보고서를 보완하거나 이 책을 위해 새로 작성한 논문들로 구성되었다. 김윤태, 김창환, 변수용, 정세은의 논문은 '한국 사회의 불평등' 제하의 사회보장위원회, 보건복지부, 한국보건사회연구원의 연구 과제를 위해 게재한 글을 수정한 것이다. 위 네 명의 논문은 2021년 11월 12일 서울대학교에서 개최한 사회정책연합 학술대회에서 발표되어 여러 학자들의 논평을 바탕으로 수정·보완되었다. 조성은 연구위원, 김성아 연구원, 신진욱 교수, 이성균 교수, 변금선 연구원, 전승훈 교수의 중요한 조언과 도움에 감사드린다. 권혁용·한서빈, 김영미, 공주·신광영, 이강국, 정준호·전병유·장지연, 홍민기의 글은 각각 ≪정부학연구≫, ≪젠더리뷰≫, ≪산업노동연구≫, ≪경제발전연구≫, ≪사회복지정책≫ 등 학술지에 게재된 논문이다. 신광영의 논문은 2016년 한국 사회학회 학술대회에서 발표한 논문이다. 윤홍식과 윤태호의 논문은 이 책을 위해 새로 작성한 글이다. 각 논문의 출처는 각 장의 첫 페이지에 기재했다. 논문의 출간을 허락해 준 한국보건사회연구원과 여러 학술지에 감사드린다. 동시에 이 책의 출간은 고려대학교 공공정책대학 특성화연구비의 재정적 지원을 받았다. 이 책의 편집을 위해 도움을 준 고려대학교 대학원 사회복지학과 장우혁 박사와 강은진 연구조교에게도 감사의 마음을 전한다. 이 책을 출간하는 데 도움을 준 한울엠플러스(주)의 윤순현 부장과 이동규 선생님을 비롯한 편집부 직원들에게도 감사의 인사를 드린다. 끝으로 한국의 미래를 이끌 많은 학생들과 시민들이 이 책을 읽기를 기대하며, 지나친 불평등에 맞서 행동하거나 새로운 정책을 만들기 위해서 노력하는 많은 분들에게 이 책이 도움이 되기를 바란다.

제1부

불평등의 추이와 분석

소득분포 분석의 네 가지 개념

불평등, 격차, 집중, 양극화

신광영

1. 문제 제기

1997년 외환위기 이후 경제개혁의 일환으로 대규모 구조조정과 노동시장 유연화 정책이 실시되었다. 이와 동시에 저출산, 인구 고령화, 이혼에 따른 가족구조의 변화도 시작되었다. 그 결과 소득 불평등이 더욱 심화되기 시작했다. 1990년대 초반, 이미 한국의 지니계수는 하락 추세를 멈추고 다시 증가하는 U 자형 커브를 보였다. 그리고 외환위기로 더욱 큰 폭으로 지니계수가 증가하면서 지니계수는 2010년대 중반까지 계속 증가하는 추세를 보였다(OECD, 2012: 16). 2010년대 중반 이후 지니계수는 정체되거나 약간 하락하는 추세를 보이고 있다.

한국에서 불평등에 관한 논의는 2005년 후반에 등장한 '사회 양극화' 논의로 대두되었다. 사회 양극화 논의는 시민단체들에 의해서 먼저 제기되었고, 노무현 정부가 사회 양극화 논의를 정책 의제로 받아들이면서, 정치적 담론으로 발전했다. 2005년 9월 22일 133개 시민단체가 사회양극화해소국민연대를 발족했고, 노무현 정부와 당시 여당이었던 열린우리당도 '희망한국21'이라는 이름의 대책안을 발표했다(윤찬영, 2005: 2). 당시 사회 양극화는 빈부격차의 확대와 빈곤층 증가와 같은 의미로 사용되었고, 이에 대한 대책은 사회 안전망 강화를 중심으로 한 것이었다(남찬섭, 2005). 이후 양극화에 대한 대응으로 2012년 대통령 선거에서는 복지에 소극적이었던 집권 보수 여당조차 '경제민주화'와 '복지정책'을 선거 의제로 내세웠다. 사회 양극화 문제는 학술적으로나 정책적으로 지금까지도 중요한 의제로 다루어지고 있다.

소득분배의 악화에 관한 국내 학계의 논의에서도 사회 양극화는 '불평등 심화', '격차 확대'와 거의 같은 의미로 사용되었다(전병유·신진욱 엮음, 2016; 유태환 외, 2008; 신동면 엮음, 2007; 신광영, 2013). 특히 2000년대 중반 이후 사회 양극화가 한국의 불평등 심화 현상을 지칭하는 학계의 용어로 사용되면서, 불평등 심화와 사회 양극화는 같은 의미로 사용되었다. 해외 학계에서도 이러한 경향은 마찬가지로 나타났다. 피케티(Piketty, 2013)의 논의에서 볼 수 있듯이, 소수의 상위 소득 집단으로 소득이 집중되는 소득집중 현상을 소득 불평등과 같은 의미로 사용하고 있다.

이 장에서는 2000년대 소득분포의 변화를 더 체계적으로 분석하기 위해서는 불평등(inequality), 격차(gap), 집중(concentration), 양극화(polarization)를 개념적으로 엄밀하게 구분하는 것이 불평등 현상에 대한 분석과 정책대안 논의에서 중요하다는 점을 다룬다. 불평등, 격차, 집중, 양극화는 서로 다른 소득분포의 양상을 포착하는 개념들이며, 불평등 심화, 격차 확대, 소득집중, 사회 양극화는 서로 다른 사회경제적 변화를 포착하기 위한 개념들이기 때문이다. 이를 통해 한국 사회의 소득분배 현실을 올바르게 진단하고 이에 기초하여 적절한 정책 대응을 논의할 수 있다. 현실에서는 이러한 변화가 동시에 나타날 수도 있지만, 네 가지 서로 다른 현상을 정확히 이해하고 분석함으로써 변화에 대한 진단과 정책적 대응도 더 효과적으로 이루어질 수 있다.

먼저 이 장에서는 개념적인 수준에서 불평등, 격차, 집중, 양극화를 논의한다. 불평등에 관한 사회과학적 논의는 20세기에 들어서 시작되었다. 오늘날 불평등 측정 지표로 많이 사용되는 지니계수는 1922년에 통계학자이자 사회학자였던 이탈리아의 코라도 지니(Corrodo Gini, 1884~1965)가 제시한 것이다. 그리고 그것의 토대가 되는 로렌츠 커브는 1905년에 미국 위스콘신 대학교(University of Wisconsin-Madison) 경제학과 대학원생 맥스 로렌츠(Max O. Lorenz, 1879~1959)가 제시했다.

개념적인 논의를 위해, 지니계수를 제시한 코라도 지니와 맥스 로렌츠가 오래전에 사용한 예를 이용하여, 불평등, 격차, 집중, 양극화가 소득분포의 다른 양상을 포착하고 있다는 점을 살펴본다. 그리고 지니와 로렌츠가 사용한 소득분포 사례에 다른 조건을 부여하여, 네 가지 개념이 의미하는 바를 경험적으로 다룬다. 마지막으로 정보의 양을 중심으로 네 가지 소득분포를 다루는 개념들을 구분하는 것이 기존의 불평등 연구에 주는 학술적 함의와 불평등과 관련된 정책적 논의에 주는 함의를 논의한다.

2. 불평등, 격차, 집중, 양극화

1) 불평등

불평등이라는 말은 최근 들어 흔히 사용되고 있지만 그 의미가 대단히 애매모호한 용어 중 하나이다. 불평등은 보통 암묵적으로 경제적 불평등과 같은 의미로 사용되고 있다. 이때 불평등은 수량적으로 측정할 수 있는 물질적 재화의 크기가 같지 않음을 의미한다. 그렇다면, 재화의 크기가 다르다는 것을 어떻게 측정할 것인가? 가장 많이 사용되는 측정 방법은 집단 간 소득의 격차를 비교하거나 개인소득의 분산을 측정하는 방법으로 이루어진다. 예를 들어, 소득 상위 10% 집단의 평균 소득과 소득 하위 10% 집단의 평균 소득을 비교하거나 (P90/P10) 소득 상위 10%의 소득 점유율과 소득 하위 10%의 소득 점유율을 비교하는 방법(S90/S10) 등이 자주 사용된다. 개인소득의 분포를 중심으로 하는 불평등 측정 방법은 기술 통계로 다루어지는 분산(variance)이나 110년 전 지니(Gini, 1912)가 제시한 지니계수이다. 분산은 극단 값에 영향을 받는다는 점, 한곗값이 없다는 점, 비교가 어렵다는 점에서 불평등 연구에 거의 사용되지 않는다.[1] 반면에, 지니계수는 측정 단위와 무관하고, 0과 1 사이 값을 지닌다는 점, 집단 간 비교가 가능하다는 점에서 불평등 측정에 가장 널리 사용되고 있다.

지니가 제시한 불평등 측정 방법은 연구 대상 전체의 소득 정보를 이용하여, 불평등을 논의한다는 점에서 이전의 불평등에 대한 접근과 큰 차이를 보였다. 지니의 논의는 불평등 연구 방법으로 로렌츠 커브를 제시한 로렌츠(Lorenz, 1905)의 논의에서 출발한다. 로렌츠는 그 당시 위스콘신 대학교 경제학과 박사과정 학생이었다. 전체 n명의 소득을 낮은 소득(0 이상)부터 높은 소득순으로 배열하면, $x_1 \leq x_2 \leq x_3 \,,, \leq x_n$ 이고, 로렌츠 커브는 i/n ($i = 0,,, n$)과 $L(i) = s_i/s_n$ ($s_i = x_1 + x_2 + \,,, x_i$)의 접점으로 이루어진 커브이다. 로렌츠 커브는 i=0과 $L(i)$=0에서 i=1과 L(n)=1을 잇는 45도의 완전 평등선과의 거리를 중심으로 불평등의 정도를 쉽게 비교할 수 있게 해준다(Lorenz, 1905). 로렌츠 커브의 장점은 누적 인원 비율이 전체 소득에서 어느 정도의 소득을 차지하고 있는지를 보여준다는 점에서 불평등 정도에 대한 직관적인 이해를 도모한다는 점이다. 그리고 로렌츠 커브가 교차하지 않는 한, 비교를 통해서 용이하게 불평등 정도를 국가 간 혹은 시기별로 비교할 수 있다는 장점을 지닌다.

그러나 로렌츠 자신이 지적한 것처럼, 로렌츠 커브가 교차하는 경우에 로렌츠 커브는 큰 도움을 주지 못한다(Lorenz, 1905: 218). 로렌츠는 다음과 같이 100달러가 10명에게 분배되는 두 사례를 제시하고, 두 사례 중에서 어느 사례가 더 불평등한지를 로렌츠 커브로 알 수 없는 경우가 발생한다는 점을 언급하고 있다. 로렌츠가 제시한 사례는 다음과 같다(Lorenz, 1905: 218).

---

1 이러한 문제를 해결하기 위해서 분산을 평균값으로 나눈 변이계수(CV: Coefficient of Variation)도 소득 이전의 효과가 소득분포의 상위에서만 더 효과적으로 나타난다는 점에서 한계를 지닌다(Cowell, 1977: 50).

사례 1:	6, 7, 8, 9, 10, 12, 12, 12, 12, 12
사례 2:	8, 8, 8, 8, 8, 8, 8, 14, 14, 16

사례 1에서 사례 2로 소득분배가 변화되었다면, "하위 50%에서 분배가 평등하게 이루어졌지만, 상위 50%에서는 반대의 경향"이 나타난 경우이다(Lorenz, 1905: 219). 사례 1의 지니계수는 0.12이고, 사례 2는 0.144이다. 사례 1보다 사례 2에서 분배가 크게 악화되었음을 알 수 있다. 그림 01-1은 사례 1과 사례 2의 로렌츠 커브이다. 1905년도 로렌츠의 논문에서 제시된 로렌츠 커브는 완전 평등선을 축으로 180도 회전시킨 형태로 제시되어 있다. 즉, 오늘날 사용되는 방식인 그림 01-1에서 제시된 방식과는 달리, 원래 로렌츠가 제시한 커브에서는 x축이 누적 소득의 비율이고, y축이 누적 인원 비율이기 때문에, 로렌츠 커브가 완전 평등선 위에 위치하고 있다.

그림 01-1은 사례 1과 사례 2의 로렌츠 커브이다.

그러나 지니가 불평등 측정 방법인 지니계수를 제시하기 전까지 그림 01-1과 같이 로렌츠 커브가 교차하는 경우, 어느 경우가 더 불평등이 심한지를 알수가 없었다. 로렌츠 커브는 교차하지 않는 경우에만, 불평등 추이를 비교할수 있는 한계를 지닌다는 점을 로렌츠 스스로가 언급했던 것이다.[2]

지니는 로렌츠 스스로가 자신의 불평등 측정 방법상의 난점이라고 남겨놓은 문제(Lorenz, 1905: 219)를 해결할 수 있는 새로운 방법을 제시했다. 로렌츠 커브가 교차하는 경우뿐만 아니라 소득 불평등을 측정할 수 있는 일반적인 방법을 제시한 것이다. 지니계수는 모든 가능한 두 명의 조합(i와 j)의 절대 소득 격차의 상대적 평균값을 절반으로 나눈 값이다. 이것은 로렌츠 커브를 수학적으로 재구성한 것으로 다음과 같이 표시된다.

---

2 이러한 경우는 로렌츠 우위(Lorenz dominance)라고 불린다(Hao and Naiman, 2010: 59~62).

그림 01-1 • 로렌츠 커브

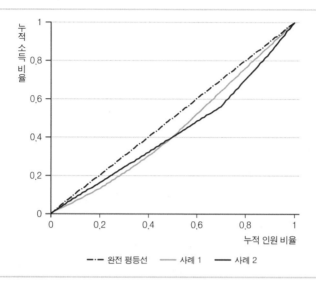

자료: Lorenz(1905: 219).

$$G = \dfrac{\displaystyle\sum_{i=1}^{n}\sum_{j=1}^{n}|x_i - x_j|}{2n\displaystyle\sum_{i=1}^{n}x_i} \qquad (1)$$

지니계수는 0과 1사이의 숫자로 계산된다는 점과 완전 평등선 이하의 면적과 로렌츠 커브와 완전 평등선 사이의 면적의 비율이라는 점에서 직관적으로 이해가 가능한 장점을 지니고 있다. 그리고 지니계수는 측정 척도와 독립적이라는 점(scale independence)을 특징으로 한다. 그러므로 화폐 단위와 무관하기 때문에, 국가 간 불평등 정도를 비교하는 데 유용하게 사용될 수 있다. 또한 인구 규모에도 영향을 받지 않는다는 점(size independence) 때문에, 인구 규모가 현저하게 다른 경우에도 불평등 정도를 비교할 수 있다. 그리고 피구-돌턴(Pigou-Dalton) 이전 원리(transfer principle)로 불리는 이전 민감성(transfer sensitivity)도 충족시키기 때문에, 아직까지도 가장 많이 사용되는 불평등 측정치이다(Allison,

1978; Cowell, 2000). 그리고 지니계수는 로렌츠 커브의 형태와 무관하기 때문에 로렌츠 커브가 교차하더라도, 전반적인 불평등 정도를 비교하는 데 전혀 문제가 없다는 장점을 지니고 있다.

2) 집중과 격차

일찍이 위스콘신 대학교의 진보적인 경제학자이자 로렌츠의 지도교수였던 리처드 엘리(Richard T. Ely)는 소득 불평등이 소득의 집중이나 분산 이상의 것을 의미한다는 점을 다음과 같은 예를 들어 설명하고 있다. 사례 3과 4는 앞의 사례와 동일하게 10명의 전체 소득이 100달러이고, 이를 10명이 다르게 가지고 있는 경우이다(Ely, 1926: 257).

사례 3:　　　　　1, 3, 5, 7, 9, 11, 13, 15, 17, 19
사례 4:　　　　　4, 4, 4, 4, 4, 16, 16, 16, 16, 16

사례 3은 사례 1이나 사례 2보다 소득이 넓게 분포되어 있고, 하층과 상층의 소득격차도 크다. 사례 4에서 상위 50%가 차지하는 소득의 집중도는 80/100으로 사례 3의 55/100보다 높다. 그리고 사례 4는 소득이 두 개의 소득으로 집중되어 양극화된 소득분포를 보여준다. 그렇다면, 사례 4는 사례 3에 비해서 더 불평등하다고 말할 수 있을까? 사례 4의 지니계수는 0.30인 반면, 사례 3의 지니계수는 0.33으로 오히려 사례 4가 사례 3보다 불평등 정도는 더 낮았다. 즉, 사례 4는 사례 3보다 양극화의 정도는 훨씬 심하지만 불평등은 더 낮았다. 불평등과 양극화가 동일한 것이 아니라는 점을 보여준다.

최근 소득의 집중도를 중심으로 한 불평등 논의는 앳킨슨(Atkinson, 2015: 54~77)나 피케티(Piketty, 2013)와 그의 동료들에 의해서 집중적으로 이루어졌다. 이 논의들은 특정 상위 소득 집단의 소득이 전체 소득에서 차지하는 몫을 중심으로 소득 불평등을 분석한다. 예들 들어, 상위 소득 집단 1%나 5%의 소득이 전체 소득에서 차지하는 비율로 소득의 집중도를 측정한다. 이러한 접근은 소득 불평등의 정도를 직관적으로 이해하는 데 큰 도움을 준다. 소득분포 전체를 고려하는 것이 아니라, 상위 소득 집단의 소득 비율을 측정하는 것이기 때문에, 소득집중의 역사적 추이를 논의하는 데 매우 유용한 방법이었다.

그러나 소득집중도는 소득 불평등과 동일한 의미를 지니지는 않는다. 소득과 개인들에 관한 정보 가운데 상위 소득자의 소득과 전체 소득 간의 비율만을 고려한 것이기 때문에, 상위 소득자와 나머지 소득자의 소득이 어떻게 분포되어 있는지는 전혀 고려되지 않는다. 사례 2와 사례 4처럼, 상위 10%의 소득집중도는 16%로 같지만, 지니계수는 각각 0.144와 0.300으로 대단히 큰 차이를 보인다. 이것은 피케티가 제시한 상위 소득 집단으로 소득이 집중된 정도와 지니가 제시한 불평등 측정 지수가 동일한 현상을 지칭하는 것은 아니라는 점을 잘 보여준다(표 01-1 참조). 또한 피케티가 사용한 상위 소득 집단의 소득 점유율은 평균 소득 격차를 보여주는 P90/P10이나 소득 점유율의 차이를 보여주는 S80/S20과도 다르다는 점을 보여준다.

소득격차는 집단들 사이의 평균 소득 차이를 의미한다. 예를 들어, 빈부격차는 부유층(상위 소득 집단 a)과 빈곤층(하위 소득 집단 b) 간의 평균 소득 격차를 의미한다. 격차는 차이나 거리를 의미하지만 통계적인 개념인 범위(range)와는 달리, 집단들 사이의 평균 소득의 차이(a-b)를 비율(a/b)로 비교해서 측정한다. 범위는 극단 값에 의해서 크게 영향을 받기 때문에 신뢰도가 떨어진다. 평균 소득 대신에 소득 점유 비율을 사용하기도 한다. 사례 1과 사례 2는 상위 10%의 평균 소득과 하위 10%의 평균 소득 비율이 동일하지만 사례 1에서 상위 소득 20%의 소득 점유율과 하위 소득 20%의 소득 점유율 비율(S80/S20)은 1.846으로 사례 2의 .1875보다 낮다. 상위 소득 10%와 하위 소득 10%(P90/P10)는 좀 더 제한된 부유층과 빈곤층의 평균 소득을 비교한다는 점에서 빈부격차를 더 분명하게 보여준다.[3] 사례 3에서 상위 소득 20%의 평균 소득과 하위 소득 20%의

___

3 S90/S10과 P90/P10의 의미는 다르게 사용되기도 한다. 예를 들어, S90/S10은 상위 10%와

표 01-1 ● 사례별 지니계수, 격차와 소득집중도(상위 10%)

사례	분산계수	지니계수	S80/S20	P90/P10	P90/P50	P10/P50	상위 10%
사례 1	0.223607	0.120000	1.846	2.00	1.091	0.555	12.00
사례 2	0.309839	0.144000	1.875	2.00	1.975	1.000	16.00
사례 3	0.574456	0.330000	9.000	19.00	1.880	0.120	19.00
사례 4	0.600000	0.300000	8.000	4.00	1.600	0.400	16.00

평균 소득 격차가 가장 큰 것으로 나타났다. 그러나 상위 소득자의 비율이 줄어들수록, 극단적인 소득에 영향을 받는다는 점에서 제한적인 속성을 지닌다.

소득분포를 고려한 격차 분석은 중위 소득 집단을 비교의 준거로 하는 경우도 있다. 중위 소득 집단을 기준으로 하여 상층과 하층과의 소득격차를 분석하여 소득분포상에서 격차가 발생하는 위치를 밝힐 수 있다. 예를 들어, 상위 10%와 중위 50%의 평균 소득을 비교하는 P90/P50은 중위 소득 집단을 기준으로 소득 상위 10%와 소득격차를 비교하는 것이다. 이것은 중위 소득 집단인 중위 50%와 하위 소득 집단인 하위 10%를 비교하는 P50/P10과 함께 소득분포의 양상을 진단하는 데 도움을 준다.

표 01-1에서 볼 수 있듯이, 소득격차도 소득집중도와 매우 다른 소득분포의 양상을 보여준다. 소득격차를 보여주는 S80/S20과 P90/P10은 모두 사례 3에서 가장 컸으나, 두 격차의 측정치에서는 큰 차이를 보였다. S80/S20은 사례 3에서 9.00이고, 사례 4에서는 8.00으로 큰 차이를 보이지 않았지만, P90/P10은 사례 3에서 19, 사례 4에서 4로 대단히 큰 차이를 보였다. 중위 소득과 상위 소득 간의 차이는 사례 2에서 가장 컸다. 상위 소득 10%와 중위 소득 간의 소득

하위 10%의 소득 점유 비율로 사용되기도 하지만(OECD, 2015: 61), 상위 10%의 평균 소득과 하위 10%의 평균 소득 비율로 사용하는 경우도 있다(https://data.oecd.org/inequality/income-inequality.htm, 검색일: 2017.3.10). 또한 P90/P10을 9분위 최고 소득(upper bound)과 1분위 최고 소득의 비율로 사용하는 경우도 있다(대표적인 예로, OECD, 2011: 44). 그러므로 집단별 격차를 분석하는 측정치들이 어떤 방식으로 사용되고 있는지에 대한 주의가 필요하다.

그림 01-2 • 사례 1~4의 로렌츠 커브

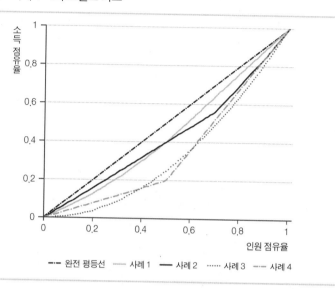

비는 1.975배였다. 하위 소득과 중위 소득 간의 차이는 존재하지 않았다. 즉, 중위 소득이 하위 소득으로 편향되었기 때문에, 상위 소득과의 격차는 더 크게 벌어진 상태라고 볼 수 있다.

표 01-1은 네 가지 사례에서 불평등을 측정하는 분산, 지니계수와 소득격차를 보여주는 상위와 하위 20%의 소득 점유율, 상위 10%와 하위 10%의 평균 소득 비율, 중위 소득과 상위 10%와 하위 10%의 평균 소득 비율과 상위 10%의 소득 집단의 소득 점유율이 제시되어 있다. 분산은 사례 1에서 사례 4까지 점차 커지지만, 이에 상응하는 다른 지수는 없다. 지니계수는 사례 3에서 가장 높았고, 소득 점유율이나 평균 소득 비율, 상위 10% 소득 점유율 등에서도 사례 3에서 가장 높게 나타났다. 그러나 상위 10% 점유율이 동일한 사례 2와 사례 4는 지니계수에서는 큰 차이를 보였다. 상위 10% 점유율은 16%로 동일했지만, 지니계수는 각각 0.144와 0.300으로 두 배 이상 차이가 있다. 그리고 상위와 하위 10%의 평균 소득 비율에서도 2배 차이가 났다.

3) 극화와 양극화

소득분포에서 극화(polarization)는 특정 소득수준으로 사람들이 집중되거나 혹은 특정 집단으로 소득이 집중되는 현상을 지칭한다. 구체적으로 특정한 집단의 평균 소득(local means) — 단수 혹은 복수의 집단 — 으로 사람들이 집중되는 경우에는 특정한 소득수준에 속하는 사람들이 많아지고, 다른 소득수준에 속하는 사람들이 줄어드는 현상을 지칭한다. 극화는 집락(cluster)을 전제로 한 개념이기 때문에, 극화 논의에서는 집락이 어떻게 구분되는가 혹은 집락이 어떻게 만들어지는가가 중요한 관심사가 된다.

오늘날 한국에서는 극화보다는 양극화(bi-polarization)가 소득분배 구조의 변화를 지칭하는 대중적인 용어로 사용되고 있다. 양극화는 두 개의 서로 다른 소득 집락으로 사람들이 나뉘는 현상을 지칭한다. 대체로 양극화는 중간 소득 계층이 줄어들면서 부유층과 빈곤층으로 소득 집단이 양분되는 현상을 의미한다(Forster and Wolfson, 1992; 1994). 이는 소득분포에서 저소득으로 사람이 집중되면서, 동시에 고소득층으로 소득이 집중되는 현상을 가리킨다. 그 결과, 중간 소득계층이 줄어들고, 빈곤층과 부유층으로 사람들이 몰리게 된다.

중간 소득계층을 전제로 하지 않는 극화는 집단 간 거리가 멀어지고, 동시에 각 집단 내 동질성이 커지는 현상을 지칭한다(Esteban and Ray, 1994; Duclos, Esteban and Ray, 2004). 이것은 소득뿐만 아니라 의식이나 이념의 경우에도 동일하게 적용된다. 에스테반과 레이는 소득 y_i의 개인이 소득 y_j의 개인과의 거리 $\delta(y_i, y_j)$, 그 거리에 대해서 느끼는 소외감(alienation), $a[\delta(y_i, y_j)]$이 커질수록, 소득 집단 i 내 n_i명이 느끼는 동질성(identity), $I(n_i)$이 커질수록 그리고 소득 집단 수(i)가 적을수록, 극화는 더 커지게 된다고 말한다(Esteban and Ray, 1994: 824).

$$ER(n, y) = \sum_{i=1}^{n} \sum_{j=1}^{n} n_i n_j T\{I(n_i), a[\delta(y_i y_j)]\} \tag{2}$$

불평등이 소득분배에서 개인들의 소득 차이와 관련된 것이라면, 양극화는 두 개의 집락(소득 집단 혹은 계급)을 중심으로 소득자들의 빈도가 커지는 집단적 현상과 관련된다. 그러나 어떤 소득수준을 중심으로 소득분포에서 변화가 나타나는지를 알 수가 없다. 그렇지만, 소득 양극화에서 연상되는 이미지는 '임의의 두 개의 봉우리'를 지닌 소득분포이며, 대체로 중간 소득계층이 줄어드는 것을 함의한다. 이러한 자의적인 소득의 상하를 기준으로 빈도의 변화를 논의한다는 점에서 양극화 개념은 자의적인 기준에 따라서 논의가 달라질 수도 있다는 문제점이 있다(Foster and Wolfson, 1992).

포스터와 울프슨(Foster and Wolfson, 1992)은 양극화가 중간 소득계층의 축소를 바탕으로 하고 있다고 보고, 지니계수 및 로렌츠 커브와 관계가 있는 양극화 지수를 제시했다. 구체적으로 중간계급을 중위 소득계층으로 보고, 중위 소득을 기준으로 양극화가 심해질수록, 중간 소득계층의 소득 몫이 줄어든다고 보았다. 즉, 양극화는 중간 소득계층이 줄어들고, 중간 소득 이하와 중간 소득 이상의 소득 집단으로의 집중이 이루어지는 상태를 의미한다. 울프슨 (Wolfson, 1994)은 로렌츠 커브와의 관계 속에서 중위 소득을 중심으로 중위 소득의 탄젠트 선과 로렌츠 커브 사이 면적을 중심으로 양극화를 측정했다. 그리고 극화 지수는 중위 소득으로부터 흩어진 정도를 측정한다. 극화 지수(P)는 그림 01-1에서 사례 1의 4배이다. 이것은 다음과 같이 표현된다.

$$P = 4(u/m)P1 = 4 * (0.5 - 하위 50\% 소득 비율 - (Gini계수/2)) * (u/m) \quad (3)$$

여기에서 u는 평균 소득이고, m은 중위 소득이다. P1은 **그림 01-3**에서 줄친 부분의 넓이이다. 줄친 부분의 넓이가 클수록, 중위 소득자의 비율이 낮아지기 때문에 양극화 지수는 커진다.

양극화는 소득분포가 중위 소득에서 소득 상층이나 소득 하층으로 이동함을 의미한다. 중위 소득 집단이 줄어들고 동시에 최상층 소득 집단의 규모도 줄어들면서, 상층 소득 집단의 규모가 늘어날 수 있다. 그리고 소득 최하층의

그림 01-3 • 극화 커브와 극화 지수

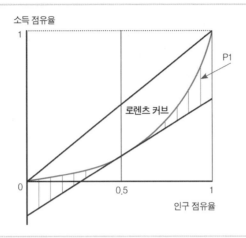

자료: Wolfson(1994: 355).

소득이 늘어 소득 최하층이 소득 하층으로 이동하여 소득 하층이 늘어날 수 있다. 이러한 경우에도 소득 상층과 소득 하층으로 집중되면서 소득 양극화가 일어났다고 볼 수 있다. 소득 불평등은 줄어들었지만, 특정 두 종류의 소득 집단의 규모가 커지는 소득 양극화가 일어났다고 볼 수 있다. 그러므로 불평등과 양극화는 동일한 소득분배의 변화를 의미하는 것은 아니다.

불평등과 양극화를 경험적으로 분석하기 위해, 사례 5~7까지 가상적인 소득분포를 추가했다. 사례 5~7은 세 가지 서로 다른 소득분포 유형들이다. 사례 5는 사례 1에서 최상위 소득만 19에 53으로 높아진 경우이다. 즉, 상위 10% 소득자의 소득이 증가하면서, 불평등 정도도 크게 높아졌다. 지니계수가 0.330000에서 0.474627로 크게 높아졌다. 사례 6은 하위 소득자의 소득이 줄고, 동시에 고소득자들의 소득이 늘어난 경우이다. 소득을 얻는 하위 소득자가 10%에서 40%로 늘었고, 상위 10%와 상위 20%의 소득이 높아지면서, 지니계수도 사례 1의 0.33000에 비해서 0.46008로 크게 높아졌다. 사례 7은 차하위와 차상위에서 집중도가 높아진 경우이다. 사례 5에 비해서, 최하위를 제외한 하위 40%에서 소득이 3으로 동일하게 나타났고, 소득분위 상위 70%, 80%, 90%

표 01-2 ● 지니계수, 양극화 지수, 격차, 소득집중도

사례	분산계수	지니계수	양극화 지수	S80/S20	P90/P10	상위 10%
사례 5	1.050729	0.474627	0.1108517	17.500	53.00	39.55
사례 6	0.852279	0.469388	0.3673083	23.000	23.00	23.47
사례 7	0.844985	0.450000	0.2939607	11.000	27.00	27.00

에서 소득이 높아졌으며, 최상위 10%는 53에서 27로 오히려 낮아졌다. 사례 7
의 경우, 지니 계수는 0.45000으로 세 가지 사례 중 가장 낮았다.

사례 5	1, 3, 5, 7, 9, 11, 13, 15, 17, 53
사례 6	1, 1, 1, 1, 9, 11, 13, 15, 23, 23
사례 7	1, 3, 3, 3, 3, 9, 17, 17, 17, 27

표 01-2는 앞의 사례 1부터 사례 7까지 전체 예를 대상으로 양극화 지수를
포함한 소득분포의 네 가지 개념을 측정하는 지수들이다. 표 01-2는 지니계수
로 측정된 불평등 정도, 양극화 지수, 격차를 측정하는 S80/S20과 P90/P10 그
리고 소득집중도를 측정하는 상위 10%의 소득 점유율을 보여준다. 표 01-2는
지니계수와 소득격차, 상위 소득집중도, 양극화 지수가 소득분포의 각기 다른
차원을 논의하고 있음을 보여준다. 예를 들어, 상위 10%의 소득 점유율이 가장
높은 사례는 5의 경우이다. 그러나 사례 5의 지니계수는 0.1108517로 사례 5,
6, 7 중에서 가장 낮았다. 사례 5의 소득 점유율 격차를 보여주는 S80/S20도 사
례 6에 비해서 낮았다. 사례 5는 상위 소득집중도가 높고, 지니계수가 높다고
하여, 양극화 정도가 심하다는 것은 아니라는 점을 보여준다. 사례 6의 경우는
양극화 지수가 가장 큰 경우이지만, 지니계수는 사례 5보다 오히려 더 낮았고,
상위 10%의 소득 점유율도 사례 5와 사례 7에 비해서 낮았다.

4) 정보의 양과 정책적 함의

소득분포의 특징을 분석하기 위한 여러 개념들은 소득분포의 각기 다른 차원을 포착하고 있다. 이 개념들은 소득분포 분석의 목적에 따라서 각기 다른 의미를 지닐 수 있다. 이는 각 개념들에서 사용된 정보의 양과 밀접한 관계가 있다. 정보의 양은 소득분포를 분석하는 목적이나 소득분포와 관련된 정책의 목표와 관련하여 여러 가지 다른 함의를 지닌다.

먼저, 불평등을 측정하는 지니계수는 전체 인구 n개의 정보를 사용한다는 점에서 포괄적인 소득분포의 속성을 보여준다. 소득수준에 따른 집단 간의 차이를 드러내기보다는 전체 n명의 소득 정보를 이용하여 개인들 사이의 소득격차의 합을 보여준다. 그러므로 지니계수는 가장 포괄적으로 소득분포의 속성을 파악하는 지수로 사용된다. 또한 n개의 소득 정보를 이용하여, 하나의 수치로 소득 불평등을 측정하는 것이기 때문에, 포괄적이며 동시에 단순하다는 장점을 지닌다. 그러나 포괄적이기 때문에, 불평등을 완화시키기 위한 정책을 모색하는 경우에는 직접적인 도움을 크게 제공하지는 못한다는 약점이 있다. 지니계수의 변화가 발생하는 경우, 그 변화가 소득분포상 어디에서 발생하는지에 대한 정보를 제공하지는 않기 때문이다. 그러므로 지니계수의 분해나 집단 간 소득격차를 분석하는 추가적인 분석이 요구된다.

반면, 특정 집단들 간의 격차로 소득 불평등을 측정하는 경우, 전체 n명 정보보다는 훨씬 제한된 수의 정보만 사용하여 소득 불평등을 측정하게 된다. 예를 들어, S80/S20의 경우는 상위 20%와 하위 20%, 즉 n명의 정보 가운데 40%의 정보만을 사용한다. 결과적으로 나머지 60%의 정보가 소득분포 측정에 전혀 고려되지 않는다. 그 만큼 소득분포의 양상을 이해하는 데는 제한적이다. 그렇지만, 집단 간 소득격차는 상위 소득 집단과 하위 소득 집단 간의 격차를 분석하는 데 도움이 된다. 그리고 빈부격차를 줄이거나 빈곤층을 대상으로 하는 정책을 수립하는 데 중요한 정보가 된다.

피케티 지수로 대표되는 상위 소득 집단의 소득 점유율은 전체 인구 중에서 상위 소득 집단에 속하는 개인들의 정보를 사용하고, 전체 인구의 소득은 평균 소득 정보를 사용하기 때문에, 지수 측정에 사용되는 정보는 제한적이다. 상위 1%의 상위 소득 집단으로의 소득집중도를 측정한다면, n개의 정보 가운데 사용된 전체 소득 정보는 (n*1/100) + 1이다. 상위 소득 1%를 제외한 나머지 99%의 소득분포는 소득집중도 논의에서 고려가 되지 않는다. 이것은 상위 소득으로의 집중도를 측정하는 데는 도움이 되지만, 전체 소득분포의 속성을 파악하는 데는 한계를 지닌다. 반면, 상위 소득집중도는 소득집중을 막기 위한 누진세나 상속세 등과 관련해서는 가장 핵심적인 정보가 될 수 있다.

양극화는 소득분포의 특징뿐만 아니라 사회적, 정치적 함의를 다루고 있다는 점에서 더 포괄적인 개념이라고 볼 수 있다. 예를 들어, 울프슨 지수는 사용하는 정보의 양에 있어서 지니계수처럼 전체 n개의 정보를 사용할 뿐만 아니라, 추가적으로 중위 소득과 평균 소득, 하위 50%의 소득 비율 정보를 이용한다는 점에서 지니계수보다 더 포괄적이라고 볼 수 있다. 지니계수가 단순히 소득 불평등을 측정하는 데 그치고 있다면, 양극화 지수는 소득 불평등에 기반을 두고 소득 집단 간 경제적, 정치적, 사회적 격차와 갈등을 고려하고 있기 때문이다.

3. 소득분포의 단위

소득분포 분석에서 중요한 고려 사항은 두 가지이다. 하나는 어떤 소득인가의 문제이다. 대체로 임금이나 가구소득의 불평등이 경제적 불평등으로 다루어졌다. 피고용자의 주된 소득은 임금소득이다. 임금은 직업, 직위, 경력, 고용형태 등에 영향을 받는다. 2020년대 들어서는 경제활동인구의 약 75%가 피고용자로 일을 하고, 나머지가 고용주(4%)나 자영업자(21%)로 일을 한다. 임금 불평등은 피고용자들 사이 임금 불평등을 다룬다. 그러므로 전체 경제활동인구를 대상으로 한 소득 불평등과는 전혀 다른 차원의 경제적 불평등이다. 그리고 통계청에서는 15세에서 64세까지를 경제활동인구로 정의하기 때문에, 65세 이상의 고령자는 임금소득이 있더라도 임금 불평등 통계에서 제외된다. 통계에서 나타나는 경제적 불평등과 현실에서의 불평등 사이에 간극이 발생하며, 고령화 비율이 높으면 높을수록 그 간극은 더 커지게 된다.

고용주와 자영업자의 소득은 주로 사업소득에서 발생한다. 사업소득은 주로 사업을 통해서 발생하는 이윤에서 유래하며, 이윤은 산출액에서 비용을 제외한 나머지이다. 경비에는 노동비용도 포함되기 때문에, 고용주의 소득과 피고용자의 임금소득은 정태적(static)으로는 영합(zero-sum) 관계라고 볼 수 있다. 동태적으로는 고용주 소득과 임금소득이 함께 높아지는 정합(positive sum) 관계가 있을 수 있다. 대부분의 성장 경제하에서 고용주와 비고용자 간에는 정합 관계가 있었다. 그렇지 않은 경우, 노동자들의 불만이 누적되고 그 불만은 파업으로 나타나기도 했다.

소득 불평등보다 더 심한 불평등은 자산 불평등이다. 자산은 주택, 토지, 건물과 같은 부동산 자산뿐만 아니라 주식, 채권, 저축과 같은 금융자산과 자동차와 같은 동산도 포함한다. 주식시장에서 대규모 주식 투자자는 '큰손'으로 불리기도 한다. 이들은 특별한 직업이 없이도 주식 거래를 통해서 이득을 취한다. "조물주 위에 건물주"라는 유행어는 소득의 원천이 근로가 아니라 불로소득인 건물 임대라는 의미로 건물을 임대해 주고 임대료로 살아가는 사람들을 묘사하는 표현이다. 이 말은 도시화가 이루어지고 대형 건물들이 들어서면서, 일을 하지 않고도 건물을 소유하여 높은 임대료 수입을 올리는 건물주들이 대거 등장하여 부유층으로 살아가는 한국 사회의 현실을 반영한다. 최근 '파이어족'이라고 불리는 극히 일부의 청장년층은 근로소득으로 자산을 축적하는 데 성공하여, 직업 활동을 중단하고 자산에서 발생하는 소득으로 살아가는 사람들을 일컫는다.

가처분소득 불평등은 시장소득에 국가의 조세나 복지를 통해서 최종적으로 개별 가구가 사용할 수 있는 소득의 불평등이다. 국가의 조세제도에 따라서 소득 불평등도 조세 전과 조세 후 크게 달라진다. 조세 후의 소득은 국가의 조세 정책에 영향을 받은 소득이다. 또한 복지제도에 따라서 국가로부터 연금이나

표 01-3 • OECD 국가들의 조세와 복지 전후의 지니계수(2018년)

국가	세전	세후	변화율(%)
미국	.506	.393	22.3
영국	.513	.366	28.7
호주	.454	.325	28.4
캐나다	.427	.303	29.0
프랑스	.529	.301	43.1
독일	.494	.289	41.5
네덜란드	.445	.295	33.7
오스트리아	.494	.280	43.3
덴마크	.443	.263	40.6
스웨덴	.428	.275	35.7
노르웨이	.429	.262	38.9
핀란드	.509	.269	47.2
한국	.402	.345	14.2
칠레	.495	.460	7.1

자료: OECD.Stat.

수당이 개인이나 가구에게 제공되기 때문에 가처분소득이 달라진다. 표 01-3
은 주요 OECD 국가들에서 조세와 복지 정책에 의한 재분배 효과를 보여준다.
조세와 복지를 통해서 시장소득의 불평등을 완화시키는 것이 현대 국가의 중
요한 역할이라는 점에서 시장소득 불평등이 조세와 복지에 의해서 크게 완화
되었음을 보여준다. 재분배 효과는 유럽 대륙과 북유럽 국가들에서 크고, 앵글
로색슨 국가들에서 낮았다. 한국과 칠레에서는 그 효과가 매우 낮게 나타났다.
국가의 재분배 제도가 불평등 완화에 크게 기여하지 못하고 있음을 보여준다.

소득분포 분석에서 고려해야 할 또 다른 사항은 소득분포의 단위이다. 분석
단위는 대체로 개인, 가구, 집단(젠더, 인종, 지역, 국가 등)으로 나뉜다. 분석단위
에 따라서 소득분포 논의는 크게 달라진다. 개인소득은 주로 경제활동을 통한
근로소득, 소유 자산에서 발생하는 소득(이자, 임대소득, 배당소득 등), 이전소득
(사적 이전소득 혹은 공적 이전소득) 등으로 구분된다. 반면, 가구소득은 가구 구
성원들의 소득의 합을 의미한다. 가구소득은 가구 형태와 가구원의 경제활동

참가 방식에 따라서 크게 달라진다. 예를 들어, 맞벌이 가구가 일반화된 나라들에서 개인소득과 가구소득은 크게 달라진다. 북유럽과 같이 대부분의 기혼여성의 경제활동이 활발하게 이루어지는 사회와 동아시아 사회에서처럼 기혼여성들의 과반수가 경제활동에 참여하지 않는 사회에서 가구소득 수준은 크게 달라지고, 가구소득 불평등도 다르게 나타난다. 그리고 1인 이상의 가구원 소득이 있는 경우와 가구원 1인만 소득이 있는 경우, 1인 이상의 가구 비율에 따라서 가구소득 불평등은 달라진다. 1인 가구의 증가는 비혼, 만혼, 이혼, 배우자 사망 등에 따른 것이기 때문에, 경제적인 변화가 없더라도 사회 변화에 따라서 불평등 정도가 달라질 수 있음을 의미한다.

현대 한국 사회에서 나타나는 변화는 경제, 정치, 사회, 문화에 걸친 다차원적인 사회 변화를 모두 포함한다. 경제 영역에서 대기업 집중이 더 심화되고, 노동시장에서 비정규직 비율이 높아졌다. 또한 여성의 고학력화와 더불어 여성의 경제활동도 증가하고 있다. 비혼과 이혼이 늘어나면서, 1인 가구도 급증하고 있다. 고령화도 빠르게 이루어져서 현재 유럽의 모든 나라들의 평균 수명보다 한국의 기대 수명이 더 길어졌다. 문화적으로도 성평등에 관한 인식이 청년 세대에서 강화되어 세대 간에 대단히 큰 격차를 보이고 있다.

4. 맺음말

이 장은 소득분포와 관련된 용어들이 개념적으로 정확하게 정의되지 않은 상태에서 사용되면서, 소득 불평등 논의에 혼란을 불러일으키고 있다는 인식에서 출발하여, 소득분포와 관련된 여러 개념들을 논의했다. 구체적으로 소득분포를 분석하기 위한 네 가지 개념을 불평등, 격차, 집중, 양극화로 구분하고, 각 개념들이 다루고 있는 소득분포의 내용을 구체적인 사례를 통해서 이들 개념들이 소득분포의 각기 다른 차원을 다루고 있음을 보여주고자 했다.

먼저, 소득 불평등을 측정하는 데 가장 많이 사용되는 지니계수가 지닌 강점은 분석 대상 전체의 정보를 이용하여 불평등을 논의한다는 점에서 소득 분산을 다루는 분산계수보다 더 많은 장점을 지닌다. 더욱이 지니계수는 로렌츠 커브와 연계되어 있고, 그 범위가 0과 1 사이이기 때문에, 해석이 용이하다는 점에서 소득 불평등 논의에서 가장 많이 사용되고 있다. 그러나 지니계수는 개인들 사이의 차이에 기초한 소득 불평등을 대상으로 한다는 점에서 집단 간 불평등을 논의하기에는 한계가 있다. 또한 집단 간 불평등 분해가 불가능하기 때문에 불평등을 분석하는 데는 한계가 있다.

격차는 집단 간 평균 소득이나 소득 점유율의 비교를 통해서 소득의 불평등한 분포를 다루는 개념이다. 보통 소득 상위 20%의 소득 점유율(S80)과 하위 20%의 소득 점유율(S20)을 비교하는 S80/S20이나 소득 상위 10%의 평균 소득(P90)과 소득 하위 10%의 평균 소득(P10)을 비교하는 P90/P10이 가장 많이 사용되고 있다. 격차는 전체 정보를 사용하지 않고, 일부분의 정보만을 사용한다는 점에서 전체 불평등을 이해하는 데는 한계가 있다. 그러므로 이를 보완하기 위해 소득 상위 10%와 중위 소득을 비교하는 P90/P50도 자주 사용되고 있다.

집중은 소득 불평등을 다루는 새로운 개념이다. 피케티 지수로 불리는 피케티가 제시한 소득집중도는 소득 상위 1%, 5% 혹은 10%가 전체 소득에서 차지하는 비율로 측정된다. 일부 사람들이 전체 소득 중에서 얼마나 많은 소득을 차지하고 있는지에 초점을 맞춘다. 개인소득 자료가 부족한 과거의 소득분포를 분석하는 데 많이 사용되고 있다. 이러한 접근은 소득의 집중 현상을 직관적으로 이해하는 데 도움을 주지만, 전체 n명 가운데 일부의 정보만이 소득분포 논의에 고려되고 있다는 점에서 제한적인 의미를 갖는다.

극화와 양극화는 특정 소득수준으로 개인들이 집중되는 현상을 지칭한다. 가장 많이 사용되고 있는 양극화는 두 개의 소득수준을 중심으로 집락이 형성되는 현상을 가리키며, 보통 저소득층과 고소득층으로 사람들이 몰리는 소득분포의 변화를 지칭한다. 구체적으로는 두 소득 집단 간의 이질화와 집단 내의 동질화를 가정한 소득분포의 변화를 의미한다. 또한 이 경우, 중간소득계층의 축소를 암묵적으로 전제로 한다.

네 가지 소득분포를 분석하기 위한 개념들은 정보의 양이 다르고, 정책적 함의도 각기 다르다. 불평등 논의에 가장 많이 사용되는 지니계수는 전반적인 불평등 정도를 측정하는 데 도움이 된다. 집단 간 소득격차를 분석하는 개념들은 전반적인 불평등이 아니라 특정 소득 집단 간의 격차를 분석하기 때문에, 빈부격차와 관련된 정책적 논의에 적합한 개념이다. 그리고 피케티가 사용한 소득집중도는 불평등 일반에 관한 지표라기보다는 상위 소득계층으로 소득이 집중되는 소득분포의 변화를 분석하는 데 적합한 개념이다. 그러므로 부유세나 상속세 등의 조세제도 논의와 관련된 개념이라고 볼 수 있다. 사회 양극화는 소득 불평등에 관한 일반적인 논의와는 다른 특수한 개념이며, 집단 간 소득 분리와 집단 내 소득집중을 함의하는 개념이다. 그리고 경제적 차원의 소득 불평등을 넘어서 정치적, 사회적 함의를 지니는 개념이다.

소득 불평등을 다루기 위해서는 우선 이들 네 가지 소득분포 개념들을 이해해야 한다. 이 네 가지 개념이 완전히 개별적이지는 않지만 개념적으로 소득분포의 양상을 파악하는 데 있어서 서로 다른 차원을 다루고 있다. 그리고 불평등, 격차, 집중, 양극화 개념은 그 정책적 함의가 서로 다르기 때문에, 소득분배와 관련된 정책적 논의에서 네 가지 개념은 서로 구분되어 사용될 필요가 있다.

참고문헌

남찬섭. 2005. 「사회양극화 해소를 위한 사회복지서비스 확충의 필요성 및 방안」. ≪월간 복지동향≫, 85호, 9~18쪽.

신광영. 2013. 『한국 사회 불평등 연구』 서울: 후마니타스.

신동면 엮음. 2007. 『사회양극화 극복을 위한 사회정책 구상』. 서울: 풀빛.

유태환·박종현·김성희·이상호. 2008. 『양극화 시대의 한국경제』. 서울: 후마니타스.

윤찬영. 2005. 「양극화 해소 위해 운동 역량 결집해야」. ≪월간 복지동향≫, 84호, 42~43쪽.

전병유·신진욱 엮음. 2016. 『다중격차: 한국 사회 불평등 구조』. 서울: 페이퍼로드.

Allison, Paul D. 1978. "Measures of Inequality." *American Sociological Review*, Vol. 43, No. 6, pp. 865~880.

Atkinson, Anthony. B. 2015. *Inequality: What can be done?* Cambridge: Harvard University Press.

Cowell, Frank A. 2000. "Measurement of Inequality." in Anthony B. Atkinson and Francois Bourguignon(eds.). *Handbook of Income Distribution.* North-Holland.

Duclos, J. Y., J. Esteban and D. Ray. 2004. "Polarization: concepts, measurement, estimation." *Econometrica*, Vol. 72, No. 6, pp. 1737~1772.

Duclos, Jean-Yves and Adre-Marie Tapue. 2015. "Polarization," in Anthony B. Atkinson and Francois Bourguignon(eds.). *Handbook of Income Distribution.* Amsterdam: Elsvier.

Ely, Richard T. 1926. "The City Housing Corporation and 'Sunnyside'." *The Journal of Land & Public Utility Economics*, Vol. 2, No. 2, pp. 172~185.

Esteban, Joan-Maria and Debraj Ray. 1994. "On the Measurement of Polarization." *Econometrica*, Vol. 62, No. 4, pp. 819~851.

Foster, James E. and Michael C. Wolfson. 1992. "Polarization and the Decline of the Middle Class: Canada and the U. S." Mimeo, Vanderbilt University.

Gini, Gorrado. 1912. *Variabilità e mutabilità.* reprinted in E. Pizetti and T. Salvemini(eds.). *Memorie di metodologia statistica.* 1955. Rome: Libreria Eredi Virgilio Veschi.

Hao Lingxin and Daniel Q. Naiman. 2010. *Assessing Inequality.* London: Sage.

Lorenz Max O. 1905. "A Methods of Measuring the Concentration of Wealth." Publications of the American Statistical Association Vol. 9, No. 70, pp. 209~219.

OECD. 2011. *Divided We Stand: Why Inequality Keeps Rising.* Paris: OECD.

_____. 2015. *How's Life? 2015 Measuring Well-Being.* Paris: OECD.

OECD.Stat. "Income Distribution Database." https://stats.oecd.org/Index.aspx?DataSetCode=IDD(검색일: 2021.9.24).

Piketty, Thomas. 2013. *Capital in the Twenty-first Century.* Cambridge: Harvard University Press.

Wolfson, Michael. 1994. "When Inequalities Diverge?" *American Economic Review*, Vol. 84, No. 2, pp. 353~358.

거대한 분열과 불평등의 다차원성

추이, 원인, 정책 방향

김윤태

1. 머리말

최근 다양한 여론조사 자료를 보면, 한국 사람들 가운데 많은 사람들이 불평등이 심각하다고 생각한다. 2020년 1월 2일 KBS 여론조사에 따르면, 전체 응답자 가운데 66%가 소득 불평등이 매우 심각하다고 응답했다(KBS 뉴스, 2020.1.2). 불평등에 대한 인식의 변화는 사회문제에 대한 태도를 바꾸고 있다. 2020년 8월 16일 KBS 여론조사에서 응답자의 34.4%가 빈부 갈등을 가장 심각한 갈등으로 꼽았다. 다음으로 이념 갈등 23.8%, 남녀 갈등 11.1%, 지역 갈등 10.0%, 노사 갈등 7.5%, 세대 갈등 7.2% 순서로 나타났다(KBS 뉴스, 2020.8.16).

왜 우리는 불평등과 빈부 갈등을 점점 심각하게 생각할까? 이는 한국 사회에서 부자와 가난한 사람의 격차가 점점 벌어지고 있다는 각종 통계와 관련이 크다. 대기업 임원의 연봉은 가파르게 상승했지만, 중산층과 노동자의 소득은

---

* 이 글은 김윤태, 「한국 사회의 불평등: 현황, 원인, 대안」, 조성은 외, 『중장기 사회보장 발전 방향 모색을 위한 사회보장 의제발굴 연구』(보건복지부·한국보건사회연구원, 2021)의 글을 수정·보완한 것이다.

정체되고 있다. 대기업과 중소기업 노동자의 임금 차이가 지나치게 커졌다. 정규직과 비정규직의 소득격차와 차별도 심각하다. 남성과 여성의 불평등은 오래전부터 세계에서 가장 높은 수준이다. 노인 세대의 빈곤율은 세계 최고 수준으로 높다. 강남과 강북, 서울과 지방의 부동산 가격 격차도 급격하게 늘어났다. 결과적으로 중산층은 줄어들고 있으며, 상위층과 하위층의 분열이 점점 커지고 있다.

한국 사회의 불평등이 증가하면서 스스로 중산층이라고 생각하는 사람들이 급속하게 감소했다. 통계청 사회통계조사에 따르면 스스로 중산층이라고 생각하는 중간계층 귀속 비율이 1995년에는 92.4%였고 외환위기 직후인 1998년에는 77%, 1999년에는 54.9%로 크게 줄어들었다가 2002년에 80.1%로 올라갔다가 다시 줄어들었다(조동기, 2006). 그 후 2009년 54.9%, 2011년 52.8%, 2013년 51.4%, 2015년 53%, 2017년 55.2%, 2019년 56.6%로 크게 회복하지 못하고 있다(통계청, 2019). 반면에 자신을 서민, 하위층 또는 빈곤층으로 생각하는 사람들이 점점 증가하고 있다. 이와 같은 중산층의 감소와 사회의 불평등이 심각하다는 인식은 높은 관련성이 있는 것으로 보인다.

일반적으로 불평등(inequality)은 구성원들에게 사회의 자원이 균등하게 배분되지 않는 사회적 현상을 가리킨다. 한국의 불평등은 비교적 최근의 현상이다. 1949년 농지개혁이 실행된 이후 농촌의 지주계급이 소멸되고 평등주의 사회가 등장하면서 한국 사회는 오랫동안 개발도상국 가운데 가장 불평등 수준이 낮은 사회였다. 1962년 경제개발계획이 시작된 이래 고도성장을 거치면서 점차 빈부격차가 커졌지만 아주 심각한 수준은 아니었다. 그러나 1990년대 초반 이후 악화된 한국의 불평등은 다양한 소득분배 지표에서 나타난다. 1992년부터 2022년까지 30년 동안 한국의 불평등이 역사상 유례없이 증가하면서 사회의 **거대한 분열**(Great Divide)이 발생했다. 먼저, 0에서 1 사이의 숫자로 소득분포를 측정하는 지니계수를 보면, 1990년대 후반 외환위기를 거치며 악화된 이래 약간의 부침은 있었지만, 크게 나아지지 않았다. 한국의 지니계수는 도시 2인 이상 가구의 경우 1995년 가장 낮은 0.26이었는데 외환위기 직후 1998년에 0.29, 2010년부터 2016년까지는 0.32 수준을 유지했다. 2020년 경제협력 개발기구(OECD) 통계를 보면 한국 지니계수는 0.345로 36개국 가운데 중위권인 11번째이다(OECD, 2020a). 둘째, 상위 20% 소득을 하위 20% 소득으로 나눈 '5분위 배율'을 보면, 한국은 1995년 3.68배에서 2019년 6.25배로 증가했다(통계청, 2016; 2020a).[1] 셋째, 최고 상위 10%의 소득이 전체 국민소득에서 차지하는 점유율인 '상위 10% 소득집중도'는 1995년 35.15%, 2012년 46.22%, 2017년 46.71%, 2019년 46.45%로 급격히 증가했다(World Inequality Database, 2021). 넷째, 중위 소득 50% 미만에 속하는 인구 비율을 나타내는 '상대적 빈곤율'도 1995년 7.7%에서 2019년 16.3%로 크게 늘었다(통계청, 2016; 2020a).

한국 현대사에서 놀랄 만한 현상은 1995년 이후 1인당 국내총생산이 높아질수록 소득분배는 나빠지고 있다는 점이다. 1962년부터 1992년까지 30년의 시기가 '고도성장'의 시대였다면, 1992년부터 2022년의 시기는 '거대한 분열'의 시대라 부를 만하다. 한국은 1962년에 박정희 정부의 경제개발계획 5개년 계획이 추진된[2] 이래 경제기획원을 중심으로 국가주도 자본주의가 발전하고 급속한 경제성장을 이루었다. 국가-재벌 동맹을 통한 권위주의적 산업화는 재벌 대기업의 급속한 팽창을 이룩한 동시에 막대한 규모의 노동자계급과 중간계급을 만들었다. 그러나 1992년 이후 김영삼 정부가 등장한 이래 신자유주의적 경제개혁이 본격화되면서 1995년에 경제개발계획이 중단되고 경제기획원과 산업자원부가 해체되었다. 동시에 대기업의 경제력 집중이 심화되고 노동시장의 임금격차가 증가하기 시작했다(김윤태, 2012).

지난 30년 동안 급속하게 증가한 한국 사회의 불평등은 많은 사람들에게 다양한 차원에서 부정적 영향을 미치고 있다. 불평등은 단지 낮은 수입이나 빈곤

---

1 가계동향조사는 2001년까지는 도시 2인 이상 가구를 대상으로 조사했고, 2002년부터는 2인 이상 비농가 가구까지 대상을 확대했으며, 2006년부터는 1인 가구를 포함한 전체 가구로 대상을 확대해 수치에 차이가 있다.

2 미국과 서구에서 1944년부터 1978년까지 급속한 경제성장을 이룩하고 복지제도를 도입하면서 불평등이 감소하다가, 1979년 신자유주의 이데올로기와 정책을 도입하면서 불평등이 증가한 현상에 견줄 만하다.

만 가리키는 것은 아니다. 테르보른이 주장했듯이 불평등은 우리의 건강, 자존감, 사회활동에 참여하는 자원, 인간으로서의 역량을 손상시킨다(Therborn, 2013). 불평등은 개인의 심리를 위축시키고 건강을 약화시키며 기대여명을 낮출 수 있다. 윌킨슨과 피킷이 지적한 대로 불평등이 심한 미국은 평등 수준이 높은 스웨덴보다 정신질환, 당뇨병, 우울증, 살인율 등 다양한 사회문제가 심각하다(Wilkinson and Pickett, 2009). 지나친 부의 집중과 빈곤의 확산은 건강을 악화시키고, 사회의 활력을 없애며, 많은 사람들의 행복감을 떨어뜨릴 수 있다(Wilkinson and Pickett, 2019). 한국에서도 불평등의 부정적인 효과는 매우 심각하다.

지난 30년 동안 빈부격차가 커지고 중산층이 급속하게 몰락했지만, 사회 안전망이 매우 취약하여 한국인들의 불안과 '추락의 공포'가 매우 커졌다. 사람들의 심리적 스트레스와 우울증이 증가했고 자살률은 세계 최고 수준에 도달했다. 지나친 불평등은 다양한 분야의 과잉 경쟁을 유발하며 지나친 사교육비 지출, 성형수술을 통한 외모 경쟁, 사치품 열광, 부동산 투기의 부작용을 만든다(김윤태, 2017). 미래를 주도할 청년 세대의 고용, 교육, 주거의 불안과 젠더 불평등은 출산율을 세계 최저 수준으로 악화시켰다. 한국인의 삶의 만족(life satisfaction) 수준은 10점 만점에 5.8점으로 경제협력개발기구 회원국 가운데 최하위권에 머무르고 있다. 경제성장으로 물질적 성공을 이룬 나라가 심각한 정신적 불행감에 직면했다는 현실은 안타까운 '한국의 역설(Korean Paradox)'이다.

한국 사회에서 부의 세습은 불평등을 심화시키는 심각한 사회 현상이다. 한국의 주식 부자들은 전문경영인보다는 재벌 2세, 3세의 비율이 압도적이며 상속형 부자가 대다수를 차지한다. 이제 재벌 4세들이 부모의 막대한 주식을 상속하여 세습적 지배계급으로 등장하는 시대가 오고 있다. 반면에 빈곤층은 가난을 대물림하며 비정규직과 영세자영업자로 전전하고 있다. 오늘날 20대는 자신의 능력보다 부모의 경제력에 따라 운명이 결정된다고 믿고 있다. 소위 '금수저'와 '흙수저'로 사회가 나뉘었다고 분노한다. 사회이동에 대한 비관적 인식은 전 세대에서 나타난다. 2021년 ≪세계일보≫의 여론조사 결과에서 "우리 자녀 세대의 사회경제적 지위 향상 가능성에 대해 어떻게 생각하십니까?"라는 질문에 "가능성이 낮다"라는 응답은 64.9%(매우 낮다 24.9%·대체로 낮다 40.0%)였다. 이는 "가능성이 높다"라는 응답 30.1%(매우 높다 4.8%·대체로 높다 25.3%)의 두 배가 넘는다(김주영, 2021.1.31).

부모의 소득과 재산에 따라 자녀의 운명이 결정되는 세습 사회가 등장하면서 능력에 따른 자유로운 사회이동이 약화되고 있다. 계층 상승의 주요 통로가 되는 교육 기회도 부모의 경제력에 따라 결정되면서 균등한 기회를 강조하는 민주주의의 가치가 사라지고 있다. 한국에서 대학 교육이 소득에 미치는 긍정적 효과는 여전히 유지되지만, 고학력 부모가 급격하게 증가하면서 과거에 비해 구조적으로 자녀 세대에서 교육을 통한 계층 상승의 기회는 상대적으로 감소했다고 볼 수 있다(김창환·변수용, 2021). 대학 진학률이 급증하면서 수많은 학생들이 대학에 진학할 수 있게 되었지만, 특목고, 자사고, 과학고 진학은 부모 소득에 의해 크게 영향을 받는다. 결국 대학 진학의 양적 수준은 비슷해졌지만 질적 수준의 격차는 더욱 커졌다. 특히 입시 경쟁이 치열한 특성화고, 명문 대학, 인기 학과, 법학전문대학원, 의학전문대학원 입시에서는 부모의 경제력이 큰 영향력을 발휘한다.

한국에서 교육은 오랫동안 계층 상승의 사다리로 간주되었으나 점차 계급 세습의 도구로 변화되고 있다는 목소리가 커졌다. 최근 한국장학재단의 자료에 따르면, 소위 'SKY' 대학의 장학금 신청 학생 중 부모의 소득이 상위 20%인 학생 비율이 전체 학생의 46%이다. 기초생활수급자와 차상위계층은 각각 3% 수준이었고, 하위 11%, 2분위 8%, 3분위 8%에 불과했다(홍석재, 2018.10.29).[3] 부모 소득에 따른 교육 기회의 차이는 고등학생 사교육비 지출에서도 나타난다. 심지어 대입에서 특별 활동, 논문 작성, 인턴 활동도 포함되어 부모의 인맥과 지위도 자녀에게 세습된다(조귀동, 2020). 2019년 조국 서울대 교수와 추미

---

3   이 자료는 장학금을 신청한 학생의 비율이기 때문에 실제로는 부모의 소득이 상위 20%인 학생의 비율이 훨씬 많을 것으로 보인다.

애 법무부 장관에 대한 격렬한 비판에서 나타나듯이, 부모의 경제력과 사회적 인맥에 따라 자녀의 운명이 결정된다는 청년들의 분노의 목소리가 터져 나오고 있다. 2010년 이후 인터넷에서 확산된 '헬조선'이라는 용어는 오늘의 한국 사회의 세습 불평등 사회를 상징적으로 표현한다. 이는 지나친 불평등이 만든 '한국의 비극(Korean Tragedy)'이다.

2. 불평등의 추이와 국제 비교

한국 사회의 불평등은 역사적 변화에 따라 크게 달라졌다. 1949년 농지개혁을 추진한 이후 0.9헥타르 이상 농지를 보유한 지주계급이 소멸하고 대다수 소규모 자작농으로 이루어진 농촌 사회는 급속하게 평등주의 사회로 변화했다. 농지개혁을 이룩하지 못한 동남아, 남미 국가들에 비하면 대토지 소유로 인한 빈부격차는 거의 없었다. 1960년대 이후의 급속한 산업로 소득분배가 소수 재벌에 집중되면서 경제력 집중은 심화되었지만, 노동 집약적 제조업의 산업 노동자와 신흥 중산층의 소득 증가로 인해 소득 불평등의 수준은 낮은 편이었다. 하지만 1970년대 중반, 정부의 중화학 공업화 추진 이후 소득분배가 악화되기 시작했다. 이 시기의 불평등은 재산소득보다 대부분 노동소득의 격차로 인한 것으로 보인다.

1987년 민주화 이후 노동운동이 활성화되고 노동자들의 실질소득이 지속적으로 상승하면서 불평등의 추이는 새롭게 변화했다. 1990년대 초반에는 소득 불평등을 측정하는 지니계수가 오히려 일시적으로 낮아지기도 했다. 그러나 1990년대 중반 이후 소득 불평등이 지속적으로 증가했고, 1997년 외환위기 이후에는 소득 불평등의 증가와 함께 자산 불평등도 사회문제로 부상했다. 이외에도 교육, 소비, 건강, 여가, 문화의 불평등이 새로운 사회현상으로 부각되었다. 이에 불평등에 관한 다양한 학문적, 정책적 연구가 제시되었다(신광영, 2013; 전병유·신진욱, 2016; 황규성·강병익, 2017).

사회의 불평등은 소득과 자산 이외에도 소비, 문화, 건강, 교육 등 다양한 측면에서 고려해야 한다. 불평등 연구에서 노동시장의 소득분배와 자산 불평등 자료가 가장 널리 활용되지만, 소비 불평등도 중요한 이슈이다. 사람들이 생산자보다 소비자로서 자기 정체성을 재정립하면서 소비의 불평등은 개인과 집단의 위계질서를 나타내는 매우 중요한 요소가 되고 있다. 자동차, 쇼핑, 해외여행, 관광, 외식, 여가의 불평등은 불평등에 대한 주관적 체감을 증폭시켰다. 이 외에도 교육, 연령, 세대,[4] 젠더, 성, 지역, 민족, 종족, 인종 등 다양한 사회적 기준에 따른 불평등도 중요하다.[5] 건강, 보육, 문화, 신뢰, 환경 등 질적 차원의 불평등 역시 고려해야 한다. 그럼에도 불구하고 가계 소득의 통계 자료를 구하기 쉽다는 이유로 많은 학자들이 이에 관한 연구를 수행하고 있다.

한국의 소득분배 지표는 2014년까지 통계청의 가계동향조사 자료로 작성되었으나 고소득층과 저소득층의 대표성이 심각한 문제로 제기되었다. 2015년부터 정부는 고소득층 표본 대표성이 더 높고 1인 가구를 포함한 가계금융복지조사 자료를 활용한 소득분배를 측정하기 시작했다. 또한 가계금융복지조사 자료를 국세청, 보건복지부 등의 행정 자료와 결합함으로써 통계의 정확도를 높이게 되었다. 이러한 변화로 2015년과 2016년 지니계수는 이전 가계동향조사 자료로 작성되던 것에 비해 더 악화된 모습을 보이고 있다(통계청, 2020b). 그러나 지니계수에 대한 신뢰도를 의심하는 학자들이 많다. 통계청의 가계소득 자료 수집 과정에서 응답 회피 또는 편향 등으로 정확한 소득 파악이 어렵다는 단점이 지적되고 있다. 특히 한국의 부유층이나 고소득 자영업자들이 소득을 축소하여 답변하는 경향이 강하다(이정우, 2010). 국세청의 개인 납세 자

---

4 일부 학자가 주장하는 '세대 불평등'과 달리 노동시장 소득분배의 세대 간 불평등은 증가하지 않았다. 2009년 이후 증가한 세대 불평등은 고령 인구의 증가로 인한 오해에 불과하며, 노동시장 소득 불평등 증가 때문이 아니다(신광영, 2013; 김창환·김태호, 2020).

5 사회정의에 대한 전통적 논의는 경제적 불평등에 맞서 자원의 공정한 분배를 강조했다. 이에 비해 악셀 호네스는 인정을 중심으로 새로운 사회정의 패러다임을 제시했다. 인정 패러다임은 문화주의적 관점을 강조하고 불평등하게 가치 평가된 정체성에 주목한다(프레이저·호네트, 2014).

료가 상대적으로 더 높은 불평등 수준을 보여주지만, 이 역시 조세회피와 탈세로 인해 통계 자료에 대한 신뢰의 문제가 제기된다.

그럼에도 불구하고 이 글은 현재 가장 광범하게 활용되는 소득과 자산 불평등에 관한 통계 자료를 검토한다. 앳킨슨, 팔마, 센 등 여러 학자들이 불평등을 측정하는 다양한 방법을 제안했지만, 이 글에서는 사람들에게 가장 널리 알려진 지니계수, 10분위 배율, 상위층 1%와 10% 소득집중을 중심으로 소개한다. 여기에서 소개하는 네 가지 측정 방법은 비교적 이해하기 쉽고 언론을 통해 사람들에게 널리 알려져 있다는 장점이 있다. 그러나 네 가지 측정 방법은 각각 다른 관점에서 불평등의 상이한 차원을 보여준다. 어쩌면 코끼리를 만지는 일과 비슷할지도 모른다. 누구는 코끼리의 귀를 만지고, 다른 사람은 코를 만지고, 누군가는 다리를 만지고, 또 어떤 사람은 몸통을 만지고 있는 것처럼 각자 다른 생각을 말하는 것과 비슷하다. 객관적 지표로 표현되는 숫자도 관점에 따라 다르게 표현될 수밖에 없다. 그럼에도 불구하고 네 가지 지표는 불평등의 복잡한 특성을 다양한 관점에서 보여주는 장점을 가진다. 이런 점에서 이 글은 불평등이 다차원적 특성에 주목해야 한다고 본다.

첫째, 불평등을 측정하는 지표로 가장 널리 알려진 지니계수는 1987년 민주화와 노동운동의 폭발 이후 수년간 낮아졌다가 다시 높아지는 추세를 보였다. 특히 1997년 외환위기 직후와 2007년 세계금융위기 직후에 급격하게 높아졌다가 2010년 이후에는 다시 약간 낮아졌다. 이 시기는 2007년 세계금융위기의 충격으로 전 세계적으로 불평등이 증가한 시기인데 한국의 상황은 이례적이다. 이는 정부의 사회지출의 증가에 따른 효과로 보인다. 그 후 한국의 지니계수는 경제 상황과 정부의 교체에 따른 정책의 변화에 따라 부침이 발생했다. 통계청 자료에 따르면, 한국의 균등화 처분가능소득 기준 지니계수는 2003년 (노무현 정부가 집권한 시기) 0.283에서 점차 상승하여 2009년 (이명박 정부가 집권한 시기) 0.32로 정점을 기록했다가, 2015년 (박근혜 정부가 집권한 시기) 0.295로 낮아졌다. 2016년 이후 가계금융복지조사 자료로 작성된 지니계수는 2016년 0.355로 악화되었으나, 2017년 0.354, 2018년 (문재인 정부가 집권한 시기)

0.345, 2019년 0.339로 점차 하락하는 것으로 나타났다. 2019년 한국의 지니계수는 0.339인데, 스웨덴(0.280), 독일(0.289) 등은 한국보다 지니계수가 상대적으로 낮고, 미국(0.390), 영국(0.366) 등은 한국보다 높다.

한국의 경우 자산 불평등의 지니계수가 소득 불평등보다 더욱 심각하다는 분석 결과가 있다. 한국 가계 단위의 처분가능소득 지니계수는 0.4259였다(남상호, 2015). 순자산으로 본 지니계수는 0.590으로 자산 불평등이 소득 불평등보다 심각했다(통계청, 2015). 자산은 주로 토지, 부동산, 금융자산을 포함하는데, 부동산이 가장 높은 비중을 차지한다. 한국의 경우 주식 배당, 주식 매매 차익 등 자본소득의 비중이 상대적으로 적은 편이다. 자산 불평등 수준의 국제 비교를 보면 선진 산업국가들보다 예외적으로 높은 것은 아니지만, 서울과 경기도 수도권의 부동산 가격 격차가 매우 큰 편이다. 특히 2021년 서울 강남 지역의 부동산 가격이 강북과 지방에 비해 지나치게 높은 점이 자산 불평등의 증가에 큰 영향을 준 것으로 보인다.

둘째, 소득 5분위 배율 또는 소득 10분위 배율도 소득 불평등도의 척도로 광범하게 사용되는 지표이다. 먼저 소득 5분위 배율은 소득 상위 20%(5분위)의 평균 소득을 하위 20%(1분위)의 평균 소득으로 나눈 값이다. 통계청에서 세계은행에 보고한 기준에 따르면, 기존 전국 2인 이상(농림어가 제외) 기준의 소득 5분위 배율은 2003년 5.34배에서 점점 상승하여 2008년 6.13배로 정점을 기록했다가 점차 하락하여 2016년 5.76배를 기록했다(통계청, 2021a). 국제 비교 자료를 보면, 2016년 기준 한국 5.76배, 미국 8.98배, 영국 5.92배, 캐나다 5.51배, 독일, 5.21배, 프랑스 5.03배, 스웨덴 4.67배로 나타났다. 가계금융복지조사 자료로 작성된 2011년 처분가능소득의 5분위 배율은 8.32배였고, 2012년 8.10배로 낮아졌고 이후 2013년 7.68배, 2015년 6.91배, 2017년 6.96배, 2019년 6.25배로 점차 하락했다.

1인 가구의 증가로 2021년 1분기부터 1인 가구 및 농림어가를 포함한 전국 1인 이상 일반 가구 대상으로 발표되었다. 통계청이 발표한 2021년 3분기 가계동향조사 결과에 따르면 1인 이상 가구를 기준으로 한 상위 20%와 하위 20%

의 격차는 5.34배로 나타났다(통계청, 2021c). 기존 기준인 2인 이상 가구(농림어가 제외)의 4.55배보다 0.79배 높게 나타난 것으로, 이는 1인 가구에 60세 이상 고령층, 무직 가구 등 상대적으로 저소득층이 많아 2인 이상 가구에 비해 소득수준이 낮아 소득격차가 상대적으로 커진 것으로 보인다. 전년 동 분기 대비 이전소득이 25.3% 증가했으며 그중에서 공적 이전소득은 30.4% 증가한 것으로 나타났다. 특히 코로나19로 인한 국민 지원금으로 공적 이전소득은 각 분위별로 비슷하게 나타났지만, 증가율로 보면 1분위는 21.8%, 5분위는 41.0%로 높아졌다. 공적 이전으로 인한 소득분배 개선 효과가 소득이 낮을수록 크게 나타나고 있는 것으로 보인다.

소득 10분위 배율을 나타내는 2019년 기준 소득 상위 10% 가구와 하위 10% 가구의 격차는 10.71배 수준이다(통계청, 2020a). 상위 10%가 월 1000만 원을 벌 때 하위 10%는 월 100만 원도 벌지 못한다. 2017년 자료를 바탕으로 계산한 OECD 국가별 가계소득 분위별 점유율을 보면, 상위 10% 소득 점유율(24.60%)은 하위 10%의 소득 점유율(2.91%)의 10배에 달했다. 1980년대의 격차가 약 7배 수준인 데 비해 크게 증가했다. 한국의 상위 10% 소득 점유율(25.80%)과 하위 10% 소득 점유율(2.04%)의 격차는 OECD 회원국 평균보다 높았다. 멕시코(1.76%, 36.38%), 칠레(1.85%, 36.67%), 미국(1.63%, 28.54%)은 여전히 소득격차가 가장 큰 국가들이며, 스웨덴(3.56%, 22.96%), 덴마크(3.89%, 21.70%), 독일(3.28%, 23.18%), 프랑스(3.48%, 24.05%) 등은 평균보다 낮았다(OECD, 2020b).

셋째, 최근 최상위층의 소득과 자산의 구성 비율로 불평등을 측정하는 방법이 관심을 끌고 있다. 프랑스 경제학자 토마 피케티가 『21세기 자본』에서 상위 1%, 10%의 소득과 자산의 구성비를 사용한 것이 대표적이다(Piketty, 2014). 피케티와 그의 동료 경제학자들은 지니계수 대신 상위 1%와 10%의 소득과 부의 집중도를 조사했다(알바레도 외, 2018). 1990년 이후 2010년까지 OECD 회원국 가구당 실질 가처분소득은 연간 1.7%씩 상승했다. 그러나 이는 소득 상위 10%에 집중되었다. 소득 하위 10% 가구의 소득은 소득 상위 10%의 1/10

정도에 불과하다. 2016년 1%의 최상위 부유층은 전체 자산의 33%를 보유하고 하위 95%가 가진 것보다 더 많이 가지고 있었다. 하위 75%는 단지 10%만 보유하고 있다(World Inequality Lab, 2018: 13). 1%의 최상위 부유층은 2017년의 전 세계 자산 증가 총액의 82%를 보유했지만, 하위 50%는 자산 증가가 전혀 없었다. 전 세계 최상위 부자 61명의 자산 총액은 최하위 50%의 자산 총액과 비슷했고, 최상위 1%의 자산이 나머지 인구의 전체 자산보다 더 많았다(Oxfam, 2018: 8, 10).

김낙년이 국세청 개인 납세 자료를 토대로 계산하여 '세계의 부와 소득 데이터베이스(World Wealth and Income Database)'에 제출한 소득집중도의 통계에 따르면, 1979년부터 2012년의 기간 동안, 한국의 상위 10%의 소득이 총소득에서 차지하는 비중은 27.03%에서 44.87%로, 최상위 1%의 소득이 총소득에서 차지하는 비중은 7.17%에서 12.23%로 상승했다(김낙년, 2018). 실질소득의 변화는 더 극명한 불평등의 추이를 보여준다. 1979년부터 2011년의 기간 동안, 상위 0.1% 가구의 연간 소득은 1억 3100만 원에서 7억 9500만 원으로 약 6배 증가했고, 상위 10% 가구의 연간 소득은 1700만 원에서 7900만 원으로 약 4.6배 증가했다. 그러나 같은 기간 하위 90% 가구의 연간 소득은 500만 원에서 1100만 원으로 2.2배 증가하는 데 그쳤다. 특히 하위 90% 가구의 연간 소득은 1997년 이후 전혀 증가하지 않고 있다. 한국의 상위 10% 소득집중도는 17~18% 수준에 달하는 미국보다는 낮지만, 프랑스, 일본에 비하면 높은 편이다(김낙년, 2018).

홍민기는 국세 통계 자료를 이용하여 1958년부터 2013년까지 최상위 소득 비중의 추이를 분석했다. 그의 논문에 따르면, 최상위 소득 비중은 1960년대와 1970년대 급격히 증가했다가 1980년대에는 정체했는데 2000년대 이후에는 다시 급격하게 증가했다(홍민기, 2015). 최근 최상위 소득 비중이 급격히 증가한 결과로 최상위 소득집중도는 국제적으로 비교해서 매우 높은 수준이다. 2016년 기준 한국의 상위 10%의 소득집중도는 43.3%였다. OECD 회원국 21개국의 소득집중도를 분석한 결과를 보면, 한국의 상위 10% 소득집중도는 4위였다. 칠레가 54.9%로 21개국 중 소득집중도가 가장 높았고, 그 뒤로 터키(53.9%) 미국(47.0%)의 순이었다. 상위 1%의 소득집중도는 12.2%였다.[6] OECD 회원국의 소득집중도와 비교하면 한국의 상위 1% 소득집중도는 8위였다. 영국(13.9%), 캐나다(13.6%), 폴란드(13.3%), 독일(13.2%)이 한국보다 상위 1%의 소득집중도는 더 높았다(World Inequality Database, 2018).

최상위층의 자산 집중도도 큰 관심을 끌고 있다. OECD 회원국 상위 1%의 자산 점유율은 평균 18.44% 수준이며, 상위 10%가 전체 가계 자산의 50% 이상을 점유하고 있다. 반면, 하위 60%의 가계 자산 점유율은 평균 12.06%에 불과하다. OECD 회원국 상위 10%의 가계 자산 점유율은 평균 51.56%로, 슬로바키아를 제외하고는 모두 40% 이상으로 나타난다. 미국의 경우, 상위 1%와 5%대의 자산 집중도가 각각 42.48%, 68.05%이고, 상위 10%에 자산의 79.47%가 집중된 것으로 나타나 조사된 국가들 중 상위 집단 집중도가 가장 높게 나타났다. 한국의 경우, 상위 1%의 자산 점유율은 9.70%로 24개국 가운데 21번째로 나타난다. 한국의 상위 10%의 가계 자산 점유율이 42.40%인 반면 하위 60%의 점유율은 16.20%로 나타나 상대적으로 상위계층의 자산 집중도는 낮은 것으로 평가된다(권일·김미애, 2021).

자산 소득이 불평등에 미치는 효과가 미국과 유럽 국가에 비해 낮은 이유는 크게 두 가지로 보인다. 첫째, 한국의 중산층은 노동과 사업소득으로 부동산 자산을 축적하는 경향이 강했다. 중산층의 주택 구입은 급속한 경제성장기에 토지와 주택 가격이 상승할 것으로 기대하는 동시에 노후 생활을 위한 자산 복지의 목적을 가지는 경우가 많았다.[7] 둘째, 최상위층은 주식 배당과 매매 이익보다 기업을 지배하는 목적으로 주식을 보유하는 경향이 강하다. 대기업은 사

---

6   상위 10% 계층에 진입하기 위한 경계소득은 연소득 5141만 원, 상위 1%의 경계소득은 1억 3265만 원이었다.

7   최근 2021년 부동산 가격의 급상승이 어느 정도 자산 불평등에 영향을 미쳤으리라고 짐작할 수 있지만, 시기상 자료 수집의 한계로 다룰 수 없었다. 한편 한국의 부동산 가격 통계의 신뢰가 낮다는 지적이 많아 좀 더 면밀한 조사가 필요하다. 또한 서울과 지방, 강남과 강북의 자산 가격 격차를 고려하면 체감하는 부동산 격차는 훨씬 높다고 볼 수 있다.

내 보유금을 축적하거나 주식 지분을 확대하기 위해 자사주 매입에 나서는 경우도 있다.

한국의 경우, 2011~2019년 기간 중 가구의 자산은 연평균 4.1% 증가했는데, 동 기간 우리나라 가계의 자산은 부동산, 특히 거주 주택을 중심으로 증가했다. 2019년 기준 가구의 자산에서 실물자산이 차지하는 비중은 76.4%로 실물자산은 대부분 부동산(71.8%)이며, 가구의 자산에서 거주 주택이 차지하는 비중은 42.5%로 나타났다(권일·김미애, 2021). 2011~2019년 기간 중 수도권 거주자의 소득은 연평균 4.6%, 자산은 3.7%, 실물자산은 3.5%, 순자산은 3.6% 증가한 데 비해, 비수도권 거주자의 소득은 연평균 4.7%, 자산은 5.0%, 실물자산은 5.1%, 순자산은 4.5% 증가했다. 수도권과 비수도권 간의 자산 격차가 2011년에서 2015년 기간 중에는 축소되다가, 2015년 이후 다시 확대된 것은 2015년 이후 비수도권보다 수도권에서 주택 가격이 상대적으로 빠르게 증가한 것에서 기인한다(권일·김미애, 2021: 22).

넷째, 상대적 빈곤율과 빈곤 갭(poverty gap) 비율은 빈곤의 측정에서 널리 활용되는데, 불평등을 보여주는 수단으로 간주되기도 한다. 엄밀한 의미에서 상대적 빈곤과 불평등은 다른 개념이지만, 서로 긴밀하게 연결된 경우가 많다(김윤태·서재욱, 2013). OECD는 가구별 가처분 중위 소득의 50%를 기준으로 빈곤율을 측정한다. 빈곤율의 국제 비교를 보면, 빈곤율이 낮은 국가가 불평등의 수준이 낮은 반면 빈곤율이 높은 국가가 불평등 수준이 높다. 한국의 상대적 빈곤율은 2003년 12.1%에서 2009년(이명박 정부가 집권한 시기) 15.4%로 정점을 기록한 후 2015년 13.8%로 하락했다.[8] 2016년 이후 가계금융복지조사의 계산 결과로는 2016년(박근혜 정부가 집권한 시기) 17.6%로 상당히 높아졌으나, 2017년 17.3%, 2018년(문재인 정부가 집권한 시기) 16.7%, 2019년 16.3%로 점차 하락하고 있다(통계청, 2020a). 2013년 이후 기초연금의 확대와 근로소득 세액공제 등

---

8 가계동향조사의 시장소득 중위 40% 기준일 때 빈곤율 수치이며, 처분가능소득 기준 중위 소득 50%는 2015년 12.8%로 나타났다.

으로 저소득 노인인구를 포함한 최하위 1분위 소득이 증가하여 소득분배의 지표가 나아진 것으로 보인다. 하지만 아직도 한국의 상대적 빈곤율은 상대적으로 매우 높은 편이다. 2018년 기준 OECD 국제 비교 자료를 보면, 한국의 상대적 빈곤율은 16.7%로, 코스타리카, 미국, 이스라엘에 이어 4번째로 높았다. 한국의 빈곤율은 대륙 유럽 국가와 북유럽 국가의 2배에 이른다(OECD, 2021b).[9] 특히 노인 빈곤율은 거의 43.4%로 세계에서 가장 높은 수준이다. 이는 OECD 평균(14.8%)의 약 3배 수준이다.

빈곤 갭 비율은 소득분포 가운데 상대적으로 저소득층의 소득이 낮은 경우에 높게 나타난다. 한국의 빈곤 갭 비율은 34.2%로 OECD 회원국 가운데 여덟 번째로 심각하며, 회원국 평균 29.07%에 비해서도 크게 높다(OECD, 2021b).[10] 한국의 경우 특히 임금노동에 종사하는 노인인구의 증가가 빈곤 갭 비율을 높였을 것으로 추정된다. 또한 영세자영업자의 소득 하락도 영향을 미쳤을 것으로 보인다. OECD의『OECD 경제보고서: 한국 2018(OECD Economy Surveys: Korea 2018)』를 보면, 한국의 비정규직 노동자 비율은 22%로 OECD에서 5번째로 높고, OECD 평균의 두 배 이상이었다(OECD, 2018). 한국의 임금격차는 OECD에서 두 번째로 높으며, 2016년 정규직 노동자의 거의 1/4(23.5%)이 저임금 노동자였다(OECD, 2018). 저임금 노동자는 중위 임금의 3분의 2 미만의 임금을 받는 사람을 가리킨다. 저임금 비정규직 노동자의 증가가 빈곤율에 영향을 미쳤을 것으로 보인다. 2020년 한국의 저임금 노동자는 16%로 약간 감소했지만, OECD 회원국 평균 13.9%보다 높다(OECD, 2021d).

앞에서 볼 수 있듯이 불평등을 측정하는 방법은 매우 다양하다. 통계 분석에 활용되는 자료는 주로 국제기구와 각국 정부의 가계소득과 개인 납세 자료이

---

9   OECD 기준에 따르면, 중위 소득의 50~150%를 중간계급 집단(middle income group), 50% 미만을 하위층, 150% 초과를 상류층으로 분류했다. 2019년 이후 중간 소득계층을 70~200%로 변경했다(OECD, 2019a).

10 빈곤 갭 비율이란 전체 빈곤 가구의 소득을 빈곤선까지 올리는 데 필요한 비용의 총합인 빈곤 갭을 빈곤층의 전체 수와 빈곤선을 곱한 값으로 나눈 비율이다. 빈곤 갭 비율은 전체 빈곤 가구의 소득이 평균적으로 빈곤선 이하 어느 수준에 있는지 측정한다.

다. 가계소득을 활용한 지니계수, 5분위 또는 10분위 분배율, 상대적 빈곤율의 측정은 비교적 용이하다는 장점을 가지고 있다. 이 가운데 지니계수가 가장 많이 활용된다. 하지만 지니계수는 사회 전체의 소득분포 수준을 보여주기 때문에 여성, 청년, 노인 등 특정한 인구 집단의 비교는 어렵다. 이에 비해 5분위, 10분위 배분율은 상위층과 하위층의 격차를 직접 비교할 수 있다. 상위층 1%와 10%의 소득과 자산 집중도의 측정을 통해서도 불평등을 파악할 수 있다. 한편 빈곤층의 범위와 깊이를 이해하기 위해서 OECD와 유럽연합(EU)은 빈곤을 측정하는 방식으로 상대적 빈곤율과 빈곤 갭을 활용한다. 이는 저소득층의 생활수준을 통해 사회의 불평등을 보여준다.

다양한 측정 방법에 따른 한국의 불평등은 상당히 혼란스럽게 보일 수 있다. 앞에서 살펴보았듯이 국제 비교를 보면, 지니계수와 10분위 또는 5분위 배율은 중간 수준에 머무르고 있다. 한편 상대적 빈곤율은 상당히 높은 수준이고, 소득 1%, 10% 집중도는 미국과 함께 세계 최고 수준이다. 가구소득 조사와 개인소득 조사 결과도 다르다. 일반적으로 가구소득 통계를 주로 활용하지만 상당수 학자들이 설문조사를 통한 조사방법의 한계 때문에 국세청 납세 자료를 이용해야 한다고 본다. 피케티의 상위층 1%, 10%의 소득집중도에 대한 분석 결과가 대표적이다. 하지만 국세청 납세 자료 역시 완전하게 객관적인 자료로 보기 힘들기 때문에 소득의 집중은 더 클 수 있다. 현재 불평등을 측정하는 어떤 방법도 완벽하지 않으며 모든 학자들을 만족시킬 수 있는 방법은 없을 것이다. 다양한 측정 방법에 따라 불평등은 상이한 특징을 보여주는데, 이는 **불평등의 다차원성**으로 이해할 수 있다. 이런 점에서 불평등의 측정 자료를 복합적으로 해석할 필요가 있다. 이는 불평등의 원인과 과정을 해석하는 이론적 논쟁에도 큰 영향을 미친다.

3. 불평등의 원인과 과정

왜 불평등이 증가하는가? 전통적으로 주류 경제학은 사이먼 쿠즈네츠(Kuznets, 1955)의 경제성장과 소득 불평등의 관계에 대한 경험적 분석을 토대로 역U 자 이론처럼 경제성장에 따라 불평등이 감소할 것으로 예상했다. 그러나 이러한 예측과 달리 지난 30년 동안 전 세계적으로 불평등이 증가하면서 학계와 정치권에서 뜨거운 논쟁이 폭발했다. 불평등의 원인에 대한 연구는 크게 세 가지 관점으로 분류할 수 있다. 첫째, 구조적 관점은 세계화, 기술 진보, 인구 변화와 같은 구조적 변화가 빈곤과 불평등을 증가시켰다고 본다. 둘째, 정치경제학적 관점은 기업지배구조, 기업의 전략, 노동조합의 단체교섭 역량과 같은 행위자 차원에 주목하며, 특히 기업과 노동조합의 권력관계의 불균형에 주목한다. 셋째, 제도적 관점은 다양한 교육, 복지 등 사회제도, 선거제도, 정치체제 등에 관심을 가지면서 특히 정부의 조세정책과 사회정책의 역할을 강조한다.

불평등의 원인에 대한 연구를 보면 학자에 따라 매우 다양한 주장이 제시되었다. 현실에서 구조적 차원, 행위자의 차원, 제도적 차원은 서로 긴밀하게 얽혀 있고, 상호 영향을 미치며, 명확하게 분리하기 매우 어렵다. 그럼에도 불구하고 지구화와 기술 진보, 인구 변화 등 구조적 조건보다 기업, 노동조합, 정부 등 행위자의 역할이 빈곤과 불평등에 미친 영향에 대해 주목할 필요가 있다. 비슷한 구조적 조건과 외부 환경의 변화에도 불구하고 국가별로 불평등 수준이 다르기 때문이다. 이러한 관점은 세계화, 기술 진보, 인구의 변화가 자동적으로 빈곤과 불평등을 악화시키는 것이 아니라, 개별 국가 차원에서 기업, 노조, 정부의 권력관계에 따라 상이한 불평등 수준이 나타나고 있음을 강조한다. 특히 기업지배구조, 기업의 산업 투자와 고용 전략, 노동조합의 단체교섭 능력 등의 역학 관계에 따라 형성되는 사회제도, 선거제도, 정치체제에 따른 정부의 조세정책과 사회정책에 따라 빈곤과 불평등의 수준이 크게 달라진다고 강조한다. 이 글은 다양한 국가의 사례를 검토하면서 구조적 관점, 정치경제학, 제도주의 관점을 평가하고, 한국 사회에서 불평등이 커지는 요인도 살펴볼 것이다.

1) 지구화의 불균등 효과

1997년 한스피터 마르틴과 하랄트 슈만의 『세계화의 덫』이 한국에서 커다란 인기를 끌었다. 그들은 지구화(globalization)가 불평등을 심화시켜 '20∶80 사회'를 만들 것이라고 예측했다(Martin and Schumann, 1997). 비슷한 시기에 많은 학자들이 지구화가 불평등을 심화시켰다고 주장했으며, 반세계화 시위대는 1999년 시애틀에서 세계무역기구(WTO) 국제회의를 반대하는 격렬한 시위를 벌였다. 실제로 기업의 경제활동이 지구적 수준으로 확장되어 기업 간 경쟁이 치열해지자 유럽과 미국의 기업들이 저임금 노동자를 찾아 해외로 이전하면서 선진국 노동자의 일자리가 사라졌다. 하지만 노동자들은 고임금을 찾아 다른 나라로 자유롭게 이주할 수 없다. 결국 유럽과 미국의 제조업이 공동화되고 노동자들은 실업자가 되었다. 뒤늦게 경제적 지구화에 뛰어든 중국과 인도의 소득 불평등도 급속도로 증가했다.

그러나 경제적 지구화가 곧 소득 불평등을 약화시켰는지는 의문이다. 수출 의존도가 높고 해외 투자가 많은 국가들이 반드시 불평등 수준이 더 높은 것은 아니다. 독일, 스웨덴 등은 대외 의존도가 높아도 상대적으로 불평등 수준은 낮은 편이다. 한국의 경우에도 1990년대 초반까지 수출 주도 산업화를 추진하는 동안 불평등 수준은 낮은 편이었다. 1990년대 후반 이후 자본 자유화와 해외 직접 투자가 확대되면서 불평등이 증가했지만 지구화가 곧 불평등을 증가시켰다는 직접적인 증거는 약하다. 경제의 지구화가 많이 이루어진 나라조차도 불평등의 증가는 대부분 비정규직 노동자의 증가와 이민 노동자의 낮은 임금으로 인한 경우가 많다. 비정규직 노동자의 증가는 모든 국가에서 공통적으로 나타나지만, 이는 세계화의 직접적 결과라기보다 제조업의 약화와 노동시장의 유연화로 인한 영향이 더 크다.

1991년 소련의 붕괴 이후 세계경제의 통합이 급속도로 이루어지면서 선진 산업국가의 고소득층 엘리트들은 막대한 혜택을 누렸지만, 중하위층은 최대 패자가 되었다. 세계화가 진행되면서 해외 이주노동자가 대거 국내로 진입하여 저숙련 노동자의 임금이 낮아진다는 우려가 커졌다. 이주노동자와 난민이 증가하면서 복지 혜택에 무임승차를 한다는 불만도 커졌다. 이러한 대중적 불만이 정치적으로 이용되면서 유럽과 미국에서 극우 정당이 부상했다. 신자유주의적 지구화를 주도한 미국과 영국에서 반지구화 운동과 보호무역주의가 거세지는 것은 주목할 만하다. 자유무역으로 직접적 타격을 받은 노동 집약적 산업의 노동자의 피해가 큰 것은 사실이다. 미국 경제학자 대니 로드릭은 지구화로 인해 가장 타격을 받은 계층이 저숙련 노동자이며, 이들의 저항이 합리적 이유가 있다고 인정했다(Rodrik, 2011). 한국에서도 기업의 해외 이전으로 일자리를 잃은 노동자와 농산물 수입 개방으로 소득이 감소한 농민들이 강력하게 저항했다.

노동자와 농민의 저항에도 불구하고 경제적 지구화는 급속하게 확대되었다. 특히 중국의 세계무역기구 가입 이후 세계의 제조업 공장의 지각 변동이 일어났다. 1990년대 이후 선진국 정부들이 기업의 해외 이전을 막기 위해서 법인세, 소득세를 인하하고 공공사회지출을 줄이면서 '복지국가 위기론'이 현실화 될 것이라는 예측이 확산되었다. 마르크스주의 학자들은 세계 자본의 자유로운 이동과 무역의 확대로 '바닥을 향한 질주'가 발생할 것으로 예측했다. 그러나 '복지국가 위기론'과 반대로 지난 30년 동안 선진 산업국가들의 국내총생산 대비 전체 공공사회지출의 비중은 거의 감소하지 않았다. 1980~1998년 사이의 OECD 회원국의 국내총생산 중 총공공사회지출의 평균 비율은 9% 정도 증가했다. 이는 지난 20년 동안 평균 2배로 확대된 것이다(Castles, 2004).

한국에서도 1990년대 후반 김대중 정부가 자본시장 개방 등 경제의 지구화를 급속하게 추진하는 동안에도 지속적으로 정부의 공공사회지출 비율이 증가했다. 지구적 경제의 출현이 반드시 공공사회지출을 제약하고 복지국가를 약화시킨다는 주장은 설득력을 갖기 어렵다. 그런데 여기에서 심각한 문제는 1990년대 후반 이후 한국 정부의 지속적인 공공사회지출의 증가에도 불구하고 지속적으로 불평등이 증가했다는 점이다. 1990년대 이후 지구적 경제 엘리트와 수출 지향적 대기업 임원들의 소득이 급속하게 증가한 데 비해 저숙련 노동자의 소득이 정체되는 현상이 전적으로 지구화의 결과라고 단정하기는 어렵다. 이러한 현상은 주로 기술 진보로 인한 산업 구조의 변화로 인한 결과라는 주장이 제기되었다.

2) 기술의 진보와 산업 구조의 변화

1990년대 제러미 리프킨은『노동의 종말』에서 정보통신기술의 급속한 도입으로 인해 광범한 사무 관리직 일자리가 사라지고 있다고 주장했다(Rifkin, 1995). 그러나 리프킨이 예측한 대로 일자리가 줄어 실업률이 크게 증가한 것은 아니다. 정보기술이 대량 실업을 양산하거나 '고용 없는 성장'을 만들 것이라는 비관적 예언과 달리 2000년대 이후 가장 탈산업화 속도가 빨랐던 미국의 실업률은 급증하지 않았다. 로버트 고든의 연구에 따르면, 미국 경제에서 제조업 일자리가 줄어드는 대신 정보통신산업과 서비스업 일자리가 차지하는 비중이 높아졌기 때문이다(Gordon, 2016). 하지만 서비스업의 생산성은 제조업보다 낮았으며, 이로 인해 저임금 일자리가 빠르게 늘어났다. 서비스업 일자리의 질은 그전보다 심하게 양극화되는 경향을 보인다. 고숙련 대 저숙련, 정규직 대 비정규직, 대기업 대 중소기업 노동자들 사이의 임금격차가 증가했다. 제조업과 서비스업 일자리 사이의 격차도 커졌지만, 같은 산업 분야에서도 임금 불평등이 계속 증대했다(Iversen and Wren, 1998).

기술의 진보에 따른 산업 구조의 변화를 강조하는 관점은 주류 경제학계에서 크게 관심을 끌었다. 이 관점은 불평등을 기술과 개인의 교육수준의 불일치로 인한 것으로 본다. 그리고 기술의 진보가 노동시장의 양극화에 영향을 미쳤다고 본다(Autor, Katz and Krueger, 1998). 클라우디아 골딘과 로런스 카츠는 기술의 진보가 교육의 변화를 앞지르면 일반적으로 불평등이 증가하고, 교육 성취가 빠르게 증가하면 불평등은 종종 감소한다고 주장한다(Goldin and Katz, 2009). 에릭 브린욜프슨과 앤드루 맥아피는『제2의 기계시대』에서 디지털 기술은 번영의 엔진이면서 격차의 엔진이라고 주장했다. 그들은 2000년 이후 디지털 기술이 미국 경제를 이끌고 있지만, 소득격차와 승자 독식 사회를 만들고 있다고 분석했다(Brynjolfsson and McAfee, 2014). 이들의 분석에 따르면, 2012년 기준 미국의 상위 10%가 전체 소득의 50% 이상을 차지했다. 이는 1929년 대공황 이후 최초로 발생한 현상이다. 상위 0.01%의 소득은 총소득의 5.5%를 차지한다. 이들은 주로 디지털 기술의 혁신을 주도하는 개발자와 투자자들로, 인공지능(AI) 기술이 응용되면 더 많은 부를 축적할 기회를 가질 수 있다(Kaplan, 2015). 이처럼 오늘날 디지털 기술의 수익은 노동자보다 자본 또는 로봇 소유자에게 집중되는 구조이다.

주류 경제학은 기술의 진보로 불평등이 커지고 숙련 노동자에 대한 요구가 상대적으로 상승했다고 설명한다. 그러나 기술 결정론은 자본 투자, 고용관계, 노사관계에 대한 설명을 무시하는 경향이 크다. 1980년대 중반 이후 선진 산업 국가의 불평등의 추이를 보면, OECD 회원국 가운데 미국, 영국, 캐나다, 독일의 불평등은 높아진 반면, 오히려 벨기에, 네덜란드, 프랑스는 낮아졌다. 만약 기술의 진보가 불평등의 주요 변수라면 경제 발전의 수준, 산업 구조, 교육과정, 직업훈련이 비슷한 국가에서 비슷한 결과를 보여야 할 것이다. 그러나 비슷한 산업 구조와 교육 구조를 가지고 있는 미국, 캐나다, 영국, 호주, 뉴질랜드의 불평등의 수준은 상당히 다르다(김윤태, 2017: 128).

주류 경제학의 인적 자본(human capital) 이론은 저임금 일자리가 많아지는 이유가 저숙련 일자리가 늘어나기 때문이라고 주장한다. 그러나 지난 수십 년 동안 미국에서 저숙련 일자리가 전체 고용에서 차지하는 비중은 감소했는데도, 오히려 저임금 일자리의 비중은 커지고 있다(Gordon, 2016). 노동시장 유연화로 시간제 일자리와 임시직 고용이 증가했기 때문이다. 한편 기업의 최고경영자(CEO)는 노동자의 임금보다 기업 이익을 우선적으로 고려하는 고용 계약을 결정하고, 투자할 산업과 지역도 결정할 수 있는 권력을 가지고 있다. 결과적으로 미국 국내총생산에서 노동자의 임금이 차지하는 비중은 낮아졌다. 이런 점에서 볼 때 소득 불평등의 확대는 기술의 진보보다 기업과 노동자 간의 역학 관계의 불균형으로 인한 결과로 볼 수 있다.

앤서니 앳킨슨은 향후 미국의 일자리 가운데 약 47%가 자동화(automation)로 사라질 것으로 예측했다(Atkinson, 2015). 한국 제조업의 자동화 수준은 미국, 일본, 독일을 제치고 세계 최고 수준이 되었다. 1990년대 이후 한국의 대기업도 고숙련 인력의 양성 대신 노동력을 로봇으로 대체하는 자동화를 도입했다. 제조업 취업자 1만 명당 산업 로봇의 수가 350대를 넘어 2013년 일본을 앞질렀다. 한편 대기업은 장기적인 관점에서 부가가치를 높이는 기업 간 협력 관계보다 기업 업무를 외주화(아웃소싱)하는 계약을 통한 생산비 절감을 추구했다. 이로 인해 대기업의 고용 비중이 급속하게 줄어들고 대기업과 중소기업의 임금격차는 커지고 있다. 기계의 도입과 고용 계약의 성격을 결정하는 기업에 특별한 지위를 부여할수록 불평등이 커지는 것이다.

산업 구조의 변화는 소득 불평등을 심화시켰다. 기술의 진보에 의해 고학력, 숙련 노동자의 생산성이 증가하면서 임금 프리미엄(wage premium)이 증가했다. 반면에 저학력, 저숙련 노동자의 일자리는 점차 사라졌다. 한국에서도 1990년대 중반 이후 제조업의 고용이 크게 줄어들었다. 제조업 고용 인구가 1991년 516만 명에서 2009년 394만 명으로 급속하게 줄어들었다(이정전, 2017: 154). 특히 경공업 분야 비숙련 노동자의 일자리가 사라졌다. 기술의 진보에 따라 노동 절약적 생산이 확산되면서 고용유발계수가 낮아졌다. 경제성장률과 국내총생산이 증가해도 산업의 새로운 고용 창출 효과는 미비했다. 기업은 막대한 수익을 기술개발에 투자함과 동시에 노동절약생산을 채택하여 기업 성장을 통한 노동자의 소득을 증대시키는 낙수효과를 기대했으나 이러한 낙수효과는 전혀 발생하지 않았다. 노동 절약 기술이 확산되는 과정에서 많은 노동자들이 서비스 분야의 저임금, 저숙련 일자리로 밀려났다. 이들 중 상당수가 10인 미만 영세업체에서 일한다. 이들은 비정규직이 되거나 실업자가 될 위험이 매우 크다. 이러한 급속한 산업 구조의 전환 과정에서 하위층의 소득이 크게 감소했다.

기술의 진보에 의해 중간 수준의 기능직이 사라지고 고소득의 관리직과 저임금의 기능직만 남는 '공동화(hollowing out)' 현상이 발생하면서 중간계급이 사라지고 있다. 동시에 미국의 대기업 최고경영자와 노동자의 평균임금격차는 역사상 최대 수준으로 증가했다. 피케티는 경제성장률보다 더 높게 자본소득분배율이 지속적으로 증가하는 현상을 분석했다(Piketty and Saez, 2014).[11] 한국에서도 1998년 외환위기 이후 재벌 대기업 최고경영자의 임금은 천문학적인 고액 연봉으로 급상승한 반면, 노동자의 실질임금은 거의 정체 상태에 머물렀다. 만약 대기업 최고경영자의 연봉이 기술의 진보에 의해 이루어졌다면 엔지니어, 과학자, 기술자, 개발자의 소득도 크게 증가해야 했지만, 현실은 그렇지 않았다. 기업의 최고경영자는 자신의 임금을 스스로 결정하는 재량을 가지고 있기에 그들의 지나치게 높은 임금 수준은 노동자에 비해 더 많이 가진 권력의 결과로 볼 수 있다. 기술의 진보가 모든 사람들에게 비슷한 기회를 주기보다 상위층에게만 더 많은 혜택을 주고 있다. 결과적으로 전체 소득에서 차지하는 자본소득 분배율은 높아지는 반면 노동소득 분배율은 낮아졌다. 브라이언 킬리의 OECD 보고서에 따르면, 1980년 상위 10%가 하위 10%보다 약 7배 높은 임금을 차지했으나, 2015년에는 거의 9.5배 높았다. 킬리는 기술의 진보가 자본-노동 소득 분배율 변화의 약 80%를 설명한다고 주장했다(Keeley, 2015). 마치 산업화가 장기적으로 소득수준의 향상에 영향을 미쳤지만, 산업혁명 초기에 많은 노동자들이 어려움을 겪은 것과 비슷할지도 모른다. 지금도 새로운 기술이 전통적 기술의 가치를 떨어뜨리고 있을지 모른다.

　한국에서 제조업과 서비스 산업의 임금격차도 지속적으로 커지고 있다. 1990년대 초반까지는 산업별로 소득격차가 심하지 않았으나, 이후 점차 확대되는 추세이다. 2012년을 기준으로 보면, 평균 소득이 가장 높은 산업은 금융

11　피케티에 따르면, 1700년부터 2012년까지 300여 년 동안 전 세계 경제성장률이 연평균 1.6%이었고, 1인당 국민소득 증가율은 0.8%였다. 반면에 자본의 연평균 수익률은 대공황과 세계대전을 제외하고 높을 때는 7~8%, 낮을 때는 4~5%를 유지했다. 역사적으로 보면, 세계화와 기술의 진보로 인해 자본의 규모가 클수록 자본수익률이 증가했다. 이렇게 자본수익률이 경제성장률보다 높을수록 필연적으로 불평등이 증가한다. 또한 국민소득 대 자본총액의 비율(자본/소득 비율)이 증가하면서 부의 세습이 더욱 심화된다(Piketty and Saez, 2014).

업, 사회서비스업, 제조업 등의 순이다. 반면 가장 낮은 것은 개인서비스업이다. 개인서비스업은 최근 들어 농림어업보다 낮아졌다(강신욱 외, 2013). 개인서비스업이나 사회서비스업 등 소득 증가율이 낮은 산업의 비중이 상대적으로 빨리 확대된 반면, 금융업이나 제조업과 같이 소득 증가율이 높은 산업의 비중은 천천히 증가하거나 감소하는 추세를 보인다. 하지만 산업구조 간 불평등이 사회 전체의 불평등에 결정적 영향을 미친다고 보기는 어렵다. 오히려 동종 산업 내부에서 불평등이 더 커지는 경향이 나타나고 있다. 동종 산업 내부의 정규직 대 비정규직의 격차가 더욱 커지고 있기 때문이다. 이는 시간제, 임시직 등 저임금 일자리가 증가하는 노동유연화와 밀접한 관련이 있는 것으로 보인다.

3) 인구구조의 변화와 고령화

지난 수십 년 동안 불평등이 증가한 원인으로 경제 지구화와 기술 진보에 비해 인구구조의 변화에 대한 관심은 상대적으로 적었다. 하지만 최근 경험적 연구를 보면, 지난 수십 년 동안 인구구조의 변화는 불평등의 심화에 중요한 영향을 미치고 있다. 특히 인구 고령화와 함께 저소득 노인인구가 증가할 때 불평등이 빠르게 증가한다. 한국은 OECD 국가들 중 고령화 비율이 13.8%로 선진국에 비해 낮은 편이지만, 고령화율의 속도가 가장 빠른 나라 중 하나이다 (OECD, 2017b). 한국의 노인 빈곤율은 OECD 국가 중 가장 높은 수준이며, 지난 20년 동안 생활고로 인한 노인의 자살율도 세계 최고 수준이다. 통계청에 따르면, 한국의 노인 빈곤율은 2013년 47.7% 이후 조금씩 감소하고 있으나 2018년 기준 은퇴연령층(66세 이상)의 상대적 빈곤율은 43.4%로 OECD 가입국 중 가장 높은 수준으로 나타났다(통계청, 2021d).

미국의 노인 빈곤율은 2009년 19.4%에서 2017년 23.1%로 증가했고, 독일의 노인 빈곤율은 2009년 10.7%에서 2017년 10.2%로 감소했으며, 핀란드의 경우도 2009년 10.7%에서 2017년 6.3%로 오히려 감소했다(OECD, 2021a). 사회민주주의 복지국가들은 고령화 비율이 높음에도 불구하고 노인 빈곤율과 지니계수가 낮은 편이다. 한국과 같이 국민연금 등 복지제도가 미흡하고 노인 빈곤율이 매우 높은 사회에서는 인구 고령화와 함께 불평등이 심화되는 경향이 나타난다.

한국의 노인 빈곤율의 증가에는 몇 가지 중요한 특징이 나타난다. 첫째, 노인 연금제도의 도입이 너무 늦었으며 연금의 소득 대체율이 매우 낮다. 현재 노인인구 가운데 연금 혜택을 받는 비율은 절반이 되지 않으며, 수급액이 너무 낮아 적정한 생활수준을 영위하기 어려운 경우가 많다. 둘째, 저소득층의 1인 가구 비율이 지속적으로 증가하고 있다. 가구원 수 축소 현상은 1인 가구에 노인이 많이 분포하고 있다는 점에서 노인 빈곤의 증가에 영향을 주고 있다. 특히 사별 등의 이유로 인한 경제력이 없는 여성 노인 1인 가구의 증가는 노인 빈곤율에 큰 영향을 미치고 있다. 셋째, 경제활동이 가능한 노인이 감소하는 반면 실업자와 비경제활동인구에 포함된 노인이 증가하고 있다(김태완 외, 2020).

2017년 OECD의 보고서에 따르면, 인구 고령화는 세대 내 불평등을 증가시킬 뿐만 아니라 세대 간 불평등도 함께 증가시킨다. 더 나아가 인구 고령화로 인한 불평등 심화는 현재 젊은 세대에게는 더욱 심각한 문제로 다가올 것이라고 경고하고 있다(OECD, 2017a). 한국의 인구 고령화 속도가 이대로 지속되면, 2045년에는 37.0%로 일본을 넘어서 세계에서 가장 고령화된 국가가 될 것으로 전망된다. 한국의 노인 빈곤율을 낮추는 국민연금 개혁, 기초노령연금의 인상 등 전격적인 정책이 도입되지 않는다면 고령화로 인한 불평등은 더욱 심각한 사회문제가 될 것이다.

불평등에 영향을 미치는 또 다른 인구구조의 변화는 교육적 동질혼(homogamy)의 증가이다. 여성의 교육수준이 높아지고 고학력 부부의 비율이 확대되면서 불평등이 증가하고 있다. 교육적 동질혼에 관한 비교 연구를 보면, 에스핑-안데르센은 동질혼이 증가할수록 가구 간 소득 차이가 커질 것이라고 예측했다(Esping-Andersen, 2007). 미국의 교육적 동질혼은 1940년부터 1960년까지는 감소했지만 1960년부터 2003년까지는 증가했다. 미국에서 전반적인 교육 수준이 높아지고, 남녀평등이 이루어지고, 교육수준별 임금격차가 커지면서 교육적 동질혼이 증가하는 경향이 나타났다(Schwartz and Mare, 2005). 결과적으로 고학력자의 동질혼이 증가하면서 교육수준에 따른 소득격차가 더욱 커졌다. 유럽의 경우, 북유럽 국가들은 대부분 교육적 동질혼 수준이 낮은 편이고, 중부와 동부 유럽 국가들의 교육적 동질혼은 높은 수준이다. 남유럽 국가들의 교육적 동질혼 수준도 높은 편이며, 아일랜드, 프랑스, 독일, 오스트리아 등의 국가에서도 비교적 높은 것으로 나타난다(Domański and Przybysz, 2007; Katrňák, Fučík and Luijkx, 2012).

동질혼에 관한 국제 비교를 보면, 경제발전과 교육적 동질혼은 역U 자형 관계를 보인다. 동시에 가톨릭, 이슬람교, 유교 및 가톨릭·개신교 혼합 국가는 개신교 국가보다 더욱 강한 교육적 동질혼이 나타난다(Smits, Ultee and Lammers, 1998). 한국, 미국, 영국, 아일랜드, 덴마크의 교육적 동질혼의 증감 추이를 분석하여 보았을 때 대체로 복지국가에 근접해 갈수록 교육적 동질혼의 비율이 유지되거나 감소되는 경향을 보이고 있음을 알 수 있다. 한국과 같이 사회 안전망이 미흡하고 교육적 동질혼의 비율이 매우 큰 사회에서는 여성의 경제활동 참가와 교육적 동질혼이 함께 증가하면서 가족 간 소득 불평등이 심화되는 경향을 볼 수 있다.

한국의 경우에도 교육적 동질혼이 증가하고 있어 고학력 부부 중 여성의 노동 참여율이 높아진다면 가구 간 소득 불평등이 더욱 증가할 것이다. 한국의 기혼여성 내 소득 불평등이 지속적으로 증가했으며 남편과 아내의 소득 연관관계도 증가했다. 부부 소득 불평등에 대한 아내 소득의 기여분이 1998년 17%에서 2005년 36%로 증가했다(김영미·신광영, 2008). 동질혼의 경향은 교육수준을 중심으로 학력 단계의 양극단의 집단, 즉 대졸과 초졸 이하의 학력에서 뚜렷하게 나타나고 있는데, 학력이 배우자 선택에 중요한 요인임을 보여준다(장상수, 1999). 학력수준별 임금격차가 커질수록 동질혼이 더욱 증가할 것으로 예측할 수 있다. 이런 점에서 노동시장의 임금격차의 축소와 함께 주거, 교육, 의료 등 복지제도 강화를 통해 교육적 동질혼의 비율이 어느 정도 감소할 가능성이 있다.

4) 기업지배구조와 재벌 자본주의

불평등의 구조적 요인에 비해 기업과 노동조합의 권력관계에 대한 연구는 상대적으로 적은 편이다. 기업지배구조의 특성도 불평등에 상당한 영향을 미치며, 특히 한국의 재벌 자본주의는 다양한 형태로 중소기업, 비정규직 노동자, 자영업자의 소득에 영향을 미친다. 지난 수십 년 동안 기업에 대한 사회학적 분석을 보면, 국가별로 다양한 소유와 통제의 유형이 나타나는데, 영미권의 주주 자본주의(shareholder capitalism)와 유럽 대륙의 이해관계자 자본주의(stakeholder capitalism)가 대표적이다(Scott, 1997). 영미권과 유럽 대륙의 상이한 기업지배구조는 사회경제적 불평등에 미치는 영향이 다른 것으로 보인다. 영미권의 자본주의는 경영 실적에 따라 경영자와 회사가 수시로 평가를 받으며, 주식 배당을 통해 주주 이익의 극대화를 추구한다. 1990년대 이후 미국의 대기업과 은행에서 막대한 배당과 스톡옵션을 통해 대주주와 최고경영자들은 억만장자가 되었다. 영미권 자본주의에서는 노동자의 채용과 해고가 쉽고, 노동유연화로 인해 비정규직 비율이 매우 높으며 임금격차가 큰 편이다. 반면에 유럽의 이해관계자 자본주의에서는 은행 등 기관투자자들이 안정적으로 경영권을 지배함으로써 단기 이윤보다 시장 점유율 위주의 장기 전략을 추구한다. 기업은 사회적 코포라티즘(corporatism), 공동 결정(co-determination), 사회적 대화(social dialogue)를 통한 상호 협력의 문화가 강하며, 노동자의 숙련도가 높고 산별노조를 통한 단체교섭으로 산업 내 임금격차가 상대적으로 작은 편이다(Coates, 2000).

1990년대 소련의 갑작스러운 붕괴 직후 프랜시스 후쿠야마는 『역사의 종말과 최후의 인간』에서 서구의 자유민주주의와 자본주의 시장경제가 승리를 거두었다고 주장했다(Fukuyama, 1992). 하지만 자본주의 경제에 한 가지 모델만 존재하는 것은 아니다. 2001년 피터 홀과 데이비드 소스키스는 『자본주의의 다양성(Varieties of Capitalism)』에서 기업의 핵심 경쟁력, 직업훈련과 교육, 기업지배구조, 기업 간 관계, 노사관계의 특성에 따라 경제 모델을 '자유시장경제(liberal market economies)'와 '조정시장경제(coordinated market economies)'로 구분했다(Hall and Soskice, 2001).[12] 미국이 자유시장경제의 대표적 사례이고, 독일은 조정시장경제의 특성을 보여준다. 홀과 소스키스가 제시한 '자본주의의 다양성(VoC)' 관점은 한 국가 내의 다양한 제도적 조건들이 밀접한 관련을 가지며 '제도적 보완성'을 통해 서로 영향을 준다고 주장한다(Hall and Soskice, 2001). 미국과 독일은 경제제도가 다르고 기업가, 중간 관리자, 노동조합 사이의 협상 능력과 힘의 차이가 있기 때문에 기업지배구조도 상이한 특징을 가지고 있다. 미국식 자본주의는 기업가들이 분산되어 있고 상대적으로 약한 대신, 중간 관리자들이 매우 강력하고, 노동자들은 잘 조직화되어 있지 않다. 독일과 유럽 자본주의에서는 기업가들이 집중되어 있고 중간 관리자의 힘은 약한 반면, 노동자들이 매우 잘 조직되어 있는 편이다.

기업지배구조는 개인적 차원(주주와 노동자), 조직적 차원(기업지배구조 모델), 사회적 차원(사회복지제도에 미치는 영향), 초국적 차원(기업의 투자 결정과 배치)에 영향을 미친다. 홀과 소스키스의 자본주의의 다양성 논의에서 다룬 제도적 체제(institutional regime)의 외부 메커니즘은 불평등에 영향을 미친다. 세계경제의 금융화(financialization)와 주주 가치(shareholder value)의 강조도 불평등을 증가시켰다. 첫째, 1990년대 금융 혁신과 파생상품이 확산된 이후 2007년 서브프라임 위기와 금융 공황으로 수많은 사람들은 실업자가 되고 빈곤층으로 전락했다. 한국에서도 금융 기관의 사유화와 함께 부동산 담보 대출이 증가하

---

12 미국 등 영미권 자본주의는 시장의 변화에 민감하고 단기적 성과를 중시하지만 개방적이고 경쟁을 추구하기 때문에 급진적인 혁신이 가능하다. 미국의 금융, 정보통신, 나노기술, 생명공학 등 산업 분야를 주도한다. 반면 독일 등 유럽대륙 자본주의는 시장 점유율과 장기적 전략을 중시하면서 단계적 혁신을 추구한다. 유럽은 자동차, 정밀기계, 제약 등 산업 분야의 경쟁력이 높다. 선진 산업국가의 정치경제 모델을 세부적으로 보면 홀과 소스키스가 구분한 자유시장경제와 조정시장경제의 이분법보다 더 많은 유형의 차이가 나타나지만, 많은 학자들이 조절(coordination)의 방식에 따른 구분을 널리 활용한다.

고 가계 대출 규모가 사상 최대 수준이 되었다. 최근 플랫폼 비즈니스 기업의 등장도 부와 소득의 불평등을 증가시켰다. 이는 아마존 등 빅 테크(Big Tech) 기업이 저임금 비정규직 노동자의 증가와 관련이 크기 때문이다(Rahman and Thelen, 2019). 페이스북, 구글 등 빅 테크 기업가들은 철저하게 경영을 통제함으로써 엄청난 개인적인 부의 집중을 극단적 수준으로 이루었지만, 엄청난 수익에 비해 광범한 탈세와 조세회피가 급증했다. 둘째, 기업지배구조의 내부를 다룬 연구는 주주의 우월성을 강조하는 행위자 이론(agency theory)을 강조하지만 최근 연구를 보면 최고경영자 보상 시스템에 의한 지나친 인센티브는 기업의 지속가능성과 임금격차에 부정적 영향을 준다는 주장이 제기되고 있다(Brou et al., 2021).

한국의 기업지배구조는 시대에 따라 주요 특징이 변화했다. 20세기 후반 이후 국가의 지도 아래 자본주의 산업화를 주도한 재벌 대기업은 소수의 창업자 가문에 의해 주도되었다. 재벌 대기업은 사실상 가족 기업을 유지했으며, 창업자 가족과 친족이 기업의 경영에 직접적으로 참여했다. 이 과정에서 창업자 가족을 중심으로 기업을 소유하고 통제하는 '재벌 자본주의'가 발전했는데, 이는 미국과 유럽 자본주의와 매우 다른 기업지배구조를 발전시켰다. 1980년대 이후 재벌 대기업에서 전문경영인의 역할이 커지면서 연봉도 급증했고 스톡옵션을 받음으로써 전문경영인은 직접 자본을 소유하는 계층으로 전환하기 시작했다. 이에 따라 재벌의 주식 소유 구조는 '가족 다수 통제'에서 '가족 또는 친족 소수 통제'의 유형으로 변화했다. 한편 재벌의 통제 구조는 창업자 가족의 '개인적' 유형에서 전문경영인을 통한 '비개인적' 유형으로 변화했다(김윤태, 2012). 그러나 재벌 자본주의의 특성과 창업자 가족 중심의 기업지배구조는 거의 변화하지 않았다. 재벌 대주주와 전문경영인의 동맹 관계는 공동 이익과 전략적 관리의 조정에 기반하고 있으며, 복잡한 학연, 지연, 혼맥을 통해 긴밀하게 연결되어 있기 때문이다.

1997년 외환위기 이후에도 재벌 대기업의 경제력 집중은 계속 심화되었다. 김대중 정부와 노무현 정부의 경제정책의 방향이 자유시장의 역할을 강조하는 신자유주의를 지향했기 때문이다(장하준·신장섭, 2004; 이병천·신진욱, 2015). 김대중 정부와 노무현 정부에서 권력을 잡은 경제관료와 정치인들은 신자유주의 이데올로기를 따라 공기업 사유화, 규제완화, 경제자유화, 노동유연화를 추진했다. 재벌 대기업과 부유층에 대한 법인세와 소득세가 낮아지면서 상위층의 소득과 재산은 더욱 증가했다. 재벌 대기업은 공장을 자동화함으로써 고용 없는 성장을 주도하고 계약을 외주화함으로써 비정규직을 급격하게 늘렸다. 그 후 노동시장의 양극화가 심화되고 소득 불평등이 심각해졌다. 또한 경제자유화의 분위기 속에서 재벌 대기업은 중소기업을 사실상 통제하고 영세자영업의 영역까지 침투했다. 외환위기 직후 재벌 주도 경제체제로 인한 경제력 집중, 정경 유착, 정실 자본주의에 대한 비판이 제기되었지만, 재벌 자본주의의 특성은 지속적으로 유지되었다. 재벌 개혁을 요구하는 목소리가 약해지면서 오히려 재벌 가문의 경영 통제와 막대한 부의 세습은 더욱 공고해졌다.

재벌 자본주의가 불평등에 영향을 미치는 경로는 크게 세 가지이다. 노동시장의 불평등, 산업구조의 변화, 부의 세습이다. 먼저, 노동시장의 소득분배를 보면, 지난 20년 동안 대기업 임원의 연봉은 급속하게 상승했지만, 노동자의 평균 소득은 제자리걸음이었다. 경제위기 이후 상시적인 구조조정의 희생자가 된 노동자는 영세자영업자로 내몰렸다. 과잉 공급된 자영업은 도산에 직면했고 실질소득은 계속 하락했다. 결과적으로 한국은 OECD에서 가장 비정규직 비율이 높은 나라가 되었다. 전 세계적으로 구조조정을 주도하고 비정규직을 양산한 대기업 최고경영자의 연봉은 천문학적 수치로 상승했다. 이런 현상은 한국과 미국에서 뚜렷하게 나타난다. 2014년 한국의 최고경영자의 평균 보수는 노동자 평균임금의 30~40배에 달하며, 미국의 경우에는 340배에 달한다(이정전, 2017).[13]

---

13 2014년 미국 경제정책연구소(EPI) 보고서에 따르면, 미국 350여 개 기업 최고경영자와 노동자의 평균 연봉의 격차는 1978년 29.9배에서 2013년 295.9배로 증가했다. 2008년 세계 금융위기가 발생하자 뉴욕 등 주요 도시에서 '월가를 점령하라' 시위가 확산되었지만, 부의 집중은 더욱 심화되었다. 1950년대 최상위 1%의 부는 전국 부의 약 12% 수준이었는데,

최고경영자와 노동자 사이의 엄청난 임금격차는 불평등의 요인이 된다. 최고경영자의 고액 연봉을 설명하는 일부 경제학자들은 기본적으로 고액 연봉이 높은 교육수준에 따른 높은 생산성을 반영하고, 기술 진보가 생산성을 높였다고 주장한다. 그러나 고액 연봉을 높은 교육과 기술 진보의 결과로만 볼 수는 없다. 최고경영자 대부분은 최고의 학력과 기술력을 가진 사람은 아니다. 오히려 과학자, 엔지니어, 컴퓨터 전문가, 개발자들이 더 높은 학력과 기술 수준을 가지고 있다. 그러나 과학자와 개발자의 소득 상승에 비해 기업의 최고경영자의 임금은 훨씬 더 많이 증가했다. 고액 연봉의 가장 큰 이유는 최고경영자의 연봉이 이사회에서 결정되며, 사실상 대주주의 결정에 따라 좌우되기 때문이다. 미국의 경우 1980년대 이후 노동조합이 약화되면서 최고경영자의 연봉이 상승한 것은 시사점이 크다(Krugman, 2007). 동시에 대기업의 광고에 의존하는 언론과 거액의 후원금을 받는 대학, 민간 연구소, 시민단체들의 고액 연봉에 대한 견제와 비판의 목소리도 거의 사라졌다. 이런 점에서 고액 연봉은 생산성과 관련을 가지기보다 기업과 사회의 권력관계와 더 큰 관련이 있다.

둘째, 재벌 대기업의 경제력 집중과 함께 대기업과 중소기업의 임금격차도 지속적으로 커지고 있다. 1980년대 한국의 대기업과 중소기업 노동자의 임금격차는 약 100 대 80 수준이었는데, 최근에는 100 대 60 수준으로 벌어졌다(노민선, 2021). 재벌 대기업의 상대적으로 높은 후생복지를 감안하면 임금격차는 더 커질 것이다. 재벌 대기업의 임금은 지속적으로 상승했지만, 전체 고용에서 차지하는 비중은 감소하고 있다. 1980년대에 전체 노동자의 약 절반이 대기업에서 일했는데, 현재는 20% 수준에도 미치지 못한다(이정전, 2017: 155). 중소기업의 고용이 압도적으로 많지만, 재벌 대기업의 시장 지배력과 불공정 행위로 인해 수익률이 높지 않다. 대기업의 계열사 계약 몰아주기, 중소기업 단가 후려치기, 인력 빼가기 등으로 중소기업의 경쟁력은 더욱 악화되었다. 노무현 정부 시기에 중소기업 고유 업종 제도가 폐지되고 대기업의 국내 시장지배력이

_____
현재 20%에 육박했다. 1929년 대공황 이후 최고 수치를 기록했다.

지속적으로 커졌다. 심지어 대기업은 백화점과 대형 마트 이외에도 슈퍼마켓과 동네 가게의 영역까지 편의점을 밀고 들어왔다. 대기업이 체인점을 통해 통닭, 김밥, 빵까지 만들면서 동네 음식점과 빵집도 거의 사라졌다.

셋째, 재벌 자본주의의 부의 세습도 불평등의 증가에 큰 영향을 준다. 다른 나라에 비해 한국에 세습 부자가 많은 이유는 재벌 자본주의 체제로 인한 경제력 집중 때문이다. 2000년대 들어 일부 신생 기업은 도산했고, 정보통신 분야 등 기업들의 성장은 정체했다. 자본주의 혁신의 엔진인 기업가 정신도 정체되고 있다. 재벌은 수익으로 새로운 투자를 하는 대신 막대한 사내보유금을 쌓아두고 있다(이정전, 2017: 182~183). 또한 경영 세습을 위한 자사주 환매에 우선순위를 둔다(박상인·김정욱·이제복, 2016). 대주주의 재산도 늘고, 경영진의 스톡옵션 가치도 높아진다. 2021년 코로나19 위기에 재벌 대기업은 더욱 적극적으로 자사주를 매입했다. 재벌은 '책임 경영'과 '주주 가치' 제고라는 명분까지 활용하지만 결과적으로 재벌 대기업의 세습 체제는 더욱 공고해졌다.

미국 경제지 ≪포브스≫가 공개하는 주식 부자 중 4개국의 상위 40명씩 총 160명을 추려 분석한 결과를 보면, 2016년 한국은 40명 중 25명(62.5%)이 상속형 부자였다. '상속 부자' 비율은 미국은 40명 중 10명(25%), 일본은 12명(30%), 중국은 1명(2.5%)이었다(류정, 2017.1.5). 주식 상속의 영향으로 이재용 삼성전자 부회장은 국내 기업인 자산순위 1위에 올랐다(김승한, 2021.5.13). 한국의 재벌 대기업이 '세습 자본주의'를 이끌고 있다. 그러나 정부와 정치권은 재벌의 세습을 묵인한다. 상속세 세율은 50%이지만 재벌 대기업은 다양한 편법과 변칙으로 상속세를 회피한다. 기업 상속에 대한 공제도 세습을 합리화한다. 재벌 3세, 4세의 재산 세습 수단은 더욱 정교해지고 있으며, 그들의 주식 가치는 수백 배로 커지고, 수조 원의 재산으로 늘어난다. 미국 민간 싱크탱크 정책연구소(IPS)는 '은수저 상속자들'이라는 보고서에서 상속 기업들이 코로나19 위기 상황에서 얼마나 부를 증식했는지 분석했다. 2020년 3월부터 2021년 5월까지 14개월 동안 미국의 대표적인 상속 기업인 월마트 등 10대 상속 부자들이 증식한 순수익은 1360억 달러(153조 5304억여 원)이다. 포브스 억만장자 목록에 포함된

상위 10개 상속 기업들은 이 기간 평균 25%의 순자산 증가율을 보였다(황윤태, 2021.6.18).

2019년 한국의 경제개혁연구소가 발표한 「지배주주 일가의 부의 증식 보고서」에 따르면 국내 24개 기업집단 39개 회사의 총수 일가 95명이 사익 편취로 불린 재산 가치가 35조 8000억 원인 것으로 조사됐다. 이는 지난 2016년 조사했을 때보다 4조 8000억 원가량 증가한 것으로, 이재용 삼성전자 부회장, 최태원 SK 회장, 서정진 셀트리온 회장이 각각 1, 2, 3위를 차지했고 이들 세 사람이 챙긴 재산만 16조 원에 이른다. 1조 원 이상 재산을 증식한 9명이 77.8%, 5000억 원 이상을 기록한 14명이 전체의 86.6%를 차지했다(김준희, 2019.3.6). 주요 방법으로 저가 주식 취득, 무기명 채권 이용, 일감 몰아주기 등 다양한 방법이 활용되었다. 재벌 대기업은 한때 경제성장의 원동력이었지만, 이제 불평등의 중요한 요인이 되고 있다. 재벌 체제가 지나치게 비대해지면 경제성장이 둔화하고 불평등이 심해지며, 공공서비스가 와해된다는 경고의 목소리가 커지고 있다.

소득과 부의 분배에 영향을 미치는 기업의 역할은 과소평가되고 있지만, 불평등의 주요 요인으로 보아야 한다(Bodie, 2015). 기업은 자본 투자자에게 더 많은 수익을 분배하는 권한을 가지고 있으며, 주주는 이사회를 선출할 권리를 가짐으로써 기업을 통제한다. 미국의 경우 법원은 주주 이익 극대화 의무 이행에 실패했는지 판결하면서 주주 우선주의 규범(shareholder primacy norm)이라는 개념을 사용한다. 노동 관련 법안과 근로기준법은 노동자의 최소 수준과 공정한 처우 기준을 강조하지만 기업지배구조 내부의 노사 간 권력 불균형을 해결하기에는 매우 부족하다. 미국의 종업원지주제도(ESOP)와 독일의 기업 공동결정(Codetermination), 노동자 이사제와 같은 소유구조의 대안적 형태에 관심을 가질 필요가 있다. 대주주의 전횡을 제한하는 감사제도, 사외이사제의 강화도 필요하다. 다양한 부와 소득의 불평등에 영향을 미치는 요인 가운데 기업의 역할이 매우 중요하며, 기업지배구조의 개혁과 기업에 대한 규제 장치에 더 많은 관심을 가져야 한다(Brou et al., 2021).

5) 노동시장 유연화와 기업의 전략

지난 30년 동안 전 세계적으로 노동시장의 유연화가 확산되면서 저임금 비정규직 노동자가 급증했다. OECD 회원국 노동자 가운데 약 1/3이 비정규직이고 이 가운데 40%가 청년이다(OECD, 2015b). 한국에서도 1997년 외환위기 이후 자동차, 철강, 조선 등 핵심 산업을 제외한 대부분 산업의 노동자들은 고용불안과 저임금의 압력을 받았다. 외환위기 이전에 비정규직의 비율은 10% 수준이었는데 2000년대 이후 30%를 넘었다(통계청, 2020d).[14] 한편 2020년 노동사회연구소 보고서에는 비정규직 규모가 41.6%로 계산되었다(김유선, 2020). 2020년 영세자영업(25.1%)[15]과 비정규직 노동자(33.3%)를 합한 비정형 노동자(non-standard worker)의 비율은 58.4%로 세계 최고 수준이다(OECD, 2020c). 게다가 대기업 정규직과 비정규직의 근무 연수와 평균임금은 점점 격차가 커졌다. 정규직은 기업 복지의 혜택을 받았지만, 비정규직은 기업 복지의 혜택을 받지 못할 뿐 아니라 사회보험의 사각지대에 있는 경우가 많다. 기본급의 비중이 낮은 대신 상여금과 수당의 비중이 높은 한국의 임금체계에서 불평등은 더욱 커진다. 1997년 외환위기 이후 성과주의 임금체계가 부분적으로 도입되면서 성과급의 비중도 높아지고 있지만, 비정규직은 배제되는 경우가 많다(윤진호, 2010).

많은 학자들은 노동유연화가 기업 경쟁력을 위한 인건비 절감을 추구하는 전 세계적 대세라고 주장한다. 그러나 지난 20년간 대부분의 나라에서 나타난 노동유연화의 증가는 시장 환경과 기술의 변화보다 정부와 기업의 정책이 만

---

14 1990년대 임금 노동자를 기준으로 했을 때 일용 노동자의 비율이 10%대였고, 일용 노동자와 임시 노동자를 합산하면 40% 이상으로 나타났다. 임금 노동자와 비임금 노동자를 합한 전체 노동자를 기준으로 하면 임시 노동자와 일용 노동자 합산 20% 수준이었다. 1997년 이후 임시 노동자와 일용 노동자를 합한 비율은 전체 노동자의 30%를 넘었고, 임금 노동자만을 대상으로 할 때는 50%를 넘어섰다(통계청, 2020b).

15 2021년 9월 한국의 자영업자 비율이 19.9%로 하락했다(통계청, 2021b). 많은 경우 코로나19 위기로 인한 영세자영업의 폐업 증가로 인한 결과로 보인다.

든 결과이다. 지난 수년간 다양한 경험적 연구가 발표되면서 노동시장의 내부자(정규직)와 외부자(비정규직)의 이중화(dualization)가 세계화와 기술의 진보라는 구조적 압력만이 아니라 각국 정부와 기업이 추진한 정책의 결과라는 사실이 드러났다(Emmenegger et al., 2012). 한국에서도 김대중 정부와 노무현 정부가 노동시장 유연화를 추진하면서 시간제와 임시직 등 비정규직이 급속하게 증가했다. 이 시기에 비정규직의 증가는 선진 산업국가에 비해서도 매우 빠른 속도로 이루어졌다. 1998년 외환위기 이후 비정규직이 2배 이상 증가하면서 정규직과 비정규직의 소득격차의 심화로 불평등이 증가했다. 결과적으로 노동시장의 내부자와 외부자의 차별도 심각해지면서 외부자는 저임금 노동자로 전락하고 지속적으로 빈곤 위험에 직면해야만 했다(정이환, 2013). 대한민국은 하나의 국민이 아니라 사실상 정규직 대 비정규직이라는 두 종류의 국민으로 분리되었다.

기술의 진보가 자동적으로 노동 시장의 소득격차를 확대하는 것은 아니다. 이는 1997년 외환위기 이후 확산된 고용 계약의 탈규제 및 유연화와 밀접한 관련이 있다. 2000년대 초반에 기간제, 계약제, 시간제 고용 등 비정규직이 급증하면서 저임금 일자리가 크게 늘었다. 비정규직에는 주로 여성, 청년 등 사회적 약자가 흡수되었다. 지난 20년 동안 비정규직이 급속하게 증가했는데, 비정규직의 임금 수준은 정규직에 비해 지나치게 낮다. 최근 5년간 비정규직과 정규직 사이의 임금 수준의 차이는 줄어들고는 있지만 비정규직은 정규직의 72.4% 수준으로 여전히 그 차이는 매우 크다. 기업 규모에 따른 임금 수준의 격차도 크다. 300인 이상 정규직 노동자의 시간당 임금 총액 기준 대비 300인 미만 비정규직 노동자의 시간당 임금 총액은 44.5% 수준에 그친다(고용노동부, 2021.5. 26). 더욱 심각한 문제는 비정규직 노동자가 사회보험에서 배제되고 있다는 점이다. 최근 정규직의 국민연금과 고용보험 가입률은 각각 88.0%와 89.2%이지만, 비정규직의 가입률은 각각 37.8%, 46.1%에 불과하다. 대부분의 정규직은 퇴직금과 상여금의 적용을 받지만, 비정규직의 적용률은 각각 40.4%, 37.6%에 불과하다(김유빈 외, 2021). 한국의 노동시장에서 정규직 '1등급 노동자'에 비해 임금도 낮고 사회보험 혜택도 못 받는 비정규직 '2등급 노동자'의 격차가 증가하면서 노동자들이 두 개의 계급으로 분열되었다.

6) 노동조합의 약화와 임금격차의 확대

노동조합은 노동자의 임금을 정하는 단체교섭에서 필수적 역할을 수행한다. 그러나 지난 30년 동안 대부분의 선진 산업국가에서 노동조합 조직률은 지속적으로 하락했다. 노동조합이 강한 북유럽 국가를 제외하고 대부분의 국가에서 감소 추세를 보인다. 많은 학자들이 노동조합의 약화가 소득 불평등에도 영향을 미친다고 주장한다. 2015년 발표한 국제통화기금(IMF)의 「불평등과 노동시장 제도」 보고서에 따르면, 경제정책과 기업의 의사결정에서 노동조합이 미치는 영향력이 작을수록 소득 불평등이 커지는 것으로 나타났다(Jaumotte and Buitron, 2015). 1981~2010년 1분기의 소득 불평등과 노동조합 조직률은 −0.462의 강한 부정적 상관관계를 보였다. 노동조합 조직률이 10% 포인트 하락한 데 비해 소득 상위 10%의 소득은 약 5% 포인트 증가했다. 지니계수도 노동조합 조직률과 −0.364의 부정적 상관관계를 보였다.

피케티와 사에즈는 1980년대 이후 미국의 금융 규제완화, 고소득층 감세와 함께 노동조합의 약화를 소득 불평등의 원인으로 지적했다(Piketty and Saez, 2014). 노동조합이 약해지면서 중간 소득계층의 임금은 정체된 반면 최상위 소득층에 속하는 대기업 임원들은 노동조합의 견제를 받지 않은 채 연봉을 인상했다. 반대로 노동조합이 강할 경우 기업은 노동자 대표와 임금 협상을 수용하는 경향이 강했고, 노동조합은 최고경영자의 보수 결정에 일정한 영향력을 행사할 수 있다. 그러나 노동조합이 약되면서 노동자의 임금은 정체되고 대기업 임원의 연봉은 천문학적 수치로 급증했다.

주요 선진 산업국가 20개국의 노동조합 가입률과 소득 상위 10%가 전체 소득에서 차지하는 비율도 비슷한 양상을 보인다. 상위 10%로 가는 소득의 비율이 증가함에 따라 노동조합 조직률이 감소했다(Piketty and Saez, 2014). 노동조합 가입률이 50~70%에 달하는 스웨덴(65.2%), 덴마크(67%), 노르웨이(50.4%)와 같은 북유럽 국가들은 상대적으로 소득 불평등 수준이 낮다. 예외적으로 프랑스는 노조 가입률이 낮지만 불평등 수준도 낮다. 이는 산별노조가 체결한 단체협약이 노조가 없는 사업장에 적용되는 단체협약 적용률이 98%에 이르기 때문이다. 네덜란드와 스페인의 단체협약 적용률은 각각 90%, 80% 수준이다. 한국의 단체협약 적용률은 14.8%로 미국(11.7%), 멕시코(10.0%), 터키(8.1%) 등을 제외하면 OECD 회원국 중 가장 낮은 편이다(OECD, 2019b).

한국의 노동조합 조직률도 1989년 이후 지속적으로 저하되어 2019년 12.5% 수준으로 하락했다. 1989년 18.6%로 정점을 찍은 이후 지속적으로 감소하는 추세이다(이정희, 2021). OECD 회원국 가운데 터키, 에스토니아, 프랑스에 이어 네 번째로 낮다. 임금 인상을 위한 단체협상, 최저임금 인상, 노동시장 유연화, 복지제도의 도입과 발전에 중요한 역할을 수행할 수 있는 노동조합의 약화는 노동시장의 양극화에 큰 영향을 미쳤다. 게다가 한국의 노동운동은 아직도 기업별 노동조합 체제를 통한 경제적 조합주의에 머무르고 있다. 형식적으로 산별노조가 만들어졌지만 단체교섭은 기업별 차원에서 이루어지는 경우가 많다. 기업별 노조 체제에서 비정규직 노동자는 체계적으로 배제된다. 또한 대부분 노동조합은 임금과 노동 조건에 비해 조세와 복지에 대한 관심이 상대적으로 적다. 이는 재분배적 사회정책을 약화시켜 사회경제적 격차를 더욱 심화시키는 요소로 작용한다.

7) 정부의 역할: 조세정책과 사회정책의 효과

지난 30년 동안 세계경제의 통합과 기술의 진보로 인해 세계 각국에서 정부의 사회지출의 필요성이 급증했다. 실업자와 빈곤층이 증가하면서 실업급여와 공공부조의 수요가 급증했기 때문이다. 영국의 대처 정부와 미국의 레이건 정부는 이념적으로 복지국가를 공격했지만, 복지예산을 대폭 삭감하지는 못했다(Pierson, 1994). 일부 복지 프로그램의 축소는 이루어졌지만 복지 시스템은 거의 그대로 유지되었으며 사회지출의 총액은 오히려 증가했다. 구조조정으로 인한 실업자가 증가한 이유도 있지만, 이미 제공된 복지지출에 대한 대중적 지지가 매우 높았기 때문이다. 미국에서는 하원의 다수당을 차지한 민주당이 복지 축소에 반대했다. 영국에서 보수당은 의회의 과반수를 장악했지만 국민의 반대를 무릅쓰고 복지 축소를 추진하기는 어려웠다. 실제로 많은 나라에서 조세와 사회정책은 정치투쟁의 다른 수단으로 볼 수 있다.

해럴드 윌렌스키는 『부유한 민주주의(Rich Democracies)』에서 복지국가가 경제성장과 민주주의를 촉진한다고 주장했다. 그는 복지국가들이 사회적 합의기구의 제도화와 높은 사회지출을 유지했다고 주장했다(Wilensky, 2002). 피터 린더트는 『공공지출의 증가(Growing Public)』에서 복지국가들이 성장 친화적인 조세 구조를 유지했다고 주장했다(Lindert, 2004). 1980년대 유럽식 '복지국가의 위기'에 대한 우려와 달리 OECD 회원국의 사회지출은 계속 증가했으며 복지의 '하향 평준화'는 발생하지 않았다. 복지국가에서 부유층, 기업, 재산에 대한 세금을 과도하게 부과한다는 지적과 다르게, 오히려 유럽의 법인세와 재산세의 의존도는 미국보다 낮다. 대신 유럽의 복지국가는 근로소득세, 부가가치세, 주세, 담배세의 비중이 높다. 중산층과 노동자들은 복지국가를 유지하기 위해서 자신들에게 불리한 역진적 소비세 인상도 수용했다.

보편적 복지제도와 선별적 복지제도의 차이에도 주목해야 한다. 발터 코르피와 요하킴 팔메는 선진 산업국가의 복지제도를 조사하여 '재분배의 역설'을 주장했다(Korpi and Palme, 1998). 저소득층을 표적 집단으로 설정하여 복지를 제공하는 국가에서 저소득층에게 더 적은 금액의 재분배가 이루어졌다. 선별적 복지제도보다 보편적 복지제도가 불평등을 줄이는 효과가 더 컸다. 선별적 복지제도를 통한 저소득층 집중 지수가 높으면 저소득층에게 더 많이 재분배하고 중산층에게는 더 적게 분배하게 된다. 당연히 중산층은 저소득층 집중 지수가 그대로 유지되는 한 복지 확대를 반대한다. 이렇게 복지예산이 적어지면 저소득층에게 재분배되는 예산이 줄어들고, 불평등과 빈곤은 덜 감소한다. 반면에 보편적 복지제도에서는 중산층도 복지 확대에 찬성하여 전반적으로 복지

예산이 증가한다. 저소득층에게 재분배되는 예산도 커지고, 불평등과 빈곤은 더 감소한다. 결과적으로 선별적 복지를 실행하는 미국에서는 복지 확대에 대한 반대 여론이 매우 높은 데 비해, 보편적 복지제도를 운영하는 스웨덴에서는 중산층도 복지 확대를 지지한다. 결과적으로 미국보다 스웨덴이 빈곤과 불평등의 수준이 낮다.

한국에서도 정부의 조세정책과 사회정책은 불평등에 중요한 영향을 미쳤다. 1997년 외환위기로 대량 실업이 발생하면서 김대중 정부는 복지재정을 확대해야 한다는 정치적 압력에 직면했다. 김대중 정부는 국제통화기금의 요구에 따라 자본시장 개방과 노동시장 유연화 등 신자유주의 개혁을 급진적으로 추진한 반면, 노동자와 빈곤층을 위한 사회보험과 공공부조의 도입을 추진했다. 한국에서 경제위기 시기에 복지국가의 제도적 토대가 강화된 사실은 중요한 역사적 의미를 가진다. 하지만 정부의 재정 부담을 최소 수준으로 제한하고 국민연금과 고용보험의 혜택을 받지 못하는 사람이 절반에 이르는 등 사회보험의 사각지대가 많아 복지국가는 충분히 발전하지 못했다. 2003년 등장한 노무현 정부는 취임 직후 '2만 달러 시대'를 선언하고 성장 중심 모델을 중시했다. 정부의 복지재정은 약간 증가했지만 불평등의 심화를 막지 못했고, 노사정의 사회적 대화가 제대로 이루어지지 못했다. 보육 예산이 급속하게 증가했으나 저출산 문제를 제대로 해결하지 못했다. 건강보험의 보장성 비율을 높이고 중대 질병의 자기부담 비율을 낮추었지만, 재벌 대기업이 주도하는 실손보험 확대로 인해 건강보험의 공공성은 악화되었다.

이와 같은 많은 한계에도 불구하고 김대중 정부와 노무현 정부 시기에 한국이 복지국가 시대로 진입한 것은 사실이다(윤홍식, 2019). 보수적인 이명박 정부와 박근혜 정부가 등장한 이후에도 사회복지예산은 지속적으로 증가했다. 지난 20년 동안 한국의 국내총생산 대비 사회지출 비율은 전 세계적으로 가장 빠른 속도로 증가했다. 이에 따라 사회지출이 소득 불평등에 미치는 효과에 대한 관심이 커졌다. 1997년 외환위기 직후에는 급속한 실업률의 증가로 정부의 사회정책이 불평등 완화에 거의 영향을 미치지 못했지만, 2000년대 중반 이후부터 공공부조와 공적연금에 의한 소득 불평등 완화의 효과가 조금씩 나타났다(여유진, 2009). 기초연금의 확대도 노인 빈곤율의 감소에 상당한 영향을 미쳤다. 그러나 여전히 차상위 사각지대에 대한 공적 이전이 약하고 국민연금을 받지 않는 노인인구가 많아 노인 빈곤율이 매우 높은 편이다. 고용보험의 경우에도 국민 2명 중 1명이 제외되어 불평등 완화에 미치는 효과가 작다. 1997년 외환위기 이후 도입된 사회정책이 빈곤 감소에 일정한 효과를 내고 있지만, 아직은 소득 불평등을 줄이기에는 역부족이라고 볼 수 있다.

한국의 재분배 효과가 작은 가장 큰 이유는 지나치게 낮은 조세부담률과 사회지출 비율이다. 1980년 소득세 최고세율이 70%이었는데, 1990년대를 거치면서 절반 수준으로 인하되고 소득세의 누진성이 후퇴했다. 소비세의 비율도 상대적으로 낮은 편이다. 2020년 한국의 조세부담률은 20%로 OECD 회원국 가운데 가장 낮은 수준이다. 결과적으로 국내총생산 대비 사회지출 비율은 OECD 회원국 가운데 최하위권이다. 2019년 한국의 국내총생산 대비 공공사회지출 예산의 비율도 12.2% 수준으로 OECD 회원국의 평균 비율인 20%에 비해 크게 뒤처진다. 프랑스(31.0%), 스웨덴(25.5%), 노르웨이(25.3%), 덴마크(28.3%)에 비하면 절반 수준에 그친다(OECD, 2019c).

사회지출 비율이 낮기 때문에 사회지출을 통한 불평등의 개선 효과도 작을 수밖에 없다. OECD 36개 국가 자료를 보면, 국내총생산(GDP)의 20~30%를 복지에 지출하는 북유럽과 서유럽 국가에서는 대체로 지니계수 개선 정도가 양호하다(OECD, 2015b). 반면 한국은 공적 이전과 조세에 의한 지니계수의 개선 효과가 4번째로 낮다. 공적 이전과 조세가 지니계수를 거의 낮추지 못하고 있다(OECD, 2021b). 국제구호단체인 옥스팜(Oxfam)이 발표한 OECD 회원국의 조세제도로 인한 빈부격차의 개선 효과(지니계수 감소율)를 보면, 핀란드, 네덜란드, 오스트리아, 덴마크 등은 지니계수의 감소율이 40%를 넘는데, 한국은 OECD 평균의 1/4에 불과한 9%를 기록했다(0.355에서 0.338로 변화). 이는 한국의 조세부담률이 낮고 재분배 효과도 작기 때문이다(Oxfam, 2014). 옥스팜은 2017년부터 세계 158개국을 대상으로 불평등 해소를 위한 노력에 따라 불평등 해소실천(CRI) 지표를 만들어 발표하고 있다. CRI 지표는 불평등 해소와 직접적으로 연관된 공공서비스(보건의료, 교육, 사회보장), 조세제도, 노동권 세 가지 영역을 기준으로 각국 정부의 정책 및 조치를 측정하는데, 2020년 한국은 46위에 그쳤다. 독일은 3위, 스웨덴은 10위, 영국 22위, 미국은 26위를 기록했다(Oxfam, 2020).

공공사회지출 수준이 낮기 때문에 저소득층의 빈곤 탈출률도 낮은 편이다. 현대경제연구원이 발표한 2018년 국가별 소득 재분배 효과를 보면, 한국의 저소득층은 조세재정정책 시행 후 80.5%가 저소득층에 남아 빈곤 탈출률은 19.5%에 불과한 것으로 나타났다. OECD 회원국 평균이 64.1%인 것에 비해 한국은 19.5%로 최하위를 기록했다. 정부의 조세재정정책의 효과가 미미하여 빈곤 탈출률이 낮은 것으로 추정된다. 저소득층의 소득 개선 효과 측면에서도 OECD 회원국 평균보다 낮은 수준을 보이고 있다. OECD 회원국 평균은 62.1%가 소득 개선 효과가 나타났으나, 한국은 11.5% 수준에 불과한 것으로 나타났다(정민·민지원, 2018).

8) 선거제도, 다수제 민주주의, 승자 독식 정치

역사를 돌아보면 20세기 초반까지 유럽이 미국보다 훨씬 불평등했지만, 최근에는 유럽보다 미국의 불평등 수준이 훨씬 높다. 토르벤 이베르센과 데이비드 소스키스는 유럽과 미국의 선거제도와 정치제도가 사회 불평등에 큰 영향을 미쳤다고 주장했다(Iversen and Soskice, 2006). 일반적으로 비례대표제를 도입한 유럽 국가들은 불평등을 완화하는 증세와 복지 확대 정책을 선택했다. 유럽 국가의 정치제도는 합의제 민주주의(consensus democracy)의 특성을 가진다. 합의제 민주주의는 대부분 의회제, 비례대표제, 대선거구제, 다당제의 특성을 가진다. 독일, 오스트리아, 스웨덴, 덴마크, 네덜란드 등 주요 유럽 국가에서는 다수당이 집권하는 경우가 드물고 대부분 연정을 구성하면서 정당 간의 정치적 타협이 수시로 발생한다. 노동조합, 기업, 정부 사이의 사회적 대화와 사회적 협의 제도가 발전하여 노동조합의 목소리가 정책결정 과정에 반영된다. 결과적으로 노동자, 빈곤층, 사회적 약자를 지원하는 복지제도가 발전되고 빈곤과 불평등을 줄이는 통합적 사회제도가 확대되었다.

반면에 선거구에서 최다 투표자만 당선되는 선거제도를 운영하는 미국은 세금 인상을 반대하고 복지지출을 제한하는 효과를 가진다. 미국식 다수제 민주주의(majortarian democracy)는 불평등을 심화시키는 제도와 선택적 친화성을 갖는다. 다수제 민주주의는 대개 유력한 양당제를 만들며, 선거에서 승리한 정당이 정부를 장악하고 권력을 독점한다. 반면 선거에서 패한 정당과 지지자들은 정치 과정에서 배제된다. 결국 정권 교체의 시기마다 경쟁이 치열해지고 정당 양극화가 발생한다. 양당제는 '승자 독식 정치(winner-take-all politics)'를 만들고 사회적 약자들을 대표하는 정당이 영향력을 행사할 가능성은 낮다 (Hacker and Pierson, 2011). 미국과 영국이 대표적 사례이다. 단순 다수제 선거제도에서는 복지 공약을 내건 중도좌파 정당이 집권하기 어렵고, 집권하더라도 권력을 유지하기 힘들기 때문에, 미국, 영국 등 단순 다수제 선거제도를 선택한 국가에서는 중도우파 정부가 집권한 시기가 3분의 2를 차지한다(Iversen and Soskice, 2006). 중도우파 정부가 집권하면서 세금 감면으로 부유층의 소득은 증가한 반면 중간계급과 노동자계급의 소득은 별로 증가하지 않았다.

한국도 다수제 민주주의를 유지하여 불평등을 완화하는 정책을 선택하는 경우가 적었다. 소선거구제를 통해 지역주의 정치구조가 재생산되며 선거에서 조세와 복지보다 지역 개발 공약이 쟁점이 된다(김윤태, 2015). 노동자, 빈곤층, 청년, 여성, 노인의 대표가 선출될 기회가 적기 때문에 국회의 입법과 예산 과정에서 취약계층의 목소리가 반영되기는 매우 어렵다. 국회의 협상에서도 복지예산보다 지역 예산의 확보가 최대 관심사이다. 국회의원은 지역구 예산을 확보해야 한다는 압력을 받지만 전국적 차원의 조세와 복지 이슈에는 상대적으로 소극적인 태도를 보인다. 국회에서 재분배 정치가 발전할 가능성은 낮으며, 노동조합과 빈곤층 등 사회적 약자를 무시하는 배제의 정치가 강화된다.

다수제 민주주의에서 선거제도를 통해 노동자, 빈곤층, 사회적 약자가 체계적으로 배제되면서 정부는 점차 대기업과 부유층에 편향된 정책에 기울기 시작했다. 그들은 자신들이 쌓아올린 막대한 부가 정당하다고 믿으며 사회의 모든 사람을 설득할 강력한 수단을 확보하고 있다. 대기업과 은행은 거액의 돈을 언론, 대학, 연구소에 기부하고, 고위 공직자를 영입하고, 선거 자금을 통해 정당과 의회에 영향을 미친다. 미국 정치학자 래리 바텔스가 『불평등 민주주의』에서 미국에서 막대한 자금력을 가진 기업이 공화당뿐 아니라 민주당의 정책을 바꾸는 과정을 분석했다(Bartels, 2008). 1990년대 후반 클린턴 대통령과 민주당은 전통적인 누진세와 재정 확대 정책을 포기하고 대기업이 요구하는 부자 감세와 재정 균형을 선택했다. 또한 월가의 요구에 따라 금융 규제를 철폐하고 부동산 투기를 부추기는 정책을 도입했다.

노동자와 빈곤층을 대변하는 진보 정당이 전통적 지지층을 외면하는 현상은 미국과 유럽 등 부유한 선진 산업국가에서 널리 나타나는데, 이는 정당의 정치 전략과도 관련이 있다. 1990년대 이후 미국 민주당과 유럽 사회민주당에서도 고학력, 고소득 당원 비율이 높아지면서 낙태, 동성애 등 문화적 이슈와 정체성 정치가 부상한 반면, 경제적 진보의 목소리는 심각하게 약화되었다. 진보 정당은 보수 정당과 비슷하게 금융 규제를 완화하고 부자의 세금을 감면해 주는 반면, 빈곤층을 위한 복지를 축소하고 사회보장제도의 사유화를 추진했다. 피케티는 『자본과 이데올로기』에서 고학력, 고소득 진보파를 '브라만 좌파'라고 불렀는데, 이들은 말로는 진보를 주장하지만 정책은 부자 감세를 추진하고 교육을 통한 사회적 지위 세습을 옹호한다(Piketty, 2020). 미국 역사학자 토머스 프랭크는 『민주당의 착각과 오만』에서 예일 대학교 출신 클린턴과 하버드 대학교 출신 오바마가 이끈 민주당이 어떻게 저학력 노동자의 이익을 외면하고 전통적 지지층을 배신하는지 분석했다(Frank, 2016). 결과적으로 2016년 미국 대선에서 가난한 노동자들이 이민을 반대하고 여성을 혐오하는 극우 성향의 도널드 트럼프를 지지하는 포퓰리즘 정치가 부상했다.

한국에서도 민주당 정부가 집권하는 동안 오히려 빈곤과 불평등이 증가했다. 1990년대 후반 이후 집권 기간 동안 민주당은 '중산층과 서민의 정당'이라고 주장했다. 이 시기에 한국의 복지국가 제도가 공고해지고 빠른 속도로 복지 예산이 확대된 것은 사실이다. 그러나 공기업 사유화, 정리해고, 비정규직 입법, 부유층 소득세와 기업의 법인세 인하, 민간의료보험 활성화가 불평등에 미친 영향은 매우 컸다. 정부가 경제자유화정책과 부유층 감세정책을 추구하는 동안 재벌과 부유층의 연봉과 재산은 급증하고 노동자와 빈곤층의 소득은 정체되거나 줄어들었다. 당시 일부 사람들은 경제 불평등을 강조하는 사람을 '구좌파'로 매도하는 한편, 탈권위주의 문화를 주도하는 '신좌파'의 등장을 강조하며 중산층이 신주류가 되었다고 주장했다. 그 후 보수적인 이명박 정부와 박근혜 정부가 집권하면서 종부세 인하, 법인세 인하로 인해 빈곤과 불평등이 더욱 심각해졌다. 오늘날 세계 최고 수준의 소득과 재산 집중, 하늘로 치솟는 사교육비, 부동산 가격, 가계부채 증가에는 정치권의 책임이 크다. 지금도 진보 정당의 핵심 당원들 중에는 40대·50대 고학력 중산층이 많기 때문에 정치적, 이념적 이슈에 민감한 반면, 사회경제적 이슈에 대한 관심은 적은 편이다. 반면에 팟캐스트와 유튜브, 온라인 댓글과 투표를 통해 고학력 열성 지지층의 영향력이 급격하게 커졌다. 진보 정당의 정치인들은 노동조합과 거리를 두고, 비정규직을 외면하고, 부유층 또는 중상위 소득계층의 반발을 걱정하기 시작했다. 그들은 최저임금 동결, 노동시간 단축 유예, 종합부동산세 감면을 추진했다.

영국 사회학자 콜린 크라우치는 현대 정치의 특징을 '포스트 민주주의(post-democracy)'라는 새로운 용어로 분석했다(Crouch, 2004). 포스트 민주주의는 형식적으로 절차적 민주주의와 법에 의한 지배가 작동하지만 민주주의의 근본적인 목적을 배신하는 국가가 등장하는 역설적인 상황을 묘사한다. 이는 엘리트가 지배하는 대의제의 한계뿐 아니라 신자유주의가 정치를 지배하면서 민주주의가 위기에 직면했고 본다. 보수 정당과 진보 정당의 이념적 차이가 불분명해지고 후보의 이미지가 사회적 이슈를 대체한다. 선거는 정책 경쟁의 장이 아니라, 마케팅과 광고가 결합된 스펙터클로 변화했다. 유권자들은 정책 결정에 참여하지 못한 채 선거운동을 쇼처럼 관람하는 구경꾼으로 전락하거나 인터넷 댓글을 쓰는 정치적 취미에 몰두했다. 결과적으로 포스트민주주의에서 사실상 정치를 지배하는 기업 엘리트의 영향력이 지나치게 커졌다. 미국과 영국뿐 아니라 한국과 일본 등 전 세계적으로 정부는 기업의 로비를 받으며 막후 거래를 통해 공기업을 매각하거나 민간 위탁을 주는 결정을 내린다. 정부는 대기업과 금융기관에 대한 규제를 완화하는 정책을 통해 그들의 막대한 수익을 보장한다. 그리고 고위 공무원은 퇴임 후 대기업, 법률회사, 투자회사, 회계법인의 고문으로 취업한다. 정치 과정은 국민의 보편적 이익보다는 경제 엘리트의 특수한 이익을 정당화하는 메커니즘으로 왜곡된다. 이를 통해 민주주의의 본질적 의미와 목표가 사라진다.

4. 맺음말: 불평등을 완화하는 국가의 역할

앞서 설명했듯이 불평등이 증가하는 원인은 매우 다양하고 복잡하다. 구조적 관점은 불평등의 원인으로 세계화, 기술의 진보, 인구학적 변화를 강조한다. 정치경제적 관점은 기업지배구조와 주주 가치의 강조, 기업의 노동유연화 전략, 노동조합의 약화, 정부의 재분배정책의 후퇴에서 나타나는 기업과 노동조합의 권력관계, 정당의 유권자 지지 기반과 선거 전략 등을 분석한다. 제도적 관점은 정부의 조세정책과 사회정책을 결정하는 사회제도, 복지제도, 선거제도, 정치제도의 차이에 주목한다. 그러나 자세히 살펴보면 지구화, 기술 진보, 인구학적 변화도 외부 환경의 변화로만 볼 수 없는 사실상 모두 인간에 의해 만들어진 결과이다.

지구적 경제와 금융 체제의 출현은 미국, 영국 등 전 세계 주요 정부와 초국적 기업이 주도하여 만든 사회 변동이다. 기술의 변화도 세계 각국 정부의 산업정책과 규제, 기업의 산업 투자와 연구 개발의 결정에 의해 이루어지는 것이다. 인구 고령화와 저출산도 여성, 아동, 교육, 고용에 영향을 미치는 사회제도의 영향을 받으며, 저소득 노인인구의 증가도 정부 정책에 따라 국가별로 다르게 나타난다. 경제 금융화, 주주 가치의 강조, 노동조합의 약화, 다수제 민주주의도 모두 사람들이 만든 제도적 결과이다. 이런 변화가 발생한 원인을 살펴보면 부자와 가난한 사람의 권력의 균형이 깨지거나 한쪽으로 기울어지면서 만들어진 것이라는 사실을 알 수 있다. 이러한 특성이 가장 극명하게 나타나는 것은 바로 정부의 정책결정 과정이다.

불평등의 증가를 기술과 산업의 구조적 변화로 인한 불가피한 결과를 보는 견해는 사회제도의 효과를 무시한다. 그러나 미국 경제학자 폴 크루그먼은 기술의 변화보다도 노동조합의 약화와 보수적 정치세력의 우경화와 같은 정치적 변화가 불평등을 키웠다고 강조했다(Krugman, 2007). 실제로 한국에서도 경제적 세계화와 기술의 변화와 같은 구조적 변화보다 정부의 조세정책과 사회정책, 기업과 노동조합의 권력관계, 선거제와 정치제도가 불평등에 미치는 영향이 더 크다. 특히 노동조합과 진보 정당의 영향력이 미약하기 때문에 정치권에서 기업과 부유층을 옹호하는 정당의 영향력이 지나치게 커졌다. 기업과 부유층의 지지를 받는 보수적 정부가 주도하는 노동시장의 유연화와 제한적 재분배 장치가 장기적으로 사회를 2개의 계급으로 분열시켰다. 부자들에게 천문학적인 부가 집중되며 승자독식 정치가 공고화되었다.

2014년 옥스팜 보고서는 전 세계적으로 불평등이 커지는 원인을 부자에게 편향된 정책, 조세회피, 가난한 사람을 위한 복지를 삭감하는 긴축정책이라고 주장했다(Oxfam, 2014). 이 보고서는 최고 부유층이 경제제도를 지배하여 정부 정책을 좌우하면서 민주주의를 훼손하고 있다고 경고했다. 한국에서도 재벌 대기업과 경제관료는 경제성장을 강조하면서 복지예산과 세금 인상에는 강력하게 반대한다. 그리고 경제정책을 좌우하는 고위관료들이 퇴임 후 줄지어 재벌 대기업, 대형 로펌(법률회사), 대형 회계 법인으로 이직하는 현상에 주목해야 한다. 정부가 재벌 대기업과 부유층의 이익을 옹호하는 정책을 추진하여 보통 사람에게 손해를 끼치며 불평등이 증가하고 있다는 비판에 귀를 기울여야 한다(김윤태, 2012).

2008년 세계금융위기 이후 전 세계적으로 불평등에 대한 인식이 변화하기 시작했다. 2011년 이후 부유층과 기업인이 모이는 세계경제포럼(World Economic

Forum)에서도 세계의 가장 심각한 위험으로 '소득 불평등'을 지적했다. 2012년 세계경제포럼의 주제는 '자본주의의 위기'였다. 2014년 세계경제포럼의 「글로벌 리스크」 보고서는 세계금융위기 이후 커진 소득격차가 2020년대 세계경제에 핵심적 위협이 될 수 있다고 경고했다(World Economic Forum, 2014). 한편 2012년 국제노동기구(ILO)가 발표한 「임금 주도 성장(wage-led growth)」이라는 제목의 보고서에서 노동자의 소득이 장기적인 경제성장에 도움이 된다고 주장한 이래 세계경제를 지배한 통화주의 정책의 한계를 인정하면서 다시 수요의 부족을 강조한 케인스의 교훈에 주목하기 시작했다. 보수적인 세계은행과 국제통화기금의 정책에도 변화가 일어났다. 세계은행은 소득 불평등을 줄이는 정책이 장기적으로 경제성장에 도움이 된다고 주장했다(World Bank, 2016). OECD도 2012년부터 '포용 성장(inclusive growth)'을 제안하면서 다차원적 생활수준(MDLS: Multidimensional Living Standards)의 측정을 중시하면서 소득 이외에도 사람들의 웰빙(well-being)에 영향을 주는 고용과 보건의 중요성을 강조했다(OECD, 2015a). 이를 위한 해법으로 OECD는 부유층 조세 인상, 최저임금 인상, 사회 안전망 강화를 각국 정부에 권고했다.

2017년 문재인 정부의 '소득 주도 성장'은 가계소득을 늘려 국민의 기본 생활을 보장하고 성장의 새로운 동력으로 삼는다는 주장인데, 이는 국제 사회의 '포용 성장'의 주장과 유사하다. 한국 정부는 전통적인 발전국가와 신자유주의 이념을 넘어 성장과 분배의 선순환을 강조하는 '포용 국가'를 새로운 국가 전략으로 선택했다. 최저임금 인상, 확장적 재정정책, 의료보장 확대, 아동수당 지급 등은 넓은 의미에서 포용 성장의 전략으로 평가할 수 있다. 그러나 한국의 포용 성장 전략은 적극적인 증세 없이 재정정책을 확대하는 방향을 추진하면서 실제적인 효과를 거두지 못했다(정세은, 2018). 불평등을 줄이는 포용 국가의 전략을 실현하기 위해서는 경제적 효율성과 사회적 형평성을 동시에 추구하면서 경제정책과 사회정책을 통합하는 정부의 정책 전환이 시급하다. 미국 경제학자 조지프 스티글리츠는 불평등을 줄이기 위해서 독점 규제, 금융 산업 통제, 기업의 장기 투자 장려, 완전고용 추진, 노동자 권리 강화, 부유층 증세,

복지 확대를 위한 적극적인 정부의 역할을 강조했다(Stiglitz, 2019). 정부의 개입을 강화하고 복지를 확대해 불평등을 완화하는 길만이 자본주의를 위기에서 구할 수 있을 것이다.

2020년 전 세계를 강타한 코로나19 위기가 발생한 이후 한국 정부는 긴급재난지원금을 제공하면서 생계 악화와 소비 위축으로 인해 급격한 타격을 받은 국민을 지원하는 정책을 실행했다. 유럽과 북미의 주요 국가들은 발 빠르게 새로운 정책을 도입했다. 첫째, 각국 정부는 막대한 재정을 투입함으로써 기업과 가계에 대한 지원을 늘렸다. 금리를 인하하고, 기업의 단기 유동성 위기를 지원하며, 가계부채 부담을 줄이기 위한 정책을 도입했다. 둘째, 긴급 위기에 신속하게 대응하는 사회정책도 실행했다. 복지제도가 튼튼한 유럽에서는 수급 혜택을 한시적으로 확대하는 정책을 추진했다. 상대적으로 사회 안전망이 취약한 미국, 일본, 한국은 재난지원금 형태의 현금이 전달되었다. 그러나 코로나19 위기로 인해 장기적으로 불평등이 더욱 심화될 것으로 예측된다(김윤태, 2020).

코로나19 위기 이후 주가와 부동산 폭등이 발생하면서 최상위층의 소득은 더욱 증가했다. 반면에 코로나19 위기로 타격을 받은 산업과 영세자영업의 소득은 감소했다. 이에 코로나19 위기로 인해 가장 큰 타격을 입은 항공, 관광 산업 노동자와 영세자영업자 등 '취약' 노동자에 대한 지원 확대가 시급하다. 또한 의료, 물류, 운송, 택배 분야 '필수' 노동자의 노동시간 연장, 과로, 위험 증가에 대한 대책도 중요하다. 코로나19 위기 직후 긴급재난지원금이 커다란 관심을 끌었고 정치권에서 기본소득에 관한 논의가 확산되었지만, 현 단계 사회정책의 핵심 과제는 모든 국민이 혜택을 받을 수 있는 복지국가와 보편적 사회보장제도의 공고화이다. 코로나19 위기로 인해 많은 사람들이 건강보험, 실업보험 등 보편적 사회보장제도의 중요함을 인식하고 있지만, 아직도 사회보장제도의 사각지대가 많다. 특히 비정규직, 특수고용, 플랫폼 종속 노동자와 같은 취약계층이 실업보험과 노후연금 등 사회보장제도에서 배제되거나 차별을 받지 않아야 한다. 장기적으로 경제적 지구화와 기술의 진보에 따른 고용 불안과 소득 감소에 대응하는 보편적 사회보장제도 없이는 사회적 연대와 사회통합은 불가능하다.

장기화되는 코로나19 위기에 직면한 사회보장 패러다임의 전환을 위해 다음 과제를 시급하게 실행해야 한다. 첫째, 모든 국민에게 보편적 사회보장 혜택을 제공해야 하고 사회보장제도의 사각지대를 해소해야 한다. 보편적 사회보험이 없다면 모든 국민을 위한 평등한 사회권과 기회의 평등이 보장될 수 없다. 둘째, 사회복지재정을 획기적으로 확대해야 하고 조세 정의를 강화하는 조세제도 개혁을 단행해야 한다. 부유층과 불로소득층에 대한 조세 정의가 실현되는 과정에서 복지국가를 위한 보편 증세에 대한 국민적 합의를 이룰 수 있을 것이다. 둘째, 좋은 일자리의 증가와 함께 개인의 역량을 강화해야 한다. 모든 시민을 위한 교육과 직업훈련에 대한 대대적인 사회 투자가 중요하다. 정부의 적극적 역할을 통해 공공부문과 민간기업의 고용 창출을 지원해야 하며, 정규직과 비정규직의 차별을 없애야 하며 '동일 노동, 동일 임금'의 원칙을 통해 임금격차를 줄여야 한다. 셋째, 코로나19 위기의 장기화로 인한 교육격차를 줄이려는 적극적인 노력이 필요하다. 공교육을 획기적으로 강화하고, 발표와 토론 중심 교육과정을 도입하고, 저소득층 자녀를 위한 교육 지원을 대폭 확대해야 한다. 실업계 고교, 전문대학, 직업훈련 예산을 확대하고 청년의 고용 가능성을 높이는 한편 평생교육을 확대해야 한다. 다섯째, 여성 친화적 사회정책으로 '일과 가정의 균형'을 지원해야 한다. 정부가 직장에서 출산휴가와 육아휴직을 보장해야 하며, 가정에서 여성의 돌봄 부담을 줄일 수 있도록 지원해야 한다. 코로나19 위기의 시대에 모든 시민의 삶의 기회를 개선하기 위해서 완전고용, 생활임금 도입, 노인기초연금 확대, 보편적 교육과 보건, 보편적 사회보험이 더욱 중요해지고 있다(김윤태, 2020). 특히 비정규직, 플랫폼 종속 노동자, 청년 실업자, 은퇴 노인, 실업자들이 국민연금, 고용보험, 실업부조의 혜택에서 배제되거나 차별을 받지 않아야 한다.

알베르 카뮈의 소설 『페스트』에서 기자 랑베르의 말은 코로나19 위기의 시대에 깊은 공감을 불러일으킨다. "혼자만 행복하다는 것은 부끄러운 일이지요." 인간적이고 민주적인 사회라면 모든 시민들에게 자유롭게 자신의 역량을 강화하기 위한 균등한 교육과 보건의 권리가 제공되어야 하고, 일하기를 원하는 누구에게나 고용의 권리를 보장해야 한다. 1929년 대공황의 위기에 미국 정부는 거대한 복합대기업의 해체, 금산 분리, 금융 규제, 노동권의 보장, 사회보장제도의 도입 등 포용적 사회제도로 사회갈등을 해결하고 경제위기를 극복했다. 1945년 제2차 세계대전의 참화 속에서 영국을 비롯해 대부분의 유럽 국가에서는 공교육, 건강보험, 노후연금, 실업보험, 공공부조 등 보편적 복지제도를 도입하면서 계급 갈등을 줄이고 경제 부흥을 이룩할 수 있었다. 21세기에 아무리 기술의 발전이 이루어진다 하더라도 포용적 사회제도가 없다면 경제성장을 지속할 수도, 창의적 기업가 정신을 키울 수도, 사회통합을 이룰 수도, 국민의 행복감을 높일 수도 없다. 만약 국가가 역사상 유례없는 '불평등 위기'의 시대에 직면하고서도 보편적 사회보장제도의 강화와 전면적인 사회개혁을 위한 기회를 놓친다면 역사상 최악의 불평등이라는 유산만 남길 수 있다. 코로나 19 위기가 장기화되는 지금이야말로 불평등을 줄이기 위한 정부의 적극적 행동이 필요한 시점이다.

참고문헌

강신욱·강두용·홍민기·정현상. 2013. 『소득분배 악화의 산업구조적 원인과 대응방안』. 서울: 한국보건사회연구원.
고용노동부. 2021.5.26. "2020년 6월 고용형태별근로실태조사 결과" 보도자료.
권일·김미애. 2021. 『분위별 자산·소득 분포 분석 및 국제비교』. 서울: 국회예산정책처.
김낙년. 2018. 「한국의 소득집중도: update, 1933-2016」. ≪한국경제포럼≫, 11권, 1호, 1~32쪽.
김영미·신광영. 2008. 「기혼여성 노동시장의 양극화와 가구소득 불평등의 변화」. ≪경제와 사회≫, 77호, 79~106쪽.
김유빈·이기쁨·지상훈·임용빈·조규준. 2021. 『KLI노동통계』. 세종: 한국노동연구원.
김유선. 2020. "비정규직 규모와 실태: 통계청, '경제활동인구조사 부가조사'(2020.8) 결과". KLSI 이슈페이퍼 2020-20. 한국노동사회연구소.
김윤태. 2012. 『한국의 재벌과 발전국가: 고도성장, 독재, 지배계급의 형성』. 파주: 한울.

_____. 2015. 『복지국가의 변화와 빈곤정책: 세계금융위기 이후의 대응』. 서울: 집문당.

_____. 2017. 『불평등이 문제다』. 서울: 휴머니스트.

_____. 2020. 「코로나19와 불평등」. 정홍원·이은솔·김윤태·이태수·신동면·정혜주. 2020. 『코로나 이후 시대 사회보장정책의 방향과 과제』. 세종: 한국보건사회연구원.

김윤태·서재욱. 2013. 『빈곤: 어떻게 싸울 것인가』. 파주: 한울.

김태완 외. 2020. 『노인빈곤의 실태와 사회경제적 영향 분석 연구』. 세종: 한국보건사회연구원.

김승한. 2021.05.13. "이재용, 한국 억만장자 순위 1위 올랐다… 주식상속 영향". ≪매일경제≫.

김주영. 2021.1.31. "64.9% '자녀 지위 상승 어렵다'… 끊어진 계층 사다리". ≪세계일보≫.

김준희. 2019.3.6. "재벌들, 왜 재산 빼돌릴까?… '이재용 6.5조, 최태원 5조, 정의선 3.1조원…'". ≪서울이코노미뉴스≫.

김창환·김태호. 2020. 「세대 불평등은 증가하였는가? 세대 내, 세대 간 불평등 변화 요인 분석, 1999~2019」. ≪한국사회학≫, 54권 4호, 161~205쪽.

김창환·변수용. 2021. 『교육 프리미엄: 한국에서 대학교육의 노동시장 가치는 하락했는가?』. 서울: 박영스토리.

남상호. 2015. 『우리나라 가계 소득 및 자산 분포의 특징』. 세종: 한국보건사회연구원.

노민선. 2021. 「대-중소기업 간 노동시장 격차 변화 분석(1999~2019)」. 중소기업포커스 제21-04호. 서울: 중소기업연구원.

류정. 2017.1.5. "한국 '상속형 부자' 62%…美·日 2배 넘어". ≪조선비즈≫.

박상인·김정욱·이제복. 2016. 「한국 재벌의 소유지배구조의 특이성에 관한 연구」. 서울: 서울대학교 행정대학원 시장과 정부 연구센터.

신광영. 2013. 『한국 사회 불평등 연구』. 서울: 후마니타스.

알바레도(Facundo Alvaredo)·샹셀(Lucas Chancel)·피케티(Thomas Piketty)·사에즈(Emmanuel Saez)·주크먼(Gabriel Zucman) 엮음. 2018. 『세계불평등보고서 2018』. 장경덕 옮김. 파주: 글항아리.

여유진. 2009. 「공적이전 및 조세의 소득재분배효과」. ≪사회보장연구≫, 25권 1호, 45~68쪽.

윤진호. 2010. 「한국의 임금체계」. 신광영 편. 『일의 가격은 어떻게 결정되는가 I : 한국의 임금결정 기제 연구』. 파주: 한울.

윤홍식. 2019. 『한국 복지국가의 기원과 궤적』 1, 2, 3. 서울: 사회평론.

이병천·신진욱. 『2015. 민주 정부 10년, 무엇을 남겼나: 1997년 체제와 한국 사회의 변화』. 서울: 후마니타스 .

이정우. 2010. 『불평등의 경제학』. 서울: 후마니타스.

이정전. 2017. 『주적은 불평등이다: 금수저-흙수저의 정치경제학』. 고양: 개마고원.

이정희. 2021. 「노사관계 평가와 전망 특집 1. 2020년 노사관계 평가 및 2021년 쟁점과 과제」. ≪월간 노동리뷰≫, 2021년 1월 호, 9~35쪽.

장상수. 1999. 「한국 사회의 교육수준별 혼인 유형과 그 변화」. ≪한국사회학≫, 33권 여름 호, 417~448쪽.

장하준·신장섭. 2004. 『주식회사 한국의 구조조정』. 파주: 창비.

정민·민지원. 2018. 「조세재정정책의 소득재분배효과 국제비교와 시사점: 소득 불균형 해소를

위한 전제 조건: 사회적 합의」. 현대경제연구원. ≪한국경제주평≫, 818권, 1~16쪽.

정세은. 2018. 「문재인정부 조세재정정책 평가 및 바람직한 대안의 모색」. ≪사회경제평론≫, 31권 57호, 55~92쪽.

정이환. 2013. 『한국 고용체제론』. 서울: 후마니타스.

조귀동. 2020. 『세습 중산층 사회: 90년대생이 경험하는 불평등은 어떻게 다른가』. 서울: 생각의힘.

조동기. 2006. 「중산층의 사회인구학적 특성과 주관적 계층의식」. ≪한국인구학≫, 29권 3호, 89~109쪽.

통계청. 2015. "순자산 지니계수 현황". https://kosis.kr/statHtml/statHtml.do?orgId=101&tblId=DT_1HDBD04&conn_path=I2(검색일: 2021.10.10).

_____. 2016. 「가계동향조사」. https://kosis.kr/statHtml/statHtml.do?orgId=101&tblId=DT_1L6E001&conn_path=I3(검색일: 2021.10.15).

_____. 2019. 「사회조사」.

_____. 2020a. 「가계금융복지조사」. 통계청·한국은행·금융감독원, https://kosis.kr/statHtml/statHtml.do?orgId=101&tblId=DT_1HDLF05&conn_path=I3(검색일: 2021.10.15).

_____. 2020b. 「2020 경제활동인구조사」.

_____. 2020c. 「2020 가계동향조사(신분류)」. http://kosis.kr(검색일: 2021.9.24).

_____. 2020d. 「1990-2020 종사상지위별 취업자」. https://kosis.kr/statHtml/statHtml.do?orgId=101&tblId=DT_1DA7010S&conn_path=I3(검색일: 2021.9.24).

_____. 2021a. "소득분배지표". http://www.index.go.kr/unify/idx-info.do?pop=1&idxCd=5055(검색일: 2021.10.8).

_____. 2021b. "2021년 9월 고용동향". 2021.10.13. 보도자료.

_____. 2021c. "2021년 3/4분기 가계동향조사". 2021.11.18. 보도자료.

_____. 2021d. 「2021 고령자 통계」. https://www.index.go.kr/potal/stts/idxMain/selectPoSttsIdxSearch.do?idx_cd=1407(검색일: 2021.10.15).

프레이저(Fraser Nancy)·호네트(Axel Honneth). 2014. 『분배냐 인정이냐: 정치철학적 논쟁』. 김원식·문성훈 옮김. 고양: 사월의책.

전병유·신진욱 엮음. 2016. 『다중 격차: 한국의 불평등 구조』. 서울: 페이퍼로드.

홍민기. 2015. 「최상위 소득 비중의 장기 추세(1958~2013년)」. ≪경제발전연구≫, 21권 4호, 1~34쪽.

홍석재. 2018.10.29. "'계층 이동 사다리' 흔들렸나···SKY 재학생 절반이 고소득층." ≪한겨레신문≫.

황규성·강병익 엮음. 2017. 『다중격차 II: 역사와 구조』. 서울: 페이퍼로드.

황윤태, 2021.6.18. "팬데믹에 번 돈 153조원··· 미 억만장자 가문 순자산 9배". ≪국민일보≫.

Autor, D. H., L. F. Katz and A. B. Krueger. 1998. "Computing inequality: have computers changed the labor market?" *Quarterly Journal of Economics*, Vol. 113, No. 4, pp. 1169~1213.

Atkinson, Anthony B. 2015. *Inequality: What Can Be Done?* Cambridge, MA: Harvard University Press.

Bartels, Larry M. 2008. *Unequal Democracy: The Political Economy of the New Gilded Age.* New York: Russell Sage Foundation; Princeton: Princeton University Press.

Bodie, Matthew T. 2015. "Income Inequality and Corporate Structure." *Stetson Law Review*, Vol. 45, No. 1, pp. 69~90.

Brou, D., A. Chatterjee, J. Coakley, C. Girardone and G. Wood. 2021. "Corporate governance and wealth and income inequality." *Corporate Governance: An International Review*, pp. 1~18.

Brynjolfsson, Erik and Andrew McAfee. 2014. *The second machine age: Work, progress, and prosperity in a time of brilliant technologies.* New York: W. W. Norton & Company.

Castles, Francis Geoffrey. 2004. *The future of the welfare state: Crisis myths and crisis realities.* OUP Oxford.

Coates, David. 2000. *Models of capitalism: Growth and stagnation in the modern era.* Cambridge: Polity.

Crouch, Colin. 2004. *Post-democracy.* Malden, MA: Polity.

Domański, Henryk and Dariusz Przybysz. 2007. "Educational Homogamy in 22 European Countries." *European Societies*, Vol. 9, No. 4, pp. 495~526.

Emmenegger, P., S. Hausermann, B. Palier and M. Seeleib-Kaiser. 2012. "How We Grow Unequal". in P. Emmenegger, S. Hausermann, B. Palier and M. Seeleib-Kaiser(eds.). *The Age of Dualization: The Changing Face of Inequality in Deindustrializing Societies.* Oxford: Oxford University Press.

Esping-Andersen, G. 2007. "Sociological explanations of changing income distributions." *American Behavioral Scientist*, Vol. 50, No. 5, pp. 639~658.

Frank, Thomas. 2016. *Listen, Liberal: Or, What Ever Happened to the Party of the People?* New York: Metropolitan Books.

Fukuyama, Francis. 1992. *The end of history and the last man.* New York: Free Press.

Goldin, Claudia and Katz. F. Lawrence. 2008. *The Race between Education and Technology.* Cambridge, MA.: Belknap Press of Harvard University Press.

Gordon, Robert J. 2016. *The Rise and Fall of American Growth: The U. S. Standard of Living since the Civil War.* Princeton: Princeton University Press.

Hacker, Jacob S. and Pierson Paul. 2011. *Winner-Take-All Politics: How Washington Made the Rich Richer and Turned Its Back on the Middle Class.* New York: Simon & Schustser.

Hall, Peter A. and David W. Soskice. 2001. *Varieties of Capitalism: Institutional Foundation of Comparative Advantage.* Oxford: Oxford University Press.

Iversen, Torben and Anne Wren. 1998. "Equality, Employment, and Budgetary Restraint: The Trilemma of the Service Economy." *World Politics*, Vol. 50, No. 4, pp. 507~

546.

Iversen, Torben and David Soskice. 2006. "Electoral Institutions and the Politics of Coalitions: Why Some Democracies Redistribute More Than Others." *American Political Science Review*, Vol. 100, No. 2, pp. 165~181.

Jaumotte, Florence and Carolina Osorio Buitron. 2015. *Inequality and Labor Market Institutions*. IMF.

Kaplan, Jerry. 2015. *Humans Need Not Apply: A Guide to Wealth & Work in the Age of Artificial Intelligence*. New Haven: Yale University Press.

Katrňák, T., P. Fučík and R. Luijkx. 2012. "The relationship between educational homogamy and educational mobility in 29 European countries." *International Sociology*, Vol. 27, No. 4, pp. 551~573.

KBS 뉴스. 2020.1.2. "[신년여론조사] '소득격차 줄었지만 불평등 심화'…왜?" https://news. kbs.co.kr/news/view.do?ncd=4354605(검색일: 2021.7.17).

_____. 2020.8.16. "[KBS여론조사] 이명박 사면 반대 60.7%, 박근혜 사면 반대는 56.8%". https://news.kbs.co.kr/news/view.do?ncd=5257065(검색일: 2021.7.17).

Keeley, B. 2015. *Income Inequality: The Gap between Rich and Poor*. OECD Insights, OECD Publishing.

Korpi, Walter and Joakim Palme. 1998. "The Paradox of Redistribution and Strategies of Equality: Welfare State Institutions, Inequality, and Poverty in the Western Countries". *American Sociological Review*, Vol. 63, No. 5, pp. 661~687.

Krugman, Paul. 2007. *The Conscience of a Liberal*. New York: W. W. Norton & Company.

Kuznets, Simon. 1955. "Economic Growth and Income Inequality." *The American Economic Review*, Vol. 45, No. 1, pp. 1~28.

Lindert, Peter H. 2004. *Growing Public: Social Spending and Economic Growth since the Eighteenth Century*. Cambridge: Cambridge University Press.

Martin, Hans-Peter and Harald Schumann. 1997. *Die Globalisierungsfalle: Der Angriff auf Demokratie und Wohlstand*. Reinbek bei Hamburg: Rowohlt.

OECD. 2015a. "Towards a multidimensional framework for inclusive growth." *All on Board: Making Inclusive Growth Happen*. Paris: OECD Publishing.

_____. 2015b. *In It Together: Why Less Inequality Benefits All*. Paris: OECD Publishing.

_____. 2017a. *Preventing Ageing Unequally: Action Plan*. Paris: OECD Publishing.

_____. 2017b. Elderly population (indicator). doi: 10.1787/8d805ea1-en(검색일: 2021.7. 18).

_____. 2018. *Economic Surveys: Korea 2018*. Paris: OECD Publishing.

_____. 2019a. *Under Pressure: The Squeezed Middle Class*. Paris: OECD Publishing.

_____. 2019b. *Negotiating Our Way Up: Collective Bargaining in a Changing World of Work*. Paris: OECD Publishing.

_____. 2019c. *Social Expenditure Update 2019, Public social spending is high in many*

OECD countries. Paris: OECD Publishing.

_____. 2020a. "Income inequality (indicator)." doi: 10.1787/459aa7f1-en(검색일: 2020.10.19).

_____. 2020b. "Income Distribution Database." OECD stats. https://stats.oecd.org.(검색일: 2021.9.24).

_____. 2020c. *OECD Economic Surveys: Korea 2020*. Paris: OECD Publishing.

_____. 2021a. "Income Distribution Database." OECD stats. https://stats.oecd.org(검색일: 2021.10.8).

_____. 2021b. "Poverty rate (indicator)." doi: 10.1787/0fe1315d-en(검색일: 2021.10.18).

_____. 2021c. "Poverty gap (indicator)." doi: 10.1787/349eb41b-en(검색일: 2021.10.8).

_____. 2021d. "Wage levels (indicator)." doi: 10.1787/0a1c27bc-en (검색일: 2021.10.8).

Oxfam. 2014. *Working for the Few*. Oxfam.

_____. 2018. *Inequality Report 2018*. Oxfam.

_____. 2020. *Fighting Inequality in the time of COVID-19: The Commitment to Reducing Inequality Index 2020*. Oxfam.

Pierson, Paul. 1994. *Dismantling the Welfare State? Reagan, Thatcher, and the Politics of Retrenchment*. New York: Cambridge University Press.

Piketty, Thomas. 2020. *Capital and Ideology*. Cambridge, MA: Belknap Press of Harvard University Press.

Piketty, Thomas and Emmanuel Saez. 2014. "Inequality in the long run." *Science*, Vol. 344, p. 838.

Rahman, K. Sabeel and Kathleen Thelen. 2019. "The Rise of the Platform Business Model and the Transformation of Twenty-First-Century Capitalism." *Politics and Society*, Vol. 47, No. 2, pp. 177~204.

Rifkin, Jeremy. 1995. *The End of Work: The Decline of the Global Labor Force and the Dawn of the Post-Market Era*. New York: G. P. Putnam's Sons.

Rodrik, Dani. 2011. *The globalization paradox: democracy and the future of the world economy*. New York: W. W. Norton & Co.

Schwartz, C. R. and R. D. Mare. 2005. "Trends in educational assortative marriage from 1940 to 2003." *Demography*, Vol. 42, No. 4, pp. 621~646.

Scott, John. 1997. *Corporate Business and Capitalist Classes*. Oxford: Oxford University Press.

Smits, J., W. Ultee and J. Lammers. 1998. "Educational homogamy in 65 countries: An explanation of differences in openness using country-level explanatory variables." *American Sociological Review*, Vol. 63, No. 2, pp. 264~285.

Stiglitz, Joseph E. 2012. *The Price of Inequality: How Today's Divided Society Endangers Our Future*. New York: W. W. Norton & Company.

Therborn, Göran. 2013. *The Killing Fields of Inequality*. Cambridge: Polity.

Wilensky, Harold L. 2002. *Rich Democracies: Political Economy, Public Policy, and Performance.* Berkeley: University of California Press.

Wilkinson, Richard and Kate Pickett. 2009. *The Spirit Level: Why More Equal Societies Almost Do Better.* London: Allen Lane.

_____. 2019. *The Inner Level: How More Equal Societies Reduce Stress, Restore Sanity and Improve Everyone's Well-being.* London: Penguin Press.

World Bank. 2016. *Poverty and Shared Prosperity 2016: Taking on Inequality.* Washington, DC: World Bank. doi:10.1596/978-1-4648-0958-3(검색일: 2021.10.15).

World Economic Forum. 2014. *Global Risks 2014.* Geneva: World Economic Forum.

World Inequality Database. 2018. https://wid.world/data/#countriestimeseries/sptinc_p90p100_z/WO;KR/1930/2018/eu/k/p/yearly/s(검색일: 2018.11.25).

_____. 2021. https://wid.world/data/#countriestimeseries/sptinc_p90p100_z/WO;KR/1930/2021/eu/k/p/yearly/s(검색일: 2021.7.17).

World Inequality Lab. 2018. *World Inequality Report 2018: Executive Summary.*

03

1990년대 이후 소득 불평등 변화
요인에 관한 연구

정준호·전병유·장지연

1. 문제 제기

한국 사회에서 소득 불평등이 1997년 외환위기 이전에 비해 크게 증가한 것은 이미 잘 알려진 사실이다. 그러나 불평등은 하염없이 증가하는 것은 아니며 변동과 등락을 반복한다. 자본주의가 발전해 온 수백 년, 수십 년의 기간을 봐도 그렇다(Milanovic, 2016). 대표적인 불평등 지표인 지니계수도 0과 1 사이에 존재하는 것이고, 현실에서도 불평등은 심화하기도 하고 완화하기도 한다.

한국에서의 소득 불평등도 1980년대 후반 이후 1990년대 중반까지 하락하다가 이후 상승 추세를 나타냈다. 통계청의 공식 지표를 보면, 시장소득의 지니계수가 1990년 0.266에서 1994년 0.255, 2008년 0.319, 2009년 0.320으로 증가했다. 그러나 그 이후 지니계수는 다소 하락하여 2015년 0.305를 나타냈다.

---

* 이 글은 정준호·전병유·장지연, 「1990년대 이후 소득 불평등 변화 요인에 관한 연구」, ≪사회복지정책≫, 44권 2호(2017, 한국사회복지정책학회), 29~53쪽을 수정·보완한 것이다.

그동안 우리나라의 경우에도 소득 불평등에 대한 다양한 분석들이 이루어졌지만, 2008~2009년 전후로 소득 불평등이 상승하다가 정체하는 추세로 변화한 현상에 대한 연구는 상대적으로 아직 많이 진척되지 않았다.[1] 임금 불평등과 관련된 일부 분석이 이루어졌지만 임금만 가지고 전체 소득 불평등의 추이를 다 설명할 수는 없으며, 2008년 이후 소득 불평등이 일시적인 현상인지, 지속적인 현상인지에 대한 판단도 아직은 이루어지지 않고 있다.

따라서 이 장의 목적은 한국의 소득 불평등이 2008년 이전 상승 추세에서 그 이후 정체 추세로 변화된 원인을 찾는 데 있다. 특히, 2008년 이전 소득 불평등 증가를 이끌었던 요인들이 그 기간에만 작용했고 그 이후에는 불평등을 완화하는 방향으로 작용했는지, 아니면 2008년 이전의 불평등 증가 요인이 계속되었지만 불평등을 완화하는 새로운 요인이 발생했는지를 파악해 보고자 한다.

이 글은 다음과 같이 구성된다. 2절에서는 소득 불평등을 설명하는 요인들에 대한 국내의 기존 연구들을 검토하고, 3절에서는 분석 방법론과 자료, 변수 등을 설명하며, 4절에서는 분석 결과를 해석하고, 5절에서는 요약과 시사점을 제시한다.

2. 기존 연구

소득 불평등에 영향을 미치는 요인들은 매우 다양하고 복합적이다. 우선 소득 불평등의 주된 요인이 노동시장에서의 변화인가, 인구나 가족구조의 변화인가가 가장 많이 논의된 주제일 것이다.

노동소득의 격차를 초래한 요인으로 기술, 무역, 제도와 관련된 고용 형태와 임금 수준(종사상 지위와 고용 형태, 직종과 업종, 규모 등) 요인을 들 수 있을 것이

---

[1] 2010년 이후 소득 불평등의 정체 추세를 확인한 연구로는 이다미·강지혜·조한나(2016), 전병유 엮음(2016) 등이 있으나, 이러한 추세의 원인에 대한 본격적인 연구는 아직 제출되지 않고 있다.

고, 인구-가족 관련 요인으로는 가구원 수, 노인 가구, 동류혼(assortive mating), 가구의 경제활동 참가 등을 들 수 있을 것이다. 이전소득이나 이전지출과 관련된 재분배 제도와 정책 등도 소득 불평등에 영향을 미치는 주요한 요인이다.

소득 불평등에 영향을 미치는 요인들이 매우 다양한 만큼 소득 불평등 요인 분해를 연구한 논문들도 매우 많다. 우리나라를 대상으로 한 연구들을 중심으로 정리해 보면 다음과 같다.

우선, 많은 연구들(여유진 외, 2005; 이병희·강신욱, 2007; 김진욱·정의철, 2010; 이병희 외 , 2014, 강신욱·김현경, 2016)이 노동소득이 1990년대 이후 소득 불평등 심화를 주도한 것으로 분석하고 있다. 가장 최근 연구인 이다미·강지혜·조한나(2016)도 근로소득의 불평등 기여도가 가장 높고 가구원의 노동소득 비중이 증가할수록 가구소득 불평등이 악화된다는 사실도 보여주고 있다. 노동소득이 소득 불평등 심화를 주도한 것은 전체 소득에서 근로소득이 차지하는 비중이 크기 때문이다. 2000~2011년간 소득 불평등을 분해한 이병희 외(2014)도 근로소득에 재산소득을 추가할 경우 오히려 지니계수가 소폭 하락하는 것으로 분석했는데, 이는 재산 소득집중 지니계수가 증가했음에도 재산소득의 비중이 작기 때문인 것으로 해석하고 있다. 노동소득의 비중보다 노동소득 내에서의 격차 요인에 더 집중한 연구도 있다. 강신욱·김현경(2016)은 1999~2008년간 연령에 대한 수익률보다는 가구주의 종사상 지위에 따른 수익률 변화가 불평등을 심화한 주요 요인으로 분석했다.

노동소득을 소득 불평등 심화의 주된 요인으로 보는 데에는 많은 연구들이 대체로 합의하고 있지만, 인구구조나 가족구조의 변화도 소득 불평등 변동에서 중요한 역할을 하는 것으로 보고 있다. 성명재·박기백(2009)은 1994~2008년간 인구구조 변화가 소득 불평등의 14.9%를 설명하고 이다미·강지혜·조한나(2016)도 25% 정도를 설명하는 것으로 분석하고 있다. 노동소득의 역할을 강조한 이병희 외(2014)도 연령별 인구구성이 기준 연도와 동일하게 가정하는 가상적 상황 접근법으로 분석한 결과, 인구 연령 구성의 변화가 소득 불평등에 커다란 영향을 미치는 것으로 분석했다. 인구구조나 가족구조와 관련된 기존의 연구들을 정리하면 다음과 같다. 배우자의 경제활동 참가가 불평등을 완화하는 효과를 가지는데(구인회·임세희, 2007; 여유진 외, 2011; 최바울, 2013), 이 효과는 여성 노동시장의 양극화로 감소하고 있다(김영미·신광영, 2008; 장지연·이병희, 2013). 그러나 여전히 부부소득의 상관관계가 낮아 동류혼에 따른 불평등 심화 효과는 제한적이다(김수정, 2014; 이선화, 2015; 장지연·전병유, 2014). 또한 노인 가구와 1인 가구의 증가는 불평등을 증가시키는 한 요인이다(김문길·김태완·박형존, 2012; 성명재, 2015).

재분배 요인들의 불평등 효과에 관한 연구들도 정리해 보면 다음과 같다. 2000년대 중반 이전에는 사적 이전의 불평등 완화 효과가 상대적으로 컸지만(박찬용, 2003; 김진욱, 2004), 2006~2013년간 사적 이전의 불평등 완화 효과가 줄어들었으며(성명재, 2014), 2000년대 이후에는 공적 이전의 빈곤 감소 효과가 사적 이전보다 커졌다(김재호·정주연, 2013). 공적 이전의 불평등 완화 효과가 높아진 반면, 사회보험료와 조세의 경우 불평등 완화 효과가 높아지고는 있으나 아직 크지는 않다(이다미·강지혜·조한나, 2016; 전승훈, 2014).

다만, 기존의 많은 분석과 연구들은 분석 대상 기간이 상대적으로 제한적이다. 분석 대상 기간을 어떻게 설정하느냐에 따라서 분석 결과는 달라지기도 한다. 앳킨슨(Atkinson, 1997)도 소득 불평등이 경향적인 현상으로만 나타나는 것이 아니라 다양한 '에피소드'들에 의해서 상승과 하락을 반복하는 특징을 가진다고 보았다. 영국을 대상으로 소득 불평등 변동 요인을 분석한 브루어와 렌루이스(Brewer and Wren-Lewis, 2016)는 1978~1991년까지 증가하던 불평등이 이후 2009년까지 정체하는 현상을 확인했고, 그 이유로 근로소득의 불평등은 꾸준히 증가했지만, 이전에 불평등을 증가시키던 요인들(투자와 연금 소득)의 불평등이 하락했기 때문인 것으로 분석했다. 따라서 여기서는 1990~2016년이라는 상대적으로 긴 기간을 대상으로 하여 불평등을 설명하는 요인들의 변화를 추적해 보고자 한다.

3. 방법론과 자료

이 글에서는 우리나라와 비슷한 현상을 경험한 영국을 대상으로 분석한 브루어와 렌루이스(Brewer and Wren-Lewis, 2016)에서 적용된 방법론을 활용하고자 한다. 즉, 소득 불평등을 소득원천별, 가구-개인의 특성별 두 가지 차원의 분석을 동시에 수행하는 것이다. 소득 불평등의 변화를 소득원천과 가구(가구주) 특성으로 분해함으로써 불평등 변화에 대한 이해도를 높이고자 한다. 소득원천별 분해는 전통적으로 활용되는 쇼록스(Shorrocks, 1982)의 분해 방법을 활용하되, 섀플리(Shapley) 분해법(Sastre and Trannoy, 2002)을 보완적으로 검토해볼 것이다. 가구-개인의 특성별 분해는 필즈(Fields, 2003)의 소득 회귀분석 결과에 쇼록스(Shorrocks, 1984)와 섀플리 분해법을 적용하는 방법을 활용할 것이다.

1) 방법론

소득 불평등 연구에서 다양한 방식의 요인분해(decomposition) 방법론이 사용되고 있다. 코웰과 피오리오(Cowell and Fiorio, 2011)는 요인분해 방법을 '연역적인(a priori)' 접근과 '회귀모형'으로 분류했다. 전자는 수학적·이론적인 공리에 기반한 요인분해 방식으로 쇼록스(Shorrocks, 1982, 1984)의 소득원천(factor) 및 하위집단별(sub-group) 요인분해와 사스트레와 트래노이(Sastre and Trannoy, 2002)의 섀플리 값 요인분해가 이러한 범주에 속한다. 반면에 후자는 계량경제 모형을 사용하여 반사실적인 결과들(counterfactuals)을 추정하거나 부가구조를 제약함으로써 '인과 효과'를 도출하고자 시도한다(Herault and Azpitarte, 2016).

요인분해에 대한 두 가지 접근은 상호 배제적이기보다는 상호 보완적이다. 코웰과 피오리오(Cowell and Fiorio, 2011)는 두 가지 방법론을 사용하면 추가적인 통찰을 얻을 수 있다고 제시한다. 각각의 분석 방법은 불평등 변동에 대해서 각기 다른 시사점을 얻을 수 있기 때문이다. 예를 들어, 연역적 방법은 원천별, 집단 간 불평등 척도를 제공하지만(그룹 간의 불평등이 왜 변했는지를 이해할 수 있도록 하지만), 두 변수가 서로 관련되어 있으면 두 개의 변수 중 어느 것이 전체 불평등에 가장 기여했는지 알 수 없다. 반면, 회귀분석 방법은 모든 변수가 동시에 포함되므로 어느 변수가 가장 기여했는지를 파악하는 데 유익하다. 브루어와 렌루이스(Brewer and Wren-Lewis, 2016)도 1978~2008년 기간 동안 영국 소득 불평등의 변동을 분석하는 데 두 가지 방법론을 모두 차용하고 있다. 이 글도 코웰과 피오리오(Cowell and Fiorio, 2011), 브루어와 렌루이스(Brewer and Wren-Lewis, 2016)와 마찬가지로 연역적인 방식과 회귀모형 방식을 모두 활용한다.

(1) 소득원천별 요인분해

소득원천별로 불평등을 분해하는 것은 불평등 변동의 경제적 의미를 해석하고 정책을 입안하는 데 의미 있는 정보를 제공할 수 있다. 이러한 의미에서 소득원천이 어떻게 소득 불평등에 영향을 미치는가를 추정하는 작업은 불평등 연구에서 중심 주제 중 하나이다(Sastre and Trannoy, 2002). 소득원천별 요인분해 방식은 여러 가지가 있지만 가장 많이 쓰이는 것은 쇼록스(Shorrocks, 1982)의 요인분해 방식과 섀플리 값 요인분해 방식(Sastre and Trannoy, 2002)이다.

쇼록스(Shorrocks, 1982)에 따르면, 총소득(Y)이 예를 들면, 근로소득, 사업소득, 재산소득, 이전소득 등 하나 이상의 소득원천(f)으로 구성된다고 하면 총소득의 불평등지수(I_Y)는 각 소득원천 기여도(S_f)의 합계로 나타낼 수 있다 ($I_Y = \sum_f S_f$). 여기서 $S_f > 0$이면 해당 소득원천은 불균형 효과를, 반면에 $S_f < 0$이면 균형 효과를 시사한다. $s_f \equiv \dfrac{S_f}{I_Y}$라고 정의하면 $\sum_f s_f = 1$이다. 따라서 S_f는 총소득의 불평등(I_Y)에 대한 소득원천 f의 절대적 기여도이고, s_f는 상대적 기여도로서 '불평등 요인 가중치(component inequality weight)'라고 일컬어진다. 특히 쇼록스(Shorrocks, 1982)는 식 (1)과 같이 s_f가 총소득의 분산으로 조정된 각 소득원천과 총소득 간의 공분산이라는 것을 입증한 바가 있다. 그는 이를 변이계수(Coefficient of Variation)에 적용한 바가 있다.

$$s_f = \frac{cov(f,\ Y)}{\delta_Y^2} \tag{1}$$

이러한 쇼록스(Shorrocks, 1982)의 분해방법은 식 (2)와 같이 불평등지수의 변화에도 적용될 수 있다.

$$I_Y^{t+1} - I_Y^t = \sum_f (s_f^{t+1} I_Y^{t+1} - s_f^t I_Y^t) \tag{2}$$

새플리 값은 협조게임에서 공동 참여자들 간의 협력에 따른 총비용이나 편익을 각 참여자의 공헌도, 즉 한계적 기여에 따라 배분하는 균형 배분규칙이다 (Shapley, 1953; 이성재·이우진, 2017). 이는 협조게임의 균형 해를 구하는 과정에서 개발되었지만, 소득원천별 요인분해에 적용할 수 있다(Shorrocks, 1999; Sastre and Trannoy, 2002). 총소득에서 각 소득원천을 협조게임의 참여자로 생각하고 이들 소득원천의 조합으로 구성된 부분집합과 그에 따른 불평등 정도를 나타내는 함수를 보수함수로 간주할 경우, 새플리 값은 전체 소득의 불평등에 대한 각 소득원천의 한계적 기여로 이해될 수 있다. 쇼록스(Shorrocks, 1999)는 새플리 값 요인분해가 불평등지수를 그것의 구성 요소들로 가법적으로 분해하는 일반적인 해라고 언급한다. 이러한 방식은 모든 불평등지수에 대해 적용할 수 있다.

하지만 새플리 값을 소득 불평등의 요인분해에 적용할 경우 상이한 원천별 소득 점유율을 고려해야 한다. 왜냐하면 협조게임에서 새플리 값은 각 참여자를 동일한 비중으로 간주하여 계산하기 때문이다. 새플리 값 분해방법이 소득 불평등에 적용될 경우 특정 소득원천 이외의 다른 소득원천들의 값이 모든 이에게 동일하다고 가정하는데, 이러한 가정이 어떻게 동일하게 부여될지에 따라 두 가지 방식의 새플리 값 요인분해가 있다(Sastre and Trannoy, 2002). 첫째는 f가 Y에서 제외될 경우 $\widehat{\delta_Y^2}$가 변화하는 정도를 계산하는 '영점 소득분해 (zero income decomposition)' 방법이 있다. 둘째는 f를 그것의 평균으로 대체하여 $\widehat{\delta_Y^2}$가 변화하는 정도를 계산하는 '평균 소득분해(mean equalized income distribution)' 방식이 있다. 이론적으로 어느 방법을 선택하는 것이 더 타당한지에 대한 일반적인 합의는 없다(Chantreuil and Trannoy, 1999). '평균 소득분해' 방식에서는 원천별 소득 점유율이 상이하지만 '영점 소득분해' 방식에서는 원천별 소득 점유율이 동일하다. 따라서 전자는 소득 점유율이 더 높은 소득원천에 가중치를 더 많이 부여하지만 후자는 소득 불평등 정도가 더 높은 소득원천에 가중치를 더 많이 부여하는 효과를 사실상 가진다(이성재·이우진, 2017). 샹트뢰이와 트래노이(Chantreuil and Trannoy, 2011)는 소득 불평등지수가 변이제곱계수(Squared Coefficient Variation)일 경우 쇼록스(Shorrocks, 1982)의 변이제곱계수의 분해 결과가 '평균 소득분해' 방식과 동일하다는 것을 입증했다.

(2) 회귀 기반 요인분해

전술한 소득원천별 요인분해와 달리 회귀 기반 요인분해는 사회경제적 요인, 인구학적 요인, 정책 변수 등과 같은 설명변수들을 포함하여 분석할 수 있다. 필즈(Fields, 2003)는 선형 소득함수를 식 (3)과 같이 설정하고 OLS로 회귀계수 값을 추정한 후 그 결과에 대해 쇼록스(Shorrocks, 1982)의 요인분해 방식을 적용했다.

$$Y = \beta_0 + \beta_1 x_1 + \beta_2 x_2 + \ldots + \beta_k x_k + \epsilon \tag{3}$$

여기서 Y는 총소득, x_k는 소득을 결정하는 일련의 외생변수이다. $\beta_k x_k$는 총소득에 대한 변수 x_k의 몫(share)으로 볼 수 있으며, ϵ는 오차항이다. 필즈(Fields, 2003)는 $\beta_k x_k$와 잔차를 쇼록스(Shorrocks, 1982)의 소득원천(f)과 동일한 항으로 처리했다. 이 경우 변수 x_k의 소득 불평등에 대한 상대적 기여도는 식 (4)와 같이 정의된다.

$$s_k = \frac{cov(\beta_k x_k,\ Y)}{\sigma_Y^2} \tag{4}$$

두 시점 $(t, t+1)$ 간 불평등 변화에 대한 x_k의 기여도는 전술한 바와 마찬가지로 식 (5)와 같다.

$$I_Y^{t+1} - I_Y^t = \sum_k (s_k^{t+1} I_Y^{t+1} - s_k^t I_Y^t) \tag{5}$$

필즈(Fields, 2003) 방식은 상수항이 상대적 기여도에 포함되지 않는다는 한계를 갖는다. 반면에 섀플리 값 요인분해는 식 (3)의 소득함수의 모든 항들을 고려한다(Shorrocks, 1999). 즉, 불평등 지표를 그 기여 요소들로 완전하게 분해할 수 있다.

또한 소득 불평등에 대한 변수 x_k의 상대적 기여도를 측정하는 회귀 기반 섀플리 값 요인분해는 필즈 방식과 달리 설명변수나 소득함수 형태와 무관하게 적용이 가능하다. 회귀 기반 섀플리 값 요인분해도 전술한 '영점 요인분해'와 '평균 요인분해'의 두 가지 방식이 있다(Gunatilaka and Chotikapanich, 2009). 총소득의 선형함수를 구성하는 $\beta_k x_k$, 잔차, 상수항이 쇼록스(Shorrocks, 1982)의 소득원천(f) 항들과 동일하게 처리되기 때문에 회귀 기반 섀플리 값 요인분해 방식은 전술한 바와 같다.[2]

이 글에서는 쇼록스(Shorrocks, 1982, 1984)와 필즈(Fields, 2003)에 따른 소득원천별, 가구 특성별 요인분해 방식을 주로 하고 섀플리 분해법을 보완적으로 검토하고자 한다. 다만, 섀플리 분해에서도 평균 방식만을 적용하고 소득 비중을 동일하다고 가정하는 영점 방식의 섀플리 분해의 경우 비중은 작지만 불평등 정도가 높은 소득원천에 민감한 특성을 가지고 있어서 여기서는 활용하지 않기로 했다.

분석 지표로는, 분산의 제곱근을 평균으로 나눈 변이계수(coefficients of vari-

---

2 필즈와 섀플리 값 분해 방법론은 각 요인을 특성(양) 또는 계수 (가격) 효과로 분해할 수는 없다. 이를 위해서는 필즈(Fields, 2003) 및 준(Juhn et al., 1993) 방법을 기반으로 하는 윤(Yun, 2006)의 통합 방법을 사용할 필요가 있다. 이 방법에 의한 연구는 추후의 연구과제로 남겨둔다.

ance, 이하 CV)를 사용한다. 지니계수(Gini Coefficient)가 일반적으로 사용되지만, CV의 경우 이전공리, 평균독립공리, 가법성공리 등 불평등지수가 가져야할 공리들을 대부분 만족하고, 소득이 (-)인 경우에도 계산이 가능하다는 장점이 있다. 다만 CV는 고소득에, 지니계수는 중간소득에 더 민감하다는 특징을 가진다. 따라서 부록에 지니계수를 가지고 요인분해한 결과를 추가로 제시했다. 분석 지표를 CV로 분석하나 지니계수로 분석하나 분석 결과에서 큰 차이가 없는 것으로 나타났다.

한편, 이 글에서는 1990~2016년의 상대적으로 긴 기간을 분석 대상으로 한다. 소득 불평등 요인 분해를 시도한 기존의 많은 연구들이 특정 기간만을 대상으로 해서 특정 연도를 선택해서 분석하는 경우가 많았다. 이 경우 선택한 대상 기간이나 연도에 따라서 분석 결과가 달라질 수 있다. 여기서는 27년 전 기간을 분석 대상으로 하기 때문에 이러한 문제를 넘어설 수 있었다.

또한, 여기서 사용하는 분해 방법에서 얻은 통계는 기간에 따라 합산 가능한(additive) 성질을 갖는다. 즉, t1과 t3 기간 사이의 불평등 변화에 대한 특정 요인의 기여는 t1과 t2 기간 사이의 불평등 변화에 대한 그 요인의 기여와 t2와 t3 기간 사이의 불평등에 대한 기여를 더한 것이다(Brewer and Wren-Lewis, 2016). 예를 들어, 가구주 근로소득의 불평등 기여도가 1990~2016년간 0.081이었는데, 이는 1990~2008년간 0.119, 2008~2016년간 −0.038로 분해할 수 있다. 이러한 장점 때문에, 변화가 언제 일어났는지를 확인할 수 있으며, 연도 선택이 타당한지를 검증할 수 있다.

2) 자료

OECD는 소득 불평등을 분석할 때 '1인 가구까지 포함하는 전체 가구의 가처분소득'을 기준으로 하는 불평등 지표를 사용할 것을 권고하고 있다. 그러나 이 연구가 1990년 이후 상대적으로 긴 기간을 분석 대상으로 하고 있기 때문에 도시 2인 이상 가구로 한정할 수밖에 없었다. 장기 소득에 관한 자료는 통계청의 가계동향조사가 유일하며, 1인 가구를 포함하는 전체 가구를 대상으로 하는 조사는 2006년 이후부터이다. 따라서 최근 증가하고 있는 1인 가구를 포함할 경우의 불평등 설명 요인을 분석하지 못하는 한계를 지닌다.

소득지표로는 가처분소득을 활용한다. 가처분소득의 조작적 정의는 통계청의 기준에 준하도록 했다. 즉, 가처분소득은 근로소득, 사업소득(주로 자영업 소득), 재산소득으로 구성되는 시장소득에서 공적 이전과 사적 이전을 더하고 공적 지출을 제하는 방식으로 계산된다. 공적 이전은 공적연금, 기초노령연금, 사회수혜금, 세금환급금을 포함하고 사회적 현물이전은 제외된다. 사적 이전은 가구 간 이전, 할인 혜택, 기타 이전소득을 포함한다. 조세 중에서 비경상 조세는 주로 상속세인데, 이것도 가처분소득 계산 시 일반적으로 제외한다. 따라서 공적 지출은 경상 조세, 사회보장 지출, 연금 지출 등을 포함한다.

또한 분석단위는 개인이지만, 소득이 가구 수준에서 측정되기 때문에, 가구원 수로 조정한 가구균등화 소득에 인구가중치를 사용했다.[3]

한편 소득 회귀분석에 사용할 가구 특성 변수들로는 맞벌이 여부, 주거용 주택 소유 여부 등 가구 특성 변수와 가구주의 성별, 연령, 학력, 그리고 가구주 일자리의 종사상 지위(임시 일용 여부), 직업(전문관리직 여부), 업종(제조업 여부, 생산자서비스 여부) 등을 포함했다.

4. 분석 결과

이 절에서는 앞서 설명한 방법론과 자료를 가지고 1990~2016년간의 소득 불평등 변화를 소득원천별로, 가구(가구주) 특성별로 분해한 결과를 제시한다.

그림 03-1은 세 가지 불평등 지표, 지니계수, 변이계수(CV), 엔트로피 지수인

---

3   가구균등화는 가구소득을 가구원 수의 제곱근으로 나누는 방식으로 했으며, 인구가중치는 통계청에서 전체 인구를 대표할 수 있는 방식으로 작성한 가중치를 사용했다.

그림 03-1 ● 소득(가처분소득) 불평등 추이(도시 2인 가구 기준, 1990~2016년)

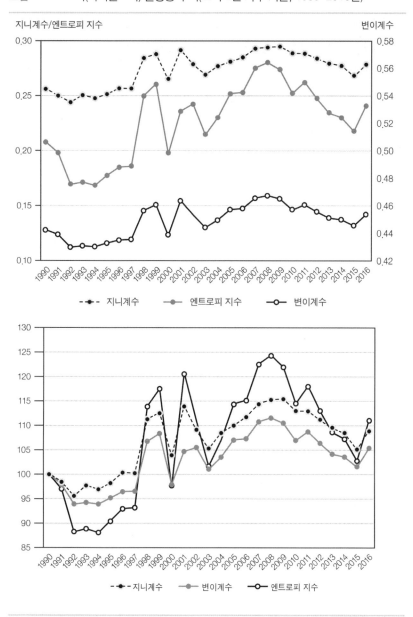

자료: 가계동향조사의 가구균등화 및 인구가중치 적용 자료를 바탕으로 저자가 작성.

G(2)[4]의 시간에 따른 변화를 나타낸다. 아래쪽 그림은 1990년에 100의 값을 갖도록 조정되었다. 이 그림에서 세 가지 지표 모두 1990~1997년은 불평등의 점진적 상승기, 1998~2008년은 급격한 상승기, 2008~2015년은 점진적 하락기로 볼 수 있다. 물론 연도별로 약간의 등락은 나타난다. 1990~ 1997년 기간 중 1990, 1991년에 크게 하락, 1992, 1993년 정체, 1994년 이후 상승의 모습을 나타낸다. 1998~2008년에도 연도별 등락이 있고, 2008년 이후에도 2015년까지는 하락하다가 2016년에는 약간 상승하는 모습이다. 그러나 큰 틀에서는 세 기간을 정체기, 상승기, 둔화기로 볼 수 있다.[5] 따라서 이 글에서는 27년 전 기간을 보여주는 자료도 제시하고 필요 시 1990~1997년, 2000~2008년, 2008~2016년 세 기간으로 구분하여 결과를 제시했다.[6] 1997~1999년은 외환위기 이후 급등과 하락 추세를 보인 기간으로 이 기간은 제외했다.

1) 소득원천별 분해

그림 03-2와 그림 03-3은 각 소득원천별 절대적 기여도의 추이를 나타낸다. '불평등에 대한 상대적 기여도'는 전체 소득 불평등에서 개별 소득원천의 기여

---

4 G(2)는 엔트로피 지수(Entropy Index) 계열이다.

$$GE(a) = \frac{1}{a^2 - a} \left[\frac{1}{n} \sum_i \left(\frac{y_i}{\mu} \right)^a - 1 \right]$$

y_i는 가구 i의 소득, μ는 평균 소득, a는 각 소득계층에 대한 가중치이다. a값은 일반적으로 0, 1, 2를 사용한다. $a=0$이면, 저소득층에, $a=1$이면 모든 계층에, $a=2$이면 고소득층에 더 큰 비중을 둔다.

5 통계청의 가계동향조사가 한국의 불평등 현황을 제대로 반영하지 못한다는 비판이 최근 많이 제기되고 있다. 그럼에도 불평등의 추세를 보는 데에 큰 무리는 없어 보인다. 부록 그림 1에서도 보이듯이, 한국노동패널이나 가계금융복지 자료를 활용하여 소득 불평등 추세를 보더라도 추세에서는 큰 차이가 없는 것으로 나타나고 있다.

6 2015~2016년간은 그동안의 불평등 완화 추세가 반전되어 불평등이 증가했다. 따라서 2015년을 기준으로 해서 보는 것이 추세를 더 명확하게 볼 수도 있다. 그러나 1년의 변동만을 가지고 추세를 전망하는 것도 한계가 있기 때문에 가장 최근 연도인 2016년까지를 분석 대상 기간으로 했다.

그림 03-2 ● CV의 소득원천별 절대적 기여도 추이(쇼록스 분해법)

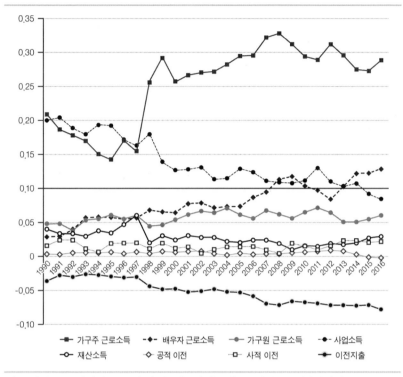

자료: 가계동향조사의 가구균등화 및 인구가중치 적용 자료를 바탕으로 저자가 작성.

도(비중)를 의미하고, '불평등에 대한 절대적 기여도'는 상대적 기여도에 전체 불평등 수준을 곱한 것이다. 따라서 전체적인 추세는 절대적 불평등 기여도를 가지고 검토할 수 있다.

표 03-1은 소득원천별 분해를 더 자세히 설명한 것이다. 각 기간의 소득 불평등에 대한 각 소득원의 절대 기여도의 변화, 전체 불평등 변동에서 이들 원천들이 차지하는 비중, 개별 소득원천의 불평등 수준 등을 나타내고 있다. 소득원천별 불평등 분해에서 사용한 지표는 변이계수(CV)이며 이 표에서는 CV에 1000을 곱한 값을 제시했다.

먼저 **그림 03-2**를 가지고 1990~2016년간을 세 기간으로 나누어서 해석해

그림 03-3 • 재산소득과 이전지출의 절대적 기여도 추이(쇼록스 분해법)

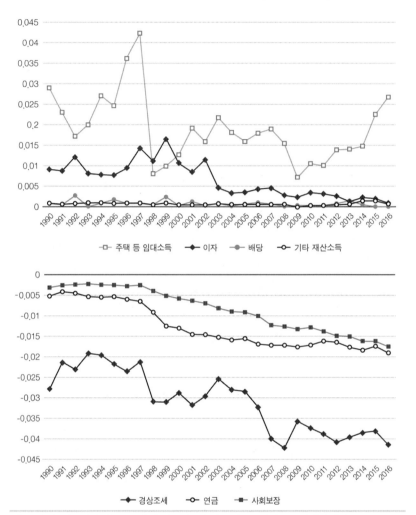

자료: 가계동향조사의 가구균등화 및 인구가중치 적용 자료를 바탕으로 저자가 작성.

보자. 우선, 1990~1997년 기간의 경우, 가구주 근로소득과 사업소득의 불평등 기여도 둔화 추세와 배우자와 가구원 소득의 불평등 기여도 상승 추세가 서로 상쇄되었다는 점, 공적 이전과 공적 지출, 그리고 사적 이전이 불평등 추세에 특별한 기여를 하지 못했다는 점, 재산소득의 불평등 기여도가 1995년 이후 완

표 03-1 • 불평등 변화의 소득원천별 분해 결과(쇼록스 분해법)

		기간별 절대적 변화 (=CV*1000)			기간별 변화에서 차지하는 비중(%)			소득원천의 CV*1000			
		1990~1997	2000~2008	2008~2016	1990~1997	2000~2008	2008~2016	1990	2000	2008	2016
근로소득	가구주 근로소득	-53	70	-39	300	105	12	95	107	109	101
	배우자 근로소득	29	47	17	-161	71	-53	275	231	223	202
	가구원 근로소득	13	9	-3	-71	13	8	252	209	244	226
사업소득	사업소득	-37	-19	-24	206	-28	75	178	148	188	197
재산소득	주택 등 임대소득	13	3	11	-74	4	-36	438	384	590	637
	이자	5	-8	-2	-29	-12	6	586	580	797	884
	배당	0	0	0	0	0	0	2,112	1,792	1,862	3,880
	기타 재산소득	0	0	0	-1	0	0	961	828	935	1,342
이전소득	공적 이전	3	-3	-5	-19	-4	17	728	429	329	236
	사적 이전	4	-8	18	-20	-13	-57	385	292	329	398
이전지출	경상 조세	7	-13	1	-37	-20	-3	-227	-162	-205	-171
	연금	-2	-4	-2	8	-6	6	-204	-111	-98	-93
	사회보장	1	-7	-5	-3	-10	15	-75	-66	-81	-75
	계	-18	67	-32	101	100	100	51	50	56	53

자료: 가계동향조사의 가구균등화 및 인구가중치 적용 자료를 바탕으로 저자가 작성.

만하게 상승했다는 점 등이 작용하여 전체적인 소득 불평등 정체 현상을 나타 냈다고 볼 수 있다.

이러한 흐름은 1997년 외환위기를 거치면서 크게 바뀐다. 1998~2008년은 가구주 근로소득의 불평등 기여도가 하락 추세에서 상승 추세로 역전되었다는 점, 배우자 근로소득의 불평등 기여도가 지속적으로 증가했다는 점에서 소득 불평등 상승기였다. 특히 이 두 가지 현상이 이전지출의 불평등 완화 기여도 증가와 사업소득의 불평등 증가 기여도 하락을 상쇄하면서 불평등이 증가 추세를 보였다.

한편 2008년 이후 기간은 가구주 근로소득 불평등 기여도의 하락, 배우자 근로소득 불평등 기여도의 정체 등이 이전지출의 불평등 완화 효과 둔화, 재산소득과 사적 이전의 불평등 기여도의 증가 등을 상쇄하면서 전체 소득 불평등이 완화된 것으로 볼 수 있다.

사업소득의 불평등 기여도는 꾸준히 감소하고 있다. 표 03-1에서 볼 수 있듯이, 사업소득 자체의 불평등도는 2000년 이전에 감소하다가 이후에 증가한다. 주로 자영업 소득인 사업소득의 불평등 기여도의 감소는 자영업의 축소로 인한 사업소득의 비중 감소에 기인하는 것으로 볼 수 있다.

다음으로, 재산소득의 세부 원천별 불평등 기여도를 보면, 주택 등의 임대소득의 불평등 기여도가 1997년 이전 증가세를 보이다가 외환위기로 1998년 급락했고 이후 2008년까지는 완만한 상승세를, 2009년 이후에는 빠르게 증가하는 것으로 나타났다. 이는 최근 들어, 전세의 월세 전환 등으로 인한 임대소득의 증가에 기인하는 것으로 판단된다. 이자소득의 경우, 이자율 하락으로 인해 1999년 이후 불평등 기여도는 지속적으로 하락하고 있다. 배당이나 기타소득의 경우, 절대적 비중이 작아 불평등 기여도는 그리 크지 않은 것으로 나타나고 있다. 그러나 통계청의 가계동향조사가 재산소득을 과소 포착하는 문제가 있기 때문에(이원진·구인회, 2015; 김낙년·김종일, 2013), 실제로 재산소득의 불평등 기여도는 더 높은 것으로 추정되어야 한다.

이전지출의 경우, 경상 조세나 연금, 사회보장 기여금 등 모든 세부 원천들의 불평등 기여도는 모두 마이너스로 불평등을 완화하는 효과가 있다. 특히 사회보장 기여금이 연금이나 조세보다도 불평등 완화에 더 기여하는 것으로 나타났다. 추세로 보면, 1997년 이전의 소득 불평등 정체기에는 이전지출 세부 항목들의 불평등 기여도에서의 변화도 거의 없었다. 1998~2008년까지의 불평등 증가 기간에는 경상 조세나 연금, 사회보장 기여금 모두 불평등을 완화하는 효과가 커진 것으로 판단된다. 즉, 시장소득의 불평등이 증가하는 기간에 공적 이전지출의 불평등 완화 효과가 증가한 것으로 볼 수 있다. 그러나 2008년 이후 불평등이 감소하는 시기에는 공적 이전지출의 불평등 완화 효과는 다시 감소세이다. 이는 공적 이전지출이 누진적으로 설계되어 있기 때문일 것이다. 시장소득의 불평등이 증가할 경우 고소득층의 공적 이전지출의 비중이 증대하고 저소득층의 공적 이전지출의 비중이 감소하기 때문일 것이다.

1990~2016년까지의 소득 불평등의 정체, 상승, 둔화의 흐름을 주도한 것은 가구주 근로소득이라고 할 수 있다. 표 03-1에서 가구주 근로소득의 불평등 기여분은 1990~2016년 총소득 불평등 증가분 0.026의 3배가 넘는 0.081을 나타내고 있다. 이는 기존의 많은 연구와도 일치하는 부분이다.

그러나 가구주 근로소득의 변이계수(CV) 값은 2016년 현재 0.101로 연금이나 사회보장 등을 제외한 다른 소득원천들에 비해서 높지 않다. 따라서 가구주 근로소득이 소득 불평등의 변동을 주도한 것은 가구주 근로소득이 가구 가처분소득에서 차지하는 비중이 변했기 때문이라고 할 수 있다. 그러나 이는 시기별로 약간 다르게 나타난다. 2000~2008년 기간 중 소득 불평등의 증가가 가구주 근로소득이 가처분소득에서 차지하는 비중이 증가했기 때문이라면, 반대로 2008년 이후에는 가구주 근로소득 변이계수 값이 지속적으로 하락함으로써 (2008년 1.09에서 2016년 1.01) 소득 불평등이 완화된 것으로 볼 수 있다. 2008년 이후 가구주 근로소득 자체의 불평등이 완화된 것으로 볼 수 있다.

반면, 배우자 근로소득의 경우 전 기간에 걸쳐 소득 불평등에 대한 기여도를 높여왔다. 특히, 2000~2008년간 전체 가계소득 불평등이 0.067 증가했는데, 배우자 근로소득이 0.47로 71%나 차지하고 있다. 소득 불평등 상승기에 배우자 근로소득도 불평등 확대에 크게 영향을 미친 것으로 판단된다. 배우자 근로소득은 전체 가구소득의 불평등의 변동과 상관없이 소득 불평등을 증가시켰다. 이는 다음 절의 가구 특성별 분석에서 확인된 맞벌이 여부가 소득 불평등 기여도를 꾸준히 높였다는 사실과도 맥락을 같이한다.

그림 03-4에서 볼 때, 배우자 근로소득 자체의 불평등 수준은 추세적으로 하락했지만, 상대적으로 불평등도가 높은 배우자 근로소득의 비중이 증가했고, 가구 가처분소득과의 상관관계가 높아짐에 따라서 배우자 근로소득이 불평등 증가에 영향을 미친 것으로 보인다. 하지만 배우자 근로소득 자체의 불평등 수준이 하락했다는 점에서 동류혼을 통한 전체 소득 불평등의 증가 현상이 나타나고 있다고 보기는 어렵다. 그림 03-5에서 볼 때 배우자 근로소득과 전체 가구 가처분소득 사이의 상관관계는 높아졌지만, 가구주 근로소득과의 상관관계는 2002년 이후 높아지지 않았기 때문이다.

한편 그림 03-3에서 확인할 수 있는 것은 연금소득, 사회수혜금, 세금환급금 등 공적 이전의 불평등 기여도가 전 기간에 걸쳐서 크게 변화하지 않는 것으로 나타났다. 이는 공적 이전의 비중이 크게 증가한 데 반해, 공적 이전 자체의 불평등도와 공적 이전과 가처분소득의 상관관계가 낮아졌기 때문에 서로 상쇄되어서 절대적 기여도가 변화하지 않은 것으로 판단된다.

공적 이전이 확대될 경우, 가구의 공적 이전소득 자체의 불평등도를 낮춤으로써 불평등 기여도를 낮추는 효과도 있지만, 공적 이전소득이 전체 소득보다도 불평등도가 높기 때문에(상대적으로 제한된 가구만 공적 이전을 받기 때문에), 공적 이전의 확대가 불평등 기여도를 높이는 효과도 가진다. 또한 공적 이전이 확대될 경우, 공적 이전과 전체 가처분소득과의 상관관계가 약화될 수 있다. 이는 공적 이전의 불평등 기여도를 줄일 수 있다. 이 세 가지 효과가 서로 상쇄되면서 공적 이전소득의 불평등 기여도는 크기도 크지 않고 변화도 크지 않은 것으로 나타나고 있다. 이는 세 가지 효과의 장기 추세를 보여주는 그림 03-6을 보면 확인된다. 한편, 평균 점수 섀플리 분해법에 기초한 결과는 부록 그림 3과 부록 그림 4에 제시되어 있다. 이는 쇼록스 분해법의 분석 결과와 거의 차이가 없어 추가적인 설명은 생략했다.

소득원천별 불평등 요인 분해에서 잠정적으로 내릴 수 있는 결론은 다음과 같다.

첫째, 소득 불평등의 변동(정체, 상승, 하락)을 이끄는 주된 요인은 가구주 근

그림 03-4 ● 배우자 근로소득의 비중, 불평등도 가처분소득과의 상관관계 추이

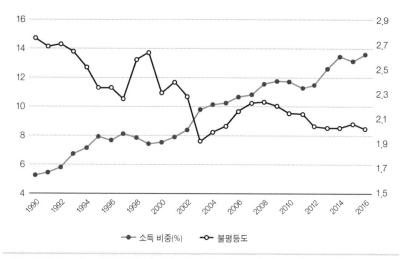

자료: 가계동향조사의 가구균등화 및 인구가중치 적용 자료를 바탕으로 저자가 작성.

그림 03-5 ● 배우자 근로소득과 가구 가처분소득, 가구주 근로소득과의 상관계수 추이

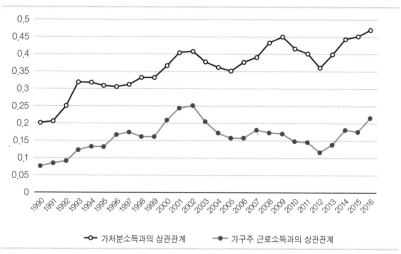

자료: 가계동향조사의 가구균등화 및 인구가중치 적용 자료를 바탕으로 저자가 작성.

그림 03-6 ● 공적 이전의 비중(%), 불평등도, 가처분소득과의 상관관계 추이

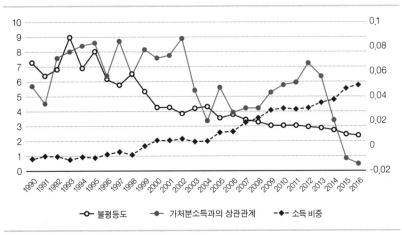

자료: 가계동향조사의 가구균등화 및 인구가중치 적용 자료를 바탕으로 저자가 작성.

로소득이다. 가구주 근로소득은 시기별로 소득 불평등을 완화하기도 하고 상승시키기도 하는 역할을 했다.

둘째, 전체 소득 불평등도의 흐름에 무관한 요인은 사업소득과 배우자 근로소득이다. 사업소득은 전체 소득 불평등도와 상관없이 지속적으로 불평등도를 낮추는 역할을 한 반면, 배우자 근로소득은 전체 소득 불평등도의 추이와 상관없이 불평등도를 높이는 역할을 했다.

셋째, 공적 지출은 소득 불평등도의 추이와 반대되는 움직임을 나타낸다. 전체 소득 불평등도가 높아질 경우 공적 지출의 불평등 완화 기여도가 높아지며, 전체 소득 불평등도가 낮아질 경우 공적 지출의 불평등 완화 기여도가 낮아진다. 공적 지출은 소득 불평등 확대를 억제하는 기능을 했다.

넷째, 공적 이전의 불평등 기여도가 낮은데 이는 공적 이전의 규모가 증가하면서 공적 이전 자체의 불평등을 완화하는 효과와 상대적으로 불평등도가 높은 공적 이전의 비중이 증가하는 효과가 서로 상쇄되어서 발생하는 효과이다.[7]

다섯째, 재산소득의 불평등 기여도는 전반적으로 낮다. 이는 재산소득의 불

평등 수준이 높음에도 불구하고 재산소득의 비중이 매우 낮기 때문이다. 그럼에도 2008년 이후 주택임대소득을 중심으로 하여 불평등 기여도가 높아지고 있어, 새롭게 등장한 불평등 기여 요인으로 평가할 수 있다.

2) 회귀분석 기반의 가구 특성별 분해

여기서는 불평등을 가구와 가구주의 특성들과 소득 불평등의 관계를 검토한다. 가구 특성으로는 맞벌이가구, 자가 소유 여부 등을, 가구주 특성으로는 가구주의 성, 연령, 학력, 가구주 취업의 종사상 지위, 직종, 업종 등을 소득 회귀분석의 변수로 포함하여 이러한 특성들이 소득 불평등에 어떻게 기여했는지를 분석했다.

먼저, 필즈(Fields, 2003)의 회귀분석방법론을 사용하여 모든 변수들의 소득 효과를 동시에 분석한다. 이는 불평등 변화를 설명할 때 어떤 특성이 가장 중요한지를 보여줄 수 있다. 다음으로 이러한 특성에 따라 하위 집단으로 분할하고, 여기에 쇼록스(Shorrocks, 1984)의 분해 방법론을 적용한다. 이 방법으로 개별 하위 집단들이 불평등 변화에서의 역할을 분석할 수 있다. 예를 들어, 회귀분석에 기반한 분해 결과, 맞벌이부부 가구 여부가 불평등 변화에서 중요한 설명변수인 것으로 나타난다면, 이 효과의 상당 부분이 맞벌이부부 가구가 더 부유해진 결과로 해석해 볼 수 있다.

표 03-2는 총불평등에 대한 가구(가구주) 특성들이 차지하는 비중 추정치(the estimated share of each characteristic in total inequality)를 나타낸다. 표 03-2에서 보면, 소득 불평등을 설명함에 있어서 가구주의 학력과 가구주 취업 직종이 가장 중요하며, 그다음으로 연령, 자가 소유 여부 등이고, 가구주 취업 업종이나 가구주의 성별 등은 소득 불평등을 설명하는 데 있어서 상대적으로 중요도가

---

7   이는 국민연금이나 기초생활보장제도 등 공적 이전의 주요 항목들이 여전히 일부 계층에게만 집중되어 있기 때문이다. 공적 이전이 좀 더 보편화할 경우, 공적 이전의 불평등 완화 효과는 커질 것으로 예상할 수 있다.

표 03-2 • 소득 불평등에서의 가구(가구주) 특성별 비중(%)

	1990	1997	2000	2008	2016
잔차	78.4	83.8	81.3	76.8	76.0
가구 형태	0.3	3.6	4.1	4.1	7.7
자가 여부	2.6	1.5	2.0	1.4	0.8
성별	0.6	0.1	0.1	0.2	0.2
연령	2.6	3.2	2.5	2.3	4.6
학력	5.6	4.4	6.5	4.9	2.4
종사상 지위	0.8	1.1	1.1	1.6	1.9
직종	9.1	1.9	2.3	7.8	5.5
업종	0.0	0.4	0.2	0.9	0.9

주: 소득 불평등은 필즈(Fields, 2003)의 방법에 기초해서 분석.
자료: 가계동향조사의 가구균등화 및 인구가중치 적용 자료를 바탕으로 저자가 작성.

떨어진다고 볼 수 있다.

그림 03-7은 이러한 각 특성들의 불평등에 대한 절대적인 기여도를 나타낸다. 학력과 관리전문직 여부가 가장 높은 수준의 불평등 기여도를 나타내고 있다. 또한 학력의 불평등 기여도는 1997년 이전에는 낮았으나 외환위기 이후 높아졌으며, 2008년 이후에는 하락하는 추세를 나타낸다.

종사상 지위의 경우, 불평등 기여도가 2009년 이전에는 완만하게 상승하다가 2009년 이후 감소하는 추세로 전환했다. 한편 연령의 경우, 2008년 이전 불평등 기여도에서 큰 변화가 없었으나, 2008년 이후 불평등 기여도가 상승하는 추세를 나타냈다.

가구 특성 변수를 보면, 맞벌이 여부는 2000~2008년에는 전반적으로 기여도의 변화가 없었으나 2008년 이후 증가 추세를 보이고 있다. 자가 소유 여부는 기여도의 큰 변동은 없으며 2008년 이후 미미하게나마 줄어드는 것으로 나타나고 있다. 가구주 취업 업종의 제조업 여부, 생산자서비스 여부, 자영자 여부 등의 불평등 기여도는 전반적으로 낮은 수준에서 큰 변화가 없는 것으로 판단된다.

한편 그림 03-8은 잔차의 불평등 기여도를 나타내는데, 이는 가구(가구주) 특

그림 03-7 ● 회귀분석을 통한 불평등의 가계(가구주) 특성별 분해(불평등에 대한 절대적 기여, 쇼록스 분해법)

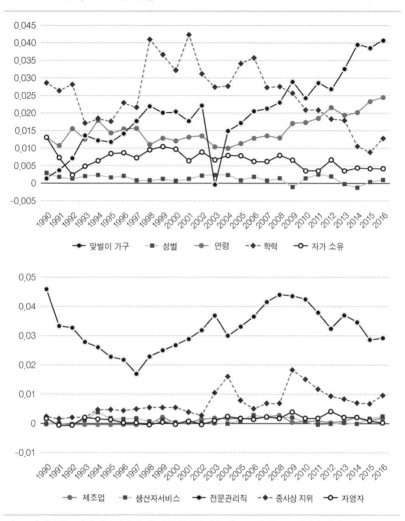

범례: 맞벌이 가구   성별   연령   학력   자가 소유

범례: 제조업   생산자서비스   전문관리직   종사상 지위   자영자

자료: 가계동향조사의 가구균등화 및 인구가중치 적용 자료를 바탕으로 저자가 작성.

성으로 설명되지 않는 소득 불평등의 정도를 나타낸다. 잔차는 전반적으로 높은 비중을 차지하고 있으며, 추세적으로도 증가하고 있다. 우리가 특성 변수로 선택하지 않은 요인들에 의해서 소득 불평등 정도가 더 많이 설명된다는 것이

그림 03-8 • 회귀분석을 통한 불평등 분해 이후 잔차의 추이

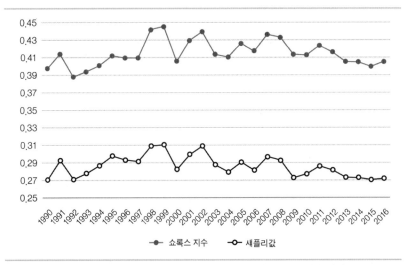

자료: 가계동향조사의 가구균등화 및 인구가중치 적용 자료를 바탕으로 저자가 작성.

다. 가구나 가구주 특성 이외에 경기변동이나, 제도와 정책과 같은 환경 요인에 의해서 설명될 수 있는 정도가 커진 것으로 판단된다.

앞에서 검토한 가처분소득 불평등의 가구 특성 요인 분해 결과를 요약해 보자면 다음과 같다.

첫째, 1990~2016년 27년간의 불평등 변동을 가구(가구주) 특성의 관점에서 볼 때, 가구주의 학력과 취업한 일자리(전문관리직 여부, 상용직 여부 등)의 불평등 기여도는 전체 가처분소득의 불평등 변동 흐름과 유사하게 나타나고 있다. 즉, 이들 변수들이 지난 27년간의 소득 불평등의 변동을 주도하고 있다. 2008년 전후 불평등이 확대되다가 완화된 것은 노동시장에서 학력별, 직업별, 종사상 지위별 격차가 확대되다가 2008년 이후 축소되는 현상이 주도적인 역할을 한 것으로 해석할 수 있다.

둘째, 맞벌이 여부, 연령 구성의 변화 등은 2008년 이후 전체 가처분소득의 불평등이 완화되는 시기에는 불평등을 강화하는 새로운 요인으로 평가될 수 있다. 맞벌이가 증가하거나 고령화가 진행되면서 불평등이 심화하는 현상이

2008년 이후부터 특히 강해지는 것으로 볼 수 있다.

셋째, 가구(가구주)의 특성으로 설명되지 않는 부분이 증가하고 있다. 이는 경기변동이나 경제성장률, 제도나 정책 등과 같은 환경 요인이 불평등을 심화하는 정도가 높아진 것으로 해석할 수 있을 것이다.

5. 맺음말: 요약과 시사점

이 글에서는 1990~2016년 27년간의 한국 사회에서의 소득 불평등의 변화 원인을 추적했다. 특히, 2008년 전후로 소득 불평등의 추세에 변화가 나타났다는 점에 주목하여 그 전후 시기의 소득 불평등 변동의 요인을 분석해 보았다. 이를 위해 소득원천별, 가구 특성별로 가처분소득 불평등 변동에 대한 기여도를 요인 분석 방법으로 분석했다.

분석 결과, 1990년부터 2016년까지 27년 전 기간에 걸쳐 가구 가처분소득의 변동을 설명하는 주된 요인으로는 가구주 근로소득, 가구주의 학력과 직업, 종사상 지위 등으로 분석되었다. 재산소득, 맞벌이 여부, 연령 등은 2008년 이후 불평등을 심화하는 새로운 요인으로 작용하고 있다는 점도 밝혀졌다. 또한 사업소득과 배우자 근로소득 등은 2008년 전후 지속적으로 불평등 기여도를 낮추거나 높이는 요인이다. 이러한 세 가지 상반된 방향을 나타내는 요인들이 상호 작용한 결과 2008년 이전에 상승하던 불평등이 2008년 이후에는 둔화되는 것으로 나타났다. 불평등 심화 요인으로 작용했음에도, 가구주 근로소득, 학력과 직업, 종사상 지위 등의 불평등 완화 효과를 상쇄할 수는 없었다. 그 결과 2008년 이후 불평등 상승 추세는 전반적으로 둔화된 것으로 판단된다.

한편, 가구 특성 요인들로 분해한 분석 결과에서는, 즉 2008년 전후 불평등의 확대와 완화 추세를 설명하는 주된 요인은 가구주의 학력과 가구주 일자리의 전문관리직 여부, 상용직 여부 등으로 나타났다. 즉 노동시장에서 학력별, 직업별, 종사상 지위별 격차가 확대되다가 2008년 이후 축소되는 현상이 주도적인 역할을 한 것이다.

이 외에 이 글에서 확인된 몇 가지 사실은 다음과 같다.

첫째, 재산소득의 불평등 기여도 증가, 맞벌이의 증가, 고령화 등은 2008년 이후 불평등을 심화하는 새로운 요인으로 나타났다는 점이다. 이는 향후 불평등의 추세를 전망할 때 시사점을 제공할 수 있다.

둘째, 공적 지출의 불평등 기여도와 소득 불평등도는 서로 반대되는 움직임을 나타낸다는 점이다. 가처분소득 불평등도가 높아지면 공적 지출의 불평등 기여도가 낮아지고(불평등 완화 기여도가 높아지고), 가처분소득 불평등도가 낮아지면 공적 지출의 불평등 기여도가 높아진다(불평등 완화 기여도가 낮아진다).

셋째, 공적 이전의 확대는 공적 이전 자체의 불평등도와 가처분소득과의 상관관계를 낮추는 효과를 가지지만, 공적 이전 자체의 불평등도가 여전히 전체 가처분소득보다 높기 때문에 아직은 공적 이전 확대가 불평등도의 감소를 유도하지는 못하고 있다. 향후 연금의 보편적 지급 등 공적 이전이 좀 더 보편화될 경우, 공적 이전의 불평등도가 더 낮아지고 가처분소득과의 상관계수가 줄어들면서, 공적 이전의 불평등 완화효과가 본격화될 것으로 전망된다.

넷째, 가구(가구주) 특성으로 설명되지 않는 부분이 증가하고 있는데, 이는 가구 특성이나 소득원천의 문제뿐만 아니라 경기변동이나 경제성장률, 제도나 정책 등과 같은 환경 요인이 불평등을 심화하는 데 더 중요한 역할을 한다는 의미를 내포하는 것으로 판단된다.

한국의 소득 불평등 전망은 이러한 요인들이 향후 어떻게 변하고 소득 불평등에 얼마나 영향을 미치느냐에 따라 달라질 것이다.

노동시장의 격차를 줄이는 것이 우선적인 과제이지만, 향후 주택임대소득과 같은 재산소득의 증가나 맞벌이 여부 등 가구 구성의 변화, 인구고령화 등도 불평등을 심화할 잠재적 요인이라고 판단된다. 다만, 장기적으로 공적 이전소득이 확대되어 보편화될 경우 소득 불평등을 완화하는 효과가 커지면서 가처분소득의 불평등을 완화하는 중요한 힘으로 작용할 것으로 전망할 수 있다. 따라서 향후 한국의 소득 불평등을 안정화하기 위해서는 단기적으로는 노동시장에서의 양질의 일자리를 만들어내고 격차를 줄이는 정책이 필요하고, 장기적으로는 재산소득의 비중이 증가하고 인구고령화와 가족구조의 변화가 불평등을 심화할 가능성이 있기 때문에 공적 이전소득의 불평등 완화 효과가 확고하게 정착되도록 할 필요가 있다.

이 글의 한계는 소득 상위계층의 과소 대표와 소득의 과소 보고라는 문제가 있는 통계청의 가계동향조사 자료를 가지고 분석했다는 점, 장기 추세를 보기 위해서 도시 2인 이상 가구만을 대상으로 하여 1인 가구의 증가 효과를 파악하지 못했다는 점, 가구 특성 효과를 가격 효과와 수량 효과로 좀 더 세밀하게 분석하는 데까지 나아가지 못했다는 점 등을 들 수 있다. 이러한 문제들은 향후 자료 보완과 정교한 방법론의 개발 등으로 보완되어야 할 것이다.

부록

부록 그림 1 ● 한국노동패널로 본 지니계수 추이(1989~2015년)

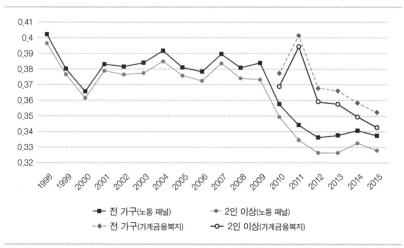

주: 가구원 수 균등화, 공적비소비지출은 건강보험료와 국민연금만 포함.
자료: 한국노동패널조사, 가계금융조사, 가계금융복지조사 자료를 바탕으로 저자가 직접 작성.

부록 그림 2 ● GINI의 소득원천별 절대적 기여도 추이(쇼록스 분해법)

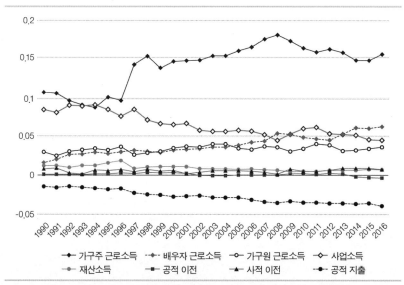

자료: 가계동향조사의 가구균등화 및 인구가중치 적용 자료를 바탕으로 저자가 작성.

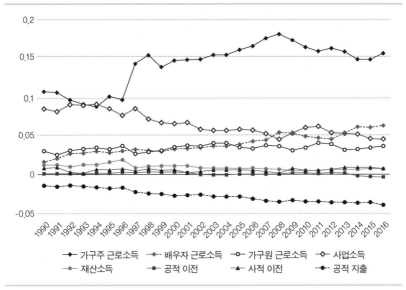

참고문헌

강신욱·김현경. 2016. 「한국의 소득불평등과 빈곤율 변화의 요인별 기여도 분석: 1999년과 2008년의 비교」. ≪한국경제의 분석≫, 22권 2호, 2~43쪽.

구인회·임세희. 2007. 「1990년대 이후 도시근로자가구 소득불평등 악화의 요인분해: 개인 근로소득 변화의 영향을 중심으로」. ≪사회복지연구≫, 34권, 5~27쪽.

김낙년·김종일. 2013. 「한국 소득분배 지표의 재검토」. ≪한국경제의 분석≫, 19권 2호, 1~50쪽.

김문길·김태완·박형존. 2012. 『인구구조 변화가 불평등에 미치는 영향에 대한 연구』. 세종: 한국보건사회연구원.

김수정. 2014. 「1990년대 말 경제위기 이후 기혼여성의 경제활동이 가구소득불평등에 미친 영향」. ≪조사연구≫, 15권 1호, 93~122쪽.

김영미·신광영. 2008. 「기혼여성 노동시장의 양극화와 가구소득 불평등의 변화」. ≪경제와사회≫, 77권, 79~106쪽.

김재호·정주연. 2013. 「금융위기 이후의 소득재분배 정책의 효과」. ≪한국정책학회보≫, 22권 2호, 233~258쪽.

김진욱. 2004. 「한국 소득 이전 제도의 소득불평등 및 빈곤 감소 효과에 관한 연구」. ≪사회복지정책≫, 20권, 171~195쪽.

김진욱·정의철. 2010. 「도시 가구의 소득원천별 분해를 통한 소득불평등 변화 요인 분석: 가구주 연령을 중심으로」. ≪사회보장연구≫, 26권 1호, 33~60쪽.

박찬용. 2003. 「한국의 이전소득과 직접세의 소득불평등도 축소 효과 분석」. ≪공공경제≫, 8권 1호, 61~94쪽.

성명재. 2014. 우리나라의 소득불균등 추이 및 조세부담·재정지출 수혜 분포」. ≪보건복지포럼≫, 215권, 17~31쪽.

_____. 2015. 「인구·가구특성의 변화가 소득분배구조에 미치는 영향 분석 연구」. ≪사회과학연구≫, 22권 2호, 215~236쪽.

성명재·박기백. 2009. 「인구구조 변화가 소득분배에 미치는 영향」. ≪경제학연구≫, 57권 4호, 5~37쪽.

여유진·김문길·장수명·한치록. 2011. 『계층구조 및 사회이동 연구』. 세종: 한국보건사회연구원.

여유진·김미곤·김태완·양시현·최현수. 2005. 『빈곤과 불평등의 동향 및 요인 분해』. 세종: 한국보건사회연구원.

이다미·강지혜·조한나. 2016. 「가구주의 노동시장 특성에 따른 소득원천별 가구소득불평등과 요인분해: 2010년·2015년 소득분배상태의 변화」. ≪사회보장연구≫, 32권 4호, 85~124쪽.

이병희·강신욱. 2007. 「최근 소득분배 및 공적이전·조세의 재분배 효과 추이 분석」. 양극화·민생대책위원회.

이병희·황덕순·홍민기·오상봉·전병유·이상헌. 2014. 『노동소득분배율과 경제적 불평등』. 세종: 한국노동연구원.

이선화. 2015. 「부부의 근로소득 연관성과 가구근로소득 불평등 관계에 관한 연구」. ≪사회복지연구≫, 46권 4호, 5~32쪽.

이성재·이우진. 2017. 「섀플리값을 이용한 소득과 자산불평등의 원천별 기여도 분석」. ≪한국경제의 분석≫, 23권 1호, 57~109쪽.

이원진·구인회. 2015. 「소득분배의 시계열 분석을 위한 한국 소득 데이터의 검토」. ≪조사연구≫, 16권 4호, 27~61쪽.

장지연·이병희. 2013. 「소득불평등 심화의 메커니즘과 정책 선택」. ≪민주사회와정책연구≫, 23권, 71~209쪽.

장지연·전병유. 2014. 「소득계층별 여성 취업의 변화: 배우자 소득 수준을 중심으로」. ≪산업노동연구≫, 20권 2호, 219~248쪽.

전병유 엮음. 2016. 『한국의 불평등 2016』. 서울: 페이퍼로드.

전승훈. 2014. 「재정 조세정책의 분배효과: 분위별 회귀분석을 이용한 분석」. ≪재정정책논집≫, 16권 3호, 3~28쪽.

정의철. 2007. 「가구특성별 소득불평등 요인 분해에 관한 연구」. ≪사회보장연구≫, 23권 3호, 57~77쪽.

최바울. 2013. 「부부의 노동소득과 취업상태가 소득불평등 변화에 미치는 효과」. ≪노동경제논집≫, 36권 3호, 97~128쪽.

Atkinson, A. B. 1997. "Bringing income distribution in from the cold." *The Economic Journal*, Vol. 107, pp. 297~321.

Brewer, Mike and Liam Wren-Lewis. 2016. "Accounting for Changes in Income Inequality: Decomposition Analyses for the UK. 1978-2008." *Oxford Bulletin of Economics and Statistics*, Vol. 78, No. 3, pp. 289~322.

Chantreuil, F. and A. Trannoy, A., 1999, "Inequality Decomposition Values: The Trade-off Between Marginality and Consistency." *THEMA Working Papers*, pp. 99~24, THEMA, Universite de Cergy-Pontoise, Cergy-Pontoise.

Chantreuil, F., and A. Trannoy. 2011. "Inequality Decomposition Values." *Annals of Economics and Statistics*, No. 101/102, pp. 13~36.

Cowell. F. A. and Fiorio. C. V. 2011. "Inequality decompositions: a reconciliation." *Journal of Economic Inequality*, Vol. 9, pp. 509~528.

Fields. G. S. 2003. "Accounting for income inequality and its change: a new method. with application to the distribution of earnings in the United States." *Research in Labor Economics*, Vol. 22, pp. 1~38.

Gunatilaka, R. and D. Chotikapanich. 2009. "Accounting for Sri Lanka's Expenditure Inequality 1980-2002: Regression-based Decomposition Approaches." *Review of Income and Wealth*, Vol. 55, No. 4, pp. 882~906.

Herault, N. and F. Azpitarte. 2016. "Understanding Changes in the Distribution and Redistribution of Income: A Unifying Decomposition Framework." *Review of Income and Wealth*, Vol. 62, No. 2, pp. 266~282.

Juhn, C., K. M. Murphy and B. Pierce. 1993. "Wage Inequality and the Rise in Returns to Skill." *Journal of Political Economy*, Vol. 101, No. 3, pp. 410~442.

Milanovic, Branko. 2016. *Global Inequality: A New Approach for the Age of Globalization.* Boston: Harvard University Press.

Sastre, M. and A. Trannoy. 2002. "Shapley Inequality Decomposition by Factor Components: Some Methodological Issues." *Journal of Economics*, Vol. 77, pp. 51~89.

Shapley, L. S. 1953. "A Value for N-person Games." in H. W. Kuhn and A. W. Tucker(eds). *Contributions to the Theory of Games.* Vol. 2. Princeton: Princeton University.

Shorrocks, A. F. 1982. "Inequality decomposition by factor components." *Econometrica*, Vol. 50, No. 1, pp. 193~211.

_____. 1984. "Inequality decomposition by population subgroups." *Econometrica*, Vol. 52, No. 6, pp. 1369~1385.

_____. 1999. "Decomposition Procedures for Distributional Analysis: A Unified Framework Based on the Shapley Value." Essex: Department of Economics, University of Essex.

Yun, M. 2006. "Earnings inequality in USA, 1969-99: comparing inequality using earnings equations." *Review of Income and Wealth*, Vol. 52, No. 1, pp. 127~144.

04

한국의 소득 불평등에 관한 새로운 접근

공주·신광영

1. 문제 제기

1997년 외환위기 이후 소득 불평등이 심화되었다는 사실은 각종 통계지표나 일상생활의 경험을 통해서 많은 사람들이 인정하는 현실이 되었다. 불평등 심화의 원인과 해결책을 둘러싸고 다양한 논의가 등장했다(김미곤, 2014; 김영미·한준, 2007; 전병유 엮음, 2016; 전병유·신진욱 엮음, 2016; 정준호·전병유, 2016; 정준호·전병유·장지연, 2017; 홍민기, 2018; Shin and Kong, 2015). 사회 양극화로 불리는 불평등 심화의 주된 요인으로 노동시장의 유연화가 많이 언급되었다. 1997년 외환위기 이후, 신자유주의적 노동시장 유연화를 통해 비정규직 고용이 급증하면서, 저임금 노동자가 확대되었다. 그것이 임금 불평등으로 이어졌고, 이러한 변화가 소득분배의 악화를 가져오는 주된 요인으로 간주되었다(강신욱·김현경, 2016; 이병희, 2014; 이병희·강신욱, 2007; 이병희·장지연, 2012; 정준호

* 이 글은 공주·신광영, 「한국의 소득 불평등에 관한 새로운 접근」, ≪산업노동연구≫, 24권 3호(한국산업노동학회, 2018), 1~34쪽에 실린 논문이다.

외, 2016). 노동시장의 양극화가 가구소득의 양극화로 이어지기 때문에, 비정규직 고용 비중을 줄이는 것이 사회 양극화를 해소하는 중요한 해결책으로 제시되었다.

노동시장의 변화뿐만 아니라 인구의 변화도 불평등 증가의 주요 요인으로 간주되었다. 고령인구의 증가로 소득이 없거나, 소득이 낮은 인구의 비율이 높아지기 때문에, 노인 빈곤층의 증가도 소득 불평등 심화의 주요 요인으로 간주되었다(계봉오, 2015; 성명재·박기백, 2009; 홍석철·전한경, 2013). 홍석철·전한경(2013)은 1990~2010년 사이의 불평등 증가의 1/4 정도가 인구구조의 변화에 따른 것이라고 밝히고, 이러한 추세가 향후에도 지속될 것으로 보았다. 인구고령화로 소득이 낮거나 소득이 없는 노인 가구의 증가는 소득분포에서 하위 소득자의 비중이 높아지면서, 전체적으로 가구소득 불평등을 강화시키는 결과가 나타났다는 것이다.

가구의 성격 변화도 불평등을 촉진시키는 요인으로 작용하고 있다. 무엇보다도 맞벌이 가구의 지속적인 증가가 가구소득 분포의 변화를 낳고 있다(이성균, 2008). 맞벌이 가구와 홑벌이 가구가 개별 가구원의 직업이 동일하더라도 전체 가구소득에서 큰 차이를 보인다. 배우자의 경제활동 참가뿐만 아니라 참가 형태도 직접적으로 가구소득에 영향을 미쳐서 가구소득 불평등을 증폭시키고 있다(김영미·신광영, 2008; 문지선, 2015). 또한 오늘날 산업사회에서 1인 가구나 홀부모 가구의 증가도 가구소득에 영향을 미쳐서, 소득 불평등을 심화시키고 있다(반정호, 2011; 정지운·임병인·김주현, 2014; Burtless, 1999; Chevan and Stokes, 2000; Chu and Jiang, 1997; Shirahase, 2013). 특히 증가하고 있는 비혼이나 이혼으로 인한 여성 가장 가구의 증가도 빈곤이 확산되는 새로운 요인이 되고 있다.

이 장은 다양한 국지적 접근들은 국지적 불평등을 이해하는 데 크게 기여했지만, 사회 전체 수준에서의 불평등을 이해하는 데는 한계를 지니고 있다는 점을 밝힌다. 그리고 더 포괄적으로 가구소득의 불평등을 이해하기 위해서는 교육과 노동시장 이외에 가구의 특성과 재산 불평등을 소득 불평등 논의에 고려해야 할 필요가 있는데, 이는 노동시장에서 중요한 요인으로 작용하는 교육과 고용 지위, 직업 이외에 가구의 특성과 재산 불평등이 가구소득 불평등에 영향을 미치는 결정적인 요인이라는 점을 경험적으로 밝힌다. 사회학과 경제학에서 다양한 국지적 접근들의 타당성은 이미 여러 연구들을 통해서 밝혀졌지만, 국지적 불평등에 관한 연구들이 전체 사회 수준의 불평등과 어떻게 연계되어 있는가의 문제는 또 다른 논의가 필요하다(신광영, 2013; 장지연, 2012; 장지연·이병희, 2013). 여기에서는 피오리오와 젠킨스(Fiorio and Jenkins, 2007)와 코웰과 피오리오(Cowell and Fiorio, 2009)가 발전시킨 '회귀분석 기반 불평등 분해(regression based inequality decomposition)'를 이용하여 가계금융복지조사 자료에서 나타난 가구소득 불평등을 분석한다. 분석 결과는 교육, 고용 지위와 직업과 같은 전통적인 불평등 요인 이외에 가구의 재산이 가구소득의 불평등에 기여하는 핵심적인 요인이라는 점과 가구의 속성이 불평등에 기여하는 바가 대단히 크다는 것을 보여준다.

2. 불평등 현실과 통합적 접근의 필요성

1) 국지적 불평등에서 전체적 불평등으로

오늘날 불평등 논의는 전국적인 수준에서 국가를 단위로 하는 장기간에 걸친 불평등 증가를 중심으로 이루어지고 있다(Atkinson, 2015; Cingano, 2014; Piketty, 2014). 이 불평등 논의들은 각국의 소득 불평등 추이를 시계열적으로 분석하고, 불평등 증가 추이의 원인을 밝혀내고 있다. 기존의 사회과학에서는 전국적인 수준에서 소득 불평등에 관한 연구는 상대적으로 많지 않았다. 그 대신, 기존 사회과학에서는 사회 내의 집단(계급, 젠더, 인종, 지역, 노동시장 지위 등) 간 불평등에 관심을 기울였다.

불평등 논의는 어떤 불평등을 대상으로 하는가에 따라서 달라진다. 불평등 논의의 대상의 차이는 분석 대상(object)과 분석단위(unit)를 다르게 한다. 분석의 대상은 무엇의 불평등인가의 문제로 임금, 소득, 재산과 같은 경제적 요소뿐만 아니라 권력이나 권위와 같은 정치적 요소와 사회적 지위나 명예 혹은 평판, 사회적 네트워크와 같은 사회문화적 요소도 포함한다(Fraser and Honneth, 2003; Sen, 1992). 경제적인 불평등 분석에서도 임금 불평등은 피고용자들만을 대상으로 하기 때문에, 자영업자나 고용주는 분석에서 배제된다. 근로소득 불평등(earnings inequality)의 경우는 일을 하는 사람들을 대상으로 하기 때문에, 경제활동에 참여하지 않는 사람들은 분석 대상에서 제외된다. 경상소득 불평등은 근로소득, 사업소득, 금융소득과 이전소득을 모두 포함하기 때문에 경제활동을 하지 않는 은퇴자나 실업자도 분석에 포함된다. 이러한 불평등은 특정한 형태의 소득만을 대상으로 한다는 점에서 국지적 불평등(local inequality)이라고 부를 수 있다.

반면, 인구 전체를 포괄하는 불평등은 전체적 불평등(global inequality)이라고 부를 수 있다. 전체적 불평등은 개인들의 합으로서의 전체 인구의 불평등이 아니라 전체 가구를 대상으로 한다는 점에서 전체 가구의 불평등이다. 구체적으로 전체적 불평등은 가족생활의 단위인 가구를 기준으로 하기 때문에, 전국 가구들 사이의 경제적 불평등을 의미한다. 그러므로 전국의 가구는 경제활동을 하는 가구원이 있는 가구뿐만 아니라 경제활동을 하지 않고 금융소득이나 이전소득만으로 생활하는 가구까지를 포함한다. 전체적 불평등은 농촌 가구, 노인 가구, 1인 가구 구분이 없이 모든 가구가 불평등 논의에 포함된다는 점에서 사회적 불평등(social inequality)의 한 형태라고 볼 수 있다.

사회학에서는 전체적 불평등보다는 국지적 불평등을 주로 다루는데, 주로 경제활동에 참여하는 개인의 직업이나 계급, 노동시장 지위, 젠더 등을 중심으로 불평등에 관한 논의가 이루어져 왔다. 대표적으로 직업 지위나 직업 위계를 중심으로 하는 계층론적인 접근(대표적으로 Blau and Duncan, 1967)이나 고용관계(employment relations)의 속성(Goldthorpe, 2000)이나 착취관계(exploitation relations)(Wright, 1997: 9~19)를 중심으로 한 계급론적 접근도 이론적으로는 대단히 다르지만, 공통적으로 경제활동에 참여하는 사람들만을 대상으로 하고 있다. 여기에서 은퇴자나 노인들은 포함되지 않는다. 그리고 가정주부나 학생과 같이 경제활동을 하지 않는 인구는 경제활동을 통해서 계급 지위를 갖고 있는 남편이나 아버지의 계급을 통해서 매개된 계급으로 다루어진다(Wright, 1997: 26~28; 2005).

신자유주의적 세계화로 인한 노동시장의 유연화에 따른 불안정 고용의 증가는 곧 바로 노동시장의 분절과 임금 불평등으로 이어졌다(이철승, 2017; 정준호·전병유, 2016). 가구소득 불평등이 임금 불평등과 추세적으로 일치했으나, 저소득 가구에서 경제활동 참여가 늘어나면서 그나마 불평등이 심화되는 것을 억제함으로써 불평등은 덜 심화되었다(장지연·이병희, 2013). 그러나 점차 중상위 소득 가구의 노동시장 참가가 늘어나면서, 개인 임금 불평등을 억제하는 가구의 불평등 억제 효과가 약화되고 있기 때문에 가구소득 불평등은 높아지고 있다(이병희, 2014; 이병희·장지연, 2012). 그리고 노동시장에서 고용과 소득 불안정으로 근로 빈곤층이 증가하여, 노동시장 자유화가 전체 불평등 심화의 주된 요인으로 기능했다(이병희, 2007; 정준호·전병유, 2016; 정준호 외, 2017).

젠더 불평등의 주된 논의도 노동시장 진입, 일에 대한 보상, 승진 등과 관련된 차별을 중심으로 이루어졌다. 성적 직무 분리, 성차별적 임금체계, 통계적 차별 등에 관한 논의들은 남성과 여성의 격차를 만들어내는 불평등 체제의 핵심적인 요소로 다루어졌다(신광영, 2011; England, 2005; Jacob and Gerson, 2004). 그러므로 남성과 여성은 개인 단위로 분리되어 다루어졌고, 결혼을 통해서 남편과 부인으로 가구가 구성이 되도, 가구 내 성별 분업을 통한 여성의 종속적 지위가 주로 다루어졌다. 즉, 가구원의 소득을 결합시키는 사회경제적 단위로서의 가구의 역할이 다루어지지 못했다. 젠더 불평등도 전체 사회의 불평등을 이루는 여러 하위 영역 중 하나이다.

고령화로 인한 노인인구의 증가도 소득 불평등 증가에 크게 영향을 미치고 있다(성명재·박기백, 2009; 홍석철·전한경, 2013). 소득이 낮은 노인인구의 증가로 인해 빈곤율인 높아지고 불평등도 증가하는 경향을 보인다. 박종규(2016: 11)는

2003~2015년 사이 고령화로 전체 가구 중에서 소득이 낮은 인구 비율의 증가가 이루어져서 시장소득 지니계수가 0.0385와 가처분소득 지니계수가 0.0190 높아졌다는 것을 밝히고 있다.

가구 구조의 변화(크기, 구성 및 속성)도 소득 불평등에 영향을 미친다(김문길, 2013; Esping-Anderson, 2007; Martin, 2006; McLanahan, 2004; Treas and Walther, 1978). 사회의 기본 생활단위인 가구의 소득은 가구의 구성, 경제활동 가구원수, 가구원의 고용 형태 등의 속성에 영향을 받고 있다. 무엇보다도 가구소득은 경제활동에 참가하는 가구원 수에 의해서 영향을 받는다(반정호, 2011; 정지운 외, 2014). 가구소득은 노동시장의 소득과는 달리 가구를 구성하는 개인들의 결혼 지위(미혼, 이혼, 독신)에도 영향을 받는다(Ananat and Michaels, 2007). 이혼이나 배우자 사별로 인한 독신 가구는 부부 가구에 비해서 경제적으로 더 큰 어려움을 겪는다. 가구소득이 가구 구성의 영향을 받기 때문에, 가구 구성의 변화도 가구소득 불평등에 영향을 미치고 있다.

주요 국지적 불평등의 영역인 노동시장, 인구구조와 가구의 변화는 각기 다른 방식으로 각 영역에서 국지적 불평등을 만든다. 국지적 불평등은 각기 다른 원리가 작동하는 영역들의 불평등이다. 경제활동에 참여하는 개인들에게 분배된 재화는 노동시장에서의 계급과 직업, 경제적 지위에 따라서 달라진다. 임금 불평등은 노동시장에서 피고용자들이 얻는 경제적 보상으로 전체 인구 가운데 피고용자들만을 대상으로 하는 불평등이다. 반면에 근로소득 불평등은 피고용자와 고용주 그리고 자영업자를 포함한 모든 경제활동 참가자들이 경제활동을 통해서 얻는 소득의 불평등이다.

사회 전체에서는 경제활동에 참여하지 않는 인구도 큰 부분을 차지한다. 정년퇴직으로 인해 경제활동에 참여하지 못하거나 참여하지 않는 인구의 고령화로 노인인구가 계속 증가하고 있다. 그러나 직업이나 일을 중심으로 불평등을 논의하는 많은 연구에서 이들은 배제되었다. 그러므로 전체 불평등은 경제활동인구뿐만 아니라 비경제활동인구까지를 포함하는 불평등이다. 그러므로 노동시장 불평등은 전체 불평등과 다른 원리에 기초하고 있다는 점이 강조될 필요가 있다.

2) 개인에서 가구로

불평등 논의에서 중요한 요소는 분석단위이다. 오랫동안 사회학 내의 계층과 계급에 관한 논의나 노동시장에 관한 연구에서 분석단위는 개인이었다. 개인의 일과 직업을 중심으로 사회적 불평등이 논의되었다. 개인을 분석단위로 하는 경우에, 주로 남성 가장이 분석단위로 전제되면서, 남성 개인의 계급이나 계층이 과거 불평등 분석의 주류를 이루었다. 여성의 경제활동 참가가 증가하면서, 젠더와 계급이 새로운 분석적 쟁점이 되었지만, 분석단위는 여전히 남성과 여성 개인이었다. 그리하여 등장한 이슈는 남성의 소득이 가족의 지배적인 소득이거나 여성의 직업이 남성과 유사하기 때문에 여전히 남성 가장의 직업을 중심으로 불평등을 논의하는 것이 적절하다거나(Goldthorpe, 1983: 467; Parkin, 1971: 14~15), 혹은 부부의 계급을 동시에 고려하는 '교차 계급(cross-class family)'의 문제(McRae, 1986)에 관한 것이었다. 경제적 불평등을 직접 분석대상으로 하는 것이 아니라, 가족의 계급을 분류하는 과정에서 생기는 문제로 젠더와 계급 문제가 다루어졌던 것이다. 그러므로 교차 계급과 소득 간의 문제는 여전히 다루어지지 않았다. 불평등 분석단위를 개인으로 하는 모든 분석은 가상적인 사회 모델로 제시된 그림 04-1의 왼편에서 경제활동에 참여하는 개인을 분석단위로 하고 있다.

현실에서 경제적 불평등은 기초 생활 단위인 가구나 가족을 통해서 나타난다. 가구는 거주와 소비생활 같이하는 사람들로 구성된다. 반면, 가족은 결혼, 출산, 입양 등의 생물학적 관계나 법적인 관계를 통해서 형성된 가구의 한 형태이다. 그러므로 가구는 가족으로 이루어진 가구나 가족이 아닌 사람으로 이루어진 가구로 나눠진다. 그림 04-1의 오른편은 가구 단위로, 왼편의 16명을 다시 분류한 것이다. 오른편의 가구는 1인 가구와 2인 가구로 구성되어 있다. 그리고 오른편은 가구원 수, 가구원의 경제활동 참가 여부와 성별에 따라 7가

그림 04-1 ● 개인단위와 가구단위 분석 모형

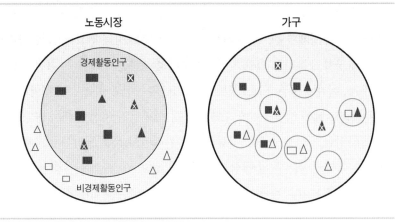

주: 사각형은 남성, 삼각형은 여성, X는 비정규직, 가구 분포 안의 작은 원은 가구를 지칭.
자료: 이 분석 모형은 공주(2018: 46)에서도 변형되어 사용되었음.

지의 가구 유형으로 구성되어 있다. 개인적으로 모두 동일한 직업을 가지고 있고 동일한 소득을 받는다면, 개인 수준에서는 동일한 소득을 얻는다고 할지라도, 가구 형태에 따라서 외벌이 가구와 맞벌이 가구의 소득수준은 2배 차이를 보이게 된다. 그러므로 가구 수준의 불평등은 가구원 수, 가구원의 경제활동 참가 형태, 경제활동 참가자의 고용 형태 등에 따라서 크게 달라진다.

앞의 논의를 종합하면, 우리는 다음과 같은 질문을 제기할 수 있다. 국지적 불평등에 영향을 미치는 요소들이 전체적 불평등에는 어느 정도 영향을 미치는가? 예를 들어, 노동시장의 임금 불평등에 영향을 미치는 요인인 교육, 고용 지위와 직업이 전체 사회의 소득 불평등에 어느 정도 영향을 미치는가? 가구의 변화와 노령 인구의 증가는 전체적 불평등에 얼마나 영향을 미치고 있나? 가구의 특성은 불평등에 얼마나 영향을 크게 미치는가? 이 글은 통계청이 수집한 가계동향조사와 가계금융복지조사 자료를 이용하여 이러한 질문에 대한 답을 찾고자 한다.

3) 재산과 가구소득

가구소득은 경제활동만을 통해서 얻어지는 것은 아니다. 가구소득의 주요 원천은 가구가 소유하고 있는 자산으로부터 발생하는 소득이다. 자산은 주식 배당 소득, 이자나 증권 거래로 인한 차익이나 부동산과 주택 등에서 임대소득의 원천이다. 보통 사람들에게 주택이 가장 일반적인 자산 형태이지만, 주택 이외에 다양한 자산을 소유한 사람들은 추가적인 소득을 올린다는 점에서 자산 불평등은 소득 불평등의 핵심적인 원인이 된다.

자산은 누적된 소득을 통해서 형성되거나 상속을 통해서 형성된다. 그러므로 부의 대물림은 대체로 상속을 통해서 이루어진다. 상속이 아닌 방식의 자산 형성은 소득의 축적을 통해서 이루어지므로 고소득자가 저소득자보다 더 유리하다. 그리고 근로소득이 높다고 할지라도 근로소득을 통한 자산 형성에는 시간이 걸리기 때문에 모든 나라에서 자산 불평등은 근로소득 불평등보다 훨씬 더 심하다(Murtin and d'Ercole, 2015; Piketty, 2014).

오늘날 소득 불평등의 증가는 상당 부분 자산소득 불평등의 증가에 따른 결과이다. 사적 자본 소유의 불평등(Alvaredo et al., 2018: 13~14)이나 부동산(토지와 건물)이나 금융자산(저축, 증권, 채권 등) 불평등의 증가가 소득 불평등에 직접적인 영향을 미친다. 이윤이나 자산소득은 자산을 소유한 사람들에게만 집중되기 때문에, 소수의 자산 소유자들에게 집중된다.

그러나 상위 소득계층과 상위 자산 계층은 일치하지 않는다. 자산은 저량(stock)이기 때문에, 연령과 관계가 깊고, 소득은 유량(flow)이기 때문에, 경제활동을 통한 경제적 보상에 따라서 달라진다. 그러나 자산 소유의 집중으로 자산 불평등이 커지면서, 자산 불평등이 소득 불평등에 직접적인 영향을 미치고 있다. 금융과 부동산 자산을 보유한 계급은 근로소득의 증가율을 훨씬 능가하는 자산 가치의 증가와 자산소득의 증가를 누리고 있다.

3. 자료와 분석 방법

1) 무엇의 불평등인가

이 글에서는 전국의 모든 가구를 대상으로 소득 불평등을 분석한다. 불평등에 관한 사회과학계의 논의는 대단히 다양하게 이루어졌다. 여기에서는 불평등 중에서 경제적 불평등을 중점적으로 다룬다. 사회적 지위나 인정과 같은 비경제적 요소들을 포함하는 사회적 불평등은 대단히 중요하지만(Fraser and Honneth, 2003; Sen, 1971), 여기에서는 경제적 차원의 불평등만을 대상으로 한다. 경제적 차원의 불평등도 대단히 다양하다. 노동시장의 임금 불평등(wage inequality), 경제활동을 통해서 얻는 근로소득 불평등, 근로소득 이외의 소득을 포함한 소득 불평등(income inequality)과 가처분 소득 불평등(disposable income inequality), 주거 불평등, 자산 불평등 혹은 부의 불평등(wealth inequality) 등이 있다. 이들 불평등은 각기 다른 의미를 지니고 있다는 점에서 정확한 구분이 필요하다. 그리고 불평등을 완화시키기 위한 정책도 어떤 불평등을 대상으로 하는지가 분명하지 않으면, 정책의 효과를 기대하기 어렵다는 점에서 어떤 불평등인지의 문제는 대단히 중요하다.

경제적 불평등의 종류에 따라서 연구의 대상도 달라진다. 노동시장에서 얻는 피고용자의 임금을 중심으로 불평등을 논의하는 경우에는 자영업자나 자본가가 분석에 포함되지 않는다. 그러므로 임금 불평등은 노동시장의 불평등과 관련되어 주로 노동경제학에서 많이 다루어졌다. 임금 불평등에 관한 논의는 개인의 학력이나 경력과 같은 인적 자본을 중심으로 이루어졌다(Becker, 1994). 반면, 사회학에서 이루어진 계급 불평등에 관한 논의는 경제활동을 하는 개인들을 대상으로 하기 때문에, 가구소득을 중심으로 한 불평등 분석과도 차이를 보인다. 복수의 가족원이 소득을 올리는 경우, 개인의 소득과 가구의 소득은 차이가 나기 때문이다.

이 글에서는 젠더와 교육, 직업 등의 경제활동과 가구의 성격 및 가구 재산이 소득 불평등에 미치는 영향을 보기 위해, 가구의 경상소득을 분석 대상으로 한다.[1] 경상소득은 상속이나 복권 당첨과 같은 예외적인 경우가 아닌 일상적으로 얻는 소득으로 근로소득, 사업소득, 금융소득과 이전소득으로 구성된다. 근로소득과 사업소득, 금융소득은 가구의 경제활동을 통한 소득이며, 이전소득은 국가의 복지정책이나 가족 간의 이전을 통한 소득이다.

2) 자료

이 글에서 사용된 자료는 소득 불평등 연구에 자주 사용되는 대표적인 자료이다. 하나는 통계청이 1990년부터 실시해 온 '도시가계조사'로 2008년에 조사명을 '가계동향조사'로 바꾼 가계 소득과 소비 동향에 관한 조사이다. 가계동향조사는 소득과 지출에 관한 자세한 정보를 바탕으로 가구 단위의 소득 불평등을 분석하는 자료로 주로 사용되어 왔다(홍석철·전한경, 2013). OECD 통계도 가계동향조사의 결과를 바탕으로 하고 있고, 한국의 불평등이 그다지 심하지 않다는 평가도 이 자료에 근거하고 있다(OECD, 2011). 가계동향조사는 2006년부터 전국의 모든 가구를 대상으로 하여 조사가 이루어졌지만, 2006년 이전까지는 비농가와 전국 1인 가구가 포함되지 않아서 소득 불평등이 실제 불평등보다 낮게 측정되는 문제점을 지니고 있었다. 그리하여 많은 연구들이 추세를 파악하기 위해 2006년 이후에도 가계동향조사 자료 중 도시 2인 이상 가구만을 대상으로 가구소득 불평등을 분석한다(홍석철·전항경, 2013). 그리고 1인 가구와 농촌 가구를 포함한 가계동향조사에서도 고소득 가구가 상대적으로 낮게 조사되어 실제 불평등을 제대로 포착하지 못하고 있다는 비판을 받고 있다(전

---

1   소비를 중심으로 불평등을 다루는 경우는 후생경제학에서 다루고 있는 '균등화 가처분 가구소득'을 중심으로 하는 가구 가처분소득이 중요하다. 가족원 수에 따라 달라지는 가구 소비지출에서 나타나는 후생(복지)의 불평등을 다루기 때문이다. 또한 가처분 소득은 세금이 부과된 이후의 소득이기 때문에 국가의 역할을 평가하는데 유용하다. 국가의 재분배 역할에 관한 논의는 조세제도와 복지제도의 재분배 효과에 집중되어 있기 때문에 가처분 소득의 불평등에 관심을 갖는다.

표 04-1 ● 주요 자료에서 나타난 경상소득 불평등 지표(2015년 기준)

자료	1억 원 이상	상위 10% 점유율	지니계수	빈곤율
가계금융복지조사	8.84%	.2856	.4229	23.04
가계동향조사	4.62%	.2546	.3755	22.21

주: 빈곤율은 가구 경상소득이 중앙값의 절반 이하인 가구의 비율.

병유, 2013; 홍민기, 2017).

통계청은 2010년부터는 가계의 자산, 부채 동향, 복지 실태와 재무 건전성을 파악하기 위해 '가계금융복지조사'를 실시하고 있다. 가계금융복지조사는 표본수가 가계동향조사의 2배 정도 크기 때문에 상대적으로 고소득자가 많이 포함되어 있다. 표 04-1에서 볼 수 있듯이, 가계금융복지조사에서 연소득 1억 원 이상의 비율은 8.84%로 가계동향조사 4.96%에 비해서 1.88배 더 높다. 그러므로 가계금융복지조사가 가계동향조사보다는 불평등 정도가 높게 나타나고 있다. 두 데이터에서 빈곤율은 0.83% 차이로 차이가 그다지 크지는 않았다. 이 글에서는 가계금융복지조사 자료를 분석에 이용한다.

3) 변수

이 연구에서 사용하는 소득함수는 이전의 연구에서 소득에 영향을 미치는 요인으로 다루어진 주요 변수들을 포함한다. 먼저, 여기에서 사용한 소득함수에서 종속변수는 각 연도의 가구 연간 경상소득이다. 경상소득은 근로소득, 사업소득, 재산소득과 이전소득(공적 이전소득 + 사적 이전소득)을 모두 합한 소득이다. 여기에서 사용한 경상소득은 세금을 부과하기 전의 경상소득이다. 그리고 최종적으로 대수 변형을 한 경상소득이 분석에 사용된다.

경상소득에 영향을 미치는 요인은 기존의 연구를 통해서 소득에 영향을 미치는 변수들로 가구주의 성, 연령, 학력, 종사상의 지위(상용근로자, 임시, 일용근로자, 고용원이 있는 자영업자, 고용원이 없는 자영업자, 무급가족종사자, 기타 종사자,

표 04-2 ● 분석에 사용된 변수들의 기술 통계(2011년 및 2017년)

변수		평균 혹은 비율(%)	
		2011	2017
소득		4,011.77(원)(44.14)	5,010.46(원)(33.39)
성	남	79.38	77.60
	여	20.62	22.40
연령		51.37(세) (.1431)	53.78(세)(.1049)
교육	초등	17.21	14.63
	중학	10.34	9.81
	고등	33.15	33.50
	초대	9.36	10.52
	대졸+	29.95	31.55
고용상의 지위	상용근로	38.01	43.24
	임시일용	14.47	11.89
	고용주	6.21	5.39
	자영자	19.35	17.18
	무급가족종사자	0.10	0.08
	특수고용직	1.22	1.22
	무직, 가사, 학생	20.63	20.99
결혼 지위	미혼	8.52	8.89
	결혼	72.97	69.84
	사별	7.39	11.49
	이혼	11.12	9.77
가족원 수	1인	16.25	18.83
	2인	24.05	25.21
	3인	20.37	21.03
	4인	29.01	26.32
	5인 이상	10.31	8.62
고령 세대		21.48	23.01
재산 총액		29,764.84(원)(584.56)	38,163.88(원)(449.09)

주: 1) 소득, 연령과 재산 총액은 평균과 표준오차가 제시되어 있음.
    2) 2011년과 2017년 가계금융복지조사에 기초. 전체 2011~2017년까지의 변수 속성은 부록표를 볼 것.

무직 및 비경활), 직업(관리직, 전문가 및 관련 종사자, 사무 종사자, 서비스 종사자, 판매 종사자, 농림어업숙련 종사자, 기능원 및 관련기능 종사자, 장치, 기계조작 및 조립 종사자, 단순노무 종사자)과 재산 총액이다. 기존의 연구에서 많이 사용된 변수들 이외에 인구구조의 변화와 가족의 변화가 불평등에 미치는 영향을 분석하기 위해, 가구의 속성(노령 인구 여부, 가구원 수와 혼인 상태)을 독립변수에 포함시켰다. 가구원 수는 가구주 이외의 경제활동 참여자가 있는 경우가 포함될 수 있다. 사용한 가계금융복지조사에서는 가구주 이외의 가구원의 정보가 포함되어 있지 않기 때문에, 가구원 수는 추가적인 소득자와 상관관계가 높을 것이다. 그리고 주택을 포함한 재산의 규모가 직접적으로 경상소득에 미치는 영향을 분석하기 위해 화폐가치로 환산한 재산의 규모를 독립변수에 포함시켰다.

4) 분석 방법

이 글에서는 불평등의 원인으로 간주되는 여러 요인들을 동시에 고려하는 다중 회귀분석에 기초하여 각 요인이 전체 불평등에 기여하는 정도를 분석하는 회귀분석에 기반을 둔 불평등 분해 방법을 사용한다. 기존의 하위 집단별 (subgroups) 불평등 분해분석이나 요소별(sources) 불평등 분해분석은 연속변수를 분석 모형에 포함할 수 없어서 불평등의 원인을 밝히는 데 한계가 있다 (Fields, 2003; Morduch and Sicular, 2002). 불평등의 원인을 밝히기 위해 이 글에서는 필즈(Fields, 2003)가 제안한 회귀분석에 기초한 불평등 분해 방법과 쇼록스(Shorrocks, 1982)가 제시한 요인별 불평등 분해 방법을 통합한 방법을 적용한다. 기존의 하위 집단별 혹은 요인별 불평등 분해분석(Shorrocks, 1982, 1984)은 수학적인 차원에서 불평등 분해를 가능케 하지만, 불평등의 원인에 대한 인과적 분석을 제시하지 못한다. 불평등에 영향을 미치는 요인들을 분석에 포함할 수 없기 때문이다. 피오리오와 젠킨스(Fiorio and Jenkins, 2007)과 코웰과 피오리오(Cowells and Fiorio, 2009)는 필즈가 제시한 회귀분석에 기반한 불평등 분해 방법과 쇼록스가 제시한 요인(factor)에 기반을 둔 불평등 분해 방법을 통합하는 회귀분석에 기반을 둔 불평등 분해 방법을 제시했다. 이것은 회귀분석에서 독립변수들이 전체 불평등에 기여하는 정도를 섀플리 값(Shapley value)으로 알려진 선형적(linear)이고 부가적인(additive) 형태로 분해하는 방법이다.

가구별 소득(y)는 다음과 같이 정의될 수 있다.

$$\ln y = X\beta + \epsilon \tag{1}$$

여기에서 y는 $n{\times}1$ 소득 벡터이고, X는 $n{\times}(K+1)$ 가구소득 행렬에 영향을 미치거나 차이를 만들어내는 변수들이다. 그리고 β는 $(K+1){\times}1$ 계수 벡터이고, ϵ는 $n{\times}1$ 잔차(residuals) 벡터이다.

소득 함수 (1)은 (3)과 같이 합성변수(composite variable)의 합으로 표시될 수 있다.

$$\ln y = \beta_0 + \beta_1\chi_1 + \beta_2\chi_2 \ldots + \beta_k\chi_k + \epsilon \tag{2}$$
$$= \beta_0 + z_1 + z_2 \ldots + z_K + \epsilon \tag{3}$$

여기에서 z_k는 $x_0 = 1$이고, $k = 0, 1, \ldots K$ 인 β_k와 x_k의 합성변수이다.

불평등 분해분석에 사용되는 회귀분석 추정치는 (4)에 의해서 추정될 수 있다.

$$\ln y = b_0 + \widehat{z_1} + \widehat{z_2} \ldots + \widehat{z_k} + \hat{e} \tag{4}$$

대안적으로 예측된 소득은 (5)에 의해서 추정될 수 있다.

$$\ln \hat{y} = b_0 + \hat{z_1} + \hat{z_2} \dots + \hat{z_k} \tag{5}$$

여기에서 쇼록스(Shorrocks, 1982)가 제안한 불평등 요인 분해분석(inequality decomposition by factors)과 같이 y의 대수 분산에 k번째 변수가 기여하는 바는 전체 불평등에 기여하는 상대적인 가중치로 다음과 같이 표현될 수 있다(Fields, 2003).

$$S_k = \frac{\hat{b_k}.cov(X_k, \ln y)}{\sigma^2(\ln y)} \tag{6}$$

여기에서 $\hat{b_k}$는 다중회귀분석을 통해서 추정된 k번째 변수의 회귀계수이고, $\sigma^2(\ln y)$은 대수 소득의 분산이고 $cov(X_k, \ln y)$는 k번째 변수와 소득 간의 공분산이다. S_k는 X_k가 불평등을 어느 정도 강화시키거나 약화시키는지를 보여준다. 소득 불평등에 미치는 X_k의 한계효과는 다른 변수의 효과를 통제한 후의 효과이기 때문에, 소득에 영향을 미치는 모든 변수를 가능한 한 통제해야한다.

$$\sum_{j=1}^{k} S_k = \frac{\sum_{j=1}^{k} \hat{b_j}.cov(X_j, \ln y)}{\sigma^2(\ln y)} = \frac{\sigma^2(\ln \hat{y})}{\sigma^2(\ln y)} = R^2 \tag{7}$$

(4)에서 오차항 $\hat{\epsilon}$가 적으면 적을수록, 회귀분석을 통한 불평등 분해는 설명력(R^2)이 크게 될 것이다. 그러므로 $\hat{\epsilon}$를 적게 하는 회귀분석 모형을 만드는 것이 분석의 관건이 된다. 예를 들어, 설명력(R^2)이 1인 경우, 합성변수가 소득 불평등에 기여하는 정도가 100%라는 것을 의미한다. 소득 불평등이 완벽하게 설명되는 경우이다. 그러나 현실적으로는 소득결정 회귀분석 모형에서 (6)이

1이 되는 경우는 없다.[2] 그러므로 가능한 한 $\hat{\epsilon}$가 적은 분석모형을 분석에 적용하는 것이 중요하다. 즉, 소득함수 중에서 설명력(R^2)이 큰 모형을 찾아서, 각 변수가 전체 소득 불평등에 미치는 영향력을 평가하는 것이다.

4. 분석 결과

1) 불평등 추이

2011년대 들어서 경상소득 지니계수로 측정된 불평등은 증가하다가 약간 감소하지만, 여전히 높은 수준에서 유지되고 있다. 표 04-3은 2011년에서 2017년까지의 가계금융복지 자료에서 나타난 가구 경상소득 지니계수 추이를 보여준다. 지니계수는 2011년 .4535에서 이후 약간 낮아진 상태를 보여주고 있다. 2011년에서 2013년 사이 지니계수는 5.3% 정도 줄어들었다. 그리고 2013년부터 2017년까지 지니계수는 .42대를 유지하고 있다. 즉, 가구소득의 불평등 수준이 상대적으로 높은 상태에서 지속되고 있다고 볼 수 있다.

소득집중을 살펴보면, 2011년부터 약화 추세를 보이다가 2015년 다시 증가 추세를 보이고 있다. 표 04-3에서 상위 소득 가구 5%의 소득 점유율은 2011년 20.90%에서 2015년 17.22%로 3.68% 줄어들었다. 그러나 그 이후 다시 약간 증가 추세를 보이고 있다. 10%로의 소득집중은 2011년에서 2012년까지 약간 강화되다가 2017년 27.79%로 낮아졌다. 반면, 하위 소득 40%의 소득 점유율은 2011년 12.26%로 낮아졌다가 이후 약간 높아졌지만, 13%대의 낮은 수준을 유지하고 있다. 상위 소득 10%의 소득 점유율과 하위 40% 소득자의 소득 점유율과의 비율은 파머 지수(Palmer index)라고 불린다. 파머 지수는 지니계수보

---

2   여기에서 사용한 분석 프로그램은 피오리오와 젠킨슨(Fiorio and Jenkins, 2007)이 STATA용으로 제시한 ineqrbd이다.

표 04-3 • 가구 경상소득 불평등 추이(2011~2017년)

	2011	2012	2013	2014	2015	2016	2017
지니계수	.4535	.4379	.4295	.4259	.4229	.422	.4236
1억 이상의 비율	.0541	.065	.0726	.0814	.0884	.0933	.1009
P90/P10	13.07	11.28	11.00	11.343	11.30	11.25	11.16
상위 5% 점유율	.2090	.1922	.1866	.1818	.1722	.1767	.1783
상위 10% 점유율	.2979	.3029	.2954	.2912	.2856	.2854	.2779
하위 40% 점유율	.1226	.1302	.1343	.1351	.1351	.1352	.1358
파머 지수	2.4299	2.3264	2.1996	2.1554	2.1140	2.1109	2.0464
재산/소득 비율	6.1220	6.3843	5.9909	6.0169	5.9605	6.0487	6.2154
빈곤율	.2550	.2491	.2356	.2454	.2445	.2422	.2461

자료: 가계금융복지조사(각 연도).

다. 소득분포의 양극단에서의 변화를 잘 포착할 수 있는 지표이다(Atkinson, 1970). 2010년 직후 파머 지수는 2011년 2.4299에서 점차 낮아지고 있다. 2017 년에서는 상위 10%가 차지하는 소득이 하위 40%가 차지하는 소득의 2.4299배에 달했다. 여기에서 나타난 결과는 대체로 상위 10%가 전체 소득의 28~30% 정도를 차지하고 있다는 점과, 하위 40%가 전체 소득의 12~13% 정도를 차지하고 있다는 사실이다. 이것은 약간의 변화를 보이기는 하지만, 아직까지 구조화된 불평등의 형태로 큰 틀에서 계속 유지되고 있다고 볼 수 있다.

재산과 소득의 비율은 경제적 불평등의 중요한 차원인 재산의 중요성을 보여준다. 재산은 저량(stock)으로 주택, 부동산, 금융자산, 부채 등을 합한 자산의 총합이다. 반면, 소득은 유량(flow)으로 한 해 동안 얻은 소득의 총량이다. 소득의 유량과 저량은 불평등 동학의 중요한 차원인 소득과 재산과의 상호관계를 보여준다. 소득 대신 재산의 비율이 크면, 소득을 통해서 재산을 형성하는 것이 어렵다는 것을 의미하며 또한 재산이 소득에 미치는 영향이 클 수 있다는 것을 의미한다. 2010~2017년 소득의 증가는 연평균 2.85% 정도로 이루어졌다. 재산의 증가도 2.85% 정도 증가하여 비슷한 수준의 증가 추세를 보여주었다. 그러나 소득 하위 10% 분위는 2010년 연소득 694만 원에서 2017년

771만 원으로 77만 원 증가하여, 연평균 10% 증가를 보였다. 반면, 소득 상위 10% 분위는 2010년 7999만 원에서 2017년 9700만 원으로 1701만 원 증가했고, 이는 연평균 3.04%의 증가를 의미한다. 증가율에서는 하위 소득계층의 증가율이 높았으나, 절대 증가액에서는 상위 소득계층의 소득 증가가 큰 폭으로 이루어져, 격차는 더욱더 확대되었다.

한국의 경우, 재산/소득 비율은 2010년 6.1135배에서 2017년 현재는 6.2154배로 약간 높아졌다. 이는 소득 증가에 비해서 재산 증가의 속도가 빠르다는 것을 의미한다. 여기에서 재산은 전체 자산 총액에서 부채를 제외한 순자산 총액이다. 소득은 가처분소득을 쓰는 대신 분석에 사용한 경상소득을 기준으로 했다. 가처분 소득은 경상소득보다 더 낮다는 점에서 여기에서 제시된 재산/경상소득 비율은 재산/가처분소득 비율보다 더 낮게 추정된다. 한국의 재산-소득 비율은 다른 OECD 국가들과 비교해서 매우 높은 수준이다(Alvaredo et al., 2018: 156~158을 참고). 스페인과 이탈리아와 같이 부동산 버블을 경험한 나라들은 6.50~7배의 재산/가처분소득의 비율을 보이며, 독일과 미국의 경우는 4~5배를 약간 상회하는 수준이다. 서구에서 1970년대 300% 정도의 재산/가처분소득 비율이 이후 전반적으로 증가 추세를 보여, 2010년에는 미국의 경우 400% 정도의 수준이며, 유럽은 550% 수준이다(Piketty and Zucman, 2014: 1258~1259).

2) 가구 경상소득 불평등 구조 분석

표 04-4는 가구 경상소득 회귀분석 결과이다. 전체 가구를 대상으로 한 것이기 때문에, 피고용자만 분석하는 경우나 경제활동인구만을 분석하는 경우와는 다른 결과를 보여준다. 표 04-4에서 두드러진 점은 교육수준에 따른 가구소득 격차가 줄어들고 있다는 점이다. 대학원 졸업자를 제외한 나머지는 초등학교 졸업자와의 가구소득 격차가 지속적으로 줄어드는 추세를 보이고 있다. 초등학교 졸업자와 중학교 졸업자와의 격차가 줄어들 뿐만 아니라, 초등학교

표 04-4 • 회귀분석 결과

	2011	2012	2013	2014	2015	2016	2017
상수	5.0864	5.5351	5.3758	5.5161	5.5957	5.6623	5.7191
성(남성)	-.1287	-.1586	-.1277	-.1492	-.1535	-.1481	-.1287
연령	.0302	.03463	.0340	.0317	.0324	.0331	.0337
연령제곱	-.0003	-.0003	-.0003	-.0003	-.0003	-.0003	-.0003
교육(초)							
중학	.1387	.1331	.1261	.1644	.1652	.1299	.0883
고등	.2693	.2053	.2015	.2193	.2209	.2043	.1743
초대졸	.3209	.2413	.2188	.2633	.2262	.2172	.1887
대졸	.4170	.3306	.2987	.3195	.3207	.3205	.3001
대학원	.5329	.4795	.4227	.4891	.4617	.4827	.4742
고용 지위 (정규직)							
비정규	-.2475	-.2197	-.2510	-.2145	-.2613	-.2101	-.2217
고용주	.2288	.2048	.1693	.1671	.1456	.1050	.1197
자영	-.1238	-.1318	-.1664	-.1235	-.1455	-.1450	-.1632
무급	.1925	.0811+	-.1326	.1153+	-.0307+	-.1751+	.0589+
특고	-.1408	-.0346+	.0200+	-.0513+	-.0520+	-.0539+	-.0417+
무/비경	-.8113	-.5996	-.7755+	-.7156	-.7066	-.7045	-.7716
직업(관리)							
전문직	-.1581	-.1773	.1292+	-.1764	-.2035	-.2244	-.1281
사무직	-.1526	-.1798	-.0797	-.1686	-.1536	-.1740	-.1051
서비스	-.2353	-.2489	-.0935	-.2436	-.2453	-.2566	-.1911
판매	-.2384	-.2514	-.1811	-.2502	-.2422	-.2480	-.1934
농어민	-.3789	-.4716	-.1811	-.4110	-.4342	-.3984	-.2944
기능직	-.2200	-.2721	-.3176	-.2553	-.2576	-.2434	-.1652
조립	-.1481	-.2433	-.1844	-.2348	-.2360	-.2357	-.1629
단순	-.3195	-.3931	-.1537	-.3663	-.3696	-.3773	-.2657
비경활	-.0675	-.2144	-.2889	-.1212+	-.1363	-.1240	-.0053+
결혼 지위 (미혼)							
결혼	-.1075	-.0528	-.0565	-.0323	-.0387	-.0560	-.0326+
사별	-.1955	-.1010	-.1306	-.1190	-.1333	-.1289	-.1274
이혼	-.1450	-.1209	-.1550	-.1571	-.1577	-.1564	-.1139
가구원 수 (1인)							
2	.2631	.2365	.2415	.2129	.2350	.2657	.2460
3	.4638	.4119	.4493	.4330	.4754	.5015	.5117

4	.5181	.5017	.5168	.4945	.5273	.5404	.5360
5	.5857	.5599	.5769	.5646	.6013	.6202	.5892
6+	.6964	.6651	.6397	.6216	.7024	.7351	.7098
고령 가구 (-64) +65	-.3188	-.2212	-2403	-.2318	-.2188	-.1923	-.1849
자산총액	.1598	.1716	.1821	.1813	.1715	.1658	.1628
조정된 R^2	.6535	.6864	.6798	.6903	.6914	.6801	.6765

주: +는 .05 유의미한 수준에서 유의미하지 않음을 의미. 표시가 없는 경우는 .05 수준 이상에서 유
의미한 경우를 의미.

졸업자와 고등학교와 초대 졸업자와의 격차도 지속적으로 줄어들고 있다. 이
러한 추세는 대졸자의 경우도 마찬가지이다. 대학원 졸업자의 경우만 예외이
다. 이러한 점은 교육수준이 높아졌지만, 교육을 이수한 사람들이 늘어나면서,
교육수준이 높은 사람들의 희소성이 그 만큼 적어지고 있기 때문에 나타난 현
상이다.

고용 지위에 따른 격차는 크게 변화를 보이고 있지 않다. 경상소득에 영향을
미치는 요인들을 통제했을 때, 정규직과 비정규직의 격차는 일정한 추세를 보
이지는 않고, 계속 유지되고 있다. 반면에, 정규직과 고용주와의 경상소득 격
차는 약간 줄었다. 2011년의 .2288과 2012년의 .2162와 비교해서, 이후 2016
년과 2017년은 각각 .1379와 .1465로 그 격차는 크게 줄었다. 반면 정규직과
자영업자 간의 소득격차는 커지는 추세를 보이고 있다.

직업에 따른 소득격차도 특별한 추세를 보이지는 않는다. 2011년과 2017년
을 비교하며, 전체적으로 관리직과 다른 직업 집단과의 격차가 줄어들었다고
볼 수 있지만, 그것이 추세인지는 아직까지 알 수 없다. 2016년에는 오히려 그
격차가 커졌기 때문이다.

결혼 지위에 따른 소득격차도 유의미하게 나타났지만, 그 차이는 점차 약화
되고 있다. 가구주가 미혼인 경우와 결혼을 한 경우, 2011년에는 유의미한 차
이가 있었지만, 점차 줄어들어 2017년에는 유의미한 차이는 사라졌다. 미혼과

사별 사이에도 차이가 컸으나, 점차 그 차이는 줄어들었다. 미혼과 이혼의 경우에도 유사한 형태를 보여주었다. 두드러진 점은 이혼한 가구주와 미혼인 경우에 가장 큰 소득의 차이를 보여서, 한국에서도 이혼이 소득 하락에 큰 영향을 미치고 있음을 보여주고 있다.

반면, 가구원 수에 따른 소득격차는 점차 더 커지고 있다. 1인 가구와 비교하여 다인 가구는 가구원 수가 늘어나면 늘어날수록 소득이 유의미하게 더 커지는 것으로 나타났다. 그리고 시간이 갈수록 1인 가구와 다인 가구의 소득격차가 더 확대되는 것으로 나타났다. 이것은 가구 구성의 차이에 따른 가구소득의 차이가 더욱 밀접한 관계를 지니고 있다는 것을 의미한다.

가구 구성의 또 다른 차원인 가구주의 연령이 65세 이상인 고령 가구와 65세 미만인 비고령 가구 간의 소득격차는 유의미하지만, 그 격차는 점차 줄어들고 있는 것으로 나타났다. 고령 가구의 경제활동 참가율이 높아졌고, 공적 이전소득이 증가하면서, 전반적으로 고령 가구의 소득이 증가했기 때문이다. 2011년 비고령 가구의 평균 소득은 4630만 원이었고, 고령 가구의 평균 소득은 1720만 원이었다. 이는 2017년 각각 5796만 원과 2396만 원으로 늘었다. 비고령 가구의 소득이 25.2% 증가한 반면, 고령 가구의 소득은 39.3% 증가하여 나타난 결과이다.

3) 불평등 기여도 분석

회귀분석에서 각 변수의 계수는 변수의 단위 변화에 따른 가구소득의 변화를 보여준다. 불평등 기여도는 회귀계수뿐만 아니라 변수의 분산을 동시에 고려한 것으로 표 04-5는 가구 경상소득에 영향을 미치는 변수들이 가구 경상소득 불평등에 기여하는 정도를 분석한 것이다. 각 변수의 기여 정도는 백분율로 제시되어 있다. 여기에서는 잔차항(ϵ)을 포함하여, 전체 소득 분산 중에서 개별 변수에 의해서 설명되는 공분산의 비중이 제시되어 있다. 여기에서 몇 가지 두드러진 점을 확인할 수 있다.

표 04-5 • 전체 불평등에 미친 각 변수의 기여도 분석 결과

	2011	2012	2013	2014	2015	2016	2017
잔여	34.7008	31.3075	31.9641	30.9128	30.8049	31.9305	32.2920
성(남성)	2.0917	2.9078	2.3095	2.8098	2.9122	2.8209	2.4142
연령	-19.8785	-23.4778	-21.3494	-20.8495	-21.3748	-22.3214	-22.8891
연령제곱	21.9951	27.2135	24.1915	23.6211	23.7765	25.0819	25.6453
교육(초)							
중학	-0.4564	-0.4536	-0.4988	-0.6484	-0.6914	-0.5810	-0.4407
고등	0.9851	0.6772	0.4751	0.4756	0.5286	0.3936	0.2386
초대졸	0.8564	0.8234	0.6473	0.9433	0.7425	0.7131	0.5954
대졸	4.7481	4.0284	3.5989	3.7436	3.8974	3.9614	3.8270
대학원	2.4602	2.2806	1.9713	2.4507	2.1817	2.4959	2.4978
고용 지위 (정규직)							
비정규	1.3480	1.5201	1.0062	1.4116	1.7307	1.1452	1.1555
고용주	1.2934	1.0631	0.8298	0.7555	0.6677	0.4685	0.5386
자영	-0.1435	-0.0585	-0.1352	-0.1982	-0.2253	-0.1934	-0.1531
무급	0.0101	0.0030	-0.0030	0.0049	-0.0016	0.0068	0.0032
특고	-0.0247	-0.0092	0.0062	-0.0071	-0.0108	-0.0111	-0.0121
무/비경활	16.7201	12.4471	16.0830	15.3235	16.4654	16.1509	18.0882
직업(관리)							
전문직	-0.9946	-1.4751	0.2350	-1.4088	-1.5398	-1.7777	-1.0664
사무직	-1.1212	-1.5021	-0.6397	-1.4461	-1.2820	-1.3979	-0.8621
서비스	-0.1974	-0.1621	-0.8161	-0.1411	-0.0924	-0.0686	-0.0343
판매	-0.5072	-0.6523	-0.0934	-0.5208	0.6853	-0.5424	-0.4215
농어	-0.7613	1.1678	-0.3994	0.6064	-0.6573	0.5156	0.3785
기능직	-0.5702	-0.5871	0.5191	-0.5878	-0.9376	-0.6801	-0.4917
조립	-0.5496	-0.8275	-0.3882	-0.8759	1.7448	-0.9685	-0.6583
단순	1.2858	2.0199	-0.5496	1.7682	2.0246	1.5666	0.9836
비경활	-0.0232	4.3941	1.3899	2.5612	1.0254	2.8110	-0.1240
결혼지위 (미혼)							
결혼	-2.1457	-1.2166	-1.3126	-.7686	-0.9416	-1.3873	-0.7996
사별	0.7542	1.5629	1.9319	1.7921	2.0246	2.0045	1.9797
이혼	2.0974	0.6314	0.8667	0.9963	1.0254	0.9771	.6639
가구원 수 (1인)							
2	-2.3231	-2.0747	-2.1058	-1.8853	-2.1327	-2.3783	-2.2079
3	2.1057	2.2222	2.5015	2.3832	2.8862	3.3483	4.1538
4	7.9950	8.7286	8.7050	8.4567	9.1124	9.2669	8.9581

5	2.7224	2.5925	2.7159	2.8232	3.0155	3.1670	2.8478
6+	1.0721	0.9202	0.8157	0.8296	0.0011	0.9086	0.7422
고령 가구 (-64) +65	6.9138	4.8735	5.0253	5.0477	4.8278	4.3093	4.2173
자산총액	16.0185	19.1115	19.8249	19.6207	18.5634	18.2668	17.9390
불평등	100.0000	100.0000	100.0000	100.0000	100.0000	100.000	100.0000

첫째, 여기에서 사용된 가구 경상소득 회귀분석 모형의 설명력은 대단히 높다는 점이다. 2011년부터 2017년까지 매년 동일한 가구소득 모형이 사용되었고, 각 연도에서 분석 모형의 설명력(R^2)은 .65~.69에 달했다. 이는 분석에 사용한 모형이 예외적으로 높은 설명력을 보여주고 있어서 회귀분석에 기반을 둔 불평등 분해분석이 상당히 신뢰할 수 있음을 의미한다.

둘째, 계급 지위와 노동시장 지위를 포괄하는 고용상의 지위가 전체 불평등의 15~19% 정도를 설명하는 것으로 나타났다. 고용상의 지위는 고용주(자본가), 자영업자(쁘띠부르주아지), 피고용자(정규직), 피고용자(비정규직), 특수고용직과 무직(비경제활동인구, 실업자 등)으로 구분되었다. 고용상의 지위에서 가구주가 무직인 경우가 전체 불평등에 기여하는 정도가 압도적으로 컸다. 직업에서는 가구주가 농어민이거나 단순노무종사자인 경우에 전체 불평등에 기여하는 정도가 비교적 크게 나타났다. 고용상의 지위와 직업은 합하여 전체 경상소득 불평등 가운데 16~19% 정도 기여하는 것으로 나타났다. 고용상의 지위와 직업을 동시에 고려하는 이유는 무직, 실업과 비경제활동인구가 동일한 범주로 조사되었고, 직업의 경우는 주부나 학생, 무직자가 같은 범주로 다루어졌기 때문이다. 경제활동을 하는 가구주뿐만 아니라 경제활동을 하지 않는 가구주를 모두 포함하고 있기 때문에, 두 가지 범주를 동시에 고려했다. 표 04-5에서 사회 전체적으로 가구 경상소득 불평등은 경제활동에 참여하는 사람들 내의 고용 지위나 직업보다 경제활동에 참여하는 사람들과 그렇지 않은 사람들 간의 불평등이 대단히 크다는 것을 확인할 수 있다.

셋째, 인구학적인 변수인 가구주의 젠더와 연령에 의해서 설명되는 경상소득 불평등은 각각 2%와 3% 정도를 설명하는 것으로 밝혀졌다. 이것은 성별에 기초한 노동시장에서의 임금 불평등이 매우 크지만, 전체 가구 경상소득 불평등에 미치는 성별의 영향은 그다지 크지는 않음을 의미한다. 가구주의 연령도 3% 정도의 경상소득 불평등을 설명하는 것으로 나타나, 노동시장의 임금만을 분석 대상으로 하는 경우와 큰 차이를 보였다.

넷째, 교육수준에 따른 불평등은 전체 불평등 가운데 6~8% 정도를 설명하는 것으로 나타났다. 경상소득 불평등에 미치는 교육의 영향력은 점차 낮아지고 있다. 2011년 전체 불평등 분산 중 교육이 기여하는 부분은 8.5934%였지만, 점차 그 기여도가 낮아져서 2017년에는 교육에 의한 가구소득 불평등이 6.7181%로 낮아졌다.

다섯째, 가구의 속성과 관련이 있는 가구원 수, 가구주의 결혼 상태가 전체 소득 불평등의 12~16% 정도에 기여하고 있다. 이것은 가구주의 인구학적 속성인 성이나 연령의 기여도 4~5%보다 훨씬 높다. 경상소득 불평등을 이해하는 데 노동시장이나 인구학적인 변수뿐만 아니라 가구가 중요하다. 가구원 수가 전체 경상소득 불평등에 기여하는 정도는 계속해서 커지고 있다. 2011년 11.5721%에서 2014년 12.6074%로 증가했고, 2017년에는 14.4940%로 더욱 증가했다. 결혼 상태의 경우, 미혼 가구에 비해서 기혼 가구는 불평등을 낮추는 경향을 보이고 있다. 사별의 경우는 불평등을 증가시키는 데 영향을 미치고 있다. 이혼자의 경우는 경상소득 불평등에 기여하는 정도가 2011년 2.0974%로 정점을 이루었다가, 이후 약화되어 2017년 0.6639%로 낮아졌다.

여섯째, 가구주의 연령이 65세 이상인 가구의 증가가 경상소득 불평등에 상당한 기여를 하고 있지만, 그 기여도는 점차 줄어들고 있다. 비노인 가구와 비교하여 노인 가구는 불평등 증가에 영향을 미치고 있지만, 그 영향력은 점차 감소하고 있다. 이것은 인구학적 변수인 성이나 연령이 소득 불평등에 미치는 정도보다 더 큰 것으로, 노인인구가 불평등에 유의미하게 영향을 미치고 있음을 보여준다. 그러나 노인인구 가변수의 불평등 기여도는 2011년 6.9138에서

2017년 4.2173으로 줄어들었다. 노인인구가 늘어났음에도 불구하고, 노인인구의 증가가 경상소득 불평등에 미치는 정도는 크지 않은 것이다. 이것은 경제활동에 참여하는 노인인구가 늘어나고 있기 때문에 나타난 결과라고 볼 수 있다. 노인인구가 늘고 있지만, 경제활동에 참여하는 노인들 또한 늘고 있어서, 노인인구의 증가가 전체 불평등에 미치는 영향이 줄어들고 있다고 볼 수 있다.

일곱째, 자산 규모가 가구소득 불평등에 미치는 영향력은 15~19% 정도로 단일 변수로는 고용상의 지위나 교육보다 가구소득 불평등에 미치는 영향이 더 컸다. 이것은 경상소득 불평등에 미치는 재산의 영향력은 소득함수에 의해서 설명되는 불평등(100-잔여)의 1/4 정도를 설명하고 있음을 보여준다. 기존의 사회과학 내에서 소득 불평등 논의가 인적 자본이나 직업을 중심으로 이루어졌다는 점을 고려하면, 소득 불평등에서 재산이 지니는 중요성은 소득 불평등을 이해하는 데 있어서 기존의 논의들이 일정한 한계를 지니고 있음을 보여준다.

종합적으로 각 요인들이 전체 불평등에 기여하는 정도는 표 04-5로 제시되었다. 2011년부터 2017년 사이의 자료를 분석한 것이기 때문에, 시간에 따른 변화를 추론하기에는 너무나 짧은 기간이어서 그 추세를 논의하기는 쉽지 않다. 그 대신 상당히 지속적으로 유지되고 있는 전체 불평등에 대한 개별 요인들의 기여도를 구조적인 차원에서 해석할 수 있다. 다시 말해, 개별 요인과 전체 경상소득 불평등 간의 일정한 관계가 있음을 추론할 수 있다. 일단 가구주의 일과 관련이 있는 고용상의 지위와 직업, 가구의 속성, 가구의 재산 이 세 가지가 가구소득 불평등의 가장 중요한 요인으로 밝혀졌다. 가구주의 교육수준과 고령화가 그다음으로 중요한 요인으로 밝혀졌다. 상대적으로 가구 경상소득 불평등에 미치는 가구주의 성과 연령 효과는 크지 않았다.

5. 맺음말

2010년대 한국의 가구 경상소득 불평등은 어떤 요인에 의해서 영향을 받는가? 경상소득은 세금과 같은 국가의 제도적인 개입 이전의 소득을 의미한다. 가구 경상소득은 개인 경상소득과는 다른 기제를 통해서 형성된다. 개인의 임금은 주로 피고용자의 인적 자본과 노동시장의 속성을 중심으로 이해되었다. 그리고 개인의 근로소득은 주로 고용상의 지위(고용주, 자영업자와 피고용자 등)를 모두 포함한 경제활동을 하는 개인들의 직업과 계급을 통해서 결정되는 것으로 인식되었다.

이 글은 모든 가구의 가구소득을 포함한 가구 경상소득 불평등을 분석했다. 가구 경상소득의 불평등을 만들어내는 요인이 무엇인지를 탐색적인 수준에서 분석했다. 전체 소득 불평등(total inequality)은 가구를 매개로 해서 이루어지는 다양한 영역의 불평등(노동시장 불평등, 계급 불평등, 젠더 불평등 등)의 종합적인 결과물이다. 전체 가구 경상소득 불평등을 경상소득에 영향을 미치는 다양한 요인을 고려한 회귀분석을 이용하여 요인별 분해분석을 시도했다.

분석 결과는 다음과 같다. 먼저, 전통적으로 사회학에서 강조한 인적 자본, 노동시장, 계급, 직업과 같은 요인들이 불평등에 크게 영향을 미치는 요인들이지만, 기존의 사회과학 연구에서 많이 고려하지 않은 가구의 속성과 재산이 소득 불평등에 크게 영향을 미치고 있음을 확인했다. 개인 수준의 일을 통해서 얻는 다양한 형태의 보상에 기반을 둔 불평등뿐만 아니라 가구 수준에서 가구의 형태와 구성이 경상소득 불평등에 영향을 미치고 있으며, 고령화로 인한 노인 가구의 증가도 불평등에 일정 정도 영향을 미치는 것으로 나타났다.

이러한 결과는 불평등에 관한 기존의 접근이 불평등을 만들어내는 기제를 이해하는 데 일정한 한계가 있음을 보여준다. 특히 기존의 사회학이 최종적으로 소득 불평등을 설명하지 않고, 중간 과정에 속하는 교육과 사회이동에 주로 관심을 가졌기 때문에, 오늘날 증가하고 있는 불평등에 대한 충분한 설명을 제시하지 못하고 있음을 보여준다. 기존의 계층 연구에서 관심을 그다지 많이 기울이지 않았던 가구 구성과 자산이 전체 불평등에 기여하는 바가 대단히 컸기 때문이다.

사회학의 출발이 불평등 문제와 관련하여 이루어졌다면, 일을 바탕으로 한 소득과 일과 무관한 소득에 따른 전체적인 소득 불평등에 관한 새로운 논의가 필요하다. 또한 개인이 아니라 가구를 중심으로 하는 논의도 필요하다. 일과 관련된 기존의 논의들이 주로 개인을 분석단위로 했기 때문에, 가구 구성의 변화와 가구 단위의 재산이 소득에 미치는 영향력에 관한 논의에서 전적으로 간과되었다.

이 글은 탐색적이라는 점에서 향후 국지적 불평등과 전체적 불평등 간의 관계에 대한 더 정교한 이론적인 논의와 경험적인 연구가 필요하다. 또한 이 글에서는 자료 문제로 인해 상대적으로 짧은 기간 동안만의 불평등 기제에 관한 논의가 이루어졌다. 자료의 축적을 통해서 더 장기적인 불평등 기제의 변화에 관한 논의가 이루어질 필요가 있다. 그리고 이러한 점은 한국에만 한정된 현상이 아니라, 현대 산업자본주의 사회에서 나타나는 일반적인 현상이라는 점에서 비교연구를 통해 불평등 기제에 대한 더 활발한 논의가 이루어질 필요가 있다.

참고문헌

강신욱·김현경. 2016. 「한국의 소득불평등과 빈곤율 변화의 요인별 기여도 분석: 1999년과 2008년의 비교」. ≪한국경제의 분석≫, 22권 2호, 1~43쪽.

계봉오. 2015. 「인구 고령화, 사회경제적 발전, 사회불평등의 관계」. ≪경제와 사회≫, 106권, 41~72쪽.

공주. 2018. 「한국과 일본의 불평등 비교연구: 가구구성과 소득불평등의 관계를 중심으로」. 중앙대학교 사회학과 박사학위논문.

김문길. 2013. 「가구구성 변화와 소득불평등, 그 정책 함의」. 『보건복지 현안분석과 정책과제 2013』. 서울: 한국보건사회연구원.

김미곤. 2014. 「빈곤·불평등 추이 및 전망」. ≪보건복지포럼≫, 215권, 11~17쪽.

김영미·신광영. 2008. 「기혼여성 노동시장의 양극화와 가구소득 불평등의 변화」. ≪경제와사회≫, 77권, 79~106쪽.

김영미·한준. 2007. 「금융위기 이후 한국 소득불평등구조의 변화: 소득불평등 분해, 1998~2005」. ≪한국사회학≫, 41권 5호, 35~63쪽.

문지선. 2015. 「여성이 시간제 근로가 가구소득불평등에 미치는 영향」. ≪노동정책연구≫, 15권 1호, 43~82쪽.

박종규. 2016. 「소득불평등 완화를 위한 조세정책의 역할」. ≪주간 금융브리프≫, 25권 17호, 10~11쪽.

반정호. 2011. 「가구 구성방식의 다양화가 소득불평등에 미친 영향에 관한 연구」. ≪사회복지정책≫, 38권 1호, 85~111쪽.

성명재·박기백. 2009. 「인구구조 변화가 소득분배에 미치는 영향」. ≪경제학연구≫, 57권 4호, 5~37쪽.

신광영. 2011. 「한국의 성별 임금격차: 차이와 차별」. ≪한국사회학≫, 45권 4호, 97~127쪽.

이병희. 2007. 「노동시장 불안정이 소득 불평등에 미치는 영향」. ≪경제발전연구≫, 13권 2호, 215~242쪽.

_____. 2013. 『한국 사회 불평등 연구』. 서울: 후마니타스.

_____. 2014. 「노동시장 불평등과 가구소득 불평등」. ≪보건복지포럼≫, 215권, 32~43쪽.

이병희·강신욱. 2007. 「최근 소득분배 및 공적이전·조세의 재분배 효과 추이 분석」. 양극화·민생대책위원회.

이성균. 2008. 「경제위기 이후 가구단위 소득 구성요소와 직업의 소득불평등 효과: 도시 임금소득자 가구를 중심으로」. ≪노동정책연구≫, 8권 4호, 119~146쪽.

이철승. 2017. 「결합노동시장지위와 임금 불평등의 확대(2004~2015년)」. ≪경제와 사회≫, 115권, 103~144쪽.

전병유. 2013. 「한국 사회에서의 소득불평등 심화와 동인에 관한 연구」. ≪민주사회와 정책연구≫, 23권, 11~26쪽.

전병유 엮음. 2016. 『한국의 불평등 2016』. 서울: 페이퍼로드.

전병유·신진욱 엮음. 2016. 『다중격차: 한국 사회 불평등 구조』. 서울: 페이퍼로드.

정준호·전병유. 2016. 「다중격차지수와 한국 사회의 불평등 구조」. ≪동향과 전망≫, 97권, 45~80쪽.

정준호·전병유·장지연. 2017. 「1990년대 이후 소득 불평등 변화 요인에 관한 연구」. ≪사회복지정책≫, 44권 2호, 29~53쪽.

장지연. 2012. 「다양한 층위의 소득정의와 구성요소에 따른 불평등 수준」. ≪동향과 전망≫, 85권, 131~163쪽.

장지연·이병희. 2013. 「소득불평등 심화의 메커니즘과 정책 선택」. ≪민주사회와 정책연구≫, 23권, 1~109쪽.

정지운·임병인·김주현. 2014. 「가구원수 분화가 소득불평등에 미치는 영향에 관한 연구」. ≪한국인구학≫, 37권 2호, 71~90쪽.

홍민기. 2017. 「소득불평등: 현황과 대책」. ≪노동리뷰≫, 146권, 11~15쪽.

홍석철·전한경. 2013. 「인구고령화와 소득불평등의 심화」. ≪한국경제의 분석≫, 19권 1호, 71~112쪽.

Alvaredo, Facundo, Lucas Chancel, Thomas Piketty, Emmanuel Saez and Gabriel Zucman (eds.). 2018. *World Inequality Report 2018.* Cambridge: Belknap Press.

Ananat, Elizabeth and Guy Michaels. 2007. *The effect of marital breakup on the income distribution of women with children.* Discussion Paper. London: Centre for Economic Policy Research.

Atkinson, Anthony. 1970. "On the Measurement of Inequality." *Journal of Economic Theory*, Vol. 2, pp. 244~263.

_____. 2015. *Inequality: What Can Be Done?* Cambridge, MA.: Harvard University Press.

Becker, Gary. 1994. *Human Capital: A theoretical and empirical analysis with special reference to Education*(3rd edition). Chicago: The University of Chicago Press.

Blau, Peter and Otis Dudley Duncan, 1967. *The American Occupational Structure.* New York: John Wiley & Sons.

Burtless, G. 1999. "Effects of Growing Wage Disparities and Changing U. S. Income Distribution." *European Economic Review*, Vol. 43, No. 4~6, pp. 853~865.

Chevan, A. and Randall Stokes. 2000. "Growth in Family Income Inequality, 1970-1990: Industrial Re-structuring and Demographic Change." *Demography*, Vol. 37, No. 3, pp. 365~380.

Chu, C. Y. Cyruss and Lily Jiang. 1997. "Demographic Transition, Family Structure, and Income Inequality." *The Review of Economics and Statistics*, Vol. 79, No. 4, pp. 665~669.

Cingano, Federico. 2014. "Trends in Income Inequality and its Impact on Economic Growth." *OECD Social, Employment and Migration Working Papers*, No. 163, OECD.

Cowell, Frank A. and Carlo V. Fiorio. 2009. *Inequality Decomposition: A Reconciliation, DARP 100.* London: The Toyota Centre, London School of Economics.

England, Paula. 2005. "Gender Inequality in Labor Markets: The Role of Motherhood and Segregation." *Social Politics: International Studies in Gender, State & Society*, Vol. 12, No. 2, pp. 264~288.

Esping-Andersen, Gøsta. 2007. "Sociological Explanations of Changing Income Distributions." *The American Behavioral Scientist*, Vol. 50, No. 5, pp. 639~658.

Fields, Gary S. 2003. "Accounting for Income Inequality and Its Change: A New Method with Application to the Distribution of Earnings in the United States." *Research in Labor Economics*, Vol. 22, pp. 1~38.

Fiorio, Carlo V. and Stephen P. Jenkins. 2007. "Regression-based inequality decomposition, following Fields(2003)." UK Stata User Group meeting, 10 September.

Fraser, Nancy and Axel Honneth. 2003. *Redistribution or recognition?: A political-philosophical exchange.* London: Verso.

Goldthorpe, John. 1983. "Women and class analysis: in defence of the conventional view."

Sociology, Vol. 17, No. 4, pp. 465~488.

_____. 2000. On Sociology, Oxford: Oxford University Press.

Jacob Gerry A. and Kathleen Gerson. 2004. *The Time Divide: Work, Family and Gender Inequality*. Cambridge, MA: Harvard University Press.

Martin, Molly A. 2006. "Family Structure and Income Inequality in Families with Children, 1976 to 2000." *Demography*, Vol. 43, No. 3, pp. 421~445.

McLanahan, Sara. 2004. "Diverging Destinies: How Children Are Faring under the Second Demographic Transition." *Demography*, Vol. 41, No. 4, pp. 607~627.

McRae, Susan. 1986. *Cross-Class Families: A Study of Wives' Occupational Superiority*. Oxford: Oxford University Press.

Morduch, Jonathan and Terry Sicular. 2002. "Rethinking Inequality Decomposition, with Evidence from Rural China." *The Economic Journal*, Vol. 112, No. 476, pp. 93~106.

Murtin, Fabrice and Marco Mira d'Ercole. 2015. "Household wealth inequality across OECD countries: new OECD evidence." *OECD Statistics Brief*, No. 21.

OECD. 2011. *Divided We Stand: Why Inequality Keeps Rising*. OECD Publishing.

Parkin, Frank. 1971. *Class Inequality and Political Order: Social Stratification in Capitalist and Communist Societies*. London: Praeger.

Piketty, Thomas. 2014. *Capital in the Twenty-First Century*. Cambridge MA: The Belknap Press of Harvard University Press.

Piketty, Thomas and Gabriel Zucman. 2014. "Capital is back: Wealth-income ratios in rich countries, 1700~2010." *Quarterly Journal of Economics*, Vol. 129, No. 3, pp. 1255~1310.

Sen, Amartya. 1971. "Choice Functions and Revealed Preference." *The Review of Economic Studies*, Vol. 38, No. 3, pp. 307~317.

_____. 1992. *Inequality Reexamined*. Cambridge, MA: Harvard University Press.

Shin, Kwang-Yeong and Ju Kong. 2015. "Why does inequality keep rising in South Korea?" *Development and Society*, Vol. 44, No. 1, pp. 55~76.

Shirahase, Sawako. 2013. "Demography as Social Risk: Demographic Change and Accumulated Inequality." *Development and Society*, Vol. 42, No. 2, pp. 213~235.

Shorrocks, Anthony. F. 1982. "Inequality Decomposition by Factor Components." *Econometrica*, Vol. 50, No. 1, pp. 193~201.

_____. 1984. "Inequality Decomposition by Population Subgroups." *Econometrica*, Vol. 52, No. 6, pp. 1369~1385.

Treas, Judith and Jane Walther. 1978. "Family Structure and the Distribution of Family Income." *Social Forces*, Vol. 56, No. 3, pp. 866~880.

Wright, Erik Olin. 1997. *Class Counts*. Cambridge: Cambridge University Press.

Wright, Erik Olin(ed). 2005. *Approaches to Class Analysis*. Cambridge: Cambridge University Press.

한국의 소득, 자산 불평등 변화

김 창 환

1. 머리말

코로나19 팬데믹이 한창이었던 2021년 추석을 앞두고 재난지원금 신청과 지원이 시작되었다. 여야와 당정이 합의하여 전 국민 하위 88%에게 가구원 1인당 25만 원을 지급했다. 소득 상층은 코로나 재난에 큰 영향을 받지 않으므로 지원 대상에서 제외하는 것은 합리적인 듯 보인다. 하지만 문제는 하위 88%를 어떻게 선정하는가이다. 정부에서 제시한 기준은 두 가지이다. 하나는 본인 부담 건강보험료의 가구별 합산액이다. 이 기준은 두 가지에 영향을 받는다. 하나는 가구원 수이고 다른 하나는 직장, 지역보험 가입 여부이다. 두 번째 기준은 건강보험료로 파악되지 않는 자산-소득 고소득층이다. 2020년 재산세 과세표준 합계액과 종합소득신고액이 일정 수준을 넘으면 건강보험료 기준액이 지원 대상이라도 제외한다. 계산을 복잡하게 만드는 요소는 더 있다. 가구는 6월

---

* 이 글은 김창환, 「한국의 소득, 자산 불평등 변화」, 조성은 외, 『2021 중장기 사회보장 발전방향 모색을 위한 의제발굴 연구』(2021, 보건복지부·한국보건사회연구원)에 실린 논문을 일부 수정한 것이다.

30일 주민등록 기준이고, 지역가입자인 소상공인의 소득은 2019년 기준이다. 코로나 재난은 2020년부터 시작되었으니 자영업자의 건강보험료 기준이 현재의 어려움을 제대로 파악할 수 없다. 게다가 건강보험법상 피부양자일지라도 주소지가 같은지 다른지에 따라서 계산이 달라진다. 이의신청이 빗발쳤고 정부는 상당 부분을 구제하기로 했다.

재난지원금을 둘러싼 혼란은 소득 불평등과 자산 불평등을 측정할 때 발생하는 문제와 유사하다. 소득과 재산은 주관적 인식으로부터 독립된 객관적 실체인 듯 보이지만, 무엇을 소득과 재산으로 간주하고, 어떻게 불평등을 측정할지는 여러 주관적 판단의 개입을 필요로 한다. 한국 사회의 소득과 자산 불평등이 다른 국가와 비교해서 어느 정도 수준인지, 통시적으로 증가하는지 아니면 감소하고 있는지 파악하기 위해서는 국제적으로 비교 가능한 동일한 기준으로 반복적으로, 그리고 정확하게 측정해야 한다. 이는 일반적 인식과 달리 쉽지 않은 작업이다. 불행히도 한국 사회의 소득과 자산 자료 수준은 다른 선진 국가와 비교해서 낮은 편이다. 한국 사회가 얼마나 불평등한지, 불평등이 어떻게 변화했는지 의외로 잘 모른다.

경제적 불평등을 소득을 기준으로 파악하는 것이 타당한지, 재산을 기준으로 파악하는 것이 타당한지도 논란의 대상이다. 한국의 재산세는 다른 국가보다 낮은 편이다. 이를 시정하기 위해서 고가 부동산에 대한 재산세를 높이면, 소득은 없고 아파트 한 채가 전 재산인 사람들이 높은 세금은 부당하다고 항의한다. 언론에 기사가 넘쳐난다. 이런 어려움을 호소하는 대부분의 인터뷰이가 강남에 아파트를 소유하고 있다. 소득세를 높이면, 아파트 한 채 없는 무산자에게만 세금을 거두어서 부의 불평등을 심화시킨다는 불만이 제기된다. 소득은 경제적 자원의 유출입(flow)이고 자산은 경제적 자원의 누적분(stock)이기에 서로 연결되어 있다. 소득과 자산 수준이 매우 밀접하게 관련되어 있다면, 어느 자료로 측정하든 경제적 불평등은 유사하게 나타날 것이다. 하지만 소득의 누적으로 자산이 형성되기 위해서는 시간이 걸린다. 자산의 세습과 고령화는 저소득-고자산 계층과 고소득-저자산 계층을 동시에 증가시킨다. 소득과 자산의 불일치가 커진다.

　이러한 어려움 때문인지 한국 사회의 소득, 자산 불평등에 대한 잘못된 인식이 상식으로 받아들여지기도 한다. 대표적인 사례가 한국의 소득 불평등이 지속적으로 증가하고 있다는 인식, 세대 간 불평등이 증가했다는 인식, 소득 불평등 증가의 주원인은 상위 1%의 소득집중도 증가에 있다는 인식, 주택으로 대표되는 자산 불평등이 다른 국가보다 크다는 인식 등이다. 이러한 인식과 달리, 한국의 소득 불평등은 2009년을 정점으로 정체 내지는 감소 추세이다. 소득 불평등 변화는 세대 간 경제적 격차의 확대보다는 세대 내 격차의 확대 내지는 고령화라는 인구학적 변화에 의해 추동되었다. 많은 국가에서 소득 상층의 경제적 집중도 심화가 통시적 불평등 증가를 이끌었지만, 한국은 전반적 불평등 변화가 소득 상층보다는 소득 하층의 변화에 의해서 좌우되었다. 다른 경제 선진국에서 불평등과 빈곤이 비동기화되는 측면이 강한 반면, 한국은 불평등과 빈곤이 밀접히 동기화되어 있다. 광범위한 인식과 달리 한국의 자산 불평등은 다른 국가와 비교해 낮은 편이다. 아이러니하게도 주택에 대한 집착이 강할수록 그 국가의 자산 불평등은 낮아지는 경향을 보인다. 국제 비교에서 소득 불평등과 자산 불평등은 상관관계가 영(零)과 다를 바 없다. 복지 선진국의 자산 불평등이 높고, 소득 불평등이 상대적으로 높은 국가의 자산 불평등이 낮다. 미국이 예외적으로 소득 불평등과 자산 불평등이 동시에 높다.

　이 글에서는 소득과 자산 불평등에 대한 기존 연구를 불평등의 변화 측면에 집중하여 검토하고 한국 사회의 소득과 자산 불평등의 현주소를 파악해 본다. 이를 통해 국민의 전반적 삶의 질을 향상시키기 위한 한국 사회의 불평등 정책 관련 과제를 도출하고자 한다.

2. 소득 불평등

1) 소득 불평등 측정: 소득 정의의 다양성

본격적인 소득 불평등을 논의하기에 앞서 소득 불평등을 어떻게 측정하는지, 어떤 자료로 측정하는지 간단히 살펴보도록 하자. 측정 이슈는 순수 아카데믹한 질문처럼 보일 수 있지만, 재난지원금을 둘러싼 논란에서 볼 수 있듯, 실제 정책집행 과정에서 가장 핵심적인 이슈이다. 당연한 이야기이지만, 소득 불평등을 측정하기 위해서는 소득을 정의해야 한다. 소득 불평등을 측정하기 어려운 이유는 소득을 정의하기 어렵기 때문이다. 소득에 대한 정의가 이루어지면 불평등 측정은 의외로 쉽게 합의할 수 있다.

소득에 대한 정의에서 이해해야 할 첫 번째 지점은 복지 정책과 과세의 근간이 되는 소득은 사회적 합의를 통해 구성된다는 사실이다. 재난지원금 지급의 기준이 되는 소득은 건강보험료 자기부담금이었고, 가구원 수에 따라 그 기준이 각각 달랐다. 한국에서 복지 정책 대상자를 결정하는 소득은 '기준 중위 소득'을 기준으로 한다. 기준 중위 소득은 중앙생활보장위원회의 심의, 의결을 거쳐 고시하는 국민 가구소득의 중윗값이다. 4인 가구를 기준으로 결정되고, 가구원 수가 다른 가구는 '균등화 지수'를 통해 결정한다. 가구원 수에 따라 기준이 달라지는 이유는 규모의 경제를 고려하기 때문이다. 경제생활의 단위는 개인이 아니라 가구이다. 가구원이 늘어나도 생활수준을 동일하게 유지하기 위해서는 더 많은 소득이 필요한데, 이때 필요한 추가 소득의 크기는 가구원 수에 정비례하지 않는다. 집과 가구 등을 공유하기 때문에 상대적으로 적은 추가 소득으로 동일한 생활수준을 유지할 수 있다. 상식처럼 들리는 이 논리의 가정은 소득은 '삶의 질(quality of life)'을 측정하는 도구라는 점이다. 동일한 소득은 동일한 삶의 질을 의미한다. '삶의 질'은 인간의 주관적 인식과 별개로 존재하는 외부의 존재가 아니다. 그 자체로 인간의 인식이다. 따라서 동일한 소득이 가구원 수에 따라서 삶의 질이 얼마나 달라지는지는 정하기 나름이다. 절대적 규칙이 정해져 있지 않다. 기준 중위 소득을 4인 가구를 기준으로 정하는 것도 자의적인 판단이다. 현재 한국의 평균 가구원 수는 2.3명이다. 평균 가구원 수가 4인에 가까웠던 시절은 20세기에 끝났다. 인구주택총조사에 따르면 2000년에 우리나라 평균 가구원 수는 3.1명이다. 4인 핵가족을 이상적인 가족상으로 인식하는 관념은 이데올로기적 인식이지 현실의 반영이 아니다.

기준 중위 소득이 중앙생활보장위원회의 심의, 의결을 통해 결정되는 이유가 이 때문이다. 기준 중위 소득이 바뀌면 복지 대상도 바뀐다. 가구원 수에 따른 중위 소득의 변화는 '균등화 지수'에 따라 결정되는데, 균등화 지수도 정하기 나름이다. 4인 가구를 기준으로 산출된 중위 소득에 가구원 수별로 균등화 지수 계산 공식을 적용하여 동일한 삶의 질에 해당하는 소득을 결정한다. 최근 중앙생활보장위원회는 1~2인 가구에 적용되는 균등화 지수를 바꾸었다. 예전에는 4인 가구 대비 0.37이었는데 0.40으로 올렸다. 그 결과 변동 이전 대비 1인이나 2인 가구 중에서 복지 혜택의 대상이 증가한다. 한국에서 적용하는 이러한 방법은 구 OECD 방법론(old OECD method)이라고 불린다(OECD, 2009). 새로운 OECD 방법론은 1인 가구 대비 성인 1명이 추가될 때 0.5명을 추가하고, 소인은 0.3명을 추가하는 계산법이다. 후자의 방법론을 적용하면 1인 가구는 성인 2명과 소아 2명으로 구성된 4인 가구 대비 48%[=1/(1+0.5+0.3*2)]의 소득이 있어야 동일한 삶의 질을 누리는 것으로 간주된다. 기준 중위 소득은 복지 대상자 선정을 위한 기준이지 한국 사회에서 가구 규모별 실제 중위 소득을 의미하지 않는다.

국가 간 소득 불평등 비교도 균등화 소득을 이용한다. 그런데 이때 사용되는 균등화 소득은 중앙생활보장위원회에서 정한 균등화 소득과 또 다르다. 전체 가구소득을 가구원 수의 제곱근으로 나눈 수치를 균등화 소득으로 간주한다. 통계청에서 발표하는 국가 공식 불평등 지니계수도 이 계산법에 따른 것이다. 균등화 소득을 적용하면 개인소득의 유무에 관계없이 모든 국민에게 소득을 부과할 수 있다. 가구소득에 따라 삶의 질이 다르고, 삶의 질을 측정하는 도구로서의 소득이니, 미취학 아동이나 은퇴 후 노인을 포함한 모든 사회구성원에게 소득을 부여할 수 있다.

균등화 소득도 대상이 되는 소득을 어떻게 정하느냐에 따라 두 가지 종류의 소득이 있고, 어떤 소득을 적용하느냐에 따라 소득 불평등 수준도 달라진다. 하나는 세전 시장소득으로 불평등을 산출하는 시장소득 불평등이고, 다른 하나는 세후 공적, 사적 이전소득까지 포함한 가처분소득으로 불평등을 산출하는 가처분소득 불평등이다. 이전소득 중 자녀가 부모에게 준 용돈은 사적 이전소득이고, 재난지원금처럼 정부가 지급한 소득은 공적 이전소득이다. 세금과 정부의 재분배 기능 때문에 당연히 시장소득 불평등이 가처분소득 불평등보다 크다.

삶의 질을 측정하는 도구로서의 소득은 객관적으로 관찰되는 개인소득이나 가구소득과 다르다. 뉴스에 간혹 나오는 노동 소득 천분위 자료를 이용해서 상위 1% 내지 10%의 점유분을 따지는 소득 불평등은 노동소득이 있는 사람을 대상으로 한다. 한국의 인구 대비 고용률(Employment to population ratio)이 60% 정도 되므로, 노동소득 불평등은 전체 국민의 60%를 대상으로 특정 소득원의 불평등을 측정한 것이다. 전체 국민을 대상으로 삶의 질의 이질성을 따지는 것과는 다른 종류의 불평등이다. 노동소득은 시장소득의 일부분이다. 임금소득만으로 불평등을 계산하기도 하고, 임금소득과 사업소득을 합쳐서 시장 취득소득(earnings)으로 불평등을 계산하기도 한다. 시장 취득소득에 이자나 임대료 등 재산소득을 합쳐서 전체 소득(income)으로 불평등을 계산할 수도 있다.

이처럼 소득 불평등의 의미는 다양하다. 소득 불평등을 논의할 때는 정확히 어떤 불평등을 의미하는지 분명히 해야 한다. 소득의 다양한 의미를 사용한 여러 불평등 측정치들은 소득 불평등의 다면성을 드러낸다. 더 엄밀하고 세밀한 정책 개발을 위해서는 한 가지 소득 불평등에 천착하기보다는 다양한 측면을 파악해야 한다. 불행히도 한국은 소득 불평등의 다면성을 파악하기 위한 자료가 부족하다. 정부에서 조사한 자료가 없는 것은 아니지만, 전체 자료가 공개되어 있지 않아 연구자가 손쉽게 접근할 수 없다.

한국의 공식적 소득 불평등은 과거에는 가계동향조사 자료를 사용했고, 최근에는 가계금융복지조사 자료를 사용하고 있다. 가계동향조사 자료는 가구단위 소득수준을 파악하기 위한 자료로 초기에는 가구주 외 가구원의 개인소득은 파악하지 않았다. 몇 번의 개편을 거쳐 최근에는 배우자와 기타 가구원의 개인소득도 일정 정도 파악할 수 있다. 가계금융복지조사는 설문에서 개인소득도 파악한다. 하지만 마이크로데이터 통합서비스(MDIS: MicroData Integrated Service, https://mdis.kostat.go.kr/)에 일반 공개된 자료에는 개인소득 자료가 누락되어 있다. 마이크로 데이터 이용센터(RDC: Research Data Center)에서 가계금융복지조사의 개인소득 자료를 제공하지만 사전에 승인을 받은 프로젝트에 한하여 비용을 지불한 후에야 이용할 수 있다. 미국 등 다른 국가가 서베이에서 파악된 개인소득을 일반 공개하는 것과는 사뭇 다른 데이터서비스이다. 이 때문인지 가계금융복지조사를 이용한 개인소득 불평등 학술 연구는 매우 드물다. 소득 자료의 부족은 소득 불평등이 변화하는 원인이 무엇인지 파악하기 어렵게 만든다. 원인을 모르니 대책 마련도 어렵다. 가구소득과 개인소득을 모두 파악하는 일반 공개된 자료로 노동연구원의 노동패널 조사, 보건사회연구원의 한국복지패널 자료가 있다. 하지만 이 자료들은 소득 불평등을 파악하는 데 쓰이는 공식 자료가 아니며, 소득 자료의 품질에 의문이 제기되기도 한다. 패널 조사이기 때문에 패널 조건화(panel conditioning)가 자유롭지 않은 점도 문제이다(Halpern-Manners and Warren, 2012). 패널 조사에서 탈락되는 응답자와 유지되는 응답자가 있는데, 고용이 유지되고 소득이 상승하는 응답자가 그렇지 않은 응답자보다 패널 조사에 더 지속적으로 참여한다. 이 때문에 패널 자료는 불평등 변화를 과소 추정하는 위험이 있다.

일부에서는 소득 불평등을 파악하기 위해서 서베이 자료보다는 세금 자료를 이용하는 것이 낫다고 여길 것이다. 하지만 세금 자료가 서베이 자료보다 반드시 더 정확하다고 할 수 없다(행정 자료를 이용한 연구에 대한 종합적 검토는 Penner and Dodge, 2019 참조). 세금 자료에서 상당 부분의 소득이 실제 신고가가 아니라 추정치이다. 자영업자의 경우 소득 과소보고가 우려된다. 국세청에 보고되지 않는 사적 이전소득은 서베이 자료로만 파악이 가능하다. 고소득자는 국세청 자료가 서베이에서 조사된 소득보다 높지만, 저소득자는 국세청 자료보다 서베이 자료의 소득이 평균적으로 높은 편이다. 이를 평균 전환 오차(mean reverting error)라고 부른다(Kim and Tamborini, 2012). 이 때문에 고소득 임금노동자의 소득은 세금 자료가, 저소득 노동자의 소득은 서베이 자료가 더 정확하다고 여겨진다.

한국의 소득 불평등 개선을 위한 첫 번째 과제는 자료 공개의 범위를 넓히는 것이다. 세금을 들여 높은 품질의 자료를 만들고도 연구자에게 자료를 공개하지 않고 일부 공무원들이 독점하는 것은 자원의 효율적인 사용 면에서, 소득 불평등의 현실을 파악하는 면에서, 국민의 평균적 삶의 질을 높이기 위한 정책을 개발하는 면에서 바람직하지 않다. 한국의 불평등 개선을 위한 가장 쉬운 정책은 바로 정책 결정자의 의지만 있으면 지금 당장 실행할 수 있는 자료 공개이다. 자료를 공개해서 소득 불평등의 상태를 더 정확하게 파악할 수 있다면, 이번 재난지원금 지급처럼 소득분배가 필요할 때 사회적 갈등과 혼란 없이 더 효율적으로 집행할 수 있다. 실제로 복지 수준이 높은 국가일수록 국민의 소득과 자산이 더 투명하게 공개되어 있다. 예를 들어, 노르웨이와 스웨덴은 전 국민 소득 정산 보고서가 공공 자료로 공개되어 있다. 프라이버시를 중시하는 미국의 경우에도 공무원들의 소득은 거의 모두 (비밀이 요구되는 일부 공무원은 제외하고) 인터넷에 공개되어 있다. 미국 주립대학교 교수도 공무원이기 때문에 대부분의 주에서 개별 교수의 연도별 소득을 다른 공무원의 연봉과 함께 인터넷에 게시한다. 부동산 소유자에 대한 정보도 카운티별로 인터넷에서 쉽게 열람할 수 있다. 이처럼 개인을 특정할 수 있는 소득도 모두 공개되어 있는데, 개인을 특정할 수 없는 서베이의 개인소득을 연구자에게 공개하지 않는 합리적 이유를 찾기는 어렵다.

2) 불평등 측정 지수

소득이든 자산이든 불평등은 하나의 지수로 파악한다. 여기서는 불평등 측정치의 특징에 대해서 간단히 살펴보자. 전체 소득이나 자산은 분포(distribution)인데 이 분포가 얼마나 떨어져있는지를 측정한 것이 불평등 측정치이다. 불평등 측정치의 종류는 크게 세 가지이다. 불평등지수(index), 분윗값의 비(ratio), 상위 소득자의 점유율(rate)이 그것이다.

불평등지수로는 지니계수(Gini coefficient)가 대표적이다. 복잡한 통계를 사용하여 분포의 이격성(dispersion)을 하나의 계수로 나타낸 것이다. 지니계수 외에 타일 지수(Theil index), 앳킨슨 지수(Atkinson index), 로그 소득의 분산(VarLog) 등이 사용된다(Allison, 1978; Cowell, 2011). 지니계수가 가장 보편적이지만 학술 논문에서는 타일 지수나 로그 소득의 분산이 더 많이 사용된다. 지니계수는 소득 요인이나 그룹별로 분해분석(decomposition)이 어렵지만 다른 지수는 분해분석이 더 용이하기 때문이다(Kim and Sakamoto, 2008).

모든 소득 불평등지수는 공통점이 있다. 첫째, 소득 불평등이 없을 때 지숫값이 0이어야 한다. 소득 불평등이 없다는 것은 모든 가구나 개인의 소득이 정확히 같다는 의미이다. 모든 소득값이 고정된 하나의 값이고 분포의 이격성이 없다. 이때 소득 불평등은 0이다. 영(零)보다 낮은 소득 불평등지수는 불가능하다. 지니계수는 최대 평등은 0이고, 1인에게 모든 소득이 집중된 경우에는 계숫값이 1이다. 하지만 다른 계수들은 지수의 최댓값이 무한대도 가능하다(예를 들면 로그 소득의 분산). 불평등지수의 최댓값에 대한 원칙은 없다.

둘째, 규모 불변성(scale invariance)이다. 불평등지수는 모든 구성원의 소득이나 자산이 동일한 비율로 증가하거나 감소할 때 지수가 변하지 않아야 한다. 이는 한화를 달러로 표시(= 모든 소득에 같은 비율로 곱하는 것과 같은 효과)한다고 소득 불평등이 바뀌지 않는 것과 같은 이치이다. 당연한 논리이지만 현실에서는 혼동하는 경우가 많다. 예를 들어 월 소득이 100만 원인 가구와 1000만 원인 가구의 소득이 똑같이 10% 오르면, 전자는 110만 원, 후자는 1100만 원으로 절대액의 격차는 900만 원에서 990만 원으로 커졌지만, 소득 불평등은 변화가 없다. 후자의 소득이 전자보다 여전히 10배 많다.

규모 불변성으로부터 재난지원금처럼 모든 구성원의 소득의 절대액을 동일하게 증가시키는 변화는 불평등을 줄인다는 것을 알 수 있다. 이와 반대로 모든 구성원에게 동일 액수의 세금은 불평등을 키운다. 앞서 예를 든 상황에서 모든 가구의 소득이 똑같이 900만 원 증가하면, 월 소득이 100만 원인 가구는 1000만 원으로, 1000만 원인 가구는 1900만 원이 된다. 여전히 절대액의 격차는 900만 원이지만, 두 가구 간의 실질적 불평등은 크게 감소한다. 현대 국가의 세후 불평등 축소 원리는 세금은 비율적으로, 세금의 분배는 동일 액수로 하는 것이다. 낮은 세율을 유지하며 세율의 진보성을 키우는 것보다는, 전체 세금 징수액을 키워 동일 분배 액수의 크기를 키우는 것이 불평등 축소에 더 효율적이다. 사민주의 국가에서 세금이 높고 불평등이 낮은 원리도 높은 세율로 분배하는 자원의 크기를 키운 후, 동일한 절대 액수로 배분하는 것이다. 동일한 절대 액수 배분이 동일한 현금 지원을 의미하는 것은 아니다. 국방의 혜택, 보편교육의 혜택, 공공서비스의 혜택을 모든 국민이 동일하게 누린다는 원칙적 의미이다.

셋째, 고소득자로부터 저소득자로의 소득 이전은 불평등을 줄이고, 반대는 불평등을 키운다는 양도의 원칙(Principle of transfer)이다. 소득 이전에 의한 불평등지수 변화 정도는 불평등지수에 따라 다르다. 예를 들어 지니계수는 중윗값에서의 변화에 민감하고, 타일 지수는 하위 소득의 변화에 더 민감하다. 하지만 대부분의 경우 어떤 지수를 사용하든 동일한 불평등 변화 경향을 보인다. 불평등지수의 종류에 따라 불평등의 변화가 다르게 나타난다면, 소득분포가 어떻게 달라지는지 파악하기 위해서 어떤 분위의 소득이 증가하고 감소하는지 상세하게 분석할 필요가 있다. 뒤에서 자세히 논의하겠지만, 2010년대의 한국이 이 경우에 해당한다.

불평등 측정의 두 번째 방법은 분위소득의 비를 사용하는 것이다. 예를 들어, 소득을 최상위부터 최하위까지 정렬한 후, 90번째 분위(상위 10%)의 분기점 소득을 파악하고, 10번째 분위(하위 10%)의 분기점 소득을 파악하여 둘의 비(ratio)로 소득 불평등을 파악한다. 90번째 분위와 10번째 분위의 비를 P90/P10으로 표시한다. P80/P20도 빈번하게 사용된다. P90/P10은 P90/P50과 P50/

P10으로 분해할 수 있다. P90/P10은 P90/P50과 P50/P10의 곱과 같다(P90/P10= P90/P50 * P50/P10). P90/P50은 중위 소득 대비 상위 소득의 비이고, P50/P10은 하위 소득 대비 중위 소득의 비이다. 두 지표를 추적하면 불평등이 상층에서 증가했는지 하층에서 증가했는지 파악할 수 있다.

불평등 측정의 세 번째 방법은 소득 상층의 소득 점유율로 표시하는 것이다. 소득 상위 1%가 전체 소득에서 차지하는 점유율의 변화로 소득 불평등의 변화를 추적하는 방식이다. 과거에는 많이 사용되지 않았지만 피케티와 사에즈 (Piketty and Saez)의 2003년 논문 이후 불평등 측정에 많이 사용되고 있다(예를 들어, Atkinson and Piketty, 2010). 특히 미국을 포함한 서구 국가에서 상위 1%, 0.1%, 0.001%의 최상위 불평등(Top income inequality)이 전체 불평등의 변화를 주도하면서 보편적으로 사용되기 시작했다. 이 방법은 소득 불평등이 중위 소득과 상위 소득의 격차 확대에 의해 발생했을 때 불평등 변화를 측정하는 데 효율적이다. 하지만 불평등이 소득 상층에서보다는 빈곤의 확대 등 소득 하층에서 발생하면 변화를 측정하기에 효율적이지 않다. 분윗값의 비나 상층의 점유율로 표시한 불평등지수는 절대적 평등 시에 불평등이 0이 아니고, 양도의 원칙이 전체 분포에 동일하게 적용되지 않는다. 하지만 두 지표도 규모 불변성의 특징을 지닌다. 이 글에서는 세 가지 지표 중에서 불평등지수와 분윗값의 비를 주로 사용한다. 이는 한국의 불평등 변화가 상위 불평등보다는 하위 불평등에 의해서 특징지어지기 때문이다.

3) 소득 불평등의 통시적 변화 추세와 원인

그림 05-1은 가계동향조사와 가계금융복지조사를 이용한 정부의 공식 소득 불평등 변화 자료이다. 전체 가구나 도시 2인 이상 가구를 대상으로 세후 가처분 균등화 소득으로 파악한 지니계수이다. 1990년 이후 한국의 소득 불평등 변화는 두 개의 큰 기간(period)과 한 개의 큰 외부 충격으로 구분할 수 있다. 첫 번째 기간은 1992년 이후 소득 불평등의 상승이다. 소득 불평등은 1980년대에

그림 05-1 • 소득 불평등 변화

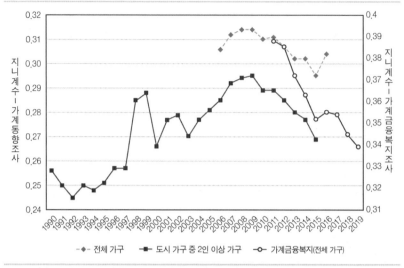

자료: 국가지표체계(2021). 이성균·신희주·김창환(2020)에 보고된 그래프를 2019년까지 확장.

는 꾸준히 하락했지만, 1990년대 초 이후 상승하기 시작했다. 자료와 지표에 따라서 정확한 전환점은 차이가 있지만 모든 데이터가 1990년대 초반부터 소득 불평등이 상승하기 시작했다고 보여준다.

1997년 아시아 경제위기로 인한 IMF 구제금융은 소득 불평등을 폭발적으로 증가시키는 계기가 되었다. 한국 사회를 뒤흔든 외부 충격이다. 1997년 0.264였던 지니계수는 1998년에 0.293으로 10% 이상 폭등한다. 경제위기를 벗어나면서 2000년에 지니계수는 다시 0.279로 줄어들었지만, 그 후 2009년까지 불평등은 지속적으로 증가한다. 2009년의 지니계수는 0.320으로 IMF 구제금융을 받은 직후보다 10% 정도 높다. 1992년에 지니계수가 가장 낮았을 때에 비해, 2009년의 지수는 무려 26% 높다. 가계동향조사 자료의 소득 불평등이 과소평가되었다는 비판이 많지만, 통시적으로 소득 불평등이 커졌음을 보여주기에는 모자람이 없다.

흥미롭게도 2008년에 닥친 전 세계적인 대불황 이후 한국에서 소득 불평등은 지속적으로 하락했다. 세후 균등화소득이 아니라 가계금융복지조사의 시장소득으로 측정해도 소득 불평등은 2011년에 0.418을 기록한 후 2019년에 0.404로 줄어들었다(국가지표체계, 2021).

소득 불평등 수준은 가계동향조사로 파악했을 때보다 가계금융복지조사로 측정했을 때 더 큰 것으로 드러났다. 2015년을 기준으로 할 경우, 기존 가계동향조사의 세후 가처분 균등화 소득의 불평등 지니계수는 0.269인데, 가계금융복지조사 기반 불평등은 0.352로 20%가량 높다. 가계동향조사가 불평등을 과소 추정하고 있다는 비판이 타당했다. 하지만 두 조사가 보여주는 소득 불평등 변화의 방향은 동일하다. 2019년 기준 한국의 소득 불평등 수준(0.339)은 소득 불평등 자료가 있는 전체 OECD 35개 국가 중에서 8번째로 높다(OECD Data, 2022b). 미국(0.390), 영국(0.366)보다는 낮지만, 스웨덴(0.280), 노르웨이(0.262) 등의 북구 복지국가뿐만 아니라 독일(0.289), 프랑스(0.301)보다 월등히 높다. 이탈리아(0.330)나 일본(0.334)과는 비슷한 수준이다.

소득 불평등은 왜 변화하는 것일까? 소득 불평등 변화에 대한 이론은 학자마다 분류법이 다르지만 크게 네 가지로 나눌 수 있다. 첫째, 컴퓨터를 포함한 정보통신기술의 변화가 1980년대 이후 전 세계적인 불평등 증가를 초래했다는 숙련편향기술변동론(SBTC: skill biased technological change)이다(김창환·김형석, 2007; 정진호·이규용·최강식, 2004; Autor, Katz and Kearney, 2008; Card and DiNardo, 2002; Card, 2001; Kim and Sakamoto, 2010; Morris and Western, 1999). 이 관점에 따르면 정보통신기술의 발전이 모든 노동자의 생산성을 높이는 것이 아니라, 컴퓨터 사용에 능숙하고 정보처리를 다루는 고학력 숙련 노동자의 생산성을 더 높인다. 불평등의 증가는 노동자의 생산성 격차의 반영이라고 할 수 있다. 소득 불평등 상승이 대부분의 국가에서 목도되었기에 전 세계적으로 보편성을 가진 기술결정론이 설득력을 가진다.

하지만 SBTC론에 대한 반론도 만만치 않다. 숙련 노동자와 비숙련 노동자를 구분하는 가장 쉬운 잣대는 학력과 경력이다. 학력과 경력 간 소득격차의 확대가 SBTC 이론의 가장 큰 근거였다. 하지만 기술 변화가 숙련 노동자의 생산성을 높이는 현상은 최근에 벌어진 일이 아니다(Goldin and Katz, 2008). 기술 변화는 거의 항상 비숙련 노동자보다는 숙련 노동자의 생산을 높였다. 그렇지 만 학력 간 소득격차가 항상 확대되지는 않았다(Goldin and Katz, 2008). 골딘과 카츠는 크게 히트를 친 책 『교육과 기술의 경쟁(The Race between Education and Technology)』에서 학력 프리미엄의 변화는 숙련편향적 기술발전보다는 고학 력 노동 수요 대비 대졸자의 공급에 의해서 더 크게 결정된다고 주장했다. 미 국에서 학력 프리미엄이 크게 상승했던 이유는 장기간에 걸친 고학력 인력의 공급이 부족했던 기간과 일치한다. 고학력 인력의 공급이 증가한 최근 노동시 장에서는 추가적인 기술발전에도 불구하고 학력 프리미엄은 줄어들기 시작했 다(Beaudry, Green and Sand, 2016).

기술결정론이나 학력 간 소득격차로 한국의 불평등 변화를 설명할 수 있을 까? 한국에서는 남녀 모두 1990~1992년 대비 2010~2012년에 대졸자의 학력 프리미엄이 상승하기보다 오히려 다소나마 줄어들었다(김창환·변수용, 2021). 김창환과 변수용의 연구에 따르면 교육 프리미엄이 불평등을 설명하는 정도는 1990년대 이후 지속적으로 상승했다. 하지만 연령별로 나누어 살펴보면 대부 분의 연령층에서 교육 프리미엄의 불평등 설명 효과는 줄어들었다(김창환·변수 용, 2021, 제4장). 교육 프리미엄의 증가가 교육의 순효과라기보다는 연령별 교육 분포의 변화 때문이다. 한국에서 교육 프리미엄이 가장 높았던 시기는 1970년 대이다. 이러한 통시적 변화를 고려했을 때, 기술 변화로 한국의 불평등 변화 를 설명하는 데 한계가 있다.

불평등 변화에 대한 두 번째 설명은 자본과 노동의 역관계 변화에 주목하는 제도론적 접근(institutional approach)이다(Kalleberg and Sorensen, 1979; Berg and Kalleberg, 2001; DiNardo, Fortin and Lemieux, 1996; Kim and Sakamoto, 2010). 소 득세의 저하(Piketty and Saez, 2003), 노조의 약화(Western and Rosenfeld, 2011), (미국의) 최저임금 하락(DiNardo, Fortin and Lemieux, 1996)을 주요 지표로 삼는 다. 이 설명 중 노조의 약화와 최저임금 하락은 소득 상층보다 소득 하층에 더 큰 영향을 끼친다. 이 때문에 제도론적 설명은 소득 상위 불평등이 지배적인 선

진국의 상황과 일치하지 않는 단점이 있다. 하지만 제도론적 접근을 취하는 학자들은 노조와 최저임금의 직접적 효과보다는 이들 지표를 통해서 나타나는 자본-노동 역관계 변화에 주목해야 한다고 주장한다(Kim and Sakamoto, 2010). 실제로 미국에서 노조 조직률과 상위 10%의 소득 점유율 간에 밀접한 상관관계가 있다. 노조 조직률이 증가하는 기간 동안 상위 10%의 소득 점유율이 줄었고, 노조가 감소하는 기간 동안 상위 10%의 소득 점유율이 늘었다(Piketty and Saez, 2014; Gordon, 2013).

전 세계적인 소득 불평등 변화는 세후 가처분소득보다는 세전 시장소득 불평등에서 더 분명하게 드러난다(Brandolini and Smeeding, 2011). 소득세 하락을 불평등 증가의 원인으로 삼는 설명이 가지는 단점은 세전 시장소득 불평등 증가를 설명하지 못한다는 것이다. 하지만 소득세 하락에 대한 설명도 직접적 효과보다는 간접적 효과에 주목한다. 1970년대까지만 해도 미국의 최대 소득세율은 70%에 달했다. 레이건 행정부 들어서 세율이 30% 미만으로 급락한다. 세율이 높을 때는 부유층에서 일정 수준을 넘어가는 추가 소득을 추구하지 않아서 세전 소득의 불평등이 증가하지 않는데, 세율이 낮아지면 고소득층이 더 높은 추가 소득을 추구해서 불평등이 커진다. 시장소득도 순수 경제적 논리가 아니라 정치, 문화적 상황에 영향을 받기 때문이다(Rosenfeld, 2020). 따라서 세율의 변동은 세후 소득뿐만 아니라 세전 소득의 분배에도 영향을 끼친다.

미국과 마찬가지로 한국도 최고세율의 하락이 불평등 증가에 기여했다는 주장도 있다(김낙년, 2012). 하지만 뒤에서 살펴보겠지만, 한국의 소득 불평등 변화는 상위 소득보다는 하위 소득에 의해서 추동되었다는 점에서 이 설명에는 한계가 있다. 한국에서 아시아 경제위기 이후인 1990년대 후반이 아니라 1990년대 초부터 불평등이 증가하기 시작한 것은 1987년 이후 자본이 노동자 대투쟁에 대해 대응한 결과일 수 있다(이성균·신희주·김창환, 2020). 이 주장은 제도론적 접근과 궤를 같이한다.

세 번째 설명은 세계화이다. 세계화와 불평등을 연결 짓는 논리는 1990년대까지만 해도 큰 설득력을 가지지 못했다(Freeman, 2009; Krugman, 2007; Mills,

2009). 선진국의 국내 불평등은 1980년대 이후 꾸준히 증가했는데, 국내 총생산에서 무역이 차지하는 비중, 특히 개발도상국과의 무역이 차지하는 비중이 작았기 때문이다. 20세기의 세계화는 선진국과 개발도상국 간의 거래가 아니라 선진국 간의 무역량이 더 큰 비중을 차지했다. 하지만 21세기 들어서 선진국과 제3세계의 무역이 선진국 간의 무역을 추월했다. 경제 선진국과 후진국의 무역 교류 확대는 값싼 노동력의 선진국 내 유입을 늘린 것과 같은 효과를 발휘해 저임금 노동에 대한 하방 압력으로 작용한다. 이에 반해 가치사슬(value chain)의 확대는 선진국 내 고숙련 노동의 수요를 늘리고, 선진국 내부의 불평등 확대를 초래한다. 정책적으로 세계화는 일국 내 대응의 효율을 감소시킨다.

마지막은 인구학적 변화이다(김창민·김은경·신광영, 2020; 성명재·박기백, 2009; 이다미·강지혜·조한나, 2016; 이병희 외, 2014; Almas, Havnes and Mogstad, 2011; Morris and Western, 1999; Karoly and Burtless, 1995). 이민의 확대, 저출산, 고령화, 여성의 노동시장 진입 확대는 노동인구의 구성을 바꾸고 불평등의 변화를 가져올 수 있다. 해외 사례를 이용한 기존 연구에 따르면 인구학적 변화가 불평등 증가에 끼친 영향은 상대적으로 작다. 그렇다고 한국에도 영향이 없었다는 의미는 아니다. 다음에서 자세히 살펴보겠지만, 고령화는 한국 불평등 변화와 밀접한 관련이 있다.

전 세계적으로 나타난 불평등 증가 현상에 대해서 여러 설명이 제기되었지만, 어떤 한 가지 설명이 다른 설명에 대해서 절대적 우위를 가지지 못한다. 불평등 증가는 여러 현상의 복합적 작용의 결과이다. 정보통신기술 발전은 불평등을 상승시키지만, 제도적 변화도 기술 변화 못지않게 불평등을 증가시킨 요인이다. 세계화로 인한 무역의 증가는 노동 공급의 세계화와 같은 효과를 가진다. 세계화는 개발도상국으로부터 경제 선진국으로 저숙련, 저임금 노동의 추가 공급이 이루어진 것과 같다. 또한 세계화로 자본의 국가 간 이전이 용이해져서 국가 내 불평등 감소를 위한 제도적 장치의 효율성을 축소시킨다. 그래서 나타난 현상이 세전 시장소득 불평등의 전 세계적 상승이고, 국가 내 제도적 장치의 효율성에 따른 세후 가처분소득의 국가별 불균등한 상승이다. 미국, 영국뿐만 아니라 독일, 스웨덴 등 사민주의 국가의 세전 시장소득 불평등도 크게 증가했다. 영미권 국가는 세후 가처분소득 불평등도 크게 증가한 반면, 사민주의 국가의 세후 가처분소득 불평등 증가분은 상대적으로 적다. 세계적 불평등 변화의 마지막 특징은 국가 간 불평등의 축소이다. 21세기 들어 아시아 저개발 국가뿐만 아니라 사하라 사막 이남의 아프리카 국가들도 상대적으로 고성장했다. 1990년대 이후 세계화와 더불어 국가 간 불평등은 줄어들었고, 세계시장의 경쟁은 격화되었다.

한국의 불평등 변화도 다변인의 복합적 작용으로 파악하는 것이 가장 합리적이다. 1997년 아시아 경제위기 이후의 신자유주의적 제도 변화로 불평등을 설명하는 이론은 불평등이 1990년대 초부터 증가한 이유를 제대로 설명하지 못한다. SBTC 이론은 교육 프리미엄의 변화와 일치하지 않고 2009년 이후 불평등이 줄어든 이유를 설명하지 못한다. 세계화 이론 역시 한국의 세계화가 더 심화된 2010년대에 불평등이 줄어든 이유를 설명하지 못한다. 여러 요인이 불평등 증가에 복합적으로 작용하지만 각 요인별 영향력의 상대적 크기를 측정해야 정책적으로 효율적인 대처가 가능하다.

다른 국가의 불평등 변화를 설명하는 이론을 그대로 도입해서 한국의 불평등 변화를 설명하는 데는 한계가 있다. 이는 한국의 불평등 변화가 다른 국가와는 다른 특징을 가지기 때문이다. 한국의 특징은 SBTC 이론이나 세계화 이론 등 전 세계적으로 동일하게 적용되는 요인보다 한국의 제도적 요인에 주목할 근거를 제공해 준다. 다음에서 한국 불평등 변화의 특성에 대해서 좀 더 자세히 알아보자.

4) 최상위 불평등 대 최하위 불평등: 빈곤과 불평등

선진국에서 국가 내 소득 불평등 증가는 주로 최상위 소득의 상승과 그 이하 소득의 하락 내지는 정체에 의해서 추동되었다. 이러한 특징은 '최상위 불평등

(Top Income inequality)'으로 불린다(Atkinson and Piketty, 2010). 상위 1%의 소득 증가율이 하위 99%보다 높고, 상위 0.1%의 증가율은 상위 0.2~1.0%의 증가율보다 높다. 상위 10%의 증가율도 하위 90%보다 높지만 상위 1%보다는 낮다. 미국에서 1970년대 초반에는 상위 1%가 전체 GDP의 9%를 차지했는데, 2018년 시점에는 그 비중이 22%로 증가했다(Piketty and Saez, 2003). 상위 0.1%가 차지하는 비중은 2018년 현재 11%로 상위 1% 비중의 50%를 상위 0.1%가 차지하고 있다. 최상위 소득이 하위 90%의 소득보다 크게 증가했지만, 중위 소득과 하위 소득의 격차는 커지지 않았다.

최상층의 소득 증가와 P50/P10으로 측정된 중간층과 소득 하층의 격차가 유지된다는 것은 중산층의 추락을 의미한다(Leicht and Fitzgerald, 2013). 미국에서 소득 양극화는 전반적인 격차 확대에 더해 중간층의 축소를 동반했다(Leicht and Fitzgerald, 2013). 상층과 중간층의 격차는 커지는데, 중간층과 소득 하층의 격차는 유지되는 경향이 미국 소득 불평등의 모습이다. 그 결과 소득 불평등은 커졌지만 빈곤율은 상승하지 않았다. 빈곤율은 1980년대나 현재나 큰 차이가 없다. 특징적인 경향 없이 10~12% 내외에서 등락을 보여준다(Brady, 2019; Iceland, 2013). 빈곤선의 50% 이하 소득을 버는 극빈층의 비중도 큰 변화가 없다.

한국에서도 최상위 불평등을 측정하려는 노력이 있었다. 국세청 자료를 이용한 홍민기(2015)의 연구를 업데이트한 최근 분석[1]에 따르면 개인소득 상위 1%가 전체 소득에서 차지하는 비중은 1998년 7.4%에서 2018년 14.6%로 두 배 가까이 증가했다. 김낙년(2012)도 비슷한 증가를 보고하고 있다. 최상층의 소득만 증가한 것은 아니다. 중상층에 속하는 상위 10%의 소득 비중도 커졌다. 상위 10%의 소득 비중은 1998년 32.1%에서 2018년 49.4%로 증가한다. 상위 1%를 제외하고 상위 2~10%의 비중만 따로 계산해도 24.7%에서 34.5%로 40% 가까이 증가한다. 다음 논의로 넘어가기 전에, 한 가지 명확히 할 점은 세금 자료를 이용한 최상위 불평등 측정은 가구소득이 아닌 개인소득을 이용했다는

---

1   https://sites.google.com/site/hminki00/

그림 05-2 ● P90/P50, P50/P10 비율 변화

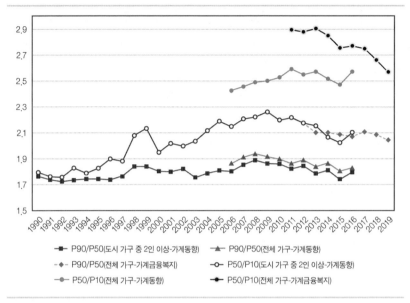

자료: 통계청(각 연도), 가계동향조사; 통계청(각 연도), 가계금융복지조사; 이성균·신희주·김창환(2020)에 보고된 그래프를 2019년까지 확장.

점이다. 개인소득 불평등은 가구균등화소득 불평등과 연결되어 있지만, 두 불평등이 동일하지는 않다.

그렇다면 한국의 불평등도 최상위 불평등의 변화가 특징인가? 이를 확인하기 위해서는 최상위 불평등뿐만 아니라 상층과 중간층의 소득 비율인 P90/P50의 변화와 중간층과 하층의 소득 비율인 P50/P10의 변화를 같이 확인해야 한다. 서베이 자료는 최상위 소득을 과소평가하는 문제가 있지만, P90과 P10은 중간 80% 인구의 불평등을 측정하기 때문에 최상위 소득의 누락에서 발생하는 측정 오차로부터 상대적으로 자유롭다. 그림 05-2는 이성균·신희주·김창환(2020)에서 보고된 그래프를 확장한 것이다. 한국의 가처분소득 불평등 변화는 중간층과 상층의 격차 확대보다는 중간층과 하층의 격차 변화에 의해서 추동되었다. 1990년대 초부터 2009년까지 불평등이 증가하는 기간 동안 중간층

과 하층의 소득격차는 꾸준히 증가했고, 2009년 이후 소득 불평등이 하락하는 기간 동안 P50/P10은 줄어들었다. P50/P10의 변화가 전체 불평등 변화와 같이 움직이는 반면, P90/P50은 1990년 이후 전 기간에 걸쳐서 거의 변화가 없다. 최상위 불평등으로 특징지어지는 선진국의 불평등 변화 경향과 달리 한국의 소득 불평등은 하층의 소득 변화에 크게 영향을 받았다. 최근에 최상위 1%의 개인소득 비중이 증가했지만, 가구균등화 소득의 측면에서 상위 10% 중상층의 소득이 중간층의 소득보다 특별히 더 증가하지는 않았다.

김창환·김태호(2021)의 최근 연구는 이러한 경향을 더 뚜렷이 보여준다. 그림 05-3은 2021년 불평등 연구회에서 발표된 논문의 일부이다. 가계동향조사 자료를 이용하여 도시 2인 이상 가구의 가구주만을 대상으로 세전 개인소득으로 불평등을 측정했을 때, 하위 50% 내부의 불평등은 1990년대 초반부터 2008년까지 급속히 증가하지만 상위 50% 내부의 불평등은 거의 변화가 없다. 가구주의 개인소득으로 측정하든 균등화 소득으로 측정하든 차이가 없다. 한국의 불평등은 상층과 중간층의 격차가 벌어지는 상위 50% 내부의 불평등 증가가 아니라, 중간층과 하층의 격차가 벌어지는 하위 50% 내부의 불평등 증가에 의해 지배되는 패턴을 보인다. 상위 50%에서의 불평등 증가가 전반적인 불평등 증가를 추동하는 다른 선진국과 뚜렷이 다른 한국의 특징이다.

비록 가계동향조사가 최상위 소득을 정확히 측정하지 못하는 문제를 가지고 있지만, 그림 05-1에서 보여지듯, 1990년대 초반 이후 2009년까지 불평등의 지속적 증가 경향을 보여주는 데는 무리가 없다. 그림 05-3은 1990년대 이후의 불평등 증가의 대부분이 최상위 소득이 아닌 최하위 소득에 의해서 추동되었음을 나타낸다.

아마도 일부에서는 가계동향조사가 소득 최상층의 소득을 과소 계상하기 때문에 그림 05-3은 편향되어 있다고 주장할 것이다. 그런데 세금 자료를 이용한 홍민기(2015)의 연구에 의하면 개인소득 상위 1%의 소득 비중은 1990년에 9.1%, 2003년에는 9.2%로 거의 변화가 없다. 이 기간 동안 전체 인구의 소득 불평등은 가장 크게 증가했다. 한국 사회에서 전반적 소득 불평등이 가장 급속

그림 05-3 ● 연도별 상하위 소득 제외 로그 소득의 분산 변화(도시 2인 이상 가구주)

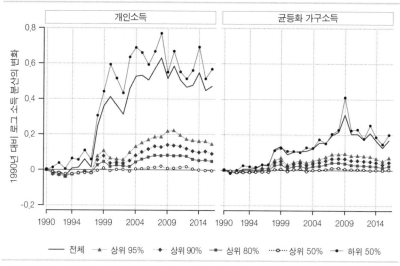

자료: 김창환·김태호(2021); 통계청(각 연도), 가계동향조사.

히 악화되는 기간 동안 상위 1%의 소득 비중은 거의 증가하지 않았다. 대신 이 기간 동안 하위 소득이 급락했다. 도시 2인 이상 가구를 대상으로 분석했을 때 가구주의 개인소득은 1990년에 하위 5%의 분위소득이 중위 소득 대비 1/3 정도였는데, 2003년에는 1/5, 2009년에는 다시 1/7로 줄어든다(김창환·김태호, 2021). 하위 5% 가구주의 상대 소득이 1990년에서 2009년 사이에 절반 이상 감소했다.

그림 05-2는 가처분소득을 기준으로 작성했기에 시장소득의 불평등 변화를 제대로 추적하지 못한다는 비판이 있을 수 있다. 비록 그림 05-3에서 시장소득을 추적했지만 도시 2인 이상 가구주만 대상으로 했고, 2016년까지만 추적하여 최근의 변화가 반영되지 않았다는 단점도 있다. 이를 보완하기 위해 가계금융복지조사를 이용한 통계청의 2011~2019년 균등화 시장소득 분배지표(통계청, 2021.12.16) 변화를 추적해 보자.

표 05-1은 2011년과 2019년의 소득 10분위별 소득 점유율 및 연평균 증가율

표 05-1 ● 2010년대 가구균등화 시장소득 10분위별 소득 점유율 및 증가율(단위: %)

소득분위	분위별 소득 점유율			연평균 소득 증가율
	2011	2019	변화	
최하위	1.06	0.86	-0.20	0.6
2	3.05	2.98	-0.07	3.0
3	4.60	4.75	0.15	3.7
4	5.91	6.25	0.34	4.0
5	7.29	7.69	0.40	3.9
6	8.78	9.11	0.33	3.7
7	10.53	10.83	0.30	3.6
8	12.74	13.05	0.31	3.6
9	16.10	16.43	0.34	3.5
최상위	29.94	28.04	-1.90	2.4

을 보여준다. 2010년대에 최상위 분위의 소득 점유율은 29.9%에서 28.0%로 1.9% 포인트 하락했다.[2] 소득 최상층의 점유율 상승으로 불평등이 증가했을 것이라는 일반적 추정과는 다른 결과이다. 최상위 분위의 소득은 하락한 반면, 3분위에서 9분위까지 전체 인구의 70%를 차지하는 광범위한 중산층의 소득 점유율은 모두 상승했다. 2011년 69.0%를 차지했던 중산층의 소득 점유율은 2019년에 71.1%로 올랐다. 중산층의 소득이 최상층보다 더 빨리 증가했다. 중산층의 소득 점유율은 상승했지만, 최하층의 소득 점유율은 하락했다. 4.1%였던 최하위 2개 분위의 2011년도 소득 점유율은 2019년 3.8%로 하락한다. 이

───────

2 이 결과는 개인소득의 점유율을 분석한 홍민기(2015)의 연구와는 다르다. 2015년의 연구를 2019년까지 확장한 홍민기의 최근 분석에 따르면 소득 상위 10%의 점유율은 2010년대에 꾸준히 증가했다. 하지만 홍민기의 분석은 개인소득의 점유율이기 때문에 가구소득에 기반한 분석과는 다르다. 개인소득의 점유율은 소득분포뿐만 아니라 고용률에도 영향을 받는다. 한국에서 2010년대에 인구 대비 고용률이 꾸준히 상승했다. 고용률의 증가가 상층 노동시장에서보다는 하층 노동시장에서 더 활발히 이루어졌기 때문에, 소득 상위 10%의 점유율 증가는 소득 상층의 실질적인 점유율 증가뿐만 아니라 구성 변화에 따른 효과도 반영된 결과이다.

때문에 최상위 소득의 평균과 최하위 소득 평균을 비교하는 소득 10분위 배율은 2011년 28.2에서 2019년 32.4로 증가한다(김성아, 2021). 시장소득 불평등이 증가했다고 여길 수도 있는 지표이다. 하지만 최상위나 최하위 소득의 변화보다는 중위 소득의 변화에 민감한 지니계수는 2011년 .418에서 2019년 .404로 감소한다. 2010년대의 소득분포는 양극화로 단순화하기 어렵다. 이 때문에 중위 소득이나 상층 소득의 변화에 민감한 지니계수나 앳킨슨 지수로 측정하면 2010년대에 소득 불평등이 줄어드는 것으로, 하위 소득에 민감한 타일 지수로 측정하면 늘어나는 것으로 나타난다. 2010년대의 소득분포 변화가 단순하지 않기 때문에 한 개의 지표에 의존하여 성급한 결론을 내리기보다는 전체 소득 분포의 변화를 살펴보는 것이 필요하다.

연평균 소득의 증가율을 살펴보면 2010년대 한국 소득 불평등 변화의 특수성이 더 잘 드러난다. 소득 2분위에서 9분위까지의 연평균 소득 증가율은 3.0~4.0%의 분포를 보인다. 특히 중하층인 3~5분위의 소득 증가율이 높다. 이에 반해 최상층의 소득 증가율은 2.4%로 대부분의 중위층보다 1% 포인트 이상 낮다. 최상층과 중위층의 소득격차는 2010년대에 꾸준히 감소했다. 한국에서 2010년대에 소득 불평등이 크게 낮아지지 않은 이유는 최하위 분위의 소득 증가율이 연평균 0.6%로 다른 분위보다 현저하게 낮기 때문이다. 1990년대 이후 지속된 최하층의 상대적 소득 하락이 2010년대에도 지속되고 있다. 이에 반해 최상층의 소득은 중산층 대비 상대적으로 느리게 증가했다.

일부에서는 서베이는 최상층의 소득을 제대로 반영하지 못하기 때문에 표 05-1의 분석도 편향되어 있다고 비판할 것이다. 하지만 통계청에서 발표하는 가계금융복지조사는 세금 자료를 이용하여 최상층의 소득을 보정한 것이다. 2011년 소득 최상층의 평균 소득은 차상층인 9분위보다 86% 높았다. 하지만 이 격차는 2019년에 71%로 감소한다. 그렇다면 이 감소분이 최상위 10% 내에서도 어떤 계층의 소득 변화에 주로 기인할까? 상위 1~2%의 소득의 변화에 의한 것인가, 아니면 5~10%에 속하는 상층의 소득 변화에 의한 것인가? 통계청의 분석에서 이 변화를 자세히 발표하지는 않지만, 추정은 가능하다. 분위별

표 05-2 • 코로나19 팬데믹 전후의 균등화 소득 지니 불평등 계수 변화

	연도			변화	
	2019	2020	2021	2020~2019	2021~2020
시장소득					
1분기	.409	.414	.418	.006	.004
2분기	.390	.402	.396	.012	-.006
3분기	.388	.402		.013	
4분기	.385	.397		.012	
가처분소득					
1분기	.340	.349	.333	.009	-.015
2분기	.317	.299	.315	-.018	.017
3분기	.315	.318		.004	
4분기	.323	.325		.002	

자료: 가계동향조사 자료를 이용해 저자가 직접 작성.

평균값이 아닌 10분위와 9분위의 경곗값 소득(=P90)의 변화를 보면 2011년 5126만 원에서 2019년 6747만 원으로 연평균 3.5%씩 증가했다. 9분위 평균 소득의 증가율과 다르지 않다. 이로 미루어 최상위 소득 증가율이 하위 분위보다 낮은 이유는 최상위 내에서도 상층에 속하는 소득의 증가율이 낮았기 때문임을 알 수 있다.

그렇다면 코로나19 팬데믹 전후에 불평등은 어떻게 변화했을까? 팬데믹의 영향력은 과거 어떤 불황이나 자연재해로 인한 경기 침체와도 달랐다. 사회적 거리두기는 저학력 일자리와 자영업에 큰 충격을 가져왔지만, 재택근무가 가능한 고학력 화이트칼라 직종은 팬데믹의 충격에서 상대적으로 자유로웠다. 이러한 계층화된 팬데믹 효과는 소득 불평등의 증가를 초래할 것으로 예상되었다. 하지만 여러 국가에서 지급한 재난지원금은 오히려 소득 불평등을 축소시켰다(Clark, D'Ambrosio and Lepinteur, 2021).

표 05-2는 가계동향조사 자료를 이용하여 분기별 가구균등화 시장소득과 가처분소득의 지니계수 변화를 추적한 것이다. 앞서 살펴보았듯, 한국에서는 2009년 이후 소득 불평등이 지속적으로 감소했다. 하지만 팬데믹이 시작된

2020년에는 전 분기에 걸쳐 지난해 대비 시장소득 불평등이 증가했다. 가처분소득의 불평등은 2019년 대비 2020년에 2분기를 제외하고는 증가했다. 2분기에 가처분소득 불평등이 줄어든 이유는 총선을 앞두고 지급된 전 국민 재난지원금과 관련이 있을 것으로 추정된다.

시장소득 불평등이 증가한 이유는 소득 하층의 소득이 감소했기 때문이다. 가구소득 10분위 중 하위 2~3분위의 소득이 각각 7.5%와 6.3% 감소했다. 이에 반해 소득 상층에서는 소득 감소 정도가 작거나 거의 없었다.

가처분소득은 2020년 2분기에 전년도 동기 대비 하위 1~4분위의 소득이 모두 10% 이상 증가했다. 9분위의 소득이 4.2% 증가에 그치고, 10분위는 0.1% 감소한 것과는 극명히 대비되는 변화이다. 소득 하층의 가처분소득이 상층보다 더 많이 증가한 2분기의 변화는 전 국민 재난지원금이 지급되지 않은 3분기에는 완전히 역전된다. 소득 1분위의 가처분소득은 2020년에 전년 동기 대비 1.4% 감소하고, 1분위는 1.5% 증가에 그친다. 이에 반해 소득 9~10분위의 가처분소득은 각각 5.8%, 3.9% 증가했다.

이상의 결과를 종합하면, 한국의 전반적 소득 불평등은 최상위 소득이 아니라 최하위 소득의 변화에 의해서 추동되었다. 최하위 소득이 격감한 1990년대 초부터 2009년까지는 불평등이 증가했고, 최하위 소득이 개선된 2010년대에는 소득 불평등이 감소했다. 하지만 최하위 소득의 개선은 시장소득이 늘었기 때문이 아니라 세금과 이전소득을 모두 포함한 가처분소득이 늘었기 때문이다. 최하위 계층의 시장소득은 2010년대에도 상대적으로 계속 악화되었다. 노동시장에서의 1차 분배 결과, 최하위층의 소득 비중이 계속 줄었지만, 재분배를 통해 최하위층의 가처분소득 비중이 증가했다.

최하위 소득에 의해 소득 불평등이 좌우되었다는 사실은 한국의 소득 불평등은 빈곤과 밀접히 결부되어 있다는 의미이다. **그림 05-4**는 OECD 국가의 2019년 기준 빈곤율이다. 이 그래프의 빈곤율은 상대 빈곤율로 균등화 중위 소득의 50% 이하 수준의 삶의 질을 누리는 인구의 비율이다. 한국의 소득 불평등은 OECD 35개 국가 중 8위였는데, 빈곤율(16.7%)은 미국(17.8%)과 이스라엘

그림 05-4 • OECD 국가 빈곤율

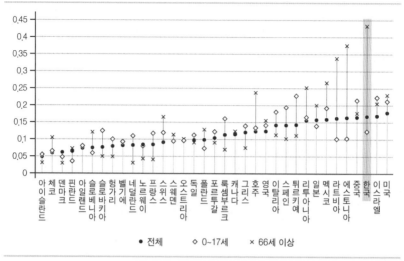

자료: OECD Data(2022c).

(16.9%)에 이어 3위이다. 그런데 한국의 연령대별 빈곤율의 OECD 순위가 크게 다르다. 18~65세의 핵심 노동인구로 보면 한국은 18위(11.8%)이다. OECD 국가 중 중간 정도이다. 0~17세의 아동-청년의 빈곤율(12.3%)도 마찬가지로 중간 정도다. 스위스(12.0%)와 0.3% 포인트밖에 차이가 나지 않는다. 한국의 전체 빈곤율이 높은 이유는 전적으로 높은 노인 빈곤율 때문이다. 노인 빈곤율은 43.4%로 OECD 국가 중 압도적인 1위이다. 빈곤율 1위의 미국도 노인 빈곤율은 한국의 절반 정도인 23.1%밖에 되지 않는다.

소득 불평등이 빈곤과 연관되어 있고, 높은 빈곤율은 인구 전체의 문제가 아니라 노인층에 집중된 문제라는 사실은 한국의 소득 불평등이 연령이라는 인구학적 변수와 밀접히 관련되어 있음을 시사한다. 다음 절에서 연령으로 측정한 세대 불평등이 소득 불평등 변화와 어떻게 연계되어 있는지 살펴보도록 하자.

5) 세대 불평등

'MZ세대'라는 1980년대에 출생한 30대부터 1990년대에 출생한 20대까지 20년간의 출생 코호트를 하나로 묶어 동일 집단으로 간주하는 분류법이 유행하고 있다. 이 구분법은 현재의 청년층은 사회 인식, 노동 시장 상황 면에서 과거 세대와 다르다는 가정에 기반한다. 세대 개념은 상황에 따라 다르게 사용된다. 많은 경우 세대 효과는 그 세대의 고유한 특성이라기보다는 모든 세대가 동일한 연령대에서 겪는 연령 효과의 반영이거나, 모든 세대가 동일한 시대적 변화를 겪으면서 발생하는 시대 효과의 반영이다. 이 때문에 사회학에서는 연령(age)과 시대(period) 효과와 구분되는 코호트(cohort)로서의 세대 효과를 특정하기 위한 APC 방법론이 발전했다(예를 들어 Reither et al., 2015; Yang and Land, 2006). 여기서는 세대를 엄밀한 의미로 쓰기보다는 연령 효과의 통시적 변화로 정의하고, 세대 효과의 통시적 변화를 살펴보도록 하자.

한국 사회의 불평등 변화를 '세대 불평등'으로 규정하려는 학술적인 시도는 2000년대 초기에는 우석훈·박권일(2007)에 의해, 최근 들어서는 이철승(2019a, 2019b)과 이철승·정준호·전병유(2020)에 의해서 이루어졌다. 일련의 주장이 가진 공통된 내용은 청년층의 소득과 장년층, 그중에서도 86세대와의 소득격차가 벌어진 것이 한국 사회 소득 불평등 증가를 이끌었다는 것이다. 이철승·정준호·전병유는 세대 간 격차가 소득 불평등을 추동했다는 현상의 발견(stylized facts)에서 한 발 더 나아가 86세대의 패권과 위계가 한국 사회 불평등 구조의 핵심 축이라는 세대 중심 불평등론을 전개한다. 자본가와 노동자 각 계급의 내부 격차가 크지만, 자본가와 노동자의 계급 대립이 자본주의 불평등 구조의 핵심을 이루듯, 각 세대의 내부 불평등이 크지만, 세대 간 불평등이 한국 사회 불평등 구조의 핵심을 이룬다는 주장이다. 이 주장을 뒷받침하는 핵심 증거는 2009년 이후 86세대가 50대에 접어들면서 세대 불평등이 급증했고, 소득 불평등 증가의 대부분이 세대 간 불평등의 증가로 인한 것이라는 사실이다.

이철승의 분석은 가계동향조사에 근거하고 있다. 하지만 가계동향조사는 세대 불평등을 연구하기에 적합한 자료는 아니다. 앞서 논의했듯 가계동향조사는 가구 단위 소득을 측정하지 개인 단위 소득을 정확히 측정하지 않는다. 1990년부터의 장기 시리즈는 도시 2인 이상 가구의 가구주로 한정된다. 가계동향조사에서 배우자의 노동시장소득을 파악하기 시작한 것은 1999년 이후이다. 농촌 가구를 포함한 것은 2006년 이후이고, 가구주와 배우자 외 가구원 전체의 노동소득을 포함한 것은 2009년 이후이다. 2009년 이후에도 가구원의 개별 노동소득이 아니라 기타 가구원 전체의 소득을 파악했을 뿐이다. 청년층의 대다수가 가구주나 배우자일 경우에는 가계동향조사 자료를 그대로 사용해도 세대 불평등 측정에 오류가 크지 않을 것이다. 하지만 한국 사회에서 청년층의 결혼 연령이 지속적으로 높아지고, 20대 후반에 독립 가구를 형성하기보다는 부모 세대와 동거하는 비율이 증가했다. 2015년 현재 60%에 달하는 20대 후반 청년층이 배우자가 아닌 기타 가구원이다(김창환·김태호, 2020). 학력은 혼인 연령의 상승과 정의 상관을 가지기 때문에 20대 가구주나 배우자만을 대상으로 세대 불평등을 파악하면, 청년층의 소득은 과소 추정하고, 고학력 20대 청년과 동거하는 50대 가구주의 소득은 과대 계상하는 문제가 있다.

설사 세대 불평등이 증가했다 할지라도, 그 원인이 청년층과 장년층의 격차 확대에 의한 것인지, 장년층과 노년층의 격차 확대에 의한 것인지, 그것도 아니면 세대 간 순 격차 확대가 아닌 노년층의 비중 증가로 인한 인구학적 비중 변화(composition effect)에 의한 것인지 확인할 필요가 있다.

김창환·김태호(2020)의 연구는 가계동향조사의 단점을 소득 삽입(imputation)법으로 해결한 후, 통계적으로 요소분해법(decomposition techniques)[3]을 사용하여 1999년 이후의 소득 불평등 변화를 고령화, 학력 증가 등 인구학적 변동에 의한 부분과 세대 간 소득격차 확대 등 순 격차 확대로 인한 부분으로

---

3 구체적으로 윤명수(Yun, 2006)의 방법을 적용했다. Yun(2006)의 방법론은 소득 불평등을 분포 효과와 계수 효과로 양분하는 JMP의 방법(Juhn, Murphy and Pierce, 1993)과 각 변수별로 분해하는 필즈의 방법론(Fields, 2003)을 통합한 것이다. 윤명수 방법론의 단점은 모든 불평등지수에 적용할 수 없고, 로그소득의 분산에만 적용된다는 점이다.

세부 분해한다. 세대 불평등도 각 연령대별로 세분했다. **그림 05-5**가 연령대별로 전체 소득 불평등 변화에 끼친 계수, 분포 효과의 세부 요소분해이다(김창환·김태호, 2020: 189). 이 분석에서 계수 효과는 40대 노동자 대비 소득격차의 순 효과를, 분포 효과는 인구 비중의 증감에 따른 불평등 변화 효과이다. 후자(=분포 효과)는 설사 세대 간 소득격차에 변화가 없더라도, 소득이 낮은 청년층이나 노년층의 비중이 증가하면 세대 불평등이 증가하는 현상을 파악한다. 계수 효과는 성별, 교육, 가족 유형, 가족관계 등이 통제된 후의 순 효과이다.

그림 05-5에서 보여지듯, 연령의 분포 효과는 전체 소득 불평등을 증가시켰고, 세대 간 소득의 순 격차인 연령의 계수 효과는 소득 불평등을 감소시켰다. 세대 간 격차 확대가 소득 불평등을 늘렸다는 주장과 달리 연령의 계수 효과는 전체 불평등을 오히려 줄였다. 기존 연구들이 20대와 50대의 격차에 주목했지만, 두 집단의 계수 효과는 0에 가깝다. 60대 미만 노동인구 세대의 순 소득격차는 1999년 이후 전혀 변화가 없다. 세대 효과 중 소득 불평등의 증가는 분포 효과의 결과인데, 이는 전적으로 60대 이상 노인인구의 증가로 인한 것이다. 세대 불평등의 증가는 청년 세대의 소득 하락에 기인하지 않는다. 단순 요소분해에서 나타나는 세대 불평등 증가는 저소득 노인인구 증가로 인한 착시이다. 실제 문제는 세대 불평등이 아니라 인구 고령화이다.

앞서 살펴보았듯 한국은 60대 이상 노인인구의 빈곤율이 매우 높고, 1990년대 이후 하위 소득이 크게 감소했다. 고령화와 하위 소득의 추가적 하락, 두 요인의 복합 작용이 21세기 한국 사회의 소득 불평등 변화를 설명하는 가장 강력한 구조적 요인이다. 하위 소득은 1990년대 초부터 2009년까지는 하락하여 전반적으로 소득 불평등을 하락시켰지만, 그 이후에는 균등화 가처분소득 측면에서 하위 소득이 상위 소득보다 빠르게 증가하여 고령화로 인한 소득 불평등 증가를 상쇄시키는 요인으로 작용하고 있다. 고령화는 1990년대 초부터 현재까지 소득 불평등을 일관되게 증가시키는 요인이다. 노인 세대의 소득 확대를 위한 획기적인 정책적 대안이 제시되지 않는다면 계속되는 고령화는 소득 불평등을 더욱 증가시키는 강력한 구조적 요인으로 작용할 것이다.

그림 05-5 • 2009년 대비 로그 전환 개인소득 분산에 끼치는 연령대별 효과 분해

a. 연령별 분포 효과

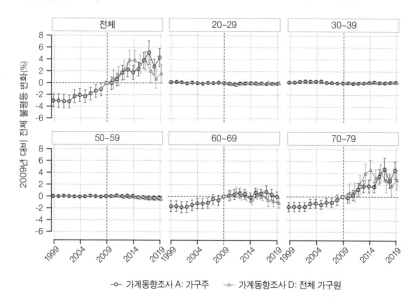

─○─ 가계동향조사 A: 가구주   ─△─ 가계동향조사 D: 전체 가구원

b. 연령별 계수 효과

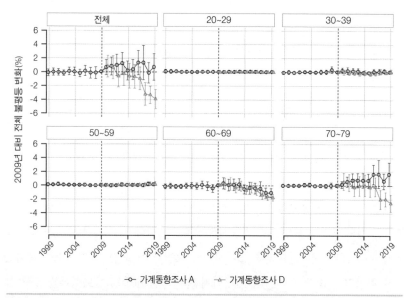

─○─ 가계동향조사 A   ─△─ 가계동향조사 D

자료: 통계청(각 연도), 가계동향조사; 김창환·김태호(2020: 189).

청년층과 장년층을 포함한 핵심 노동인구의 소득 불평등은 전체 소득 불평등 변화에 대비해 상대적으로 안정되어 있고, 빈곤율도 낮게 유지되고 있다. 이에 반해 노인층의 저소득은 출생 코호트가 바뀌어 상대적으로 학력이 높은 계층이 노인층으로 진입하는 데도 불구하고 크게 개선되지 않고 있다. 이러한 현상의 함의는 한국 사회에서 노동인구에서 은퇴인구로의 전환에 따른 소득 하락의 정도가 크고, 소득 안정성이 유지되지 않는다는 것이다.

지금까지 논의한 인구구조 이슈 외에 비정규직 문제, 회사 규모에 따른 소득 격차 문제(강병익·황규성, 2017; 김영미·한준, 2007; 전병유·정준호·정세은, 2017; 정이환, 2007), 성별 소득격차 문제(김창환·오병돈, 2019; Kim, Kwon and Kwon, 2020), 동질혼 이슈(장지연, 2012; 반정호, 2011; 이철희, 2008)도 소득 불평등에 영향을 끼치는 구조적 요인이다. 미국에서는 기술의 발전과 구조조정으로 소득에 영향을 끼치는 기업 규모의 중요성이 감소했지만(Hollister, 2004), 한국에서는 대기업과 중소기업의 소득격차가 증가했다(정이환, 2007). 비정규직의 규모 확대는 소득 불평등을 키우는 요인이다(최충·정성엽, 2017). 하지만 비정규직의 변화가 전반적 소득 불평등을 어느 정도 키웠는지는 추가 분석을 필요로 한다. 통계적 시뮬레이션을 이용한 최충·정성엽(2017)의 연구에 따르면 비정규직이 10% 포인트 증가할 때 지니계수는 0.005 포인트 증가한다. 2000년대 이후 비정규직의 비중은 5% 포인트 이내의 등락을 보이기 때문에(김복순·정현상, 2016), 비정규직의 비중 증가가 전반적 소득 불평등에 크게 영향을 끼쳤을 가능성은 높지 않다. 이 요인들에 대해서는 한편으로는 지면의 제약 때문에, 다른 한편으로는 이 요인들은 통시적 변화를 설명하기보다는 불평등의 지속을 설명하는 구조적 요인이기에 이 글에서는 중요하게 다루지 않았다.

3. 자산 불평등

거의 모든 국가에서 자산 불평등은 소득 불평등보다 훨씬 높다(Davies and Shorrocks, 2000). 소득 불평등 지니계수는 0.25~0.45 사이인데, 자산 불평등 지니계수는 0.60~0.90 사이이다. 이 때문에 소득 불평등보다 자산 불평등 문제가 더 심각하다고 믿는 경향이 있다. 그럼에도 불구하고 소득 불평등에 비해 자산 불평등에 대한 연구는 부족하다(소수의 연구를 예로 들자면, 이우진, 2018; 전병유, 2016; 신진욱, 2013). 한국 사회뿐만 아니라 다른 국가의 자산 불평등에 대한 연구도 상대적으로 많지 않다. 가장 큰 이유는 자산을 파악할 수 있는 자료가 미비하기 때문이다. 이론적으로도 소득 불평등의 구조적 요인과 변화에 대한 논의는 발전되었지만, 자산 불평등에 대한 이론은 아직 발전 초기이다. 소득 불평등을 설명하는 논리가 자산 불평등에도 유사하게 적용될 것이라고 생각하기 쉽지만, 기존 연구에 따르면 소득 불평등과 자산 불평등은 상당히 다른 특징을 지닌다(Davies and Shorrocks, 2000; Pfeffer and Waitkus, 2021). 이 장에서는 소득 불평등과 자산 불평등의 관계에 대한 국제 비교 연구를 살펴보고, 한국 사회 자산 불평등의 특징에 대해서 간단히 살펴보도록 하자.

자산 불평등과 관련된 두 가지 광범위한 오해가 있다. 하나는 소득 불평등이 낮은 국가가 자산 불평등도 낮고, 그 반대도 성립할 것이라는 생각이다. 다른 하나는 한국 사회의 자산 불평등이 매우 크다는 인식이다.

이러한 일반적 인식과 달리 국제 비교에서 자산 불평등과 소득 불평등은 상관관계를 보이지 않는다. 그림 05-6은 페퍼와 웨이쿠스(Pfeffer and Waitkus, 2021) 연구의 그래프이다. 룩셈부르크 자산연구(LWS: Luxembourg Wealth Study) 자료에서 가용한 15개 유럽 국가를 이용하여 자산 불평등과 소득 불평등의 상관관계를 측정했다. 미국을 제외한 다른 국가의 관계를 보면 소득과 자산이 정의 상관이 아니라 오히려 부의 상관을 보인다. 소득 불평등이 높은 국가의 자산 불평등이 낮고, 반대로 소득 불평등이 낮은 국가의 자산 불평등이 높다. 미국이 예외적으로 소득과 자산 불평등이 모두 높다.

그림 05-6 ● 소득 불평등과 자산 불평등의 상관관계

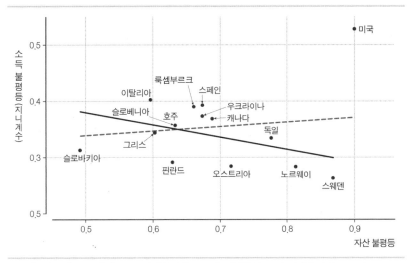

주: 최소제곱법(OLS) 추정: -0.217(미국 포함: 0.079), 상관분석: -0.451(미국 포함: 0.131)
자료: Pfeffer and Waitkus(2021).

그림 05-6에 포함된 국가 중 노르웨이는 소득 불평등이 가장 낮은 국가군에 속하지만 자산 불평등은 가장 높은 국가 중 하나이다. 사민주의 복지국가의 하나인 독일도 자산 불평등이 높은 국가 중 하나이다. 이탈리아는 자산 불평등은 상대적으로 낮지만, 소득 불평등은 높다.

자산은 자료의 수집이 어렵고 자료에 따라 결과가 일관되지 않은 경향이 있다. 이 때문에 자산 불평등은 다른 자료의 결과와 교차 비교를 하는 것이 좋다. 자산 불평등과 소득 불평등이 일치하지 않는 경향은 다른 자료에서도 동일하게 관찰된다. 표 05-3은 필자가 임의로 선정한 10개 국가의 자산 불평등 지니계수와 성인 1인당 자산 중윗값이다. 자산 불평등 지니계수는 UN(2019)의 자료이고, 자산 중윗값은 크레디트 스위스(Credit Suisse) 은행의 자료(Credit Suisse Research Institute, 2019)이다.

10개 국가 중 복지국가인 네덜란드(지니계수 .902)와 스웨덴(.867)의 자산 불평등이 미국(.852)보다도 높다. 독일의 자산 불평등도 0.816으로 매우 높은 편

표 05-3 • 국가별 자산 불평등과 성인 1인당 자산 중윗값(2019년)

	자산 불평등 지니계수		성인 1인당 자산 중윗값 (단위: 달러)
1. 네덜란드	.902	1. 스위스	227,891
2. 스웨덴	.867	2. 호주	181,361
3. 미국	.852	3. 일본	110,408
4. 덴마크	.838	4. 스페인	95,360
5. 독일	.816	5. 한국	72,198
6. 스위스	.705	6. 미국	65,904
7. 스페인	.694	7. 덴마크	58,784
8. 호주	.656	8. 스웨덴	41,582
9. 일본	.626	9. 독일	35,313
10. 한국	.606	10. 네덜란드	31,057

자료: UN(2019); Credit Suisse Research Institute(2019).

이다. 이에 반해 한국은 자산 불평등이 0.606으로 가장 낮은 국가이다. 임의로 선정한 10개 국가에서 낮을 뿐만 아니라, UN에서 자산 불평등을 측정한 170여 개 국가 중에서도 168위로 가장 낮은 편에 속한다. 자산 불평등은 가장 낮은 편인데, 한국의 성인 1인당 자산의 중윗값은 10개 국가 중에서 중간 정도에 속한다. 중윗값은 미국이나 덴마크, 스웨덴, 독일보다도 높다. 자산 불평등은 낮고 자산 액수는 높은 편이다.

한국의 자산 분포가 상대적으로 평등하다는 것은 OECD의 자료에서도 확인할 수 있다(Balestra and Tonkin, 2018). 하위 60%와 40%의 자산 점유도를 파악한 2018년 보고서에 따르면 한국의 자산 하위 60%는 전체 자산의 17.7%를 점유하고 있다. 이에 반해 미국은 겨우 2.4%이고, 덴마크는 −3.9%로 하위 60%의 순 자산은 음의 값이다. 자산보다 빚이 더 많기 때문이다. 핀란드는 13.6%이다. 한국의 자산 분포가 다른 국가보다 최소한 더 불평등하지 않다는 사실은 하위 40%의 자산 점유도를 보면 더 잘 드러난다. 한국은 6.0%로 거의 모든 복지국가보다 높다.

일부에서는 한국은 자산 최상층 1%의 점유율이 높지 않지만, 그 아래 자산

상층 2~10%의 점유율이 높아서 자산 불평등이 높다고 주장할 것이다. 세계 불평등 데이터베이스(World Inequality Database, "Wealth Inequality")에 게시된 자료에 의하면 한국의 상위 2~10%의 순 자산 몫은 비교 국가 중 가장 높은 편이다. 하지만 이 자료는 자산을 파악하는 일반적 단위인 가구가 아니라 개인을 단위로 계산한 것이다. 한국의 자산 보유는 가구주를 중심으로 가구 단위로 이루어진다. 개인 단위 자산 점유율로 한국 자산 불평등의 실체적 현실을 파악하기 어렵다. 가구주가 자산 부자일 때 함께 거주하는 배우자나 자녀 명의로 등록된 자산이 없다고 이들을 자산 빈자라고 주장하는 것은 타당성이 떨어진다.

그렇다면 일반 시민들이 부동산과 아파트의 가격 상승에서 느끼는 현실과 국제 비교의 통계적 수치가 불일치하는 이유는 무엇인가? 자산 불평등에 대한 국제 비교 연구가 아직 초보 단계이기 때문에 정확한 이유를 특정하기는 어렵다. 하지만 몇 가지 추측은 가능하다. 우선, 자산 최상위층을 제외한 대부분의 가구는 주택이 가장 큰 자산이다. 국가의 자산 불평등 정도는 페퍼와 웨이쿠스(Pfeffer and Waitkus, 2021)의 연구에서도 드러나듯 주택 보유율에 크게 영향을 받는다. 자가 주택 보유율이 높은 국가는 자산 불평등이 낮고, 낮은 국가는 자산 불평등이 높다.

한국은 주거 복지의 수준이 낮아서 자가 주택 보유율이 높고, 다른 국가 대비 중산층의 자산 보유율이 높다. 주택을 보유하고 있지 않더라도, 한국의 독특한 주택 제도인 전세 때문에 일정 수준의 자산(=전세금)을 보유하고 있다. 심지어 월세 주택도 보증금을 요구한다. 다른 국가에서 무주택자의 자산이 0에 수렴하는 것과 다르다. 최하층을 제외하고는 일정 규모의 자산이 없으면 안정적인 주거가 불가능하다. 구조적으로 하층의 자산 보유를 강제하는 시스템이다. 아이러니하게도 복지의 부족과 주거 안정성 미비가 오히려 낮은 자산 불평등을 견인한다. 한국은 공공복지의 부재 속에서 자산 기반 개인 복지 형성의 경로를 걸었다(김도균, 2018). 자산을 축적한 개인은 노동시장에서 은퇴한 후에도 재산소득과 기타 자산에 의존하여 안락한 노년의 삶을 살 수 있고, 자산 축적에 실패한 개인은 노동시장에서 탈락한 후 소득이 급격히 줄어들면서 빈곤층으로 추락한다. 중산층이 저가의 주택을 소유하여 스톡(stock)으로서의 자산을 보유하고 있다 할지라도, 은퇴 후 소득의 유입(flow)이 없기 때문에 삶의 질에서 빈곤층으로의 추락을 피하기 어렵다.

이러한 진단은 자산 불평등의 통시적 변화와도 일치한다. 비록 자산 불평등의 통시적 변화를 알 수 있는 자료는 많지 않지만, 김도균(2018)의 연구에 따르면 한국에서 주택 보유에 따른 자산 불평등이 가장 격화된 시점은 1980년대이다. 베이비붐 세대의 사회 진출이 활발해지면서 주택 소유는 증가했지만, 주택 공급은 부족했다. 소득 대비 주택비용의 비율인 PIR(price to income ratio)(OECD Data, 2022a)는 1986년에 정점을 찍고 그 후 2000년까지 지속적으로 하락한다. 1990년의 PIR를 1이라고 했을 때 2019년 시점의 PIR는 0.30 이하이다. 소득을 모아 주택을 구입하기 어렵다는 호소가 많지만 1990년대 초반에는 소득을 축적하여 주택을 구입하는 것이 지금보다 3배 정도 더 어려웠다. 한국에서 소득 불평등이 가장 낮았던 시점에 개인소득으로 주택을 구입하기가 가장 어려웠다. 이 시기에 자산 불평등도 가장 높았을 가능성이 크다.

혹자는 최근에는 소득 불평등과 자산 불평등이 모두 크게 증가했다고 주장할 것이다. 이는 사실이 아니다. 2009년 이후 소득 불평등이 감소했다는 것은 앞에서 자세히 설명했다. 자산 불평등과 관련한 가장 신뢰할 만한 자료는 가계금융복지조사이다. 이 자료를 분석한 이성균·신희주·김창환(2020)의 분석에 따르면 자산 불평등 지니계수는 2012년에 0.626을 기록한 후 2017년까지 0.597로 하락한다. 2019년에 0.604로 상승했지만 2010년에 자산 불평등이 특별히 더 증가했다고 하기 어렵다.

아이러니하게도 한국에서 소득 불평등이 가장 크게 증가한 기간인 1990년대 초에서 2009년까지의 기간은 한국에서 자산 불평등이 가장 크게 감소한 기간인 1980년대 후반에서 2000년대 초반과 겹친다. 그렇다고 소득 불평등의 변화가 자산 불평등의 변화를 초래하거나 반대로 자산 불평등의 변화가 소득 불평등을 초래한다고 주장하는 것은 아니다. 소득 불평등과 자산 불평등 변화의 비동기성은 소득 불평등의 변화 요인과 자산 불평등의 변화 요인이 완전히 동떨어져 있거나 아니면 제3의 요인에서 서로 상이하게 영향을 받는다는 의미이다.

한국의 낮은 자산 불평등과 자산 하층의 상대적으로 높은 자산 점유율이 비교사회학적으로 다른 나라보다 자산의 측면에서 문제가 상대적으로 작다는 의미도 아니다. 오히려 낮은 자산 불평등은 생애사 전반의 안정성을 보장하는 노인 복지의 부족, 고령화의 가속, 저소득층의 소득 하락이라는 한국적 불평등 문제에서 파생된 역설적 지표이다. 자산 기반 개인 복지의 경로 의존성과 공공 주택 복지의 부족, 낮은 자산 불평등의 역설을 동시에 고려할 때, 소득 안정성에 대한 개선 없이 자산 불평등 축소 자체에 초점을 맞춘 정책은 성공할 가능성이 높지 않다.

4. 맺음말: 대안적 정책 방향

코로나19 팬데믹 위기를 맞이하여 각국 정부는 시민들의 기본권을 제약했다. 회합이 금지되고, 마스크 착용이 강제되었고, 상점들의 영업시간을 제한했다. 대면 접촉이 제한되면서 서비스업에 종사하는 사람들이 일자리를 잃었다. 이에 반해 재택근무가 가능한 화이트칼라 직종은 거의 타격을 입지 않았다. 학교도 문을 닫고 온라인 수업이 진행되었다. 돌봄서비스와 식당 등 생활서비스 제공 기관은 한정된 데 반해 가정에서의 육아와 돌봄 노동의 필요성은 증가하여, 그 부담은 여성에게 전가되었다. 많은 학자들이 이러한 충격의 결과는 소득 불평등의 증가로 이어질 것으로 예상했다.

그런데 경제 충격과 기본권 제약에 대한 대응으로 각국 정부는 이자율을 낮추고 채권을 매입하는 등 준비은행을 통한 통화정책을 실시했을 뿐만 아니라, 미증유의 자금을 일반 시민들에게 지급하는 재정정책을 단행했다. 미국의 경우 2020년 세 차례에 걸쳐 지급된 재난지원금이 자녀 1명 포함 3인 가족의 경우 8900달러(환율 1100원 적용 시 한화 979만 원)에 달한다. 그 결과는 소득 불평등의 하락과 자산 불평등의 증가로 나타나고 있다(Tooze, 2021). 최근 연구에 따르면 영국, 프랑스, 독일, 이탈리아, 스페인, 아일랜드, 호주에서 재난지원금 지원으로 소득 불평등이 감소했다(Almeida et al., 2021; Clark, D'Ambrosio and Lepinteur, 2021; Li et al., 2020; O'Donoghue et al., 2020). 앞서 분석한 소득 불평등 과 자산 불평등의 불일치가 코로나 경제위기에서도 그대로 드러난다. 과거에 는 (한국의 예외적 사례도 있지만) 일국 내에서는 소득과 자산 불평등의 변화가 동일한 방향으로 움직이는 경향을 보였던 반면, 적극적 통화, 재정정책이 동원 된 코로나19 위기에서 두 불평등이 일국 내에서도 상반되는 방향으로 움직이 는 경향이 나타났다.

한국은 통화정책 면에서는 다른 국가와 보조를 맞추었지만, 재정정책에서 는 상대적으로 인색했다. 그 결과 다른 국가와 마찬가지로 2020년 이후 부동산 가격은 폭등하여 자산 불평등은 증가했는데, 저소득층, 특히 자영업에 종사하 는 저소득층의 소득이 급락하여 소득 불평등도 증가했다. 2020년 1차 재난지 원금 지급 직후 소득 불평등은 감소했지만, 이 정책을 지속하지 못했다. 2020 년 2분기 대비 2021년 2분기에 소득 하층의 점유율이 낮아지고 상층의 점유율 의 증가했다(통계청, 2021.8.19). 안정된 수입이 보장된 공무원들과 정치인들의 재난지원금 지급 대상 80~100%를 둘러싼 지리한 논란은 매출 급락으로 파산 의 위기에 처한 자영업자들의 어려움을 외면한 탁상공론이라는 비난을 면하기 어렵다. 이러한 정책 대응 실패의 배경에는 한국 사회의 불평등 문제의 우선순 위에 대한 공론장과 정책장에서의 합의 부족도 있다.

한국의 경제 불평등은 생애소득의 안정성 부족과 최하위 소득 불평등의 지 배로 특징지어진다. 필자도 이러한 지나치게 단순한 기술이 내포하는 위험성 을 잘 인식하고 있다. 노동시장 내부에서의 비정규직과 정규직의 격차, 성별 격차, 기업 규모 간 격차는 무시해도 좋다는 주장은 결코 아니다. 최상층 소득 의 집중도 심화가 가벼운 문제라는 의미도 아니다. 부동산 가격 급등으로 인한 자산 불평등 심화는 방치해도 좋다는 주장도 물론 아니다. 하지만 한정된 경제 적, 정치적 자원의 제약 조건에서 전체 구성원의 삶의 질을 최대한으로 개선하 기 위해서는 한국 사회 불평등 문제의 주요 특징을 특정하는 것이 도움이 될 것이다.

한국의 자산 기반 개인주의 복지는 1970년대 이후 장기간의 정책적 결정의 누적 결과로 경로 의존성을 가지고 있다(김도균, 2018). 다른 국가와 비교해서 낮은 자산 불평등은 노동시장에서 은퇴 후 주거 안정과 다른 소득원을 보장하는 복지의 부족에서 발생한 현상이다. 부동산 가격의 하락은 생애사를 통해 자산으로 복지 기반을 마련한 중상층 이상의 복지를 허무는 결과를 초래할 위험성이 있다. 공공주택을 통한 주거 안정과 은퇴 후 소득 보장 없는 급격한 자산 불평등 축소 정책은 한국 사회 구성원의 삶의 질을 개선시키기보다는 중상층의 삶의 질을 하락시키는 것으로 귀결될 가능성이 상당하다. 주거 안정과 소득 보장이 장기적 과제인 만큼, 부동산 시장 가격에 대한 직접적이고 단기적인 정책 목표를 설정하는 일은 지양해야 한다.

대부분의 중산층과 서민의 삶의 질은 단기적 변동이 작은 자산보다는 단기적 변동성이 큰 소득에 의해서 좌우된다. 국가 단위 소득 불평등을 노동시장소득이 아닌 균등화 가처분소득에 근거하여 파악하는 이유도, 소득이 삶의 질의 지표이기 때문이다. 삶의 질을 규정하는 소득 변동성의 가장 큰 축은 생애사 즉, 노동시장에서의 은퇴이다. 다른 어떤 국가보다 한국은 이 변동성이 높다. 한국에서 주요 일자리(primary job)에서 은퇴하는 시점은 49~52세이다. 인구의 상당수가 소득의 급락을 겪는 첫 시점이다. 50대 내부에서는 주요 일자리를 유지한 구성원과 그렇지 않은 구성원의 불평등이 커진다. 생애소득 급락이 발생하는 두 번째 시점은 60대 이후 대부분의 구성원이 노동시장에서 탈락하는 시기이다. 자산 기반 복지를 마련한 구성원과 그렇지 않은 구성원 간의 격차가 이때 벌어진다. 이러한 기초적 사실을 바탕으로 세 가지 정책 방향을 제안한다.

첫째, 생애소득 변동에 따른 소득 안정성 미비를 타개하기 위해서는 50대와 60대에도 괜찮은 일자리에 취업이 가능하도록 만드는 노동시장 유연화가 필요하다. 연공서열에 근거한 호봉제를 지양하고 직무급제를 확대할 필요가 있다. 둘째, 국민연금에 더하여 사적연금의 확대가 필요하다. 퇴직연금의 펀드운영에 대한 확신이 부족하여 일시금으로 퇴직금을 받는 경우가 많다. 퇴직연금의 획기적 확대를 위한 인센티브 부여와 안정적 기금 운영 제도를 보완할 필요가 있다. 미국에서는 노후 소득의 3대축으로 사회보장소득(한국의 국민연금), 401k (한국의 사적연금), 개인저축을 꼽는다. 저소득층일수록 사회보장소득의 의존도가 높고, 중산층 이상은 사적연금과 개인저축의 비중이 커진다(Tamborini and Kim 2017). 한국에서는 국민연금의 안정적 운영과 지속적 확대가 중요하지만 국민연금만으로 노후 소득을 보장하기에는 한계가 있다. 회사에서 주는 사적연금 외에 주택연금 등 제도의 확대를 고려할 필요가 있다(김성아·이태진·최준영, 2021). 셋째, 연금제도를 개선·확대하더라도 정책 효과가 나타나기까지 시간이 소요되기 때문에 노인기초연금의 대상 확대와 지급 금액 확대를 고려할 필요가 있다.

자산 불평등의 증가는 자산에 대한 과세의 필요성을 높인다. 삶의 질을 개선하기 위한 복지 확충은 증세를 통해 재정을 확보하지 않고서는 불가능하다. 하지만 자산 지위와 소득 지위의 불일치(즉, 자산은 많지만 소득은 부족한 노인층 대 소득은 많지만 자산은 없는 청장년층)는 자산에 대한 과세는 물론, 소득세 증가에 대한 저항을 키우는 물적 기반이다. 자산 불평등을 줄여서 조세 저항의 물적 기반을 약화시키는 것보다는, 노인기초연금 등의 확대로 소득 불평등을 줄이는 정책이 성공 가능성이 높다. 생애소득을 안정적으로 보장하는 방향으로 정책을 설정해야 한다.

이 글에서 주목하지 않았지만 무시할 수 없는 중요성을 가진 문제들에 대해 상기시키는 것으로 글을 마치고자 한다. 이 문제들은 크게 두 가지로 분류할 수 있다. 하나는 비정규직, 중소기업 등 노동시장에서의 지위에 따른 불평등, 다른 하나는 성별, 청년층, 이민자 등 인구학적 구분에 따른 불평등이다. 두 분야는 모두 범주적 구분(categorical differences)에 따른 불평등이라는 공통점이 있다. 생애사의 문제라기보다는 주로 노동시장 내부에서의 불평등 이슈이다. 별도의 연구를 통해 노동시장 내부 불평등에 대한 검토가 이루어져야 할 것이다.

참고문헌

강병익·황규성. 2017. 「제2장 다중격차의 역사적 기원: 다중격차 이전의 불평등」. 황규성·강
　　병익 엮음. 『다중격차 2: 역사와 구조』. 서울: 페이퍼로드.

국가지표체계. 2021. "지니계수". https://www.index.go.kr/unify/idx-info.do?idxCd=4225
　　(검색일: 2022.3.1)

김낙년. 2012. 「한국의 소득집중도 추이와 국제비교, 1976~2010: 소득세자료에 의한 접근」.
　　≪경제분석≫, 18권 3호, 75~114쪽.

김도균. 2018. 『한국 복지자본주의의 역사: 자산기반복지의 형성과 변화』. 서울: 서울대학교
　　출판문화원.

김복순·정현상. 2016. 「최근 비정규직 노동시장의 변화: 2015년 8월 근로형태별 부가조사를
　　이용하여」. ≪월간 노동리뷰≫, 1호, 91~108쪽.

김성아. 2021. 「불평등, 지표로 보는 10년」. ≪보건복지 Issue&Focus≫, 409호.

김성아·이태진·최준영. 2021. 「주택연금의 노후 빈곤 완화 효과」. 한국보건사회연구원 연구
　　보고서 2021-01.

김영미·한준. 2007. 「내부노동시장의 해체인가 축소인가: 기업규모별 임금격차 분해 를 통해
　　본 한국노동시장의 구조 변동, 1982~2004」. ≪한국 사회학≫, 42권 7호, 111~145쪽.

김창민·김은경·신광영. 2020. 「가구구조와 소득불평등」. ≪한국 인구학≫, 43권 1호, 31~59쪽.

김창환·김태호. 2020. 「세대 불평등은 증가하였는가? 세대 내, 세대 간 불평등 변화 요인 분석,
　　1999~2019」. ≪한국 사회학≫, 54권 4호, 161~205쪽.

_____. 2021. 「한국 소득 불평등 변화의 독특성: 최하위 소득의 지배」. 불평등 연구회 2021년
　　학술 심포지엄.

김창환·김형석. 2007. 「직업훈련의 임금 불평등 효과 분석」. ≪한국 사회학≫, 41권 3호, 32~
　　64쪽.

김창환·변수용. 2021. 『교육 프리미엄: 한국에서 대학교육의 노동시장 가치는 하락했는가?』.
　　박영사.

김창환·오병돈. 2019. 「경력단절 이전 여성은 차별받지 않는가? 대졸 20대 청년층의 졸업 직
　　후 성별 소득격차 분석」. ≪한국 사회학≫, 53권 1호, 167~204쪽.

반정호. 2011. 「노동력의 연령구조 변화와 임금 불평등」. ≪노동리뷰≫, 72호, 56~68쪽.

성명재·박기백. 2009. 「인구구조변화가 소득분배에 미치는 영향」. ≪경제학연구≫, 57권 4호,
　　5~35쪽.

신진욱. 2013. 「한국에서 자산 및 소득의 이중적 불평등: 국제 비교 관점에서 본 한국의 불평등
　　구조의 특성」. ≪민주사회와 정책연구≫, 23권, 41~70쪽.

우석훈·박권일. 2007. 『88만원 세대』. 레디앙.

이다미·강지혜·조한나. 2016. 「가구주의 노동시장 특성에 따른 소득원천별 가구소득 불평등
　　과 요인분해: 2010년·2015년 소득분배상태의 변화」. ≪사회보장연구≫, 32권 4호,
　　85~124쪽.

이병희·황덕순·홍민기·오상봉·전병유·이상헌. 2014. 『노동소득분배율과 경제적 불평등』. 세종: 한국노동연구원.

이성균·신희주·김창환. 2020. 「한국 사회 가구 소득과 자산의 불평등」. ≪경제와 사회≫, 127호, 60~94쪽.

이우진. 2018. 「한국의 소득 및 자산불평등: 현황과 과제」. ≪정부학연구≫, 24권 2호, 29~59쪽.

이철승. 2019a. 「세대, 계급, 위계: 386세대의 집권과 불평등의 확대」. ≪한국 사회학≫, 53권 1호, 1~48쪽.

이철승. 2019b. 『불평등의 세대: 누가 한국 사회를 불평등하게 만들었는가?』. 문학과 지성사.

이철승·정준호·전병유. 2020. 「세대, 계급, 위계 II: 기업 내 베이비 부머/386 세대의 높은 점유율은 비정규직 확대, 청년 고용 축소를 초래하는가?」. ≪한국 사회학≫, 54권 2호, 1~58쪽.

이철희. 2008. 「1996~2000년 한국의 가구소득불평등 확대: 임금, 노동공급, 가구 구조 변화의 영향」. ≪노동경제논집≫, 31권 2호, 1~34쪽.

장지연. 2012. 「다양한 층위의 소득정의와 구성요소에 따른 불평등 수준」. ≪동향과전망≫, 85호, 131~163쪽.

전병유. 2016. 「한국의 자산불평등」. ≪월간 복지동향≫, 216호, 18~27쪽.

전병유·정준호·정세은. 2017. 「한국의 불평등 추이와 구조적 특성」. 황규성·강병익 엮음. 『다중격차 II: 역사와 구조』. 서울: 페이퍼로드.

정진호·이규용·최강식. 2004. 「학력 간 임금격차의 변화와 요인 분석」. 한국노동연구원 연구보고서 2004-05.

정이환. 2007. 「기업규모인가 고용형태인가: 노동시장 불평등의 요인분석」. ≪경제와사회≫, 73권, 332~355쪽.

최충·정성엽. 2017. 「비정규직 전환이 임금소득 분포에 미치는 영향」. ≪경제분석≫, 23권 1호, 1~22쪽.

통계청. 각 연도. 「가계동향조사」.

통계청. 각 연도. 「가계금융복지조사」.

통계청. 2021.8.19. "2021년 2/4분기 가계동향조사 결과". 가계동향조사 보도자료.

통계청. 2021.12.16(자료갱신일) "소득분배지표". https://kosis.kr/statHtml/statHtml.do?orgId=101&tblId=DT_1HDLF 05&conn_path=I3(검색일: 2021.10.10)

홍민기. 2015. 「최상위 소득 비중의 장기 추세(1958~2013년)」. ≪경제발전연구≫, 21권 4호, 1~34쪽.

Allison, P. 1978. "Measures of Inequality." *American Sociological Review*, Vol. 43, No. 6, pp. 865~880.

Almås, I., T. Havnes and M. Mogstad. 2011. "Baby Booming Inequality? Demographic Change and Earnings Inequality in Norway, 1967~2000." *Journal of Economic Inequality*, Vol. 9, pp. 629~650.

Almeida, V., S. Barrios, M. Christl, S. De Poli, A. Tumino and W. van der Wielen. 2021.

"The Impact of COVID-19 on Households' income in the EU." *Journal of Economic Inequality,* Vol. 19, pp. 413~431.

Atkinson, A. B. and T. Piketty(eds.). 2010. *Top Incomes: A Global Perspective.* Oxford, UK: Oxford University Press.

Autor, D., L. F. Katz and M. S. Kearney. 2008. "Trends in U. S. Wage Inequality: Revising the Revisionists." *Review of Economics and Statistics,* Vol. 90, No. 2, pp. 300~323.

Balestra, Charlotta and Richard Tonkin. 2018. "Inequalities in Household Wealth across OECD contries: Evidence from the OECD Wealth Distribution Database." OECD Statistics Working Paper, No. 2018/01.

Beaudry, P., D. A. Green and B. M. Sand. 2016. "The Great Reversal in the Demand for Skill and Cognitive Tasks." *Journal of Labor Economics,* Vol. 34, S1, pp. S199~S247.

Berg, I. and A. L. Kalleberg(eds.). 2001. *Sourcebook of Labor Markets: Evolving Structures and Processes.* NewYork, NY: Kluewer Academic/Plenum Publishers.

Brady, D. 2019. "Theories of the Causes of Poverty." *Annual Review of Sociology,* Vol. 45, pp. 155~175.

Brandolini, A. and T. M. Smeeding. 2011. "Income Inequality in Richer and OECD Countries." in B. Nolan, W. Salverda and T. Smeeding(eds.). *The Oxford Handbook of Economic Inequality.* Oxford, UK: Oxford University Press.

Card, D. 2001. "The Effect of Unions on Wage Inequality in the U. S. Labor Market." *Industrial and Labor Relations Review,* Vol. 54, pp. 296~315.

Card, D. and J. E. DiNardo. 2002. "Skill-Biased Technological Change and Rising Wage Inequality: Some Problems and Puzzles." *Journal of Labor Economics,* Vol. 20, No. 4, pp. 733~783.

Clark, A. E., C. D'Ambrosio and A. Lepinteur. 2021. "The Fall in Income Inequality during COVID-19 in Four European Countries." *Journal of Economic Inequality,* Vol. 19, pp. 489~507.

Cowell, F. A. 2011. *Measuring Inequality.* Oxford: Oxford University Press.

Credit Suisse Research Institute. 2019. "Global Wealth Report 2019." Credit Suisse Research Institute Report.

Davies, J. and A. F. Shorrocks. 2000. *The distribution of wealth. in Handbook of Income Distribution,* vol. 1. Amsterdam: Elsevier.

DiNardo, J., N. M. Fortin and T. Lemieux. 1996. "Labor Market Institutions and the Distribution of Wages, 1973-1992: A Semiparametric Approach." *Econometrica,* Vol. 64, No. 5, pp. 1001~1044.

Fields, G. S. 2003. "Accounting for Income Inequality and its Change: A New Method, with Application to the Distribution of Earnings in the United States." in Solomon W. Polacheck(ed.). *Research in Labor Economics, Vol. 22: Worker Well-Being and Public Policy.* Kiglinton, UK: JAI.

Freeman, R. 2009. "Globalization and Inequality." in B. Nolan, W. Salverda and T. Smeeding (eds.). *The Oxford Handbook of Economic Inequality*. Oxford: Oxford University Press.

Goldin, C. and L. F. Katz. 2008. *The Race between Education and Technology*. Cambridge, MA: Harvard University Press.

Gordon, C. 2013. "Union Membership and the Income Share of the Top Ten Percent." Economic Policy Institute. https://www.epi.org/blog/union-membership-income-share-top-ten-percent/(검색일: 2022.3.1).

Halpern-Manners, A. and J. R. Warren. 2012. "Panel Conditioning in Longitudinal Studies: Evidence from Labor Force Items in the Current Population Survey." *Demography*, Vol. 49, No. 4, pp. 1499~1519.

Hollister, M. 2004. "Does Firm Size Matter Anymore? The New Economy and Firm Size Wage Effects." *American Sociological Review*, Vol. 69, No. 5, pp. 659~679.

Iceland, J. 2013. *Poverty in American: A Handbook*(3rd ed). Berkeley, CA: University of California Press.

Juhn, C., K. M. Murphy and B. Pierce. 1993. "Wage Inequality and the Rise in Returns to Skill." *The Journal of Political Economy*, Vol. 101, No. 3, pp. 410~442.

Kalleberg, A. L. and A. B. Sorensen. 1979. "The Sociology of Labor Markets." *Annual Review of Sociology*, Vol. 5, pp. 351~379.

Karoly, L. A. and G. Burtless. 1995. "Demographic Change, Rising Earnings Inequality, and the Distribution of Personal Well-being, 1959~1989." *Demography*, Vol. 32, pp. 379~405.

Kim, C. and A. Sakamoto. 2008. "The Rise of Intra-Occupational Wage Inequality in the U. S., 1983 to 2002." *American Sociological Review*, Vol. 73, pp. 129~157.

_____. 2010. "Assessing the Consequences of Declining Unionization and Public-Sector Employment: A Density-Function Decomposition of Rising Inequality from 1983 to 2005." *Work and Occupations*, Vol. 37, pp. 119~161.

Kim, C. and C. T. Tamborini, 2012. "Do Survey Data Estimate Earnings Inequality Correctly? Measurement Errors among Black and White Male Workers." *Social Forces*, Vol. 90, pp. 1157~1181.

Kim, Y. M., He Kwon, and Hy Kown. 2020. "Categorical Matching as an Organizational Condition for Gender Inequality in the Korean Labor Market." *Sociological Perspectives*, Vol. 63, No. 1, pp. 29~49.

Krugman, P. 2007. *The Conscience of a Liberal*. New York: W. W. Norton.

Leicht, K. and S. T. Fitzgerald. 2013. *Middle Class Meltdown in America: Causes, Consequences, and Remedies*. New York: Routledge.

Li, J., Y. Vidyattama, H. A. La, R. Miranti and D. M. Sologon. 2020. "The impact of COVID-19 and policy responses on Australian income distribution and poverty."

https://doi.org/10.48550/arXiv.2009.04037(검색일: 2022.3.1).

Mills, M. 2009. "Globalization and Inequality." *European Sociological Review*, Vol. 25, No. 1, pp. 1~8.

Morris, M. and B. Western. 1999. "Inequality in Earnings at the Close of the Twentieth Century." *Annual Review of Sociology*, Vol. 25, pp. 623~657.

O'Donoghue, C., D. M. Sologon, I. Kyzyma and J. McHale. 2020. "Modelling the distributional impact of the COVID-19 crisis." *Fiscal Studies*, Vol. 41, pp. 321~336.

OECD. 2009. "WHAT ARE EQUIVALENCE SCALES?" https://www.oecd.org/els/soc/OECD-Note-EquivalenceScales.pdf(검색일: 2022.3.28).

OECD Data. 2022a. "Housing prices." https://data.oecd.org/price/housing-prices.htm(검색일: 2022.3.1)

OECD Data. 2022b. "Income inequality." https://data.oecd.org/inequality/income-inequality.htm(검색일: 2022.3.1).

OECD Data. 2022c. "Poverty rate." https://data.oecd.org/inequality/poverty-rate.htm(검색일: 2022.3.1).

Penner, A. M. and K. A. Dodge. 2019. "Using Administrative Data for Social Science and Policy." *RSF: The Russell Sage Foundation Journal of the Social Sciences*, Vol. 5, No. 2, pp. 1~18.

Pfeffer, F. T. and N. Waitkus. 2021. "The Wealth Inequality of Nations." *American Sociological Review*, Vol. 86, No. 4, pp. 567~602.

Piketty, T. 2013. *Capital in the 21st Century*. Cambridge, MA: President and Fellows, Harvard College.

Piketty, T. and I. Saez. 2003. "Income Inequality in the United States, 1913-1998." *Quarterly Journal of Economics*, Vol. 118, No. 1, pp. 1~39.

_____. 2014. "Inequality in the Long Run." *Science*, Vol. 344, pp. 838~843.

Reither, E. N., R. K. Masters, Y. C. Yang, D. A. Powers, H. Zheng and K. C. Land. 2015. "Should Age-Period-Cohort Studies Return to the Methodologies of the 1970s?" *Social Science & Medicine*, Vol. 128, pp. 356~365.

Rosenfeld, J. 2020. *You're Paid What You're Worth: And Other Myths of the Modern Economy*. Cambridge, MA: Harvard University Press.

Tamborini, C. R. and C. Kim. 2017. "Education and Contributory Pensions at Work: Disadvantages of the Less Educated." *Social Forces*, Vol. 95, No. 4, pp. 1577~1606.

Tooze, Adam. 2021. Shutdown: How COVID Shooke the World's Economy. New York, NY: Penguin Random House LLC.

Western, B. and J. Rosenfeld. 2011. "Unions, Norms, and the Rise in U. S. Wage Inequality." *American Sociological Review*, Vol. 76, No. 4, pp. 513~537.

World Inequality Database. "Wealth Inequality". https://wid.world/(검색일: 2022.3.1).

Yang, Y. and K. C. Land. 2006. "A Mixed Models Approach to the Age-Period-Cohort

Analysis of Repeated Cross-Section Surveys, with an Application to Data on Trends in Verbal Test Scores." *Sociological Methodology*, Vol. 36, pp. 75~97.

Yun, M. 2006. "Earnings Inequality in USA, 1969-99: Comparing Inequality Using Earnings Equations." *Review of Income and Wealth* , Vol. 52, pp. 127~144.

06

최상위 소득 비중의 장기 추세
(1958~2013년)

홍민기

1. 머리말

이 글에서는 국세 통계 자료를 이용하여 1958년부터 2013년까지 최상위 소득 비중을 계산한다. 국세 통계를 이용하면 가구 조사 자료에서는 잘 포착하지 못하는 최상위 소득 분포를 알 수 있고, 통계 자료의 기간이 길어서 장기 추세를 파악할 수 있다는 장점이 있다. 소득이나 자산 분포의 구조 변화는 수십 년에 걸쳐 일어나기 때문에 불평등의 원인을 파악하기 위해서 최대한 긴 기간을 살펴볼 필요가 있다. 그리고 최근 들어 나라별로 국세 통계를 이용하여 최상위 소득 비중을 계산한 결과가 나오고 있어서 불평등의 국제 비교도 가능하다.

국세 통계를 이용하여 최상위 소득 비중을 계산하는 것은 쿠즈네츠(Kuznets, 1953)의 연구에서 비롯되었다. 한참이 지난 후 프랑스에 대한 피케티(Piketty,

---

* 이 글은 홍민기, 「최상위 소득 비중의 장기 추세 (1958~2013년)」, ≪경제발전연구≫, 21권 4호(2015, 한국경제발전학회), 1~34쪽에 게재한 논문이다. 2013년 이후 결과는 https://sites.google.com/site/hminki00에서 볼 수 있다.

2003)의 연구와 미국에 대한 피케티와 사에즈(Piketty and Saez, 2003)의 연구를 계기로 최상위 소득 비중을 계산하는 방법이 표준화되었다. 이후 많은 나라에 대한 연구가 진행되어 현재 29개국에 대한 결과가 최상위 소득 데이터베이스(The World Top Incomes Database)에 나와 있다.

한국에서는 김낙년(2012b)과 홍민기(2015)가 원천세 자료를 이용하여 임금의 집중도를 계산한 바 있다. 그리고 김낙년(2012a)과 박명호·전병목(2014)이 종합소득세와 원천세 자료를 이용하여 최상위 소득 비중을 계산한 바 있다. 이 글이 기존 연구와 다른 점은 다음과 같다.

첫째, 포괄하는 시기가 다르다. 김낙년(2012a)은 1980년대 전반기(1979~1985년)와 1995년 이후의 기간을 대상으로 했고, 박명호·전병목(2014)은 2007년부터 2012년까지를 대상으로 했다. 자료가 온전하지 않아서 기존 연구에서는 1995년 이전 기간을 분석 대상에서 제외했다. 1986~1994년 기간에는 원천세 자료가 없다는 것이 첫 번째 문제이고, 1995년 이전 기간에 대해서는 원천세와 종합소득세를 중복 신고한 인원과 금액을 알 수 있는 통계가 없어서 중복 신고의 문제를 해결하는 방법이 마땅치 않다는 것이 두 번째 문제이다. 이 글에서는 원천세 자료가 없는 1986~1994년 기간에 대해 노동부의 조사통계인 '임금구조기본통계' 자료와 국세 통계와의 관계를 이용하여 임금 분포를 추정하고, 이를 종합소득세 자료와 결합하여 최상위 소득 비중을 계산했다. 원천세와 종합소득세 중복 신고의 문제는 두 자료를 단순히 합산하는 방법으로 해결하고자 했다. 이렇게 하여 이 글에서는 국세 통계가 존재하는 1958년부터 최근까지의 일관된 장기 통계를 만들었다.

둘째, 최상위 소득 비중의 분모가 되는 총소득을 계산하는 방법을 달리했다. 국세 통계를 이용하여 최상위 소득 비중을 계산할 때에는 세금이 부과되는 실제 소득을 대상으로 하기 때문에, 국민 계정의 개인소득 중에서 실제로 개인이 수취한 소득이 아니지만 개인소득인 것처럼 귀속시키는 항목을 제외하여 총소득을 구한다. 이 글에서 기존 연구와는 다른 방식으로 여러 가지 자료를 활용하여 계산한 바에 따르면 귀속된 항목이 국민 계정 개인소득의 약 20%를 차지한다. 이 수치는 기존 연구에 비해 큰 값이다. 그 결과 이 글에서 계산한 최상위 소득 비중이 기존 연구에 비해 높다.

셋째, 소득을 임금, 사업소득, 재산소득으로 나누고, 최상위 소득 가운데 각 소득 항목이 차지하는 비중을 계산했다. 이를 통해 외국에 비해 한국에서는 최상위 소득에서 근로소득의 중요성이 크다는 것을 알 수 있었다.

이 글의 구성은 다음과 같다. 먼저, 2절에서는 계산에 사용하는 자료와 최상위 소득 비중을 계산하는 방법을 설명한다. 3절에서는 최상위 소득 비중의 추세와 소득의 구성을 보고하고, 그 결과를 4절에서 외국과 비교한다. 5절에서는 시대별 특징과 전체적인 특징을 설명한다. 마지막 6절은 결론이다.

2. 자료와 계산 방법

소득 최상위 1%의 소득 비중은 최상위 1% 집단의 소득액을 전체 집단의 소득총액으로 나눈 값이다. 이를 계산하기 위해서는 ① 소득의 범위를 정하고, ② 전체 집단의 소득총액을 계산하고, ③ 최상위 1% 집단을 정하고, ④ 최상위 1% 소득 집단의 소득액을 계산해야 한다. 이하에서는 각각의 항목에 대해 설명한다.

1) 소득의 범위

일반적으로 소득은 노동소득, 자본소득, 공적 이전소득, 자본수취로 나뉜다. 최상위 소득 비중을 계산할 때 소득은 노동소득과 자본소득을 합한 것이다. 재분배와 관련된 소득인 이전소득(사회보장 수혜금, 경상이전 등)과 자본수취(상속, 증여, 선물)는 제외한다.

노동소득은 (보너스를 합친) 임금을 말한다. 외국 연구에서는 노동소득에 스톡옵션(stock option)[1]을 포함하여 계산하기도 한다. 스톡옵션의 규모가 점차

표 06-1 • 소득의 구분과 분석 포함 여부

소득 구분	하위 구분	항목	분석 포함 여부
노동소득		임금, 보너스	○
		스톡옵션, 개인연금	×
자본소득	사업소득	개인 이윤	○
	재산소득	이자, 배당, 임대료	○
	자본이득	양도소득	×
공적 이전소득		사회보장급부	×
자본수취		상속, 증여, 선물	×

주: 국세 통계에서 부동산 임대소득은 사업소득으로 분류됨.
자료: 저자 작성.

커지면서 최상위 소득에 큰 영향을 주고 있다. 그런데 한국에서는 스톡옵션에 대해서는 최근 자료만 있고 그나마 개인별로 다른 소득과 합칠 수 없는 형태로 제시되어 있기 때문에 최상위 소득 비중을 계산할 때 제외했다. 개인연금도 최근 자료만 있어서 분석에서 제외했다.

자본소득은 사업소득(개인 이윤), 재산소득(이자, 배당, 임료), 자본이득(capital gain)을 합한 것이다. 자본소득 가운데 자본이득은 주식, 부동산 등 자산의 가격 변동으로 생긴 소득으로, 국세 통계에서는 양도소득에 해당한다. 현재의 국세 통계에서는 양도소득과 기타 개인소득이 별도로 제시되어서 개인별로 소득을 합산할 수 없기 때문에 계산에서 제외했다. 이에 따라, 이 글에서 최상위 소득 비중을 계산할 때 포함된 것은 임금, 사업소득, 재산소득이다(표 06-1 참조).

과세 체계에 따라 소득은 총소득, 과세대상소득, 과세표준으로 나뉜다. '개인 총소득(gross Income)'에서 비과세소득과 외국인 근로자의 소득을 제외하면 '과세대상소득(taxable Income)'이 된다. 과세대상소득에서 여러 가지 소득공제

---

1   스톡옵션이 노동소득에 포함되는지가 문제가 될 수 있다. 스톡옵션을 행사(excercise)하여 얻은 소득은 주식을 팔아서 얻은 것이기 때문에 자본소득으로도 볼 수 있지만, 계약 체결 시 경영 행위에 대한 보상으로 포함되어 있기 때문에 최상위 소득 비중을 계산할 때에는 노동소득으로 간주한다.

(deduction)를 제하고 나면 '과세표준(tax base)'이 된다.

소득 비중을 계산하려면 '개인 총소득'을 사용하는 것이 바람직하다. 그런데 개인 총소득에 대한 정보는 최근 자료만 있어서 장기 시계열을 구성할 수 없다. 이 글에서는 1958년부터의 국세 통계에서 이용할 수 있는 '과세대상소득'으로 소득 비중을 계산했다.

장기 시계열을 구축할 필요가 있어서 불가피하게 '과세대상소득'을 이용했지만 '과세대상소득'으로 최상위 소득 비중을 계산하면 실제의 소득집중도를 과소평가하게 된다. 추세와 관련해서는 크게 문제가 없을 수 있지만, 특히 최근의 소득집중도의 수준과 관련하여 이 글의 결과를 해석할 때에는 이 점에 유의할 필요가 있다.

2) 총인구(Total Population)

총인구는 세금 보고의 단위에 따라 다르다. 미국, 독일, 스위스, 포르투갈처럼 조세의 단위가 가구인 경우에는 총가구 수(혼인가구 + 미혼가구)를 총인구수로 삼는다. 한국처럼 조세의 단위가 개인인 경우에는 개인 인구수를 총인구로 설정한다.

몇 세 이상을 총인구로 할 것인지도 선택의 문제이다. 연구된 나라마다 연령 기준이 달라서 영국, 호주, 뉴질랜드, 싱가포르에서는 15세 이상으로, 스웨덴에서는 16세 이상으로, 캐나다, 일본, 아르헨티나, 스페인, 이탈리아에서는 20세 이상으로 했다. 최근 들어서는 15세부터 19세 인구 가운데 경제활동에 참여하거나 소득을 가진 경우가 드물기 때문에 20세 이상을 기준으로 해도 크게 문제가 되지 않는다. 하지만 과거에는 19세 미만자 가운데 경제활동에 참여하거나 재산소득을 가진 사람이 꽤 있었기 때문에, 20세 이상을 기준으로 하면 과거로 갈수록 최상위 소득 비중을 과소평가하게 된다.

이 글에서는 기존 연구와 최근 소득 동향을 고려하여 20세 이상 인구수를 총인구로 설정한다. 20세 이상 인구수는 통계청의 '인구총조사' 자료를 이용하여 계산한다. '인구총조사'는 5년 간격으로 이루어지기 때문에 정확한 인구수는 조사 연도의 값을 이용하고 조사 연도 사이의 값은 선형 보간법을 이용하여 계산한다. 2013년 20세 이상 인구는 약 3억 7900만 명이므로 인구 1%는 37만 9000명이다.

3) 총소득(Total Income)

최상위 소득 비중의 분모가 되는 총소득을 계산하는 방법에는 두 가지가 있다. 하나는 국민 계정에서 개인소득이 아닌 것을 빼가는 방법이고, 다른 하나는 세금 보고 자료에 비보고 소득과 납부 예외 등 누락된 부분을 더해가는 방법이다. 이 글에서는 첫 번째 방법을 택한다.

국민 계정에서 개인소득에 해당하는 것은 개인 부문의 '순본원소득잔액(NNI)'이다. '순본원소득잔액'은 피용자보수, 개인영업잉여, 재산소득을 합한 것이다. 그런데 국민 계정의 '순본원소득잔액'에는 개인이 실제로 수취한 소득은 아니지만 소득이 발생한 것으로 간주하여 귀속(imputation)시키는 항목들이 있기 때문에 이 항목들을 제외하여 최상위 소득 비중을 계산할 때 필요한 총소득을 계산한다. 제외되는 항목은 ① 피용자보수 중 현물과 기타 노동 비용, ② 고용주의 사회부담금, ③ 이자소득 중 귀속이자소득, ④ 귀속임대료, ⑤ 투자소득 지급이다. 이하에서는 이를 계산하는 방법에 대해 간략히 설명한다.[2] 자세한 계산 과정과 결과에 대해서는 「부록 1」에서 설명했다.

국민 계정에서 '임금 및 급여'는 현금, 현물, 기타 노동 비용을 합친 것이다. 이 가운데 현물과 기타 노동 비용은 근로자의 실제 소득이 아니며 세금 보고의 대상도 아니므로 총소득을 계산할 때는 제외해야 한다. 현물과 기타 노동 비용이 '임금과 급여'에서 차지하는 비중은 노동부의 '기업체노동비용조사'를 이용

---

2 국민 계정에서 비영리단체의 소득이 개인소득에 포함되어 있기 때문에 제외해야 하지만 이에 대한 자료가 없어서 비영리단체의 소득을 제외하지 못했다.

하여 계산한다.

고용주의 사회부담금은 국민 계정에서 별도의 항목으로 나와 있어서 쉽게 계산할 수 있다. 고용주의 사회부담금이 '순본원소득잔액'에서 차지하는 비중은 1995년 7.5%에서 2013년 10.1%로 증가하고 있다

국민 계정의 개인 이자소득에는 실제 이자소득뿐만 아니라 귀속이자소득이 포함되어 있다. 국민 계정에서는 금융기관의 예대마진(수입이자와 지급이자의 차액)의 일부를 금융중개서비스(FISIM)로 간주하고 이 금융중개서비스를 개인의 이자소득으로 귀속시키고 있다. 실제 이자소득액은 국세청의 원천세 자료를 이용하여 계산한다. 국민 계정의 개인 이자소득에서 실제 이자소득액을 뺀 것이 금융중개서비스에 해당한다. 금융중개서비스가 '순본원소득잔액'에서 차지하는 비중은 1995년부터 2013년까지 평균 1% 정도이며 연도별로 변동이 심한 편이다.

자가 주택을 소유한 가계는 실제로 주택임대료를 수취하지 않지만, 국민 계정에서는 자가 주택 가계가 스스로에게 주거서비스에 대한 대가를 지불한다고 간주하고 자가 주택 귀속임대료를 개인의 영업이익에 포함시키고 있다. 귀속임대료는 자기 주택을 타인에게 임차할 경우 임차인이 지불해야 할 임대료로 추정한다. 이 글에서는 국민 계정에서 계산하는 방식과 마찬가지로 실제 임대료와 자가 주택의 비율 통계를 이용하여 귀속임대료를 계산한다. 귀속임대료가 '본원소득잔액'에서 차지하는 비중은 1995년부터 2013년까지 평균 3.8%이다.

투자소득 지급의 예로는 보험사의 보험준비금이 있다. 보험준비금은 개인들이 적립한 자산이지만 실제로는 보험사가 운영, 처리하고 있다. 보험준비금으로부터 발생하는 이자소득은 실제로는 보험사가 가져가지만 국민 계정에서는 개인이 수취한 것으로 계산한다. 2010년 이전에는 투자소득지급액이 국민 계정의 이자소득에 포함되어 있어서 그 금액을 알 수 없었는데, 2010년 기준 국민 계정부터는 별도의 항목으로 분리되어서 금액을 알 수 있게 되었다. 투자소득지급이 '순본원소득잔액'에서 차지하는 비중은 2010년부터 2013년 평균

3.1%이다.

이렇게 하여 제외되는 항목의 총액은 1995년부터 2013년까지 평균적으로 '순본원소득'의 19.9%를 차지하며 이 비율은 특별한 추세 없이 매우 안정적이다 (「부록 1」 참조). 이 결과를 반영하여 1995년 이전의 기간에 대해서는 총소득이 '순본원소득 잔액'의 80%라고 가정한다.

위와 같이 복잡한 과정을 거쳐 총소득을 계산한 결과는 외국 연구에서 개략적으로 총소득을 설정한 결과와 일치한다. 미국에 대한 연구에서 피케티와 사에즈(Piketty and Saez, 2003)는 1913~1943년의 총소득이 국민 계정 개인소득의 80%라고 가정했다. 캐나다에 대한 사에즈와 비올(Saez and Veall, 2005)의 연구에서도 동일한 가정을 했다. 스위스에 대한 연구에서 피케티와 사에즈(Piketty and Saez, 2007)는 1971년 이전 총소득이 국민 계정 개인소득의 75%라고 가정했다.

김낙년(2012a)의 연구에서는 귀속소득 가운데 사회부담금, 귀속임대료, 귀속이자소득을 이 글에서보다 적게 계산했고, 현물과 투자소득 지급은 제외하지 않았다. 그 결과 귀속소득이 국민 계정 개인소득의 11~12%라고 추정했다. 이 수치는 이 글이나 외국의 연구에 비해 작은 값이다. 귀속소득을 적게 계산하면 최상위 소득 비중의 분모 값이 커지므로 최상위 소득 비중을 과소평가하게 된다. 예를 들어, 2012년 최상위 1%의 소득 비중이 이 글에서는 13.3%인 반면, 김낙년(2012a)의 연구에서는 12.2%이다.

4) 계산 방법과 시기별 자료의 형태

『국세통계연보』에는 소득계급 구간별로 인원과 금액이 나와 있다. 예를 들어 2013년 국세 통계 자료를 이용하면 소득 상위 인구 0.02%의 소득 비중이 6.7%이고, 인구 1.5%의 소득 비중이 16.4%임을 알 수 있다. 따라서 소득 상위 1%의 소득 비중은 6.7%와 16.4%의 사이에 있을 것이다. 이 자료를 이용하여 소득 상위 1% 집단의 소득 비중을 계산하려면 보간(interpolation)이 필요하다.

많이 사용되는 보간법에는 파레토(pareto) 분포를 가정하는 법과 히스토그램 분할법(mean split histogram)이 있다. 국세 자료로 최상위 소득분포를 계산한 22개국 중에서 15개국(프랑스, 미국, 캐나다, 독일, 스위스, 아일랜드, 인도, 중국, 일본, 인도네시아, 아르헨티나, 스웨덴, 스페인, 포르투갈, 이탈리아)에 대해서는 파레토 분포를 가정한 방법을 사용했고, 7개국(영국, 호주, 뉴질랜드, 네덜란드, 싱가포르, 핀란드, 노르웨이)에 대해서는 히스토그램 분할법을 사용했다(Atkinson, Piketty and Saez, 2011 참고).

소득계급 구간이 상세하게 나뉘어 있으면 어떤 보간법을 사용하더라도 결괏값의 차이가 작다. 예를 들어 2013년의 경우 최상위 1%의 소득 비중은, 파레토 보간법을 사용하면 13.42%이고, 단순한 선형보간법을 사용하면 13.68%이다. 소득계급 구간이 상세하지 않으면 보간법에 따라 결괏값의 차이가 발생할 수 있는데 참값을 모르는 상태에서는 어떤 방법이 더 나은 방법이라고 주장하기 어렵다. 추세를 파악하는 것이 이 글의 일차적인 목적이므로 전체 기간에 동일한 방법을 사용한다면 어떤 방법을 사용해도 추세를 변화시키지는 않을 것이라고 생각한다.

이 글에서는 보편적으로 많이 사용되는 방법을 따라 소득분포가 파레토 분포를 가정하여 보간하는 방법을 사용한다. 파레토 분포를 가정하여 소득 비중을 계산하는 방법에 대해서는 앳킨슨(Atkinson, 2007), 앳킨슨과 피케티, 사에즈(Atkinson, Piketty and Saez, 2011)를 참조할 수 있고, 김낙년(2012a)과 홍민기(2015)의 연구에서 소개한 바 있다.

표 06-2에 정리한 바와 같이, 이용할 수 있는 자료의 형태가 시기별로 다르다. 1958년부터 1974년까지와 2005년 이후에는 『국세통계연보』에 자료가 온전히 있어서 문제가 없다. 『국세통계연보』가 없는 1975년부터 1985년까지는 「소득세제과 통계자료」(국세청, 1987)에서 통계를 얻을 수 있다. 이 자료에는 임금 구간별로 인원 통계는 있는데 임금액에 대한 통계는 없다. 이 기간의 임금에 대해서는 임금 구간의 최솟값과 최댓값을 이용하여 계산했다. 예를 들어 1975년 상위 1%의 소득 비중은 구간 최솟값을 사용하면 9.3%이고 구간 최댓

표 06-2 • 시기별 자료의 형태

시기	근로소득		종합소득	
	자료	형태	자료	형태
1958~1974	국세통계연보	임금 구간별 인원+금액	국세통계연보	소득 구간별 인원+금액
1975~1978	소득세제과 통계	임금 구간별 인원	소득세제과 통계	소득 구간별 인원+금액
1979~1985	소득세제과 통계	임금 구간별 인원+금액	소득세제과 통계	소득 구간별 인원+금액
1986~1994	임금구조기본통계		국세통계연보	과세표준별 인원+금액
1995~2004	국세통계연보	과세표준별 인원+금액	국세통계연보	과세표준별 인원+금액
2005~2013	국세통계연보	임금 구간별 인원+금액	국세통계연보	소득 구간별 인원+금액

자료: 저자 작성.

값을 사용하면 12.3%이다. 최상위 1% 집단의 소득 비중은 이 두 값의 평균값인 10.8%로 했다.

1986년부터 1994년까지는 『국세통계연보』에 종합소득 통계는 있는데 근로소득에 대한 통계가 없다. 이 기간 동안의 근로소득분포에 대해서는 노동부의 조사 자료인 '임금구조기본통계' 자료를 이용하여 계산한다. 먼저 '임금구조기본통계' 자료와 국세 통계가 모두 있는 1981년부터 1985년까지의 시기에 대해 두 자료의 임금 구간별 인원과 금액을 비교한다. 예를 들어 임금 3600만 원 이상 구간에서 '임금구조기본통계' 자료의 인원과 금액은 『국세통계연보』 자료 대비 25.2%와 16.8%이다. 소득이 높은 구간일수록 조사 자료의 포착률이 낮다. 구간 i에 대해 『국세통계연보』에 나와 있는 인원에 대한 '임금구조기본통계' 자료에 나와 있는 인원의 비율을 a_i라고 하고, 금액의 비율을 b_i라고 하자. 그러면 1986년부터 1994년까지는 각 구간별로 '임금구조기본통계' 자료에 나와 있는 인원과 금액에 $1/a_i$, $1/b_i$을 곱하여 실제 인원과 금액을 추정한다. 이때 임금 구간의 상한값과 하한값은 매년 1인당 평균임금 증가율만큼 증가시킨다.

1995년부터 2004년까지는 소득 구간이 아니라 과세표준 구간별로 인원과 금액이 통계표에 있어서 과세표준 값으로부터 소득액을 추정할 필요가 있다. 먼저 2004년과 가장 가까운 2005년 자료에서 임금/과세표준 비율을 계산한 뒤, 이 비율을 1995~2004년 기간에 적용하여 과세표준을 소득금액으로 전환한다.

5) 소득신고 중복의 문제

소득세는 원천세와 종합소득세로 신고된다. 원천세 자료의 대부분은 임금근로자들이 하는 연말정산 자료이다. 연말정산을 하지 않았거나 추가 소득이 많을 경우에는 종합소득세 신고를 한다. 예를 들어 임금근로자인 경우에도 금융소득이 일정 수준(2013년 현재 4000만 원) 이상이면 종합소득세 신고를 해야 한다. 따라서 한 사람이 원천세와 종합소득세 신고를 모두 할 가능성이 있다. 국세 통계 자료에서는 한 사람이 두 번 신고를 한 경우에 중복 신고된 부분을 제거하지 않고 원천세와 종합소득세 신고 통계를 각각 제시하고 있다.

중복 신고를 어떻게 다룰 것인가? 기존의 연구에서는 중복 신고한 인원과 금액에 대해 일정한 가정을 하여 계산했다. 예를 들어, 모리구치와 사에즈(Moriguchi and Saez, 2008)와 김낙년(2012a)의 연구에서는 종합소득금액 가운데 근로소득 비중이 소득 구간별로 일정하다고 가정하고 중복된 부분을 제거했다. 소득이 낮을수록 근로소득의 비중이 높고, 소득이 높을수록 근로소득의 비중이 낮기 때문에 근로소득 비중이 소득에 따라 일정하다는 가정이 불완전하기는 하지만 자료의 제약 때문에 불가피했다. 그런데 2007년부터 2012년까지 중복 신고 부분을 제거한 뒤 개인별로 근로소득과 종합소득을 합산한 '통합소득자료'가 최근에 제공되었다.[3] 중복 신고가 제거된 자료가 있기 때문에 이 자료를 준거로 하여 중복 신고를 제거하는 방법, 다시 말해 원천세와 종합소득세

---

3 '통합소득자료'는 홍종학 의원의 요청에 의해 국세청이 만든 것이다.

신고 자료를 합치는 방법의 타당성을 판단할 수 있게 되었다.

중복 신고를 제거하는 방법에는 두 가지가 가능하다. 2007년부터는 소득계급 구간별로 근로소득자의 종합소득금액 신고 현황 통계가 있어서 중복 신고 인원과 금액을 알 수 있다. 이를 이용하여 중복을 제거하고 원천세와 종합소득세 자료를 합치는 방법이 가장 좋지만 장기 시계열을 구축할 수 없다는 문제가 있다. 원천세와 종합소득세 자료를 합하는 다른 방법은 한 사람이 두 번 신고할 가능성을 고려하지 않고 원천세와 종합소득세를 신고한 사람이 서로 다른 사람이라고 가정하여 합산하는 것이다. 단순한 방법이기 때문에 문제가 많을 것으로 생각될 수도 있지만 장기 시계열을 구축할 수 있는 유일한 방법이기 때문에, 이 방법으로 최상위 소득 비중을 계산하면 실제와 얼마나 다른지를 비교하여 볼 필요가 있다.

표 06-3에서는 최상위 소득 비중을 계산할 때 '통합소득자료'를 이용한 결과(A), 중복을 제거한 방법을 사용한 결과(B), 단순히 자료를 합하는 방법을 사용한 결과(C)를 비교하여 보여주고 있다.[4]

2011년 최상위 1%의 소득 비중(P99~100)은 '통합소득자료'로는 13.85%인데, 근로소득자의 종합소득신고 자료를 이용하여 중복을 제거하는 방법을 사용하면 14.09%이고, 원천세와 종합소득세 신고 자료를 단순히 더하는 방법으로는 14.78%이다. '통합소득자료'와 비교하여, 중복을 제거한 방법은 약 2% 정도, 단순합을 한 경우는 6~7% 정도 최상위 1% 소득 비중을 과대평가하게 된다. 2008년부터 2010년까지에 대해서도 중복을 제거하는 방법과 단순합을 하는 방법이 비슷한 수준에서 최상위 소득 비중을 과대평가한다. 다만 2007년에는 과대평가하는 경향이 사라진다.

---

4 '통합소득자료'에서 인구 비중은 납세자 전체를 대상으로 한 것이고, 이 글에서는 20세 이상인구를 전체 대상으로 한 것이기 때문에 1%의 기준이 다르다. 이 글에서는 '통합소득자료'의 인구 비중을 20세 이상 인구 기준 비중으로 바꾸어서 계산했다. 이를 계산할 때에는 홍민기(2015)가 「부록 3」에서 제시한 인원 비중과 소득 비중만 알 때 최상위 소득 비중을 계산하는 방법을 따랐다.

표 06-3 • 원천세와 종합소득세 자료 결합 방법의 비교(단위: %)

소득 집단	연도	통합자료 (A)	중복 제거 (B)	단순합 (C)	비율 (B)/(A)	비율 (C)/(A)
P99~100	2007	13.49	12.96	13.35	0.96	0.99
	2008	12.83	13.00	13.55	1.01	1.06
	2009	12.66	12.87	13.39	1.02	1.06
	2010	13.16	13.23	13.94	1.01	1.06
	2011	13.85	14.09	14.78	1.02	1.07
P95~100	2007	32.60	31.77	32.69	0.97	1.00
	2008	32.25	32.20	33.30	1.00	1.03
	2009	31.77	31.76	32.85	1.00	1.03
	2010	32.44	32.38	33.56	1.00	1.03
	2011	33.52	33.50	34.61	1.00	1.03
P90~100	2007	48.21	47.06	48.19	0.98	1.00
	2008	48.11	47.71	49.42	0.99	1.03
	2009	47.43	47.12	48.85	0.99	1.03
	2010	48.06	47.89	49.61	1.00	1.03
	2011	49.45	49.31	50.51	1.00	1.02

자료: 저자 작성.

최상위에서 하위 소득으로 내려갈수록 중복 신고자의 비중이 줄어들기 때문에, 최상위 5%나 10% 소득 비중(P95~100, P90~100)에 대해서는 중복을 제거하는 방법 혹은 단순합을 하는 방법이 실제 최상위 소득 비중을 과대평가하는 정도가 적다. 중복을 제거하면 최상위 5%나 10% 집단의 소득 비중을 정확하게 계산할 수 있고, 단순히 합하는 경우에는 2~3% 정도 실제를 과대평가하게 된다.

2007년 이전에 대해서는 불가피하게 원천세와 종합소득세를 단순히 합산하는 방법을 쓸 수밖에 없다. 단순히 합산하는 방법이 최상위 1% 소득을 약간 과대평가하는 경향이 있기는 하지만 그 정도가 심하지 않고 2007년에는 과대평가하는 경향이 없기 때문에 단순히 합산하는 방법의 오차가 매우 작을 것이라고 예상된다.

그림 06-1 • 최상위 10% 집단의 소득 비중

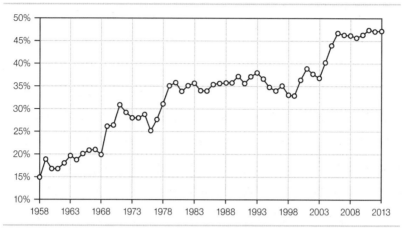

자료: 『국세통계연보』를 바탕으로 저자 작성.

3. 최상위 소득 비중의 추세와 소득 구성

1) 최상위 소득 비중의 장기 추세

앞서 설명한 방법에 따라 최상위 소득 비중을 계산한 결과가 「부록 3」에 나와 있다. 그림 06-1에서는 최상위 10%의 소득 비중을 보여주고 있다. 최상위 10% 소득 비중은 1960년대 초반 약 17%였다가 1979년 35.1%에 이르러 이 기간 동안 2배 증가했다. 최상위 10% 소득 비중은 1980년대부터 1990년대까지 20년 동안 35% 수준에서 큰 변화 없이 일정하다가 2000년대에 급격히 증가하기 시작하여 2006년 이후에는 46~47% 정도를 유지하고 있다. 장기 추세를 보면 시기를 크게 세 가지로 구분할 수 있다. 1960년대와 1970년대는 소득집중도가 증가하는 시기이고, 1980년대와 1990년대는 소득집중도가 정체된 시기이고, 2000년 이후에는 다시 소득집중도가 증가하는 시기이다.

1961~1979년 사이에 상위 10% 집단의 실질소득은 연평균 15.6% 증가했고,

표 06-4 ● 소득 집단별 연평균 실질소득 증가율(단위: %)

	1961~1979	1980~1999	2000~2013
상위 10% 집단	15.6	7.5	4.7
하위 90% 집단	9.4	8.2	1.1

자료: 『국세통계연보』를 바탕으로 저자 작성.

그림 06-2 ● 최상위 10% 집단 내 소득 비중

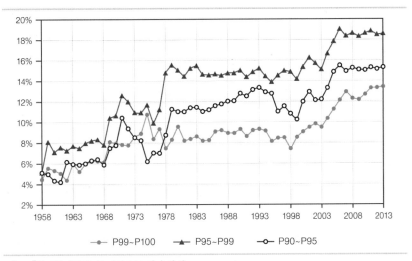

자료: 『국세통계연보』를 바탕으로 저자 작성.

하위 90%의 실질소득은 연평균 9.4% 증가했다(표 06-4 참조). 상위 10% 집단의 실질소득은 20년 동안 13.5배 증가한 반면, 하위 90%의 실질소득은 5.0배 증가했다. 1980년대와 1990년대에는 상위 10% 집단의 실질소득이 연평균 7.5% 증가한 반면, 하위 90% 집단의 실질소득은 연평균 8.2% 증가했다. 이 시기 동안에는 하위 소득 집단의 소득이 더 빨리 증가하면서 소득집중도가 완화되었다.

2000년대부터는 상위 집단과 하위 집단의 소득 증가율이 크게 차이가 났다. 2000년부터 2013년 사이에 상위 10% 집단의 실질소득은 연평균 4.7% 증가한 반면, 하위 90% 집단의 실질소득은 연평균 1.1% 증가했다.

그림 06-2에서는 소득 최상위 10% 집단을 세 집단으로 구분하여 소득 비중

을 표시했다. 이 그림에서는 최상위 1% 집단의 소득 비중(P99~100), 그다음 상위 1~5% 집단의 소득 비중(P95~99), 다음 상위 5~10% 집단의 소득 비중(P90~95)을 보여주고 있다. 상위 10% 소득 비중과 하부 집단의 소득 비중 추세는 매우 비슷하다. 1970년대 초반에 최상위 1% 집단이 소득집중도를 견인하는 모습이 잠깐 나타나지만, 1980년대부터는 세 집단의 소득 비중이 나란히 증가했다. 미국에서 주로 상위 1% 소득 비중의 변화가 10% 소득 비중의 변화를 주도한 것과 대조된다. 미국에서는 최상위 1% 집단의 소득이 다른 집단에 비해 크게 증가하거나 감소하는 방식으로 소득 불평등이 변화했고, 한국에서는 소득 분포의 형태가 전반적으로 변화하는 방식으로 소득 불평등이 변화했음을 의미한다.

2) 최상위 소득의 구성

최상위 소득의 구성을 검토하는 것은 최상위 소득 비중이 변동하는 원인을 파악하는 데 매우 중요하다. 제2차 세계대전 이전에 미국을 비롯한 많은 나라에서 최상위 1%는 배당을 주 소득원으로 하는 자본소득자였다(Piketty and Saez, 2003). 하위 99% 집단은 근로소득자였다. 제2차 세계대전 이후에는 최상위 소득 가운데 자본소득의 비중이 감소하고 노동소득의 비중이 증가했다. 예를 들어, 1998년 미국에서는 근로소득자가 최상위 1% 집단의 절반을 차지했다. 이러한 현상을 두고 피케티와 사에즈(Piketty and Saez, 2003)는 최상위 소득 집단에서 일하는 부자(working rich)가 지대 자본가(rentier capitalist)를 대체하고 있다고 했다. 그런데 양상이 바뀌어 2000년대 들어서 미국에서는 다시 최상위 소득에서 자본소득의 비중이 늘어나고 있다. 울프와 자카리아스(Wolff and Zacharias, 2009)는 미국의 소비자금융조사 자료에 근거해서 현재 일하는 부자와 지대 자본가가 공존하고 있다고 했다. 스웨덴과 핀란드 등 노르딕 국가에서도 제2차 세계대전 이후 최상위 소득에서 노동소득의 비중이 늘어나다가 2000년대 들어 자본소득의 비중이 증가하는 경향이 발견된다(Roine and Walderstrom, 2008).

한국에서는 최상위 소득의 구성을 파악할 수 있는 기간이 한정되어 있다. 1961년 이전에는 부동산, 배당 이자, 근로소득, 사업소득, 기타소득 5개 유형의 소득에 대해 분리과세를 했고, 각 소득별로 국세 통계가 있어서 각 소득이 최상위 소득에서 차지하는 비중을 계산할 수 있다. 그런데 1961년 이후에는 분리과세소득 중 두 종류 이상의 소득 합계액이 500만 원을 넘으면 종합과세를 했기 때문에『국세통계연보』에 종합소득에 대한 정보만 있고 개별 소득 항목에 대한 정보는 없다. 따라서 1961년 이후 상당한 기간 동안에는 최상위 소득 구성을 파악할 수 있는 정보가 없다. 1961년 이후 종합과세 체계가 계속 유지되었지만 2007년 이후에는『국세통계연보』에 소득 종류별로 인원과 소득에 대한 정보가 나와 있어서 소득 구성을 파악할 수 있게 되었다.

그림 06-3에서는 1961년, 1985년, 2013년 소득 집단별 소득 구성이 나와 있다. 1961년과 2003년에 대해서는 세 가지 종류의 소득 구성이 나와 있고, 1985년에는 근로소득과 자본소득(사업소득 + 재산소득) 두 가지로 구분되어 있다.

1961년에는 소득이 높은 집단일수록 근로소득의 비중이 감소하고 사업소득의 비중이 증가한다. 한편 소득이 증가할수록 재산소득의 비중은 거의 일정하다. 최상위 0.01%(P99.99~100)를 제외한 모든 집단에서(P90~95, P95~99, P99~99.99) 근로소득의 비중이 가장 높다. 최상위 0.01% 집단의 소득에서 가장 높은 비중을 차지하는 것은 사업소득이며, 재산소득의 비중이 가장 낮다. 간단히 말해, 1961년에 최상위 1% 소득 집단은 근로소득을 주된 수입원으로 했다. 최상위 0.01% 집단은 사업소득자였고, 배당을 주된 수입원으로 하는 지대 자본가는 아니었다.

그림의 두 번째 패널에서는 1985년의 상황을 보여주고 있다. 1961년도와 비슷하게 1985년에도 모든 최상위 집단의 소득 가운데 근로소득의 비중이 가장 높다. 그림의 세 번째 패널에서 나타나듯이, 2013년에도 최상위 10% 내의 모든 집단에서 근로소득의 비중이 가장 높다.

다만 1961년도와 비교하여 2013년 0.01% 집단에서 이자, 배당 등 재산소득의 비중이 증가하고, 사업소득의 비중이 감소했다. 소규모 기업을 운영하여 사

그림 06-3 ● 1961년, 1985년, 2013년 소득 구성

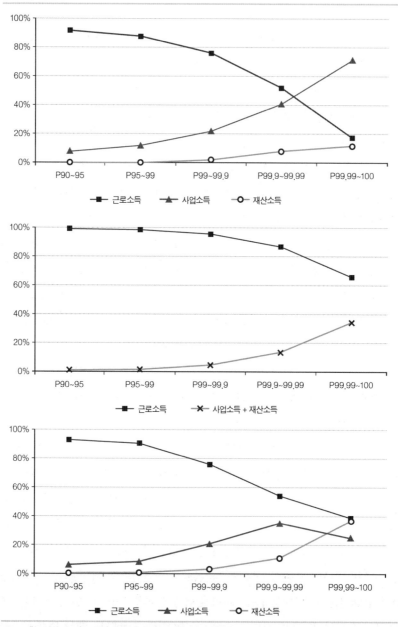

자료: 『국세통계연보』를 바탕으로 저자 작성.

그림 06-4 ● 소득, 임금, 자본소득 기준 상위 1% 소득 비중의 추세

자료: 『국세통계연보』를 바탕으로 저자 작성.

업소득의 형식으로 수입을 얻는 자영업주가 자본의 집적 및 집중, 금융시장의 발전에 따라 배당의 형식으로 수입을 얻는 주주 자본가로 대체된 것을 반영한 결과이다. 그럼에도 불구하고, 최상위 집단의 주된 수입원이 근로소득이라는 사실은 변함이 없다.

최상위 소득 비중의 추세가 임금과 자본소득(사업소득+재산소득)의 추세 가운데 어떤 것에 더 크게 영향을 받는지를 파악하기 위해 임금과 자본소득(사업소득+재산소득) 1%의 비중을 계산했고, 이를 그림 06-4에서 보여주고 있다. 여기서 임금 1%의 비중은 임금근로자의 임금 중 1%의 비중이고, 자본소득 1% 비중은 자본소득자의 자본소득 중 1% 비중을 가리킨다.

임금에 비해 자본소득 1% 비중의 변동성이 강하지만 전체적으로 보아 임금 1% 비중과 자본소득 1% 비중의 추세는 소득 1% 비중의 추세와 비슷하다. 한국에서 최상위 임금 비중 추세는 최상위 소득 비중 추세와 비슷하고, 최상위 1%의 소득 가운데 근로소득이 가장 높은 비중을 차지하고 있다. 따라서 한국에서는 임금 분포의 변화가 최상위 소득 비중 변화를 주도하고 있다고 할 수

그림 06-5 ● 상위 0.01%, 0.1% 집단의 금융소득(배당+이자) 비중

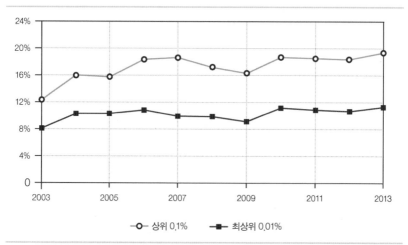

자료: 『국세통계연보』를 바탕으로 저자 작성.

있다. 반면 재산소득의 변화가 최상위 소득 비중 변화에 미치는 영향은 작다. 그 이유를 정리하면 다음과 같다.

첫째, 전체 개인소득 가운데 재산소득이 차지하는 비중이 작다. 1950년대부터 재산의 분배가 매우 평등했고 재산소득의 비중이 크지 않았는데, 1970년대 이후에도 재산소득의 비중은 높지 않았다. 국민 계정의 개인소득 가운데 이자, 배당, 임료 등 재산소득이 차지하는 비중은 1975년 5.2%였다가 1998년 18.1%까지 증가했지만 2013년 9.5%로 하락했다. 이자율이 매우 높았던 1990년대 후반이 예외적이었고, 1970년대 이후 재산소득의 비중은 개인소득의 10% 미만을 차지했다.

둘째, 부동산 보유를 통해 자산을 축적했기 때문에 금융소득이 발생할 여지가 없었다. 한국에서는 근로와 사업을 통해 얻은 소득을 저축하여 토지, 건물, 주택 등 부동산을 통해 재산을 축적했다. 금융자산을 통해 재산을 축적하는 경우는 극소수였기 때문에 금융소득자도 매우 적었다. 월세보다는 전세 제도가 일반적이어서 임대 수입도 적었고, 주택 소유주가 전세 보증금과 은행 대출을

그림 06-6 • 최상위 1% 소득 비중의 국제 비교

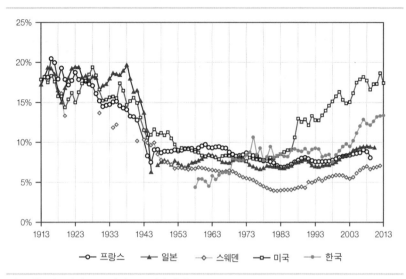

자료: 『국세통계연보』를 바탕으로 저자 작성.

통해 다른 주택을 보유했기 때문에 이자 수입이 발생할 여지도 없었다. 부동산을 소유하면서 임대소득을 얻을 수 있는 사람들은 최상위 소득자 중에서도 소수였다. 급격한 경제성장에 따라 부동산 가격이 급격히 상승했기 때문에 상위 1% 집단도 부동산 매매 차익을 기대하면서 부동산 형태로 자산을 축적했다. 그리고 이러한 경향은 지금까지도 크게 변하지 않았다.

최근 통계로 보면 금융소득의 집중도가 매우 높기는 하지만 더 증가한 것은 아니다. 2003년부터 2013년 사이에 최상위 0.1%가 금융소득의 18% 정도를 가지고 있고, 소득 상위 1% 집단이 배당소득의 95%, 이자소득의 80% 정도를 가지고 있을 정도로 집중도가 높다. 하지만 2000년대 이후 금융소득(배당, 이자)의 소득집중도는 거의 변화가 없다(그림 06-5; 홍민기, 2014, 그림 06-6). 따라서 2000년대 이후 최상위 소득집중도의 증가가 금융화나 자본소득 불평등의 증가 때문이라고 하기는 어렵다.

4. 국제 비교

　그림 06-6에서는 한국과 자본주의 발전국의 최상위 1% 소득 비중(P99~100)을 비교하여 보여주고 있다. 자본주의 발전국에서 최상위 소득 비중은 20세기 초반에 매우 높았다가 제2차 세계대전 이후에 급격히 하락했다. 20세기 초반 자본주의 발전국에서 최상위 소득의 대부분은 자본소득, 특히 배당이었다. 전쟁 기간 동안 물리적으로 자본이 대량 파괴되었고 전쟁 직후에는 인플레이션으로 자본의 가치가 크게 하락하면서 자본소득의 집중도가 하락했다. 낮은 수준의 소득집중도는 1970년대까지 이어졌다.

　한국과 자본주의 발전국의 경험으로부터 공통점을 발견할 수 있다. 산업화 단계 초기에는 불평등이 증가하다가 산업화가 상당히 진전되면서부터는 소득집중도가 하락했다. 산업화가 진전되면서 소득 불평등이 하락하는 시점은 대체로 농업 국가를 벗어나 제조업 중심의 경제로 재편될 때와 일치한다. 예를 들어, 프랑스에서는 1950년대에 제조업 종사자가 전체 고용의 33%를 차지하면서 농업 종사자의 비중(32%)을 넘어서기 시작했다. 미국에서는 1950년대 제조업 종사자가 34%였고 농업 종사자가 15%였다. 한국에서는 1980년대가 농업 국가를 벗어나 산업사회로 전환하는 시기였고, 이 시기에 소득 불평등이 감소했다.

　산업화가 진전되면서 불평등이 감소한 것은 공통적이지만, 불평등이 감소하는 정도는 그 계기의 충격이 어느 정도였느냐에 따라 다르다. 미국, 유럽, 일본에서는 전쟁으로 자본이 대량으로 파괴되면서 급격한 변동을 겪었고 불평등도 급격히 감소했다. 반면 한국에서는 1979년 오일쇼크와 정부의 교체를 계기로 불평등이 정체했는데 전쟁에 비해서는 충격이 적은 사건이었다.

　산업화 초기에 불평등이 증가하다가 산업화가 진전되면서 불평등이 감소한다는 것은 쿠즈네츠의 예측과 일치한다. 하지만 산업화가 더욱 진전되고 탈산업사회로 나아가면서 쿠즈네츠의 예측에서 벗어나는 상황이 전개되었다. 1970년대 이후 영어권 국가(영국, 미국, 호주, 뉴질랜드), 중국, 인도에서는 최상위 소

그림 06-7 ● 최상위 10% 소득 비중의 국제 비교

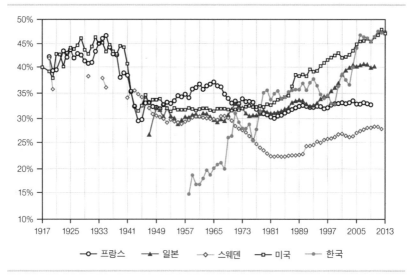

자료: 『국세통계연보』를 바탕으로 저자 작성.

득 비중이 증가했다. 한국도 여기에 속한다. 반면 유럽 국가들과 일본에서는 최상위 소득 비중이 증가하지 않았다. 1970년대 이후 소득집중도의 전개 양상을 보면, 소득 불평등이 자본주의 발전의 필연적 결과라기보다는 제도나 사회적 관습의 영향을 크게 받음을 알 수 있다(Piketty and Saez, 2003).

그림 06-7에서는 상위 10% 소득 비중을 보여주고 있다. 자본주의 발전국의 경우 전반적인 추세는 최상위 1% 소득 비중과 다르지 않다. 다만, 최근 한국의 최상위 1% 소득 비중은 미국과 유럽의 중간 정도인 반면, 상위 10% 소득 비중은 2013년 47.3%로 미국과 함께 가장 높은 수준을 보여주고 있음이 주목된다.

그림 06-8에서는 한국의 경우 2000~2013년, 미국의 경우 1980~1999년 기간 동안 소득 집단별 실질소득 증가율을 보여주고 있다. 이 시기는 양국에서 소득 집중도가 증가한 때이다. 이 시기에 한국과 미국에서 공통적으로 최상위 1% 집단의 소득이 크게 증가하고 하위 90% 집단의 소득이 정체했다. 최상위 1% 집단(P99~100)의 연평균 소득 증가율이 약 5.5% 정도인 반면 하위 90% 집단

그림 06-8 ● 불평등 증가기 한국과 미국의 집단별 연평균 실질소득 증가율

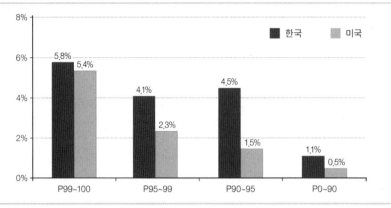

주: 한국은 2000~2013년, 미국은 1980~1999년.
자료: 『국세통계연보』를 바탕으로 저자 작성.

(P0~90)의 소득 증가율은 1% 정도에 불과하다.

　두 나라에서 차이가 나는 점은 최상위 1%를 제외한 상위 10% 집단(P90~95, P95~99)의 소득 증가율이다. 한국에서는 상위 10% 집단이 골고루 연평균 4~5%의 소득 증가율을 보인 반면, 미국에서는 상위 10% 내에서도 소득이 낮을수록 거의 선형적으로 소득 증가율이 낮은 모습을 보인다. 미국에서는 소득집중도의 변화가 최상위 소득 1%에 의해 주도되는 모습이 뚜렷하다.

　미국뿐만 아니라 OECD 국가들 대부분에서 소득 불평등은 하위보다는 상위에서의 불평등 심화로 나타나고 있다(OECD, 2011). 이러한 현상을 반영하여 불평등 증가의 원인을 검토할 때 미국에서는 최상위 1% 집단의 소득이 왜 급격히 증가했는가에 초점을 맞추고 있다. 스톡옵션의 발전, CEO 보수의 급증, 매우 높은 능력을 가진 사람이 모든 지대를 가져간다는 슈퍼스타 이론, 최고 소득세율의 영향 등이 불평등 증가의 원인과 관련하여 설명력이 높은 요인으로 거론되고 있다.

　한국에서는 상위 10%의 소득이 꾸준하게 상승하는 반면 하위 90% 소득은 정체되면서 소득집중도가 늘어났다. 한국에서는 상위보다는 하위 소득에서의

불평등이 더 빠르게 증가한 것을 반영한 것으로 해석된다. 최상위 소득 집단의 지대 추구 행위와 더불어 중간 소득계층의 비중 감소, 저소득층의 소득 감소가 최상위 소득 비중 증가의 원인임을 의미한다.

5. 최상위 소득 비중의 특징

이 절에서는 지금까지 살펴본 최상위 소득 비중의 특징을 설명한다. 시기별 특징을 살펴보고, 전반적인 특징을 요약한다. 시기는 ① 소득집중도가 크게 증가한 1960년대와 1970년대, ② 소득집중도가 변하지 않은 1980년대와 1990년대, ③ 소득집중도가 다시 크게 증가한 2000년대 이후로 나눈다.

1) 시대별 특징

(1) 1950년대부터 1970년대까지

일제강점기에 최상위 소득 집단은 거의 일본인이었고, 조선인은 재산을 형성하지 못했다. 일제강점기에 최상위 소득 비중은 매우 높았다(김낙년, 2013). 식민지 해방으로 일본인의 재산이 몰수되었고, 한국전쟁에서 재산이 대량으로 파괴되면서 재산 분포가 하향 평준화되었다. 농지개혁도 일정 정도 토지의 집중을 완화하는 데 기여했다. 식민지, 전쟁 등의 영향으로 1950년대 한국의 소득 불평등은 매우 낮았고, 재산소득을 형성할 기반이 없었다(이헌창, 2012). 이 결과 1950, 1960년대 최상위 10% 소득 비중은 17~20% 정도로 세계적으로도 매우 낮은 상태였다.

1950~1960년대에는 금융시장이 발달하지 않았다. 기업들은 주식을 통해 필요한 자금을 조달하기보다는 자기자본, 정부금융, 은행 대출을 통해 조달했고, 이러한 경향은 이후로도 지속되었다. 재산 분포가 매우 평등했고 이와 더불어 외부 금융시장이 발달하지 않았기 때문에 이자나 배당과 같은 금융소득이 발

생할 여지가 없었다. 최상위 소득 집단도 근로소득과 사업소득을 통해 소득을 얻었다.

1960~1970년대는 자본주의적 축적이 진행되면서 농업사회에서 산업사회로 바뀌는 시기였다. 산업화의 과정에서 근대적 기업이 성장, 발전했고, 이에 따라 기업 내 경영 위계도 증가했다. 경영 위계 증가를 반영하여 이 시기에는 관리자와 기술직의 임금이 생산직, 사무직 근로자에 비해 많이 증가하면서 임금과 소득집중도가 증가했다(홍민기, 2015).

1960, 1970년대 한국은 무역 개방을 하고 고도성장을 하면서도 불평등이 감소하는(growth with equity) 기적을 이룬 나라로 알려져 있다(Kanbur, 2015).[5] 이 글의 결과에 비추어보면, 한국이 소득 불평등도가 매우 낮은 수준에서 급격히 경제성장을 한 것은 맞지만, 소득분배가 평등한 상태를 유지하면서 경제성장을 한 것은 아니다. 1960, 1970년대에는 급격히 성장이 이루어졌고 소득집중도도 급격히 증가했다.

(2) 1980년대와 1990년대

1979년 국제 유가가 폭등하면서 세계경제가 위기를 맞았다. 세계경제위기의 영향을 받아 수출이 부진했고, 국가 주도적으로 막대한 투자 재원을 투입한 중화학공업이 부실화되면서, 1980년에는 경제성장률이 마이너스를 기록했다(이헌창, 2012). 이러한 상황에서 1980년대 초반 정부는 정책의 최우선 순위를 물가 안정에 두어서 통화 긴축을 추진하고 긴축재정을 실행했다. 아울러 물가 안정을 위해 가격과 임금에 대한 통제를 실시했다. 긴축정책과 임금통제의 영향으로 최상위 소득의 집중도가 더 이상 늘어나지 않았다.

1980년대 후반에는 민주화와 노동운동의 영향으로 임금과 소득 불평등이 하락했다. 1987년 말부터 노동운동이 활성화되면서 노동조합 조직률도 급격

---

5 헥서-올린(Hecker-Ohlin) 모형에 따르면, 개발도상국에서 무역 개방을 하면 자본에 비해 상대적으로 풍부한 노동의 상대 수익률이 증가하고 따라서 소득 불평등이 감소하게 된다. 그동안 한국은 이 모형에 가장 잘 부합하는 나라로 알려져 왔다.

히 상승했다. 이에 따라 1980년대 후반에는 생산직 노동자의 임금이 크게 증가하면서 노동자 내부의 임금격차가 줄어들었다. 1986년부터는 경제성장률도 높고 소득집중도 완화되었는데, 자본주의 황금기에 비견되는 이 시기는 1990년대 중반까지 아주 짧게 지속되었다.

(3) 2000년대 이후

1990년대는 국가 주도적 개발정책에서 시장 중심주의적 정책으로 바뀌는 시기였다. 이러한 시점에서 1997년 외환위기를 맞았고, 그 이후 근본적 시장주의가 사회와 경제를 지배했다. 2000년대 최상위 소득 비중이 증가한 것은 소득의 양극화 때문이며, 소득의 양극화는 일자리 양극화와 밀접히 관련되어 있다. 1990년대 중반부터 중간 임금 일자리가 감소하고 임금 분포의 양쪽 끝에 있는 일자리들이 증가하는 일자리 양극화가 일어났고(전병유, 2007), 특히 외환위기 이후부터 2000년대 중반까지 낮은 임금을 받는 비정규직이 크게 증가했다. 정규직 대비 비정규직의 임금은 2000년대 초반 64%였다가 2009년 이후에는 55.7% 수준으로 하락했다. 1990년대 중반 이후 노동조합 조직률이 감소하고 노동조합이 기업 규모별로 분화되면서 임금격차를 줄일 수 있는 노동운동의 동력도 약화되었다.

2000년 이후 소득집중도가 증가한 데에는 사업소득 양극화도 큰 역할을 했다. 개인 사업 영역에서도 자본주의적 이윤 추구 방식이 확대되면서 전문직 사업가들이 개인 고객 대신에 기업 고객을 위주로 사업 영역을 확장했다. 이에 따라 병원, 로펌, 회계법인의 규모가 점점 커지면서, 의사, 변호사, 회계사 등 전문직 사업가들의 소득도 크게 증가했다. 대신 경쟁에서 밀려난 자영업자도 늘어나면서 사업소득의 양극화가 빠르게 진행되었다.

2) 전반적인 특징

최상위 소득 비중의 추세로부터 한국 소득 불평등 변화의 특징을 몇 가지로 요약할 수 있다.

첫째, 한국에서는 일제강점기, 광복, 전쟁을 거치면서 1950년대에는 재산과 소득의 분배가 매우 평등한 상태였다. 그러다가 단기간에 압축적으로 자본주의적 경제 발전을 했고, 이를 그대로 반영하여 소득집중도도 압축적으로 증가했다.

둘째, 노동소득 불평등이 소득 불평등의 핵심 원인이다. 자본주의 발전국에서는 자본주의 발전 초기부터 배당을 주된 수입원으로 하는 자본가가 최상위 소득층을 형성했던 반면, 한국에서는 광복 이후 재산소득이 형성될 기반이 없었기 때문에 최상위 소득 가운데 근로소득이 대부분을 차지했고, 이러한 경향은 최근까지 지속되고 있다. 그 결과 노동소득 불평등이 소득 불평등에 미치는 효과가 매우 크다. 기존 연구들에서는 노동소득 불평등의 중요성을 계속 강조하여 왔는데(예를 들어, 전병유, 2013), 조사 자료로는 확인할 수 없는 최상위 소득 집단에서도 마찬가지라는 것이 이 글을 통해 확인되었다.

셋째, 재산소득이 소득 불평등에 미치는 효과는 미국과 유럽 자본주의 발전국에 비해 작다. 한국에서는 근로나 사업을 통해 얻은 소득으로 부동산 자산을 축적했다. 경제성장이 급격히 이루어진 것을 반영하여 토지와 주택 가격이 급격히 상승했기 때문에 매매 차익을 기대하면서 부동산 자산을 축적했다. 최상위 소득 0.01% 집단은 배당이나 주식 매매 차익과 같은 자본소득보다는 기업지배의 목적으로 주식을 보유했다.

넷째, 한국에서는 최상위 1%의 소득 비중 변화가 상위 소득집중도의 변화를 주도하기보다는 소득분포의 전반적인 변화가 상위 소득집중도를 변화시켰다. 미국에서는 최상위 1% 집단이 상위 소득집중도의 변화를 주도했기 때문에, 소득 불평등이 증가한 원인을 찾을 때 최상위 1% 소득이 급격히 증가하게 된 이유를 밝히는 것에서 출발하게 된다. 반면 한국에서는 2000년대 이후 중간 소득 계층의 비율이 감소하고 저소득층의 소득이 감소하는 소득 양극화 때문에 최상위 소득 비중이 증가했으므로, 소득 양극화가 일어난 원인을 찾는 것이 중요하다. 미국에서 거론되고 있는 스톡옵션의 발전, 슈퍼스타 이론, 최고 소득세율의 영향 등과 같은 요소들은 한국에서는 상대적으로 중요성이 떨어진다. 한국에서는 일자리 양극화, 고용 형태의 변화(비정규직의 증가), 자영업자의 쇠락 등이 소득 불평등을 이끈 요소이다.

6. 맺음말

이 글에서는 국세 통계 자료를 이용하여 1958년부터 2013년까지 최상위 소득 비중을 계산했다. 최상위 소득 비중은 1960, 1970년대에 급격히 증가했다가 1980년대에는 정체했고, 2000년대 이후에는 다시 급격하게 증가했다. 최근 최상위 소득 비중이 급격히 증가한 결과 최상위 소득집중도는 국제적으로 보아도 매우 높은 수준에 이르렀다.

자본주의 발전국에서는 자본주의 발전 초기부터 배당을 주된 수입원으로 하는 자본가가 최상위 소득층을 형성했던 반면, 한국에서는 광복 이후 재산소득이 형성될 기반이 없었기 때문에 최상위 소득 가운데 근로소득이 대부분을 차지했고, 이러한 경향은 최근까지 지속되고 있다. 그 결과 노동소득이 최상위 소득에서 차지하는 비중이 매우 큰 반면 재산소득의 영향은 외국에 비해 작다.

기존 해외 연구에서는 요소소득 분배율, 최고 소득세율, 세계화 등이 최상위 소득 비중 변화와 어떠한 관련성이 있는지를 검토한 바 있다. 이 요인들이 한국에서의 최상위 소득 비중과 관련성이 있는지 검토하고 최상위 소득 비중 변화의 원인을 파악하는 연구가 필요하다.

부록

1. 개인소득 중 귀속소득의 계산(단위: 십억 원)

부록에서는 개인소득 중 귀속소득을 계산하는 과정을 설명한다. 먼저, **부록 표 1**에는 '임금과 급여' 중 현물 비중을 계산하는 과정이 나와 있다. '임금 및 급여' 중 현물에 해당하는 비중은 '기업체노동비용조사'를 이용하여 구한다. '기업체노동비용조사'의 항목 중에서 국민 계정의 '임금 및 급여'에 해당하는 항목은 노동 비용 총액에서 퇴직금과 법정복리비를 제외한 것이다. 퇴직금은 '귀속 사회부담금'에 해당하고 법정 복리비는 '실제사회부담금'에 해당한다.

'임금 및 급여'에 해당하는 항목 중에서 세금 보고 대상이 아니거나 현물인 항목을 제외한다. 세금 보고 대상이 아니거나 현물이어서 제외되는 항목은 법정 외 복리비 일부, 현물 지급 비용, 채용 비용, 교육훈련비, 기타 노동 비용이다. 이 중 법정 외 복리비의 일부는 연말정산 보고 대상에 포함된다.

법정 외 복리비의 구성 항목 중 건강·보건비, 보육지원금, 자녀학비 보조비 등은 원칙적으로 연말정산 대상이다. 주거비, 부정기적인 식사비, 부정기적인 교통 통신 지원비, 휴양·문화·체육·오락과 관련된 시설 유지비나 임차비 혹은 행사보조금, 사내근로복지기금 출연금 등은 연말정산 대상이 아니다. 법정 외 복리비의 구성 항목 중 대략 절반 정도가 연말정산 대상이라는 점을 감안하여, 법정 외 복리비의 50%가 근로소득에 속하고 나머지 50%는 근로소득이 아닌 복리비에 속한다고 가정했다. 국민 계정의 '임금과 급여'액에 현물의 비중을 곱하여 현물액을 계산한다.

부록 표 2에 귀속이자소득을 계산하는 과정이 나와 있다. 국민 계정 가계 부문 이자소득은 실제 이자소득과 귀속이자소득을 합한 것이다. 실제 이자소득은 국세자료 원천세 이자소득에 1.15를 곱하여 계산한다. 실제 이자 가운데에는 원천세의 대상이 아닌 것도 있고 세금 보고에서 누락된 것이 있을 수 있기 때문에 국세 자료 원천세 이자 수입의 115%가 가계의 실제 이자 수입이라고 간주한다. 국세 자료 원천세 이자소득이 국민 계정의 가계 이자소득보다 큰 1998년과 1999년의 경우 이자소득은 국세 자료 이자소득에 각각 0.85와 0.95를 곱하여 계산한다. 국민 계정의 가계 이자소득에서 실제 이자소득을 뺀 것이 귀속이자소득이다.

부록 표 3에는 자가 주택 귀속임대료의 계산 과정이 나와 있다. 먼저 개인의 부동산 영업 잉여를 구한다. 투입산출표에서는 개인+법인의 부동산 영업 잉여액이, 국세 자료에서는 법인의 부동산 영업 잉여액이 나와 있으므로 이를 빼서 개인의 부동산 영업 잉여액을 구한다. 이렇게 구한 개인의 부동산 영업 잉여에는 실제 임대료와 귀속임대료가 모두 포함되어 있다.

귀속임대료를 계산하기 위해 전체 주택 중 자가 주택의 비율을 이용하는데 이 수치는 '인구 및 주택 센서스'에서 구한다. 이 비율을 이용하여 개인의 부동산 영업 잉여를 자가 주택에 귀속되는 부분과 실제 임대료로 나누는데, 임대건물 주택의 가치와 조사 정도를 감안하여 자가 주택 비율의 95%를 실제 자가 주택 비율이라고 간주한다.

부록 표 4에서는 개인소득 중 귀속소득 항목을 모두 보여주고 있다. 개별 항목들의 비중은 변동이 있지만, 개인소득 가운데 귀속소득의 비중은 20% 수준에서 매우 안정적이다.

부록 표 1 ● 현물 비중의 계산 과정(단위: 천 원)

연도	노동비 총액 (a)	퇴직금 등 (b)	현물 지급 비용 (c)	법정 복리비 (d)	법정 외 복리비 (e)	모 집 비 (f)	교육 훈련비 (g)	기타 노동 비용 (h)	임금과 급여 해당 (i)=(a)- (b)-(d)	현물 해당 (j)=(c)+ 0.5(e)+ (f)+(g)+ (h)	현물 해당 비율 (j)/(i)
1995	1,726.7	203.9	1.1	64.7	120.8	3.5	25.7	12.1	1,458.1	102.8	7.1
1996	1,870.5	137.7	4.2	81.0	139.5	2.8	39.0	10.5	1,651.8	126.3	7.6
1997	2,082.2	228.6	5.3	98.1	154	2.0	39.5	11.7	1,755.5	135.5	7.7
1998	2,324.7	612.7	2.4	121.3	140.8	1.2	28.6	8.4	1,590.7	111.0	7.0
1999	2,370.8	436.0	4.7	163.0	173.5	2.5	33.1	7.9	1,771.8	135.0	7.6
2000	2,777.3	628.6	3.9	182.2	168.7	3.0	40.0	10.1	1,966.5	141.4	7.2
2001	2,661.1	384.7	1.9	209.2	173.7	3.1	40.6	7.5	2,067.2	140.0	6.8
2002	2,827.6	291.1	3.3	220.5	197.3	2.7	48.3	10.8	2,316.0	163.8	7.1
2003	3,206.0	378.5	3.4	242.8	227.3	3.1	46.9	10.5	2,584.7	177.6	6.9
2004	3,057.5	212.1	4.6	191.6	161.5	4.8	24.3	9.1	2,653.8	123.6	4.7
2005	3,221.1	223.8	3.4	208.2	177.7	3.8	26.9	8.0	2,789.1	131.0	4.7
2006	3,392.8	229.8	3.3	228.6	208	2.9	26.5	7.4	2,934.4	144.1	4.9
2007	3,642.5	241.6	3.3	243.6	224.4	3.0	29.5	8.0	3,157.3	156.0	4.9
2008	3,845.6	360.4	3.1	255.5	184.8	3.2	29.0	6.6	3,229.7	134.3	4.2
2009	3,866.0	370.8	3.1	259.1	185.1	3.3	24.9	5.8	3,236.1	129.7	4.0
2010	4,021.5	383.3	2.7	266.7	169.3	4.7	24.5	4.8	3,371.5	121.4	3.6
2011	4,328.5	480.3	4.2	280.1	195.5	4.3	27.2	5.2	3,568.1	138.7	3.9
2012	4,487.3	470.7	4.0	296.8	201.8	4.9	27.7	5.6	3,719.8	143.1	3.8
2013	4,549.8	412.7		308.4	212.2	5.3	26.1		3,828.7	137.5	3.6

주: 1995~1997년은 30인 이상, 1998년부터는 10인 이상 회사 법인을 대상으로 한 것임.
자료: 『국세통계연보』를 바탕으로 저자 작성.

부록 표 2 ● 귀속이자소득(금융중개서비스, FISIM)의 추정(단위: 십억 원)

연도	국민 계정 가계 이자소득 (A)	국세 자료 원천세 이자소득 (B)	실제 이자 소득 추정 (C)=(B)*1.15	금융중개 서비스 (D)=(A)-(C)	FISIM 비율 (D)/(A)
1995	29,734	20,610	23,702	6,032	0.203
1996	32,893	25,057	28,815	4,077	0.124
1997	37,408	33,399	35,069	2,340	0.063
1998	48,726	55,932	47,417	1,309	0.027
1999	44,042	43,989	42,647	1,395	0.032
2000	45,648	38,432	44,197	1,451	0.032
2001	47,506	37,572	43,208	4,299	0.090
2002	40,063	28,849	33,176	6,886	0.172
2003	38,387	26,308	30,254	8,133	0.212
2004	37,123	24,880	28,611	8,512	0.229
2005	37,395	26,005	29,906	7,489	0.200
2006	38,309	26,919	30,957	7,352	0.192
2007	42,009	30,651	35,249	6,761	0.161
2008	45,328	33,777	38,843	6,485	0.143
2009	48,323	37,324	42,923	5,400	0.112
2010	48,734	35,751	41,114	7,620	0.156
2011	50,971	37,338	42,939	8,032	0.158
2012	48,895	38,883	44,715	4,180	0.085
2013	40,251	36,102	37,908	2,344	0.058

자료: 『국세통계연보』를 바탕으로 저자 작성.

부록 표 3 • 자가 주택 귀속임대료의 계산 과정(단위: 십억 원)

연도	투입산출표 부동산 영업 잉여 (A)	국세 자료 부동산 법인 영업 잉여 (B)	부동산 개인 영업 잉여 (C)=(A)-(B)	자가 주택 비율 (D)	실제 임대료 (E)=(C)* (1-0.95(D))	귀속 임대료 (F)=(D)-(E)
1995	15,901	239	15,662	0.533	7,728	7,934
1996	18,961	284	18,676	0.535	9,185	9,491
1997	22,610	339	22,270	0.537	10,917	11,353
1998	26,961	404	26,556	0.538	12,975	13,581
1999	32,899	493	32,405	0.540	15,781	16,625
2000	40,145	611	39,534	0.542	19,188	20,346
2001	41,411	797	40,614	0.544	19,606	21,008
2002	42,716	769	41,947	0.547	20,139	21,808
2003	44,063	2,226	41,838	0.550	19,975	21,862
2004	44,897	2,955	41,943	0.553	19,914	22,029
2005	45,747	3,392	42,355	0.556	19,996	22,359
2006	47,319	4,490	42,829	0.556	20,220	22,609
2007	49,092	6,827	42,266	0.560	19,790	22,476
2008	50,793	6,444	44,350	0.564	20,593	23,756
2009	53,466	7,121	46,345	0.553	21,990	24,355
2010	54,395	5,661	48,734	0.543	23,617	25,117
2011	55,515	5,362	50,153	0.540	24,424	25,730
2012	56,084	5,972	50,112	0.538	24,522	25,590
2013	56,659	5,927	50,732	0.538	24,825	25,906

자료: 『국세통계연보』를 바탕으로 저자 작성.

부록 표 4 ● 개인소득 중 귀속소득(단위: 십억 원)

연도	순본원 소득잔액 (A)	귀속소득 항목 (B)					귀속소득 비중 (B)/(A)
		사회 부담금	현물	금융중개 서비스	자기 주택 귀속임대료	투자소득 지급	
1995	284,927	21,471	12,070	6,032	7,934	8,833	0.198
1996	327,123	25,117	14,990	4,077	9,491	10,141	0.195
1997	352,318	27,930	15,952	2,340	11,353	10,922	0.194
1998	357,518	26,950	13,758	1,309	13,581	11,083	0.187
1999	374,907	30,406	15,812	1,395	16,625	11,622	0.202
2000	407,282	28,114	16,764	1,451	20,346	12,626	0.195
2001	431,732	32,999	17,170	4,299	21,008	13,384	0.206
2002	462,634	35,152	19,747	6,886	21,808	14,342	0.212
2003	498,725	38,847	20,868	8,133	21,862	15,460	0.211
2004	532,249	39,356	15,426	8,512	22,029	16,500	0.191
2005	561,778	47,013	16,493	7,489	22,359	17,415	0.197
2006	595,129	51,946	18,188	7,352	22,609	18,449	0.199
2007	629,111	57,524	19,467	6,761	22,476	19,502	0.200
2008	656,620	62,310	17,268	6,485	23,756	20,355	0.198
2009	676,887	64,678	17,317	5,400	24,355	20,983	0.196
2010	723,439	68,842	16,528	7,620	25,117	22,427	0.194
2011	766,776	75,214	18,946	8,032	25,730	23,770	0.198
2012	800,412	80,080	19,935	4,180	25,590	24,813	0.193
2013	831,873	83,786	19,372	2,344	25,906	25,788	0.189

자료: 『국세통계연보』를 바탕으로 저자 작성.

2. 최상위 소득 비중

연도	20세 이상 인구 (천 명)	총소득 (억 원)	소득 비중(%)				소득경곗값 (100만 원)	
			P99~100	P95~99	P90~95	P90~100	상위 1%	상위 10%
1958	11,741	159	4.45	5.15	5.12	14.72	0.04	0.01
1959	12,225	167	5.55	8.08	4.97	18.60	0.05	0.02
1960	12,438	196	5.35	7.08	4.29	16.72	0.06	0.02
1961	12,650	232	5.05	7.47	4.18	16.70	0.06	0.02
1962	12,866	278	4.39	7.30	6.14	17.83	0.05	0.02
1963	13,086	382	5.87	7.67	5.87	19.41	0.09	0.03
1964	13,309	559	5.27	7.47	5.89	18.63	0.12	0.04
1965	13,537	634	5.99	7.85	6.01	19.84	0.15	0.05
1966	13,768	765	6.24	8.16	6.24	20.64	0.18	0.06
1967	14,091	949	6.24	8.29	6.38	20.91	0.22	0.07
1968	14,421	1,162	6.08	7.77	5.89	19.74	0.25	0.08
1969	14,759	1,443	8.10	10.47	7.50	26.07	0.35	0.10
1970	15,106	1,951	7.90	10.67	7.76	26.34	0.47	0.15
1971	15,525	2,449	7.82	12.65	10.44	30.91	0.74	0.17
1972	15,957	2,926	7.77	11.96	9.37	29.10	0.66	0.17
1973	16,400	3,560	8.51	10.95	8.49	27.95	0.90	0.32
1974	16,855	5,113	8.82	10.90	8.18	27.90	1.12	0.42
1975	17,324	6,399	10.80	11.67	6.20	28.67	1.78	0.37
1976	17,919	8,740	8.34	9.83	6.98	25.14	1.89	0.57
1977	18,535	10,993	9.36	11.24	7.02	27.62	2.80	0.48
1978	19,171	14,898	7.46	14.85	8.68	30.98	3.24	0.89
1979	19,830	18,835	8.32	15.53	11.24	35.08	4.66	1.51
1980	20,511	21,958	9.57	15.06	11.01	35.65	5.91	1.90
1981	21,167	27,642	8.21	14.49	11.04	33.74	6.92	2.52
1982	21,844	31,904	8.37	15.24	11.37	34.99	8.04	2.76
1983	22,543	36,422	8.52	15.48	11.47	35.48	9.09	2.96
1984	23,264	42,055	8.20	14.63	11.07	33.90	9.56	3.09
1985	24,008	46,931	8.22	14.54	11.19	33.95	10.34	3.25
1986	24,724	55,111	9.09	14.66	11.60	35.35	12.05	4.31

연도	20세 이상 인구 (천 명)	총소득 (억 원)	소득 비중(%)				소득경곗값 (100만 원)	
			P99~100	P95~99	P90~95	P90~100	상위 1%	상위 10%
1987	25,461	64,609	9.21	14.55	11.78	35.53	13.69	4.82
1988	26,220	77,387	8.97	14.74	12.01	35.72	15.85	6.22
1989	27,002	89,841	8.86	14.77	12.07	35.69	17.37	6.75
1990	27,807	107,563	9.26	15.07	12.79	37.13	20.89	8.72
1991	28,318	133,050	8.62	14.38	12.55	35.55	23.37	9.74
1992	28,837	151,558	9.15	14.82	13.15	37.13	27.61	12.32
1993	29,367	170,764	9.30	15.24	13.31	37.85	31.75	13.63
1994	29,906	199,476	9.14	14.49	12.96	36.60	35.48	14.90
1995	30,455	228,587	8.15	13.78	12.76	34.68	36.69	16.07
1996	30,883	263,306	8.39	14.57	11.07	34.03	44.75	15.26
1997	31,316	283,822	8.49	14.98	11.50	34.97	48.62	16.46
1998	31,756	290,837	7.41	14.83	10.84	33.08	46.35	16.41
1999	32,203	299,047	8.49	14.18	10.27	32.93	48.11	16.04
2000	32,655	327,982	9.00	15.38	11.99	36.37	55.96	18.98
2001	33,102	342,873	9.53	16.26	12.95	38.74	61.07	19.61
2002	33,556	364,698	9.82	15.73	12.14	37.69	63.42	19.56
2003	34,016	393,555	9.48	15.11	12.22	36.80	55.62	19.93
2004	34,482	430,427	10.31	16.67	13.29	40.27	71.19	27.64
2005	34,955	451,009	11.26	17.84	14.87	43.97	79.18	26.62
2006	35,310	476,585	12.14	19.04	15.48	46.67	91.18	36.64
2007	35,668	503,381	12.94	18.33	14.97	46.25	90.38	34.73
2008	36,030	526,445	12.31	18.61	15.21	46.13	95.10	36.62
2009	36,396	544,153	12.17	18.37	15.06	45.60	96.23	37.04
2010	36,765	582,905	12.69	18.59	15.05	46.34	100.54	39.51
2011	37,139	615,084	13.27	18.86	15.26	47.39	108.02	42.09
2012	37,516	645,816	13.35	18.52	15.19	47.06	105.01	45.38
2013	37,896	674,677	13.42	18.56	15.27	47.25	112.09	46.94

자료: 『국세통계연보』를 바탕으로 저자 작성.

참고문헌

국세청. 1987. 「소득세제과 통계자료」.
_____. 각 연도. 『국세통계연보』.
김낙년. 2012a. 「한국의 소득집중도 추이와 국제비교, 1976-2010: 소득세 자료에 의한 접근」. ≪경제분석≫, 18권 3호, 75~114쪽.
_____. 2012b. 「한국의 소득불평등, 1963-2010: 근로소득을 중심으로」. ≪경제발전연구≫, 18권 2호, 125~158쪽.
_____. 2013. 「식민지기 조선의 소득불평등, 1933-1940: 소득세 자료에 의한 접근」. ≪경제사학≫, 55호, 249~280쪽.
노동부. 각 연도. 「기업체노동비용조사」.
_____. 각 연도. 「임금구조기본통계조사」.
박명호·전병목. 2014. 『소득분배 변화와 정책과제: 소득집중도와 소득이동성을 중심으로』. 조세재정연구원 보고서.
이헌창. 2012. 『한국경제통사』. 해남.
전병유. 2007. 「한국 노동시장의 양극화에 대한 연구: 중간일자리 및 중간임금 계층을 중심으로」. ≪한국경제의 분석≫, 13권 2호, 171~230쪽.
_____. 2013. 「한국 사회에서의 소득불평등 심화와 동인에 관한 연구」. ≪민주사회와 정책연구≫, 23호, 15~40쪽.
통계청. 각 연도. 「가계동향조사」.
_____. 각 연도. 「경제활동인구조사」.
_____. 각 연도. 『도시가계연보』.
홍민기. 2014. 「노동소득 분배율과 개인소득」. 이병희·황덕순·홍민기·오상봉·전병유·이상헌. 『노동소득 분배율과 경제적 불평등』. 세종: 한국노동연구원.
_____. 2015. 「최상위 임금비중의 장기 추세 (1958-2013)」. ≪산업노동연구≫, 21권 1호, 191~220쪽.

Atkinson, A. 2007. "Measuring Top Incomes: Methodological Issues." in A. Atkinson and T. Piketty(eds.). *Top Incomes over the Twentieth Century: A Contrast between Continental European and English-Speaking Countries.* Oxford: Oxford University Press.
Alvaredo, F, A. Atkinson, T. Piketty and E. Saez, The World Top Incomes Database. http://topincomes.g-mond.parisschoolofeconomics.eu/(검색일: 2015.5.20).
Atkinson, A., T. Piketty and E. Saez. 2011. "Top Income in the Long Run of History." *Journal of Economic Literature,* Vol. 49, No. 1, pp. 3~71.
Kanbur, R. 2015. "Globalization and Inequality." in Anthony B. Atkinson and Francois Bourguignon(eds.). *Handbook of Income Distribution.* Amsterdam: Elsevier.

Kuznets, S. 1953. *Shares of Upper Income Groups in Income and Savings.* Cambridge: National Bureau of Economic Research.

Moriguchi, C. and E. Saez. 2008. "The Evolution of Income Concentration in Japan, 1886-2005: Evidence from Income Tax Statistics." *Review of Economics and Statistics,* Vol. 90, No. 4, pp. 713~734.

OECD, 2011. *Divided We Stand: Why Income Inequality Keeps Rising?* OECD Publishing.

Piketty, T. 2003. "Income Inequality in France, 1901-1998." *Journal of Political Economy,* Vol. 111, No. 5, pp. 1004~1042.

Piketty, T. and E. Saez. 2003. "Income Inequality in the United States, 1913-1998." *Quarterly Journal of Economics,* Vol. 118, No. 1, pp. 1~39.

_____. 2007. "Income and Wealth Concentration in Switzerland over the Twentieth Century." in A. Atkinson and T. Piketty(eds.). *Top Incomes over the Twentieth Century: A Contrast between Continental European and English-Speaking Countries.* Oxford: Oxford University Press.

Roine, J. and D. Waldenstrom. 2008. "The evolution of top incomes in an egalitarian society: Sweden, 1903-2004." *Journal of Public Economics,* Vol. 92, No. 1~2, pp. 366~387.

Saez, E. and M. Veall. 2005. "The Evolution of High Incomes in Northern America: Lessons from Canadian Evidence." *American Economic Review,* Vol. 95, No. 3, pp. 831~849.

Wolff, E. and A. Zacharias. 2009. "Household Wealth and the Measurement of Economic Well-Being in the United States." *Journal of Economic Inequality,* Vol. 7, No. 2, pp. 83~115.

제2부

불평등의 구조와 변화

분절 노동시장에서 나타나는
젠더 불평등의 특징과 대안

김영미

1. 한국 성별 임금격차의 특징

성별 임금격차는 거의 모든 산업국가에서 존재하지만 동시에 국가별 변이가 매우 크다. 잘 알려져 있다시피 성별 임금격차에 관한 한 한국은 OECD 가입 이후 요지부동의 최하위권에 머물러 있다. 현재 한국의 여성 임금률(남성 평균임금 대비 여성 평균임금)은 64%로 34개 OECD 국가 평균인 85%와 비교할 때 현저하게 낮다. 2000년대 초반까지만 해도 우리와 1, 2위를 다투었던 일본은 최근 임금격차가 급격히 감소하면서 3위로 탈출했다. 성차별이 심각하기로 유명한 일본의 여성들도 남성이 100원을 벌 때 74원 정도 정도는 벌고 있다. 이제 여성이 70원 미만으로 벌고 있는 나라는 OECD 국가들 중 우리나라와 에스토니아 두 나라뿐이다.

경제적 영역에서 나타나는 젠더 불평등에 있어 한국은 몇 가지 독특한 점을

---

* 이 글은 김영미, 「분절 노동시장에서 나타나는 젠더 불평등의 특징과 대안」, ≪젠더리뷰≫, 46권(한국여성정책연구원, 2017), 10~15쪽에 실린 것이다.

가지고 있다. 첫째, 남녀의 교육적 성취의 차이에 비해 남녀 임금격차가 이례적으로 크다는 점이다. 남녀의 교육격차는 지속적으로 줄었고 최근 코호트에서는 여성이 고등교육 이수율에서 남성을 앞지르고 있다. 그럼에도 불구하고 남녀 임금격차는 OECD 최고 수준이며 연령대를 최근 코호트로 한정해도 그러하다. 남녀 간 교육격차는 가장 낮은 그룹에 속해 있는 사회가 노동시장에서 성별 임금격차는 가장 높다는 점에서 매우 이례적이라 할 수 있다.

둘째, 여성들이 저임금 노동시장에 집중되어 있다는 점이다. 고용 형태별 근로실태조사 2015년 자료에 따르면 시급 1만 원 미만의 저임금 근로자가 남성 근로자의 경우 30% 정도인 반면 여성 근로자의 경우 거의 그 두 배인 57%에 달하고 있다. 고학력 여성들이 증가하고 있음에도 불구하고 노동시장에 나와 일하고 있는 여성들의 대부분이 저임금 일자리에 몰려 있다는 점은 합리적으로 쉽게 이해되지 않는 현상이다.

셋째, 성별 임금격차의 대부분이 잘 설명되지 않는다는 점이다. 많은 사람들이 성별 임금 차이가 나는 이유가 여성들의 평균 교육수준이 낮아서거나(아직도 노동시장에 남아 있는 중고령층에서는 저학력 여성들이 상대적으로 많으므로), 여성들이 근속이 짧아서, 남녀의 직업이 달라서일 것이라고 생각하는데, 그러한 차이를 다 고려해도 여성이 남성에 비해 현저하게 덜 받는다. 심지어 여성들이 비정규직과 중소기업에 더 많이 몰려 있다는 점을 감안하더라도 그 모든 차이는 고용 형태별 근로실태조사 2015년 자료를 이용한 임금격차 분해분석 결과에 따르면 남녀 임금격차의 37% 정도를 설명하는 데 불과하다.[1] 나머지 63% 정도는 남녀 간의 구성적 차이로 설명이 안 되는 격차이다.

---

1 임금방정식은 연령, 연령2, 근속, 교육, 직종(대분류: 9개 범주), 산업(대분류: 17개 범주), 고용 형태(6개 범주), 사업체 크기(4개 범주) 변수로 구성되며, 분석방법은 와하카-블라인더 분해분석방법이다.

2. 분절 노동시장 내 젠더 불평등의 복합성

한국의 남녀 임금격차의 특징을 논의할 때 중요한 맥락적 조건으로 고려해야 될 것이 있다. 한국의 노동시장이 분절적 성격이 매우 강하다는 점이다. 대기업으로 대표되는 중심부 노동시장과 중소기업으로 대표되는 주변부 노동시장의 경계가 뚜렷한 한국의 분절 노동시장 내에서 젠더 불평등 역시 분절적 성격을 띠게 된다. 그 결과 남녀 임금격차가 만들어지는 방식이 대기업과 중소기업에서 상당히 다른데, 대기업에서는 배제의 기제가, 중소기업에서는 직접적 임금차별의 기제가 주요하게 작동하고 있는 것으로 보인다(김영미, 2015). 대기업 부문에서는 성별 임금격차가 큰 대신 남녀 근로자들 간의 구성적 차이(대기업 부문에 근무하는 여성들은 남성들에 비해 어리고 근속기간이 짧고 미혼 비율이 높다)가 임금격차의 상당 부분을 설명한다. 고임금의 좋은 일자리들이 몰려 있는 대기업에서는 여성에게 입직 기회, 주요 업무를 맡을 기회, 승진할 기회가 제대로 주어지지 않는 기회의 차별이 주로 일어나는 반면, 일단 바늘구멍을 뚫고 그러한 기회를 잡은 여성들에 대해 직접적인 임금 차별을 하는 경우는 상대적으로 덜한 것으로 보인다.

반면 중소기업 부문에서는 성별 임금격차는 적은 대신 남녀 근로자들 간의 구성적 차이는 거의 없으며, 유사한 위치에 있는 남녀에 대한 차별적 임금 지급이 주된 원인인 것으로 보인다. 저임금의 좋지 않은 일자리들이 몰려 있는 중소기업에서는 여성들이 고용기회에서 배제되는 것은 아니지만 뚜렷한 이유 없이 여성이라는 이유만으로 임금의 불이익을 받는 경우가 빈번하게 일어난다. 이는 중소기업에 공식화된 인사관리제도가 부재하고 정부의 규제 압력이 낮다는 특징에서 비롯된 것이다. 시장경쟁의 압력이 치열하고 고용주의 지불능력이 떨어지는 주변부 노동시장일수록 남녀 간 임금격차의 총량은 상대적으로 적지만 고용주 및 관리자의 차별적 행동을 억제할 공식화된 인사관리제도, 공적 제재 수단의 부재 속에서 여성들은 노골적인 임금차별을 겪게 될 가능성이 높은 것이다. 문제는 현재 우리 사회에서 일하는 여성들의 대부분이 합리성을 강제하는 제도적 장치들이 부족한 중소기업에서 일하고 있다는 점이다.

남녀가 다른 사업체에서 일하는 성별 사업체 분리 현상은 2000년대에 큰 폭으로 강화되고 있는 것으로 보인다(김영미·차형민, 2016). 2000년대에 들어 분사화의 증가, 영세 규모 사업체 숫자의 증가, 노동시장 이중성 강화 등의 노동시장 구조 변화 속에서 여성의 저임금 사업체로의 집중 경향성이 심화된 것이다. 2000년대 이후 남녀 임금격차의 정체가 두드러지게 나타나고 있는 것은 대기업 부문이다. 중소기업에서는 2000년대 이후에도 남녀 임금격차의 감소세가 지속되고 있다. 그렇다고 중소기업에서 직접적인 성별 임금차별이 줄어든 것은 아니다. 임금격차 분해분석을 통해 보면 중소기업 부문에서는 차별 효과는 정체된 가운데 남녀 간 구성적 차이가 감소하면서 남녀 임금격차가 줄어드는 경향성이 뚜렷하게 발견된다. 1990년대 말 경제위기 이후 한국노동시장에서 노동시장의 분절성이 심화되는 과정에서 중심부 노동시장에서는 배제의 기제가, 주변부 노동시장에서는 차별의 기제가 지배적으로 작동하면서 남녀 임금격차를 오랫동안 정체시키고 있는 것으로 보인다.

이처럼 노동시장의 분절성이 강한 한국 사회에서는 여성 고용정책을 수립할 때 대기업과 중소기업 내에서 남녀 임금격차가 만들어지는 기제가 상이하다는 점, 또한 대부분의 여성들이 제도적 규제의 사각지대이자 공식적 인사관리가 부재한 중소기업에서 일하고 있다는 점을 주요하게 고려해야 한다. 겉으로 보기에 한국 사회는 지난 수십 년간 동일노동 동일임금 정책, 적극적 고용조치 정책, 일-가족 양립정책, 여성친화적기업 지원정책 등을 시행해 왔다. 그럼에도 불구하고 사회정책들에 대한 여성들의 체감률은 낮고 성별 임금격차는 오랫동안 요지부동인 상태이다. 왜냐하면 그러한 정책들이 적용되고 활용 여부가 평가대상이 되거나 감시되는 대기업의 좋은 일자리들에는 여성들이 별로 없기 때문이다. 공공부문이나 대기업은 일-가족 양립제도도 잘 마련되어 있고 인사관리도 합리화, 공식화되어 직접적으로 남녀 간에 임금의 차등을 두기도 어렵다. 그러나 그런 좋은 일자리들은 대부분 남성들로 채워져 있다. 국내 100대 대기업에서 여성 근로자 비율은 20%대에 불과하며, 여성들의 대부분은 일-

가족 양립정책의 활용률도 낮고 인사관리의 개념조차 서 있지 않은 중소기업에 몰려 있다. 인사관리가 허술하고 주먹구구식으로 이루어지는 공간에서는 관리자의 주관적 편견이 임금에 영향을 미치기가 쉽다. 그러다 보니 여성 비율이 높은 사업체에서 오히려 남녀 임금격차가 더 큰 결과가 나타나고 있는 것이다(Kim, 2017). 여성들이 좋은 중심부 일자리에서 배제되어 공식적 제도의 사각지대에 집중되어 있다는 점을 정책수립 과정에서 고려하지 않으면 사회의 평균적 합리성이 증진되어도 여성들이 혜택을 체감하지 못하는 상황이 반복될 뿐이다.

3. 차별 금지 제도 강화

비교사회학적 연구들은 경제적 측면에서의 성평등은 국가의 정책적 개입의 함수라는 점을 강조하고 있다. 성별화된 규범이 만연한 사회에서 기업은 최대 이윤을 위해 여성 근로자를 기피하거나 저임금 일자리를 채우는 데 활용할 가능성이 많으며, 국가가 이러한 실천을 처벌함으로써 실질적인 비용을 증가시키지 않는 한 이러한 상황은 바뀌지 않을 가능성 높다.

노동시장에서 여성의 경제활동의 기회를 보장하기 위한 정책적 개입은 ① 여성이라는 이유로 고용주에게 차별받는 경우를 규제하는 차별 금지 정책과 ② 일과 가족을 양립할 수 있도록 정책적 지원을 하는 가족정책, 크게 두 가지로 구분된다. 차별 금지 정책과 일-가족 양립정책은 성평등주의 전차의 두 바퀴라고 할 수 있다. 그런데 한국의 여성 고용정책들은 최근 일-가족 양립정책에만 집중된 경향이 있다. 차별 금지라는 바퀴의 한 축이 무너진 상태이다. 기업에서 근로자를 고용할 때, 근로자를 훈련시키고 업무를 배치할 때, 승진시킬 때, 임금을 정할 때, 해고할 때 개인의 역량 대신 성별이라는 조건이 조금이라도 고려된다면 이는 차별이며, 차별이 문화로 정착된 조직에서 여성 근로자들이 역량을 발휘하는 것은 불가능하다. 차별과 차이의 악순환이 지속되는 사회에서 성평등은 정체될 수밖에 없다. 한국 기업의 일하는 방식, 조직문화를 혁신하지 않고는 여성의 낮은 취업률, 경력 단절, 높은 성별 임금격차를 개선할 수 없다는 뜻이다.

차별 금지는 거의 모든 OECD 국가들에서 입법화되어 있지만 집행의 기제는 다양하며 따라서 집행력의 차이가 매우 크다. 가장 강력한 차별 금지 집행 기제는 미국의 집단소송제도인데, 집단소송 및 징벌적 배상이 가능하기 때문에 차별의 비용이 매우 큰 편이다. 흥미로운 것은 이러한 차별 금지 정책이 효과를 거둔 과정이다. 신제도주의적 연구들은 미국의 기업들이 집단소송을 회피하기 위해 인사관리부서를 만들고 차별 금지 및 적극적 조치 관련 인사전문가들을 고용한 결과 인사관리는 대단히 큰 산업으로 성장했으며, 차별 금지 교육에 이해가 달려 있는 집단들을 만들어냈으며, 이들이 기업문화를 변화시키는데 일조했다고 분석하고 있다(Dobbin, 2009). 차별 금지 정책을 통해 인사관리의 합리성이 증진된 결과라는 것이다. 조직 다양성 증진 과정에서 관리자의 역할은 매우 중요한 것으로 보인다. 최근 미국 평등고용기회위원회(EEOC: Equal Employment Opportunity Commission) 사료 및 조직 수준 자료들을 바탕으로 다양한 차별 금지 조치들 중 조직 다양성을 실제로 증진시키는 데 효과적인 조치들이 무엇이었는지 밝히는 경험 연구들이 나오고 있는데, 여기서도 관리자들이 차별 금지 조치의 성패를 좌우하는 역할을 하는 것으로 나타난다(Hirsh and Cha, 2017; Dobbin, Schrage and Kalev, 2015).

차별 금지의 집행력을 높이기 위해서는 차별에 대한 실질적 처벌(징벌적 손해배상) 및 피해자에 대한 적극적 구제(벌금이 아닌 피해자에 대한 직접적 배상)를 위한 입법적 조치가 필요하며, 차별 시정을 전문으로 하는 집행기구가 필요하다. 현재 중앙노동위원회에서 차별 시정 업무를 맡고 있으나 차별 시정 신고 사례가 매우 적다. 2015년 이후 주요 판정 사례 190여 건 중 차별 시정 판정 사례는 10건에 불과하며 이 중 성차별 사례는 한 건도 없는 실정이다. 차별 시정을 전문으로 하는 집행기구가 반드시 독립기구일 필요는 없으며 노동위원회 혹은 국가인권위원회 등 기존 기구에 편성될 수도 있을 것이다. 입법적 조치와 전문집행기구가 중장기적 방안이라면 여성가족부와 고용노동부 등 중앙행정부처에서 차별받은 여성들의 목소리를 귀담아 듣는 일은 지금이라도 시작할 수 있다. 성차별 신문고 등을 운영하여 차별의 피해자들이 쉽게 목소리를 낼 수 있는 공간을 만들고, 성차별 신문고에 신고된 기업의 경우 정부용역사업에 입찰할 자격을 주지 않거나 감점을 주는 등 실질적인 불이익을 주는 조치들은 적극적 고용조치사업 개선방안과 연동해 시도해 볼 수 있다.

4. 저임금 노동시장 축소

여성들이 저임금의 주변부 노동시장에 집중된 고용 현실에서 최저임금 인상은 남녀 임금격차를 줄일 수 있는 매우 효과적인 정책이다. 2015년 고용 형태별 근로실태조사를 이용하여 계산해 본 바에 따르면, 최저임금이 시간당 1만 원으로 상승하면 월평균임금으로 볼 때 여성 임금 비율이 71%까지 상승하게 되며, 시간당 평균임금으로 볼 때는 75%까지 상승하게 된다. 남성의 월평균임금은 5.4% 상승하는 데 반해 여성 월평균임금은 13.5% 상승하는 효과가 있다.

최저임금 인상이 성별 임금격차를 줄이는 효과를 배가시키기 위해서는 동시에 중소기업의 인사관리 합리성 증진을 위한 방안을 도입할 필요가 있다. 인사관리제도 자체가 없는 사업장이 많으므로 경영지원을 통해 인사관리의 합리성을 높이는 방안을 마련하는 것이 이 부문에서 남녀 임금격차를 효과적으로 줄일 수 있는 방안이다. 이를 위해 중소기업 경영 지원 정책들에 성평등적 인사관리를 위한 지원책들이 패키지로 제공될 필요가 있다. 여성들이 대부분을 차지하고 있는 중소기업들의 경우 인사관리부서도 부재하고 어떻게 해야 하는지도 모르는 경우가 많은데 이러한 비합리성의 불이익을 여성들이 고스란히 받고 있다. 중소기업 밀집 공단이나 지역에 민-관-시민사회 합동 노무지원센터를 세우고 인사관리 지원서비스를 제공하는 방안을 포함해 여러 가지 형태로 생각해 볼 수 있다.

5. 성별 임금격차 해소에 도움이 되지 않는 정책들

우리와는 다른 맥락이지만 서구에서는 최근 가족정책이 여성고용 및 젠더 불평등에 미치는 영향을 둘러싸고 논쟁이 진행 중이다. 특히 북유럽식의 장기간 유급 육아휴직, 육아기 단축근무 청구권 등 관대한 가족정책 및 그러한 정책을 실행할 사회서비스 부문의 공공고용 확대가 결국은 1차적 양육자로서의 여성의 성역할 고정관념을 더 영속화하고 있으며 여성들을 공공부문 사회서비스 일자리들에 집중시킴으로써 성별 직종 분리를 강화하고 있다는 비판이 있다(Mandel and Shalev, 2009; 이에 대한 이론적, 경험적 반론으로는 Korpi, Ferrarini and Englund, 2013).

우리나라는 가족정책이 확대 중이나 여전히 공공지출의 총량에서 OECD 평균에 못 미치고 있으며 사회서비스 전달체계가 시장 중심적이라 국가가 고용자로서의 역할을 적극적으로 하고 있는 것도 아니다. 그럼에도 불구하고 공공정책을 통해 성역할 고정관념 및 성별 직종 분리가 강화되고 있을 가능성이 높다. 현재 중앙행정부처나 지자체에서 시행하고 있는 여성 고용정책들은 여성의 양육 부담을 전제하면서 여성의 이중부담을 더는 정책들이거나 성별 직종 분리를 (해체하기보다는) 전제하면서 대표적 여성 직종 근무자들의 근무조건을 완화하는 정책들이 많다. 또한 경력 단절을 (예방하기보다는) 전제하면서 경력 단절이 된 여성들의 재취업을 돕는 정책들이거나 여성에게 맞춤형 직종을 제공한다면서 성별 직종 분리를 강화하고 있다. 이 경우 여성정책이 단기적으로도 장기적으로도 오히려 여성의 삶과 노동의 기회를 제약하는 결과를 불러올 수 있다.

6. 성평등주의를 여성 고용정책의 원칙으로

여성 고용정책은 근본적으로 남성은 생계부양자, 여성은 양육자라는 성역할 고정관념을 해체하는 성평등주의를 포괄적 원리(overarching principle)로 상정하고 이 원리가 정책결정의 모든 단계에, 모든 영역에, 모든 결과물에 반영될 수 있어야 한다. 이를 확인하기 위해서는 어떠한 정책이든 이 정책이 여성에 대한 직간접적 차별을 완화하는 데 기여하고 있는지, 남녀 모두의 일-가족 양립 가능성을 높이는 데 기여하고 있는지, 여성과 남성에 대한 성역할 고정관념을 해체하는 데 기여하고 있는지 점검해 볼 필요가 있다.

또한 여성을 수혜 대상자로 특정하는 정책들보다는 보편적 사회정의를 실현하는 정책들을 추구하는 것이 더 바람직할 수 있다. 대표적인 것이 차별 금지와 최저임금 인상 정책이다. 사회적 적폐라고 할 수 있는 차별을 금지하고 저임금을 해소하는 것은 성별을 특정하는 정책은 아니지만, 차별의 주된 피해자들이자 저임금의 주변부 노동시장에 집중된 여성들이 자연스럽게 더 많은 수혜를 받게 된다. OECD 최악의 성별 임금격차는 차별 금지의 집행력을 강화하여 성평등주의의 무너진 한쪽 바퀴를 다시 세우고 저임금 노동시장 임금 및 근무환경을 적극적으로 개선하면 줄일 수 있다.

동시에 한국의 분절 노동시장 구조 속에서 젠더 평등의 전략은 배제의 극복과 차별의 극복이라는 이중의 과제를 안고 있음을 주지해야 한다. 주로 배제의 기제를 통해 남녀 임금격차가 발생하는 대기업 부문에서는 여성 신규 입직을 늘리고 여성의 경력 단절을 예방하여 남녀 간 근속 연수 및 연령의 차이를 줄여야 한다. 또한 여성들이 주변적인 업무로 배제되지 않도록, 승진 기회가 많은 핵심 업무에 배치되도록 인사관리를 하는 것이 효과적으로 남녀 임금격차를 줄일 수 있는 방안이다. 주로 직접적 임금차별의 기제를 통해 남녀 임금격차가 발생하는 중소기업 부문에서는 동일(가치)노동 동일임금의 원칙, 차별 금지의 원칙을 지킬 수 있도록 근로 감독을 강화해야 한다.

참고문헌

김영미. 2015. 「분절노동시장에서의 젠더 불평등의 복합성」. ≪경제와 사회≫, 106호, 105~237쪽.

김영미·차형민. 2016. 「분리와 차별의 장기 지속: 분절노동시장 내 성별직종분리와 남녀임금 격차 추이 분석」. 『불평등 사회 사회학의 소명과 과제』, 한국사회학회 사회학대회 논문집.

Dobbin, F. 2009. "Inventing equal opportunity." *Inventing Equal Opportunity*. Princeton: Princeton University Press.

Dobbin, F., D. Schrage and A. Kalev. 2015. "Rage against the iron cage: The varied effects of bureaucratic personnel reforms on diversity." *American Sociological Review*, Vol. 80, No. 5, pp. 1014~1044.

Hirsh, E. and Y. Cha. 2017. "Mandating Change: The Impact of Court-Ordered Policy Changes on Managerial Diversity." *ILR Review*, Vol. 70, No. 1, pp. 42~72.

Kim, Y. M. 2017. "Rethinking Double Jeopardy: Differences in the Gender Disadvantage between Organizational Insiders and Outsiders in Korea." *Sociological Perspectives*, Vol. 60, No. 6, pp. 1082~1096.

Korpi, W., T. Ferrarini and S. Englund. 2013. "Women's opportunities under different family policy constellations: Gender, class, and inequality tradeoffs in western countries re-examined." *Social Politics: International Studies in Gender, State & Society*, Vol. 20, No. 1, pp. 1~40.

Mandel, H. and M. Shalev. 2009. "How welfare states shape the gender pay gap: a theoretical and comparative analysis." *Social Forces*, Vol. 87, No. 4, pp. 1873~1911.

한국의 건강 불평등 현황과 정책과제

윤 태 호

의술이 우리에게 제공할 수 있는 치료법보다 우리가 더 많은 병에 걸려 있다면 그것은 무엇 때문일까? 생활에서의 극심한 불평등, 어떤 사람에게는 지루한 여가 가 주어지는가 하면 어떤 사람에게는 과중한 노동이 강요되는 것. 우리의 식욕과 관능적 쾌락을 쉽사리 자극하고 만족시킬 수 있는 재간, 부유한 사람들에게 변비 를 일으킬 동·식물성 즙을 제공하며 소화 불량으로 괴롭히기 일쑤인 너무도 희 귀한 음식들, 그나마 굶주리기 일쑤인, 경우에 따라 과식하기 마련인 가난한 사 람들의 형편없는 먹을거리, 그리고 밤샘과 온갖 종류의 무절제, 온갖 정념의 과 도한 흥분, 정신력 피로와 소모, 누구나 경험하며 그래서 영원토록 영혼을 좀먹 는 무수한 비애와 고통(루소, 2011).

1. 건강과 건강 불평등

1) 건강의 정의

건강(health)에 대한 정의는 다양하다. 가장 단순하게는 육체적 건강의 측면에서 '아픔이 없는 상태', '질병이 없는 상태'를 의미하기도 하고, 육체적 건강에다가 정신적 건강의 개념을 포함하여 '몸과 마음이 평온한 상태', '신체적으로나 정신적으로 질병이 없는 상태'를 의미하기도 한다. 한편으로는 가족관계 또는 사회적 기능을 중시하여 '가족 간 관계가 평온한 상태', '사회적으로 불편함없이 기능할 수 있는 상태' 등을 의미하기도 한다. '건강'은 이렇게 다양한 의미를 지니고 있는데 건강을 포괄적으로 기술한 것으로는 세계보건기구에서 건강에 대해 정의한 내용이 가장 널리 인용되고 있다. 세계보건기구 헌장(World Health Organization, 1946)에서는 건강을 "단지 질병이나 장애가 없는 상태가 아니라 신체적, 정신적, 사회적으로 완전히 안녕(well-being)한 상태"로 정의했으며 "달성할 수 있는 최고 수준의 건강을 향유하는 것은 인종, 종교, 정치적 신념, 경제적 또는 사회적 상태와 관계없이 모든 인류의 근본적 권리 중의 하나"라고 명시하고 있다.

즉, 세계보건기구는 건강은 인류의 기본권이며, 이러한 건강은 신체적, 정신적으로 건강할 뿐 아니라 사회적으로도 건강해야 한다는 것이다.

2) 건강의 결정요인

건강의 결정요인은 건강의 변화를 나타낼 수 있는 지표로서 개인이나 집단의 건강상태에 영향을 미치는 요인을 말한다. 건강의 결정요인은 몇 가지 분류로 나눌 수 있다.

첫째, 성, 연령, 유전 또는 체질과 같은 생물학적 요인이다. 흔히 남성보다는 여성이 오래 살고, 나이가 들수록 질병에 걸리기 쉽다. 또한 타고난 체질 덕분에 동년배의 다른 사람들보다 오래 사는 경우들을 주위에서 볼 수 있다. 예컨대, "어떤 사람은 평생 담배를 피웠는데도 호흡기 질환이나 암에 걸리지 않고 100살까지 살더라"라는 것이다.

둘째, 건강한 생활습관 요인이다. 흡연, 음주, 신체적 활동을 하지 않는 것, 고열량의 음식 섭취, 오래 앉아 있는 습관 등 일상생활에서 익숙해진 습관이 건강에 나쁜 영향을 미친다는 것이다. 건강한 생활습관은 흔히 개인의 노력을 통해 개선이 가능한 것으로 인식된다. 그래서 사람들은 새해가 되면 "담배를 끊어야지", "술을 좀 줄여야지", "운동을 열심히 해야지", "패스트푸드를 줄여야지"라는 다짐을 하기도 한다.

셋째, 보건의료서비스 요인이다. 흔히 '건강=보건의료'라는 인식은 대중뿐 아니라 정책 결정가들의 뇌리 속에 깊이 자리 잡고 있다. 그래서 흔히 보건의료 정책을 건강 정책으로 이해하는 경우가 많다. 예컨대, 국민 건강을 위해 건강보험 보장성을 강화하고, 공공의료를 확충·강화하고, 의료서비스의 접근성과 질을 높이며, 일차의료를 강화해야 한다는 것이 바로 그러한 것들이다.

마지막으로, 사회적 요인으로 사회경제적·사회심리적 요인 등을 통칭하는 개념이다. '가난한 사람이 질병에 잘 걸리고, 이른 나이에 사망한다', '차별이 육체적, 정신적으로 건강에 부정적 영향을 미친다', '사회 참여와 사회적 지지 수준이 높은 사람이 더 건강하다', '공동체성이 높은 지역에서 사는 사람들의 건강 수준이 전반적으로 높다'는 것 등이 이러한 사회적 요인에 대한 예이다. 흔히 소득, 교육, 직업, 주거, 사회적 자본, 사회적 지지와 네트워크, 참여, 차별, 근무 조건 등이 대표적인 사회적 요인들로 알려져 있다.

이러한 건강의 결정요인이 건강의 결과에 어느 정도 기여하는지를 측정한 연구들이 있는데, 미국의 지역별 건강 순위를 매기고 있는 위스콘신 대학교의 연구(University of Wisconsin Population Health Institute, 2019.11.1)에 따르면, 사회경제적 요인이 40%(교육 10%, 고용 10%, 소득 10%, 가족 및 사회 지지 5%, 공동체 안전 5%), 건강 행태가 30%(흡연 10%, 운동 10%, 음주 및 약물 5%, 성 활동 5%), 임상적 의료가 20%(접근성 10%, 서비스 질 10%), 물리적 환경이 10%(대기질 및 수질 5%, 주거 및 교통 5%)의 기여를 한다고 추정하고 있다.

이러한 건강의 결정요인을 종합화하여 모형화한 것 중에서 가장 널리 알려진 모형은 '달그런-화이트헤드 모형'으로 일명 '무지개 모형'으로 알려져 있다. 이 모형의 특징은 건강의 결정요인들이 층을 이루고 있다는 것이다. 제일 상위에는 주요 구조적 환경이, 그 아래에는 생활하고 일을 하는 물질적, 사회적 조

그림 08-1 • 건강의 주요 결정요인

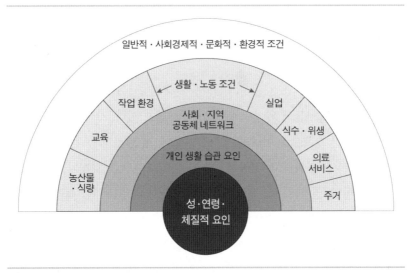

자료: Dahlgren and Whitehead(1991).

건이 있으며, 그 아래에는 가족, 친구, 이웃, 지역공동체의 상호 지지가 있으며, 마지막 아래층에는 개인의 생활습관(흡연, 음주, 식이습관)이 있다. 성, 연령, 유전적 요인과 같은 개인적 속성 요인도 있는데, 이들은 바꾸기 어려운 고정적 요인이다. 이 각각의 층의 요소들이 건강에 영향을 미치며, 따라서 4개의 층에서 정책적 개입이 이루어진다(Dahlgren and Whitehead, 1991).

정책 수준 1은 장기간의 구조적 변화를 목표로 하며, 경제 전략, 조세정책, 국가 간 무역과 환경 협약 등이 여기에 속하는데, 국가 수준 또는 국제적인 정치 활동을 필요로 한다. 정책 수준 2는 건강한 공공 및 기업 전략을 통해 생활 및 근로 조건을 개선하는 것을 목표로 한다. 국가 또는 지역 수준에서 사회복지 부문을 통한 복지 급여의 제공, 보건의료 부문을 통한 보건서비스 제공, 농식품 부문에서 식품과 영양 정책, 노동 부문에서 고용정책 등이 여기에 속한다.

정책 수준 3은 개인 및 가족에게 사회와 공동체의 지지를 강화하는 것을 목표로 한다. 사람들이 상호 지지를 통해 함께하고, 그렇게 함으로써 건강의 위해 요소들로부터 방어를 강화하도록 하는 것이다.

정책 수준 4는 개인의 생활습관 태도에 영향을 미치는 것을 목표로 한다.

이 모형에 따르면, 어떤 건강 정책의 목표를 위해서는 이 4가지 정책 수준들이 같이 작동해야 효과적이다. 흡연율을 줄이는 것을 목표로 한다고 할 때, 수준 1에서는 담배세를 올리는 것, 수준 2에서는 담배 홍보를 금지하고 공공장소에서 흡연을 하지 못하도록 하는 것, 수준 3에서는 지역 소매점에서 청소년들에게 담배를 판매하지 못하도록 같이 노력하는 것, 수준 4에서는 금연교육 또는 캠페인을 실시하는 것 등이다.

특히, 최근에는 건강의 결정요인 중에서 건강의 사회적 결정요인의 중요성이 강조되고 있다. 주요한 건강 결정요인인 건강한 생활습관 역시 사회적 결정요인에 큰 영향을 받는다. 예컨대, 어떤 집단에 속한 사람은 담배를 쉽게 끊는 반면, 어떤 집단에 속한 사람은 담배를 끊지 못하고, 끊더라도 곧 다시 피운다는 것이다. 따라서 개인행동의 영역으로 인식되어 온 건강한 생활습관 역시 사회적 요인이 함께 개선되지 않고서는 개선되기 어렵다는 것이다. 건강 불평등은 바로 그러한 인식과 증거들에서부터 출발한다.

3) 건강 불평등의 정의

건강 불평등은 정의하는 사람이나 기관에 따라 조금씩 차이가 있다. 화이트헤드는 "서로 다른 사회경제적 집단 간 건강 상태의 체계적 차이이며, 이는 사회적으로 생성되며 불공평하다"라고, 그레이엄(Graham, 2004: 101~124)은 "더 혜택을 받는 집단과 덜 혜택을 받는 집단 간의 체계적 차이"라고, 세계건강형평성학회(International Society for Health Equity)에서는 "사회적, 경제적, 인구학적, 지리적으로 구분된 인구집단 간에 존재하는 한 가지 이상의 건강 측면의 체계적이고 잠재적으로 교정 가능한 차이"라고 정의했다.

또한 건강 불평등은 건강 불평등, 건강 불형평성, 건강의 사회경제적 불평등, 건강 격차, 건강 양극화, 건강 불균형 등 조금씩 다르게 표현되며, 각 표현이 가지는 의미도 조금씩 차이가 있다. 건강 불평등은 개인과 집단의 건강 성취에서의 차이, 변이, 불균형을 지칭하는 일반적 용어로, 건강 불형평성은 불공평함 또는 불공정의 형태로부터 나타나는 건강에서의 불평등으로 구분하기도 한다(Kawachi, Subramanian and Almeida-Filho, 2002). 하지만 이 글에서는 건강 불평등과 건강 불형평성을 동일한 의미로 보며, 건강 불평등이라는 용어로 통일하고자 한다.

정리해 보면, 건강 불평등은 인구집단 간에 나타나는 피할 수 있고, 불공평하며, 체계적인 건강에서의 차이로 정의할 수 있다. 즉, 건강 불평등은 피할 수 있으므로 교정이 가능하며, 불공평하므로 교정해야 하는 문제이다. 또한 인구집단 간에 무작위로 나타나는 단순한 차이가 아니라 건강 불평등을 고착화하는 (사회)구조적 요인에 따라 체계적으로 나타나는 차이이므로, 정책적, 제도적 노력을 통해 개선 가능한 문제인 것이다.

건강 불평등에 대한 접근은 크게 "무엇에 대한 불평등인가?", "누구와의 불평등인가?"라고 요약할 수 있다. 첫 번째 질문은 건강 불평등에서 다루는 주제에 대한 것으로 건강 상태(기대수명, 사망, 질병 등), 건강 행태(흡연, 음주, 운동, 영양 등), 보건의료의 접근성(의료기관 이용, 적절한 치료를 이용), 의료의 질과 경험(서비스에 대한 만족도 등), 건강의 사회적 결정요인(주거의 질, 사회적 지지 등) 등으로 다양하다. 두 번째 질문은 어떤 인구집단 간에 건강 불평등이 나타나는가에 대한 것으로 사회경제적 요인(소득, 직업 등), 지리적 요인(수도권과 비수도권, 도시와 농촌 등), 사회적 차별 요인(젠더, 이주노동자, 장애인, 노숙인 등) 등이 주요 관심사이다. 그렇다면 건강의 다양한 측면에서 인구집단 간에 발생하는 건강 불평등은 어떻게 발생하는 것일까?

4) 건강 불평등의 발생 기전

건강 불평등이 왜 발생하는가? 이에 대한 답은 한 가지만 있는 것은 아니다. 건강 불평등 연구의 고전이라 할 수 있는 블랙보고서에서는 인위적 설명(인과

표 08-1 • 건강 불평등의 설명

설명 유형	내용
물질적 설명	개인의 물질적 수준(소득 등)이 식이, 주거의 질, 오염된 환경, 위험한 직업 선택 등을 결정한다.
문화적/행동적 설명	사회적으로 불이익을 받는 집단에 속한 개인들이 갖는 믿음과 규범, 가치의 차이가 적절한 음주, 금연, 여가시간에서의 운동을 덜 하도록 한다.
사회심리적 설명	직장 또는 가정에서의 지위, 통제 능력, 사회적 지지, 노력과 보상 간의 균형이 신체 기능에 영향을 미침으로써 건강에 영향을 준다.
생애주기 설명	출생 전, 아동기 동안의 사건과 과정들이 육체적 건강과 건강을 유지하는 데 필요한 능력 모두에 영향을 미친다. 건강과 사회적 환경은 오랜 시간에 걸쳐 서로 영향을 끼친다.

자료: Bartley(2004).

적 관계가 아닌 변수 선정에서의 작의적 요인), 자연선택 또는 사회선택 이론(낮은 사회계급이어서 건강하지 못한 것이 아니라 건강하지 못하기 때문에 낮은 사회계급이 됨), 물질주의적 또는 구조주의적 설명(경제적 역할 및 이와 관련한 사회구조적 요인이 건강에 영향을 미침), 문화적/행동적 설명(낮은 사회계급의 독특한 문화와 행동이 건강에 영향을 미침) 등 네 가지 설명 틀을 제시했으며, 인위적 설명을 제외하고는 다른 설명들이 물론 건강 불평등과 연관성이 있을 수 있으나, 물질주의적 또는 구조주의적 설명 틀이 가장 유력한 것으로 보았다.

바틀리(Bartley, 2004)는 건강 불평등을 설명하는 모형을 블랙보고서에서 제시한 두 가지 설명 틀과 블랙보고서 이후의 연구들을 통해 제시된 두 가지 설명 틀을 추가하여 네 가지 설명 틀로 제시했다. 물질적 설명과 문화적/행동적 설명은 블랙보고서의 설명 틀과 동일하다. 추가된 두 가지 설명은 사회심리적 설명과 생애주기 설명이다. 사회심리적 설명은 사회적 지위가 건강을 결정한다는 것으로 요약할 수 있다. 즉, 건강 불평등은 물질적 수준이 열악한 계급에 국한된 문제가 아니라는 것이다. 예컨대, 일정한 물질적 수준 이상을 영위하고 있는 영국 중앙부처 공무원 사회를 대상으로 추적 조사한 마멋의 연구에 따르면, 전통적인 위험 요인인 흡연, 혈중 콜레스테롤 수치, 혈압 등을 통제한 후에도 공무원의 직급에 따라 관상동맥질환으로 인한 사망에서 불평등이 크게 있었다

(Marmot et al., 1978). 물론, 이 연구에서 공무원의 직급이 낮을수록 흡연 등 나쁜 건강 행태를 보였지만, 나쁜 건강 행태만으로는 설명되지 않는 건강의 차이가 상당히 존재함을 지적했다. 생애주기적 설명은 크게 두 가지로 요약할 수 있다. 하나는 태아기와 출생 초기의 환경이 성인기의 건강에 결정적인 영향을 미친다는 것이고, 다른 하나는 전 생애주기 동안 문제가 누적된 결과라는 것이다.

지난 수십 년간 우리 사회의 계층 간, 지역 간 불평등 수준은 점점 심화되고 있다는 수많은 증거들이 있다. 그렇다면 건강 불평등은 어떨까? 심화되고 있는 것일까? 아니면 전국민건강보험과 건강보험의 보장성 강화, 건강 증진과 질병 예방을 위한 정책 노력 등으로 인해 개선이 되고 있는 것일까? 심화되고 있다면 우리 사회에서 수용 가능한 수준일까?

2. 우리나라의 건강 불평등 현황

1) 건강 결과의 불평등

(1) 기대수명의 불평등

기대수명[1]은 가장 대표적인 객관적 건강 결과 지표로, 국가 내, 국가 간 건강 수준을 비교할 때 가장 널리 사용하는 지표이다. 우리나라는 급속한 경제발전과 소득수준의 증가, 공중보건과 의학의 발전 등에 힘입어 기대수명에서의 급격한 증가가 있었다. 공식적 기대수명 통계가 생산되기 시작한 지난 1970년에는 전체 62.3세, 남성 58.7세, 여성 65.8세에 불과했으나, 50년이 지난 2019년에는 전체 83.3세, 남성 80.3세, 여성 86.3세로 전체 인구에서는 21.0세, 남성에서는 21.6세, 여성에서는 20.5세가 증가했다. 전체 인구를 기준으로 같은 기

---

1   해당 연도에 태어난 사람이 해당 연도의 생존 확률을 따를 때 평균 몇 년간 생존할 수 있는지를 나타낸 지표로, 0세 때 기대여명을 보통 기대수명이라 한다.

그림 08-2 • 우리나라 기대수명의 변화(1970~2019년)

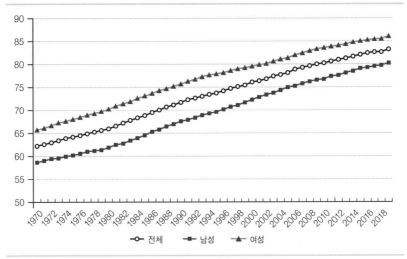

범례: ─○─ 전체　─■─ 남성　─▲─ 여성

자료: 통계청의 완전생명표(1세별) 자료를 바탕으로 저자가 작성.

간 동안 일본은 12.4세(72세 → 84.4세), 스웨덴은 8.4세(74.8세 → 83.2세), 영국은 9.5세(71.9세 → 81.4세), 미국은 8.0세(70.9세 → 78.9세) 증가하는 데 그쳤다. 1970년 당시 우리나라보다 기대수명이 훨씬 높았던 영국과 미국은 현재는 기대수명이 더 낮으며, 우리나라는 전 세계적으로도 기대수명이 높은 국가로 알려진 스웨덴과 동일한 수치이다. 우리나라는 급속한 사회경제적 발전과 함께 급속한 건강 수준의 향상도 같이 경험하고 있는 대표적 국가이다.

그렇다면 기대수명의 불평등 수준은 어느 정도일까? 기대수명의 증가와 함께 기대수명의 불평등 수준도 많이 줄어들었을까? 국민건강보험 자료(보험료를 이용한 소득분위 측정)와 지역사회건강조사 자료(삶의 질 측정)를 활용한 연구(Lim et al., 2002)에 따르면, 소득분위별 기대수명과 삶의 질 보정 기대수명은 남성과 여성 모두에서 높은 소득분위일수록 뚜렷하게 높아졌으며, 격차도 크게 개선되지 않았다.

기대수명의 경우, 전체 인구는 2008년 소득 1분위 82.7세에서 소득수준이 낮아질수록 감소하여 소득 5분위에서는 75.9세로 격차는 6.8세였으며, 2014년

표 08-2 • 소득분위별 기대수명과 삶의 질 보정 기대수명

		전체		남성		여성	
		2008	2014	2008	2014	2008	2014
기대수명	1분위	82.7	84.7	79.8	82.0	84.8	86.6
	2분위	81.1	83.4	77.6	80.1	83.9	85.8
	3분위	80.3	82.7	76.9	79.2	83.1	85.5
	4분위	80.0	82.1	76.4	78.6	83.2	85.1
	5분위	75.9	78.3	71.6	74.2	80.2	82.3
	격차	6.8	6.4	8.2	7.8	4.6	4.3
삶의 질 보정 기대수명	1분위	78.6	79.4	77.1	78.5	79.7	80.0
	2분위	76.9	77.9	74.9	76.7	78.6	79.0
	3분위	75.8	77.0	73.8	75.3	77.5	78.0
	4분위	75.0	75.3	72.7	74.4	77.1	77.1
	5분위	70.3	71.3	67.1	69.0	73.7	73.4
	격차	8.3	8.1	10.0	9.6	6.0	6.5

주: 격차는 해당 연도의 소득 1분위 값과 소득 5분위 값의 차이임.

에는 소득 1분위 84.7세, 소득 5분위 78.4세로 6.4세의 격차를 보였다. 남성은 2008년 1분위 79.8세, 5분위 71.6세로 8.2세의 차이를 보였으며, 2014년의 격차는 7.8세였다. 여성은 2008년 1분위 84.8세, 5분위 80.2세로 4.6세의 차이를 보였으며, 2014년에는 4.3세였다. 2008년과 2014년의 기대수명의 격차는 소폭 감소했으나, 여전히 소득분위별 큰 차이를 보이고 있다.

삶의 질 보정 기대수명의 경우, 전체 인구는 2008년 소득 1분위 84.7세에서 역시 소득수준이 낮아질수록 감소하여 소득 5분위에서 70.3세로 8.3세의 차이가 있었다. 남성의 소득 1분위와 소득 5분위의 격차는 2008년 10.0세에서 2014년 9.6세로 소폭 감소한 반면, 여성에서는 2008년 6.0세에서 2014년 6.5세로 소폭 증가했다. 여성의 삶이 점점 더 고달파지고 있는 것이다. 삶의 질 보정 기대수명의 소득분위 간 격차는 기대수명의 격차보다 더 컸는데, 이는 소득수준 간 삶의 질의 격차가 매우 크다는 것을 반증하는 것이다.

(2) 지역 간 사망의 불평등

지역 간 사망의 불평등은 대부분 시도, 시군구 또는 도농 간 비교를 한다. 이 글에서는 우리나라에서 행정기관이 설치되어 있는 가장 아래의 행정단위인 읍면동을 기준으로 한 사망의 불평등을 보았다. 2010~2014년의 5년치의 읍면동별 사망자 수와 동일 기간의 읍면동별 주민등록인구수 자료를 이용하여 표준화사망비[2]를 산출했다.

2014년 기준으로 우리나라에는 총 3463개의 읍면동이 있으며, 이를 10분위로 나누어 지도에 표준화사망비를 표시했다(그림 08-3).

우선 서울과 경기 남부에 표준화사망비가 낮은 읍면동이 집중되어 있음을 확인할 수 있으며, 제주도, 전남 동부 지역, 전북 동부 지역, 충남 서부 지역 등도 표준화사망비가 낮은 지역들이 많이 분포되어 있다. 표준화사망비가 높은 지역들이 집중된 곳으로는 경기 북부, 충북, 강원 남부, 경남 동부 지역들이다. 또한 우리나라의 대표적인 대도시인 서울과 부산을 비교해 보면 확연한 차이가 있는데, 서울은 표준화사망비가 낮은 지역들로 대부분 구성되어 있는 반면, 부산은 해운대 인근 지역들을 제외하고는 표준화사망비가 높은 지역들로 구성되어 있다. 서울은 강남과 강북의 격차가 큰 것으로 알려져 있으나, 이는 서울 내에서만 비교를 했을 때에 타당한 것이며, 우리나라 전체를 놓고 보았을 때에는 강남과 강북의 격차는 서울과 다른 지역의 격차만큼 심각하지는 않다. 우리나라의 읍면동별 표준화사망비의 지리적 분포를 보면 무작위로 흩어져 있는 것이 아니라 어느 정도 군집을 이루고 있음을 알 수 있다. 이는 향후 지역 간 건

---

2   일반적으로 사용하는 조사망률은 인구구조에 절대적 영향을 받으므로 연령을 표준화해야 한다. 지역 간 비교에서 조사망률을 적용하면 노인인구가 절대적으로 많은 지역에서 사망률이 절대적으로 높게 나타나므로, 높은 사망률인 지역이 읍면 지역에 몰리게 되는 결과를 초래한다. 하지만 읍면동 수준에서는 연령별 사망자 수가 공개되지 않으므로 우리나라 전체 인구의 연령별 사망률을 해당 읍면동의 연령별 주민등록인구수에 곱하여 계산한 기대사망자 수와 해당 읍면동의 실제 사망자 수의 비를 나타내는 표준화사망비를 적용했다. 어떤 지역의 표준화사망비가 100이라면, 우리나라 평균 사망률과 동일하다는 의미이고, 100보다 높으면 평균사망률보다 높고, 100보다 낮으면 평균사망률보다 낮다는 의미이다.

그림 08-3 • 우리나라 소지역(읍면동) 표준화사망비의 분포

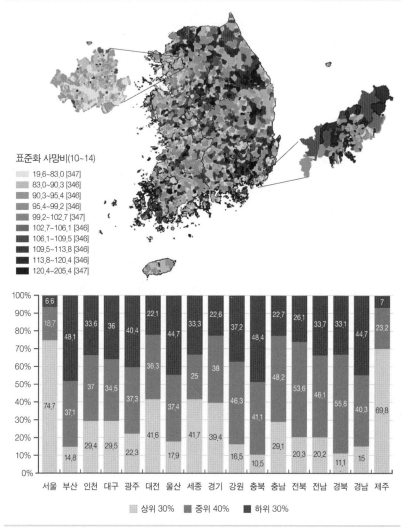

주: 상위 30%는 표준화사망비가 가장 낮은 30%이며, 하위 30%는 표준화사망비가 가장 높은 30%
   읍면동을 의미함.
자료: 2010~2014년간의 통계청의 읍면동 총사망자 수와 주민등록연앙인구 자료를 이용하여 저자
   가 산출함.

강 불평등 문제를 해결하는 정책을 만드는 데 특히 고려해야 할 점이다.

그림 08-3의 아래쪽 그래프는 각 시도별로 읍면동 표준화사망비가 가장 낮은 상위 30%, 중간인 중위 40%, 가장 높은 하위 30%로 범주화하여 나타낸 것이다. 서울시에 소재한 동의 74.7%가 상위 30%에 속하며, 하위 30%에 속하는 동은 6.6%에 불과했다. 서울과 가장 분포가 유사한 시도는 제주도인데, 69.8%가 상위 30%에 속했으며, 하위 30%는 7.0%에 불과했다. 이에 비해 부산은 상위 30%에 해당하는 경우가 14.8%에 불과했다. 이 외에도 상위 30%에 속하는 지역이 적은 시도로는 울산 17.9%, 강원 16.5%, 충북 10.5%, 경북 11.1%, 경남 15.0%였다. 농어촌 지역이 많은 시도가 반드시 표준화사망비가 높은 것은 아니며, 대도시 지역이라고 해서 표준화사망비가 낮은 것만은 아님을 확인할 수 있었다. 따라서 단순히 도시와 농촌 간, 광역시와 광역도 간 접근과 같은 방식으로는 지역 간 건강의 불평등 문제를 해결하기 어렵고, 오히려 불평등 구조를 더 고착화시킬 가능성이 있다. 따라서 지역 간 건강 불평등의 실태에 대한 좀더 근거 있는 자료를 이용하여 정책을 만들 필요가 있다. 지역 균형 발전도 그러한 측면에서 접근해야 할 것이다.

2) 건강 행태의 불평등[3]

건강 행태는 질병의 구조가 과거 감염병 중심에서 비감염성 질환으로 전환되면서 그 중요성이 부각되고 있으며, 건강에 기여하는 주요 요인이면서 다른 요인들에 비해 상대적으로 쉽게 교정이 가능하여 정책적 의미도 크다. 가장 대표

---

3   건강 행태의 불평등에 관한 통계 자료는 질병관리청의 국민건강영양조사 통계를 활용했다. 국민건강영양조사는 국민건강증진법에 따라 매년 우리나라 국민 1만 명에 대한 건강 수준, 건강 관련 의식 및 행태, 식품 및 영양 섭취 실태 조사를 통해 국가 단위 통계를 산출하는 전국 규모의 조사이다. 질병관리청에서는 1998년부터 조사를 수행했으며, 초기에는 3년에 1번 조사(1998년, 2001년, 2005년)를 실시했으나, 2007년부터는 매년 조사를 실시하고 있다. 각 연도 보고서 및 통계 자료는 홈페이지에서 내려받을 수 있다(https://knhanes. kdca.go.kr/knhanes/main.do).

적인 건강 행태인 흡연, 음주, 운동, 영양, 비만, 우울감 등 대표적인 지표들을 소득분위에 따라 연령을 표준화한 통계치를 남성과 여성으로 구분하여 제시했다.

(1) 흡연

흡연은 우리나라 사망 원인 1위인 암과 2, 3위인 심혈관계 질환 사망에 주요한 영향을 끼치는 대표적인 건강 위험 행태이다. 지난 20년간 현재 흡연율[4]의 소득분위별 변화를 보면, 남성이 여성에 비해 흡연율이 압도적으로 높다. 남성이 여성보다 흡연율이 높은 것이 일반적 현상은 아니다. 우리나라는 남성의 흡연율이 압도적으로 높지만, 유럽 국가들은 남성과 여성의 흡연율이 비슷하다. 예컨대, 2010년 기준으로 영국의 남성과 여성의 흡연율은 각각 20.9%와 19.8%로 별 차이가 없다(Office for National Statistics, 2021). 우리나라에서 남성과 여성의 흡연율이 큰 차이를 보이는 이유는 남성이 담배를 피우는 것은 당연한 일인 데 비해, 여성이 담배를 피우는 것이 비도덕적이라는 인식이 광범위하게 퍼져 있는 문화적 특성 때문으로 볼 수 있다. 이 때문에 여성들이 흡연 사실을 숨기는 경우가 많으며, 실제 여성흡연율보다 낮게 조사되었을 가능성이 있다.

남성의 경우, 모든 소득분위에서 전반적으로 흡연율의 감소를 보이고 있으나, 그 변화의 크기는 소득분위별로 차이가 있다. 1998년과 2019년을 비교하면, 가장 소득수준이 낮은 5분위의 흡연율은 70.0%에서 42.7%로 −27.3% 포인트 감소한 반면, 소득수준이 가장 높은 1분위의 흡연율은 63.7%에서 25.9%로 −37.8% 포인트 감소했다. 이렇게 흡연율의 감소 크기는 소득분위별로 뚜렷한 차이가 있음을 알 수 있다.

여성의 경우, 남성과는 달리 흡연율의 감소 양상에서 소득분위별로 차이가 있다. 소득수준이 가장 낮은 5분위에서는 흡연율이 1998년 10.2%에서 13.0%로 오히려 증가하는 추세인 반면, 소득수준이 가장 높은 1분위에서는 1998년 4.9%에서 2019년 1.8%로 감소하는 추세를 보이고 있다. 그 외 소득분위에서

---

4 평생 담배 5갑 이상을 피웠고, 현재도 담배를 피우는 분율(만 19세 이상)을 말한다.

는 남성과는 달리 거의 변화가 없거나 오히려 증가하는 추세이다.

(2) 고위험 음주

음주는 대표적으로 간질환과 정신장애, 교통사고 등의 원인이 되는 건강 위험 행태이다. 흡연율과 마찬가지로 고위험 음주율[5] 역시 여성에 비해 남성이 압도적으로 높다. 남성의 고위험 음주율은 2005년 소득 1분위 18.8%, 2분위 21.7%, 3분위 18.3%, 4분위 19.7%, 5분위 20.1%로 소득분위별로 뚜렷한 불평등 양상을 보이지는 않으며, 2019년에도 소득 1분위와 소득 5분위가 17.8%로 동일하다. 더군다나 흡연율과는 달리 2005년부터 2019년까지 15년간 큰 변화도 없다.

이에 비해 여성은 2005년 소득 1분위 2.8%, 2, 3분위 3.0%, 4분위 3.8%, 5분위 4.6%로 소득수준이 낮을수록 고위험 음주율이 뚜렷이 높아지며, 2019년에도 소득분위별로 약간의 등락은 있으나, 소득 1분위 4.6%, 소득 5분위 10.6%로 소득수준이 낮을수록 고위험 음주율이 높아지고 있다. 또한, 2005년부터 2019년까지 지난 15년간의 변화를 보면, 남성과는 달리 여성의 고위험 음주율은 뚜렷이 증가하고 있다. 이는 남성에 비해 여성의 음주에 기인한 건강 불평등이 심화될 가능성이 높음을 의미하는 것이다.

(3) 신체 활동

신체 활동은 암과 심뇌혈관 질환을 예방하고, 정신건강에도 유익한 건강 행태이다. 신체 활동 실천율[6]은 2014년 국민건강영양조사에서부터 발표하고 있다. 신체 활동률은 여성보다는 남성이 높은 수준을 유지하고 있다. 남성의 신

5　1회 평균 음주량이 남자인 경우 7잔 이상, 여자인 경우 5잔 이상이며 주 2회 이상 음주하는 분율(만 19세 이상)을 말한다.

6　일주일에 중강도 신체 활동을 2시간 30분 이상 또는 고강도 신체 활동을 1시간 15분 이상 또는 중강도와 고강도 신체 활동을 섞어서(고강도 1분은 중강도 2분으로 환산) 각 활동에 상당하는 시간을 실천한 분율(만 19세 이상)을 말한다.

체 활동률은 소득분위별로 뚜렷한 불평등 추세를 보이지는 않지만, 높은 소득
분위에서 높은 신체 활동률을 보이고 있다. 이러한 양상은 여성에서도 동일하
게 관찰된다. 다만, 2015년에서 2019년의 기간 동안 남성과 여성 모두에서 유
산소 신체 활동률이 감소했는데, 이는 모든 소득분위에서 공통적으로 나타난
현상이었다.

(4) 비만

비만은 각종 만성질환의 기저질환으로 알려져 있다. 과거에는 영양 결핍이
주된 건강의 문제였다면, 현재는 영양 과잉이 주된 건강의 문제로 인식되고 있
다. 비만율[7]은 여성보다는 남성이 일관되게 높은 수준을 유지하고 있다. 남성의
비만율은 2001년부터 2019년까지 20년의 기간에 걸쳐 모든 소득분위에서 증가
했다. 소득분위별로는 2001년 1분위 33.0%로 소득 5분위 30.0%에 비해 높았으
나, 2019년에는 소득 1분위 39.1%, 5분위 42.5%로 5분위에서 더 높아지는 역전
현상을 보였다. 이 기간 동안 소득 1분위의 비만율은 6.1% 포인트 증가한 반면,
소득 5분위에서는 12.5% 포인트 증가하여 무려 2배 이상의 증가를 보였다.

여성의 비만율은 남성과 달리 2001년부터 2019년까지 20년간에 큰 변화가
없으며, 오히려 약간 감소하는 추세를 보였다. 소득분위별로는 2001년 1분위
24.0%, 2분위 24.8%, 3분위 27.1%, 4분위 31.1% 5분위 31.5%로 소득수준이
낮을수록 비만율이 뚜렷이 높아졌으며, 2019년에는 소득분위 간 뚜렷한 차이
는 약해지긴 했으나, 소득 1분위 23.7%, 소득 5분위 28.7%로 소득 간 격차는
여전히 존재했다.

(5) 건강식생활 실천

건강식생활 실천율[8]은 개선이 되고 있는 대표적인 건강 행태 지표이다. 성

---

7 체질량 지수가 25이상인 분율(만 19세 이상)이며, 체질량 지수는 체중(kg)을 신장(m)의
   제곱으로 나눈 값이다.
8 지방, 나트륨, 과일 및 채소, 영양 표시 4개 지표 중 2개 이상을 만족하는 분율(만 6세 이상).

별로는 여성이 남성보다 모든 소득분위에서 일관되게 높은 수준을 유지하고 있다. 남성의 건강식생활 실천율은 2005년 소득 1분위 26.5%, 소득 5분위 19.5%, 2019년에는 소득 1분위 43.1%, 소득 5분위 37.8%로 2005년에 비해 2019년의 소득분위 간 격차는 약간 감소했다.

여성도 남성과 유사한 경향을 보이고 있는데, 2005년 소득 1분위 36.2%, 소득 5분위 28.8%, 2019년 소득 1분위 53.6%, 소득 5분위 48.8%로 2005년에 비해 2019년의 소득분위 간 격차는 남성과 마찬가지로 감소했다.

(6) 우울감

우울감 경험률[9]은 정신건강 수준을 나타내는 대표적 지표이며, 우리 몸의 호르몬과 면역체계에 영향을 끼쳐 신체적 질병을 야기한다고 알려져 있다. 남성과 여성 모두에게서 우울감 경험률의 소득분위별 불평등은 뚜렷한 양상을 보이고 있으며, 남성에 비해 여성에게서의 우울감 경험률이 일관되게 높게 나타났다. 남성의 우울감 경험률은 2005년 소득 1분위 7.7%에서 소득수준이 낮아질수록 증가하여 소득 5분위에서는 18.5%에 이르렀으며, 2019년에는 소득 1분위 7.0%, 소득 5분위 11.3%로 소득분위 간 격차가 줄어들긴 했으나, 격차는 여전했다. 여성의 우울감 경험률은 2005년 소득 1분위 15.2%에서 소득수준이 낮아질수록 증가하는 경향을 보여 소득 5분위에서는 24.5%에 달했으며, 2019년에는 증가세는 줄었으나, 소득 1분위 9.1%, 소득 5분위 16.7%로 소득분위 간 격차는 여전히 크게 나타났다.

건강의 주요한 결정요인이자 개인의 노력으로 개선이 가능하다고 알려진 건강 행태를 살펴본 결과, 남성이 여성보다 절대적 측면에서 건강에 나쁜 행태를 가지는 비중이 더 높았다. 남성의 건강 행태는 점점 개선이 이루어지고 있으나, 여성에게서는 오히려 악화되고 있는 점이 우려스럽다. 소득수준별로 건

9　최근 1년 동안 연속 2주 이상 일상생활에 지장이 있을 정도로 슬픔이나 절망감 등을 느낀 분율(만 19세 이상).

표 08-3 • 소득분위별 주요 건강 행태의 소득분위별 분포

	남성					여성				
	2001	2005	2010	2015	2019	2001	2005	2010	2015	2019
흡연										
1분위	54.5	45.5	42.6	33.9	25.9	5.7	4.9	4.9	3.6	1.8
2분위	57.1	47.5	46.3	40.0	36.1	3.9	4.3	6.4	4.2	4.5
3분위	62.4	52.4	45.8	42.2	38.3	3.0	4.8	3.6	4.7	7.9
4분위	61.6	53.9	52.2	38.3	36.2	5.1	6.0	5.7	5.9	6.5
5분위	68.7	58.8	53.1	41.8	42.7	7.9	8.6	10.6	9.4	13.0
고위험 음주										
1분위		18.8	20.3	20.3	17.8		2.8	2.7	4.6	4.6
2분위		21.7	21.7	25.0	17.5		3.0	6.4	3.6	4.1
3분위		18.3	23.6	16.5	16.9		3.0	4.7	7.5	7.7
4분위		19.7	21.8	21.9	23.5		3.8	4.6	6.4	6.2
5분위		20.1	22.2	21.4	17.8		4.6	9.0	7.3	10.6
신체 활동										
1분위				61.5	54.3				53.7	43.8
2분위				52.7	58.1				47.6	43.3
3분위				52.5	50.8				50.0	43.3
4분위				56.5	51.2				48.3	41.7
5분위				55.6	48.6				48.7	40.4
비만										
1분위	33.0	36.7	41.4	40.1	39.1	24.0	22.2	22.0	19.3	23.7
2분위	31.0	39.5	38.0	37.5	43.5	24.8	26.9	23.6	26.1	21.8
3분위	34.5	32.4	32.0	38.7	42.8	27.1	28.7	25.4	24.1	24.3
4분위	29.2	30.2	39.9	42.4	40.2	31.1	30.4	24.4	25.6	25.9
5분위	30.0	34.1	30.8	41.2	42.5	31.5	28.3	28.4	35.4	28.7
건강식생활 실천										
1분위		26.5	33.6	31.4	43.1		36.2	42.2	49.8	53.6
2분위		24.5	31.4	36.6	38.5		34.6	37.3	46.6	54.2
3분위		29.0	27.4	29.1	38.9		29.0	38.9	45.2	48.3
4분위		23.3	29.9	32.2	37.0		28.9	37.4	43.6	46.7
5분위		19.5	27.0	31.0	37.8		28.8	37.5	42.3	48.8
우울감 경험										
1분위		7.7	8.6	7.1	7.0		15.2	13.7	13.6	9.1

2분위		8.8	6.2	7.2	6.2		17.1	15.9	12.4	10.4
3분위		8.7	8.3	8.1	8.2		16.7	16.2	18.7	13.6
4분위		13.5	6.2	8.6	7.9		21.6	14.4	15.4	12.9
5분위		18.5	10.1	15.8	11.3		24.5	24.1	22.4	16.7

주: 1분위가 소득이 가장 높은 계층이고, 5분위가 소득이 가장 낮은 계층이며, 표의 모든 수치는 각 분위별 연령 구조를 보정한 연령표준화율임.

강 행태의 불평등은 여전하며, 특히 가장 건강에 위협적이면서 개선을 위한 국가적 투자가 가장 많이 이루어진 흡연율에서의 불평등이 악화되고 있다는 점은 정책적인 면에서 시사하는 바가 크다고 할 수 있다. 또한, 건강 행태의 개선이 단순히 개인의 책임 또는 개인의 노력으로 개선이 되는 것으로는 어려우며, 소득분위별 건강 행태의 불평등이 지속되고 있음을 볼 때 사회구조적 요인이 작동하고 있음을 유추해 볼 수 있다.

3) 보건의료서비스에 의한 건강 불평등

일반적으로 지역 간 건강 불평등을 측정하기 위해 가장 많이 사용하는 지표인 사망률은 보건의료서비스 외적 요인에 의해 영향을 많이 받는다. 이러한 이유로, 최근에는 적절한 보건의료서비스를 이용하면 예방할 수 있는 사망의 개념인 피할 수 있는 사망을 정책적으로 많이 활용하고 있다. 피할 수 있는 사망에서 핵심은 사망 원인의 분류법인데, 의학 기술과 공중보건의 발전으로 피할수 있는 사망은 계속 변화하고, 연구자나 기관마다 분류 기준에 차이가 있기 때문이다. 이로 인해 여러 학자와 기관에서 분류법을 제안했으나, 최근에는 OECD에서 제안한 분류법[10]을 주로 사용하며, OECD 보건 통계를 통해 OECD 회원국의 피할 수 있는 사망률을 공식적으로 제공하고 있다.

---

10 OECD의 피할 수 있는 사망은 치료 가능한 사망과 예방 가능한 사망으로 다시 분류된다. 전자는 적절한 의료서비스를 통해 막을 수 있는 사망을, 후자는 적절한 공중보건서비스를 통해 막을 수 있는 사망을 의미한다.

최근 한 연구(Choi, Moon and Yoon, 2022)에서는 위의 OECD 분류법을 적용하여 1995년부터 2019년까지 25년간 수도권(서울, 인천, 경기 지역)과 비수도권(그 외 지역)의 피할 수 있는 사망률의 추세의 절대적 차이와 상대적 차이를 분석한 바 있다. 이 연구에 따르면, 두 지역 간의 절대적 차이의 추세는 지난 25년간 지속적으로 감소해 왔으나, 최근 들어 정체 상태를 보이고 있다. 절대적 차이의 감소는 주로 남성의 예방 가능한 사망의 감소에 기인한다. 이에 비해 여성의 두 지역 간 예방 가능한 사망률의 격차는 크게 변화하지 않았으며, 치료 가능한 사망에서는 오히려 두 지역 간 격차가 증가하고 있다. 두 지역 간의 상대적 차이의 추세는 절대적 차이와는 다른 양상을 보이고 있다. 피할 수 있는 사망에서는 지난 25년간 큰 변화가 없는데, 예방 가능한 사망은 감소하는 추세를 보이는 반면, 치료 가능한 사망은 오히려 증가하는 추세를 보이고 있다. 특히, 여성의 예방 가능한 사망은 거의 변화가 없으며, 치료 가능한 사망은 계속 증가하는 추세이다.

　　우리나라의 지난 25년간 수도권과 비수도권의 피할 수 있는 사망률의 절대적, 상대적 격차가 감소한 것은 예방 가능한 사망의 감소에 기인하는데, 이는 의료기관과는 달리 모든 시군구에 균등하게 배치된 보건소를 중심으로 하는 건강 증진 및 질병 예방 프로그램의 활성화와 관련이 있는 것으로 보인다. 우리나라는 1995년부터 모든 지자체에서 지역의 특성에 따른 지역보건의료계획을 수립하도록 하고 있으며, 건강 증진 프로그램 역시 보건소를 중심으로 이루어지고 있다. 특히, 남성의 사망을 줄이는 데 더 효과가 큰 금연, 절주 정책, 자동차 안전벨트 착용 등과 같은 공공정책이 그 격차를 줄이는 데 기여한 것으로 추정할 수 있다.

　　이에 비해 의료기관에서의 치료서비스를 통해 막을 수 있는 치료 가능한 사망은 수도권과 비수도권의 절대적 격차에는 큰 변화가 없었으며, 상대적 격차는 오히려 증가하고 있었다. 이는 의료 자원의 양적, 질적 불균형 분포와 밀접한 관련이 있는 것으로 짐작된다. 우리나라 건강보험은 모든 국민들을 대상으로 소득수준이나 지역에 관계없이 동일한 급여서비스를 제공하고 있으며, 의

그림 08-4 ● 수도권과 비수도권의 피할 수 있는 사망률 격차의 절대적·상대적 추세(1995~2019년)

● 피할 수 있는 연령표준화사망률

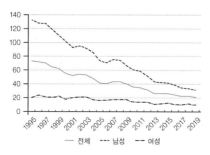 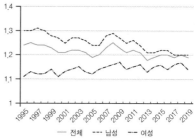

● 예방 가능한 연령표준화사망률

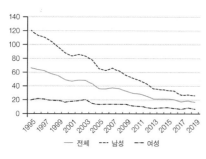 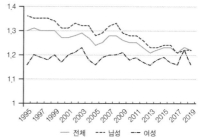

● 치료 가능한 연령표준화사망률

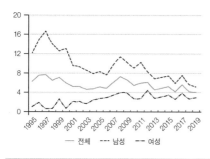 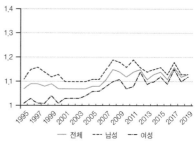

주: 각각 왼쪽 그래프는 절대적 차이를, 오른쪽 그래프는 상대적 차이를 나타낸 것임.
자료: Choi, Moon and Yoon(2022)의 논문에서 수치를 인용하여 작성.

료 이용의 경제적 장벽을 해결하기 위해 보장성 강화 정책을 지속적으로 추진하고 있다. 하지만 동일한 급여서비스를 제공하더라도 의료 자원의 양적, 질적 분포에 따라 큰 영향을 받을 수밖에 없다. 지난 25년간 지역별로 균형 있게 배치된 보건소에 비해, 의료 자원은 수도권을 중심으로 양적, 질적으로 집중되어 왔음을 반증하는 것이기도 하다.

3. 건강 불평등 해결을 위한 정책 노력

왜 어떤 국가들은 건강 불평등을 적극적으로 해결하고자 하고, 어떤 국가들은 무시하는가? 화이트헤드가 제시한 건강 불평등 활동의 스펙트럼에서 대략적인 해답을 찾을 수 있다. 일반적으로 건강 불평등을 해결하고자 하는 활동은 측정에서 시작한다. 측정을 통해 건강 불평등이 있음을 인지하고, 건강 불평등에 대한 관심을 촉발함으로써 이를 해결하고자 하는 행동 의지가 생기며, 이 행동 의지가 활동으로 이어지고, 활동의 범위가 점점 넓어지면서 포괄적인 정책으로 발전한다는 것이다. 하지만 인지를 하고 사회적 경각심이 있더라도 정책 결정자가 건강 불평등을 부정하거나 의도적으로 무시하는 경우도 빈번하다. 블랙보고서가 그 대표적인 예이다. 이러한 활동 스펙트럼은 반드시 단계적 과정을 밟는 것은 아니다. 인지 단계에서 중간 단계를 모두 생략하고, 바로 포괄적인 정책 활동으로 이어질 수도 있다. 결국, 건강 불평등을 해결하기 위해서는 건강 불평등 문제 그 자체의 크기와 심각성 외에도 정책 결정자가 건강 불평등을 해결해야 하는 문제로 인지하는가가 활동의 단계로 이어지는 데 가장 중요하다고 볼 수 있다.

건강 불평등을 해결하기 위해서는 건강 불평등이 발생하는 지점에 대한 적절한 개입이 중요하다. 핀 디더리센(Finn Diderichsen)은 바로 이 점에 착안하여 그림 08-6과 같은 모형을 제시했다. 이 모형에서 개인적 수준에서 발생하는 건강의 문제는 개인이 살고 있는 사회로부터 영향을 받는다는 것을 기본으로 하

그림 08-5 ● 건강 불평등 완화를 위한 활동 스펙트럼

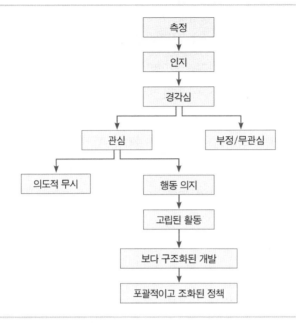

자료: Whitehead(1998).

그림 08-6 ● 디더리센의 건강 불평등 완화를 위한 개입 모형

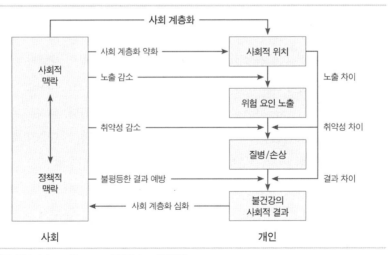

자료: Diderichsen, Evans and Whitehead(2001).

고 있다. 건강 불평등은 그 개인이 어떠한 사회적 위치에 있는지에서 출발하여, 건강에 위협이 되는 위험 요인에 얼마나 노출되는지, 위험 요인에 노출된 후 질병이나 손상이 발생하는 데 얼마나 취약한지, 질병이나 손상이 발생했다면 이로 인한 결과로 개인의 사회적 위치에 어떤 변화가 발생하는지(예컨대, 암에 걸려 직장을 잃게 되는 경우 등) 등에 따라 발생한다고 보았다. 이러한 지점에 적절한 정책적 개입을 하게 되면 건강 불평등을 완화할 수 있다. 이에 따르면 가장 근원적으로 사회적 위치에 의한 부정적 결과(정규직과 비정규직의 차별 해결 등)를 해결해야 하고, 그다음으로는 위험 요인의 노출을 감소(흡연을 줄이고, 사업장 건강 환경 조성 등)시켜야 하며, 그다음으로는 질병이나 손상이 쉽게 발생하지 않도록 취약성을 감소(아프면 쉬기 등 직장에서의 질병으로 인한 유급휴가의 보장 등)시키는 것이며, 마지막 단계로는 건강 보험의 보장성을 강화함으로써 질병에 걸리더라도 고용이 보장되고, 치료비로 인해 가계가 파산하지 않도록 하는 것 등의 정책적 개입이 있을 수 있다.

다음으로는 건강 불평등을 완화하기 위한 전 세계적 노력과 개별 국가들의 구체적 노력을 살펴보기로 한다.

1) 세계보건기구

세계보건기구는 마이클 마멋 교수를 위원장으로 한 건강의 사회적 결정요인에 관한 위원회의 보고서(Commission on Social Determinants of Health, 2008)를 통해 "건강 불평등을 감소시키는 것은 윤리적으로 절박하다. 사회적 불공정은 광범위하게 사람들을 죽이고 있다"라고 건강 불평등의 현 상황을 압축적으로 표현했다. 또한 건강 불평등을 개선하기 위해서는 ① 일상적 생활 여건을 개선하고(평등한 출발선, 공정한 고용과 적절한 일자리, 포괄적 사회보장, 보편적 보건의료서비스, 건강한 지역공동체), ② 권력·돈·자원의 불공평한 분포의 해결하며(모든 정책에 건강 불평등 고려, 공평한 재원 조달, 시장의 책임성, 성평등, 정치적 역량 강화, 좋은 국제 협력), ③ 건강 불평등의 문제를 측정하고, 이해하며, 활동의 영향을 평가할 것을 권고했다. 하지만 세계보건기구의 외침에도 불구하고, 전 세계적 수준에서 건강 불평등을 줄이는 여정은 여전히 길고도 먼 일이다.

국가적 수준에서 건강 불평등을 줄이기 위한 노력도 역시 이루어지고 있는데, 대표적인 국가로는 영국과 스웨덴을 들 수 있다.

2) 영국

영국에서 건강 불평등 정책에 대한 관심을 촉발시킨 것은 블랙보고서이다. 블랙보고서는 영국이 자랑하는 국영보건서비스(NHS: National Health Service)가 탄생한 이후 30년 동안의 영국 사회계급 간의 건강 불평등 실태를 비교 분석하고, 그 주요 원인이 영국의 불평등한 사회적·물질적 구조에 있다고 보았으며, 건강 불평등을 해결하기 위한 37개의 정책과제들을 권고했다. 무상의료제도인 NHS를 통해 의료 접근성을 획기적으로 개선함으로써 건강 불평등이 줄어들었을 것이라는 기대와는 달리 지난 30년간 사회계급 간 건강 불평등이 심화되고 있다는 결과는 충격적이었다. 노동당 정부에서 시작한 이 프로젝트는 대처의 보수당 정부가 출범한 직후 발간되었는데, 당시 보수당 정부는 보고서의 내용을 인정하지 않았으나, 그 영향은 지대했다(Marmot, 2001). 블랙보고서 이후 영국의 건강 불평등 연구가 본격화되었고, 사회계급 간 건강 불평등 수준이 심각하다는 증거들이 물밀듯이 쏟아져 나왔다. 1997년에 노동당이 정권을 잡으면서, 건강 불평등의 완화는 NHS의 강화와 함께 노동당 정부의 핵심 정책과제가 되었다. 정부 내에 건강 불평등 전담팀이 신설되고, 중앙과 지방정부의 정책에서 건강 불평등을 완화하는 것이 핵심 의제가 되었으며, NHS 역시 건강 불평등을 완화에 기여하기 위한 방안들을 마련했다.

영국 정부는 건강 불평등 정책의 목표를 크게 두 가지로 설정했다(Department of Health, 2003). 첫째 목표는 1세 미만 영아에 관한 것으로, 2010년까지 육체노동자 계층과 전체 인구 간의 1세 미만 영아사망률을 10% 감소시킨다는 것이고, 둘째 목표는 지역에 관한 것으로, 2010년까지 기대수명이 가장 낮은

표 08-4 • 영국의 건강 불평등을 완화하기 위한 대표 모니터링 지표

대표 지표	지표 정의
1. 일차의료 접근성	인구 10만 명당 일차의료 전문가의 수
2. 사고	취약 지역의 교통사고 사상자 수
3. 빈곤 아동	저소득 가구의 아동 비율
4. 식이	가장 낮은 소득 5분위 중 1일 섭취 과일과 채소의 종류가 5가지 이상인 인구의 비율
5. 교육	5가지 중등학교 시험에서 A*-C등급에 해당하는 평가를 받는 16세 학생들의 분율
6. 홈리스	임시 수용시설에 거주하는 자녀가 있는 홈리스 가족의 수
7. 주거	기준 미달 주택 거주 가구 비율
8. 독감 예방 접종	65세 이상 노인인구 중 독감 예방 접종자 분율
9. 학교 체육	양질의 체육 수업 또는 교과 과정을 막론하고 학내 스포츠를 최소 일주일에 2시간 이상 참여하는 학생의 분율
10. 흡연	육체노동자 계층과 임신부의 흡연율
11. 10대 임신	18세 이하 여성의 임신 비율
12. 주요 질병에 의한 사망	국가 평균과 비교해서 가장 높은 20% 지역의 75세 미만 인구의 주요 질병(암, 심혈관 질환) 연령표준화사망률

자료: Department of Health(2003).

하위 5분위 지역과 전체 인구 간 격차를 10% 감소한다는 것이다.

앞서 설명한 영아사망과 기대수명의 불평등을 완화하기 위해 국가 차원에서 12가지의 대표적인 관리 지표를 설정하여 모니터링과 평가를 정기적으로 수행했다. 보건의료서비스와 건강한 생활습관의 영역도 있으나, 교육, 주거, 빈곤, 교통사고 등 건강에 영향을 미치는 사회적 결정요인에 대한 내용들이 균형적으로 들어가 있는 것이 특징이다. 이들 건강 불평등을 완화하기 위한 목표와 대표 지표들은 보건부에서 재정부와 예산을 협상하는 데 가장 핵심적인 영역이었다.

3) 스웨덴

북유럽의 대표적 복지국가인 스웨덴은 평등을 지향하는 국가이며, 따라서

표 08-5 ● 스웨덴 국가공중보건위원회에서 제안한 18개 건강 정책 목표

정책 영역	정책 목표

사회적 자본, 연대의 강화	1. 사회적 연대감과 사회공동체 의식 강화
	   (빈곤 감소, 주거 분리 감소 등)
	2. 개인에 대한 지지적 사회 환경
	   (소외 및 고립의 감소, 여가·문화 활동 참여 증진)

만족스러운 환경에서 성장	3. 모든 아동들에게 안전하고 평등한 여건 조성
작업 조건의 개선	4. 높은 고용 수준 5. 건강한 작업 환경
만족스러운 물리적 환경의 창출	6. 여가활동을 위한 접근이 용이한 녹지 7. 건강한 실내 및 실외 환경 8. 안전한 환경과 제품
건강을 증진하는 생활습관의 촉진	9. 신체적 활동의 장려 10. 건강한 식이습관 11. 안전하고 만족스러운 성생활 12. 담배 소비의 감소 13. 해로운 음주의 감소 14. 약물에서 자유로운 사회
건강을 위한 만족스러운 인프라 개발	15. 보다 건강을 지향하는 보건서비스 16. 공중보건에 대한 부처 간, 부문 간 협력적 노력 17. 연구, 방법론 개발, 교육에 장기적 투자 18. 사실에 입각한 건강 정보

자료: Östlin and Diderichsen(2001).

건강 불평등이 다른 국가들에 비해 심각한 편은 아니었다. 그럼에도 불구하고, 영국의 블랙보고서가 발간된 이후 건강 불평등의 문제가 스웨덴 사회에서도 존재함을 확인했고, 이를 해결하기 위한 국가 차원의 노력이 있었다.

스웨덴은 국가공중보건위원회를 조직화하여 정책을 입안했는데, 여기에는 몇 가지 특징이 있다. 첫째, 여러 정당의 정치가와 전문가와 함께 정책을 만들었다는 점, 둘째, 건강의 결정요인과 다부문 간 실행에 초점을 두었다는 점, 셋째, 과학적 근거에 기반했다는 점, 마지막으로 정책을 개발하는 데 민주적 절차를 강조했다는 점 등이 그것이다(Östlin and Diderichsen, 2001).

스웨덴은 건강 불평등 문제를 해결하기 위한 정책의 비전으로 '양질의 건강

을 평등하게'로 두었고, ① 사회적 자본, 연대의 강화, ② 만족스러운 환경에서 성장, ③ 작업 조건의 개선, ④ 만족스러운 물리적 환경의 창출, ⑤ 건강을 증진하는 생활습관의 촉진, ⑥ 건강을 위한 만족스러운 인프라 개발 등 6개의 정책 영역에 걸쳐 18개 정책 목표를 제시했다.

4) 한국

우리나라에서 건강 불평등을 완화하기 위한 노력은 아직은 국가정책에서 잘 다루어지고 있지 않다. 건강 불평등을 완화하려는 국가 차원의 노력은 국민건강증진종합계획에서 확인할 수 있는데, 지난 2005년부터 건강 형평성 제고를 총괄 목표로 설정하고 있다. 하지만 이를 달성할 구체적 정책 수단들은 부족했다.

지난 2021년에 발표한 국민건강증진종합계획(HP2030)에서는 정책 환경의 변화로 소득 양극화와 건강 불평등 개선 필요를 꼽았고, 적절한 정책 개입이 없다면 소득계층 간 또는 지역 간 건강 격차는 심화될 것으로 전망했다(관계부처 합동, 2021). 계획에서는 총괄 목표로 건강수명 연장과 건강 형평성 제고를 설정했으며, 구체적 목표로 '소득수준 상위 20%와 하위 20%의 건강수명 격차를 7.6세 이하로 낮추는 것'과 '건강수명 상위 20% 지자체와 하위 20% 지자체의 격차를 2.9세 이하로 낮추는 것'으로 설정했다.

건강의 결정요인을 개인의 건강 행동, 개인의 사회경제적 특성, 보건의료 체계, 사회·물리적 환경으로 규정하고, 건강수명 연장과 건강 형평성 제고를 최종 목표로 설정한 바 있다. 한편, 이 계획에서는 기본 원칙으로 다음의 6가지를 제시했다.

① 국가와 지역사회의 모든 정책 수립에 건강을 우선적으로 반영한다.
② 보편적인 건강 수준의 향상과 건강 형평성 제고를 함께 추진한다.
③ 모든 생애과정과 생활터에 적용한다.

④ 건강 친화적인 환경을 구축한다.

⑤ 누구나 참여하여 함께 만들고 누릴 수 있도록 한다.

⑥ 관련된 모든 부문이 연계하고 협력한다.

4. 건강 불평등 해결을 위한 정책적 접근[11]

앞서 살펴보았던 주요 문헌들을 검토한 결과, 건강 형평 정책은 단순한 보건의료 자원 배분 내지는 서비스 제공에 의존하는 방식이 아니라, 사회정의와 공평성의 실현이라는 관점에서 포괄적인 사회정책적 접근을 하고 있음을 확인할 수 있었다.

마멋 교수는 영국 정부의 건강 불평등 정책을 평가하면서 건강의 사회적 결정요인을 해결하기 위한 정책적 노력이 있어야 함을 지적했고, 다음과 같은 6가지 정책 목표를 제시했다(Marmot, Glodblatt, Allen et al. 2010). 이를 위해서는 중앙 정부의 노력만으로는 부족하며, 모든 정책에 건강 형평성을 고려한 효과적인 지역의 전달체계가 같이 작동되어야 한다고 했다.

- 모든 아동들을 최선의 출발선에 두도록 할 것
- 모든 아동들, 청년과 성인들이 그들의 삶에 대해 역량과 통제력을 최대화하도록 할 것
- 모두에게 공평한 고용과 좋은 직장을 만들도록 할 것
- 모두가 건강한 생활수준을 누리도록 할 것
- 건강하면서 지속 가능한 지역공동체를 만들고 개발할 것
- 건강하지 못함을 예방하는 데 더 노력을 기울일 것

---

11 이 절은 Yoon(2013)을 수정·보완했다.

우리나라도 건강 불평등이 심각함을 인지하고, 국민건강증진종합계획에 건강 형평성 제고를 총괄 목표로 설정하는 등 국가적으로 노력하고 있으나, 건강 불평등을 완화하기에는 아직 미흡한 부분이 많다. 우리나라에서 건강 불평등을 완화하기 위한 몇 가지 원칙과 함께 구체적 정책을 간략히 제시하면서 글을 마무리하고자 한다.

1) 정치적 의지

다른 정책들도 마찬가지이겠지만, 건강 형평성에 근거한 정책적 활동은 특히 정치적 영향을 많이 받는다. 대표적인 예로 영국의 블랙보고서를 들 수 있는데, 이 기념비적 보고서의 내용과 권고안은 보수당 정부 동안에는 수용되지 않았고, 노동당 정부가 정권을 잡은 지 18년이 지난 후에야 받아들여졌다. 하지만 건강 형평 정책이 특정 정치적 입장을 초월하여 추진되는 예도 있다. 스웨덴의 경우 연방의회를 구성하는 모든 정당의 대표자들이 함께 참여하여 기본 계획을 수립한 것이 좋은 사례라 할 수 있다. 또한, 영국은 2010년에 노동당 정부가 선거에 패배하여 보수당-자유민주당 연합 정부가 들어섰지만, 마멋의 평가에 근거하여 건강 형평 정책을 지속적으로 수행해 나갈 것이라는 의지를 표명한 바 있다.

건강 형평 정책은 특정 정치세력의 전유물이 아니며, 평등주의적 지향, 자유주의 지향 등 다양한 이데올로기적 관점에서 접근이 가능하다(Mackenbach et al., 2007). 즉, 건강 형평 정책은 정치적 지향 내지는 정치적 이해관계를 떠나 사회정의의 실현과 국민 건강 격차의 해결을 위해서 수행해야 한다는 인식에 근거하는 것이 바람직할 것이다. 이제 경제성장으로 한 국가 또는 사회의 성공을 측정하는 시대는 가고 공평한 건강과 삶의 질, 지속 가능성이 중요한 사회적 목표인 시대가 도래했다.

2) 구체적인 목표의 설정

모든 정책이 그렇듯이 정책 목표가 없다면 이를 실행할 구체적 정책 수단이 개발되기 어렵다. 또한 달성해야 할 목표가 없으므로 건강 형평 정책을 모니터링하거나 평가하기도 어렵다. 따라서 건강 형평성을 개선하고자 하는 정책적 의지는 구체적 목표의 설정 여부로 판단할 수 있다. 예컨대, 적극적인 건강 형평 정책을 추구했던 영국은 영아사망률의 사회계급 간 격차와 기대수명의 지역 간 건강 격차를 각각 10% 줄이는 것을 목표치로 제시하고, 이를 위한 12개의 대표 지표를 선정하여 모니터링을 했다. 스웨덴 역시 6개 정책 영역에 걸쳐 18개의 구체적인 정책 목표를 설정했다.

우리나라도 제5차 국민건강증진종합계획을 통해 건강 형평성 제고의 구체적 목표치를 제시하고 있다. 다만, 아쉬운 점은 건강의 사회적 결정요인이 중요하다는 점을 알고 있으면서도, 건강의 사회적 결정요인 지표를 직접 개선하기보다는 사회적 결정요인을 건강 불평등을 측정하기 위한 수단 정도로 여기고 있다는 점이다. 건강의 사회적 결정요인에 대한 독립적 지표를 설정하는 것이 아니라, 소득수준 간 건강 기대수명의 차이, 소득수준 간 흡연율의 차이 등과 같이 수단적 지표로 보고 있는 것이다. 이것은 건강 불평등에 대한 우리 사회의 정책 인식 수준을 반영하는 것이다. 즉, 건강의 사회적 결정요인은 건강 증진을 담당하는 보건복지부의 업무 소관 밖이라는 것이다.

3) 건강의 사회적 결정요인을 강조하는 건강한 공공정책의 지향

앞에서 살펴 본 정책 사례들의 공통점은 건강 형평성을 개선하기 위해 단지 생활습관 교정이나 질병의 위험 요인 관리 등과 같은 보건의료 부문에만 국한하지 않고, 더 광범위한 사회적 결정요인과 구조적 문제를 해결하기 위한 정책에 상대적으로 높은 비중을 둔다는 것이다. 건강 불평등의 문제를 해결하기 위해서는 근원적으로 접근(upstream approach)할 필요성이 강조되고 있으며, 이를 현실화하려는 정책 노력들이 최근의 건강 형평 정책으로 구체화되고 있다.

건강 불평등을 해결하기 위해서는 건강에 영향을 미치는 보건의료 체계의 외부 요인인 소득과 빈곤의 문제, 교육, 실업, 주거, 교통수단, 일반 농업정책의 중요성을 강조한 바 있다. 비슷한 맥락으로 윌킨슨과 마멋(Wilkinson and Marmot, 2003)은 사회적 지위, 스트레스, 생애 초기의 삶, 사회적 배제, 노동, 실업, 사회적 지지, 물질적 탐닉, 식량, 교통수단을, 달그런과 화이트헤드(Dahlgren and Whitehead, 1991)는 농업 및 식량 생산, 교육, 작업 환경, 실업, 식수 및 위생, 보건의료서비스, 주거를 제시했다. 건강 형평 정책은 곧 건강의 사회적 결정요인을 해결하는 것이며, 이는 세계보건기구의 오타와 헌장(Ottawa Charter)에서 지적한 바 있는 공공정책을 건강의 관점에서 수립하고 추진하는 '건강한 공공정책(Healthy public health)의 지향'과 그 맥을 같이한다고 할 수 있다.

따라서 건강 불평등을 해결하기 위한 정책은 보건의료 부문에 국한하는 것이 아니라 다양한 부문의 협력이 반드시 동반되어야 한다. 이렇게 되기 위해서는 건강 형평 정책이 국정의 중심 과제가 되어야 하며, 이는 사회적으로 건강 형평 정책에 대한 높은 가치 부여가 있어야 가능하다.

4) 생애 초기 최선의 공정한 출발선 보장을 위한 정책

생애주기별로 다양한 건강 형평 정책들이 있지만, 공통적으로 가장 높은 우선순위를 둔 집단 하나를 꼽자면 바로 인생의 출발기인 아동기이다. 아동기는 성인기의 건강 수준을 결정짓는 가장 중요한 시기(Wadsworth and Butterworth, 2006)로 건강 형평성 사업을 통해 건강 불평등이 줄어든다는 강한 근거가 있다(Mielck, Graham and Bremberg, 2002). 아동기의 건강 형평 정책은 공공보건의료기관을 중심으로 하는 제한적인 모자보건사업에만 그치는 것이 아니라 아동의 건강에 영향을 미치는 요인들에 대한 총괄적 지지를 포괄하는 것이다. 가장 대표적으로 0~3세 아동과 그 가족을 중심으로 하는 영국의 슈어 스타트(Sure Start) 프로그램을 들 수 있다. 1998년에 취약 지역을 중심으로 시작된 이 프로그램은 아동 빈곤 문제를 해결하기 위해서는 아동의 건강 문제가 중요하다는 영국 정부의 인식에 근거하고 있으며, 2010년에는 모든 지역에 걸쳐 3500개의 슈어 스타트 센터가 운영되었다. 다섯 가지 핵심적인 영역으로는 가족과 부모에 대한 지지, 좋은 학습 능력을 갖추도록 지지, 보건서비스와 상담, 가정 방문, 특별한 필요가 있는 아동과 가족들에 대한 지지이다(Stewart, 2005).

5) 건강 형평성을 강조하는 건강 보장 체계

건강 보장 체계에서 건강 형평성의 실현은 핵심적 가치이며, 양질의 보건의료에 대한 형평적 접근성 보장과 건강 불평등을 야기하는 원인을 해결하고 건강을 개선하기 위해 관련 기관들과의 파트너십을 통해 건강 불평등을 줄이는 데 중요한 기여를 할 수 있다. 양질의 보건의료에 대한 형평적 접근성 보장을 위해서는 무엇보다도 부담 없이 필요한 보건의료서비스를 이용할 수 있는 보편적 건강 보장 체계의 확립이 중요하다. 동시에 건강 불평등 완화를 위해서는 치료서비스 의존에서 벗어나 질병 예방과 일차의료를 강조하는 건강 보장 체계로의 체질 개선이 절실히 필요하다. 특히, 국가에서 질병 예방 활동에 높은 우선순위를 두고 투자를 하는 것은 건강 불평등을 줄이는 데 핵심인 다부문, 다부처 정책 협력을 하는 데 큰 동기 부여가 된다.

영국의 블랙보고서는 무상 의료를 표방했던 영국의 국영보건서비스(NHS)가 탄생된 지 30년이 지난 후 영국민의 건강에서의 불평등을 분석했다. 영국의 무상의료제도가 건강 불평등을 완화시키기는커녕 지난 30년간 건강 불평등이 심화되었다는 결과는 충격적이었다. 그 이후 건강 불평등 완화는 NHS의 가장 중요한 과제 중 하나로 자리매김되었다. 이에 비해 우리의 국민건강보험에서는 아직 건강 불평등이 중요한 과제로 인식되고 있지는 않다. 우리나라의 국민건강보험에는 건강보험 보장성 강화, 재정의 지속 가능성이 주된 정책 논의의 대상일 뿐 계층 간, 지역 간의 건강 불평등 문제를 해결하는 데 국민건강보험이 어떻게 기여할지는 관심의 대상이 아니다.

6) 시민 참여와 민주적 의사결정

국가 정책의 성공 여부는 그 정책이 직접 실현되는 지역에서 얼마나 효과적으로 수행되는가에 달려 있다. 마멋 등(Marmot et al., 2010)은 건강 형평 정책이 지역에서 효과적으로 전달되는 것은 지역 수준에서의 참여적 의사결정에 달려 있으며, 이는 지역사회에 권한이 부여될 때 가능하다고 한다. 동일한 정책 또는 사업이라 하더라도 그것이 실현되는 방식은 지역마다 큰 차이가 있으며, 이는 지역 간 격차를 야기하는 원인이 된다. 따라서 지역의 건강 필요에 따라 분배된 자원을 효과적으로 활용하기 위해서는 지역 상황에 가장 적합한 방안을 찾는 것이 중요하며, 이는 소수의 관료나 전문 엘리트들에 의해 결정되는 것이 아니라 시민들의 참여와 심의를 통한 민주적 의사결정이 수반되어야 한다.

이를 위해서는 건강과 보건의료 정책 분야에 시민들의 참여를 제도적으로 보장해 주어야 한다. 법적 기반을 둔 많은 위원회가 있으나, 실질적으로 작동하지 않는 경우가 대다수이며, 특히 건강과 보건의료 분야에서는 더욱 그러하다. 예컨대, 지방의료원에 이사회가 있고, 주민 대표가 참여하도록 법에 명시되어 있으나, 이는 다분히 형식적이며 주민 대표가 있더라도 병원의 운영에 대해서는 거의 알지 못한 채 이사회에 참여하는 수준이다. 이에 비해 영국의 NHS 병원의 이사회(Board of Governance)는 관할 지역의 주민과 병원을 이용한 환자가 이사의 과반수를 차지하도록 의무화하고 있다. 이를 위해 각 NHS 병원에서는 주민과 환자들이 자발적으로 회원으로 참여하도록 하고, 참여한 회원들의 모임을 지원하며 각종 병원 회의와 세미나에 참여하여 병원에 대한 이해도를 높이도록 하여 실제적인 역할을 수행할 수 있도록 한다. 회원으로 가입한 주민과 환자들은 이사회의 이사에 참여할 회원들을 선거로 선출하고 있다.

7) 건강 불평등과 그 결정요인에 대한 대표 지표의 설정과 지속적인 모니터링

앞서 살펴보았던 모든 건강 형평 정책에서 공통적으로 지적하고 있는 것이 바로 국가와 지역 수준에서 건강의 불평등의 실태와 그 결정요인에 대한 지속적인 모니터링 활동이다. 특히, 세계보건기구의 건강의 사회적 결정요인에 관한 위원회에서는 국가 수준의 건강 형평성 모니터링을 위해 필요한 사항으로 ① 성, 사회경제적 요인(교육, 소득, 직업 계급), 인종, 지역 간 건강 불평등, ② 건강 결과로 사망(총사망, 원인별, 연령별), 정신보건, 상병 및 장애, 주관적 육체적, 신체적 건강, ③ 결정요인으로 건강 행태(흡연, 음주, 신체적 활동, 식이 및 영양), 물리적, 사회적 건강(식수 및 위생, 주거 상태, 도로교통, 도시계획, 대기환경, 사회적 자본), 근로조건(작업 위험 요인, 스트레스), 보건의료(보장률, 보건의료 체계 하부구조), 사회보호(보장률, 관대함), 젠더, 사회적 불평등(사회적 배제, 소득분포, 교육), 사회정치적 맥락(시민권, 고용 상태, 공공지출 우선순위, 거시경제 상태), ④ 불건강으로 인한 사회적, 경제적 불이익을 제안한 바 있다(Commission on Social Determinants of Health, 2008).

이러한 모니터링 영역은 특정 부문에만 국한되는 것이 아니라 건강에 영향을 미치는 사회의 전반적 영역을 다루고 있으므로, 한 국가의 사회경제적 불평등 문제가 실제적으로 얼마나 개선되었으며, 이로 인해 건강 형평성이 얼마나 개선되었는지에 대한 직간접적 지표로 활용할 수 있다. 따라서 건강 형평성 지표는 사회통합을 평가하는 국정의 주요 지표로 활용 가치가 높다고 할 수 있다.

앞서 제안한 기본적 정책 원리에 기반해 우리나라에서 건강 불평등을 완화하기 위한 정책을, 근원적 요인의 해결, 위험 요인의 노출 감소, 불건강으로 인한 부정적인 사회적 결과를 완화, 국가적 차원의 조직적 노력 등 네 가지 측면에서 정책들을 제시했다.

건강의 사회경제적 불평등 해결을 목적으로 하는 건강 형평 정책은 보건의료 자원 분포나 서비스 제공의 형평성 문제에 국한되는 일반적인 보건의료 정

표 08-6 • 건강 불평등의 완화를 위한 접근 전략과 정책

부문	분류	주요 정책
건강 불평등의 근원적 요인을 해결	소득 분야	• 상대적 빈곤 해결 정책 • 조세 정의를 통한 소득 불평등 완화
	고용 분야	• 정규직과 비정규직의 차별 완화·해소 • 남성과 여성의 고용에서의 차별 금지 • 고용의 불안정성 완화
	교육 분야	• 아동기부터 공정한 출발선의 보장 • 기초학력의 보장과 학습 격차를 해소
건강 불평등에 영향을 미치는 위험 요인의 폭로 감소	생활습관	• 건강 형평성을 중심에 둔 건강 행태 개선 정책
	지역공동체	• 건강 친화적이고 지지적인 지역공동체 지원 정책
	직장	• 노력에 대한 적절한 보상 및 근로자의 직무 통제력 강화 • 건강 친화적 작업 환경 보장
불건강으로 인한 사회적 결과를 해결	사회복지 분야	• 임산부와 아동 가구에 대한 소득 지원 • 차별 없는 장애인 보건복지서비스 접근성 보장 • 건강한 노후를 위한 지지적 정책
	보건의료서비스 분야	• 건강 불평등 완화를 국민건강보험제도 핵심 목표로 설정 • 건강보험 상병수당제도 도입 및 건강보험 본인부담상한제 강화 • 공공보건의료 확충을 통한 지역 간 의료 자원의 양적·질적 공평 배분
국가적 차원의 조직적 노력		• 건강 불평등 완화를 위한 범정부적 기구 설치 및 사회부총리 어젠다로 설정 • 지역균형발전의 핵심 목표로 지역 간 건강 불평등 완화를 설정 • 모든 공공정책에 건강 불평등 완화를 고려한 건강영향평가 시행 • 건강 불평등 개선을 위한 프로젝트 및 지표의 지속적 모니터링

자료: 윤태호(2006)의 내용을 기반으로 수정·보완함.

책과는 달리, 사회정의와 공평성의 실현이라는 관점에서 보건의료 부문을 뛰어넘어 건강의 사회적 결정요인 해결을 목표로 하는 포괄적 사회정책을 지향하는 것이 전 세계적인 추세이다. 우리 사회의 건강 불평등 문제를 해결하기 위해서는 구체적 목표의 설정, 건강의 사회적 결정요인을 강조하는 건강한 공공정책의 지향, 아동기에 최선의 출발선 보장, 예방을 강조하는 보편적 건강 보장체계, 정부의 정치적 의지, 지역 수준에서의 참여적 의사결정, 건강 불평등에 대한 지속적인 모니터링 등을 고려한 포괄적 건강 형평 정책을 수립해야 한다.

참고문헌

루소, 장 자크(Jean Jacques Rouseau). 2011. 『인간불평등 기원론』. 주경복·고봉만 옮김. 서울: 책세상.

관계부처합동. 2021. 제5차 국민건강증진종합계획(Health Plan 2030, 2021~2030).

윤태호. 2006. 「건강 불평등을 넘어서」. 신영전·김창엽 편저. 『보건의료개혁의 새로운 모색』. 파주: 한울.

Bartley M. 2004. *Health inequality: an introduction to theories, concepts and methods*. Cambridge: Polity Press.

Choi M. H., M. H. Moon and T. H. Yoon. 2022. "Avoidable Mortality between Metropolitan and Non-Metropolitan Areas in Korea from 1995 to 2019: A Descriptive Study of Implications for the National Healthcare Policy." *Int J Environ Res Public Health*, Vol. 19, No. 6, p. 3475. doi: 10.3390/ijerph19063475.

Commission on Social Determinants of Health. 2008. "Closing the gap in a generation. Health equity through action on the social determinants of health."

Dahlgren, G. and M. Whitehead. 1991. *Policies and strategies to promote social equity in health*. Stockholm, Sweden: Institute for Futures Studies.

Department of Health. 2003. *Tackling health inequalities: A program for action*. https://www.bristol.ac.uk/poverty/downloads/keyofficialdocuments/Tackling%20HE%20program%20for%20action.pdf(검색일: 2022.3.3).

Diderichsen F., T. Evans and M. Whitehead. 2001. "The social basis of disparities in health." in T. Evans, M. Whitehead, F. Diderichsen, A. Bhuiya and M. With(eds.). *Challenging inequities in health: from ethics to action*. New York: Oxford University Press.

Graham H. 2004. "Social determinants and their unequal distribution: clarifying policy understanding". *Milbank Q*, Vol. 82, No. 1, pp. 101~124.

International Society for Health Equity. 2005. 2005 Working Definitions. http://www.iseqh.org/en/workdef.htm(검색일: 2015.07.28).

Kawachi I., S. V. Subramanian, N. A. Almeida-Filho. 2002. "Glossary for health inequalities." *Journal of Epidemiology & Community Health*, Vol. 56, pp. 647~652.

Lim, D., J. Bahk, M. Ock, I. Kim, H. -Y. Kang, Y. -Y. Kim, J. H. Park and Y. -H. Khang. 2020. "Income-related inequality in quality adjusted life expectancy in Korea at the national and district levels." *Health and Quality of Life Outcomes*, Vol. 18, p. 45.

Marmot, M. G. 2001. "From Black to Acheson: two decades of concern with inequalities in health. A celebration of the 90th birthday of Professor Jerry Morris." *International Journal of Epidemiology*, Vol. 30, No. 5, pp. 1165~1171.

Marmot, M. G., G. Rose, M. Shipley and P. J. S. Hamilton. 1978. "Employment grade and coronary heart disease in British civil servants." *J Epidemiol Community Health*, Vol. 32, pp. 244~249.

Marmot M., P. Goldblatt, J. Allen et al. 2010. *Fair Society Healthy Lives*(The Marmot Review). https://www.instituteofhealthequity.org/resources-reports/fair-society-healthy-lives-the-marmot-review(검색일: 2022.5.5).

Mackenbach J. P., K. Judge, V. Navarro and A. Kunst. 2007. "Strategies to reduce socio-economic inequalities in health in Europe: lessons from the European Project." in J. P. Mackenbach, A. Kunst, I. Stirbu and A. Roskam(eds.). *Tackling health inequalities in Europe: an integrated approach EUROTHINE*. Rotterdam: University Medical Centre.

Mielck A., H. Graham and S. Bremberg. 2002. "Children, and important target group for the reduction of socioeconomic inequalities in health." in J. P. Mackenbach and M. J. Bakker(eds.). *Reducing inequalities in health: a European perspective*. London: Routledge.

Office for National Statistics. 2021. "Smoking prevalence in the UK and the impact of data collection changes: 2020." https://www.ons.gov.uk/peoplepopulationandcommunity/healthandsocialcare/drugusealcoholandsmoking/bulletins/smokingprevalenceintheukandtheimpactofdatacollectionchanges/2020(검색일: 2022.3.4).

Östlin, P. and F. Diderichsen. 2001. "Equity-oriented national strategy for public health in Sweden: A case study." *Policy Learning Curve Series Number 1*. Copenhagen: WHO Regional Office for Europe.

Stewart, K. 2005. "Towards an equal start? Addressing childhood poverty and deprivation." in J. Hill and K. Stewart(eds.). *A more equal society? New labour, poverty, inequality and exclusion*. Bristol: Policy Press.

Townsend P., N. Davidson and M. Whitehead(eds.). 1992. *Inequalities in Health: The Black Report; The Health Divide*. London: Penguin Books.

University of Wisconsin Population Health Institute. 2019.11.1. "County Health Rankings Model." https://www.countyhealthrankings.org/explore-health-rankings/measures-data-sources/county-health-rankings-model(검색일: 2022.3.3).

Wadsworth M. and S. Butterworth. 2006. "Early life." in M. G. Marmot and R. G. Wilkinson (eds.). *Social determinants of health*(2nd ed.). Oxford: Oxford University Press.

Whitehead, M. 1998. "Diffusion of ideas on social inequalities in health: a European perspective." *Milbank Quarterly*, Vol. 76, pp. 469~492.

Whitehead, M. and G. Dahlgren. 2006. *Levelling Up, Part 1: Concepts and principles for tackling social inequalities in health*. Copenhagen: World Health Organization.

Wilkinson, R. G. and M. G. Marmot(eds.). 2003. *The solid facts*. Copenhagen: WHO Regional Office for Europe.

World Health Organization. 1946. "Constitution of the World Health Organization." https://www.who.int/about/governance/constitution(검색일: 2022.3.3).

Yoon T. H. 2013. "Global trends in health equity policy: lessons from experiences in the UK, the Netherlands, Sweden, and the World Health Organization." *J Korean Med Assoc*, Vol. 56, No. 3, pp. 195~205.

한국 사회의 교육 불평등 변화

변수용

1. 머리말

　제2차 세계대전 이후 전 세계 대부분의 국가는 고등교육을 포함한 모든 단계에서의 교육 기회 확대를 공통적으로 경험했다(Schofer and Meyer, 2005). 한국 역시 광복 후 모든 단계에서 교육 기회의 팽창을 경험했다. 고등교육을 예로 들면, 1970년 고등학교 졸업자 가운데 고등교육기관에 진학한 비율은 26.9%에 불과했지만, 그로부터 반세기가 지난 2020년 현재 그 비율은 72.5%에 이르고 있다(한국교육개발원, 1998, 2020). 한국 사회가 경험한 교육 기회의 팽창은 세계적으로 유례를 찾기 힘들 정도로 급속한 것이었다. 고등교육을 예로 들면, 2019년 기준 우리나라 55~64세 성인 가운데 고등교육 학위를 취득한

---

　* 이 글은 변수용, 「한국의 교육 불평등 변화」, 조성은 외, 『2021 중장기 사회보장 발전방향 모색을 위한 의제발굴 연구』(보건복지부·한국보건사회연구원, 2021)를 일부 수정·보완한 것이다. 「양적 측면에서의 교육 불평등 변화」 단락의 일부는 2015년 한국 사회학 후기 사회학 학술대회에서 발표된 박현준·변수용, "When Education Is a Positional Good: Revisiting the Trend in Inequality of Educational Opportunity in South Korea" 논문의 내용 일부를 수정·보완한 것이다.

비율은 24%로 OECD 국가 평균인 28%에 미치지 못하지만, 25~34세 성인 가운데 고등교육 학위를 취득한 비율은 무려 70%로 OECD 국가 가운데 가장 높다(OECD, 2020).

이처럼 한국 사회에서 교육 기회가 급속히 확대되면서 부모 세대에서 소수만 누렸던 고등교육 기회를 자녀 세대에서는 대다수가 누리게 되었다. 그 결과, 오늘날 젊은 세대는 그들의 사회경제적 배경과는 상관없이 부모 세대에 비해 평균적으로 더 높은 단계의 교육을 받고 있다. 실제로, OECD가 2015년에 발간한 『한눈에 보는 교육(Education at Glance)』에 따르면, 우리나라 25~34세 성인들의 세대 간 교육 상향 이동(intergenerational upper mobility in educational attainment) 비율, 즉 자신의 최종 학력이 부모의 최종 학력보다 높은 비율은 61%로, OECD 국가 가운데 가장 높다(OECD 평균 32%).

그러나 최근 들어 한국 사회는 각종 매체에서 "개천에서 용 나기 어려운 사회"(강주헌, 2020.12.7; 홍정규, 2019.3.19), "계층 이동 사다리가 사라진 사회"(≪노컷뉴스≫, 2007; 이인열 외, 2010.7.6; 김기태, 2010.8.26; YTN, 2015), "금수저-흙수저 사회"(양연호, 2018.9.30; 배문숙, 2018.1.8; JTBC 뉴스, 2016) 등으로 그려지며 세대 간 사회 이동과 교육 기회 불평등에 대한 사회적 우려의 목소리가 그 어느 때보다 높다. 그 이유는 무엇일까? 실제로 오늘날 한국 사회의 교육 불평등은 과거에 비해 심화되었을까? 만약 그렇다면, 최근 한국 사회에서 교육 불평등이 증가한 이유는 무엇일까? 그리고 교육 불평등을 줄일 수 있는 해법은 무엇일까?

이 글에서는 이러한 물음에 답하고자 한다. 구체적으로, 먼저 교육 불평등의 정의를 살펴보고, 교육 불평등을 어떻게 측정할 수 있는지 고찰했다. 다음으로, 한국 사회의 교육 불평등을 양적 측면과 질적 측면으로 구분하여 시계열적으로 어떻게 변하여 왔는지를 분석한 선행 연구를 체계적으로 고찰했다. 마지막으로, 한국 사회의 교육 불평등 변화 추이 원인에 대해 논의하고, 이를 바탕으로 한국 사회의 교육 불평등 문제를 완화하기 위한 정책적 대안을 제시했다.

2. 교육 불평등

1) 교육 불평등 정의와 측정

교육 불평등(educational inequality)은 교육 기회(educational opportunity)가 개인들에게 균등하게 분포되지 않는 사회적 현상을 일컫는다(Coleman et al., 1966; Willms, 2003). 다시 말해, 교육 불평등이란 개인에게 주어진 교육 기회가 자신의 노력과 능력이 아닌, 성별, 인종, 지역, 사회경제적 배경과 같은 개인의 귀속적인 특성에 따라 불평등하게 분포되는 사회적 현상을 의미한다. 따라서 개인의 교육 기회가 자신의 노력과 능력이 아닌, 개인의 귀속적인 특성, 특히 부모의 사회경제적 지위에 의해 결정된다면 그 사회는 교육 불평등이 심한 사회로 간주된다. 이와는 반대로, 개인의 교육 기회가 개인의 귀속적인 특성의 영향을 받지 않고 전적으로 자신의 노력과 능력에 의해 결정된다면, 그 사회는 교육 기회가 공평한 사회로 간주된다.

한편, 교육 불평등에 대한 연구는 블라우와 덩컨(Blau and Duncan, 1967)의 지위획득모형 연구 이후 사회 계층(social stratification) 분야에서 부모의 사회경제적 지위(socioeconomic origins) — 자녀의 교육(education) — 자녀의 사회경제적 지위(socioeconomic destination)의 관계를 의미하는 이른바 'OED'라는 이론적 분석틀 안에서 주로 이루어졌다(Hout and DiPrete, 2006; Ishida, Müller and Ridge, 1995). 그림 09-1은 프리퍼와 헤르텔(Preffer and Hertel, 2015)이 정리한 사회 이동 연구의 OED 분석틀을 보여준다. 교육 불평등에 대한 실증 연구는 그림 09-1에서 부모의 사회경제적 지위와 자녀의 교육의 관계를 의미하는 'OE'의 연관성을 분석하는 방식으로 이루어졌다(김창환·변수용, 2021; 정인관 외, 2020).

이때 부모의 사회경제적 지위는 주로 부모의 교육수준, 소득, 직업, 계급 등으로 측정된다. 자녀의 교육은 고졸이나 4년제 대졸과 같은 최종학력을 의미하는 교육 성취(educational attainment)나, 특성화고, 일반고, 특수목적고(이하

그림 09-1 ● 세대 간 사회이동 OED 삼각 모형

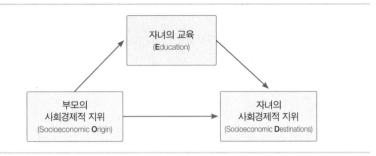

자료: Preffer and Hertel(2015: 146).

그림 09-2 ● 교육 불평등 변화 추이 실증 분석 모형

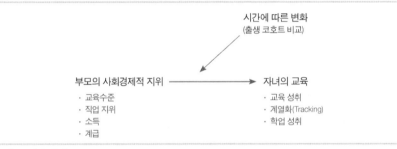

자료: 저자 작성.

특목고), 자율형 사립고(이하 자사고)와 같은 학교급 내 다른 계열(tracking), 그리고 수학능력시험과 같은 표준화된 시험 점수나 학교 내신성적과 같은 학업 성취(academic achievement)로 측정된다(변수용·이성균, 2021). 그리고 교육 불평등 변화 추이는 'OE'의 연관성이 출생 코호트에 따른 변화를 분석하는 방식으로 연구된다. 그림 09-2는 교육 불평등 변화 추이에 대한 실증 분석 모형을 그림으로 제시한 것이다.

2) 한국 사회의 교육 불평등 변화 추이에 관한 실증 연구

한국 사회의 교육 불평등 변화 추이에 관한 실증 연구는 자녀의 교육 결과(educational outcomes)에 따라 교육 성취, 계열, 학업 성취에 관한 연구로 구분할 수 있다. 이론적으로, 교육 성취에 있어서 불평등은 상급학교 진학에서의 교육 기회 불평등을 의미한다는 점에서 수직적(vertical) 또는 양적(quantitative) 측면의 불평등으로 불린다(변수용·이성균, 2021; Lucas, 2001). 반면 계열 선택에서 나타나는 불평등은 동일 학교급 내에서의 교육 기회 불평등을 의미하기에, 수평적(horizontal) 또는 질적(qualitative) 측면의 교육 불평등으로 표현된다(변수용·이성균, 2021; Lucas, 2001). 학업 성취에서 나타나는 불평등 역시 같은 학교급 내에서의 계층 간 학업 성취 격차를 의미한다는 점에서 질적 측면의 교육 불평등으로 볼 수 있다(변수용·이성균, 2021; 정인관 외, 2020). 이러한 구분을 바탕으로 이 절에서는 교육 불평등을 양적 측면(즉, 교육 성취)과 질적 측면(즉, 계열 선택과 학업 성취)으로 나누어 차례로 고찰했다.

(1) 양적 측면에서의 교육 불평등 변화

국내 학자들은 양적 측면에서의 교육 불평등 변화 추이를 살펴보기 위해 부모의 학력이나 계급이 자녀의 교육 성취에 미치는 영향의 출생 코호트별 변화를 분석했다(문수연, 2016; 박병영 외, 2011; 방하남·김기헌, 2003; 변수용·이성균, 2021; 장상수, 2000; 최성수·이수빈, 2018; Park, 2007). 비록 몇몇 실증 연구에서 교육 성취에서의 교육 불평등이 최근으로 올수록 증가한 것으로 나타났으나(박병영 외, 2011), 대부분의 연구에서 교육 성취에서의 교육 불평등이 증가하거나 감소하는 뚜렷한 경향성을 발견하지 못했다(문수연, 2016; 장상수, 2000; Park, 2007). 그러나 또 다른 연구에서는 교육 성취에서의 교육 불평등이 시간 추이에 따라 약해지다가 최근 들어 유지되는 경향이 있었다(변수용·이성균, 2021; 최성수·이수빈, 2018). 이렇게 연구마다 결론이 다른 데에는 여러 이유가 있을 수 있지만, 연구마다 사용한 자료와 부모의 사회경제적 지위와 자녀의 학력을 측정하는 방식이 다르다 점이 주요 이유가 될 수 있다(변수용·이성균, 2021; 최성수·이수빈, 2018).

한편, 교육 성취에서의 교육 불평등 변화 추이를 실증적으로 검증한 대부분의 선행 연구는 학력의 절대적 가치 측면에서 부모 학력과 자녀 학력 간의 연관성을 분석하고 있다(문수연, 2016; 박병영 외, 2011; 방하남·김기헌, 2003; 장상수, 2000; Park, 2007). 다시 말해, 이 연구들은 학력의 가치가 시간에 따라 변화하지 않고 고정된 것으로 가정한다. 예를 들면, 부모 세대에서의 4년제 대졸과 자녀 세대에서의 4년제 대졸이 동일한 가치를 갖는다고 가정한다. 그러나 교육 기회가 확대됨에 따라 지위재(positional goods)로서의 교육의 가치는 변하게 된다(Shavit and Park, 2016). 예를 들어, 전체 인구 가운데 소수만이 중등 교육의 기회를 얻을 수 있었던 부모 세대의 고등학교 졸업장과 중등 교육의 기회가 보편화된 자녀 세대의 고등학교 졸업장의 가치가 동일하다고 볼 수 없다. 따라서 최근 수행된 연구들은 학력의 절대적 가치와 상대적 가치를 구분해야 한다고 강조한다(변수용·이성균, 2021; 최성수·이수빈, 2018; Shavit and Park, 2016).

이러한 맥락에서 수행된 최성수·이수빈(2018)의 연구는 2018년을 기준으로 국내에서 사용 가능한 8개의 대표성 있는 조사 자료(즉, 교육과 사회계층이동, 교육고용패널, 대졸자 직업이동경로조사, 한국노동패널, 한국복지패널, 한국종합사회조사, 청년패널)를 이용하여 1940년 이전 출생자들부터 1990년 출생자까지 학력의 절대적 가치와 상대적 가치 측면에서 교육 성취 불평등 추이 변화를 종합적으로 분석했다. 이들 연구에 따르면, 학력의 절대적인 가치 측면에서 부모의 학력에 따른 교육 기회의 불평등은 시간 추이에 따라 고졸 여부에서 2년제 대졸 이상 여부로, 그리고 4년제 대졸 여부로 점차 이동하는 경향이 있었다. 그러나 학력의 상대적 가치 측면에서는 부모 학력에 따른 자녀의 교육 기회 격차는 1950년대 출생자 이후 유지되는 추세였다. 이를 근거로 저자들은 교육 성취에 있어 교육 불평등이 과거에 비해 최근에 심해졌다고 보기에 무리가 있다고 결론짓고 있다(최성수·이수빈, 2018).

변수용·이성균(2021)도 학력을 절대적 가치와 상대적 가치로 구분하여 교육

그림 09-3 ● 아버지와 자녀(남성) 학력의 연관성: 출생연도별 학력의 절대적 가치 측면

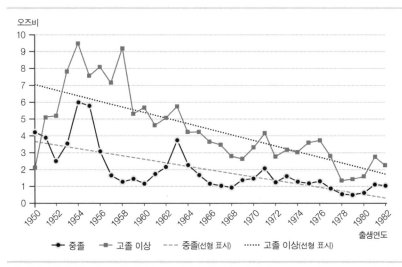

오즈비

중졸 ─●─ 고졸 이상 ─■─ 중졸(선형 표시) ---- 고졸 이상(선형 표시) ……

출생연도

주: 아버지 학력 초졸 이하를 준거 집단으로 한 순서적 로지스틱 회귀(ordered logistic regression) 결과.
자료: 변수용·이성균(2021: 47)에서 재인용.

성취에서의 교육 불평등 변화 추이를 분석했다. 이들은 '교육과 사회계층이동
조사'와 '2010년 인구총조사 마이크로데이터'를 활용하여 1950년 출생자들부
터 1982년 출생자까지 아버지 학력과 자녀의 학력의 연관성이 어떻게 변화했
는지를 살펴보았다. 또한 이들은 남성과 여성의 교육 기회 팽창 시기가 달랐던
점을 감안하여 남성과 여성으로 나누어 분석했다. 그림 09-3과 그림 09-4는 이
들의 분석 결과 가운데 절대적 가치 측면에서의 아버지 학력과 자녀의 학력 연
관성을 출생연도별로 제시한 것이다. 그림의 y축은 오즈비(odds ratio)를 의미
하는 것으로, 1은 준거 집단인 아버지 학력이 초졸 이하일 경우와 비교하여 중
졸이나 고졸 이상일 때 자녀가 더 높은 단계의 교육 성취를 이룰 가능성에 있
어 차이가 없다는 것을 의미한다. 오즈비가 1보다 크면 아버지 학력이 중졸이
나 고졸 이상일 때, 아버지 학력이 초졸 이하일 경우와 비교하여, 자녀가 더 높
은 수준의 교육 성취를 이룰 가능성이 크다는 것을 의미한다.

  그림에서 볼 수 있듯, 남성의 경우, 출생연도와는 상관없이 절대적 가치 측

그림 09-4 ● 아버지와 자녀(여성) 학력의 연관성: 출생연도별 학력의 절대적 가치 측면

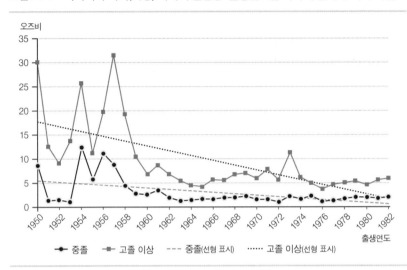

주: 아버지 학력 초졸 이하를 준거 집단으로 한 순서적 로지스틱 회귀(ordered logistic regression) 결과.
자료: 변수용·이성균(2021: 47)에서 재인용.

면에서 아버지 학력이 초졸 이하에 비해 아버지 학력이 중졸이나 고졸 이상일 때 자녀가 더 높은 수준의 교육 성취를 이룰 가능성은 크지만, 그 가능성은 최근으로 올수록 점차 감소하는 추세를 보였다. 여성의 경우도 출생연도와는 상관없이 절대적 가치 측면에서 아버지 학력이 초졸 이하에 비해 아버지 학력이 중졸이나 고졸 이상일 때 자녀가 더 높은 수준의 교육 성취를 이룰 가능성은 크지만, 그 가능성은 1960년 이후로 뚜렷한 변화를 보이지 않았다.

학력의 상대적 가치 측면에서도 아버지 학력과 자녀의 학력의 연관성의 정도는 비슷한 추이를 보인다. 그림 09-5와 그림 09-6은 변수용·이성균(2021)이 상대적 가치 측면에서 아버지 학력과 자녀 학력의 연관성을 출생연도별로 분석한 결과를 제시한 것이다. 그림에서 볼 수 있듯, 남성의 경우, 출생연도와는 상관없이 상대적 가치 측면에서 아버지의 학력이 높을수록 자녀가 더 높은 수준의 교육 성취를 획득할 가능성이 크지만, 그 가능성이 최근으로 올수록 점차 감소하는 추세를 보였다. 그러나 여성의 경우, 비록 출생연도와는 상관없이 상

그림 09-5 ● 아버지와 자녀(남성) 학력의 연관성: 출생연도별 학력의 상대적 가치 측면

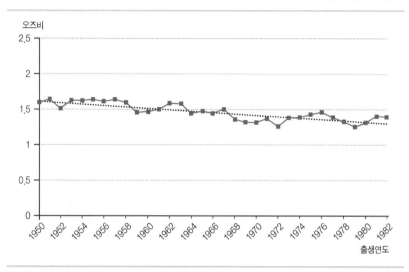

주: 구간 회귀(interval regression) 분석 결과.
자료: 변수용·이성균(2021: 54)에서 재인용.

그림 09-6 ● 아버지와 자녀(여성) 학력의 연관성: 출생연도별 학력의 상대적 가치 측면

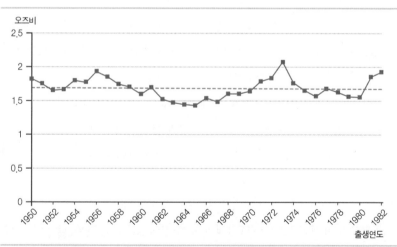

주: 구간 회귀(interval regression) 분석 결과.
자료: 변수용·이성균(2021: 54)에서 재인용.

대적 가치 측면에서 아버지의 학력이 높을수록 자녀가 더 높은 수준의 교육 성취를 획득할 가능성이 크지만, 그 가능성이 지속적으로 증가하거나 감소하는 식의 일관되고도 뚜렷한 변화 추이를 보이지는 않았다.

이상의 연구 결과를 종합하면, 양적 측면에서의 교육 불평등, 즉 부모의 사회경제적 지위가 높은 학생이 부모의 사회경제적 지위가 낮은 학생에 비해 더 높은 단계의 교육성취를 성취하는 경향은 과거부터 현재까지 이어져 왔지만, 그 경향이 최근 들어 더 심해졌다는 실증적 증거는 미약한 것으로 보인다. 최근 한국 사회의 교육 불평등에 관한 실증 연구를 체계적으로 분석한 정인관과 그의 동료들(2020)도 한국에서 교육 기회 불평등이 증가했다는 근거는 아직 없다고 결론내린 바 있다.

(2) 질적 측면에서의 교육 불평등 변화

① 계열화(tracking) 앞서 우리는 선행 연구 고찰을 통해 한국 사회에서 양적 측면에서의 교육 불평등, 즉 부모의 사회경제적 지위와 자녀의 교육 성취 간의 연관성이 존재하지만 그 정도가 시간 추이에 따라 심화되는 뚜렷한 경향성은 없다는 것을 알게 되었다. 그러나 이러한 실증적 증거만을 토대로 한국 사회의 교육 불평등이 심화되지 않았다고 결론 내리기에는 무리가 있다. 이는 양적 차원에서 상급학교 진학 기회가 평등하게 주어진다고 하더라도 상위계층들은 교육의 질적 차별화를 통해 여전히 우위를 점할 수 있기 때문이다. 이와 관련하여 루카스(Lucas, 2001)는 어떤 특정한 교육 단계에서 교육 기회가 보편화되어 교육 불평등이 사라진다 하더라도 상위계층 자녀들은 같은 학교급 내의 계열화와 같은 차별화된 교육과정을 통해 여전히 유리한 고지를 점하고 있다는 이른바 '효과적으로 유지되는 불평등(EMI: Effectively Maintained Inequality)' 가설을 제시했다.

EMI 가설을 한국 사회에 적용시켜 보면, 오늘날에는 고등학교 교육이 보편화되어 부모의 사회경제적 지위와 상관없이 거의 모든 학생들이 고등학교에

그림 09-7 ● 고등학교 유형별 고2 학생들의 부모 학력 분포(2016년)

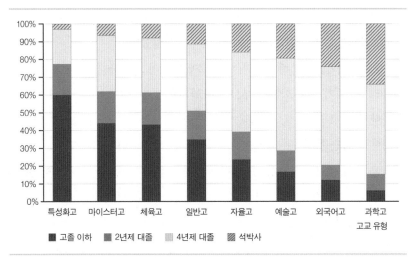

자료: 한국교육고용패널(KEEP) II 1차년 자료를 토대로 저자가 작성.

진학하지만 부모의 사회경제적 지위가 높은 자녀는 특목고나 자사고와 같은 이른바 '엘리트 학교'에 진학함으로써 대학 진학에 있어 더 유리한 고지를 점할 수 있다(변수용·이성균, 2021). 실제로 특목고나 자사고에 진학한 학생들의 사회경제적 배경은 다른 유형의 고등학교에 진학한 학생들에 비해 월등히 좋다(김성식·류방란, 2008; 변수용·주영효, 2012; 변수용·황여정·김경근, 2012). 그림 09-7과 그림 09-8은 한국교육고용패널(KEEP) II 1차년 자료를 저자가 분석한 것으로, 2016년 당시 고2 학생들의 부모 교육수준과 가구 월평균 소득분포를 학교 유형별로 제시한 것이다. 그림 09-7에서 볼 수 있듯, 과학고와 외고 학생들 가운데 부모의 학력이 석·박사인 비율은 각각 34.3%와 24.3%인 반면, 부모의 학력이 고졸 이하인 비율은 각각 5.7%와 11.7%에 지나지 않는다. 이와는 대조적으로, 마이스터고와 특성화고 학생들 가운데 부모의 학력이 석·박사인 비율은 각각 6.6%와 3.2%에 그쳤으며, 부모의 학력이 고졸 이하인 비율은 각각 43.3%와 59.6%로 과학고나 외고 학생들과 매우 큰 차이를 보인다.

고교 유형에 따른 가구소득에 있어서도 비슷한 양상이 나타나는데, 그림

그림 09-8 • 고등학교 유형별 고2 학생들의 가구 월평균 소득분포(2016년)

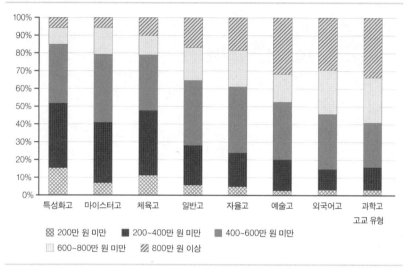

자료: 한국교육고용패널(KEEP) II 1차년 자료를 토대로 저자가 작성.

09-8에서 볼 수 있듯, 가구 월평균 소득이 800만 원 이상인 고소득층의 비율은 33.9%로 과학고 학생이 제일 높고, 그다음으로 예술고(32%)와 외고(29.8%) 학생순으로 높았다. 이와는 대조적으로, 마이스터고와 특성화고 학생들 가운데 가구 월평균 소득이 800만 원 이상인 고소득층의 비율은 6% 미만이었다. 반대로 가구 월평균 소득이 200만 원 미만인 저소득층의 비율은 특성화고(15%), 체육고(11.1%), 마이스터고(6.9%) 학생순으로 높았고 예술고(2.6%), 외고(2.7%), 과학고(2.9%) 학생순으로 낮았다. 이와 같이 오늘날 한국 사회의 고등학교 유형은 학생들의 사회경제적 배경에 따라 과학고 〉외고 〉자율고 〉일반고 〉특성화고의 순으로 매우 뚜렷이 계층화되어 있다.

한편, 과학고나 외고에 진학한 학생들은 그들의 사회경제적 배경을 통제한 후에도 다른 유형의 고등학교에 진학한 학생들에 비해 위세 높은 대학에 진학할 가능성이 크다(변수용·황여정·김경근, 2012). 그림 09-9는 한국교육고용패널 II 1~3차년 자료를 저자가 분석한 것으로, 2016년 당시 고2 학생들의 고등교

그림 09-9 ● 고교 유형별 고등교육기관 진학 결과(2019년)

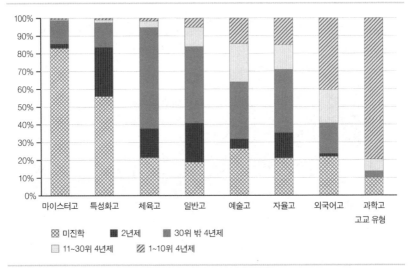

주: 1) 4년제 대학 위세는 중앙일보 대학 평가 2018 순위를 참고했다. 전체 순위는 다음과 같다.
서울대, 성균관대, 한양대, 고려대, 연세대, 경희대, 서강대, 이화여대, 한양대 Erica, 중앙대
(10위), 아주대, 인하대, 한국외대, 서울시립대, 건국대, 부산대, 동국대, 국민대, 서울과학
기술대, 숙명여대(20위), 경북대, 충남대, 세종대, 전남대, 전북대, 가톨릭대, 충북대, 인천
대, 숭실대(공동 29위), 울산대(공동 29위), 홍익대(공동 29위).
2) 중앙일보 계열 평가 대상인 포스텍, 한국과학기술원, 광주과학기술원, 대구경북과학기술
원, 울산과학기술원은 10위권 대학으로 포함.
자료: 한국교육고용패널(KEEP) II 1~3차년 자료를 토대로 저자가 작성.

육기관 진학 결과를 출신 고교 유형별로 제시한 것이다. 그림에서 보이듯이, 위세가 높은 대학으로의 진학 결과는 출신 고교 유형에 따라 매우 큰 차이를 보인다. 예를 들어, 과학고 졸업생 가운데 30위권 내 4년제 대학에 진학한 비율은 86.3%이며, 79.5%가 최상위권(즉, 1~10권) 4년제 대학에 진학했다. 즉, 과학고 졸업생 10명 중 8명은 'SKY' 대학과 같은 엘리트 대학에 진학한다. 외고 졸업생의 경우, 30위권 내 4년제 대학에 진학한 비율은 59.4%였으며, 40.6%가 최상위권 4년제 대학에 진학했다.

이와는 대조적으로, 일반고 졸업생의 경우 외고 졸업생의 절반에도 못 미치는 16.1%만이 30위권 내 4년제 대학에 진학했고, 최상위권 4년제 대학에 진학

한 비율은 5.2%에 그쳤다. 이는 일반고 출신이 최상위권 4년제에 들어갈 확률이 매우 낮음을 의미한다. 흥미로운 것은 외고 졸업생의 경우 미진학으로 분류된 비율은 21.8%로 이 수치는 일반고 졸업생의 18.8%보다 높다. 그러나 선행연구에 따르면, 외고 출신 가운데 졸업 직후 대학에 진학하지 못한 경우 재수나 삼수를 통해 위세 높은 4년제 대학에 진학한다(김경근·변수용, 2006; 김성식, 2008; 변수용·김경근, 2010a). 이는 곧 재수 혹은 편입에서도 기회의 불평등이 존재함을 의미한다.

이와 같은 계열 선택에 교육 불평등은 고등학교 진학뿐 아니라 대학 진학 단계에서도 2년제와 4년제 대학을 중심으로(김경근·변수용, 2006; 방하남·김기헌, 2002, 2003; 변수용·김경근, 2010a; 최성수·이수빈, 2018; Byun and Park, 2017), 그리고 4년제 대학 중에서는 지방사립대학, 지방 거점 국공립대학, 또는 이른바 '인서울(in-Seoul)' 혹은 'SKY' 대학 중심으로(변수용·김경근, 2010; 문수연, 2016; 최성수·이수빈, 2018) 나타난다. 그림 09-10과 그림 09-11은 한국교육고용패널Ⅱ 1~3차년 자료를 저자가 분석한 것으로, 2016년 당시 고2 학생들의 고등교육기관 진학 결과를 부모의 학력과 가구소득별로 각각 제시한 것이다. 그림 09-10에서 볼 수 있듯, 고졸 이하의 학력을 가진 부모를 둔 자녀들은 대학 진학 시 10명 중 6명(58.3%)이 4년제 대학에 진학하며, 대부분(46.6%) 30위권 밖의 위세가 낮은 4년제 대학에 진학하는 것으로 나타났다. 이들의 자녀들이 최상위권 대학에 들어간 비율은 3.3%에 그쳤다. 이와는 대조적으로, 석·박사 부모를 둔 자녀들은 대학 진학 시 거의 대부분(86.0%)이 4년제 대학에 진학하며, 10명 중 4명(42.0%)은 30위권 이내의 상위권 4년제 대학에 진학했다. 이들 자녀들 가운데 최상위권 대학에 진학한 비율은 25.6%로, 고졸 이하 학력의 부모를 둔 자녀들에 비해 8배 정도 높았다.

가구소득에 따른 학생들의 고등교육기관 진학 결과도 이와 비슷한 양상을 보인다. 예를 들어, 그림 09-11에서 보이듯이, 가구 월평균 소득이 200만 원 미만인 저소득층 자녀가 대학에 진학할 경우 10명 중 6명(55.8%)만이 4년제 대학에 진학하며, 대부분(44.8%) 30위권 밖의 위세가 낮은 4년제 대학에 진학하는

그림 09-10 ● 부모 학력에 따른 2016년 고2 학생들의 졸업 후 고등교육기관 진학 결과

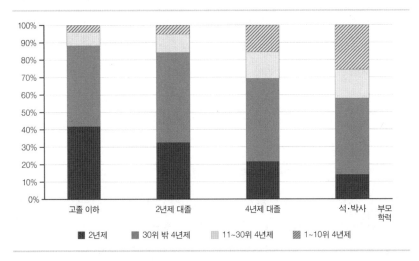

그림 09-11 ● 가구소득에 따른 2016년 고2 학생들의 졸업 후 고등교육기관 진학 결과

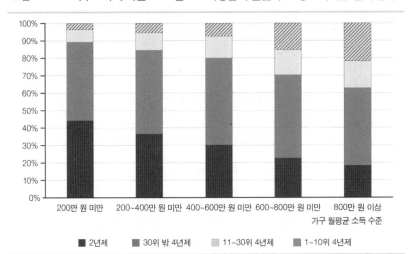

주: 1) 4년제 대학 위세는 중앙일보 대학 평가 2018 순위를 참고했다. 전체 순위는 다음과 같다.
서울대, 성균관대, 한양대, 고려대, 연세대, 경희대, 서강대, 이화여대, 한양대 Erica, 중앙
대(10위), 아주대, 인하대, 한국외대, 서울시립대, 건국대, 부산대, 동국대, 국민대, 서울과
학기술대, 숙명여대(20위), 경북대, 충남대, 세종대, 전남대, 전북대, 가톨릭대, 충북대, 인
천대, 숭실대(공동 29위), 울산대(공동 29위), 홍익대(공동 29위).
2) 중앙일보 계열 평가 대상인 포스텍, 한국과학기술원, 광주과학기술원, 대구경북과학기술
원, 울산과학기술원은 10위권 대학으로 포함.
자료: 한국교육고용패널(KEEP) II 1~3차년 자료를 토대로 저자가 작성.

그림 09-12 ● 초등학교 유형에 따른 학생 부모의 학력 분포

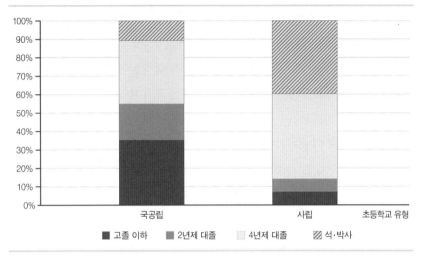

자료: 한국교육종단연구 2013 초5 코호트 자료를 토대로 저자가 작성.

것으로 나타났다. 이 저소득층 가정의 자녀들이 최상위권 대학에 진학한 비율은 3.6%에 불과하다. 이와는 대조적으로, 가구 월평균 소득이 800만 원 이상인 고소득층 자녀의 경우 대학 진학 시 거의 대부분(81.8%)이 4년제 대학에 진학하며, 10명 중 4명(37.1%)은 30위권 이내의 상위권 4년제 대학에 진학했다. 이 고소득 가정의 자녀들이 최상위권 대학에 진학한 비율은 22.0%로, 저소득층 자녀들의 비율에 비해 6배 정도 높다.

한편, 최근에 수행된 실증 연구들은 고등학교 진학 이전 단계인 중학교(예를 들어 국제중, 영재학교), 초등학교(예를 들어 사립초), 심지어 취학 전 교육(예를 들어 영어유치원, 문화센터)에서도 새로운 유형의 교육기관을 중심으로 계층 간 교육 불평등이 발생하고 있음을 보여준다(변수용·안지빈·정희진, 2017; 변수용·정희진, 2016; 변수용·정희진·안지빈, 2018; 변수용·정희진·정진리, 2022; 안지빈·김지혜·변수용, 2018; Byun, Chung and Ahn, 2021). 초등학교를 예를 들면, 그림 09-12는 한국교육종단연구2013 자료를 저자가 분석한 것으로, 2013년 당시 초등학교 5학년 학생의 부모 학력 분포를 설립 유형별로 제시한 것이다. 그림

에서 보이듯이, 사립초등학교에 재학 중인 학생의 10명 중 4명꼴로 석·박사 부모를 두고 있었던 반면, 국공립초등학교에 재학 중인 학생의 경우 그 비율은 10명 중 1명에 불과했다.

이처럼 많은 실증 연구들은 계열에서의 교육 불평등이 취학 전부터 대학 교육에 이르기까지 특정 학교 유형을 중심으로 구조화되어 있음을 보여준다. 그런데 현존하는 자료들은 거의 대부분 최종 학력에 관한 정보를 포함하고 있을 뿐, 어떤 학교를 다녔는지에 관한 정보는 포함하지 않고 있다(변수용·이성균, 2021). 또한 교육제도의 변화로 인해 과거에는 존재했던 학교 유형이 사라지거나 새로운 학교 유형이 생겨나기도 한다(변수용·이성균, 2021). 과거 일반계고와 전문계고로 구분되던 고교 유형이 2010년을 기점으로 특목고, 자율고, 일반고, 특성화고 등으로 다양화된 것이 대표적인 예이다. 따라서 계열에 있어 교육 불평등 정도가 출생 코호트별로 어떻게 변했는지를 실증적으로 분석하는 것은 매우 어려운 일이다. 이러한 연유로 한국 사회에서 계열화에서의 교육 불평등이 심화되었는지에 대해서는 아직까지 알지 못한다.

② **학업 성취** 주지하는 바와 같이, 한국 사회에서 시험 성적과 같은 학업 성취는 상급학교 진학에 매우 중요한 역할을 한다(김경근·변수용, 2006; 박경호 외, 2017; 변수용·김경근, 2010a; 변수용·황여정·김경근, 2012; 문수연, 2016; Byun and Park, 2017). 그리고 국내에서 수행된 여러 실증 연구는 한국 사회에서 부모의 사회경제적 지위가 자녀의 학업 성취에 유의미한 영향을 미치고 있음을 보여준다(김성식·류방란, 2008; 박경호 외, 2017; 변수용·김경근. 2008a, 2008b; 장상수, 2000; Byun, Schofer, and Kim, 2012; Park, Byun, and Kim, 2011).[1] 그러나 대부분

---

1 마크와 오코넬(Mark and O'Connell, 2021)은 지능이나 유전적 요소를 통제할 경우 부모의 사회경제적 지위가 자녀의 학업 성취에 미치는 영향은 매우 작다고 주장한다. 다시 말해, 지능이나 유전적 요소를 고려하지 않을 경우 부모의 사회경제적 지위가 자녀의 학업 성취에 미치는 영향을 과대 추정하게 된다는 것이다. 이들의 주장은 많은 선행 연구들이 지능이나 유전적 요소를 고려하지 않기 때문에 부모의 사회경제적 지위와 자녀의 학업 성취 간의 연관성에 대한 선행 연구 결과의 해석에 있어 주의를 환기시킨다는 점에서 나름

의 선행 연구는 특정 시점에서 부모의 사회경제적 지위가 자녀의 학업 성취에 미치는 영향을 살펴보고 있다.

이러한 문제점을 극복하기 위해 최근 일련의 학자들은 여러 시점의 학업 성취 자료를 사용하여 부모의 사회경제적 지위가 자녀의 학업 성취에 미치는 영향의 변화 추이를 분석했다(박경호 외, 2017; 변수용·이성균, 2021; 장상수, 2016; 최성수·임영신, 2021; Byun and Kim, 2010). 예를 들어, 변수용과 김경근(Byun and Kim, 2010)은 중학교 2학년을 대상으로 한 수학·과학 성취도 추이 변화 국제 비교 연구(TIMSS: Trends in International Mathematics and Science Study Trends) 자료를 이용하여 자녀의 수학 학업 성취에 대한 부모의 사회경제적 지위의 회귀계수가 1999년 코호트에 비해 2007년 코호트에서 더 크게 나타나고 있음을 보여주었다. 김위정(2012)과 장상수(2016)는 국제 학업 성취도 조사(PISA: Programme for International Student Assessment) 자료를 사용하여 자녀의 읽기 점수에 대한 부모의 사회경제적 지위의 회귀계수가 2000년 코호트에 비해 2009년 코호트에서 더 크게 나타나고 있음을 보여주었다. 박경호와 동료들 (2017)은 2003~2014 한국 교육 실태 및 수준 분석 자료를 사용하여 초중고교 단계에서 가구소득에 따른 수학 학업 성취도 격차를 살펴보았다. 그 결과, 가구소득에 따른 학업 성취의 격차가 최근으로 올수록 증가하고 있었으며, 특히 저소득층 자녀들의 학업 성취 감소가 최근으로 올수록 두드러졌다. 또한 가구소득에 따른 학업 성취의 격차는 학교급이 올라갈수록 확대되는 경향이 있었다.

변수용·이성균(2021)은 PISA 2000~2018년 자료를 이용하여 부모의 사회경제적 지위에 따른 자녀의 학업 성취 격차 추이를 분석했다. 그림 09-13은 이들의 분석 결과를 집약해 보여주는 것으로, 2000년(실선), 2009년(파선), 2018년

────

의 의의가 있다. 그러나 이들은 부모의 사회경제적 지위와 자녀의 학업 성취 간의 연관성이 코호트에 따라 변화하는 이유에 대해 별다른 설명을 내놓지 못하고 있다. 그뿐만 아니라, 교육 불평등 문제를 어떻게 해소할 수 있는지에 대한 정책적 대안도 제시하지 못하고 있다.

그림 09-13 ● 부모의 사회경제적 지위와 자녀의 학업 성취와의 연관성 변화

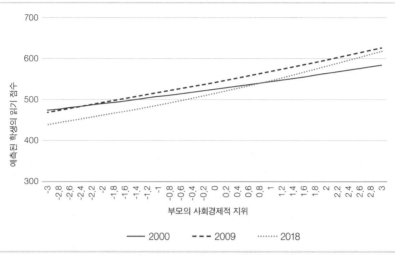

자료: PISA(2000; 2009; 2018), 변수용·이성균(2021: 70)에서 재인용.

(점선) PISA에 참여한 우리나라 만 15세 학생들의 부모의 사회경제적 지위와 학업 성취와의 연관성 정도 변화를 보여준다. 그림에서 x축은 가정의 사회경제적 지위를 의미하며, 평균이 0이고 표준편차가 1인 표준화 점수로 되어 있다. y축은 평균 읽기 성취를 의미하는 것으로, 평균이 500점, 표준편차가 100점인 표준화 점수로 되어 있다. 그림에서 기울기는 학생의 읽기 성취에 대한 가정의 사회경제적 지위의 회귀계수에 근거한 것으로, 기울기가 가파를수록 교육 불평등이 심하다는 것을 의미한다. 그림에서 볼 수 있듯 2009년과 2018년 코호트에 대한 기울기는 2000년 코호트에 대한 기울기에 비해 가파르다는 것을 확인할 수 있다. 이는 2000년에서 2009년, 2018년으로 올수록 부모의 사회경제적 지위에 따른 자녀의 학업 성취 격차가 커졌다는 의미로, 학업 성취에 있어 교육 불평등 증가를 의미한다.

마지막으로 최성수·임영신(2021)은 TIMSS와 PISA 자료를 포함하여 현재 시점에서 국내에서 사용 가능한 모든 패널 자료를 사용하여 부모의 사회경제적 지위에 따른 학업 성취도 격차가 출생 코호트별로 어떻게 다른지 매우 체계적

이고 종합적으로 분석했다. 이들의 분석 결과에 따르면, TIMSS와 PISA를 제외한 국내 패널 자료에서는 학업 성취에 있어 교육 불평등이 최근 코호트로 올수록 증가하는 뚜렷한 증거가 없었다. 다시 말해, TIMSS와 PISA 자료에 한하여 이전 코호트에 비해 최근 코호트로 올수록 부모의 사회경제적 지위에 따른 학업 성취도 격차가 증가함을 확인했다. 이들은 자료에 따라 일관되지 않은 실증적 증거가 발견되기 때문에 한국 사회에서 학업 성취에서의 교육 불평등이 증가하고 있다는 결론을 내리는 데 무리가 있다고 판단했다.

그러나 국내 패널 자료에 포함된 학업 성취 정보는 자기보고(self-report)식이거나 시험을 통한 객관적인 학업 성취 정보를 포함한다 하더라도 시험 자체가 다른 코호트와 직접 비교할 수 있게끔 설계되어 있지 않다. 그뿐만 아니라, 수능 점수를 포함하고 있는 경우를 제외하고 대부분의 국내 패널 조사는 패널 조사를 위한 자체 시험일 뿐, 고등학교 진학이나 대학 진학에 직접적으로 영향을 미치는 고위험 시험(high-stakes exam)이 아니기 때문에 학생들이 전력을 다하지 않을 가능성이 크다. 이와는 대조적으로, TIMSS와 PISA는 다른 코호트와 직접적인 학업 성취를 비교할 수 있게 설계되어 있다. 또한 비록 TIMSS와 PISA 역시 고위험 시험이 아니기 때문에 학생들이 최선을 다하지 않았을 가능성이 존재하지만, 이러한 학업 성취조사에서 학업 성취는 가정배경이나 인구학적 배경 등이 함께 고려된 유의 측정값(plausible values)으로 측정된 것이다 (OECD, 2014a). 따라서 TIMSS와 PISA는 학생의 학업 성취에 관한 신뢰도와 타당성이 국내 패널 조사에 비해 상대적으로 높다.

이런 맥락에서 TIMSS와 PISA 자료는 국내 패널 조사에서 자체적으로 실시한 시험에 의해 측정된 학업 성취도보다 변화 추이를 살펴보는 데 더 적절하다. 그럼에도 불구하고 학업 성취에서의 교육 불평등 변화 추이가 자료에 따라 일관되지 않다는 이유만으로 학업 성취에서의 교육 불평등이 심화되었다고 결론을 내릴 수 없다는 최성수·임영신(2021)의 주장은 다소 아쉬운 부분이 있다. 무엇보다 최성수·임영신(2021)의 결론을 받아들인다 하더라도, 이들은 다음 절에서 살펴볼 최근 한국 사회의 사회경제적, 인구학적, 교육 정책적 변화에도 불구하고 왜 학업 성취에서의 교육 불평등이 증가하지 않았는지에 대한 명확한 설명을 내놓지 못하고 있다.

이와는 대조적으로, 변수용·이성균(2021)은 PISA 주기와 같은 시점에 교차 검증할 수 있는 자료가 부재하다는 점에서 PISA 자료를 이용한 분석 결과가 확정적이기보다 유보적이라는 입장을 취하고 있으나, PISA 학업 성취도의 신뢰도와 타당도, 지금까지의 축적된 실증적 증거, 국내외 선행 연구를 종합적으로 검토할 때, 한국 사회에서 학업 성취의 교육 불평등 심화 가능성을 배제할 수 없다고 주장한다. 또한 이들은 변수용·김경근(Byun and Kim, 2010)과 마찬가지로 이러한 최근의 질적 차원의 교육 불평등 심화 현상을 한국 사회의 사회경제적, 인구학적, 교육 정책적 변화와 연결 지어 설명한다. 다음 절에서 변수용과 그의 동료들(변수용·이성균, 2021; Byun and Kim, 2010)이 제기하고 있는 한국 사회의 교육 불평등 변화 요인에 대해 더 자세히 알아보자.

3. 한국 사회의 질적 교육 불평등 변화 요인

1) 사회경제적 변화

한국 사회의 질적 교육 불평등 변화 요인으로 먼저 사회경제적 차원에서 1997년 외환위기로 촉발된 한국 사회의 소득 양극화 현상을 생각해 볼 수 있다 (변수용·이성균, 2021; Byun and Kim, 2010). 그림 09-14와 그림 09-15는 한국 사회의 (도시 2인 이상 가구 가처분소득을 기준) 지니계수(Gini coefficient)와 하위 소득 1분위 대비 상위 9분위의 배율(P90/P10)이 1990년 이후 어떻게 변했는지 각각 보여준다. 그림 09-14에서 보이듯이, 지니계수는 1996년 0.26에서 외환위기 직후인 1999년 0.29로 악화되었다. 이후 2000년에 0.27로 소폭 개선되었으나 이후 계속 악화되어 2009년에 0.30을 기록했다. 2009년 이후 지니계수는 다시 개선되었으나, 2000년에서 2016년까지 전체적인 지니계수 추이는 악화되었

그림 09-14 • 연도별(도시 2인 이상 가구) 가처분소득 지니 계수

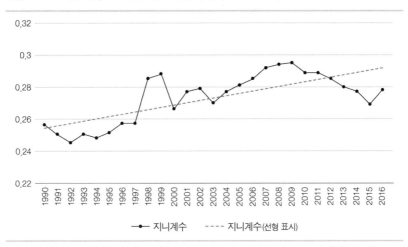

자료: 통계청의 가계동향조사 소득분배지표(1990~2016) 자료를 바탕으로 저자가 작성.

그림 09-15 • 연도별(도시 2인 이상 가구) 가처분소득 하위 1분위 대비 상위 9분위 배율

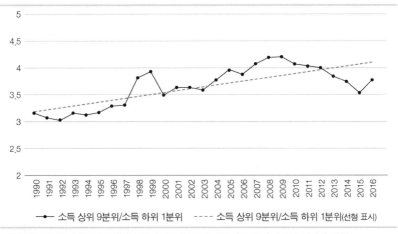

자료: 통계청의 가계동향조사 소득분배지표(1990~2016) 자료를 바탕으로 저자가 작성.

다. 하위 1분위 대비 상위 9분위 배율 변화 추이 역시 지니계수와 비슷한 추이
를 보이는바, 1996년 3.2배에서 외환위기 직후인 1999년에는 3.9배로 증가했
다. 2000년에 3.5배로 다소 감소했으나, 이후 계속 증가하다가 2009년 4.2배로

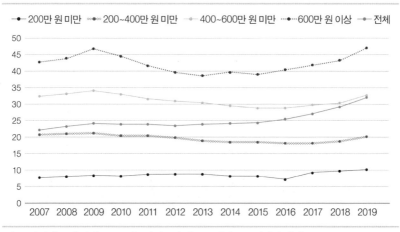

그림 09-16 ● 연도별 가구 월평균 소득에 따른 1인당 사교육비 지출 규모 변화(단위: 만 원)

자료: 통계청·교육부의 초중고사교육비조사 자료를 바탕으로 저자가 작성.

정점을 찍었다. 이후 다소 감소하는 추이를 보이고 있으나, 2000년에서 2016년까지 전체적인 추이를 보면 소득 양극화가 점차 증가된 경향이 있음을 확인할수 있다. 특히 하위 1분위의 연간 소득은 1997년 이후로 증가되지 않았다.

이러한 소득 양극화는 학업 성취 격차 증가의 직접적인 원인으로 작용할 수있다(Reardon, 2011). 또 한국 사회의 경우 소득 양극화는 특히 사교육과 같은가정의 교육 투자 수준에서의 격차로 이어져 교육 불평등을 심화하는 요인으로 작용할 수 있다(변수용·이성균, 2021; 정인관 외, 2020; Byun and Kim, 2010). 실제로, 가계 소득에 따라 사교육비 지출에 큰 차이가 있다. 그림 09-16은 사교육비조사가 시작된 2007년 이후 가구 월평균 소득에 따른 1인당 사교육비 지출규모 변화를 보여준다. 가구 월평균 소득이 600만 원 이상인 경우 1인당 평균사교육비 지출은 약 43만 원으로, 가구 월 소득이 200만 원 이하인 경우 약 8만원에 비해 5배 이상 차이가 난다. 이러한 가구 월 소득에 따른 사교육비 지출차이는 이후 좀처럼 좁혀지지 않고 있다. 물론, 사교육 참여가 학생들의 학업성취를 향상시키는 데 얼마나 효과적인지에 대해서는 아직 합의된 결론에 이르지 못하고 있다. 그러나 엄격한 통계적 방법을 사용한 몇몇 연구들은 학원과 같은 사교육 참여가 학업 성취에 작지만 유의미한 차이가 있음을 실증적으로 증명하고 있다(Byun, 2014; Byun and Park, 2012; Kuan, 2011). 따라서 소득 양극화가 사교육 기회와 질의 차이를 가져오고, 이것이 학업 성취의 차이로 이어질 가능성이 여전히 존재한다.

2) 인구학적 변화

다음으로 인구학적 차원의 변화로서, 최근 이혼율 증가로 인한 한부모가정의 증가, 출산율 감소, 다문화 학생 증가를 생각해 볼 수 있다. 그림 09-17은 1990년 이후 한국 사회의 (인구 1000명당) 이혼율 변화를 보여준다. 이혼율은 1990년 1.1%에서 외환위기 직전인 1996년 1.7%로 소폭 상승했다. 그리고 외환위기 이후인 1999년에는 2.5%로, 2003년에는 3.4%로 증가했다. 이후 이혼율은 감소하다 2006년 이후부터 2.5% 정도를 유지하고 있다. 이혼율 증가는 한부모가정의 증가로 이어질 수 있으며, 부모의 이혼과 같은 가족구조 변화가 자녀의 학업 성취에 부정적인 영향을 미친다는 사실은 잘 알려져 있다(오계훈·김경근, 2001; 현지영·김경근, 2015; Entwisle and Alexander, 1996; Milne et al., 1986).

그림 09-18은 1990년 이후 여성 1명이 평생 동안 낳을 것으로 예상되는 평균 출생아 수를 나타내는 합계 출산율 변화를 보여준다. 합계 출산율은 1990년에 1.57명이었으나, 그로부터 10년 후인 2000년에는 1.48명으로 떨어졌다. 2010년 합계 출산율은 초저출산 기준인 1.3명보다 낮은 1.23명으로 떨어졌으며, 2018년 이후부터는 1명 이하로 떨어져 심각한 사회문제가 되고 있다. 이러한 저출산 기조는 국가 차원에서는 인구 감소로 이어질 수 있으나, 개인 차원에서는 가족 내 자녀 수가 준다는 것을 의미하고, 이는 자녀에 대한 교육 투자 정도와 강도가 더 강해질 수 있음을 의미한다(김경근·최윤진, 2017; Downey, 1995). 국가적으로는 인구 절벽으로 인해 대학들이 심각한 존폐 위기 상황에 직면하고 있지만, 대학입시 경쟁이 점점 더 치열해지는 현상은 이와 무관하지 않아 보인다. 이러한 맥락에서 출산율 변화도 부모의 사회경제적 지위에 따른 자녀의 학

그림 09-17 ● 연도별 이혼율 변화(단위: %)

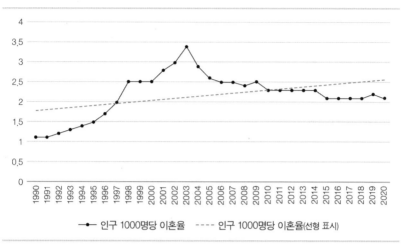

자료: 통계청의 인구동향조사 이혼 건수, 조이혼률 자료를 바탕으로 저자가 작성.

그림 09-18 ● 연도별 합계 출산율(단위: 명)

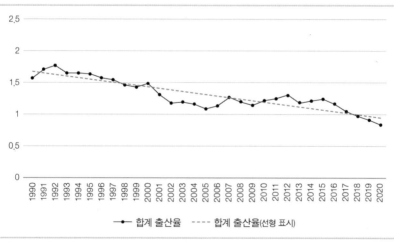

자료: 통계청의 인구동향조사 출생아 수, 합계 출산율, 자연 증가 등 자료를 바탕으로 저자 작성.

업 성취 격차를 증가시키는 요인으로 작용할 수 있다.

다음으로, 국제결혼의 증가, 외국인 근로자의 유입 등으로 인한 다문화 학생 증가이다. 그림 09-19는 2000년 이후 한국 사회의 국제결혼 건수를 보여준다.

그림 09-19 ● 연도별 국제결혼 건수 및 국제결혼율(단위: 건수)

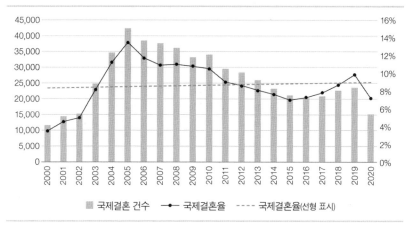

자료: 통계청의 인구동향조사 시도/시군구별 외국인과의 혼인 자료를 바탕으로 저자가 작성.

2000년 국제결혼 건수는 약 12만 건으로, 전체 결혼 건수의 약 3.5%를 차지했다. 이후 국제결혼율은 계속 증가하여 2005년에는 13.5%까지 치솟았다. 이후 감소 추세를 보이고 있으나, 국제결혼 건수는 매년 최소 2만 건 이상을 기록하고 있다.

국제결혼 건수의 증가는 다문화가정 증가를 의미하며, 이는 곧 다문화 학생 수의 증가를 의미한다. 그림 09-20은 2012년 이후 한국 사회의 다문화 학생 수 변화를 보여준다. 다문화 학생 수는 2012년 이후 꾸준히 증가하여 2021년 현재 전체 학생의 3%에 해당하는 16만 명에 이르고 있다. 여러 선행 연구는 다문화가정 학생들이 일반 학생들에 비해 학교 적응이나 학업 수행에 있어 많은 어려움을 겪고 학업 성취가 낮음을 보여준다(이정우, 2013; 조혜영·서덕희·권순희, 2008). 따라서 국제결혼의 증가나 외국인 노동자 유입 등으로 인한 다문화 가정 증가는 한국 사회의 교육 불평등을 심화하는 요인으로 작용할 수 있다.

그림 09-20 ● 연도별 다문화 학생 수 및 다문화 학생 비율(단위: 명)

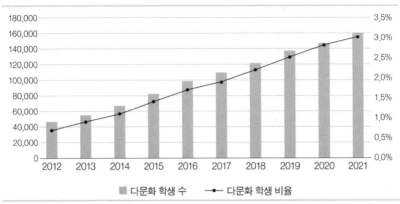

자료: 한국교육개발원 교육통계서비스(kess.kedi.re.kr) 자료를 바탕으로 저자가 작성.

3) 교육 정책 변화

마지막으로, 한국 사회의 교육 불평등 변화 요인으로 교육 정책 변화를 생각
해 볼 수 있다(김위정, 2012; 변수용·이성균, 2021; 장상수, 2016; Byun and Kim,
2010; Park, 2013). 과거 한국 교육은 국가표준 교육과정에 기반한 교육 평등 정
책에 초점을 두었는데, 가장 대표적인 사례로 1974년부터 시행된 고교평준화
정책을 들 수 있다(Kim and Lee, 2002). 고교평준화정책은 1960년대 후반부터
1970년대 초기에 특히 심각했던 과도한 명문 고등학교 진학 경쟁과 그로 인한
여러 사회적, 교육적 문제를 해결하기 위해 마련된 정책으로, 인문계 고등학교
에 진학하려는 학생들을 추첨을 통해 거주 지역의 학교에 배정하는 것을 골자
로 한다(김영철·강태중, 1995). 고교평준화정책 시행 이전에는 거주지에 상관없
이 학교를 선택할 수 있었는데, 이에 따라 일부 고등학교가 성적이 우수한 학
생들을 독점적으로 선발했다. 대체로 사회경제적 수준이 높은 가정의 자녀가
학업 성취도 높았기 때문에, 결과적으로 명문 학교와 나머지 학교 간에 가정배
경이나 학업 성취 면에서 심각한 불평등이 발생했다(김영철·강태중, 1995). 이

문제를 해결하기 위해 교육부는 1974년에 고등학교 입학시험을 폐지했고, 대신 추첨제를 통해 학생을 배정했다. 그뿐만 아니라, 정부에서는 학교 간 교육 불평등의 문제를 해결하고 가능한 한 모든 학교의 교육 여건을 평등하게 만들기 위해 교육청 단위에서 교사들의 순환 근무를 실시했으며, 사립학교에 정부 재정을 지원했다(김영철·강태중, 1995). 이러한 일련의 정책적 노력은 중등교육의 기회를 확대하고 교육 불평등을 완화하는 데 긍정적 영향을 미친 것으로 평가되고 있다(Byun, Kim and Park, 2012).

그러나 1990년대 중반 이후, 세계화된 시장에서 국가 경쟁력을 높이기 위해 교육에서의 수월성을 강화해야 한다는 논의가 시작되었다. 이에 따라 교육정책의 기조는 평등주의적 접근법에서 시장원리를 강조하는 신자유주의적 접근법으로 변화하게 되었다(Byun, Kim and Park, 2012). 그런 가운데 특히 고교평준화정책은 교육의 수월성을 저해하는 대표적인 규제정책으로 집중 포화를 맞게 되고(Kim and Lee, 2002), 이후 고교평준화정책에 대한 다양한 수정 정책이 마련되었다. 예를 들면, 고교평준화정책이 시행되고 있던 서울의 경우 거주 지역 내의 여러 학교 가운데 한 곳을 선택해서 지원할 수 있는 '공통학군제'가 만들어지면서, 제한적으로나마 학교 선택권이 허용되었다. 2002년에는 재정 여력 등의 규정 요건을 충족하는 일부 사립학교가 학생 선발과 학교 운영에 일정 수준 이상의 자율성을 보장받는 자립형 사립학교로 전환하는 것을 허용했다(변수용·주영효, 2012).

2000년에는 교육과정의 차별화를 목표로 하는 제7차 교육과정이 시행되면서 학교 내 수준별 수업을 시행하는 학교 수가 급격히 증가했다(진경애 외, 2009; 황여정, 2010). 그림 09-21은 2004년에서 2009년까지 전체 중·고등학교 가운데 수준별 수업 실시 비율을 보여준다. 수준별 수업 실시 비율은 2004년 32.5%에서 2006년 63.7%로 거의 두 배 증가했으며, 2009년에는 10개 중·고등학교 가운데 8개 학교가 수준별 수업을 실시하고 있는 것으로 드러났다. 그뿐만 아니라 이명박 정부하에서 '고등학교 다양화 300 프로젝트'가 추진되면서 2010년 전까지 크게 일반계고와 전문계고로 나뉘었던 고등학교 유형이 2011년 이후 일

그림 09-21 ● 연도별 중·고등학교 수준별 수업 실시 비율(단위: %)

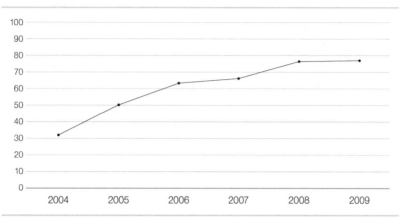

자료: 진경애 외(2009: 21)를 바탕으로 저자가 작성.

반고, 특목고(마이스터고 포함), 특성화고, 자율고로 세분화되었다.[2] 그림 09-22
는 2000년 이후 고등학교 유형이 차지하는 비율 변화를 보여준다. 2010년에는
일반계와 전문계고가 전체 학교의 약 70%와 30%를 각각 차지했다. 그러나
2011년 이후 고등학교 체제는 현재의 일반고, 특목고, 특성화고, 자율고로 재
편되었고, 2021년 현재 이들 학교 유형은 전체 고등학교의 68%, 6.8%, 20.5%,

2 2010년에는 외국인학교와 국제학교에 대한 입학과 설립 기준도 크게 완화되었다. 국내 거주
중인 외국인 자녀를 위한 외국인학교의 경우 한국 국적을 가진 복수국적자나 외국 거주 기간
이 3년 이상인 내국인에 한해 입학이 가능하며, 내국인 입학 비율은 정원의 30% 이하로 제한
된다. 그러나 2018년 기준 복수국적자를 포함한 내국인 비율은 유치원 과정 29.2%, 초등학
교 과정 35.2%, 중학교 과정 45.4%, 고등학교 과정 55.1%이다(김혜자, 2019). 고등학교 과
정의 경우 복수국적자를 포함한 내국인 비율이 2016년 이후 외국인 비율을 넘어서 절반 이상
을 차지하고 있다(김혜자, 2019). 2020년 현재 외국인학교는 41개교에 약 1만 2000명의 학생
이 재학 중이다(한국교육개발원, 2020). 한편, 국제학교는 외국 거주 경험이 없어도 입학할
수 있는데, 2020년 현재 대구국제학교와 채드윅 송도국제학교의 내국인 비율은 각각 77.7%
와 62.7%이며, 제주 영어교육도시 내 국제학교 4곳(한국국제학교, 세인트존스베리아카데
미, 브랭섬홀 아시아, 노스런던칼리지게이트 스쿨)의 경우 내국인 비율이 90% 안팎에 달한
다(이성택, 2020.1.18). 이 국제학교들의 연간 학비는 3000만 원에서 5000만 원 사이로 알려
져 있으며, 부유층 자녀의 외국 명문대 입시를 위한 귀족학교로 비판받고 있다(이성택,
2020.1.18).

그림 09-22 ● 연도별 고교 유형 비율 변화(단위: %)

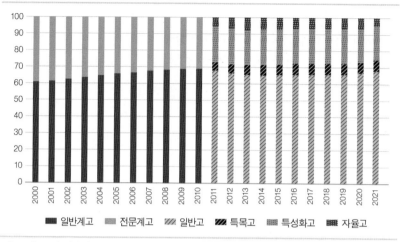

자료: 한국교육개발원 교육통계서비스(kess.kedi.re.kr) 자료를 바탕으로 저자가 작성.

4.6%를 각각 차지하고 있다.

이와 같은 학교 선택권의 확대와 교육과정의 차별화는 특히 저소득층 학생들과 학업 성취가 낮은 학생들의 교육 기회를 제한하는 요인으로 작용할 수 있고, 결과적으로 학업 성취에서의 계층 간 격차를 확대시킬 수 있다(김위정, 2012; 변수용·이성균, 2021; 장상수, 2016; Byun and Kim, 2010; Park, 2013). 실제로, 변수용·김경근·박현준(Byun, Kim, and Park, 2012)은 가정의 사회경제적 배경이 열악한 고등학교 학생들이 사회경제적 지위가 높은 학교에 다닐 확률은 평준화 지역보다 비평준화 지역에서 더 낮은 반면, 학교 수준의 사회경제적 지위가 학업 성취에 미치는 영향은 평준화 지역보다 비평준화 지역에서 더 크게 나타난다는 것을 발견했다. 또한 최재성과 황지수(Choi and Hwang, 2017)는 서울에서 평준화정책이 사실상 폐기되고 학교 선택권이 강화되기 시작한 2010년 직후 일반고에 다니는 학생의 평균 학업 성취도가 하락했으며, 특히 학업 성취가 낮은 학생들의 학업 성취도가 상대적으로 더 크게 하락했음을 발견했다. 일찍이 콜먼과 동료들은(Coleman et al., 1966)은 학업 성취가 높고 사회경제적 배경이 좋은 학생들이 특정 학교로 몰리게 되면, 학업 성취와 관련하여 이 학생들이 얻을 수 있는 이점은 매우 적지만, 이와 반대로 학업 성취가 낮고 사회경제적 배경이 열악한 학생들이 특정 학교에 몰리게 되면 이로 인해 발생하는 학업 성취와 관련한 불이익은 훨씬 크다는 것을 발견했다. 이런 맥락에서 시장 논리를 기반으로 한 학교 간 또는 학교 내 선택권을 강화하는 식의 최근 교육 정책의 변화는 한국 사회에 질적 차원의 교육 불평등을 증가시켰을 가능성이 크다(김위정, 2012; 변수용·이성균, 2021; 장상수, 2016; Byun and Kim, 2010; Park, 2013).

4. 한국 사회 교육 불평등 완화를 위한 정책 제언

앞서 우리는 한국 사회의 질적 측면에서의 교육 불평등 심화 현상을 사회경제적, 인구학적, 교육제도적 측면과 연결 지어 설명했다. 만약 이러한 요인이 한국 사회의 질적 측면에서의 교육 불평등을 심화시켰다면, 교육 불평등을 완화할 수 있는 해법도 이러한 요인에서 찾을 수 있다. 그러나 이혼율 증가나 다문화 학생 수 증가와 같은 사회경제적, 인구학적 요인에 정책이 개입할 수 있는 여지는 매우 적다. 이에 이 절에서는 교육 불평등을 완화할 수 있는 교육제도와 정책에 초점을 두고자 한다.

그 이전에 한 가지 상기할 것은 교육 불평등은 그것이 양적 측면이든 질적 측면이든 오늘날 전 세계 거의 모든 나라에서 목도된다는 것이다(Ishida, Müller and Ridge, 1995; Shavit, Arum, and Gamoran, 2007; Shavit and Blossfeld, 1993; OECD, 2010). 신분 사회가 무너진 현대 사회에서 교육은 사회경제적 지위 획득에서 매우 중요한 역할을 한다(Blau and Duncan, 1967). 이에 따라 부모들은 자녀들에게 더 높고, 더 많은 교육 기회를 제공하기 위해 경쟁한다. 사회경제적 지위가 높은 부모들은 그 경쟁 과정에서 더 유리한 위치에 있게 되고, 그 결과 부모의 사회경제적 지위에 따라 자녀의 교육 기회에 불평등이 발생하게 된다. 그러나 최근 수행된 많은 국가 간 비교연구들은 비록 교육 불평등이 많은

그림 09-23 ● OECD 국가별 세대 간 교육 이동(25~34세 성인)

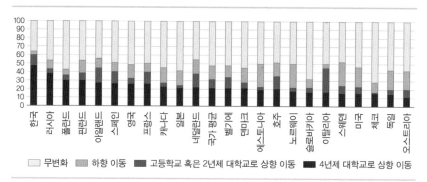

자료: OECD(2015: 78)에서 재인용.

국가들에서 존재하지만, 그 정도는 국가마다 조금씩 차이가 있음을 보여준다 (Bodovski et al., 2017, 2020; Hanusheck and Woessmann, 2006; Marks, 2005; OECD, 2010; Shavit, Arum and Gamoran, 2007; Shavit and Blossfeld, 1993; Van de Werfhorst and Mijs, 2010).

사실 국제 비교 관점에서 보면 한국 사회의 교육 불평등 정도는 다른 나라에 비해 상대적으로 덜하다. 양적 측면에서의 교육 불평등을 예로 들면, 그림 09-23에서 보는 바와 같이, 우리나라 25~34세 성인 인구 가운데 부모보다 더 높은 수준의 교육을 성취한 비율은 61%로, OECD 국가 중 가운데 가장 높다 (OECD, 2015). 이는 오늘날 한국 사회의 젊은 세대 10명 가운데 6명이 세대 간 교육 상향 이동을 이룬 셈이며, 한국 사회의 세대 간 교육 상향 이동이 다른 나라에 비해 훨씬 활발함을 의미한다.

우리나라의 학업 성취에서의 교육 불평등 역시 다른 나라에 비해 상대적으로 덜한 편이다. 그림 09-24는 이종재·김용·변수용(Lee, Kim, and Byun, 2012)이 PISA 2009 자료를 활용하여 가정의 사회경제적 지위와 학생의 읽기 성취 간의 연관성 정도를 한국, 일본, 핀란드, 미국, OECD 평균과 비교한 것이다. 앞서 그림 09-13에서 설명한 바와 같이, 기울기는 부모의 사회경제적 지위에 따른

그림 09-24 ● 가정의 사회경제적 지위와 학생의 읽기 성취 간의 연관성

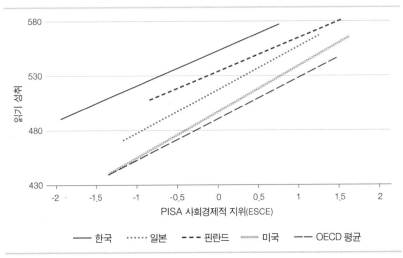

자녀의 학업 성취 정도를 의미한다. 그림에서 보이듯이, 한국은 일본이나, 핀란드, 미국에 비해 기울기가 상대적으로 덜 가파르다. 이는 한국도 가정의 사회경제적 지위가 높을수록 학생의 읽기 성취가 높은 경향성이 있지만 그 경향성은 다른 나라에 비해 덜하다는 의미로, 이는 곧 교육 불평등이 상대적으로 덜함을 의미한다. 그림 09-24에서 특히 주목할 점은 한국의 경우 가정의 사회경제적 지위가 낮은 학생들의 평균 읽기 성취가 다른 나라의 비슷한 사회경제적 지위에 있는 학생들에 비해 훨씬 높다는 것이다. 이러한 연유로 한국은 교육의 수월성과 형평성이라는 두 마리 토끼를 잡은 국가로 세계적 관심을 받고 있다(OECD, 2010, 2014b).

그러나 제3절에서 살펴본 것과 같이 부모의 사회경제적 지위에 따른 PISA 학업 성취 차이가 증가 추세에 있다는 것은 그만큼 한국 교육의 형평성이 악화되고 있음을 의미한다. 그뿐만 아니라, 그림 09-25에서 볼 수 있듯, 우리나라 학생들의 PISA 학업 성취의 평균 점수가 2006년 이후 계속 하락하고 있는 추세에 있는바, 이는 한국 교육의 수월성도 약화되고 있음을 의미한다(변수용·이성

그림 09-25 ● PISA 주기별 우리나라 만 15세 학생들의 평균 읽기 점수

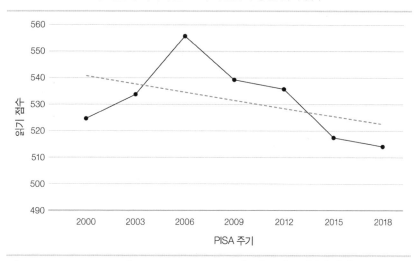

자료: PISA 2000, 2003, 2006, 2009, 2012, 2015, 2018 자료를 토대로 저자가 작성.

균, 2021). 결국, 오늘날 한국 교육의 현실은 점점 수월성과 형평성이라는 두 마리 토끼를 다 놓치고 있는 형편이다. 이러한 맥락에서 교육 불평등을 완화할 수 있는 대안적 정책을 다른 나라에서 찾기보다 우리가 잘 알지 못했지만 한국 교육의 수월성과 형평성을 담보하는 데 도움이 되었던 정책들을 재평가하는 일이 우선되어야 한다. 그런 면에서 이 절에서 제시하는 교육 정책은 전혀 새로운 것이 아닐 수 있음을 미리 밝힌다.

1) 교육에 대한 공공지출 확대

한국 교육의 중요한 특징 중 하나는 사립학교에 대한 의존도가 매우 높다는 것이다(Byun, 2021). 이는 교육 기회가 급속히 팽창하는 시기에 정부가 이를 감당할 만한 재정적인 여건을 갖추지 못했기 때문에, 이른바 저비용 전략(low-cost approach)의 일환으로 학교 설립과 운영을 상당 부분 민간에 의존했기 때문이다(Byun, 2021; Lee, Kim and Byun, 2012). 그림 09-26은 2018년 기준 한국,

그림 09-26 ● 한국, 일본, 미국, 핀란드의 교육 단계별 사립학교 등록 비율(2018년)(단위: %)

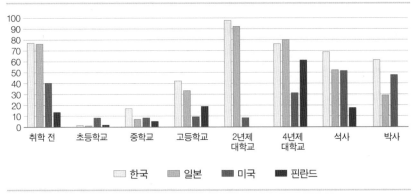

자료: OECD.Stat 자료를 바탕으로 저자 작성.

일본, 미국, 핀란드의 교육 단계별 사립학교 등록 비율을 보여준다. 그림에서
보이는 바와 같이, 우리나라 학생들의 사립학교 등록 비율은 초등학교와 4년
제 대학을 제외한 모든 학교급에서 일본, 미국, 핀란드에 비해 높다. 구체적으
로, 취학 전 영유아 교육 단계에서 사립학교 등록 비율은 77.3%로, 일본(76.4%)
과는 큰 차이는 없으나, 미국(40.4%)과 핀란드(13.4%)와 비교하면 압도적으로
높다. 대학원의 경우, 우리나라 석사생과 박사생 10명 가운데 각각 7명(68.7%)
과 6명(61.6%)이 사립대학에 다니고 있는데 이 비율은 일본과 미국에 비해 상
대적으로 높다. 우리나라 4년제 대학의 경우도 대학생 10명 가운데 8명(76.5%)
이 사립대학에 다니고 있어 미국(31.4%)과 큰 대조를 이룬다.

　　물론, 우리나라의 사립학교는 재정의 상당 부분을 정부가 보조해 주고 있어
엄격한 의미에서 다른 나라의 사립학교의 성격과 다를 수 있다(변수용·김경근,
2011). 그러나 사립학교 등록 비율이 높다는 것은 개인이 떠안아야 할 비용이 그
만큼 많음을 의미한다. 실제로 한국은 영유아 교육이나 고등교육에 있어 가계
가 부담해야 하는 교육비가 다른 나라에 비해 상대적으로 높다. 고등교육을 예
로 들면 그림 09-27에서 보이는 바와 같이, 한국의 경우 가계지출(household
expenditure)이 전체 고등교육 비용에서 차지하는 비율은 41.4%로, OECD 평균

그림 09-27 ● OECD 국가별 주체에 따른 고등교육 비용 정도(2018년)

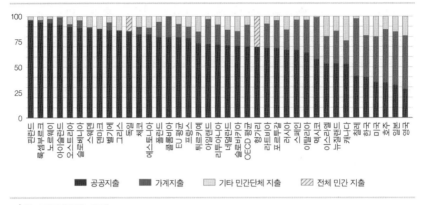

자료: OECD(2020: 299).

인 21.6%에 비해 거의 두 배 높으며, 칠레, 일본, 호주, 영국, 미국에 이어 OECD 국가 가운데 6번째로 높다. 이와는 대조적으로 공공지출(public expenditure)이 전체 고등교육 비용에서 차지하는 비율은 39.7%로, OECD 평균인 70%에 크게 못 미친다.

이처럼 영유아 교육과 고등교육 비용 중 가계가 떠맡아야 하는 비율이 큰 것은 그만큼 교육 불평등을 가중시킬 여지가 있음을 의미한다. 특히 앞서 살펴본 바와 같이, 한국 사회에서 가계가 자녀의 사교육에 천문학적인 비용을 지불하고 있다는 점, 부모의 사회경제적 지위에 따라 사교육 기회에 있어 불평등이 발생하고 있다는 점을 감안하면 영유아 교육과 고등교육에 있어 가계의 교육비 부담을 국가가 나서서 줄여줄 필요가 있다. 또한 연금 복지제도가 미약한 지금의 상황에서 부모들이 노후 대비를 위해 쓸 자금까지 자녀의 교육비로 지출하는 경우가 많고, 이로 인해 노인 빈곤율과 자살률이 매우 높다는 점도 교육비를 국가가 더 적극적으로 감당해야 하는 또 다른 이유이다.

사실, 국가가 취학 전 교육과 고등교육에 적극적으로 투자해야 하는 이유는 단순히 가계의 교육비 부담을 줄이는 것에 그치지 않는다. 영유아 교육에서 국가적 책임이 특히 중요한 이유는 헤크먼을 포함한 많은 학자들이(Garcia et al.,

2020; Heckman et al., 2010) 실증적으로 증명한 바와 같이, 양질의 영유아 교육은 사회경제적으로 불리한 학생들에게 인지적 발달은 물론, 학습 준비도 (school readiness), 사회적 행동 등과 같은 영유아 단계 발달에 긍정적인 영향을 줄 뿐만 아니라 장기적으로 성인기에서의 교육, 건강, 소득 등에도 긍정적인 영향을 주기 때문이다. 한편, 고등교육에 대한 국가적 책임이 중요한 이유는 연구 중심 대학과 같은 고등교육기관은 지식기반경제에서 지식과 기술의 생산과 확산에 있어 핵심적인 역할을 하기 때문이다(Powell, Baker and Fernandez, 2017).[3] 다행히 노무현 정부에서 이명박, 박근혜 정부에 이르기까지 영유아 교육에 있어 국가의 책임을 강조하는 정책을 시행해 왔고(박경호 외, 2017), 현 정부에서는 '유아에서 대학까지 교육의 공공성 강화'를 국정운영 5개년 계획으로 유아교육 국가 책임 확대, 온종일 돌봄 체계 구축, 대학 등록금 및 주거비 부담 경감 등을 실천과제로 채택하고 있다(국정기획자문위원회, 2017). 이에 따라 영유아 교육과 고등교육에 있어 달라진 정책을 어느 정도 기대해 볼 수 있다.

2) 공교육 내 공평한 학습 기회 보장

앞서 논의한 바와 같이, 1990년 중반 이후 한국 교육의 정책 기조는 세계화된 시장에서 국가 경쟁력을 높이기 위한 교육에서의 수월성 강화라는 명분하

---

3 대학에 대한 적극적인 투자는 지식기반사회의 일자리 창출은 물론, 지역 경제 활성화에도 도움이 된다고 생각한다. 따라서 인구 감소로 인해 존폐 위기에 있는 지방 사립대들을 중앙 정부나 지방 정부가 적극적으로 인수하는 방법을 고려해야 한다. 대학 교육은 시설 투자 등 인프라 구축에 초기 비용이 많이 들기 때문에, 새로운 대학을 설립하는 것보다 기존 대학을 인수인계하는 것이 중앙 정부나 지방 정부의 입장에서도 경제적인 부담을 줄일 수 있다. 또한 고등학교 졸업자 10명 가운데 7명이 대학에 진학하는 작금의 현실은 가까운 미래에 2년제 대학과 4년제 대학 교육이 의무교육이 되는 현실로 바뀔 수 있다는 점에서 미래를 준비하는 정책이 될 수 있다. 실제로, 미국의 경우 지난 대선에서 샌더스와 같은 민주당 진보 정치인들이 "모두를 위한 대학교육(College for All)"을 대선 공약으로 내세운 바 있다. 아이러니하게도 한국의 경우 과잉 교육으로 인한 청년 실업에 대한 우려로 대학을 가지 않더라도 잘 살 수 있다는 캠페인을 국가가 나서서 하고 있다.

에 평준화 제도로 대표되는 평등주의적 접근법에서 시장원리를 강조하는 신자유주의적 접근법으로 변화하게 되었다. 그 결과 학교 간은 특목고, 자율고와 같은 새로운 고교 유형의 설립 형태로, 학교 내는 수준별 이동 수업의 형태로 학생의 선택권이 강화되었다. 그리고 오늘날 '자유학기제', '고교 학점제' 등과 같이 개인의 선택(choice)과 차이(difference)를 강조하는 교육정책으로까지 이어졌다.

이러한 한국 교육의 정책 기조 변화는 경제적으로 여유가 있는 부모들이 학교 안팎에서 더 다양하고 필요에 맞는 교육 기회를 자녀들에게 제공하고자 하는 요구를 반영한 것일 수 있다. 앞으로도 교육 수요자의 필요에 맞는 학교 간, 학교 내 개별화되고 차별화된 학습 기회(opportunity to learn)에 대한 사회적 요구는 더욱더 커질 것이다. 그러나 이러한 교육 정책의 기조 변화는 의도했든 의도하지 않았든 경제적으로 여유로운 가정의 자녀들에게 더 유리하게 작용된다는 점을 부인하기 힘들다. 부모의 사회경제적 지위에 따라 학생들은 이미 학교 밖에서 사교육이나 문화·체험 활동 등에 있어 너무나 다른 교육 경험을 하고 있다. 이러한 상황에서 새로운 학교 유형의 설립을 통한 계열화나 학교 내 개별화되고 차별화된 학습 기회 제공은 질적 차원에서의 교육 불평등을 더욱 심화시킬 것이다. 이와는 반대로 공교육 내에서는 학습 기회와 교육과정에서의 학교 간 차이를 줄이고 동등한 학습 기회와 교육과정을 제공한다면 질적 차원의 교육 불평등을 줄이는 데 도움이 될 것이다.

이와 관련하여 2010년 이후 미국의 41개 주가 참여하고 있는 '공통 핵심 기준(Common Core State Standards)' 정책에 주목할 필요가 있다. 이 정책의 골자는 지역과 상관없이 매 학년 학생들이 무엇을 알아야 하고 무엇을 할 수 있어야 하는지에 대해 주(state)가 마련한 일련의 학습 기준에 따라 수학, 영어 등의 과목을 가르치는 것이다(http://www.corestandards.org/ 참조). 이 정책의 시행 배경에는 미국 내 지역 간, 학교 간 학습 기회와 교육과정의 차이로 인해 저소득층 자녀들이 양질의 교육을 받지 못하고 있는 심각한 현실 인식이 있다(Jerald, 2008). 더욱 중요한 점은, 이 정책이 한 국가의 경제적 성공과 세계 경쟁력 제고를 위해서는 단순히 공부 잘하는 몇몇 엘리트를 양성하는 것이 아니라, 사회경제적 배경과는 상관없이 모든 학생들이 기초가 되는 지식과 기술을 습득할 수 있게끔 학습 기준을 높임으로써 학업 성취에 있어 불평등을 줄이는 것이 더 효과적이라는 실증연구 결과(Hanushek et al., 2008; Coulombe and Tremblay, 2006)에 기반한다는 사실이다(Jerald, 2008). 이는 개인의 선택을 중요시하는 미국이 국가 경쟁력 강화를 위한 전략으로 공통적인 교육 경험을 제공하는 데 방점이 찍힌 정책 기조로 선회했음을 보여준다. 국가 경쟁력을 높이기 위한 교육에서의 수월성 강화라는 명분하에 평등주의적 접근법에서 선택을 강조하는 신자유주의적 접근법으로 정책의 기조를 선회한 한국과는 정반대이다. 더욱 놀라운 사실은 미국의 이러한 교육 정책의 기조 변화가 TIMSS와 PISA와 같은 국제 학업 성취도 평가에서 수월성과 형평성을 보이는 핀란드나 한국과 같은 국가들을 벤치마킹(benchmarking)한 결과라는 것이다(Jerald, 2008).

이런 맥락에서 교육 불평등과 관련하여 한국 교육정책을 재평가 필요가 있다. 특히 1974년 처음 시행된 이래 우여곡절을 겪었으나 지난 50여 년간 지속된 고교 평준화 정책의 교육 불평등 완화 역할에 대해 다시 한번 생각해 볼 필요가 있다. 앞서 설명한 바와 같이 평준화 정책 이전에는 학업 성취가 높고 사회경제적 배경이 높은 학생들이 이른바 명문 고등학교로 몰리게 되었고, 이와는 반대로 학업 성취가 낮고 사회경제적 배경이 낮은 학생들이 선호도가 낮은 고등학교로 몰리게 되었다. 그러나 평준화 정책 시행 이후 학생들이 고등학교에 무선 배정(random assignment)됨에 따라, 비록 거주지 분화로 인해 학생들의 사회경제적 배경이나 학업 성취에 있어 학교 간 차이가 어느 정도 존재하지만 평준화 정책 이전에 비해 학교 간 차이가 크게 감소했다(Byun, Kim and Park, 2012). 실제로 그림 09-28에서 보는 바와 같이, 중소 도시만을 두고 봤을 때, 평준화 지역 학생들의 사회경제적 배경과 학업 성취 분산에서 학교 간 차이가 차지하는 비율(Intraclass correlation coefficient)은 각각 2%와 18%로, 비평준화 지역의 11%와 31%에 비해 매우 낮다. 이처럼 고교 평준화 제도는 학생들의 사회경제적 배경과 학업 성취에서의 학교 간 차이를 줄임으로써 교육 불평등을 줄

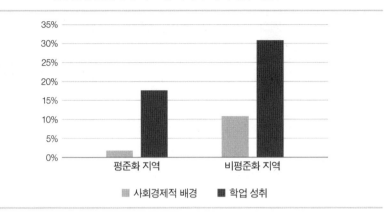

자료: Byun, Kim and Park(2012: 171).

이는 데 기여한 것으로 판단된다.[4] 이와 관련하여 가모란(Gamoran, 1996)은 스코틀랜드 중등교육 개혁의 영향에 대한 연구를 통해 교육과정의 표준화가 사회경제적 차이로 인한 성취도 격차를 줄이는 데 도움이 되었음을 실증적으로 보여준 바 있다.

교육 불평등 완화와 관련한 평준화 정책의 또 다른 중요한 요소는 교육청 단위에서 국공립학교 교사들이 4년이나 5년 주기로 학교를 옮겨 다니는 이른바 '교사 순환 전보제'이다. 교사 순환 전보제가 언제 도입되었는지에 대해서

---

4   고교 평준화 정책은 학업 성취에 대해서뿐만 아니라 사회통합(social integration)에도 긍정적인 영향을 줄 수 있다. 한국 사회에서 서로 다른 배경을 가진 사람과 섞여 서로를 이해하고 소통할 수 있는 기회를 제공하는 사회적 장치는 학교와 군대가 거의 유일하다. 평준화 정책하에서는 영화 〈친구〉에서처럼 한 교실에서 이른바 '조폭'도 나올 수 있고 변호사도 나올 수 있지만, 비평준화 정책하에서는 한 교실에서 변호사만 또는 '조폭'만 나오게 된다. 특목고를 중심으로 매우 심각하게 계층화된 현재의 상황에서도 비평준화 정책하에서와 같은 상황이 일어날 수 있다. 실제로 사법고시 제도가 폐지되기 이전에 사법고시 합격자 가운데 특목고 출신 비율은 2003년 5%, 2005년 11.9%, 2006년 17%로 매년 증가 추세에 있었다(박신홍·정용환·정효식, 2007.6.14). 또한 2007년 사법연수원에 입소한 993명 가운데 10명 이상 합격자를 낸 7개 고교 중 6곳이 특목고였다(박신홍·정용환·정효식, 2007.6.14).

는 기록이 확실하지 않으나, 1974년 고교 평준화 정책이 시행되면서 정부가 되도록 모든 학교의 교육 여건을 평등하게 만들기 위한 노력의 일환으로 농어촌 지역이나 도서 벽지와 같은 교육 여건이 열악한 학생들에게 우수한 교사의 수업과 지도를 받을 수 있는 수학권을 보장하기 위해 교사들의 순환 근무를 실시했다. 교사 순환 전보제에 대해서는 일률적 전보로 인한 교사의 능력 발휘 저해, 신규 교사들에게 불리한 전보 방식 등의 문제점으로 인해 비판이 존재하지만(김갑성 외, 2009), 이 제도가 적어도 공립학교 내에서 사회경제적으로 불리한 학생들이 우수한 교사들에게 배울 수 있는 기회를 제공하고 있음은 분명한 사실이다. 실제로 한국은 OECD 국가 가운데 우수 교사에 대한 접근성에서 학생의 사회경제적 배경에 따른 불평등이 가장 덜한 국가 중 하나이며, 나아가 사회경제적으로 유리한 학생들보다 사회경제적으로 불리한 학생들이 오히려 우수한 교사에게 접근할 수 있는 기회가 더 많은 몇 안 되는 국가 중 하나이다 (Akiba, LeTendre and Scribner, 2007; Luschei, Chudgar, and Rew, 2013). 이러한 연유로 교사 선발, 배치, 순환과 같은 일련의 교사와 관련한 한국의 교육정책들은 미국과 같이 학생의 사회경제적 배경에 따라 우수한 교사에게 접근할 수 있는 기회가 매우 불평등한 국가들에 정책적 대안으로 소개되기도 한다(Jeong and Luschei, 2019; Kang and Hong, 2008).

전술한 평준화 정책의 핵심 원칙인 학생의 학교 무선 배정과 교사 순환 전보제는 사실상 사립초등학교를 제외한 모든 초등학교와 중학교에 적용된다는 점에서 초·중등 교육의 형평성 제고에도 크게 기여한 것으로 생각된다. 실제로 우리나라 중학교 학생의 사회경제적 배경과 학업 성취의 학교 간 차이는 다른 나라에 비해 상대적으로 매우 작다. 그림 09-29는 한국, 홍콩, 미국의 중학교 2학년 학생들의 사회경제적 배경과 학업 성취 분산에서 학교 간 차이가 차지하는 비율을 보여준다. 한국의 경우 학생들의 사회경제적 배경과 학업 성취 분산에서 학교 간 차이가 차지하는 비율은 각각 9.2%와 9.3%로 10% 미만이다. 이와는 대조적으로, 홍콩의 경우 학생들의 사회경제적 배경과 학업 성취 분산에서 학교 간 차이가 차지하는 비율은 각각 36.4%와 55.82%로, 한국에 비해 각각

그림 09-29 ● 한국, 홍콩, 미국의 중학교 학생들의 사회경제적 배경 및 학업 성취 분산에서 학교 간 차이가 차지하는 비율

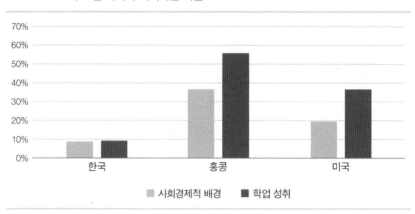

자료: TIMSS 2015 자료를 토대로 저자가 작성.

약 4배와 6배 높다. 미국의 경우도 학생들의 사회경제적 배경과 학업 성취에서의 학교 간 차이는 각각 19.6%와 36.5%로, 한국보다 2배와 4배 정도 높다. 이는 한국의 경우, 학교 A와 학교 B에 다니는 학생들의 사회경제적 배경과 학업 성취가 매우 동질적인 반면, 홍콩과 미국의 경우 매우 이질적임을 보여준다.

이러한 맥락에서 최근 교육부가 발표한 2025년 특목고·자사고를 일반고로 일괄 전환하는 고교 체제 개편 정책은 환영할 만하다. 그러나 특목고·자사고의 일반고 전환이 획일화되고 표준화된 교육으로의 회귀를 의미해서는 안 된다. 평준화 지역이라 하더라도 모든 학교와 교사가 동일한 방식으로 가르치기는 사실상 불가능하기 때문에 획일화된 교육이란 있을 수 없지만, '하향평준화'와 같은 평준화 정책에 대한 비판을 잊어서는 안 된다. 다시 말해, 학업 성취가 다양한 학생들이 한 교실에서 수업을 받을 때 생길 수 있는 현실적 문제에 대한 고민이 이루어져야 한다. 또한 앞에서 논의한 바와 같이 교육 수요자의 필요에 맞는 학교 간, 학교 내의 개별화된 학습 기회와 선택에 대한 사회적 요구는 더욱더 커질 것이기 때문에 학교 선택권을 제한하는 교육 정책에 대한 비판 역시 커질 것이다. 어떤 정책과 제도가 사회적으로 논란이 된다고 해서 이것을

없애는 방향으로 문제를 해결하는 것은 근본적인 문제 해결책이 될 수 없다.

3) 공적 사교육 기회 확대

앞서 살펴본 바와 같이 한국 사회의 사교육 문제는 매우 심각하다. 사교육 문제를 해결하기 위해 정부는 1980년대 사교육 금지부터 오늘날 학원 교습 시간 규제에 이르기까지 사실상 안 해 본 정책이 없을 정도로 다양한 정책을 펼쳤다(Lee, Lee, and Jang, 2010; Schaub et al., 2020). 그러나 안타깝게도 가계의 사교육 지출 규모는 좀처럼 줄어들지 않고 있다. 사실 사교육의 문제는 한국 교육 자체의 문제이기보다 한국 사회의 급속한 교육 기회의 팽창 결과로 봐야 한다(변수용·이성균, 2021). 다시 말해, 한국 사회의 급속한 교육 기회의 팽창으로 인해 많은 사람들이 교육을 받게 되었고, 이들은 사회경제적 지위 성취에 있어 교육의 중요성을 깨닫게 되었다. 그 결과, 과거 소수만이 경쟁하던 더 높은 단계로의 교육 성취를 위해 이제 전 국민이 경쟁하게 되었다. 학령인구 감소로 대학 진학 학생 수가 정원보다 적어졌지만, 대학입시 경쟁과 사교육이 누그러지지 않는 것은 이러한 사회적 변화와 무관하지 않다(변수용·이성균, 2021).

사실 사교육은 한국 사회의 문제일 뿐만 아니라, 점차 전 지구적인 현상이 되고 있다(Baker et al., 2001; Byun, Chung, and Baker, 2018). 그림 09-30은 PISA 2012에 참여한 만 15세 학생들이 학원 형태의 사교육에 참여하는 비율을 국가별로 제시한 것이다. 그림에서 보이는 바와 같이, 국가 간에 정도 차가 있으나 사교육은 거의 모든 국가에서 나타난다. 한국의 사교육 참여 비율은 약 48%로 국가 평균(32.5%)에 비해서는 훨씬 높지만, 인도네시아(77.7%)나 베트남(76.3%), 말레이시아(71.6%)의 사교육 참여율에 비해 낮다. 이러한 사교육의 전 세계적인 확산은 한국 사회 특유의 교육열이나 공교육 질 저하와 같이 그간 한국 사회의 사교육 원인으로 꼽는 요인으로는 설명되지 않는다.

이런 맥락에서 한국 사회에서 사교육 문제를 당장 해결할 수 있는 정책적 묘수는 없어 보인다. 그럼에도 불구하고 사교육으로 인한 교육 불평등 문제를 완

그림 09-30 ● 국가별 학원 형태의 사교육 참여 비율(단위: %)

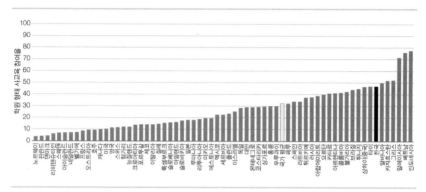

자료: PISA 2012 자료를 토대로 저자가 작성.

화하기 위해서는 공교육 내에서 방과후학교나 EBS 형태의 공적 사교육 기회를 제공해야 한다. 그 이유는 학원이나 과외와 같은 사교육과 달리 방과후학교나 EBS의 경우 부모의 사회경제적 지위에 따른 학생들의 접근 기회 차이가 없기 때문이다(변수용·김경근, 2010; Byun, 2014). 물론, 방과후학교나 EBS 자체가 사회 전체의 사교육 수요를 줄이거나(변수용·김경근, 2010) 학생들의 학업 성취 향상에 도움이 되는지에 대해서는 여전히 의문이 있으나(변수용·황여정·김경근, 2011; Byun, 2014), 이런 공적 사교육 기회가 학원을 가거나 개인 과외를 받을 수 없는 사회경제적으로 불리한 학생들에게 추가적인 학습을 제공하는 것은 분명한 사실이다. 또 방과후학교나 EBS 형태를 구분한 것은 아니지만 사교육 참여가 사회경제적으로 불리한 학생들의 학업 성취에 더 도움이 된다는 최근 연구 결과(Choi and Park, 2016)도 공적 사교육 기회를 제공하는 것이 교육 불평등을 완화하는 데 도움이 될 수 있음을 시사한다. 코로나19의 확산으로 인해 정상적인 대면 교육이 불가능한 상황에서 우리는 학교가 사회경제적으로 불리한 학생들에게 얼마나 중요한지 다시금 깨닫게 되었던바, 학교교육의 중요성을 잊어서는 안 된다.

5. 맺음말

한국 사회의 교육 불평등은 심화되었는가? 만약 심화되었다면 그 이유는 무엇인가? 그리고 교육 불평등을 줄일 수 있는 해법은 무엇인가? 이 장에서는 이러한 물음에 답하기 위해 1절에서는 교육 불평등에 대한 정의와 측정 방식에 대해 논의했다. 2절에서는 지금까지 수행된 양적 측면과 질적 측면에서의 교육 불평등에 관한 실증적 연구를 종합적으로 검토했다. 그 결과, 먼저 양적 측면의 교육 불평등의 경우 연구 간에 다소 차이가 있긴 했으나, 한국 사회에서 양적 측면에서의 교육 불평등은 과거부터 이어져 왔는데, 불평등의 정도가 최근 들어 심화되었다는 증거는 발견되지 않았다. 다음으로, 계열화와 같은 질적 측면에서의 교육 불평등 변화와 관련해서는 자료의 한계와 교육 정책의 변화로 인해 변화 추이를 검증할 수는 없었으나, 적어도 현재 시점에서 계열화 단계에서 발생하는 교육 불평등 현상에 대한 증거는 많이 발견되었다. 구체적으로, 한국 사회의 계열화에 있어 교육 불평등은 고등학교 진학 단계에서는 특목고, 자율고, 일반고, 특성화고를 중심으로, 대학 진학 단계에서는 2년제와 4년제 대학을 중심으로, 그리고 4년제 대학 중에서도 세칭 SKY 대학, 인서울 대학, 지방 대학들을 중심으로 나타나고 있다. 또한 고등학교 진학 이전 단계에서도 영어유치원, 사립초와 같은 학교 유형에 따른 계층화가 발생하고 있다.

한편, 학업 성취에 있어 교육 불평등 변화 추이는 학업 성취도 측정에 대한 신뢰도 문제, 같은 시기에 교차 검증할 수 있는 자료의 부족 등으로 인해 확정적인 결론을 내리기 어려운 부분이 있다. 그럼에도 불구하고, TIMSS와 PISA와 같이 학업 성취 측정에 있어 신뢰도 있는 국제 학생 학업 성취도 평가 자료는 비교적 일관되게 부모의 사회경제적 지위에 따른 학업 성취의 격차가 과거에 비해 최근에 더 커졌음을 보여주었다. 이러한 결과는 앞서 살펴본 계열화에 있어 교육 불평등과 함께 한국 사회에서 질적 측면의 교육 불평등 심화 가능성을 시사한다.

3절에서는 한국 사회에서 질적 차원의 교육 불평등이 변화한 이유에 대해 고찰했다. 사회경제적 측면에서 1997년 외환위기로 심화된 소득 양극화는 부모의 사회경제적 배경에 따른 사교육 기회의 차이로 이어져 학업 성취에 있어 격차를 심화시킬 여지가 있다. 인구학적 측면에서는 이혼율 증가로 인한 가족 구조의 변화, 출산율 감소로 인한 가족 내 자녀 수 감소, 다문화 학생의 증가는 학업 성취에 있어 교육 불평등을 심화시킬 수 있다. 마지막으로 교육제도와 정책의 변화로, 교육정책의 기조는 평등주의적 접근법에서 시장 원리를 강조하는 신자유주의적 접근법으로 바뀌게 되었다. 학교 선택권 강화라는 명목하에 2011년부터 서울 지역 고교평준화는 해제되었고, 자사고와 특목고의 수가 전국적으로 크게 증가했다. 이러한 학교 선택권의 확대와 교육과정의 차별화는 특히 저소득층 학생들과 학업 성취가 낮은 학생들의 교육 기회를 제한함으로써 결과적으로 교육 불평등을 심화시키는 요인으로 작용할 수 있다.

4절에서는 한국 사회에서 교육 불평등 문제를 완화할 수 있는 정책적 대안으로 교육에 대한 공공지출 확대, 공교육 내 공평한 학습 기회 보장, 공적 사교육 기회 확대를 제시했다. 이 모든 정책적 대안들은 교육에 대한 정부의 획기적인 투자 확대를 전제로 한다. 유년기부터 성인기까지 십수 년에 걸쳐 이루어지는 교육은 매우 많은 비용이 필요하다. 한국 사회는 그간 그 비용의 상당 부분을 개인에게 전가한 측면이 있다. 이제 세계경제 규모 10위에 걸맞은 교육에 대한 국가적 책임과 투자로 교육 불평등 문제를 완화해야 할 것이다.

참고문헌

강주헌. 2020.12.27. "학생 100명 중 개천용은 단 3명". ≪머니투데이≫. https://news.mt.co.kr/mtview.php?no=2020122709264818774(검색일: 2021.9.1).

국정기획자문위원회. 2017. 「문재인 정부 국정운영 5개년 계획」.

김갑성·김이경·박상완·이현숙. 2009. 「학교 교육력 제고를 위한 교원 인사제도 개선에 관한 연구: 서울특별시 중등교사 순환전보제도를 중심으로」. 한국교육개발원 수탁연구 CR 2009-16.

김경근·변수용. 2006. 「한국사회에서의 상급학교 진학 선택 결정요인」. ≪교육사회학연구≫,

16권 4호, 1~27쪽.

김경근·최윤진. 2017. 「교육열 현상으로서의 저출산: 중산층 기혼자의 자녀 수 결정 배경과 양육방식」. ≪교육사회학연구≫, 27권 2호, 1~34쪽.

김기태. 2010.8.26. "계층 간의 사다리가 부러졌다". ≪한겨레21≫. http://h21.hani.co.kr/arti/cover/cover_general/28019.html(검색일: 2021.9.1).

김성식. 2008. 「대학생들의 학업중단 및 학교이동에 대한 탐색적 분석: 대학선택요인과 대학생활 만족도의 영향」. 한국교육, 35권 1호, 227~249쪽.

김성식·류방란. 2008. 「고등학교 진학에 대한 가정 배경, 학생 노력, 학교 경험의 영향력 분석」. ≪교육사회학연구≫, 18권 2호, 31~51쪽.

김영철 외. 1995. 『고등학교 평준화 정책의 개선 방안』. 서울: 한국교육개발원.

김위정. 2012. 「계층간 학력 격차의 변화: 학교정책의 영향을 중심으로」. ≪교육사회학연구≫, 22권 3호, 49~76쪽.

김창환·변수용. 2021. 『교육 프리미엄: 한국에서 대학교육의 노동시장 가치는 하락했는가?』. 서울: 박영스토리.

김혜자. 2019. 「국내 외국인 학교 현황」. ≪교육정책포럼≫, 307호, 37~39쪽.

노컷뉴스. 2007.2.1. "'개천에서 '용'나기 어렵다' 통계로 입증". https://www.nocutnews.co.kr/news/244820(검색일: 2021.9.1).

문수연. 2016. 「교육 불평등 변화 양상 분석: 중간계급 및 코호트 분석을 중심으로」. ≪한국사회학≫, 50권 5호, 141~171쪽.

박경호 외. 2017. 『교육격차 실태 종합분석』. 진천: 한국교육개발원.

박병영·김미란·김기헌·류기락. 2011. 『교육과 사회계층이동 조사 연구 (IV): 1976-1986년 출생집단 분석』. 서울: 한국교육개발원.

박신홍·정용환·정효식. 2007.6.14. "고시 합격에도 '특목고의 힘'". ≪중앙일보≫. https://www.joongang.co.kr/article/2759601#home(검색일: 2021.9.1).

방하남·김기헌. 2002. 「기회와 불평등: 고등교육기회에 있어서 사회계층간 불평등의 분석」. ≪한국사회학≫, 36권 4호, 193~222쪽.

_____. 2003. 「한국사회의 교육계층화: 연령코호트 간 변화와 학력단계별 차이」. ≪한국사회학≫, 37권 4호, 31~65쪽.

배문숙. 2018.1.8. "'개천 용' 옛말…교육이 '금수저' 대물림 부채질". ≪헤럴드경제≫. http://news.heraldcorp.com/view.php?ud=20180108000013(검색일: 2021.9.1).

변수용·김경근. 2008a. 「부모의 교육적 관여가 학업성취에 미치는 영향: 가정배경의 영향을 중심으로」. ≪교육사회학연구≫, 18권 1호, 39~66쪽.

_____. 2008b. 「한국 고등학생의 교육결과에 대한 문화자본의 영향」. ≪교육사회학연구≫, 18권 2호, 53~82쪽.

_____. 2010a. 「한국사회 고등교육 계층화의 영향요인 분석: 일반계 고등학교 졸업생을 중심으로」. ≪교육사회학연구≫, 20권 1호, 73~102쪽.

_____. 2010b. 「중학생의 방과후학교 참여가 사교육 수요에 미치는 영향」. ≪교육사회학연구≫, 20권 3호, 51~81쪽.

변수용·안지빈·정희진. 2017. 「사립초등학교 졸업생들과 공립초등학교 졸업생들의 중학교 단계 학업성취 차이」. ≪교육학연구≫, 55권 4호, 167~187쪽.

변수용·이성균. 2021. 『부모의 사회경제적 지위와 자녀의 교육 결과: 한국에서 교육불평등은 심화되었는가?』 서울: 박영스토리.

변수용·정희진. 2016. 「초등학교 자녀의 특성화중학교 진학을 원하는 부모의 특성에 관한 연구: 국제중학교를 중심으로」. ≪교육학연구≫, 54권 4호, 195~232쪽.

변수용·정희진·안지빈. 2018. 「영어유치원과 부모의 자녀에 대한 상급 학교 진학 계획과의 관계」. ≪교육사회학연구≫, 28권 2호, 127~155쪽.

변수용·정희진·정진리. 2022. 「사립초 졸업이 특목고/자사고 진학에 미치는 영향」. ≪교육사회학연구≫, 32권 1호, 59~89쪽.

변수용·주영효. 2012. 「학교선택 결정요인과 효과 분석: 서울교육종단연구 데이터를 중심으로」. ≪한국교육≫, 39권 1호, 5~33쪽.

변수용·황여정·김경근. 2011. 「방과후학교 참여가 학업성취에 미치는 영향」. ≪교육사회학연구≫. 21권 2호, 57~85쪽.

_____. 2012. 「위세 높은 대학 진학에서의 외고 효과」. ≪교육사회학연구≫, 22권 3호, 133~162쪽.

안지빈·김지혜·변수용. 2018. 「가정의 사회경제적 배경에 따른 유아교육 및 보육 경험의 차이: 영어학원과 문화센터를 중심으로」. 2018년 한국교육학회 연차학술대회 발표 논문.

양연호. 2018.9.30. "금수저 對 흙수저…교육격차 더 벌어졌다". ≪매일경제≫. http://news.mk.co.kr/newsRead.php?year=2018&no=610089(검색일: 2021.9.1).

오계훈·김경근. 2001. 「가족구조가 아동의 학업성취에 미치는 영향」. ≪교육사회학연구≫, 11권 2호, 101~123쪽.

이성택. 2020.1.18. "절반이 한국 학생…'외국인 학교' 맞나요." ≪한국일보≫. https://m.hankookilbo.com/News/Read/A2020081716180003616(검색일: 2021.10.3).

이인열·김수혜·김경화·오현석. 2010.7.6. "[사다리가 사라진다] 한국의 '교육 양극화' 美보다 심하다". ≪조선일보≫. https://www.chosun.com/site/data/html_dir/2010/07/06/2010070600135.html(검색일: 2021.9.1).

이정우. 2013. 「국가수준 학업성취도 평가 결과를 통해 본 다문화가정 학생의 사회과 학업성취도 특성」. ≪시민교육연구≫, 45권 2호, 257~291쪽.

장상수. 2000. 「교육기회의 불평등: 가족배경이 학력성취에 미치는 영향」. ≪한국사회학≫, 34권 3호, 671~708쪽.

_____. 2016. 「벌어지는 틈새: 부모의 사회경제적 지위가 자녀 성적에 미치는 영향의 증가」. ≪한국사회학≫, 50권 5호, 107~140쪽.

정인관·최성수·황선재·최율. 2020. 「한국의 세대 간 사회이동과 교육 불평등: 2000년대 이후 경험적 연구에 대한 종합적 검토」. ≪경제와 사회≫, 127권, 12~59쪽.

조혜영·서덕희·권순희. 2008. 「다문화가정 자녀의 학업수행에 관한 문화기술적 연구」. ≪교육사회학연구≫, 18권 2호, 105~134쪽.

진경애·송미영·김화경·고성희. 2009. 『수준별 수업에 따른 학생평가 방안 연구-수학, 영어 교과를 중심으로』. 서울: 한국교육과정평가원.

최성수·이수빈. 2018. 「한국에서 교육 기회는 점점 더 불평등해져 왔는가?」. ≪한국사회학≫, 52권 4호, 77~113쪽.

최성수·임영신. 2021. 「한국에서 교육 기회는 점점 더 불평해져 왔는가?(II): 가족배경에 따른 자녀 학업성취도 격차의 출생 코호트 추세」. 불평등연구회 발표 논문(2021.6.18).

한국교육개발원. 1998. 『교육통계편람』. 서울: 한국교육개발원.

_____. 2020. 『2020 교육통계 분석 자료집: 유·초·중등 교육 통계 편』. 진천: 한국교육개발원.

현지영·김경근. 2015. 「부모의 사회경제적 지위, 가정 및 학교 내 사회자본, 학업성취 간 구조적 관계 분석」. ≪교육사회학연구≫, 25권 2호, 125~154쪽.

홍정규. 2019.3.19. "[한국경제 길을 묻다] 개천에서 용 나기 어려운 나라". ≪연합뉴스≫. https://www.yna.co.kr/view/AKR20190308170300002(검색일: 2021.9.1).

황여정. 2010. 「능력별 집단편성이 중학생의 학업성취에 미치는 영향」. ≪교육사회학연구≫, 20권 4호, 191~222쪽.

JTBC 뉴스. 2016.1.31. "대물림 되는 '금수저 흙수저'…교육, 사다리 역할해야". https://news.jtbc.joins.com/article/article.aspx?news_id=NB11165293(검색일: 2021.9.1).

YTN. 2015.9.4. "부모 재력이 곧 자녀 학벌… '성공 사다리' 사라지나?" https://www.ytn.co.kr/_ln/0103_201509041707040181(검색일: 2021.9.1).

Akiba, M., G. K. LeTendre and J. P. Scribner. 2007. "Teacher quality, opportunity gap, and national achievement in 46 countries." *Educational Researcher*, Vol. 36, No. 7, pp. 369~387.

Baker, D. P., M. Akiba, G. K. LeTendre and A. W. Wiseman. 2001. "Worldwide shadow education: Outside-school learning, institutional quality of schooling, and cross-national mathematics achievement." *Educational Evaluation and Policy Analysis*, Vol. 23, No. 1, pp. 1~17.

Blau, P. M. and D. O. Duncan. 1967. *The American occupational structure*. New York: Free Press.

Bodovski, K., I. Munoz, S. Byun and V. Chykina. 2020. "The role of education system characteristics in stratification of math and science achievement." *International Journal of Sociology of Education*, Vol. 9, No. 2, pp. 122~153.

Bodovski, K., S. Byun, V. Chykina and H. J. Chung. 2017. "Searching for the golden model of education: Cross-national analysis of math achievement." *Compare: A Journal of Comparative and International Education*, Vol. 47, No. 5, pp. 722~741.

Byun, S. 2014. "Shadow education and academic success in Republic of Korea." in H. Park and K. Kim(eds.). *Korean education in changing economic and demographic contexts*. Singapore: Springer.

_____. 2021. *The state, educational policy, and educational inequality in the Republic of Korea*. An unpublished manuscript.

Byun, S., E. Schofer and K. Kim. 2012. "Revisiting the role of cultural capital in East Asian educational systems: The case of South Korea." *Sociology of Education*, Vol. 85, No. 3, pp. 219~239.

Byun, S., H. Chung and D. Baker. 2018. "Global patterns of the use of shadow education: Student, family, and national influences." *Research in the Sociology of Education*, Vol. 20, pp. 71~105.

Byun, S., H. Chung and J. Ahn. 2021. "Private elementary schooling and achievement gains in South Korea." *KEDI Journal of Educational Policy*, Vol. 18, No. 2, pp. 25~43.

Byun, S. and H. Park. 2012. "The academic success of East Asian American youth: The role of shadow education." *Sociology of Education*, Vol. 85, No. 1, pp. 40~60.

_____. 2017. "When everyone goes to college: Effectively maintained inequality of educational opportunity in South Korea." *American Behavioral Scientist*, Vol. 61, No. 1, pp. 94~113.

Byun, S. and K. Kim. 2010. "Educational inequality in South Korea: The widening socio-economic gap in student achievement." *Research in the Sociology of Education*, Vol. 17, pp. 155~182.

Byun, S., K. Kim and H. Park. 2012. "School choice and educational inequality in South Korea." *Journal of School Choice*, Vol. 6, No. 2, pp. 158~183

Choi, J. and J. Hwang. 2017. "The effects of school choice on student academic performance." *Hitotsubashi Journal of Economics*, Vol. 58, No. 1, pp. 1~19.

Choi, Y. and H. Park. 2016. "Shadow education and educational inequality in South Korea: Examining effect heterogeneity of shadow education on middle school seniors' achievement test scores." *Research in Social Stratification and Mobility*, Vol. 44, pp. 22~32.

Coleman, J. S. et al. 1966. *Equality of educational opportunity.* Washington: U. S. Dept. of Health, Education, and Welfare, Office of Education.

Coulombe, S. and J. F. Tremblay. 2006. "Literacy and growth." *Topics in Macroeconomics*, Vol. 6, No. 2, pp. 1~34.

Downey, D. B. 1995. "When bigger is not better: Number of siblings, parental resources, and educational performance." *American Sociological Review*, Vol. 60, 746~761.

Entwisle, D. R. and K. L. Alexander. 1996. "Family type and children's growth in reading and math over the primary grades." *Journal of Marriage and the Family*, Vol. 58, pp. 341~355.

Gamoran, A. 1996. "Curriculum standardization and equality of opportunity in Scottish secondary education, 1984-1990." *Sociology of Education*, Vol. 29, pp. 1~21.

Garcia, J. L., J. J. Heckman, D. E. Leaf and M. J. Prados. 2020. "Quantifying the life-cycle benefits of an influential early-childhood program." *Journal of Political Economy*, Vol. 128, No. 7, pp. 2502~2541.

Hanushek, E. A., D. T. Jamison, E. A. Jamison and L. Woessmann. 2008. "Education and economic growth." *Education Next*, Vol. 8, No. 2, pp. 62~70.

Hanushek, E. A. and L. Woessmann. 2006. "Does educational tracking affect performance and inequality? Differences-in-differences evidence across countries." The *Economic Journal*, Vol. 116, pp. C63~C76.

Heckman, J. J., S. H. Moon, R. Pinto, P. A. Savelyev and A. Q. Yavitz. 2010. "The rate of return to the HighScope Perry Preschool Program." *Journal of Public Economics*, Vol. 94, No. 7, pp. 2502~2541.

Hout, M. and T. A. DiPrete. 2006. "What we have learned: RC28's contributions to knowledge about social stratification." *Research in Social Stratification and Mobility*, Vol. 24, pp. 1~20.

Ishida, H., W. Müller and J. M. Ridge. 1995. "Class origin, class destination, and education: A cross-national study of ten industrial nations." *American Journal of Sociology*, Vol. 101, pp. 145~193.

Jeong, D. W. and T. F. Luschei. 2019. "Teacher sorting within and across schools and nations: A comparative study of South Korea and the United States." *Teachers College Record*, Vol. 121, No. 8.

Jerald, C. D. 2008. *Benchmarking for success: Ensuring U. S. students receive a world-class education*. Washington D. C.: National Governors Association, The Council of Chief State School Officers and Achieve, Inc.

Kang, N. H. and M. Hong. 2008. "Achieving excellence in teacher workforce and equity in learning opportunities in South Korea." *Educational Researcher*, Vol. 37, No. 4, pp. 200~207.

Kim, S. and J. Lee. 2002. *Secondary school equalization policies in South Korea*. Seoul: KDI School of Public Policy and Management.

Kuan, P. 2011. "Effects of cram schooling on mathematics performance: Evidence from junior high students in Taiwan." *Comparative Education Review*, Vol. 55, No. 3, pp. 342~368.

Lee, C., H. Lee and H. Jang. 2010. "The history of policy responses to shadow education in South Korea: implications for the next cycle of policy responses." *Asia Pacific Education Review*, Vol. 12, No. 1, pp. 97~108.

Lee, C., Y. Kim and S. Byun. 2012. "The rise of Korean education from the ashes of the Korean War." *Prospects*, Vol. 42, No. 3, pp. 303~318.

Lucas, S. R. 2001. "Effectively maintained inequality: Education transitions, track mobility, and social background effects." *American Journal of Sociology*, Vol. 106, No. 6, pp. 1642~1690.

Luschei, T. F., A. Chudgar and W. J. Rew. 2013. "Exploring differences in the distribution of teacher qualifications in Mexico and South Korea: Evidence from the Teaching and Learning International Survey." *Teachers College Record*, Vol. 115, No. 5.

Marks, G. N. 2005. "Cross-national differences and accounting for social class inequalities in education." *International Sociology*, Vol. 20, No. 4, pp. 483~505.

Marks, G. N. and M. O'Connell. 2021. "Inadequacies in the SES-achievement model: Evidence from PISA and other studies." *Review of Education*, Vol. 9, No. 3, pp. 1~36.

Milne, A., D. E. Myers, A. S. Rosenthal and A. Ginsburg. 1986. "Single parents, working mothers, and the educational achievement of school children." *Sociology of Education*, Vol. 59, No. 3, pp. 125~139.

OECD. 2010. *PISA 2009 results: Overcoming social background — Equity in learning opportunities and outcomes(Volume II)*. Paris: OECD Publishing.

_____. 2014a. *PISA 2009 technical report*. Paris: OECD Publishing.

_____. 2014b. *Lessons from PISA for Korea, Strong performers and successful reformers in education*. Paris: OECD Publishing.

_____. 2015. *Education at glance 2015*. Paris: OECD Publishing. http://dx.doi.org/10.1787/888933283540(검색일: 2021.9.15).

_____. 2020. *Education at glance 2020*. Paris: OECD Publishing.

Park, H. 2007. "South Korea: Educational expansion and inequality of opportunity for higher education." in Y. Shavit, R. Arum and A. Gamoran(eds.). *Stratification in higher education: A comparative study*. Stanford, CA: Stanford University Press.

_____. 2013. *Re-evaluating education in Japan and Korea: De-mystifying stereotypes*. New York: Routledge.

Park, H., S. Byun and K. Kim. 2011. "Parental involvement and students' cognitive outcomes in Korea: Focusing on private tutoring." *Sociology of Education*, Vol. 84, No. 1, pp. 3~22.

Pfeffer, Fabian T. and Florian R. Hertel. 2015. "How has educational expansion shaped social mobility trends in the United States?" *Social Forces*, Vol. 91, No. 1, pp. 143~180.

Powell, J. J. W., D. P. Baker and F. Fernandez(eds.). 2017. *The century of science: The global triumph of the research university*. Bingley, UK: Emerald Publishing.

Reardon, S. F. 2011. "The widening academic achievement gap between the rich and the poor: New evidence and possible explanations." in R. Murnane and G. Duncan. *Wither opportunity? Rising inequality and the uncertain life chances of low-income children*. New York: Russell Sage Foundation Press.

Schaub, M., H. Kim, D. Jang and D. P. Baker. 2020. "Policy reformer's dream or nightmare?" *Compare: A Journal of Comparative and International Education*, Vol. 50, No. 7, pp. 1066~1079.

Schofer, E. and J. Meyer. 2005. "The world-wide expansion of higher education in the twentieth Century." *American Sociological Review*, Vol. 70, pp. 898~920.

Shavit, Y. and H. Blossfeld. 1993. *Persistent inequality: Changing educational attainment in thirteen countries.* Boulder: Westview Press.

Shavit, Y. and H. Park. 2016. "Introduction to the special issue: education as a positional good." *Research in Social Stratification and Mobility*, Vol. 43, No. 1, pp.1~3.

Shavit, Y., R. Arum and A. Gamoran. 2007. *Stratification in higher education: A comparative study.* Stanford, CA: Stanford University Press.

Van de Werfhorst, H. and J. J. B. Mijs. 2010. "Achievement inequality and the institutional structure of educational systems: A comparative perspective." *Annual Review of Sociology*, Vol. 36, pp. 407~428.

Willms. D. J. 2003. *Ten hypotheses about socioeconomic gradients and community differences in children's developmental outcomes.* Quebec: Human Resources Development Canada Publications Centre.

제3부

불평등의 정치경제적 과정과 대안

10

불평등과 조세재정정책

정세은

1. 머리말

소득 및 자산 불평등은 한국 사회가 당면한 가장 심각한 문제 중 하나로서 사회통합을 해칠 뿐 아니라 국가의 복지 수준이 낮은 상황에서는 저소득층의 인적 자본 축적을 어렵게 한다. 또한 저출산과 같은 사회적 문제를 야기하기도 하는데 인구 보너스가 제2차 세계대전 이후 많은 국가들의 경제성장의 원인이 었다는 점을 고려하면 소득 및 자산 불평등은 인구 감소를 통해서 장기적 성장 잠재력을 훼손하는 심각한 결과를 야기한다.

불평등을 완화하기 위해서는 경제주체들이 경제활동을 시작하기 전과 시작한 이후, 또한 경제활동에서 이탈한 이후의 전 과정에 개입하는 정부 정책이 중요하다. 경제주체들이 경제활동을 시작하기 전에 그들의 역량을 고루 발달시켜 경제활동 과정에서 불평등이 발생할 여지를 줄이는 선분배(pre-distribution)

* 이 글은 정세은, 「불평등과 조세재정정책」, 조성은 외, 『2021 중장기 사회보장 발전방향 모색을 위한 의제발굴 연구』(보건복지부·한국보건사회연구원, 2021)에 실린 논문을 수정·보완한 것이다.

정책과 경제활동의 결과로서 시장소득의 분배가 결정된 후에 이를 다시 재조정하여 불평등을 완화하는 재분배(re-distribution) 정책이 중요하다. 그러나 그에 못지않게 경제활동의 공간 자체에서 불평등을 완화하려는 노력, 예를 들어 최저임금 인상, 대중소기업 상생 유도, 취약 노동 조건 개선 등이 추진되어야 한다. 여기에 더해 시장 질서를 어지럽히고 불공정한 분배로 귀결되는 투기적 행위도 적절하게 규제되어야 한다.

조세정책은 불평등에 여러 경로로 영향을 미칠 수 있다. 첫째, 조세를 걷을 때 얼마나 누진적으로 걷는지에 따라 소득분배 상태에 영향을 미칠 수 있다. 둘째, 조세 수입을 복지에 사용함으로써 불평등을 완화할 수 있다. 교육, 주거, 건강 등 인적 자원을 개발하고 축적하는 선분배 정책과 가처분소득에서의 불평등을 완화하는 재분배 과정에서 세수입이 재원으로 사용됨으로써 불평등을 완화한다. 셋째, 조세정책은 소득과 자산에 대한 과세를 통해 경제주체들의 생산, 소비 활동 및 자산 투자, 상속 행태를 좌우하여 경제활동 과정 그 자체에 영향을 미친다. 예를 들어 토지 매매 차익에 대한 낮은 양도세는 사람들로 하여금 과도하게 토지에 투기하도록 유인할 수 있다. 이 경우 조세정책은 재분배 수단을 넘어 시장소득의 형성 과정에 영향을 미쳐 소득 및 자산의 분배 자체에도 영향을 미치게 된다.

이 장에서는 소득 및 자산 불평등 완화와 관련해서 조세정책의 역할을 살펴본다. 2절에서는 우리의 조세정책이 장기적으로 어떠한 변화를 거쳐 오늘날의 모습을 갖추게 되었는지를 살펴볼 것이다. 3절에서는 우리의 조세체제의 특징에 초점을 맞출 것인데 다른 국가들과 비교하여 세수 구조가 어떤 차이를 보이는지, 재분배와 관련하여 중요한 역할을 하는 소득세가 어떤 특징을 보이고 있는지를 살펴볼 것이다. 4절에서는 조세정책이 소득의 불평등을 사후적으로 어느 정도 해소하고 있는지, 즉 재분배 기능이 어떠한지를 살펴볼 것이다. 여기에서는 조세정책과 복지정책의 역할을 함께 고려할 것이다. 5절에서는 불평등 문제 완화를 위한 세제개편의 기조와 방안을 모색해 보고, 6절에서 이 장의 소결을 제시하며 마무리할 것이다.

2. 한국의 조세정책의 역사와 특징

중화학공업화를 시작하던 1970년대 우리나라의 조세부담률 수준은 매우 낮았다. 1972년 OECD 국가들의 조세부담률(광의, 조세부담률 + 사회보험료 부담률)이 GDP에서 차지하는 비중이 평균 26.8% 정도였는데 우리나라는 12% 정도에 불과했다. 그러나 우리나라는 산업화를 완수한 이후에 민주화와 경제위기를 거치면서 OECD 평균보다 조세부담률을 빠르게 상승시킴으로써 그 격차를 줄여왔다. 민주화 직후인 1980년대 말~1990년대 초에 조세부담률이 눈에 띄게 증가했으며, 이후 느리게 증가하다가 외환위기 이후 김대중-노무현 정부 시기에 증가 속도가 다시 빨라졌다. 한편 이명박 정부 시기에는 일정 수준에서 횡보하다가 이후 박근혜 정부 말부터 다시 증가하기 시작했다. OECD 국가들의 경우 1990년대 이후 유럽 국가들 중에서 조세부담률을 줄이거나 최소한 늘리지 않으려 노력했던 국가들도 있었고, 조세부담률이 낮은 국가들이 신규로 가입함에 따라 그 평균 수준이 우리나라보다 완만하게 증가했을 것이다. 그로 인해 2019년에는 OECD는 33.8%, 우리나라는 27.4%로 그 격차가 크게 줄어들었다(그림 10-1).

이러한 큰 틀에서의 변화를 이끈 세목들은 시기에 따라 달랐다(그림 10-2). 1970년대~1980년대 중반까지 세입의 큰 비중을 감당한 것은 소비세였다. 1977년 10%의 세율로 부가가치세가 도입되었고 경제성장과 함께 세수는 빠르게 확대되었는데, 1980년대 초반부터 세입 규모는 줄어들기 시작해서 1980년대 말에는 7~8%대에 이르게 되고 이후 일정 수준을 유지하고 있다. 소비세의 세수 규모 축소로 1980년대 하반기에 조세부담률은 이전에 비해 하락하게 된다. 그러나 1990년 초에는 경제민주화의 영향으로 소득세, 재산세의 세수가 증가하게 되고 1988년에 상시 근로자 10인 이상 사업장을 대상으로 국민연금이 시작되는 등 복지가 확대되면서 사회보험료 수입도 급증하게 된다.

외환위기 이후 김대중-노무현 정부 시기에는 진보 정부답게 재산세와 법인세가 지속적으로 증가했다. 그러나 이명박 정부 들어서는 사회보험, 소비세를

그림 10-1 ● 한국과 OECD의 조세부담률(광의)(단위: GDP 대비 %)

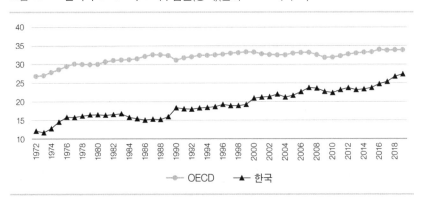

자료: OECD(2021c).

그림 10-2 ● 한국 주요 세목의 세수 추이(1972~2019년)(단위: GDP 대비 %)

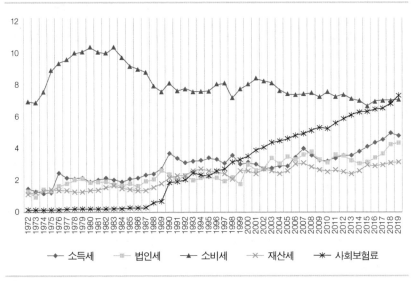

자료: OECD(2021c).

제외한 모든 주요 세목의 세수가 축소되는 모습을 보였는데, 이는 이명박 정부
의 대표 정책인 감세가 실행되었기 때문이다. 한편 박근혜 정부에서는 법인세
와 소득세가 다시 증가하는 의외의 모습을 보였다. 그리고 문재인 정부의 경우

2017~2019년 기간 동안 3대 기간 세목은 정체한 반면 사회보험료는 급증하는 모습을 보였다.

이와 같은 장기적인 변화를 살펴보면 소득세, 법인세 등 직접세의 세수 비중이 증가해 온 것은 긍정적 측면이다. 신진욱(2020)은 박정희 시대에 빠른 경제발전을 위해 소비세와 낮은 직접세, 친기업적 조세 지출 중심의 저조세·저복지 체제가 선택되었지만 이러한 역진적 발전국가의 유산은 그동안 상당한 양적, 질적 변화를 겪으면서 점차 개선되었다고 평가했다. 조세 규모는 1980년대 후반부터, 복지 규모는 1990년대 후반부터 빠르게 증가하기 시작하여 다른 OECD 국가들과의 격차를 줄여왔다. 조세 구조 역시 누진적인 소득세, 복지 목적의 사회보험료가 증가해 왔으며 역진적인 소비세가 줄어들고 친기업적 비과세 감면 혜택들이 축소되어 왔다.

그렇지만 소득세와 법인세의 증가가 세율을 인상하는 방식으로 이루어지지는 않았다. 소득세는 1974년 12월에 현재의 체제로 구축되었는데 당시 여러 측면에서 상당히 누진적이었다(그림 10-3). 부동산·이자·배당·근로·사업·기타 소득을 합하여 종합소득으로 과세하고 퇴직소득, 양도소득만 분리과세하기로 했으며 과표 구간은 17개인데 최고 한계세율이 70%에 달했다. 그러나 오히려 경제민주화 직후인 1989년에 최고 구간의 한계세율이 크게 인하되었고 과표 구간 숫자도 줄어들었다. 1980년대 미국에서 진행되었던 레이건 정부의 감세정책이 전 세계에 영향을 미쳐서 나타난 변화였다. 세율을 낮추고 비과세 감면은 줄여 세원을 넓히는 것이 효율성과 형평성을 조화시키는 바람직한 세제라는 원칙이 받아들여진 결과이다(전주성, 2013).

이러한 세율 인하에도 불구하고 실제의 소득세 세수는 1990년대 들어 오히려 증가했다. 아마도 국가가 가계소득을 더욱 잘 파악하게 되고, 종합소득 과세가 자리 잡게 된 것이 원인인 것으로 보인다. 1974년부터 이자·배당 소득의 종합소득 과세를 결정했으나 실제로 적용하기 시작한 것은 금융실명제가 도입된 1995년으로서 이때부터 이자·배당 소득이 부부 합산 4000만 원을 초과하는 경우 다른 소득과 합산하여 과세되기 시작했다. 진보적인 김대중 정부와 노무

그림 10-3 • 소득세 과표 구간 수와 최고 및 최저 구간 한계세율(단위: 개, %)

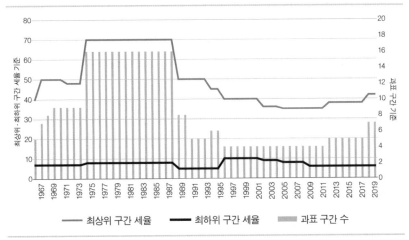

자료: 2017년까지는 국회예산정책처의 「2017 조세의 이해와 쟁점 II: 소득세」 자료를 활용하여 저자가 직접 작성.

현 정부도 세율 인하 추세에 동참하는 모습을 보였는데 당시 소득세율의 인하는 거스를 수 없는 대세로 여겨졌고 외환위기 직후여서 경기 활성화 논리가 우선할 수밖에 없었던 것이 그 이유였다. 그러나 이 두 정부 시기에도 소득세 세수 자체는 증가하는 모습을 보였다.

보수적인 이명박 정부하에서 세제 정책은 뚜렷하게 감세로 전환되었다. 이명박 정부는 대대적인 감세를 실시하고자 했고 실제로 법인세, 부동산 보유세 등 대부분은 감세를 관철시켰지만, 소득세에서는 하위 구간만 감세를 단행하고 상위 구간은 그렇게 하지 못했다. 감세가 소득 불평등을 심화한다는 비판이 거셌기 때문이다. 이후 박근혜 정부는 조세재정정책의 기조를 '증세 없는 복지 확대'로 잡고 이명박 정부의 감세정책을 유지하고자 했으나 역시 양극화 문제에 대한 비판이 심각해지자 소득세 상위 구간에서의 세율을 올리고 비과세 감면을 정비함으로써 소득세 누진성을 강화하는 개혁을 실시했다. 문재인 정부 들어서는 소득세 최상위 구간의 세율을 소폭 올리는 개편을 추진했다.

법인세도 1950년대에는 최고세율 70%, 8단계 세율이 적용될 정도로 매우

그림 10-4 • 법인세 과표 구간 수와 최고 및 최저 구간 한계세율(단위: 개, %)

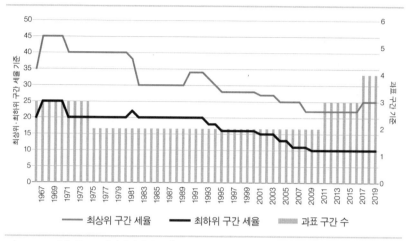

자료: 2017년까지는 국회예산정책처의 「2017 조세의 이해와 쟁점 III: 법인세」 자료를 활용하여 저자가 직접 작성.

누진적인 형태를 띠었으나 신자유주의 이념이 자리 잡음에 따라 소득세보다 빠르게 악화되었다(그림 10-4). 과표는 1970년대 초반에는 3개였다가 1970년 대 중반에 2개로 줄어들었고 상위 구간 세율은 1970년대 40% 수준이었다가 1980년대 초반 30%로 인하되었다. 이후 외환위기를 거치면서 다시금 최고세 율이 더욱 하락하여 2005년에 1억 원 이하 구간 13%, 1억 원 초과 구간 25%의 구조가 되었다. 그러나 대규모 감세를 선언한 이명박 정부는 2011년 세법을 개 정하여 중간 과표 구간을 신설하여 3단계 구조를 만들었고 전체적으로 세율을 소폭이지만 더 낮추었다. 그러다가 문재인 정부가 과표 3000억 원 초과에 대해 구간을 하나 더 만들면서 상위 구간의 경우에는 이명박 정부 감세 이전의 최고 세율로 돌아갔다.

3. 한국의 조세체제의 누진성 평가

우리나라 조세체제는 어떤 특징을 보이는가? 표 10-1은 2018년 기준 OECD 주요국, OECD 평균과 우리나라의 조세체제를 세수입 구조를 통해 비교하고 있다. 이를 살펴보면 OECD 평균적으로 법인세, 재산세 세수 규모가 작은 것을 알 수 있다. 그 외 세목의 경우 스웨덴과 서유럽(영국 제외)은 소득세, 사회보험료, 소비세가 모두 세수 규모가 크지만, 스웨덴은 소득세가, 서유럽은 사회보험료가 상대적으로 더욱 크다는 것을 알 수 있다. 한편 영미계 국가의 대표인 영국과 미국의 경우 유럽에 비해 소득세, 사회보험료, 소비세의 규모가 모두 작은 편이다. 영국은 프랑스에 비한다면 사회보험료가 적으며, 미국은 사회보험료와 소비세가 모두 적다. 우리나라는 GDP 대비 각 세목의 세수 비중을 기준으로 했을 때 법인세와 재산세 부문을 제외하고는 대부분이 OECD 평균 수준에 미달한다. 그중에서도 고용주 사회보험료 부담, 개인소득세, 소비세의 역할이 더욱 작았다.

소득세 세수가 적은 것은 무슨 이유 때문인가? 우선 우리나라의 소득세 구조가 다른 국가들에 비해 최고세율구간 시작점이 너무 높은 것이 하나의 원인이 되고 있다. 오종현·강병구·김승래(2020)에 따르면 우리나라의 최고세율구간 시작점은 평균 소득의 약 11.1배에 해당되는데 G7 국가들 중 독일, 캐나다, 이탈리아, 일본 등 4개국이 우리나라보다 더 높은 최고세율을 더 낮은 소득 구간부터 적용하고 있다. 복지지출 수준이 높은 4개 북유럽 국가들도 최고세율이 우리나라보다 높으면서도 최고세율구간 시작점은 G7에 속하는 7개국 전체보다 더욱 낮은 평균 소득의 2배 이하로 설정되어 있다.

소득세 세수가 적은 또 다른 이유는 비과세 감면 비중이 크기 때문이다. 이것은 미국과의 비교를 통해 잘 드러난다. 즉 표 10-2에 따르면 미국과 우리나라의 소득세 체계가 명목세율이나 과표 구간 설정에서 비슷한데 양국의 소득세 세수의 격차가 심하다. 표 10-1의 정보에 따르면 미국은 GDP 대비 10%에 달하는 소득세를 거두고 있는데 우리는 절반 정도를 걷고 있다.

표 10-1 ● 2018년 OECD와 한국의 주요 세목의 세수 규모(단위: GDP 대비 %)

	소득과세		사회보험료			고용세	재산세	소비세
	소득세	법인세	고용주	종업원	자영업자			
스웨덴	12.9	2.8	6.9	2.6	0.1	5.1	0.9	12.4
독일	10.5	2.1	6.5	6.7	1.4	0	1.1	10.3
프랑스	9.4	2.1	11.2	3.8	1.1	1.5	4.1	12.2
영국	9	2.6	3.7	2.4	0.2	0.1	4.1	10.7
미국	10	1	2.8	3	0.3	0	3	4.3
일본	6.1	4.1	6.1	6	0.8	0	2.6	6.2
한국	4.9	4.2	3.1	2.9	0.8	0.1	3.1	7
OECD	8.1	3.1	5.4	3.3	0.9	0.4	1.9	10.9

자료: OECD(2021a).

표 10-2 ● 미국과 한국의 소득세 과표 구간과 구간별 명목세율(2019년 기준)

미국		한국	
과표 구간 (평균임금=1)	구간 명목세율	과표 구간 (평균임금=1)	구간 명목세율
0~0.2	0	0~0.03	0
0.2~0.4	13.3	0.03~0.3	6.6
0.4~0.9	15.3	0.3~1.0	16.5
0.9~1.7	25.3	1.0~1.8	26.4
1.7~3.0	27.3	1.8~3.0	38.5
3.0~3.8	35.3	3.0~6.1	41.8
3.8~9.2	38.3	6.1~10.1	44
9.2~	40.3	10.1~	46.2

주: 평균임금은 미국 5만 7055달러, 한국 4975만 4252원. 기본 공제는 미국은 1만 2200달러, 한국은 150만 원.

자료: 소득세 과표 및 세율은 OECD의 The OECD Tax Database, 평균임금은 OECD의 *Taxing wages 2020* 자료를 활용하여 저자가 직접 작성.

    과표나 세율 구조가 비슷한 미국에 비해서 우리나라의 소득세 세수가 상당히 적은 이유 중 하나는 근로소득에 주어지는 두터운 비과세 감면 혜택 때문일 것이다. 근로소득을 기준으로 소득계층별 소득분포와 결정세액 분포, 각 계층

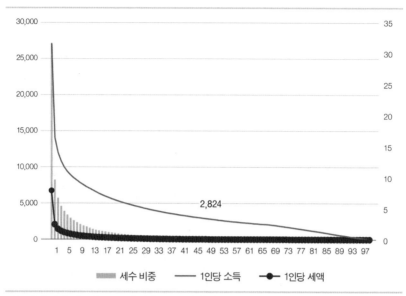

그림 10-5 ● 근로소득 100분위별 1인당 총급여, 결정세액, 세수 비중(단위: 만 원, %)

범례: 세수 비중 / 1인당 소득 / 1인당 세액

주: x축의 가장 왼쪽이 근로소득 상위 1%. 국세청 자료는 개인 기준. y축 중 왼쪽은 각 분위의 1인
    당 총급여액과 결정세액(단위: 만 원), 오른쪽은 각 분위가 내는 세액이 전체에서 차지하는 비
    중(단위: %).
자료: 국세청 제공 2019년 근로소득 천분위 자료를 활용하여 저자가 직접 작성.

이 부담하는 소득세 세수가 전체에서 차지하는 비중을 살펴보면 이를 알 수 있
다. 자료는 국세청이 제공한 근로소득 천분위 자료(개인 기준)이다. 그림 10-5
는 소득 상위 1%부터 시작해서 밑으로 내려오면서 각 1% 분위별 1인당 총급여
액, 결정세액, 그리고 그 분위가 내는 세액이 전체 세수에서 차지하는 비중을
보여주고 있다.

 그림을 보면 고소득층으로 갈수록 급여액이 하위 분위에 비해 매우 크다는
점, 그로 인해 전체적으로 세부담은 약한 편이지만 고소득층의 세액과 세수 비
중도 크다는 점을 알 수 있다. 상위 1% 분위(19만 1670명)는 1인당 총급여액이
2억 7044만 원, 결정세액이 6726만 원, 세수 비중은 31.37%를 보이고 있다. 그
에 비해 10% 분위는 그 수준이 크게 줄어 각각 7830만 원, 508만 원, 2.37%를

그림 10-6 ● 근로소득 100분위별 1인당 명목세율, 실효세율 (단위: %)

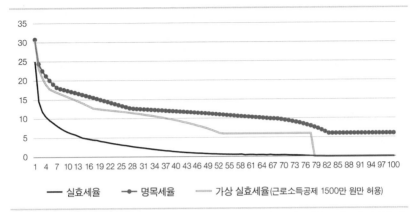

주: x축의 가장 왼쪽이 근로소득 상위 1%. 국세청 자료는 개인 기준. 명목세율은 아무런 비과세 감면이 없다고 가정하고 총급여액에 명목세율 과표 구간과 세율을 적용했을 때의 결정세액/총급여액. 실효세율은 현재의 비과세 감면제도하에서 결정세액/총급여액. 가상 실효세율은 모두에게 1500만 원의 근로소득 공제를 허용하고 그 외는 모두 없앤 가상적인 세제하에서의 결정세액/총급여액.

자료: 국세청 제공 2019년 근로소득 천분위 자료를 활용하여 저자가 직접 작성.

보이고 있다. 그리고 50% 분위는 각각 2824만 원, 20만 원, 0.09%를 보이고 있다. 50% 분위는 중위 소득자인데 소득세 세부담이 매우 적음을 알 수 있다. 사정이 이렇다 보니 상위 10%까지가 내는 세수가 전체 세수의 73%를 차지하게 되었다. 즉 전체적으로 세부담이 적다 보니 상위 구간의 세수 비중이 높아진 것이다. 근로소득에 대해서 소득세의 명목세율과 실효 세율을 각각 구해보면, 그림 10-6에서와 같이 둘 사이에 큰 차이가 있음을 알 수 있다. 이렇게 차이가 나는 이유는 근로소득 공제뿐 아니라 그 외 각종 소득공제와 세액공제를 제공하고 있기 때문이다. 비과세 감면 혜택은 면세자를 만들고 전체 가계의 세부담을 줄여주지만 절대적 금액을 기준으로 하면 고소득층에게 더욱 큰 혜택을 주는 제도이다.[1]

---

1   이로 인해 면세자도 많은 편인데, 그래도 2014년 48.1%에 이르던 근로소득세 면세자 비중이 2020년 37.2%로 크게 줄었다(국회예산정책처, 2022). 한편, 홍우형·강성훈(2018)은 한국을 포함한 7개 국가들의 소득세 법정세율과 실효세율의 격차(세율갭)를 비교했는데

그림 10-7과 그림 10-8은 상위 1%의 상황을 더욱 상세하게 보여준다. 그림 10-7은 최상위 1%를 10개 소득계층으로 나눈 것(1만 9168명)이다. 상위 0.1%는 1인당 총급여액 7억 6763만 원, 결정세액 2억 5549만 원, 세수 비중 11.91%를 차지하고 있다. 상위 0.1%가 전체 근로소득세의 12% 가까이를 낸다는 점에서 소득세의 누진도가 매우 크다고 생각할 수도 있으나 사실은 전체적으로 소득세 실효세율이 낮아서 발생하는 현상이다. 그림 10-8에 따르면 비과세 감면 제도는 상위 1%에게도 큰 혜택을 주고 있다. 하락하는 세율 규모가 작지만 상위 1%의 소득이 절대 금액으로는 많다는 점에서 이들이 가져가는 비과세 감면 혜택은 아래 구간보다 클 수밖에 없다.

소득세 제도의 이와 같은 특징으로 인해 OECD 통계에 따르면 우리나라 임금근로자들이 내는 소득세의 실효세율은 평균 소득 50~250% 사이의 구간 전체가 OECD 평균보다 비슷한 정도로 낮다(그림 10-9). 그리고 이와 같이 전체적으로 소득세 실효세율이 낮은 상황에서는 상위 구간이 내는 소득세의 비중이 클 수밖에 없다.

비과세 감면제도를 없애면 소득세율의 구조는 어떻게 될까? 이를 계산해 보기 위해 국세청 제공 2019년 근로소득세 천분위 자료를 가지고 근로소득자에게 1500만 원의 근로소득공제만을 주는 가상의 소득세제를 상정했을 때의 실효세율과 세수가 어떻게 되는지 구해보았다. 앞의 그림 10-6은 가상의 소득세제가 적용되었을 때의 결과를 보여주는데 하위 20%는 면세, 하위 50%까지는 6%의 소득세를 내고 그 상위 구간에서는 현재의 실효세율과 각도는 비슷한 상황에서 절편만 크게 증가하는 결과가 도출되었음을 알 수 있다. 이 경우 근로소득세는 실제로는 41조 원을 걷었으나 72조 원 정도 더 걷는다.

그런데 이런 세제개편을 시행한다면 면세자를 제외하면 전체 구간에서 실

그 결과, 우리나라가 세율갭의 크기와 잠재적 세수 손실 규모가 다른 주요국에 비해 매우 큰 것으로 분석했다. 특히 한국의 근로소득세에서 중상위 소득계층의 세율갭이 매우 큰 경향이 나타났는데, 이는 중상위 소득계층에게 과도하게 소득세 공제제도 혜택이 주어지기 때문으로 판단했다.

그림 10-7 ● 근로소득 상위 1% 내 분위별 1인당 총급여, 결정세액, 세수 비중(단위: 만 원, %)

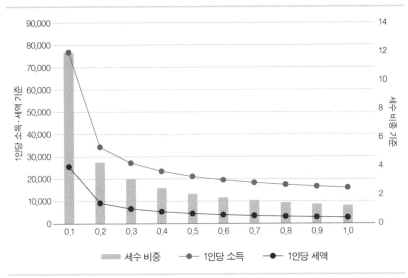

자료: 국세청 제공 2019년 근로소득 천분위 자료를 활용하여 저자가 직접 작성.

그림 10-8 ● 근로소득 상위 1% 내 분위별 1인당 명목세율, 실효세율(단위: %)

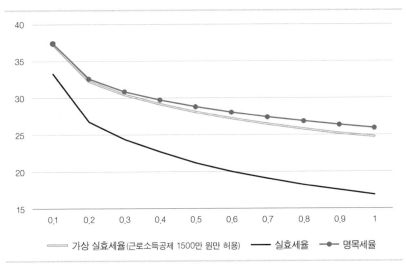

자료: 국세청 제공 2019년 근로소득 천분위 자료를 활용하여 저자가 직접 작성.

그림 10-9 • 소득수준별 소득세 실효세율(임금근로자 기준)

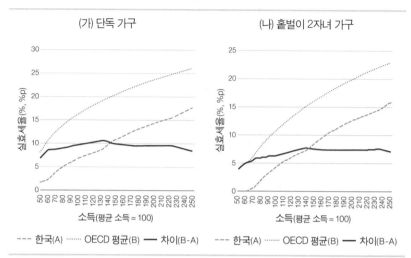

주: 가로축은 평균 소득 대비 비율(100이 평균 소득을 의미).
자료: *Taxing Wages 2020*(OECD, 2020), 오종현·강병구·김승래(2020)에서 재인용.

효세율이 비슷한 폭으로 위로 올라가는 것이어서 소득 재분배에 기여할 수 없을 것이라는 비판이 제기될 수 있다. 이에 대해서는 동일한 폭으로 세율이 올라가더라도 절대적 금액 기준으로는 상위계층이 더 많이 부담하게 되며 그 세수를 모두 복지에 쓴다면 재분배 효과가 클 수 있다는 주장도 반론이 가능하다. 물론 이와는 다른 이유로 근로소득에 대한 비과세 감면 폐지에 반대할 수도 있다. 즉 다른 OECD 국가에 비해서 우리나라에서 자영업 영역이 큰데, 이들이 제대로 소득신고를 하지 않고 탈세를 하기 때문에 근로소득자들에게 비과세 감면 혜택을 주는 것이 당연하다는 것이다.

실제로 과거에는 고소득 전문직 자영업자나 저소득 영세자영업자 모두 소득세와 부가가치세를 제대로 신고하지 않고 탈세를 많이 했고 이로 인해 근로소득자들의 조세 저항이 컸다. 그러나 이 문제를 해소하기 위해 신용카드 소득공제를 도입했고 이후 신용카드 사용액이 늘면서 자영업자에 의한 탈세는 많이 줄었다. 물론 근로소득자들은 여전히 자신들의 소득만 투명하게 파악되어

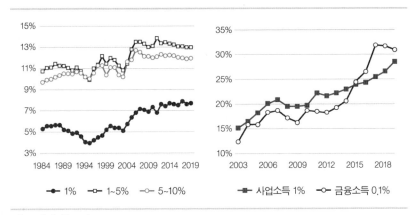

그림 10-10 ● 임금소득, 사업소득, 금융소득의 상위계층 집중도

임금소득 범례: ━●━ 1% ━□━ 1~5% ━○━ 5~10%

사업소득·금융소득 범례: ━■━ 사업소득 1% ━○━ 금융소득 0.1%

자료: 홍민기(2021).

세금을 꼬박꼬박 내는 반면, 자영업자들은 탈세가 심각하다고 인식하고 있기 때문에 비과세 감면 정리에 대해 저항이 크다. 이 외에 고소득층이나 고자산가들이 해외에 소득과 재산을 은닉하는 사건들이 종종 발각되는 것도 조세 저항을 야기하고 있다. 그러한 점에서 보자면 소득세 비과세 감면은 큰 폭으로 줄이기 어려운 것은 사실이다. 더 이상 늘리지 않는 것이 우선이고 복지 확대를 전제로 서서히 줄여나가는 수밖에 없다.

소득세제에서 근로소득 비과세 감면보다 과세 기반 및 공평성 차원에서 더욱 문제가 되는 측면은 금융소득, 임대소득을 분리과세하는 것, 금융투자소득을 약하게 과세하는 것, 부동산 양도 차익을 약하게 과세하는 것이다. 이러한 측면들은 **그림 10-10**과 같이 자산소득이 최상위 소득자들에게 집중되어 있다는 점에서 고소득, 고자산 계층에게 유리한 혜택을 준다(홍민기, 2021). 금융소득과 임대소득을 2000만 원을 기준으로 분리과세하고 금융투자소득에 대해서는 5000만 원 공제를 주는 것, 부동산 양도 차익에 대해 약하게 과세하는 현재의 제도는 고소득, 고자산 계층의 세부담을 낮출 수밖에 없다. 공평 과세가 복지 증세의 출발점이라는 점에서 자산과 관련되는 수익은 근로소득과 동일하거나 더욱 무겁게 과세되어야 한다.

표 10-3 ● 2015년 소득 비중을 고려한 기업의 세부담 비교

	한국	OECD
기업소득 비중(GDP 대비, %)	24.3	18.8
법인세/기업소득(%)	13.6	14.9
(법인세+고용주 사회보험료)/기업소득(%, G)	26.3	42.6

주: 가계소득, 기업소득 OECD 자료는 20개 국가 평균.
자료: 소득은 국회예산정책처의 「경제·재정수첩」, 조세는 OECD의 The OECD Tax Database 자료
　　를 활용하여 저자가 직접 작성.

　　우리나라 기업들의 법인세 세부담은 큰 편인가? 단순히 세수 규모를 OECD 국가들과 비교(GDP 대비 비중 기준)한 결과는 우리나라의 법인들이 법인세를 많이 내는 것으로 나오지만 GDP 대비 규모를 기준으로 한 비교가 왜곡된 판단을 내리게 할 수 있다는 점에서 주의해야 한다. 법인세는 GDP 전체가 아니라 기업에 분배되는 소득에서 지불되는 것이므로 기업소득에 대비한 세수 규모가 비교될 필요가 있다. 표 10-3에 따르면 기업소득을 기준으로 해서 기업의 세부담을 우리나라와 OECD 평균에 대해 비교해 보면 우리나라의 경우가 상대적으로 세부담이 소폭이지만 약하다는 것을 알 수 있다. 고용주의 사회보험료까지 고려하면 세부담은 더욱 낮다.

　　한편 대부분의 선진국들에서 법인세가 단일세율인 데 비해 우리나라를 비롯해 몇몇 국가들은 명목 법인세율이 누진적으로 설계되어 있다. 이는 우리나라 대기업과 중소기업 간 격차가 심각하므로 이를 고려하여 중소기업에 세부담을 낮춰주기 위한 것이다. 법인세 최고세율을 다른 국가들과 비교해 보면 2020년 기준 우리나라가 25%, OECD 38개국 평균이 21.5%로서 우리나라가 약간 높은 수준이다. 따라서 최고세율구간에 속하는 우리나라 최상위 기업들의 경우 OECD 평균보다 명목세율이 높은 것은 사실이다. 그러나 이 기업들도 비과세 감면제도의 혜택을 적지 않게 받기 때문에 실효세율은 그보다 크게 낮다. 2020년 과표 3000억 원 초과 법인기업의 명목세율은 24.4%였지만 실효세율은 19.6%였다(국회예산처, 2022).[2] 국가가 경제 활성화 차원에서 기업들의 투

표 10-4 • 상위 토지 소유 주체별 면적 점유율(2019년)(단위: %)

구분	개인	법인	비법인
상위 1%	31.9	75.7	31.4
상위 5%	62.2	88.0	58.4
상위 10%	77.2	92.3	73.3
상위 30%	96.1	97.7	94.2

자료: 통계청, 국가통계포털, 개인 토지, 법인 토지, 비법인 토지의 100분위별 소유 현황 자료를 활용하여 저자가 직접 작성.

자 활동에 재정지출을 동원하여 대규모 지원을 하고 있고, 수출 대기업은 막대한 유보이윤을 쌓아놓고 있으며 실효세율은 충분히 낮다는 점에서 투자 유인을 핑계로 법인세 최고세율을 현재보다 낮추려 해서는 안 될 것이다. 사회보험료 부담이 OECD 평균보다 낮다는 점에서 향후 사회보험료를 포함한 광의의 법인세 부담률은 더욱 높아져야 할 것이다.

마지막으로 자산 양극화 문제가 심각한데도, 부동산 보유세가 약하여 제대로 역할하지 못해왔음을 언급할 필요가 있다. 자산 중에서도 부동산, 부동산 중에서도 토지의 경우 소유 집중 현상이 심각한 수준이다. 표 10-4에서 확인할 수 있듯이, 개인의 경우 상위 1%가 전체 토지의 30% 이상을, 법인의 경우 상위 1%가 75% 이상을 소유하고 있다. 그런데 이와 같이, 특히 부동산 소유에서의 격차가 심각한데 이에 대해 응능 원칙에 따른 적정한 세부담이 가해지지 않고 있다. OECD 통계가 제시하는 광의의 재산세(재산세와 종부세 등 부동산 보유세, 증권 거래세 및 부동산 거래세 포함)는 GDP 대비 세수 규모로는 OECD 평균보다 많이 걷히고 있지만 거래세(취득세 등)가 큰 비중을 차지하고 있으며 보유세는 OECD 평균에 가까운 정도이다. 그러나 보유세 세수 규모를 GDP가 아니라 부동산 시가총액 대비로 비교한다면 우리나라는 OECD 주요국의 1/3 정도로만 걷고 있다(유영성 외, 2020). 종부세의 존재로 인해 국민들은 우리나라의 보유세

---

2 명목세율(%)=(산출세액/과세표준)×100, 실효세율(%)=(총부담 세액/과세표준)×100

가 매우 강할 것으로 인식하고 있지만 실제로는 그렇지 않다.

4. 조세재정정책의 불평등 완화 효과

1) 저부담-저복지의 조세재정정책

조세정책은 재정지출정책과 함께 불평등을 사후적으로 완화하는 역할을 한다. 통계청이 발표하는 가계의 시장소득과 처분가능소득의 지니계수 간 차이를 통해 조세재정정책의 재분배 기능의 규모를 확인할 수 있다. 그림 10-11은 통계청이 발표한 시장소득 및 가처분소득 지니계수들로서 두 개의 가계소득 통계로 계산한 결과이다. 세 개의 가계소득 지니계수들은 시장소득을 기준으로 할 때 모두 2008년 세계금융위기 이후 하락했다가 2015년에 다시 증가하는 모습을 보였으며 가처분소득도 마찬가지로 하락했다가 증가하는 모습을 보였다. 한편 2017년부터는 가계금융복지조사로부터 추출된 지니계수만이 발표되고 있는데, 이에 따르면 2017년 이후 시장소득은 일정 수준을 유지하고 있는 반면 가처분소득은 계속해서 하락하여 조세제정정책의 소득재분배 효과가 개선되는 것으로 나타난다.[3] 문재인 정부 들어 최상위 구간의 세율이 인상되고 복지가 계속 확대되었던 것에 기인할 것이다(그림 10-12).

다른 OECD 국가들과 비교했을 때 우리나라의 조세재정정책의 소득재분배 규모는 어떤 수준인가? 그림 10-13은 2013년 기준으로 OECD 국가들이 조세 및 이전지출을 통해 소득분배를 얼마나 개선했는지, 이러한 개선에 조세와 이전지출이 각각 어느 정도 기여했는지를 보여주는 그림이다(Causa and Hermansen,

---

3 홍민기(2017)는 가계동향조사 자료로 발표하는 지니계수가 실제 분배 상태를 제대로 반영하지 못한다고 비판한 바 있다. 가계금융복지조사에서의 최근의 가계소득 분배지표가 과거와 수준 면에서 크게 다른 것은 여러 가지 이유가 있겠지만 국세청 자료로 보정하는 방식을 통해 실제의 분배 상태를 더욱 잘 파악한 결과로 볼 수 있다.

그림 10-11 ● 우리나라 시장소득 및 가처분소득의 지니계수 추이

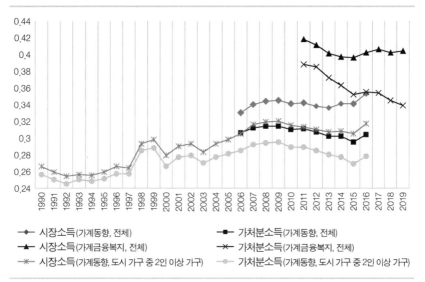

—◆— 시장소득(가계동향, 전체)	—■— 가처분소득(가계동향, 전체)
—▲— 시장소득(가계금융복지, 전체)	—✕— 가처분소득(가계금융복지, 전체)
—✳— 시장소득(가계동향, 도시 가구 중 2인 이상 가구)	—●— 가처분소득(가계동향, 도시 가구 중 2인 이상 가구)

자료: 통계청, 국가통계포털, 가계금융복지조사, 가계동향조사 자료를 활용하여 저자가 작성.

그림 10-12 ● OECD 평균과 우리나라의 복지지출 규모 추이(단위: GDP 대비, %)

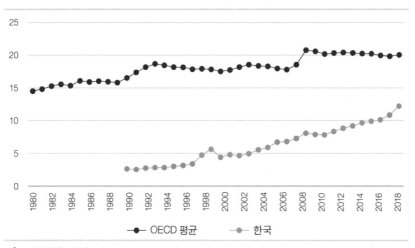

자료: OECD(2021b).

그림 10-13 ● 조세재정의 소득재분배 개선율과 조세와 복지 각 요소의 기여율(2013년)

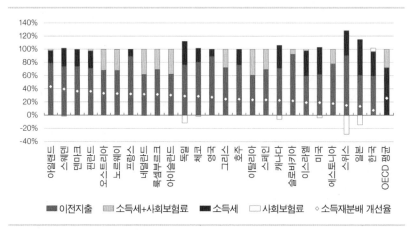

주: 가계가 내는 소득세와 사회보험료, 가계가 받는 현금 이전지출만을 고려한 것으로, 가계가 내
는 소비세나 재산세, 현물로 받는 복지는 고려하지 않은 것임. 네모꼴 도형의 높이는 소득재분
배 개선율(지니계수 변화율, %)이며 막대그래프는 개선율 전체를 100으로 보았을 때 소득세,
사회보험료, 현금 이전지출의 기여율임. 스웨덴은 2005년, 일본은 2008년, 호주, 캐나다, 프랑
스, 아이슬란드, 아일랜드는 2010년, 이스라엘과 한국은 2012년, 이탈리아는 2014년. 그 외는
2013년.

자료: Luxembourg Income Study 자료 활용·OECD 계산, Causa and Hermansen(2017)에서 재인용.

2017). 이 그림에 따르면 우리나라는 다른 국가들에 비해 시장소득의 지니계수
가 개선되는 비율(하락율)이 10%도 안 되는 낮은 수준인 것으로 나타났다. 이
들이 사용한 자료는 룩셈부르크 소득연구(Luxembourg Income Study) 자료로서
그림 10-11에서 사용한 국내 자료들과는 출처가 다르지만 이 계산이 수행된
2012년에 통계청이 가계동향조사 자료 중 도시 2인 이상 가구로 계산한 지니
계수의 개선율과 비슷한 수준을 보이고 있다.

그림 10-13에 따르면 조사한 국가들만을 대상으로 할 때 우리나라가 조세재
정정책의 소득재분배 기능이 가장 약하고, 조세와 이전지출 중에서는 조세의
역할이 다른 국가들에 비해 큰 편인 것으로 나타났다. 또한 조세 중에서 소득
세와 사회보험의 기여율을 나누어본 결과 사회보험은 매우 약하게 역할을 하
는 것으로 나타났는데 사회보험이 비례세 구조로 되어 있다는 점을 고려하면
당연한 결과이다.

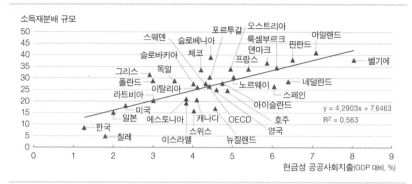

그림 10-14 ● OECD 국가들의 현금성 공공사회지출과 소득재분배 규모(2013년)(단위: %)

주: 생산가능인구에 대한 현금 이전지출 규모와 소득재분배 규모. 그리스, 일본, 뉴질랜드, 폴란드
는 2012년 데이터, 오스트리아, 이스라엘, 한국은 2014년 데이터, 그 외는 2013년.
자료: Social Expenditure, Tax Revenue and Income Distribution Databases(OECD), Causa and
Hermansen(2017)에서 재인용.

　　조세재정정책의 소득분배 개선율이 약한 오른쪽에 있는 국가들일수록 조세
의 역할이 다소 더 큰 경향을 보였다. 영국이 중간 정도에 위치하는데 조세의
역할이 40%에 달하는 국가는 왼쪽 국가 중에서는 네덜란드, 아이슬란드 2개국
이고 오른쪽 국가 중에서는 이탈리아, 이스라엘, 미국, 한국, 일본 등 5개국이
었다. 우리나라는 소득세를 매우 적게 걷지만 일부가 집중적으로 내게 하고 있
어서 그것이 소득재분배 기능을 수행하고 있는 상황이다. 이미 앞에서 우리는
우리나라 소득세의 누진도는 높지만 세수 규모가 작다는 것을 보았다. 전체 소
득재분배의 규모를 100으로 본다면 그중 조세의 역할이 강하지만, 절대적으로
본다면 세수의 규모가 작은 것까지 고려하면 조세의 소득재분배 기능이 약하
다고 평가할 수밖에 없다.

　　이전지출의 측면을 살펴보면 소득을 개선하는 정도는 이전지출의 규모가
얼마인지, 얼마나 저소득층에게 선별적으로 분배하는지에 따라 결정될 것이
다. 우리나라는 이전지출의 규모는 작으면서 이것이 저소득층에게 집중적으
로 지원되기보다는 다수에게 넓게 지원되는 방식이어서 이전지출의 소득재분
배 효과가 작다(그림 10-14, 그림 10-15). 아일랜드는 우리와 비슷하게 저소득층

그림 10-15 ● OECD 국가들의 이전지출 정책의 특징(2014년)(단위: %)

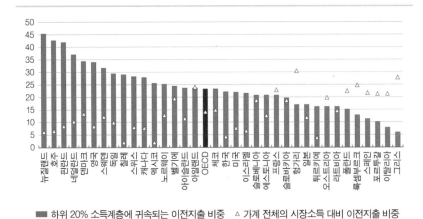

■ 하위 20% 소득계층에 귀속되는 이전지출 비중 △ 가계 전체의 시장소득 대비 이전지출 비중

주: 일본은 2012년, 칠레, 핀란드, 이스라엘, 한국, 네덜란드, 영국, 미국은 2015년, 그 외는 2014년.
자료: Income Distribution Database(OECD), Causa and Hermansen(2017)에서 재인용.

에게 몰아주지 않고 넓게 지급하는 편인데 현금 이전지출 규모가 크기 때문에 재분배 수준이 매우 높다. 우리나라는 무엇보다 복지의 규모가 작은 것이 소득 재분배 기능을 저해하고 있는 것이다.

직접세, 현금 복지 이외에 간접세와 현물 복지까지 함께 고려하면 재분배 효과는 어떻게 될까? 박형수(2019)는 복지 수혜와 조세 부담의 어떤 항목이 재분배에 더 효과적인지, 또 그 영향력이 다른 국가에 비해 큰지를 실증 분석했다. 분석 결과, 한국의 재분배 효과가 대부분의 OECD 국가는 물론 다수의 개발도상국보다도 작았는데 그 이유로는 현금 급여와 직접세는 규모가 작고 현물 급여는 규모는 크지만 저소득층에 집중하기보다 보편성을 지향하고 있기 때문이었다. 현물 급여와 관련해서는 특히 지출 규모가 가장 큰 교육 서비스에서 저소득층에 대한 수혜 집중도가 낮은 것으로 분석되었다. 복지 규모가 작은데 두루두루 조금씩 주는 방식이 소득재분배 효과를 낮추고 있다. 복지 규모를 키우는 일이 시급하다.

2) 복지국가의 역진적 조세체제 주장

조세재정의 소득재분배 역할이 강한 국가인 경우, 가령 북유럽이나 서유럽 국가들의 경우 조세의 역할보다 복지지출의 역할이 강하다는 점, 세입에서 사회보험과 소비세가 차지하는 비중이 작지 않다는 점에서 복지국가들은 높은 수준의 소득재분배 효과를 추구하기 위해 역진적 세제를 선택했다는 주장이 제기되기도 했다(Kato, 2003). 선진국들의 세제는 1980년대 이전까지는 형평성(Equity) 혹은 조세 정의(Tax Justice) 원칙이 지배적이어서 누진도가 높은 소득세와 법인세가 주된 세수 확충의 수단이었는데 1980년대 이후에 소득세와 법인세의 상위 구간의 세율이 인하되고 공제를 줄여 과세 기반을 넓히는 '세율 인하-세원 확대 전략'이 추진되는 것과 동시에 유럽 국가들에서는 소비세 세율과 사회보험료가 인상되었다.

유럽의 고복지국가들의 역진적 세제개편을 야기한 근본적인 원인은 1970년대 스태그플레이션으로 인한 경제위기와 새로운 사회적 위험의 대두였다. 이 두 가지의 문제는 세수 확충은 어렵게 하면서 복지 확대 필요성은 높이는 것이었다. 이에 직면하여 당시 영미계 국가들은 복지를 되도록 늘리지 않는 정책을 선택했다. 이에 반해 유럽 국가들은 적극적으로 복지를 확대하려 했고 이를 위해 사회보험료 인상 등을 통해 재원을 마련했다. 그런데 당시 미국과 영국에서 진행되던 세율 인하도 어느 정도 수용해야 했기 때문에 몇몇 국가에서는 직접세를 약화시키되 소비세를 강화하는 역진적인 세제 개혁을 추진하기도 했다.

실제로 스웨덴의 경우 1982년 이른바 '찬란한 밤'이라 불리는 조세개혁이 시행되어서 소득세율이 인하되고 각종 공제제도가 축소되었다. 주요 목표는 1985년까지 정규 근로자의 80%와 납세자 90%가 50% 이하의 한계세율을 적용받는 것이었다. 그러나 이러한 개혁에도 불구하고 다른 국가들보다 여전히 세율이 높았기에 1991년에 다시금 '세기의 개혁(tax reform of the century)'이라는 대대적인 세제 개혁을 실시했다(은민수, 2012). 그 내용은 세율을 더욱 낮추고 공제제도를 축소하며 소비세를 늘리는 것이었다. 이 개혁은 1990년 좌우 연립

그림 10-16 ● OECD 4개 주요국의 정부 총지출(단위: GDP 대비 비중, %)

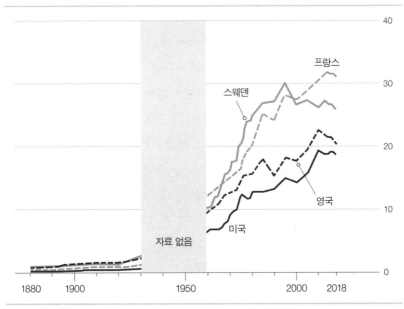

자료: The Economist(2020).

내각 시절에 사민당이 주도하여 여야 합작으로 입안되고 의결된 것이었다. 단지 1991년에 보수연합정권이 집권하게 되어 마치 이들이 주도한 것처럼 보일 뿐이다. 이러한 개혁이 가능했던 것은 높은 세율에 대한 시민들의 불만이 컸기 때문이다(오건호, 2013).

1980년대 선진국에서의 소득세, 법인세의 세율 인하 과정에서 많은 유럽 국가들이 소비세를 강화했으나 미국은 소비세를 인상하지 않았는데 이를 두고 유럽 국가들이 부가가치세를 미리 도입했던 것이 소비세 증세를 가능하게 한 제도적 기반이었다는 주장이 제기되기도 했다(Kato, 2003). 미국은 소비세가 부가가치세가 아니라 물품세로 도입되어 있었는데 부가가치세에 비해 물품세는 쉽게 세수를 확대하기 어렵기 때문이다. 부가가치세를 미리 도입했던 것은 역사의 우연이지만 유럽 국가들은 복지 확대를 위한 재원 조달 방안이 필요할 때 이를 적극 활용함으로써 소득세와 법인세 세율을 인하하면서도 복지를 확대할 수 있었다는 분석이다.

그러나 이러한 비교로부터 수준 높은 복지국가를 실현하기 위해서는 누진적 소득세를 고집할 필요가 없다거나 복지국가의 조세 기반이 소득세에 기반한 누진세에서 소비세를 중심으로 한 역진세로 대체되었다고 주장하는 것은 과도한 단순화이므로 주의해야 한다(윤홍식, 2011). 유럽의 고수준의 복지국가들은 GDP 대비 소득세 세수 비중이 대부분 이미 높은 수준이고 최고세율도 인하되기는 했지만 여전히 높은 수준이기 때문이다. 국제화로 인한 세율 인하 경쟁에 대응하고자 소득세를 다소 완화하고 소비세 증세에 나섰지만 소득세의 경우 전 과표 구간에 걸쳐서 비슷하게 많이 내고 있기 때문에 누진성이 약하게 보일 뿐이다. 또한 덴마크는 이미 소득세의 비중이 높았는데도 당시 소득세를 더욱 강화했고 프랑스는 소비세와 사회보험에 크게 의존하고 있었는데 이들을 낮추고 소득세를 강화하는 방안을 채택했다. 따라서 일부 사례가 전체를 대표하는 것으로 과도하게 강조해서는 안 될 것이다.

그러나 자본 과세에 있어서는 유럽 국가들이 미국만큼이나 적극적으로 인하 경쟁에 동참하고 있다는 점은 지적할 필요가 있다. 유럽 국가들은 법인세 세율도 빠르게 하락시켰을 뿐 아니라 이자, 배당, 자본이득 등 금융자본소득을 근로소득 및 사업소득과 합쳐서 소득세 누진성을 더욱 높이기보다 따로 떼어서 근로소득보다는 약하게 과세하는 이원적 소득세(dual income tax) 제도를 도입했기 때문이다. 1990년대 노르딕 국가들이 세제 개혁을 단행하는 과정에서 이원적 소득세제를 도입했는데 이는 개인자본소득에 대해서는 단일세율(flat tax rate)로, 근로소득에 대해서는 누진세율을 과세하는 소득세 제도를 의미한다.

이렇게 자본에 대해서 약하게 과세하는 것은 자본 과세가 저축과 투자를 위축시킨다는 이론에도 영향을 받았겠지만, 유럽 통합이 빠르게 진전되고 그로 인해 노동보다는 자본의 국제적 이동성이 증가했기 때문에 자본 이탈의 위험을 막기 위함일 것이라고 추측된다. 그 외 금융시장이 복잡해지고 금융상품도 복잡해져서 자본소득에 대해서는 공정하게 세금을 부과하는 것이 행정적으로 어려워짐에 따라 자본소득세율을 낮게 유지함으로서 형평성 문제 발생의 소지를 줄이고 과세 기반도 확충하기 위한 것으로 짐작된다(Sorensen, 2010).

5. 불평등 완화를 위한 세제 개혁

1) 상위계층 누진 과세의 중요성

1980년대 미국에서 시작되고 전 세계로 전파된 세제 개혁은 이른바 '적정 조세이론'에 근거한 것으로서 이후 신자유주의적 분위기에서 대다수 국가의 세제 개혁의 기본 원칙으로 받아들여졌다. 그러나 이러한 '넓은 세원-낮은 세율' 원칙의 주요 수혜 계층은 세율이 낮아진 고소득 가계와 고이윤 기업이었다. 이러한 세율 인하로 인해 직접세의 누진도가 크게 낮아졌는데 사에즈와 쥐크만(Saez and Zucman, 2019)은 미국의 사례를 분석한 뒤 세제개편으로 가계가 직면하게 된 소득세 체제는 누진도가 낮아진 것에 그치는 것이 아니라 대부분의 소득 구간에서 비례세율에 가까울 정도로 누진도가 크게 낮아졌을 뿐 아니라 소수의 부자들이 존재하는 최고 소득 구간에서는 역진적으로 변하기까지 했다고 주장했다(그림 10-17). 다른 선진국들에 비해 소득세를 많이 걷는다는 이유로 미국의 세제가 누진적이라고 진단했던 앞에서의 평가와는 다른 셈이다.[4]

왜 가난한 사람이 부자들과 비슷하게 내는가? 사에즈와 쥐크만(Saez and Zucman, 2019)에 따르면 저소득자들은 소득세 부담은 작을지 몰라도 역진적인 소비세 세부담이 크기 때문이다. 미국은 부가가치세가 없는 대신 2개의 물품세가 존재하는데 하나는 대부분의 재화에 부과되는 매출세(sales tax)이고 다른 하나는 술, 담배 등 특정한 몇몇 재화에 부과되는 내국소비세(excise tax)이다.

---

4 여기에 포함된 세금은 소득세뿐 아니라 소비세, 사회보험료(급여세), 재산세(상속세 포함), 법인세 등도 있다. 사회보험료는 종업원과 고용주가 반씩 부담한다고 생각하지만 실질적으로는 종업원이 모두 내는 것이라고 볼 수 있고 법인세나 재산세 등 자본에 대한 세금은 그 자본을 보유하는 개인이 내고 있으므로 모든 소득을 개인에게 귀속시킬 수 있다.

그림 10-17 ● 미국 소득계층별 세부담률(2018년, 시장소득 기준)

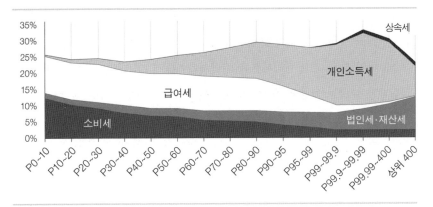

자료: Saez and Zucman(2019).

그런데 이 세금들은 미국의 경우 서비스에는 거의 부과되지 않고 재화에 주로 부과되는데 특히 저소득층은 서비스보다 재화 구입에 더욱 많은 소득을 지출하기 때문에 소득에 비해 소비세 부담이 커지게 된다 . 더욱이 미국은 다른 국가보다 저임금 노동자들이 많기 때문에 저소득층에서 소비세 부담이 더욱 클 수밖에 없다.

슈퍼리치가 내는 세금이 다른 계층보다 소득에 비해 실세 부담률이 낮은 이유는 무엇인가? 명목세율 누진도가 낮아진 것에 더해, 첫째, 억만장자들의 소득 대부분이 개인소득세 과세 대상이 아니기 때문이다. 이는 법적으로 수많은 유형의 면세 소득이 존재하고 이에 따른 혜택을 부자들이 누리고 있는 것에 기인한다. 주주에게 귀속될 유보이윤이 면세인 것은 저커버그 같은 부호들에게 유리하다. 둘째, 탈세로 인해 이윤에 대해 법인세가 제대로 과세되지 않기 때문이다. 슈퍼리치들이 조세 피난처를 이용하여 법인세 소득을 유보함으로써 세금을 회피하고 있다. 셋째, 연방소득세가 자본소득에 약하게 과세하도록 변화해 왔기 때문이다. 지난 20여 년간 연방소득세는 근로소득과 자본소득을 합하여 과세하는 종합과세(comprehensive tax)에서 벗어나 근로소득보다 자본소득을 약하게 과세하는 구조로 바뀌었다.

세제개편 이후 미국 성인의 상위 1%의 소득이 전체에서 차지하는 비중은 계속 늘어난 반면 하위 99%의 소득 비중은 계속해서 줄어들어 왔고, 그로 인해 미국이 선진국 중에서도 부의 불평등 심화 현상이 가장 심각한 국가가 되었다.[5] 유럽과 미국 모두 최고 소득세율을 내렸지만 더욱 많이 내린 미국의 경우가 더욱 심각한 불평등 상황에 직면하게 된 것이다. 많은 원인이 있겠지만 상위 1% 소득 비중의 증가에는 세제의 영향력이 크다는 것이 피케티(Piketty, 2019)와 사에즈와 쥐크만(Saez and Zucman, 2019)의 주장이다. 상위 1%와 같은 초고소득층의 경우 그 계층이 스스로의 보수를 결정하는 구조인데, 최고 소득세율 하락이 보수를 올릴 동기가 되었고 실제로 그들은 보수 인상에 성공했다고 주장했다.

이러한 상황을 바로잡기 위해 사에즈와 쥐크만(Saez and Zucman, 2019)은 부유세를 도입하고 소득세와 법인세의 누진도를 높이는 세제 개혁을 단행할 것을 제안했다. 가장 부유한 미국인들을 대상으로 한 증세로서 재산 5000만 달러 이상에 대해 2%, 10억 달러 이상에 대해 3.5%의 부유세를 적용할 필요가 있다고 제시하고 있다. 피케티(Piketty, 2019)는 극단적인 소유 집중을 막기 위해 20세기에 누진상속세 및 누진소득세가 했던 역할을 계속 유지해야 하며 연간 누진소유세로 이를 보완해야 한다고 주장했다.[6]

홍민기(2015, 2021)의 연구 결과에 따르면 우리나라도 외환위기 이후 소득분배가 심각하게 악화되어 상위 1%, 상위 10%의 소득 비중이 크게 증가했다. 상위 1%는 미국에는 미치지 못하지만 프랑스, 스웨덴, 일본에 비해 훨씬 크고 상위 10%는 이 세 국가보다 훨씬 크면서 미국 수준에 근접하고 있다. 즉 미국에서는 상위 1%가 소득집중을 주도하고 있다면 한국에서는 상위 1%보다는 상위

---

5   1980년만 해도 유럽과 미국에서 상위 1%가 국민소득에서 차지하는 비중은 10% 정도로 비슷했으나 오늘날 유럽은 12% 정도인 반면에 미국은 20% 정도가 되었다는 것이다.

6   세제 개혁안으로 자산 및 소득이 평균의 10배를 초과할 경우 그 세율은 약 60~70%, 100배를 초과할 경우 약 80~90%로 하는 것을 제시했다. 여기서 구상한 소유 및 상속에 대한 누진세는 전체 자산, 즉 어느 한 사람이 보유하거나 물려받은 부동산·사업·금융 자산 전체의 총가치(부채 제외)를 대상으로 한다는 것이 핵심이다. 누진소득세 또한 노동소득과 자본소득 전체, 즉 모든 소득을 대상으로 한다.

10%가 소득집중을 주도하고 있는 셈이다. 즉 우리나라에서는 소수의 최상층이 아니라 그보다는 많은 상위계층의 소득 비중이 증가함에 따라 하위 계층의 소득 비중이 줄고 그로 인해 빈곤 문제가 심각해졌다고 볼 수 있다.

2) 바람직한 세제 개혁: 누진적 보편 증세

우리나라의 조세체제는 직접세의 경우 대부분 누진적으로 설계되어 있지만 비과세 감면제도가 두텁게 존재하여 면세자가 많고 전체적으로 실효세율이 낮다는 특징을 가지고 있다. 현재 구조로는 고소득층이 상대적으로 많이 내기 때문에 누진성이 높아 보이지만, 소득세의 경우를 보아도 고소득층의 실효세율은 OECD 국가들의 동일 계층과 비교하면 낮다는 점에서 실제로는 충분히 누진적이라고 보기 어렵다.

누진성의 의미를 현재의 조세체제에서 상위 구간의 세율을 올리는 것만으로 이해해서도 안 된다. 사에즈와 쥐크만(Saez and Zucman, 2019)이 주장하듯이 모든 세제는 결국 개인에게로 귀속시킬 수 있는데 종합적인 효과가 누진적이 될 수 있도록 세제 전체적인 차원에서의 누진성을 올리는 것이 중요하다. 이를 위해서는 자본 과세 강화(법인세 및 이자, 배당, 임대소득 종합과세화, 자본이득 과세 강화), 부동산 보유세 강화와 소득세 강화가 필요하다. 소득세의 경우 무조건 면세자를 줄이는 것보다 노동력의 재생산을 위해서는 일정 소득까지는 확실하게 면세를 줄 필요가 있다. 이러한 정책하에서 저소득 가구가 많다면 면세자는 많을 수밖에 없을 텐데 그 경우 면세자가 많다는 것 자체가 문제될 수는 없다. 적정한 면세 기준 이상에서는 비과세 감면을 많이 축소하여 명목세율에 가까운 실효세율로 소득세를 납부하게 하는 것이 바람직하다. 또한 최상위 구간에서는 현재보다 더 높은 한계세율을 적용하여 고임금 추구 유인을 차단할 것을 제안한다. 이를 누진적 보편 증세 방안이라고 부를 수 있을 것이다.

역진성이 강한 소비세 증세는 후순위로 밀어둘 필요가 있다. 소비세는 세율을 조금만 올려도 세수 효과가 크다는 점에서, 그리고 OECD 평균에 비해 우리

표 10-5 • 세제개편에 관한 최근 논의들

연구자	세제개편 내용
전병목 외(2017)	• 개인소득세, 상속세, 자본소득세 강화 우선 추진 • 법인세는 높은 효율 비용을 보이면서 상대적으로 매우 낮은 재분배 효과성을 보여 우선순위가 높지 않다고 진단
박형수(2018)	• 재분배 효과가 큰 소득세 세수 확대 • 자본소득 과세 강화, 소득세 비과세 감면 축소
김우철(2020)	• 단계적 증세 제안 • 소득세 과세를 강화. 자본소득에 대한 경감 과세를 폐지. 비과세 감면을 정리. 중저소득 구간 과표를 올릴 것(고소득 구간이 실효세율 증가로 연결) • 재산 과세를 합리화하고 강화. 재산세와 종부세를 통합한 후 세부담을 정상화(강화), 거래세 폐지 • 국제 수준에 비해 낮은 부가가치세 세율 인상 • 단계적 증세와 독립적으로 법인세는 근본적인 개혁을 시도. 법인세 대신 초과 이윤 과세를 도입할 것을 제안
박형수(2021)	• 다른 OECD 국가에 비해 세수가 지나치게 적은 소득세, 소비세, 자산보유세 부담은 늘려나가되, 법인세, 상속증여세, 자산거래세 부담은 다소 줄여나갈 것을 제안

나라가 소비세 세수 규모가 작기 때문에, 또한 선진국들도 소비세를 적극 활용하고 있고 역진적이지만 복지에 사용한다면 소득재분배 효과가 클 것이므로 매력적인 증세 대상이라는 주장도 솔깃하다(우석진, 2021). 그러나 소득세와 소비세가 비슷하게 덜 걷히고 있다면 소득세 증세를 먼저 실시하는 것이 재분배 효과를 올리는 데 더욱 효과가 크다.[7] 단지, 소비세 증세보다 소득세 증세에 근로소득자들의 저항이 더욱 강하다면 전액 복지에 사용한다는 조건으로 소비세 과세를 강화하는 것을 고려해 볼 수 있다.

---

[7] 소득세를 강화하면 노동 공급을 줄인다는 우려가 있긴 하지만 에버스와 드무이, 반뷔런(Evers, de Mooij and Van Vuuren, 2008)은 그 탄력성이 남성의 경우 평균 0.07 정도로서 작은 것으로 보고했다. 여성의 경우 0.43으로 그보다는 크지만 이는 자녀 돌봄을 맡고 있는 여성들이 파트타임 노동을 많이 하고 있어서인데 남성과 여성을 합하면 부정적 효과가 크지 않다고 결론내린 바 있다.

표 10-5는 최근 제안되었던 몇 개의 세제 개혁 방안을 요약한 것인데 소득세 증세, 부동산 과세 강화, 금융소득 과세 강화 등에 찬성하고 있는 것은 이 글과 비슷하지만 소득세 증세 방안으로서 상위 구간의 과세는 언급하지 않는 점과 법인세 강화에 반대, 법인세 인하를 주장하고 있는 점은 차이가 있다. 향후 법인세 개혁 방안을 둘러싸고 첨예한 논쟁과 갈등이 벌어질 것을 예고하고 있다.

6. 맺음말

고도성장기인 1970년대의 조세체제는 부담률 수준은 매우 낮으면서 대부분을 소비세로 조달하고 친기업적 비과세 감면이 많은 체제였다. 이는 개발도상국에서 일반적으로 관찰되는 체제이다. 낮은 세부담 체제는 당연히 저복지 체제와 연결되었다. 이후 산업화, 민주화를 거치면서 조세체제는 규모와 구조가 크게 변했다. 복지가 확대됨에 따라 이를 뒷받침하기 위해 조세부담률이 증가하여 2019년에는 OECD 국가 평균과의 격차가 크게 줄었다. 규모만이 커진 것이 아니라 시간이 흐름에 따라 조세체제는 과거보다 누진성이 커지고 친기업적 비과세 감면이 줄어드는 대신 복지 목적의 비과세 감면이 증가하는 등 소득재분배 기능이 강화되어 왔다.

그러나 1990년대 이후 신자유주의적 개혁과 숙련편향적 기술 발전, 세계화 등 다양한 요인에 의해 한국 경제는 소득 및 자산 양극화가 진행되어 왔는데 그 부정적 영향을 억제하거나 상쇄할 정도로 조세체제가 개선되어 온 것은 아니다. 명목적으로는 소득세, 법인세, 자산세, 상속증여세 등 직접세들이 누진적인 구조로 설계되어 있어서 재분배 기능이 강력하게 작동할 것처럼 보인다. 그러나 실제로는 여전히 관대한 비과세 감면이 제공되고 있어서 원래는 무거운 세금을 내야 할 고소득, 고자산 계층이 상대적으로 세부담 감소 혜택을 더욱 크게 누리고 있다. 즉 이들이 내는 세금의 비중이 크기 때문에 누진성이 높은 것으로 보이지만 다른 선진국의 동일 계층과 비교하면 세부담 수준이 낮다는 것을 부인할 수 없다.

다른 OECD 국가들의 조세체제와의 비교는 조세부담률이나 조세 구조에서 우리나라와 OECD 국가들 간에 여전히 격차가 크다는 점을 분명하게 알려준다. 조세부담률이 여전히 OECD 평균에 미달하는 데에는 1980년대 선진국에서 시작되어 전 세계에 전파된 '넓은 세원-낮은 세율' 원칙에 따른 세제 개혁의 영향이 크다. 1987년 민주화 이후 제대로 된 복지국가를 실현하자는 움직임이 형성되었으나 미국을 위시하여 많은 선진국들이 신자유주의적 감세정책을 실시하는 분위기에 우리나라도 영향을 받았다. 김대중 정부와 노무현 정부도 세율 인하 추세에 동참했던 것이 이를 잘 보여준다.

그러나 신자유주의적 세제 개혁이 시행된 지 40여 년이 지난 현시점에서 이를 평가해 보면 약속했던 성과들이 실현되었다고 말하기 어려워 보인다. 세율을 낮추는 것이 조세회피 유인을 줄이고 경제를 활성화시켜 경제성장과 세수 증대로 이어지고, 이것이 고소득층뿐 아니라 저소득층 전체에게도 이익이 될 것이라고 했지만 1980년대 이후의 세계는 저성장, 양극화 심화로 고통받아 왔다. 경제가 성숙해지기 때문에 성장률이 둔화되는 것은 자연스러운 현상이라고 받아들일 수 있다. 그러나 양극화 문제가 심각해진 것까지 어쩔 수 없는, 불가피하며 자연스러운 현상이라고 보기는 어렵다. 이에 대해 숙련편향적 기술 발전, 세계화, 노동시장 유연화, 금융화의 전개, 1인 가구의 증가, 고령인구의 증가 등 많은 원인이 제시되고 있지만 이러한 요인들이 반드시 양극화로 귀결되어야 하는 것은 아니다.

이러한 점에서 조세의 누진성과 자본 과세의 약화가 시장소득 분배 악화의 원인이 되었다는 피케티(Piketty, 2019)와 사에즈와 쥐크만(Saez and Zucman, 2019)의 연구와 주장에 주의를 기울일 필요가 있다. 그리고 20세기 초반에 응능 원칙에 따른 누진적인 조세체제하에서 자본주의 국가들의 성장이 위축되지 않았음을 상기할 필요가 있다. 미국과 유럽 모두 징벌적이라고 여길 정도로 높은 수준의 소득세율과 법인세율을 채택했으나 당시 오히려 새로운 혁신이 등장하고 기술도 발전했으며 사회 전체가 그 혜택을 누렸다. 누진적인 세제는 잘 작동할 수 있는 정책 수단인 것이다.

우리나라는 현재 중요한 기로에 서 있다. 산업화, 민주화에 성공했고 국제적으로는 선진국으로 인정받게 되었지만 내적으로는 다양하고 복합적인 사회경제적 위기에 직면해 있다. 그 위기 중에서 양극화와 기후 위기가 핵심이다. 이에 어떻게 대응할 것인가? 사회 전체 시스템이 바뀌어야 하므로 공공투자와 복지 확대를 통한 정의로운 전환이 성공 여부를 가르는 관건이 될 것이다. 이를 위해서 조세정책은 누진성과 충분한 세수 확보, 이 두 가지 모두를 달성해야한다. 누진성을 계속 올리는 것만으로는 충분한 세수 확보가 어려울 것이다. 그렇다고 누진성을 등한시하면서 세수 확보에만 초점을 맞추는 것은 바람직하지 않다. 이러한 점에서 향후 불평등 완화를 위해서는 누진적 보편 증세가 조세정책의 기조가 되어야 한다.

참고문헌

국회예산정책처. 2022. 「조세수첩」.
김우철. 2020. 「포스트 코로나 조세정책 방향」. 제15회 조세연합 학술대회: 팬데믹과 조세재정의 역할 발표 논문.
박형수. 2018. 「재정 기능의 정상화를 위한 과제」. 한국재정학회 추계학술대회 발표 논문(2018.10.26).
_____. 2019. 「소득재분배 정책효과의 비교분석: 정책수단 및 국가 간 비교를 중심으로」. ≪재정학연구≫, 12권 3호, 67~105쪽.
_____. 2021. 「정부의 지속적 역할을 위한 재정관리 강화」. K-정책플랫폼 창립웨비나 주제발표 3.
신진욱. 2020. 「한국 국가의 조세·분배 역량의 장기 변동: 복지·조세규모와 조세구조의 이념형적 분석」. ≪한국사회정책≫, 27권 2호, 93~124쪽.
오건호. 2013. 「스웨덴 조세 들여다보기: 20세기 조세의 역사, 구조, 변화」. ≪GPE 워킹페이퍼≫, 2013년 03호.
오종현·강병구·김승래. 2020. 『재정건전성 확보를 위한 중장기 세입확충 방안, 수시연구과제』. 세종: 한국재정조세연구원.
우석진. 2021. 「멀어지는 복지국가를 위한 세제개편」. 원승연·박민수·류덕현·우석진·홍석철·강창희·허석균·이상영·김정호·지만수·주병기. 『정책의 시간: 한국경제의 대전환과 다음 정부의 과제』. 서울: 생각의 힘.

유영성 외. 2020. 『기본소득형 국토보유세 도입과 세제개편에 관한 연구』. 수원: 경기연구원.

윤홍식. 2011. 「복지국가의 조세체계와 함의: 보편적 복지국가 친화적인 조세구조는 있는 것
일까」. ≪한국사회복지학≫, 63권 4호, 277~299쪽.

은민수. 2012. 「복지국가와 역진적 조세의 정치: 스웨덴, 프랑스, 일본의 부가세와 보편적 사회
기여세(CSG)의 개혁과정」. ≪한국사회정책≫, 19집 4호, 207~250쪽.

전병목·송호신·성명재·전영준·김승래. 2017. 『저상장 시대의 조세정책 방향(1)』. 세종: 한국
조세재정연구원.

전주성. 2013. 「적정조세 이론과 한국의 조세개혁」. ≪재정학연구≫, 3권 4호, 179~207쪽.

홍민기. 2015. 「최상위 소득 비중의 장기 추세(1958~2013년)」. ≪경제발전연구≫, 21권 4호,
1~34쪽.

_____. 2017. 「보정 지니계수」. ≪경제발전연구≫, 23권 3호, pp. 1~22.

_____. 2021. 「2019년까지의 최상위 소득 비중」. ≪노동리뷰≫, 2월 호, pp. 75~77.

홍우형·강성훈. 2018. 「소득세 법정세율과 실효세율 격차에 대한 연구」. ≪재정학연구≫, 11
권 2호, 77~103쪽.

Causa, O. and M. Hermansen. 2017. "Income Redistribution through Taxes and Transfers."
Economics Department Working Papers, No. 1453.

Evers M., R. de Mooij and D. Van Vuuren. 2008. "The Wage elasticity of Labour Supply: A
Synthesis of Empirical Estimates." *De Economist*, Vol. 156, No. 1, pp. 25~43.

Kato, J. 2003. *Regressive taxation and the welfare state. path dependence and policy
diffusion.* Cambridge: Cambridge University.

OECD. 2021a. "General Government Revenue Statistics." https://data.oecd.org/gga/general-
government-revenue.htm(검색일: 2021.3.12).

_____. 2021b. "Social Spending." https://data.oecd.org/socialexp/social-spending.htm(검색
일: 2021.3.12)

_____. 2021c. "The OECD Tax Database." https://www.oecd.org/ctp/tax-policy/tax-database/
(검색일: 2021.3.10).

Piketty, T. 2019. *Capital et idéologie.* Paris: Editions du Seuil.

Saez, E. and G. Zucman. 2019. *The Triumph of Injustice: How the Rich Dodge Taxes and
How to Make Them Pay.* New York: W. W. Norton & Company.

Sorensen, P. B. 2010. "Dual Income Taxes: A Nordic Tax System." in Iris Claus, Norman
Gemmell, Michelle Harding and David White(eds.). *Tax Reform in Open Economies:
International and Country Perspectives.* Cheltenham, UK·Northampton, MA, USA:
Edward Elgar Publishing.

The Economist. 2020. "Rich countries try radical economic policies to counter covid-19."
https://www.economist.com/briefing/2020/03/26/rich-countries-try-radical-econo
mic-policies-to-counter-covid-19(검색일: 2020.11.11).

한국 복지국가의 불편한 이야기

왜 한국은 불평등한 복지국가가 되었을까

윤홍식

1. 놀라운 성공

요즘처럼 우리가 살고 있는 나라, 대한민국이 어떤 나라인지 혼란스러울 때가 없었던 것 같다. 얼마 전까지만 해도 '선진국'은 영원히 우리 손에 잡히지 않을 것 같은 '유토피아'처럼 여겨졌다. 선진국은 1876년 개항 이래 100년이 넘는 시간 동안 한국인이 모든 불합리한 일들을 인내하고 허리끈을 졸라매면서 다다라야 할 궁극의 목적지처럼 여겨졌기 때문이다. 그런데 그 선진국이 어느새 우리의 삶 속에 공기처럼 들어와 있었다.

세계은행, 국제통화기금(IMF), 경제협력개발기구(OECD)는 이미 십여 년 전부터 한국을 고소득 국가로 분류하고 있었다. 그리고 마침내 2021년 7월 유엔무역개발기구(UNCTAD)는 1964년 기구를 설립한 이래 처음으로 개발도상국을 선진국으로 변경하는 역사적 결정을 회원국의 만장일치로 내렸다. 그 역사의

---

* 이 글은 윤홍식, "한국인이 불행할 수밖에 없는 결정적 이유: 이상한 선진국 대한민국이 성공의 덫에서 빠져나오려면", ≪오마이뉴스≫(2021.12.8)에 실린 칼럼을 기초로 논의를 수정·확대 작성했다.

주인공은 세계에서 가장 가난했던 나라 한국이었다. 실제로 1946년부터 1인당 GDP의 상대적 변화를 보면 한국이 경제적으로 얼마나 성장했는지 입이 다물 어지지 않는다. 한국은 1950년 1인당 GDP가 사하라사막 이남의 아프리카 국 가보다 낮은 수준에서 2018년 일본과 서유럽과 유사한 수준에 도달했다. 1950 년부터 2018년까지 한국의 1인당 GDP는 무려 3700%나 높아졌다. 놀라운 성 장을 거듭하면서 G2로 부상하고 있는 중국의 상대적 변화가 1538%, 한국보다 먼저 산업화를 이루었던 일본이 1163%, 세계 평균이 354%에 그쳤다는 점을 생각하면(Bolt and van Zande, 2020), 지난 70년간 한국이 얼마나 기적 같은 성공 을 이루었는지 짐작할 수 있다. 특히 그림 11-1에서 보는 것처럼 한국은 2010 년대 들어서면서 1인당 GDP에서 남유럽 선진국인 이탈리아, 스페인, 그리스, 포르투갈을 앞서기 시작했다. 유럽과 북미를 제외한 대부분의 지역이 지난 80 여 년 동안 1인당 GDP에서 큰 변화가 없었다는 점을 고려하면 한국의 성장은 그야말로 이례적이라고 할 수 있다. 한국은 경제성장이 일정 수준에서 멈추는 중간 소득 함정(the middle-income trap)에 빠지지 않고 지속 성장을 이루어 선 진국에 도달한 극소수의 국가가 되었다(The World Bank, 2013: 12).

한국의 놀라운 성취는 경제성장에 그치지 않는다. 정치적으로도 한국은 1987년 이후 민주주의를 안정적으로 실천하고 있는 소수의 국가 중 하나가 되 었다. 이코노미스트가 발표하는 민주주의 지수를 보면 2021년 한국의 민주주 의는 전 세계 167개국 중 16위로 아시아에서 가장 높은 수준이다. 일본(17위) 은 물론이고 완전한 민주주의 실현하고 있다고 평가받는 영국(18위), 오스트리 아(20위)보다도 높다(The Economist, 2022.2.9). 물론 민주화 이후 한국의 민주주 의는 '결함 있는 민주주의'와 '완전한 민주주의'를 반복적으로 오가고 있지만, 민주주의의 종주국이라고 불리는 미국과 프랑스가 결함 있는 민주주의로 분류 된다는 현실을 생각하면 한국의 민주주의는 놀라움 그 자체이다. 불의한 정권 을 무너뜨리기 위해 연인원 1700만 명이 평화적 집회에 참여하면서 한국의 민 주주의는 21세기 민주주의의 새로운 희망으로 불리고 있다.

어디 이것뿐인가. 한국의 대중문화는 아시아를 넘어 전 세계 사람들의 행동

그림 11-1 • 한국, 일본, 남유럽과 주요 지역의 1인당 GDP의 변화(1945~2018년)(단위: 달러)

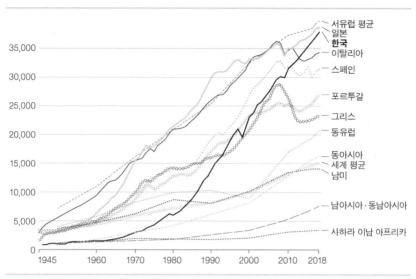

주: 1) 1인당 국내총생산은 시간에 따른 물가와 국가 간 물가 차이를 반영했음(측정 단위는 2011년 가격 국제 달러).
   2) 1인당 국내총생산은 복수의 기준이 되는 연도를 이용해 각국 간의 가격차에 따라 조정되었기 때문에 국가 간 다른 시점의 소득수준을 비교할 수 있음.
자료: Bolt and van Zanden(2020).

과 마음을 움직이고 있다. 심지어 한국 대중문화는 구래의 악습과 권위주의 정권에 대항하는 사람들의 강력한 저항의 무기가 된 지 오래이다. 케이팝 팬들은 미국에서는 반트럼프 운동을 주도했다고 알려졌다. 태국, 홍콩, 칠레, 알제리 등에서는 권위주의 정권에 저항하는 중심에 서 있었고 호주에서는 기후위기에 대응을 촉구하는 주체였다. 〈기생충〉, 〈오징어 게임〉, BTS로 대표되는 한국의 대중문화는 지난 40년간 신자유주의가 만들어낸 심각한 불평등을 드러내면서 전 세계인의 공감을 이끌어내고 있다(윤홍식, 2021). 경제성장률이 예전과 같지는 않지만, 코로나19 팬데믹 상황에서도 한국 경제는 다른 선진국과 비교해 건실한 성과를 거두었다. 2021년에는 코로나 팬데믹으로 인한 경제위기를 가장 빠르게 회복하면서 1인당 국민총소득이 3만 5000달러를 넘었다. 2020년보다 무려 10.3%나 증가한 것이다(한국은행, 2022). 삼성, 현대, LG, SK 등 재벌 대기업은 우물 안 개구리에서 벗어나 명실상부한 글로벌 기업으로 도약했다.

이렇듯 한국은 경제적, 정치적, 문화적 성취를 이루고 복지국가를 향해 큰 걸음을 내딛고 있는 듯하다. 그런데 한국인들은 행복해 보이지 않는다. 도대체 무엇이 문제일까? 이 글은 이러한 문제 인식에 기초해 선진국 한국에서 왜 많은 한국인들이 불행하게 살고 있는지를 복지국가의 관점에서 조망했다.[1] 더나아가 지난 30년 동안 한국 복지국가는 공적 사회지출을 꾸준히 늘렸음에도 불구하고 불평등으로 대표되는 사회문제가 심각해지는 이유를 검토했다. 먼저 다음 절에서는 놀라운 성공의 이면에 가려진 한국 사회의 위기와 한국 복지국가의 현재에 대한 간단하게 이야기했다. 이어지는 절에서는 왜 한국이 불평등한 복지국가를 만들게 되었는지를 진단했다. 결론과 함의에서는 논의한 내용을 다시 한번 살펴보고 불평등한 한국 복지국가를 평범한 사람들을 위한 복지국가로 만들기 위해 어떤 개혁이 필요한지를 정리했다.

2. 위험에 빠진 한국과 불평등한 복지국가

1) 한국 사회가 직면한 위험

누구도 상상하지 못했던 기적이 경제, 정치, 문화 거의 모든 곳에서 일어났는데도 한국인은 행복해 보이지 않는다. 행복하지 않은 것을 넘어 항상 불안한 삶을 살아가고 있는 듯하다. 한국은 전쟁이 일어난 국가보다 국민이 느끼는 삶의 만족도가 낮은 나라, 국내 최고의 대학에 입학한 학생의 절반 이상이 미래가 불안하다고 걱정하는 나라이다. 에릭 홉스봄(Eric Hobsbawm)은 『혁명의 시대,

---

1   이 글에서는 복지국가를 단순히 소득보장과 사회서비스를 제공하는 정책과 프로그램의 합으로서의 복지국가를 넘어 생산과 분배를 포괄하는 넓은 의미로 정의했다.

그림 11-2 ● OECD 회원국과 주요 비회원국의 P50/P20 비율과 노인 빈곤율(%)

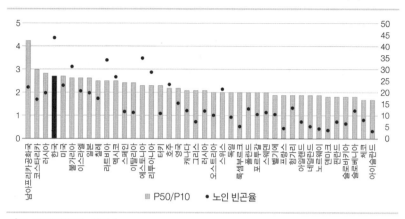

자료: OECD(2022b, 2022c).

1789-1848』에서 민주주의(프랑스 혁명)와 산업화(영국의 산업혁명)를 근대사회
를 탄생시킨 이중혁명이라고 불렀다(홉스봄, 1998: 63). 한국은 제2차 세계대전
이 끝나고 식민지에서 독립한 국가 중 이중혁명을 성공적으로 통과한 매우 예
외적인 비서구 국가이다. 그러나 현재 한국인들은 식민지에서 해방된 국가 중
거의 유일하게 서구가 걸어갔던 이중혁명(산업화와 민주주의)을 성취한 나라에
산다고 믿기 힘들 정도로 어려움에 직면해 있다. 한국의 놀라운 문화적 성취도
그 이면을 보면 한국 사회의 불편한 진실이 그대로 드러난다. 세계인이 공감하
며 찬탄했던 〈기생충〉과 〈오징어 게임〉이 가상의 세계가 아니라 바로 우리 한
국인이 직면한 참혹한 현실을 정확하게 보여주었기 때문이다. 생각해 보라.
〈오징어 게임〉과 〈기생충〉과 같이 불평등을 극단적으로 묘사한 드라마와 영
화가 스웨덴, 덴마크 등 북유럽 복지국가에서 만들어질 수는 없었을 것이다.
한국의 문화적 성공은 우리가 겪고 있는 처참한 고통까지도 상품으로 만들어
팔아야 직성이 풀리는 한국인의 소름 돋는 성장제일주의 때문인지도 모른다.

2018년 기준으로 '선진국' 한국의 (상대) 빈곤율은 개발도상국인 터키, 멕시
코, 칠레보다 높았다(OECD, 2022c). 그림 11-2에서 보는 것처럼 66세 이상의
노인 빈곤율은 43.4%로 OECD 회원국 가운데 압도적 1위이다. 중위 소득을

소득 하위 10%의 소득으로 나눈 불평등지수(P50/P10)는 OECD 회원국 중 코스타리카 다음으로 높았다(OECD, 2022b). 한 사회의 불안정성을 나타내는 대표적 지표인 자살률 또한 세계 1위이다. 지난 30년 동안(1987~2017) 대부분의 OECD 회원국에서 자살률이 감소한 것과는 반대로 한국의 자살률은 무려 153.6%나 증가했다(윤홍식, 2021). 합계 출산율은 인구학자들이 불가능하다고 이야기했던 1.0보다 낮은 0.81(2021년)을 기록했고 더 낮아질 것이라고 한다(통계청, 2022). 인구 100만 명당 산업재해 사망자 수는 17.0명으로 영국의 1.62명의 10배에 이른다(김수진, 2021.5.12). 서울대 입학생 중 고소득층 가구의 비율은 2017년 43.4%에서 불과 3년 만인 2020년 62.9%로 급증했다(이도경, 2020.10.20). 더 참담한 현실은 OECD의 조사 자료에 따르면 "어려울 때 의지할 사람이 없다"라고 응답한 국민의 비율이 OECD 국가들 중 가장 높았다(OECD, 2020). 기적처럼 선진국이 되었지만, 그 선진국에서 살아가는 사람들의 모습은 마치 〈오징어 게임〉에서처럼 하루하루가 생존을 위한 투쟁이다.

2) 한국 복지국가의 현재

사회적 위험이 심각하지만 복지국가가 잘 작동한다면, 사회적 위험을 완화할 수 있지 않을까? 실제로 그림 11-3에서 보는 것처럼 시장소득을 기준으로 측정한 소득 불평등(지니계수)을 보면, 프랑스(0.46), 핀란드(0.43), 덴마크(0.40)가 한국(0.37)보다 높다. 그러나 시장소득에 세금을 부과하고 복지 급여를 더한 처분가능소득의 불평등은 한국이 프랑스, 덴마크, 핀란드보다 높았다. 높은 정도가 아니라 한국은 조세와 복지 급여를 통해 불평등을 낮추는 정도가 OECD 회원국 중 칠레에 이어 두 번째로 낮았다.[2] 한국의 시장소득과 가처분소득의 지니계수의 차이가 -0.041에 불과했지만, 핀란드는 -0.154, 프랑스는

---

2 물론 시장소득을 기준으로 한 한국의 소득 불평등이 낮은 이유는 노인인구의 비중이 상대적으로 낮고 육아휴직 등 각종 휴가 제도를 이용하는 인구의 규모도 작은 것이 원인 중 하나라고 생각된다.

그림 11-3 • OECD 회원국의 시장소득과 가처분소득의 지니계수

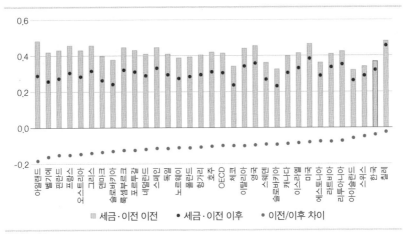

■ 세금·이전 이전   • 세금·이전 이후   • 이전/이후 차이

자료: OECD(2021a).

-0.151, 덴마크는 -0.137로 한국의 3~4배에 달했다. 즉, 사회적 위험에 직면한 국민에게 필요한 복지 급여를 제대로 제공하지 않는 것이 한국 사회의 심각한 불평등의 원인 중 하나인 것이 분명해 보인다.

그렇다고 공적 복지를 늘리려는 정부의 노력이 없었던 것도 아니다. 보수당 정권과 민주당 정권 가릴 것 없이 민주화 이후 정부는 복지지출을 꾸준히 늘렸다. GDP 대비 사회지출은 지난 1990년 2.6%에서 2019년 12.2%로 30여 년 만에 4.7배나 증가했다(OECD, 2022d). 한국은 OECD 회원국 중 지난 30년 동안 GDP 대비 사회지출을 가장 빠르게 늘린 국가이다. 특히 문재인 정부가 집권한 2017년을 기점으로 한국의 GDP 대비 사회지출 수준은 OECD 회원국 중 개발도상국으로 분류할 수 있는 콜롬비아, 코스타리카, 칠레, 터키 수준을 넘어 OECD 평균을 향해 가고 있다(그림 11-4 참고).

정확한 규모를 산출하기에는 아직 이르지만, 문재인 정부의 집권 마지막 해인 2022년 GDP 대비 사회지출은 대략 GDP의 15%에 근접할 것으로 보인다. 만약 GDP 대비 사회지출 규모가 이렇게 되면 문재인 정부는 집권 기간 동안 복지지출을 연평균 GDP의 0.9% 포인트 이상 늘린 것이 된다. 이는 한국 복지국

그림 11-4 ● OECD 회원국과 남미 주요국의 GDP 대비 사회지출(1990~2020년)

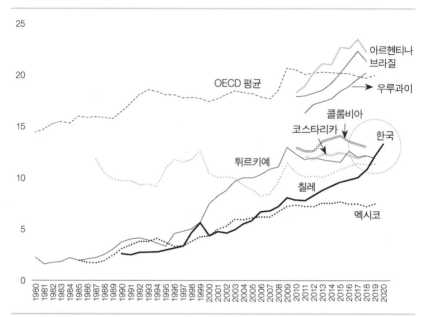

주: 한국의 2020년 자료는 지난 경향에 근거한 추정치이다.
자료: OECD(2022d); UN ECLAC(2022).

가의 원년이라고 불리는 김대중 정부의 3.5배에 이르는 규모이고 노무현 정부의 2.2배에 해당하는 규모이다. 이러한 노력에 힘입어, 문재인 정부가 집권한 2017년부터 시장소득 불평등은 증가하는데, 가처분소득 불평등이 낮아지는 일이 처음으로 일어났다. 여야를 가리지 않고 복지에 대한 정치권의 관심도 적지 않다. 2022년 3월 대선을 앞두고 유력 대선후보들은 기본소득, 상병수당, 사회서비스 확대 등 다양한 복지정책을 공약으로 내걸었다. 한국의 GDP 대비 사회지출은 여전히 OECD 평균 수준에 미치지 못하지만 큰 변화라고 할 수 있다.

문제는 사회지출을 늘리는 것만으로는 심각해지는 불평등에 효과적으로 대응하기가 어렵다는 것이다. 사회지출 증가의 60~70%가 사회보험 지출로 구성되어 있는 한 사회지출이 늘어난다는 것이 곧 불평등을 완화시킨다고 이야기할 수 없기 때문이다.[3] 한국 복지국가는 여전히 비정규직과 자영업자 등 노동

그림 11-5 ● 정규직과 비정규직의 국민연금과 고용보험 적용률(2000~2022년)

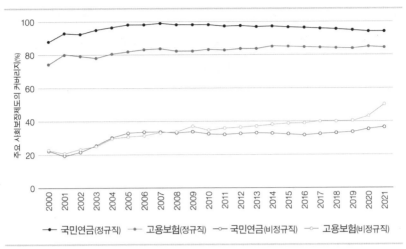

자료: 김유선(2021).

시장에서 취약한 지위에 있는 사람들을 가장 중요한 사회보장제도로부터 배제하고 있다. 그림 11-5를 보면 국민연금과 고용보험과 같은 중요한 사회보장제도에서 정규직과 비정규직 간의 적용률 차이가 크다는 것을 확인할 수 있다(김유선, 2021). 정규직과 비정규직의 국민연금과 고용보험 적용률을 보면 2021년 8월 기준으로 각각 94.1% 대 36.7%, 84.4% 대 50.3%로 큰 차이가 있다. 전체 취업자의 25%를 차지하는 자영업자의 고용보험 가입률은 0.5%에 불과했다(김진선, 2020).

한국 복지국가에서는 1997년, 조금 더 길게 보면 1987년 민주화 이후부터 소득 상실의 위험이 높은 취약한 취업자를 사회보험으로부터 배제하고 상대적으로 안정적 고용을 보장받는 정규직 노동자를 보호하는 역진적 선별성이 지속

---

3   다만 주의해야 할 점은 사회지출 중 가장 큰 비중은 건강보험이다. 건강보험은 실질적으로 보편성을 실현하고 있기 때문에, 사회보험에서 보건의료서비스를 제공하는 건강보험을 제외하면, 비정규직 등 취약계층을 배제하는 사회보험은 실직 시 소득을 보장하는 고용보험과 노후 소득을 보장하는 국민연금이라고 할 수 있다.

되었던 것이다. 사회보험이 노동시장에서의 성취에 기초해 보험료를 내고, 이에 기초해 급여를 제공한다는 점에서 소득수준에 따른 급여 수준의 차이는 불가피하다. 그러나 취약계층을 제도의 적용 대상에서 아예 배제하는 역진적 선별성이 지속된다는 것은 한국 복지국가의 심각한 결함이라고 할 수 있다. 이상과 같은 이유가 사회지출이 늘어도 불평등이 완화되지 않는 이유 중 하나이다.

노동시장에서 열악한 위치에 있는 노동자를 사회보장제도에서 배제하는 한국 복지국가의 역진적 선별성은 국제 비교를 통해서도 확인된다. 공적 이전소득을 포함한 조세의 빈곤 감소 효과를 정규직과 비정규직으로 구분해서 살펴보면, 한국 사회보장제도의 정규직에 대한 빈곤 감소 효과는 −15.1%인 데 반해 비정규직에 대한 효과는 −1.8%에 그쳤다. 독일과 프랑스에서 정규직과 비정규직의 빈곤 감소 효과가 각각 −20.5% 대 −42.9%, −22.2% 대 −35.1%인 것과 비교되는 결과이다. OECD 평균을 보아도 비정규직에 대한 빈곤 감소 효과가 정규직보다 컸다. 한국은 정규직과 비정규직 가릴 것 없이 조세와 공적 이전소득의 빈곤 감소 효과가 낮았지만(GDP 대비 사회지출 수준이 낮은 것을 반영한다), 이마저도 비정규직보다 정규직에 훨씬 더 우호적이었다(전병유 엮음, 2016: 171). 다만, 그림 11-5에서 보는 것처럼 노무현 정부 집권 기간과 문재인 정부 집권 기간에 국민연금과 고용보험의 정규직과 비정규직 간 차이가 감소한 것을 확인할 수 있다. 특히 고용보험은 문재인 정부 집권 이후 큰 폭으로 차이가 줄었다. 하지만 둘 간의 차이는 여전히 크다. 한국은 여전히 상대적으로 안정적 고용과 괜찮은 임금을 보장받는 계층을 더 보호하는 '역진적 선별성'이 강한 복지국가이다.

3. 한국은 왜 불평등한 복지국가가 되었을까

한국이 왜 불평등한 복지국가가 되었는지는 다양한 설명이 가능하다. 그중 몇 가지를 정리하면 첫째는 성공적인 경제성장의 경험이고, 두 번째는 1990년대 이후 우리가 걸었던 성공의 방식, 즉 성장 방식의 문제이며, 마지막으로 이러한 역사적 경험이 만든 대안을 생각하지 않는 각자도생의 사회를 만들었기 때문이라고 할 수 있다. 하나씩 그 이유를 살펴보자.

1) 개발국가 복지체제

한국의 놀라운 경제성장은 앞에서 이미 충분히 이야기했다. 여기서는 왜 한국인이 공적 복지의 확대가 아닌 시장에서 치열한 경쟁을 통한 성공을 선호하는지를 성공의 역사를 통해 설명해 보려고 한다. 그림 11-6을 보면 개발국가 복지체제가 어떻게 작동했는지 확인할 수 있다. GDP 대비 사회지출을 보면 1962년 1.3%(추정값)에서 1992년 2.8%로 30년간 불과 1.5% 포인트 증가하는 데 그쳤다. 반면 지니계수로 측정한 소득 불평등을 보면, 경공업 중심의 경제발전을 하던 1960년대에는 낮아졌다가, 중화학 공업을 본격화한 1970년대부터 높아진다. 그러다가 1970년대 말부터 1990년대 초까지 계속 낮아졌다. 절대빈곤은 더 극적인 변화를 보여준다. 1965년 40.9%에 달했던 절대 빈곤율은 1980년이 되면 9.8%로 급격히 낮아진다(서상목, 1979; Suh and Yeon, 1986). 이제 이 두 사실을 연결하면 한국은 1960년대부터 1990년대 초까지 공적 사회지출의 유의미한 증가 없이 소득 불평등을 완화했다는 것을 확인할 수 있다. 사람들에게 익숙한 쿠즈네츠(Kuznets, 1955)의 가설처럼 성장의 초기 국면에는 불평등이 증가했지만, 성장이 일정 정도 이루어지면서 불평등이 감소하는 성장과 소득 불평등의 역U 자형 관계가 나타난 것이다(Kuznets, 1955).[4]

어떻게 이런 일이 가능했을까? 답은 놀라운 경제성장에 있었다. 1960년대부터 30년 넘게 지속된 고도성장은 한국 사회에 광범위하게 퍼져 있던 유효노동력을 고용해 사람들에게 소득을 얻을 수 있는 기회를 제공했다. 즉, 성장이 일

---

4 밀라노비치(2017)는 쿠즈네츠의 이론을 확장해 성장과 불평등의 관계가 일회적 역U 자형이 아닌 파동(쿠즈네츠의 파동)을 그린다고 이야기했다.

그림 11-6 ● 지니계수(소득 불평등 지표)와 GDP 대비 사회지출(1962~2020년)

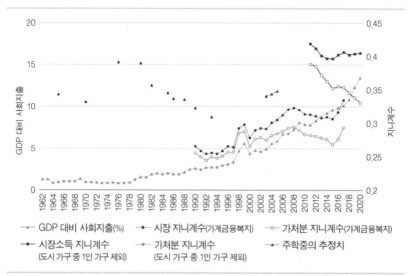

자료: 통계청(2020); Choo(1992); 김낙년·김종일(2013); 한국보건사회연구원(2020); OECD (2022d); 윤홍식(2019a).

자리를 만들고 이렇게 만들어진 (비록 저임금 일자리였지만) 일자리에서 사람들이 장시간 일하면서 많은 사람들이 빈곤에서 벗어나고 불평등이 감소했다. 더나아가 경제성장은 단순히 소득을 늘리는 것에 그치지 않았다. 세금은 낮고 공적 복지가 갖추어져 있지 않은 상황에서 늘어난 소득은 중산층이 사적 자산을축적하게 했고, 이렇게 축적한 사적 자산은 성장과 함께 공적 복지를 대신하는역할을 했던 것이다. 즉, 성장과 사적 자산 축적이 공적 복지를 대신하는 개발국가 복지체제가 만들어진 것이다(윤홍식, 2019a).

하지만 1990년대에 들어서면서 개발국가 복지체제는 더 이상 작동하지 않았다. 이때부터 한국 사회는 성장이 불평등을 완화하는 것이 아니라 성장이 불평등과 함께하는 사회로 진입했다. 다양한 이유가 있겠지만, 가장 중요한 이유중 하나는 (1990년대 이후의 성장 방식에서 설명하겠지만) 한국의 성장 방식이 과거와 달라졌기 때문이다. 다른 하나는 앞서 언급했던 것의 연장선상에서 좋은 일자리를 만들었던 제조업의 비중이 감소하는 탈산업화가 1990년대 들어서면서 본격화되었다는 것이다.

2) 1990년대 이후 성장 방식

1990년대 초에 시작된 새로운 성장 방식이 1997년 IMF 외환위기를 거치며 전면화되면서 한국 사회는 성장이 불평등을 심화시키는 사회가 되었다. GDP 대비 사회지출이 늘어나도, 불평등을 1990년대 이전 수준으로 되돌릴 수 없었던 이유이다. 더욱이 사회지출을 늘리는 것만으로는 성장 방식이 만들어내는 불평등에 대응할 수 없었다. 1990년대 본격화된 성장 방식의 핵심은 숙련 노동자를 첨단 자동화 장비로 대체하는 것이었기 때문이다. 그림 11-7에서 보는 것처럼 노동자 만 명당 사용하는 로봇의 수로 측정하는 로봇밀도는 1990년대를 지나면서 급격히 높아졌다. 2013년 한국의 로봇밀도는 세계 최고 수준이 되었고, 그 이후에도 가파르게 높아졌다. 1990년 이전의 조립형 생산 방식의 유산이 자동화 전략과 만나면서 숙련노동을 자동화 기계로 대체하는 생산 방식이 더 확장된 것이다. 최첨단 장비를 설치할 수 있는 자본이 있는 대기업은 핵심 부품, 소재, 장비를 해외에서 수입하여 이를 최첨단 자동화 장비로 조립 생산해 해외에 수출하는 성장 방식을 강화했던 것이다.

물론 대기업이 그냥 손쉽게 첨단 장비를 수입하여 설치하고 부품과 소재를 수입하여 최종재를 만들어 수출한 것은 아니다. 첨단 장비를 설치하고 운영하기 위한 숙련이 필요했고 이를 위해 각고의 노력을 기울였던 것도 사실이다(윤홍식, 2021; 송영수, 2013). 그러나 대기업이 어떻게 글로벌 기업으로 성장했는지와는 별개로 재벌 대기업이 해외에서 수입한 핵심 부품과 소재를 최첨단 자동화 장비로 조립 생산해 수출하는 성장 방식은 필연적으로 국내에서 창출되는 부가가치를 낮추고 기업 규모에 따른 생산성과 임금격차를 벌렸다(윤홍식, 2021). 대기업이 엄청난 투자를 통해 자동화 설비를 설치하고, 비용 보존을 위해 비핵심 부분을 외주화하고 노동 비용을 줄이려고 하자 노동시장에서는 기

그림 11-7 ● 한국과 주요 제조업 강국의 로봇밀도(1985~2020년)

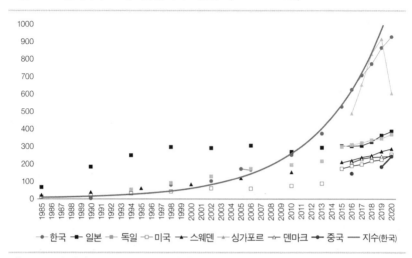

자료: 2020년 자료는 IFR(2021a), 2019년 자료는 IFR(2021b), 2018년 자료는 IFR(2019), 2016~
2017년 자료는 The Robot Report(2019), 2015년 자료는 IFR(2016), 1985~2013년 자료는 정
준호(2020)를 참고했다.

업 규모와 고용 지위에 따른 중층적 분절화가 심화된 것이다. 1990년대 이후
성장 방식의 이러한 전환은 노동시장에서 괜찮은 일자리를 급격하게 감소시키
고 중소기업과 대기업의 연계를 약화시킴으로써 한국 사회의 불평등을 심화시
켰던 것이다.

문제는 한국의 성장 방식이 1990년대를 거치면서 이렇게 바뀌었는데도 한
국 사회는 1997년 IMF 외환위기 이후 안정적 일자리(정규직)에 기초한 사회보
험을 중심으로 복지국가를 확대했던 것이다. 노동시장에서 불안정한 일자리
가 늘어나는데 안정적 일자리에 기초한 사회보장제도를 확대한다면, 사회보장
제도가 취약계층을 배제하는 역진적 선별성이 나타나는 것은 자연스러운 결과
이다. 물론 서구 복지국가 또한 사회보험을 중심으로 복지국가의 보편성을 확
대한 것은 사실이다. 그러므로 사회보험을 중심으로 복지국가를 확대한 것 자
체가 문제가 될 수는 없다. 그러나 서구와 한국의 차이는 서구는 안정적 일자
리가 확대되는 과정에서 사회보험을 중심으로 복지국가를 확대해 사회보험의

역진적 선별성이 약화된 데 반해, 한국은 불안정한 일자리가 늘어나는 전환기부터 사회보험을 중심으로 복지국가를 확대한 것이다. 이러한 이유로 한국에서는 복지 확대가 사회보장제도의 대상자를 늘리는(보편성을 확장하는) 동시에 역설적이게도 사회보험제도로부터 배제되는 광범위한 집단을 만들었던 것이다. 더욱이 앞서 개발국가 복지체제의 전성기에 중산층이 사적으로 축적한 자산을 통해 사회적 위험에 대응했던 유제가 여전히 지속되면서, 복지국가의 보편성을 가로막는 중요한 장벽이 되었다.

3) 대안을 생각하지 않는 각자도생의 제도화

각자도생이 제도화된 사회에 산다는 것은 섬뜩한 일이다. 한국인들은 부모 찬스를 사용하는 특권에 분노하고 치솟는 아파트 가격에 피가 거꾸로 도는 울분을 느끼지만, 그 문제를 해결하기 위한 과감한 개혁을 지지하는 것을 주저한다. 불평등과 비정규직이 심각한 문제라고 이야기하지만 청년들은 인천국제공항공사와 서울교통공사가 비정규직을 정규직으로 전환하려고 하자 엄청난 분노를 표출했다. 실제로 2021년 11월 OECD가 발표한 자료에 따르면 한국인은 "인생의 성공에서 부모의 부가 중요하다"라고 응답한 비율이 OECD 평균의 두 배에 달했다(그림 11-8 참고). 또한 "인생의 성공에서 개인의 노력이 중요하다"라고 응답한 비율도 OECD 평균보다 높았다. 이러한 결과는 다양하게 해석될 수 있다. 하지만 분명한 것은 한국인은 자신의 사회적 지위가 부모의 사회적 지위에 따라 결정되는 불평등한 사회에 분노하지만 그 부모의 부가 미치는 영향만 약화시킨다면, 누구나 개인의 노력으로 성공할 수 있다는 '코리안 드림'을 믿는 것이다. 그러니 경쟁에서 패배한 사람을 노력하지 않은 사람이라고 폄하하고, 패배로 인해 고통받는 사람들의 삶을 '공정'이라는 이름으로 외면할 수 있었던 것이다.

한국인이 분노한 것은 성장제일주의 사회가 만들어낸 불평등한 결과가 아니었다. 한국인이 분노한 것은 이웃의 안정적인 삶이 (부모의 '부'나 사회적 지위가

그림 11-8 • 개인의 성공에서 부모의 부와 노력의 중요성에 대한 인식

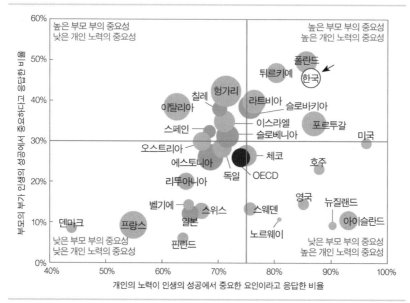

자료: OECD(2021b).

영향을 미치는) 불공정한 방법으로 내 기회를 가로챈 것일지도 모른다는 것에 대한 분노였다. 출산율이 사회가 유지되지 못할 정도로 떨어지고, 매일매일 사람들이 스스로 죽거나 산업재해로 죽어나가도, 청년의 미래가 부모의 사회적 지위에 따라 결정되고, 코로나19 팬데믹이라는 불가항력으로 자영업자들이 눈물을 흘리며 생계를 접어도 한국 사회는 그것이 치열한 경쟁의 결과라면 눈도 깜짝하지 않을 사회가 된 것이다.

지금 우리가 직면한 문제를 해결(완화)할 수 있는 대안을 상상하지 못하니, 우리가 할 수 있는 일이란 그저 주어진 현실에서 다른 사람보다 조금이라도 더 나은 지위를 얻기 위해 모두가 불행한 무한경쟁을 하는 것이다. 생각해 보라. 의자가 5개인데 의자에 앉기 위해 10명이 경쟁한다면, 그 10명이 아무리 노력해도 의자에 앉을 수 있는 사람은 5명뿐이다. 의자에 앉지 못한 5명은 자신이 어떤 노력을 했는지와 무관하게 패자가 되는 것이다. 청년들이 이렇게 대안을

생각하지 않고 경쟁에 몰입한 결과는 점점 더 심각해지는 경쟁이라는 현실이었다(김내훈, 2022). 대안을 생각하지 않는 각자도생의 사회가 경쟁에서 패배한 사람은 차별과 불평등한 처우를 감내하는 것이 당연하다는 무서운 믿음이 '공정'이라는 탈을 쓰고 만들어진 것이다. 이는 가장 경쟁 지향적으로 알려진 미국 사회에서 청년들이 극단적 불평등을 만들어내는 신자유주의의 대안으로 사회주의를 다시 부르는 것과는 극명하게 대비된다(선카라, 2021). 미국만이 아니다. 호주와 같이 신자유주의가 만연한 또 다른 곳에서도 청년들은 사회주의를 대안적 사회로 호명하고 있다(레이저, 2020).

대안을 찾지 않고 현실에서 각자도생을 모색하는 사회에서 사람들이 서로를 신뢰하며, 세금을 내고 국민 모두가 안전하게 살아가는 복지국가를 만드는 것은 불가능하다. 사실 지난 30년 동안 복지지출이 늘어난 것도 사회적 연대의 결과가 아니었다. GDP 대비 사회지출이 급증했지만, 앞서 언급했듯이 그 대부분은 가입자가 보험료를 내는 사회보험 급여였다. 북서 유럽에서 사회보험은 사회적 연대를 상징하는 제도이지만, 한국에서 사회보험은 안정적 고용을 보장받는 계층과 그렇지 못한 계층을 가르는 특권의 상징이 되었기 때문이다. 한국에서 사회보험은 국가가 운영하는 보험 상품일 뿐이다. 결국 우리가 각자도생의 사회를 만든 것도, 우리가 실패했기 때문이 아니라 개발국가 복지체제의 놀라운 성공의 결과라고 할 수 있다.

4. 맺음말

우리가 실패한 것일까? 그렇지 않다. 어쩌면 헬조선이 된 선진국 대한민국의 모습은 '우리가 실패했기 때문이 아니라, 우리가 성공했기 때문'일지도 모른다. 성장을 위해 영혼까지 팔아치운 우리의 노력이 기적 같은 성공을 이루었지만, 그 기적 같은 성공을 위해 우리는 '나와 내 가족' 이외에는 그 누구도 믿지 않는 연대 없는 사회를 만들었다.

어떻게 해야 이런 불평등한 복지국가에서 빠져나올 수 있을까? 공적 복지를 늘리면 되는 것일까? 새로운 혁신기업을 육성하면 문제가 해결될까? 아닐 것 같다. 만약 성공이 우리가 직면한 헬조선의 원인이라면 우리가 자랑스러워하는 그 성공의 방식을 총체적으로 바꾸는 방법을 찾는 것 이외에 다른 대안은 없다. 재벌 대기업이 숙련 노동자의 일자리를 자동화 기계로 대체하고, 중소기업과 함께 성장하기보다는 손쉽게 국외에서 핵심 부품, 소재, 장비를 수입·조립하여 수출하는 방식으로 성장하는 경제구조에서 좋은 일자리를 늘리는 것은 불가능하다. 좋은 일자리가 늘어나지 않는다면, 좋은 일자리를 얻기 위한 생존경쟁은 지금보다 더 치열해질 것이다. 경쟁이 지배하는 사회에서 연대란 상상할 수 없는 일이다.

많은 전문가들이 각자의 위치에서 오랫동안 대안을 이야기했다. 그러나 각각의 대안이 실현된다고 우리가 불평등한 복지국가라는 성공의 덫에서 빠져나올 수 있는 것은 아니다. 지금도 생생히 기억한다. 2005년 노무현 정부가 저출산 현상을 중요한 사회문제로 인식했을 때 필자를 포함해 많은 전문가들은 여성이 일과 돌봄을 양립하지 못하는 현실이 가장 큰 문제라고 이야기했다. 그리고 14년이 지난 2019년 현재 한국의 0~2세 아동 보육률은 62.7%로 스웨덴의 46.3%보다 1.35배나 높다(OECD, 2022a). 그러나 성평등이 실현되지 못한 것은 물론이고 합계출생률은 더 낮아졌다. 그렇다고 보육 정책이 실패한 것이 아니다. 출산이라는 삶의 문제는 일과 돌봄의 조화만의 문제도, 성평등만의 문제도 아닌 이 시대를 살아가고 있는 사람들의 총체적 삶의 문제이기 때문이다. 결국 우리가 경제, 정치, 문화라는 한국인의 총체적 삶의 조건을 바꾸지 못한다면, 우리는 우리의 성공이 만들어낸 덫에서 빠져나올 수 없다.

불가능하다고 현실성이 없다고? 그렇다. 경제구조를 바꾸고 정치구조를 바꾸고 사람들이 살아가는 삶의 조건을 총체적으로 바꾸는 대안을 만드는 것은 어쩌면 불가능한 일일지도 모른다. 그러나 지금으로부터 100년 전 조선인들이 일제의 강점에 신음하고 있을 때, 앞으로 100년 후 식민지 조선이 독립된 국가로 세계의 문화를 주도하는 선진국이 될 것이라고 이야기했다면, 아마 아무도 믿지 않았을 것이다. 그런데 그 불가능한 일을 지금 우리는 목도하고 있다. 100년 전의 그 말도 안 되는 상상과 비교하면, 지금 우리가 성공의 덫에서 빠져나오는 것은 작은 언덕을 오르는 번거로움일지도 모른다. 대기업이 중소기업과 협력해야 성장할 수 있고, 사람들이 서로 연대해야 더 안전한 삶을 살아가는 제도와 구조를 만들어낸다면, 현명한 한국인은 과거에 그랬던 것처럼 또 그렇게 행동할 것이기 때문이다. 정치가 예술인 이유는 바로 이 불가능한 일을 현실로 만들 수 있는 힘이 있기 때문이다.

참고문헌

김낙년·김종일. 2013. 「한국 소득분배 지표의 재검토」. ≪한국경제의 분석≫, 19권 2호, 1~50쪽.

김내훈. 2022. 『급진의 20대: K-포퓰리즘 ─ 가장 위태로운 세대의』. 파주: 서해문집.

김수진. 2021.5.12. "[팩트체크] 국내 산업재해 사고 사망자 주요 선진국보다 많다?". ≪연합뉴스≫. https://www.yna.co.kr/view/AKR20210512080000502?input=1195m(검색일: 2022.7.24).

김유선. 2021. 「비정규직 규모와 실태: 통계청, '경제활동인구조사 부가조사'(2021.8)결과」. ≪한국노동사회연구소 이슈페이퍼(KLSI Issue Paper)≫, 159호.

김진선. 2020. 「자영업자에 대한 고용보험 적용 경과 및 향후과제」. ≪NARS 현안분석≫, 179호.

레이저, 헬렌(Helen Razer). 2020. 『밀레니얼은 왜 가난한가: 불평등에 분노하는 밀레니얼, 사회주의에 열광하다』. 강은지 옮김. 서울: 글담.

밀라노비치, 블랑코(Branko Milanovic). 2017. 『왜 우리는 불평등해졌는가: 30년 세계화가 남긴 빛과 그림자』. 서정아 옮김. 파주: 21세기북스.

서상목. 1979. 「빈곤인구의 추계와 속성분석」. ≪한국개발연구≫, 1권 2호, 13~30쪽.

선카라, 바스카(Bhaskar Sunkara). 2021. 『미국의 사회주의 선언: 극단적 불평등 시대에 급진적 정치를 위한 옹호론』. 미래를소유한사람들 편집부 옮김. 서울: 미래를소유한사람들.

송영수. 2013. 『한국 기업의 기술혁신』. 서울: 생각의힘.

윤홍식. 2019a. 『한국 복지국가의 기원과 궤적 3: 신자유주의 복지국가, 1980년부터 2016년까지』. 서울: 사회평론아카데미.

_____. 2021. 『이상한 성공: 한국은 왜 불평등한 복지국가가 되었을까?』 서울: 한겨레출판.

_____. 2021.12.8. "한국인이 불행할 수밖에 없는 결정적 이유: 이상한 선진국 대한민국이 성공의 덫에서 빠져나오려면". ≪오마이뉴스≫. http://www.ohmynews.com/NWS_Web/Series/series_premium_pg.aspx?CNTN_CD=A0002792215&SRS_CD=00000143

60(검색일: 2022.7.24).

이도경. 2020.10.20. "SKY 신입생 55%가 고소득층…문정권서 심해진 부모 찬스." ≪국민일보≫. http://news.kmib.co.kr/article/view.asp?arcid=0924160942&code=11131300&cp=v (검색일: 2022.7.24).

전병유 엮음. 2016. 『한국의 불평등 2016』. 서울: 페이퍼로드.

정준호. 2020. 「한국 생산체제의 유산과 쟁점」. 윤홍식 엮음. 『우리는 복지국가로 간다: 정치·경제·복지를 통해 본 한국 사회 핵심 쟁점』. 서울: 사회평론아카데미.

통계청. 2020. 「2020년 가계금융복지조사 결과」.

_____. 2022. 「2021년 인구동향조사: 출생·사망통계[잠정]」.

한국보건사회연구원. 2020. 『2020 빈곤통계연보』. 세종: 한국보건사회연구원.

한국은행. 2022. 「2021년 4/4분기 및 연간 국민소득(잠정)」.

홉스봄, 에릭(Eric Hobsbawm). 1998. 『혁명의 시대』. 정도영·차명수 옮김. 서울: 한길사.

Bolt, J. and J. van Zanden. 2020. "Maddison style estimates of the evolution of the world economy. A new 2020 update." *Maddison-Project Working Paper WP-15*.

Choo, H. J. 1992. "Income distribution and distributive equity in Korea." in L. Krause and F. Park(eds.). *Social Issues in Korea*. Seoul: KDI.

IFR. 2016. "World robotics report 2016: European Union occupies top position in the global automation race." https://ifr.org/ifr-press-releases/news/world-robotics-report-2016 (검색일: 2022.7.24).

_____. 2021a. "Robot density nearly doubled globally." https://ifr.org/ifr-press-releases/ news/robot-density-nearly-doubled-globally(검색일: 2022.7.24).

_____. 2021b. "Facts about robots: Robot density worldwide." https://youtu.be/w_kApx8C-O4(검색일: 2022.7.24).

_____. 2019. IFR Press Conference 18th September 2019, Shanghai. https://ifr.org/downloads/ press2018/IFR%20World%20Robotics%20Presentation%20-%2018%20Sept%202019. pdf(검색일: 2022.7.24).

Kuznets, S. 1955. "Economic growth and income inequality." The *American Economic Review*, Vol. 45, No. 1, pp. 1~28.

OECD. 2020. *How's Life? 2020: Measuring Well-being*. Paris: OECD Publishing.

_____. 2021a. *Government at a glance 2021*. Paris: OECD Publishing.

_____. 2021b. *Does inequality matter?: How people perceive economic disparities and social mobility*. Paris: OECD Publishing.

_____. 2022a. "Family database." https://www.oecd.org/els/family/database.htm(검색일: 2022.7.24).

_____. 2022b. "Income inequality (indicator)." doi: 10.1787/459aa7f1-en(검색일: 2022. 3.3).

_____. 2022c. "Poverty rate (indicator)." doi: 10.1787/0fe1315d-en(검색일: 2022.3.3).

_____. 2022d. "Social expenditure-Aggregated data." https://stats.oecd.org/Index.aspx?Dat

aSetCode=SOCX_AGG(검색일: 2022.7.24).

Suh, S. M. and H. C. Yeon. 1986. "Social welfare during the structural adjustment period in Korea." *Working Paper 8604*. Seoul: Korea Development Institute.

The Economist. 2022.2.9. "Daily chart: A new low for global democracy: More pandemic restrictions damaged democratic freedoms in 2021." https://www.economist.com/graphic-detail/2022/02/09/a-new-low-for-global-democracy(검색일: 2022.3.3).

The Robot Report. 2019. "US robot density ranks 7the in the world." https://www.therobotreport.com/us-robot-density-ranks-7th-in-the-world/(검색일: 2022.7.24).

UN ECLAC. 2022. "Public and private social expenditure(SOCX methodology), in percentages of GDP." https://statistics.cepal.org/portal/cepalstat/dashboard.html?indicator_id=4407&area_id=2314&lang=en(검색일: 2022.2.18).

World Bank. 2013. *China 2030: Building a modern, harmonious, and creative society*. Washington DC: The World Bank.

불평등과 경제발전

이강국

1. 머리말

최근 불평등 혹은 소득분배 문제가 경제학에서 중요한 연구 주제가 되고 있다. 주류경제학은 오랫동안 소득분배 문제에 관해 큰 관심을 기울이지 않았다. 그러나 1980년대 이후 여러 선진국과 개도국에서 소득 불평등이 심화되어 우려가 커졌고, 특히 2008년 세계금융위기 이후 불평등에 대한 대중적인 비판이 높아지면서 불평등과 분배 문제에 관한 경제학 연구들이 급속하게 발전되고 있다. 이제 불평등이 우리가 직면한 가장 심각한 문제가 되었고 그것이 경제에 미치는 영향과 이를 해결하기 위한 노력에 관한 뜨거운 논의가 나타나고 있는 것이다.

예를 들어 앳킨슨과 피케티 등은 불평등이 심화된 원인들에 관해 논의하고 불평등 개선을 위한 정책적 대응을 촉구한다(Atkinson, 2015; Piketty, 2014). 또

---

* 이 글은 이강국, 「불평등과 경제발전」, ≪경제발전연구≫, 25권 4호(한국경제발전학회, 2019), 31~74쪽을 수정·편집한 것이다.

한 방대한 미시 자료를 사용하여 기회의 불평등 문제를 조명하는 실증연구들이 발전되고 있고(Chetty et al., 2014b) 세계화와 선진국의 불평등 그리고 포퓰리즘으로 대표되는 정치적 변화의 관계를 분석하는 연구들도 활발하다(Autor, Dorn and Hanson, 2016a; Autor et al., 2016b). 한편 새로이 발전되고 있는 거시경제학 연구는 이질적 경제주체를 가정하는 거시경제모형을 통해 불평등 문제를 고려하고 있어서 주목할 만하다(Moll, 2017).

경제발전론에서도 불평등은 매우 중요한 위치를 차지한다. 먼저 발전(development)을 단순히 1인당 소득의 증가를 의미하는 성장(growth)을 넘어 더욱 넓은 의미의 삶의 개선으로 생각한다면 불평등의 개선 자체가 발전에서 큰 의미를 지닐 것이다. 또한 무엇보다도 불평등은 경제성장, 빈곤과 밀접한 관련을 맺고 있기 때문에 경제발전론에서도 주요한 연구 주제라 할 수 있다. 개도국의 빈곤 해결을 위해서는 경제성장이 핵심적인데 불평등은 성장 자체와 빈곤 감축에도 중요한 영향을 미치기 때문이다. 오래전 쿠즈네츠의 연구는 경제성장이 소득분배에 미치는 영향에 관해 보고했지만, 최근에는 소득분배가 경제성장에 미치는 악영향에 관한 이론적, 실증적 연구가 급속히 발전되고 있다. 그러나 현실에서 불평등과 성장 사이의 관계는 복잡하기 때문에 불평등이 어떤 조건에서 어떤 경로를 통해 성장에 영향을 미칠 것인지에 관한 분석이 요구되고 있다.

이 글은 이러한 관점에서 불평등과 경제발전이라는 주제에 관해 광범위하게 논의하고자 한다. 특히 최근 발전되고 있는 불평등에 관한 여러 경제학 연구들을 소개, 평가하고 앞으로의 연구 방향을 제시할 것이다. 먼저 2절은 소득 불평등을 포함하여 불평등의 다양한 차원에 관해 살펴보고, 불평등이 진정한 의미의 발전과 빈곤에 어떤 함의를 지니고 있는지 논의할 것이다. 3절은 역사적으로 경제성장이 소득분배에 미치는 영향과 개도국의 맥락에서 세계화와 같은 요인들이 불평등과 빈곤에 어떤 의미를 지니는지 살펴본다. 또한 최근 급속히 발전되고 있는, 불평등이 경제성장에 미치는 악영향에 관한 다양한 연구들을 상세하게 소개할 것이다. 4절은 경제성장의 근본 요인이라 지적되는 제도와 혁신과 관련하여 불평등의 효과를 살펴보고자 한다. 또한 불평등이 제도의 발전에 미치는 악영향과 특히 불평등이 특허로 측정되는 혁신에 미치는 악영향에 관한 실증분석 결과를 보고할 것이다. 마지막으로 결론에서는 불평등과 경제발전에 관한 이러한 논의가 한국에 주는 시사점을 간략히 지적할 것이다.

2. 불평등과 경제발전

1) 소득 불평등과 불평등의 여러 차원

많은 경제학 연구들이 흔히 분석하는 불평등의 지표는 역시 소득 불평등이다. 소득은 생활수준을 보여주는 가장 적절한 지표이며 부의 불평등이나 기회의 불평등과 같은 다른 불평등과도 관련이 크기 때문이다. 또한 각국 정부는 가계조사에 기초한 소득과 지출의 서베이 결과를 보고하기 때문에 가구소득 분배의 시간적인 변화의 분석과 국제적인 비교도 가능하다. 여러 연구는 이러한 자료에 기초하여 지니계수나 소득 5분위 배율 또는 팔마 비율 등을 계산하여 보고한다. 각국의 자료는 조사의 포괄범위와 지표의 차이 등으로 국제 비교가 쉽지 않지만 수많은 서베이 자료들을 취합하여 유엔 대학교 세계개발경제연구소(UNU-WIDER)의 세계 소득 불평등 데이터베이스(WIID: World Income Inequality Database)나 룩셈부르크 소득연구(LIS: Luxembourg Income Study) 자료를 기준으로 다른 자료들을 통합한 표준화된 세계 소득 불평등 데이터베이스(SWIID: Standardized World Income Inequality Database), 세계은행의 포브칼넷(PovCalnet) 데이터 등 각국의 지니계수를 보고하는 국제적 자료들이 발전되어왔다(Deininger and Squire, 1996; Solt, 2016). 또한 다른 연구자들은 유엔산업개발기구(UNIDO: United Nations Industrial Development Organization)의 임금 불평등 자료에 기초하여 추정된 가구소득 불평등 자료를 제시하기도 한다(Galbraith and Kum, 2005).

그러나 WIID와 같은 2차적 자료는 서로 다른 기준 등으로 인해 국제 비교와 국가 간 실증분석을 하기에 적절하지 않다는 비판도 제기되었다(Atkinson and Brandolini, 2001).[1] 또한 SWIID 자료도 방법론 등과 관련된 비판이 있다.[2] 특히 고소득층이 소득을 과소하게 응답하는 등 서베이의 한계가 있기 때문에 최근에는 각국의 소득세 자료에 기초하여 소득 불평등을 측정하는 노력이 나타나고 있다. 피케티가 주도하는 세계 불평등 데이터베이스(WID: World Inequality Database) 프로젝트는 선진국과 일부 개도국의 소득세 자료를 사용하여 상위 1%, 상위 10%, 하위 50%의 소득집중도 등을 계산하여 발표한다(Alvaredo et al., 2017). 그럼에도 소득 불평등의 지표로서 많은 국가와 시기를 포괄하는 지니계수가 가장 일반적으로 사용된다. 그림 12-1은 선진 각국과 주요 개도국의 지니계수의 변화를 보여준다.

부는 소득이 축적된 자산으로서 소득과 달리 부의 불평등도 중요한 의미가 있다. 특히 노동시장 밖에 있는 이들에게는 부의 불평등이 더욱 중요하며 자산의 상속을 통해 불평등이 세대를 넘어 이전된다는 점에서 이는 사회이동성과 밀접한 관련이 있을 것이다. 그러나 자산의 보유는 측정이 쉽지 않기 때문에 서베이 자료가 사용 가능한 국가들이 많지는 않다. 과거의 연구들은 특히 개도국의 경우 토지가 가장 중요한 자산이라는 현실을 배경으로 유엔식량농업기구(FAO: Food and Agriculture Organization of the United Nations)의 자료에 기초하여 부의 불평등 지표로서 토지 소유의 지니계수를 사용하기도 했다(Deininger and Squire, 1998; Frankema, 2009). 한편 최근에는 상속세 자료 등을 사용하여 상세하게 부의 집중도를 측정하여 가계조사 자료와 비교하는 등 대안적인 노력이 활발하다. 또한 소득세 자료를 사용하여 각 자산으로부터의 소득을 집계하고 이 자료와 각 자산의 수익률 자료를 결합하여 가구의 자산 보유액과 부의

---

1 앳킨슨과 브랜돌리니(Atikinson and Brandolini, 2001)는 데이닝어와 스콰이어(Deininger and Squire, 1998) 등의 연구들이 WIID 자료에서 지출의 지니계수에 특정한 수치를 더해 총소득의 지니계수와 함께 분석에 사용하지만 이러한 전환은 한계가 크다고 지적한다. 또한 그들은 네덜란드와 같은 국가의 공식 통계와 2차적 자료가 일관되지 않는다고 보고한다.
2 *Journal of Income Inequality*, 13권 4호 특집호에 수록된 논문 참조.

그림 12-1 • 각국의 지니계수의 변화

• 선진국

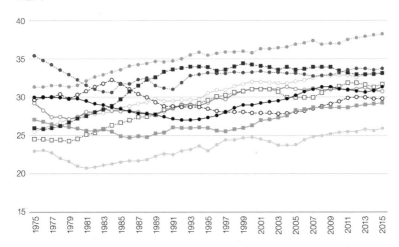

─○─ 호주	─○─ 캐나다	⋯○⋯ 프랑스	─■─ 독일	⋯•⋯ 이탈리아
⋯□⋯ 일본	─●─ 한국	── 스웨덴	─■─ 영국	⋯⋯ 미국

• 신흥개도국

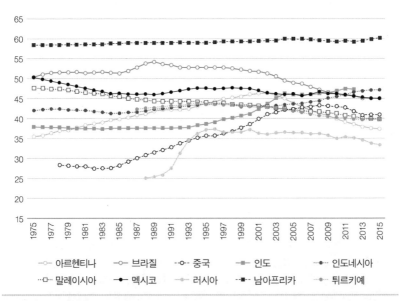

─○─ 아르헨티나	── 브라질	─○─ 중국	─■─ 인도	⋯•⋯ 인도네시아
⋯□⋯ 말레이시아	─●─ 멕시코	── 러시아	─■─ 남아프리카	⋯⋯ 튀르키예

자료: SWIID ver 8.1.

집중도를 추정하는 방법도 제시되었다(Saez and Zucman, 2016). 국제적으로 WID는 각국의 상위 1% 혹은 상위 0.1% 등의 부의 집중도를 보고하고, OECD 도 회원국의 부의 불평등 실태를 보고하는 OECD 자산분배 데이터베이스 (WDD: Wealth Distribution Database)를 발표한다. 한편 크레디트스위스 은행은 각국의 서베이 자료를 수집하여 상위계층의 부의 집중도를 비교하는 보고서를 발간하며, ≪포브스≫는 주로 금융자산에 기초하여 각국의 최상위 부자들의 자산 순위를 보고한다(Credit Suisse Research Institute, 2018).

한편 최근에는 부가 대물림되는 세습자본주의가 고착화되고 있다는 우려를 배경으로 기회의 불평등에 관해 뜨거운 관심이 나타나고 있다. 경제학에서 기회의 불평등은 자신의 노력이 아니라 부모 등의 환경적 요인으로 인해 출발선이 달라서 발생하는 불평등을 의미한다. 이는 보통 아버지의 소득 혹은 교육수준과 자녀가 어른이 되었을 때의 소득 혹은 교육수준 사이의 관계, 즉 세대 간 소득의 탄력성으로 측정된다(World Bank, 2018). 이 지표는 자녀가 부모의 지위와는 다른 상대적 지위로 이동할 수 있는 세대 간의 사회적 이동성을 의미한다. 이와는 달리 소득 불평등을 환경에 의한 불평등과 노력에 의한 불평등으로 분해하여 환경에 의한 부분을 기회의 불평등으로 측정하는 방법도 있다 (Ferreira and Gignoux, 2011).[3] 미국의 경우 체티 등은 방대한 미시 자료를 사용하여 기회의 불평등에 관한 분석을 발전시켜 지난 몇십 년 동안 소득 불평등이 심화되었지만 세대 간 이동성으로 측정되는 기회의 불평등은 심화되지는 않았다는 결론을 보고했다(Chetty et al., 2014a).[4] 또한 여러 연구들은 각국의 세대 간 소득탄력성을 비교하여 국제적으로 소득 불평등이 낮은 국가가 세대 간 소득탄력성도 낮다고 보고하는데, 이 관계는 '위대한 개츠비 곡선(Great Gatsby

---

3 페헤이라와 지그누(Ferreira and Gignoux, 2011)는 남미 국가들의 서베이 자료를 사용하여 부모의 소득이나 직업, 출생 지역 등으로 집단을 설정하고 순수하게 환경 요인들로만 설명되는 집단 간 불평등을 기회의 불평등으로 측정했다.

4 그러나 체티(Chetty et al., 2014b)는 미국에서 세대 간 이동성은 지역별로 크게 다른데, 거주민의 구분과 소득 불평등이 낮은 지역, 초등학교의 질과 사회적 자본 그리고 가족의 안정성이 높은 지역이 사회적 이동성이 높다고 보고한다.

그림 12-2 ● 위대한 개츠비 곡선

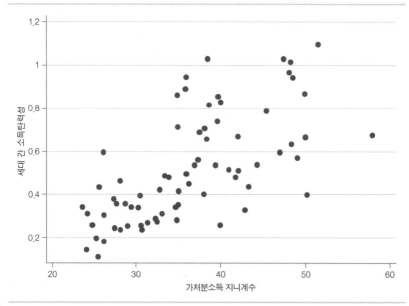

주: 세대 간 소득탄력성은 1960년 혹은 1970년 출생 코호트의 세대 간 소득탄력성으로 세대 간 이
동에 관한 글로벌 데이터베이스(GDIM: Global Database on Intergenerational Mobility) 자료
이고 SWIID 가처분소득 지니계수는 2000~2013년 평균치임.
자료: World Bank(2018).

curve)'으로 불린다(Corak, 2013).[5] 최근 세계은행은 가장 많은 국가를 포괄하여
소득수준과 교육수준의 부모와 자녀 사이의 세대 간 탄력성으로 측정된 기회
의 불평등 지표를 측정하여 보고한다(World Bank, 2018). 그림 12-2가 보여주듯
이 결과는 위대한 개츠비 곡선의 결론을 지지해 준다.

한편 세계은행(World Bank, 2005)은 기회의 불평등과 과정의 공정함을 포괄
하는 공평함(equity)이라는 개념을 제시하는데, 이는 소득과 같은 결과의 불평
등과는 다른 개념이다. 이들에 따르면 공평함이란 기회가 불평등하지 않고 건

---

5   미국을 대상으로 한 소득 불평등과 기회의 불평등 사이의 관계에 관한 상세한 논의는 뒤라
우프와 세샤드리(Durlauf and Seshadri, 2017) 참조.

강, 교육 등의 극심한 결핍으로부터 자유로운 상태를 의미한다. 이 연구는 개도국의 관점에서 볼 때 기회의 평등과 관련이 큰 공평함이 경제발전과 장기적 번영에 핵심적이라고 결론짓는다. 그러나 현실에서 소득 불평등이 기회의 불평등과 밀접하게 연관되어 있으며, 따라서 소득분배에 대한 분석이 여전히 중요하다는 점을 잊지 말아야 할 것이다. 이 보고서를 지휘했던 부르귀농(Bourguinon, 2015)도 기회의 불평등을 개선하기 위해서는 역시 소득의 평등이 중요하며 따라서 소득재분배가 핵심적이라고 지적한다.

가구나 개인들 사이의 소득이나 부의 분배가 아니라 자본과 노동 사이의 기능적 소득분배에 기초한 계급 간의 불평등도 활발한 연구의 대상이다. 국민소득은 크게 이윤이나 지대, 그리고 임금으로 분할되는데 이 둘 간의 분배는 자본과 노동 사이의 불평등을 보여준다. 기능적 소득분배는 흔히 임금소득이 전체 국민소득에서 차지하는 비중인 노동소득분배율로 측정된다. 보통은 고정자본의 감가상각을 포함하지 않은 요소비용국민소득을 분모로 사용하고 자영업 소득을 다른 부문의 자본·노동 소득과 똑같은 비율로 분할한 보정노동소득분배율을 사용하는데 그 정확한 측정을 둘러싸고 논란이 있다. 특히 최근 미국을 비롯한 여러 선진국에서 노동소득분배율이 뚜렷이 하락하여 그 원인을 둘러싸고 실증연구들이 발전되고 있다. 이러한 변화에 관해 자본재의 상대적 가격하락으로 이어진 기술 변화, 국제무역 등 세계화, 경제성장률보다 높은 자본수익률, 부동산 가격 상승, 독점의 강화, 노동자의 협상력 약화 등 다양한 원인들이 제시되었으며, 뜨거운 논쟁이 진행되고 있어서 주목할 만하다(이강국, 2019).[6]

앞서 살펴본 불평등 개념은 모두 일국 내의 분배 문제이지만, 전 세계 시민들 사이의 불평등 문제도 생각해 볼 수 있다. 세계 시민들 사이의 소위 글로벌 불평등(global inequality)은 국가 간 불평등과 일국 내의 불평등에 의해 결정된

---

6 노동소득분배율의 하락은 기본적으로 실질임금의 상승이 노동생산성 상승보다 낮기 때문에 나타난다. 임금과 노동생산성 간의 괴리와 노동소득분배율 하락을 둘러싼 최근의 논란에 관해서는 이강국(2019) 참조.

그림 12-3 • 전 세계 시민들 사이의 불평등

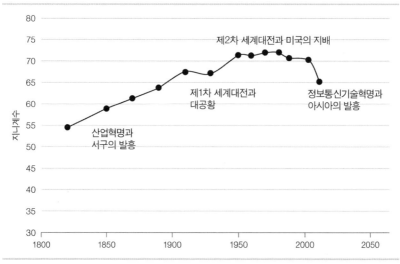

자료: Milanovic(2019).

다. 밀라노비치(Milanovic, 2016, 2019)의 연구들은 1990년대 전 세계 시민들의 소득 불평등은 1800년대 이후 계속 높아져 지니계수가 0.7에 이를 정도로 높지만, 2000년대 이후 감소하고 있다고 보고한다. 최근 많은 국가들에서 일국 내의 불평등은 심화되었지만, 1990년대 이후 세계화와 함께 인구가 많은 중국과 인도 등 개도국의 급속한 성장은 글로벌 불평등 감소의 중요한 요인이 되었다.[7] 그림 12-3은 전 세계 시민들 사이의 글로벌 불평등의 변화를 보여준다.

2) 불평등과 발전 그리고 빈곤

소득분배 혹은 소득의 불평등은 여러 측면에서 경제발전에서 중요한 의미

---

7   특히 밀라노비치(Milanovic, 2016)는 1988년에서 2008년까지 전 세계 시민의 계층별 소득 변화를 보여주는 소위 코끼리 곡선(Elephant Curve)을 보고한다. 그에 따르면 세계화와 함께 전 세계 시민들의 상위 50%나 60% 구간을 차지하는 중국의 중산층 소득이 크게 증가한 반면, 상위 80%와 90% 구간인 미국 등의 하층 노동자들의 소득은 가장 조금 증가했다.

를 가진다. 경제발전은 1인당 소득의 증가로 표현되는 경제성장만이 아니라 광범한 의미에서 생활의 개선을 가져다주는 경제와 사회의 질적 변화라 할 수 있다. 즉 발전은 불평등의 개선, 빈곤의 감축 그리고 사회구조와 사람들의 태도, 국가의 제도 등의 변화를 모두 포괄하는 다차원적인 과정이다(Todaro and Smith, 2015: 18). 평균 소득으로 측정되는 일국의 경제성장은 소득분배와 무관하기 때문에 국민 개개인의 소득 변화를 이해하기 위해서는 불평등과 소득분배의 변화도 고려해야 할 것이다. 나아가 경제발전의 궁극적 목표는 인간의 행복 혹은 삶의 만족도 증가일 것이므로, 경제학에서도 행복에 관한 연구들이 발전되고 있다. 논쟁이 존재하지만 '이스털린 역설(Easterlin's paradox)'로 표현되듯 단순히 1인당 소득의 증가가 행복도의 상승으로 이어지지 않음을 고려하면 발전의 개념은 소득분배를 포함한 여러 요인들을 포괄해야 할 것이다(Easterlin, 2017). 행복은 건강, 일자리, 사회적 교류 등 여러 요인들과 관련이 있는데, 최근 연구는 불평등 심화가 개인적, 사회적인 스트레스를 악화시켜 정신건강에 악영향을 미친다고 보고한다(Wilkinson and Pickett, 2018).

특히 빈곤층이 많은 개도국의 현실에서는 사람들의 삶과 행복에 영향을 미치는 다양한 요인들을 고려하여 발전의 의미에 관해 넓은 관점을 채택할 필요가 있다. 이와 관련하여 센(Sen)은 '자유로서의 발전'을 주장하고 역량 접근(capability approach)이라는 관점을 제시했다. 그는 진정한 의미의 발전은 소득으로 측정되는 경제성장이 아니라 건강, 교육, 정치 등 다양한 차원에서 국민들의 자유를 확대하고 스스로가 바라는 삶을 누리는 역량을 촉진하는 방향이 되어야 한다고 주장했다(Sen, 1999).[8] 그에 따르면 소득과 부는 다른 목표를 위한 수단이며, 인간의 행복과 자유를 위해 사람에게 진정으로 중요한 것은 '기능을 위한

---

8 센은 정치적 자유, 경제적 편리, 사회적 기회, 투명성 보장, 보호와 안전 등 5가지를 사람들의 역량을 확대하는 데 기여하는 도구적 관점의 자유로 지적한다. 그는 이러한 자유의 확대가 발전의 주요한 목표일 뿐 아니라 중요한 수단이라고 강조한다. 즉 자유의 확대는 결핍을 극복하고 역량을 확대하는 발전의 본질적(constitutive) 역할을 하며 동시에 경제적 진보를 촉진하는 도구적인(instrumental) 역할을 하는 것이다(Sen, 1999).

역량'이다. 개인의 기능이란 상품의 소유나 효용과는 다른 성취를 의미하며, 주관적 행복은 그러한 기능 혹은 존재라는 심리적 상태이다(Sen, 2009). 그에 따르면 사람들이 가치를 두는 기능은 건강, 영양, 자존감, 공동체에 대한 참여 등이며, 역량(capabilities)이란 개인이 가치 있는 행동을 결정할 수 있는 자유를 의미한다. 진정한 행복을 이해하기 위해서는 상품의 이용 가능성을 넘어 개인이 그것으로 무엇을 할 수 있는가 하는 기능을 고려해야 한다. 또한 소득과 실제적인 이득 사이에는 가정 내의 분배 등 여러 이유로 차이가 존재하므로 소득은 행복의 지표로서 충분하지 않다(Sen, 1999). 센의 논의는 진정한 발전에 건강과 교육, 사회적 포용이 중요함을 의미하며, 소득과 특히 기회의 평등을 강조한다. 사회정의(justice)라는 철학적인 관점에서도 불평등은 핵심적인 함의를 지닌다는 것을 잊지 말아야 한다. 기회의 평등 개념은 인간이 근본적으로 선호하는 것이며 롤스나 로머 등 여러 관점에서 보편적으로 정의와 밀접한 관련이 있다(World Bank, 2005).[9] 더 나은 사회의 구성 요소로서 사회정의의 실현이 중요함을 고려하면, 발전의 관점에서도 기회의 평등이 핵심적이라 할 수 있다.

따라서 경제성장만이 아니라 국민의 행복도와 삶의 질을 포괄하는 사회경제적 지표들을 개발하고 발전의 성과를 측정하기 위한 노력들이 전개되고 있다. 실제로 여러 연구들이 GDP의 한계를 지적하고 대안적인 발전의 지표를 개발해야 한다고 주장한다(Stiglitz, Sen and Fitoussi, 2009). UN은 건강과 교육, 소득을 포괄하는 인간개발지수(HDI: Human Development Index)와 각 요소들의 불평등을 계산하여 이를 조정한 불평등 조정 인간개발지수(Inequality adjusted HDI)를 발표하고 있다. OECD는 행복(well-being)의 측정을 위해 주택, 소득과 부, 일자리와 급여, 사회적 관계, 교육과 숙련, 환경의 질, 시민 참여, 건강, 주관적 행복, 개인 안전, 일과 삶의 균형 등 11가지 차원에서 행복을 측정하는 지

---

9   예를 들어, 롤스는 개인적 자유와 사회적 기본 재화(primary goods)에 대한 기회의 균등을 강조하고, 로머는 통제 불가능한 상황으로부터의 이득을 균등화하는 기회의 평등을 강조한다. 여러 실험경제학 연구들도 인간의 행동은 단지 이기적인 것이 아니라 공정함을 고려함을 보여준다.

표를 발표했다(OECD, 2017). 또한 최근 연구자들은 개인 소비지출과 소득 불평등과 같은 경제적 지표, 대기오염과 이산화탄소 배출량 등 환경적 지표, 범죄의 비용과 여가의 손실 등 사회적 지표 등을 수량화하여 진정한 진보 지수(GPI: Genuine Progress Index)를 개발하여 보고하고 있다(Kubiszewski et al., 2013). 이 지표에 따르면 1980년대 이후 선진국들에서는 GDP 증가에 비해 상대적으로 GPI의 증가가 둔화되었으며 한국도 2000년대 이후 이와 같은 현상이 나타난다(Feeny et al., 2012).

불평등은 개도국의 경제발전의 중요한 목표인 빈곤의 해소와도 밀접한 관계가 있다. 소득분배는 경제성장이 빈곤을 개선하는 과정에서도 핵심적인 역할을 하는 변수이기 때문이다. 달러와 크레이(Dollar and Kraay, 2002)는 하위 20% 저소득층의 소득성장률이 경제성장률과 거의 1:1의 관계를 보여 경제성장이 빈곤의 감소에 핵심적이라 주장했지만, 이후의 연구들은 경제성장과 함께 불평등도 빈곤과 중요한 연관이 있다고 강조한다(Fosu, 2017). 이러한 연구들은 2000년대 중반 세계은행에서 빈곤층을 위한 성장(pro-poor growth) 논의로 발전되었다(Ravallion and Chen, 2003). 세계은행(World Bank, 2005)은 소득분배 상황에 따라 역사적으로 동일한 경제성장이 빈곤을 개선하는 효과가 달라진다고 보고하고, 빈곤의 성장 탄력성의 차이로 인해 현재의 소득분배가 미래에 성장이 빈곤을 개선하는 효과에도 차이를 가져온다고 강조한다.

한편 세계금융위기 이후 선진국에서 불평등 문제가 심각해지자, IMF와 OECD 등 여러 국제기구들은 성장의 이득이 모든 구성원에 골고루 퍼지는 포용적 성장(inclusive growth) 논의를 발전시키고 있다(IMF, 2017). IMF는 거시경제적 안정과 함께 지속 가능한 성장을 유지하는 정책 틀이 포용적 성장에 핵심적이라 주장하며, 정부의 공공투자와 불평등 개선, 적극적 노동시장정책 등을 제언한다. OECD도 포용적 성장을 위해 후생의 다양한 측정, 소득분배, 그리고 성장과 포용을 위한 구조개혁 등을 강조하고 여러 정책을 논의하고 있다(OECD, 2014). 특히 유엔무역개발회의(UNCTAD: United Nations Conference on Trade and Development)는 진보적인 관점에 기초하여 대안적이고 포용적인 성장을 위해 정치와 경제 규칙의 변화를 강조하는 글로벌 뉴딜을 제시하고 있어서 주목할 만하다(UNCTAD, 2017). 글로벌 뉴딜의 주요 정책으로는 적극적인 재정 확장과 공공투자, 고소득층에 대한 과세, 독점과 지대의 규제, 사회복지와 최저임금 인상 등이다. 이러한 논의들은 국제사회에서 진정한 발전의 요소로서 불평등이 중요한 의제가 되었음을 시사한다.

3. 개도국의 경제성장과 소득분배

1) 경제성장과 불평등, 그리고 빈곤

소득분배와 경제성장 사이의 상호관계는 경제학의 오랜 연구 주제였다. 과거의 연구들은 주로 경제성장이 소득분배에 어떤 영향을 미치는지 분석했다. 쿠즈네츠는 이론적인 논의와 미국과 푸에르토리코 등 제한된 국가의 19세기 말에서 20세기 중반까지의 자료에 기초하여 소득수준과 소득분배가 역U 자의 관계를 보인다는 '쿠즈네츠 곡선(Kuznets curve)'을 제시했다(Kuznets, 1955). 그에 따르면 현대적 경제성장은 산업화라는 경제의 구조 변화를 수반하며 산업화 초기에는 전통적 농업 부문의 축소와 제조업 비중 확대 그리고 과거의 전통적 경제 질서의 파괴로 불평등이 심화된다. 그러나 산업화의 후기 국면에서는 노동자의 힘이 강해지고 대부분의 인구가 도시 지역과 제조업으로 유입되고 교육이 발전되며 사회복지와 재분배의 확대로 인해 불평등이 개선된다. 따라서 경제성장과 소득 불평등 사이에는 비선형적인 관계가 나타난다는 것이다.

그러나 쿠즈네츠 곡선의 실증적 근거를 둘러싸고 논란이 있다(Gallup, 2012). 과거 국가 간 횡단면 자료를 이용한 실증분석은 개도국과 선진국에 비해 중진국이 불평등이 심각하여 쿠즈네츠 곡선을 지지했지만, 경제성장과 불평등의 동학은 일국의 장기적 시계열 자료를 사용하여 분석되어야 할 것이다. 각국 내의 시간적 변화를 보여주는 국가 간 패널 자료와 고정효과 모형을 사용한 실증

연구는 쿠즈네츠의 역U 자 곡선 가설을 지지하는 증거가 미약하다고 보고했다 (Deininger and Squire, 1998; Gallup, 2012). 더 많은 국가를 포함한 분석 결과는 쿠즈네츠 곡선의 관계를 보여주기도 하지만 결과의 강건성에 유의해야 할 것이다(Barro, 2008; Lee and Trung, 2020). 한편 불평등의 지표로 지니계수 대신 상위 소득집중도를 사용한 연구나 지니계수와 비모수적 추정법을 사용한 실증연구 등은 경제성장과 소득집중도 사이에 U 자의 관계가 있음을 보고한다(Tuominen, 2016; Gallup, 2012). 하지만 소득 불평등을 종속변수로 하고 1인당 소득수준을 독립변수로 하는 회귀분석은 내생성 문제로 인한 한계가 있으므로, 최근에는 기술이나 세계화 혹은 정책 변수들을 포함한 모형을 흔히 사용한다.[10]

경제성장과 소득분배의 관계에 관해 밀라노비치는 최근에 '쿠즈네츠 파동 (Kuznets waves)' 혹은 '쿠즈네츠 순환(Kuzents cycles)'이라는 대안적 개념을 제시했다(Milanovic, 2016). 그는 쿠즈네츠의 주장이 선진국에서 1980년대 이후의 불평등 심화를 설명하지 못한다고 비판한다. 그에 따르면 성장과 분배의 장기적인 역사를 분석해 보면 산업화 초기에는 쿠즈네츠의 설명처럼 불평등이 상승했지만, 일정 시점 이후에는 교육받은 노동자의 공급과 재분배 요구 확대, 자본수익률 하락 등 좋은 요인들과 전쟁이나 내전 등의 나쁜 요인들로 인해 불평등이 하락했다. 그러나 쿠즈네츠가 보고한 불평등의 하락 이후 최근에는 경제성장과 함께 다시 불평등이 심화되었다. 그는 그 요인들로 생산의 자동화를 가속화한 정보통신기술의 발전과 세계화의 진전, 제조업에 비해 임금 불평등이 높은 서비스산업의 비중 확대, 노동조합과 노동자의 협상력 약화 등을 제시한다. 또한 미래에는 정치적 변화와 지대의 감소, 저숙련 편향적인 기술 변화 등이 불평등을 개선시킬 수도 있지만 전망은 불확실하다고 지적한다. 실제로 선진국들의 장기적 자료를 분석해 보면, 성장과 분배 사이에는 역U 자 모습이 나타난 이후 다시 불평등이 상승하여 일종의 파동이나 순환이 나타남을 알 수

---

10 브뤼크너와 다블라노리스, 그래드스타인(Brueckner, Dabla-Norris and Gradstein, 2015) 은 내생성을 극복하기 위해 2SLS 기법을 사용하고 국가 고정효과를 주면 쿠즈네츠 곡선이 나타나지 않고, 경제성장은 선형적으로 불평등을 감소시킨다고 보고한다.

있다. 한국도 산업화 초기인 1970년대에 소득분배가 악화되었다가 1980년대 이후 계속 개선되었지만 1997년 외환위기 이후 2000년대 들어서 다시 소득분배가 악화되어 쿠즈네츠 파동과 유사한 모습을 보여준다(Lee, 2017).

이러한 쿠즈네츠 파동 주장에 대해서는 왜 경제성장과 불평등이 파동을 보이는지, 즉 성장이 소득분배에 영향을 미치는 메커니즘에 관한 이론적인 기반이 취약하다는 비판도 제기되고 있다(Ravallion, 2018). 러밸리온은 소득 불평등의 변화는 평균으로의 수렴을 보일 것이며 초기 조건과 시장경쟁이 각국에 따라 이질적이기 때문에 역사적으로 경제성장과 함께 모든 국가에 유사한 소득분배의 변화가 나타나지는 않는다고 지적한다. 예를 들어 거의 모든 개도국이 경제성장으로 소득수준이 높아졌지만, 남미 국가들은 다른 지역들과 달리 1990년대 이후 소득분배가 개선되었다. 더 최근에는 단순히 경제성장이 아니라 산업구조와 수출의 다양성을 의미하는 경제적 복잡성이 불평등에 어떤 조건적인 영향을 미치는지에 관한 연구들도 발전되고 있다(Lee and Trung, 2020). 앞으로 소득분배에 영향을 미치는 산업구조와 정치적 변화, 제도의 변화 등이 경제성장 혹은 위기의 과정에서 각국에 얼마나 공통적으로 혹은 다르게 나타나는지에 대한 분석이 발전되어야 할 것이다.[11]

1980년대 이후에는 선진국에서 불평등이 심화되었고 개도국 내부에서도 불평등이 약간 높아졌는데, 최근의 실증연구들은 불평등을 직접적으로 심화시킨 요인들을 찾기 위해 노력하고 있다. 이러한 연구들은 주로 선진국을 대상으로 발전되었지만,[12] 개도국을 포함한 국제적 자료를 사용한 연구들도 활발히 발전

---

11 주류적인 설명은 경제성장에 따른 구조적 변화를 강조하지만 진보적인 학자들은 불평등이 악화된 원인으로 자본주의의 위기와 사회적 축적 구조의 제도적 변화에 주목한다(Kotz, 2015). 생산성 상승의 정체와 이윤 압박으로 인한 이윤율 하락으로 1970년대 선진국 자본주의는 구조적 위기를 맞았는데, 이에 대응하기 위해 자본은 노동을 억압하고 기술혁신과 세계화, 금융화를 촉진하여 불평등이 심화되었다는 것이다. 이러한 관점에서는 불평등을 심화시킨 경제의 구조 변화를 자본주의의 위기와 그에 대한 대응이라는 내생적인 변화로 이해할 수 있다.

12 예를 들어 미국 내의 불평등 심화에 관한 여러 연구들은 기술 변화가 세계화보다 더욱 중요한 요인이라고 보고해 왔다. 그러나 더 최근의 실증연구들은 미시적인 자료를 이용하여

되었다. 대부분의 실증분석은 주로 기술 변화, 금융 세계화, 정치와 제도의 변화 등을 불평등 심화의 주요한 원인으로 제시한다(Jaumotte, Lall and Papageorgiou, 2013; Milanovic, 2016).[13] 그러나 각 요인들이 서로 영향을 미치며 상호작용할 것이기 때문에 실증분석 결과의 해석에는 주의해야 할 것이다. 또한 무역자유화가 불평등과 빈곤에 미친 효과도 국가에 따라 다른 결과가 보고되므로 교육수준이나 시장구조 등 여러 조건들에 대한 연구들이 필요할 것이다(Harrison, ed., 2007; Lee, 2014). 이는 세계화나 기술 변화가 개도국의 불평등에 미치는 영향이 복잡하며, 따라서 빈곤에 미치는 효과도 단순하지 않음을 의미한다. 예를 들어 세계화가 불평등을 심화시킨다면 성장이 빈곤을 감소시키는 효과를 약화시킬 것이고, 나아가 불평등의 심화가 성장을 둔화시켜 미래의 빈곤 감소에도 악영향을 미칠 수 있다. 따라서 어떤 경제적 변화나 정책이 빈곤에 미치는 영향을 분석하기 위해서도 불평등의 변화에 대해 주목해야 할 것이다(Nissanke and Thorbecke, 2006).

2) 불평등과 경제성장

(1) 불평등이 경제성장에 미치는 영향

과거의 연구들은 불평등이 높은 경우 저축 성향이 높은 고소득층의 저축이 증가하여 그것이 투자를 촉진할 수 있기 때문에 성장을 촉진할 수 있다고 주장했다(Kaldor, 1955). 또한 사회주의의 실패에서 보이듯 불평등이 너무 낮으면

2000년대 이후 중국으로부터의 수입 충격(China shock) 등이 노동시장의 불평등에 미친 영향이 상당하다고 보고한다(Autor, Dorn and Hanson, 2016a). 이러한 연구들에 대한 비판적인 검토는 헬프먼(Helpman, 2018) 참조.

13 국가 간 패널자료를 사용한 자우모테와 랄, 파파조르주(Jaumotte, Lall and Papageorgiou, 2013)의 실증분석은 총고정자본스톡에서 정보기술이 차지하는 비중으로 측정되는 기술 변화와 외국인 직접투자가 불평등을 심화시킨 반면, 국제무역은 소득분배를 개선했다는 결과를 보고한다. 기술 변화와 세계화는 노동소득분배율의 하락에도 중요한데, 다오와 동료들(Dao et al., 2017)에 따르면 선진국에서는 기술 변화, 신흥 시장국에서는 글로벌 밸류체인 편입도로 측정되는 세계화가 노동소득분배율 하락에 중요한 영향을 미쳤다.

노동의 유인을 억제할 수 있기 때문에 성장에 도움이 되지 않는다고 강조했다. 이후 대표적 경제주체를 가정한 신고전파 주류경제학은 불평등이 경제에 미치는 영향을 간과했지만, 1990년대 이후의 새로운 거시경제학 연구들은 불평등이 경제성장에 미치는 악영향을 강조한다(Galor, 2009). 이들에 따르면 불평등은 인적 자본과 같은 생산 요소와 생산성에도 악영향을 미쳐 공급 측에서 결정되는 장기적인 경제성장에 악영향을 줄 수 있다.[14]

갈로르와 제이라(Galor and Zeira, 1993)가 이론모형을 제시한 후 많은 경제학 연구들은 금융시장이 불완전한 상태에서 불평등이 인적 자본의 투자에 미치는 악영향을 지적한다(Aghion, Carol and Garcia-Penalosa, 1999). 이질적인 경제주체를 가정하면 정보의 비대칭성으로 금융시장이 불완전하고, 인적 자본 취득에 고정비용이 드는 경우 부와 소득의 불평등이 이와 같은 경로를 통해 경제성장을 저해할 수 있다.[15] 그러나 평균 소득이 교육비보다 낮은 매우 가난한 국가에서는 반대로 불평등이 부유층의 인적 자본 투자를 자극하여 성장을 촉진할 수도 있다(Galor, 2012). 이러한 연구는 이후 불평등이 직업 선택에서 기업가 활동을 저해하거나 사회적 이동성 경로를 통해 성장에 악영향을 미치는 연구들로 확장되었다(Banerjee and Newman, 1993; Hassler and Mora, 2000). 자산이 부족한 저소득층은 자식이 똑똑해도 금융 제약에 직면하기 때문에, 불평등이 심화되면 교육 투자가 억압되고 경제 전체의 생산성이 하락할 수 있다. 금융시장의 실패를 배경으로 불평등이 투자 기회를 제한하는 효과는 기업의 물적 투자의 경우로도 확장될 수 있다(Aghion, Carol and Garcia-Penalosa, 1999).

이와 비슷한 관점에서 세계은행(World Bank, 2005)은 기회의 불평등에 주목

---

14 한편 볼스(Bowles, 2012)는 인간의 행동과 계약의 불완전성이라는 미시적인 관점의 연구들에 기초하여 불평등의 악영향을 비판하고 생산성을 촉진하는 자산재분배를 주장한다.

15 특히 경제발전의 역사적 과정에 따라 불평등이 성장에 미치는 영향은 더욱 중요해진다. 산업혁명 시기와 같이 발전의 초기에는 고전파의 주장처럼 물적 자본의 축적이 중요하여 불평등이 성장에 도움이 될 수 있지만, 이후에는 인적 자본의 한계수익률이 더욱 높아져 보편적인 인적 자본의 축적이 중요해지며 금융시장의 불완전성이 존재하는 현실에서 불평등이 성장에 악영향을 미친다(Galor and Moav, 2004).

하여, 개도국에서 금융시장과 토지시장 등의 실패로 가난한 이들이 차별을 받기 때문에 불평등이 투자를 저해한다고 보고한다. 또한 종교나 인종 등의 차별이 투자에 대한 보상을 낮추고 스테레오타입 효과로 인해 성과에도 악영향을 미쳐 인적 자본에 대한 과소 투자와 저성장으로 이어지는 문제가 심각하다.[16] 그 밖에도 선진국들의 비교·분석을 통해 윌킨슨과 피킷(Wilkinson and Pickett, 2009, 2018)은 불평등이 노동자의 건강과 능력에도 악영향을 미친다고 보고한다. 역학(epidemiology)의 연구들은 불평등이 심한 나라가 평균수명과 건강 수준이 낮고 알코올중독과 폭력, 정신병 등의 사회문제와 개인적 스트레스가 높다고 보고한다. 건강이 경제성장에 중요한 요인임을 고려하면 이 또한 불평등이 성장에 영향을 미치는 경로가 될 수 있다. 또한 불평등이 높은 국가가 교육의 성취도도 낮다는 결과는 불평등과 인적 자본의 질도 음의 관계를 맺고 있음을 함의한다.

다른 연구들은 소득 불평등이 정치에 영향을 미치는 정치경제적인 경로에 주목한다. 초기의 연구는 중위투표자이론에 기초하여 불평등의 심화가 사회복지의 확대와 증세를 요구하는 정치적 압력으로 이어진다고 주장했다(Alesina and Rodrik, 1994; Persson and Tabellini, 1994). 물적 자본과 인적 자본에 대한 세금이 너무 높으면 경제적 효율성을 왜곡하므로 특히 민주주의 국가에서 불평등은 성장에 악영향을 미칠 수 있다. 다른 갈래의 연구들은 불평등이 사회적 갈등의 악화와 정치적 불안으로 이어질 수 있음을 강조한다(Alesina and Perotti, 1996; Perotti, 1996). 정치적 불안은 반란과 같은 반정부 사건 또는 정부 붕괴의 빈도 등으로 측정되는데 여러 연구들은 토지 소유와 소득의 불평등이 상대적 박탈감이나 불만의 조직을 통해 정치적 폭력과 불안정으로 이어질 수 있다고

---

16 예를 들어 현실에서 파산 확률이 별로 차이가 없음에도 개도국의 농촌에서 빈곤층은 부유층에 비해 자금을 차입할 때 훨씬 더 높은 금리를 지불해야 한다. 또한 학생의 카스트를 알려주고 나면 낮은 카스트 학생들이 그렇지 않은 경우보다 시험 성적이 더 낮게 나왔다. 그리고 개도국에서는 금융시장의 실패로 소규모 기업이나 농민이 생산성이 높은데도 과소투자하는 자원의 오배분이 발생하는데, 부의 재분배는 이러한 문제를 해결하여 성장을 촉진할 수 있다(World Bank, 2005).

보고한다(Thorbecke and Charumilind, 2002). 실제로 불평등이 심각한 남미 국가들은 정치가 불안정하고 성장률이 낮았던 반면, 평등한 동아시아 국가들은 정치가 안정적이고 성장률도 높았다는 역사적 사실은 이러한 관점을 지지한다. 불평등의 심화로 정치가 불안정하다면 미래의 전망에 기초한 투자가 저해될 것이고 따라서 경제성장도 둔화될 수 있다. 또한 로드릭(Rodrik, 1999)이 주장하듯 소득 불평등으로 인한 사회적 갈등은 특히 대외적 충격이 경제에 심각한 영향을 주어 성장에 악영향을 미칠 수 있다.

이와 관련하여 제도를 강조하는 연구들은 불평등이 성장에 도움이 되는 제도의 발전을 가로막는다고 주장한다. 실제로 재산권 보호와 관련된 제도 지표와 소득 불평등 사이에는 매우 밀접한 관계가 있는데, 실증분석 결과는 경제성장이 제도의 발전에 미치는 효과를 통제한 후에도 소득 불평등이 제도에 중요한 영향을 미침을 보여준다(이강국, 2019). 제도주의자들은 착취적이지 않고 포용적인 경제제도와 정치제도가 경제성장에 핵심적이라고 강조한다. 이들에 따르면 포용적인 제도는 경제주체의 노동과 투자, 혁신에 대한 유인을 강화하여 성장을 촉진할 수 있다(Acemoglu and Robinson, 2012). 갈로르와 모아브, 볼라스(Galor, Moav and Vollrath, 2009)는 이론적으로 그리고 실증적으로 토지 소유의 불평등이 심한 경우 부유한 지주들이 인적 자본의 축적을 촉진하는 제도와 정책을 가로막아 경제성장에 악영향을 미친다고 보고한다. 경제적 불평등은 권력의 집중과 지대추구로 이어져 모두의 재산권을 보호하는 제도의 발전에 걸림돌이 되어 시장의 작동과 번영을 가로막는다(World Bank, 2005). 또한 불평등은 사회적 평가 위협을 강화시켜 사람들 사이의 상호 교류와 단체 행동을 방해하여 사회적 신뢰에도 악영향을 미친다고 보고된다(Wilkinson and Pickett, 2018). 제도와 신뢰 수준이 낮으면 협조적인 행동과 생산성에 악영향을 미쳐 성장을 저해할 수 있다.

(2) 실증연구의 발전과 논쟁
불평등이 경제성장에 미치는 영향에 관한 이론적 논의들과 함께 다양한 실증연구들과 논쟁이 발전되었다. 여러 연구들은 소득 불평등을 독립변수로 사용하고 국가 간 횡단면분석 또는 패널분석을 사용한 성장률의 회귀분석 결과를 보고한다. 횡단면분석에 기초한 연구결과들에 따르면 불평등이 성장에 악영향을 미침을 알 수 있다. 초기의 연구인 페르손과 타벨리니(Persson and Tabellini, 1994)는 불평등이 특히 민주주의 국가에서 재분배를 위한 정치적 압력을 통해 성장을 저해한다고 보고했고, 알레시나와 로드릭(Alesina and Rodrik, 1994)도 유사한 관점에서 소득과 토지 소유의 지니계수로 측정된 불평등이 성장에 악영향을 미친다고 보고했다. 그러나 페로티(Perotti, 1996)에 따르면 불평등은 민주주의 국가에서 재분배의 요구가 아니라 사회정치적 불안정을 심화시키고 교육 등에 악영향을 미쳐 성장을 저해했고, 알레시나와 페로티(Alesina and Perotti, 1996)도 불평등이 사회정치적 불안을 통해 투자에 악영향을 미친다는 결과를 제시했다. 데이닝어와 스콰이어(Deininger and Squire, 1998)는 더 발전된 WIID 자료를 사용하여 소득 불평등, 특히 부의 불평등이 장기적인 경제성장에 악영향을 미치며 불평등이 인적 자본 축적에 미치는 악영향이 성장을 억제하는 주요한 경로라고 지적했다. 한편 배로(Barro, 2000, 2008)의 연구들은 10년 평균 패널자료와 시차 변수를 도구 변수로 사용하여 불평등이 경제성장에 미치는 효과가 비선형적이라는, 즉 불평등은 소득수준이 낮은 개도국에서는 성장을 저해하지만 선진국에서는 그렇지 않다는 결과를 보였다. 또한 놀스(Knowles, 2005)는 일관되게 측정된 자료를 사용하면 소득 불평등이 성장에 미치는 효과가 불분명하지만 소비지출의 불평등은 개도국에서 성장에 악영항을 미친다는 결과를 얻었다.

그러나 각국의 이질성을 가정하여 고정 효과를 포함한 패널분석을 수행한 연구들은 횡단면분석과 반대로 불평등이 성장을 촉진하는 결과를 보고했다. 리홍이와 쩌우헝푸(Li and Zou, 1998)는 고정 효과 모형을 사용하여 지니계수로 측정된 소득 불평등이 성장을 촉진한다는 결과를 얻었다. 많은 주목을 받은 포브스(Forbes, 2000)는 고정 효과 모형과 1계차분 GMM 기법을 사용하여 지니계수가 경제성장과 양의 관계가 있음을 보고했다.[17] 결국 장기적으로 국가들을 비교하면 불평등이 경제성장에 미치는 악영향이 뚜렷하지만 일국 내의 시간적 효과는 그와 반대라는 것이다.[18] 홀터와 외슬린, 츠바이뮐러(Halter, Oechslin and Zweimüller, 2014)도 시스템 GMM 기법을 사용하여 현재의 지니계수는 다음 5년의 성장에 양의 영향을 미치지만, 그 시차 변수는 음의 영향을 미친다고 보고한다. 그러나 지니계수의 양의 효과에 비해 시차 변수의 음의 효과는 효과가 통계적으로 더 뚜렷했고 10년 평균 자료를 사용하면 지니계수가 성장에 악영향을 미쳤다.

하지만 IMF 연구자들의 최근 연구는 패널분석 기법을 사용해도 불평등이 성장에 악영향을 미친다고 강조한다. 오스트리와 버그, 생가리디스(Ostry, Berg and Tsangarides, 2014)는 시스템 GMM 기법을 사용하여 가처분소득의 지니계수가 경제성장에 악영향을 미치고, 소득재분배는 가처분소득의 불평등을 감소시키는 간접적인 영향을 통해 성장을 촉진한다는 결과를 얻었다. 다블라노리스와 동료들(Dabla-Norris et al., 2015)도 소득 불평등이 경제성장에 악영향을 미치고 하위계층의 소득 비중 증가가 경제성장을 촉진한다고 보고했다. 이러한 연구들에 대해서는 GMM 기법이 사용하는 내부적 도구 변수의 문제점에 대한 비판도 제기되었다(Kraay, 2015). 버그와 동료들(Berg et al., 2018)은 오스트리와 버그, 생가리디스(Ostry, Berg and Tsangarides, 2014)를 발전시키고 도구 변수를 포함한 여러 강건성 검증들을 포함한 실증분석 결과를 제시한다. 이 연구는 130개국을 대상으로 SWIID와 1960년 이후의 패널 자료를 사용하여 가처분소득의 지니계수가 경제성장에 악영향을 미친다고 보고한다. 그에 따르면 불평등이 성장에 미치는 경로로서는 불평등은 교육에 악영향을 미치고 출산율을 높이며 정치제도에도 악영향을 미쳤다.

한편 최근의 다른 연구들은 새로운 기법과 모형을 사용하여 소득 불평등과

---

17 이 연구는 5년 평균의 패널데이터를 사용했지만 평균의 기간을 10년으로 늘리면 그 효과는 사라졌고 횡단면분석의 결과는 과거 연구들과 같은 반대의 결과가 나타난다고 보고한다. 즉 불평등이 성장에 미치는 효과가 장기적 자료를 쓸수록 음이 된다는 것이다.

18 이러한 결과에 대해 바네르지와 뒤플로(Banerjee and Duflo, 2003)는 이론적으로 소득분배의 개선과 악화 모두가 성장률을 낮추고 불평등과 성장률 사이에는 역U 자 관계가 있을 것이라 주장하고 실증적인 근거를 제시한다.

경제성장 사이의 복잡하고 비선형적인 관계를 보고한다. 브뤼크너와 레더먼 (Brueckner and Lederman, 2018)은 소득 불평등의 내생성을 극복하기 위해 무역 가중치를 준 세계의 소득과 국제유가변동을 지니계수의 도구 변수로 사용하여 소득 불평등이 성장에 악영향을 미치지만, 그 효과는 경제성장의 수준에 따라 다르다고 보고한다. 즉 소득 불평등은 소득이 높은 국가에서는 교육수준에 음의 영향을 미쳐 성장을 저해했지만 저소득 국가에서는 반대의 효과를 미쳤다. 또한 그리골리와 로블레스(Grigoli and Robles, 2017)는 새로운 패널분석 방법론을 사용하여 지니계수가 0.27보다 높은 불평등이 심각한 국가에서는 불평등이 성장에 악영향을 미친다는 사실을 발견했다.

이렇게 불평등의 성장 효과를 분석하는 국가 간 실증연구들이 발전되어 왔지만, 인과관계에 관한 논란이 여전히 존재하므로 적절한 도구 변수의 개발을 포함하여 연구의 발전이 필요할 것이다(Brueckner and Lederman, 2018).[19] 예를 들어 숄과 클라센(Scholl and Klasen, 2019)은 내생성 문제를 극복하기 위해 사탕수수-밀 경작 비율과 석유 가격을 소득 불평등의 도구 변수로 사용하여 포브스 (Forbes, 2000)의 결과가 이행기 국가들 때문이며 인과관계도 미약하다고 비판한다. 또한 불평등의 성장 효과가 단기적 또는 장기적으로, 그리고 경제의 발전수준과 시기에 따라 어떻게 다른지에 관해서도 분석이 요구되고 있다(Halter, Oechslin and Zweimüller, 2014). 인적 자본에 영향을 미치는 불평등은 사실 부의 불평등임을 고려할 때 자산의 불평등과 성장에 관한 실증분석이 필요하며[20]

---

19 룬드버그와 스콰이어(Lundberg and Squire, 2003)는 성장과 소득분배가 동시에 서로 영향을 미친다는 가정에 기초하여 구조적 모형과 3SLS를 사용하여 불평등이 성장을 촉진한다는 결과를 얻었지만 통계적 유의성은 그리 높지 않았다. 이 모형의 편의를 극복한 반축약형(quasi-reduced) 모형의 결과는 여러 변수들이 성장과 분배에 동시에 영향을 미치며 토지 소유의 불평등은 성장률에 악영향을 미침을 보여준다.

20 이슬람과 맥길리브레이(Islam and McGillivray, 2020)는 크레디트 스위스의 자료를 사용하여 부의 집중도가 경제성장에 악영향을 미치지만 거버넌스가 좋은 국가에서는 악영향이 줄어든다고 보고한다. 또한 바그치와 슈베이나르(Bagchi and Svejnar, 2015)는 포브스지의 자료를 사용하여 부의 불평등이 성장률을 낮추는데, 특히 정치적으로 결탁된 부의 불평등이 성장에 악영향을 미친다고 보고한다.

기회나 교육과 같은 다양한 불평등의 성장 효과에 관한 연구들도 발전될 필요가 있다. 마레로와 로드리게스(Marrero and Rodriguez, 2013)는 미국의 지역별 자료를 사용하여 기회의 불평등이 성장에 뚜렷한 악영향을 미친다고 보고하지만 비슷한 방법론으로 국가 간 실증분석을 수행한 연구는 그런 증거를 발견하지 못했다(Ferreira et al., 2018). 한편 아이야르와 에베케(Aiyar and Ebeke, 2019)는 소득이나 교육 등 기회의 불평등이 심각할수록 소득 불평등이 성장에 더 나쁜 영향을 미친다는 것을 발견했다. 마지막으로 지역이나 기업 등의 자료를 사용한 실증분석과 함께[21] 실증연구를 보완하는 다양한 역사적 사례 연구도 함께 나타나야 할 것이다.

(3) 수요 측 성장 이론과 불평등

앞서 살펴본 연구들은 공급 측 성장론에 기초하여 불평등이 경제성장의 요인들에 미치는 영향을 논의하지만 불평등은 수요 측을 통해 성장에 영향을 미칠 수도 있다. 주류경제학에서도 이미 머피와 슐라이퍼, 비시니(Murphy, Shleifer and Vishny, 1989)는 평등한 분배가 시장규모를 확대해 수익 체증의 성격을 지닌 산업화를 촉진한다는 빅푸시(big push) 이론을 지지하는 모형을 제시했다. 또한 포엘미와 츠바이뮐러(Foellmi and Zweimüller, 2006)는 연구개발을 강조하는 내생성 성장 이론에 기초하여 불평등이 가격효과를 통해서는 혁신을 촉진할 수 있지만 시장수요에 미치는 효과를 통해서는 그 반대라는 이론을 제시했다. 그러나 불평등이 수요 측 경로를 통해 성장에 미치는 효과에 대한 관심은 여전히 제한적이다.

반면 포스트케인스주의 거시경제학은 케인스의 사상을 이어받아 유효수요

---

21 바네르지와 먼시, 레이(Banerjee, Munshi and Ray, 2001)는 인도의 사탕수수 협동조합의 사례를 통해 자산 불평등이 지대추구로 이어져 효율성을 저하시킨다고 보고한다. 한편 노동자의 주식 보유나 경영 참여가 임금 불평등을 줄이고 기업의 성과도 개선한다는 연구가 제시되지만(Kruse, Freeman and Blasi, 2010), 임금 불평등이 기업의 성과나 스포츠 팀의 성과에 미치는 영향에 관한 실증연구들은 서로 다른 결론을 보고한다.

가 장기적 경제성장에도 영향을 미친다고 주장한다. 이들은 소득분배, 특히 자본과 노동 사이의 기능적 소득분배가 총수요와 성장에 미치는 영향을 분석한다. 케인스의 유효수요이론에 계급 사이의 분배 문제를 결합시킨 이들의 연구에 따르면 노동소득분배율의 상승은 한편으로 소비를 증가시키지만 다른 한편으로는 이윤몫을 낮추어 투자를 감소시킬 수도 있다. 이들의 포스트칼레츠키주의 성장이론은 노동소득분배율이 총수요를 높이면 임금 주도 체제(wage-led regime), 그 반대이면 이윤 주도 체제(profit-led regime)라고 이름을 붙인다.[22] 이 연구자들의 실증연구는 주로 일국의 현실을 다루는데, 노동소득분배율이 총수요의 각 구성 요소에 어떤 영향을 미치는지 분석하는 단일방정식 모형을 사용한 많은 연구들은 대부분의 선진국들이 임금 주도 체제이며 수출 의존도가 높은 일부 개도국은 이윤 주도 체제라고 보고한다(Onaran and Galanis, 2014). 반면 내생성을 고려하여 SVAR 등의 분석 기법을 사용하는 연립방정식 모형은 선진국들의 경제가 주로 이윤 주도적이라는 결과를 보고한다(Barbosa-Filho and Taylor, 2006). 그 밖에도 패널자료를 사용한 분석이나 다른 분석 기법을 사용한 연구들도 활발하게 발전되고 있다(Stockhammer and Wildauer, 2016). 하지만 노동소득분배율의 내생성이 존재하고 인과관계의 확립이 어려우며 기법에 따라 다른 결과가 나오는 것은 한계로 지적되어야 할 것이다.

그럼에도 이들은 주류경제학의 성장론에서 간과되어 온 수요 측의 중요성을 강조하며 총수요와 총공급 측의 통합적인 이해를 발전시키는 데 기여하고 있다고 할 수 있다. 한편 세계금융위기 이후 경제 회복이 부진하고 생산성 상승이 둔화된 현실을 배경으로 주류경제학에서도 수요 측 요인이 내생적 기술도입을 포함한 이력 효과들을 통해 공급 측의 잠재 산출과 생산성에도 영향을 미친다는 논의들이 전개되고 있다(Anzoategui et al., 2019; Yellen, 2016). 이론적으로도

---

22 한국의 소득 주도 성장이 이들의 임금 주도 성장론에 기초한다고 할 수 있다. 최근에는 기능적 소득분배가 생산성에 미치는 영향, 금융화와 같은 부채의 분석, 정부의 재정지출과 세금을 포함한 모형, 소득 불평등의 효과 등으로 확장되고 있다. 포스트케인스주의 성장론의 이론모형, 실증분석, 한국의 소득 주도 성장에 관한 논쟁은 이강국(2017) 참조.

베니그노와 포나로(Benigno and Fornaro, 2018)는 총수요 부족으로 인한 실업과 내생적 성장모형을 결합하여 불황의 덫이 나타나는 모형을 제시한다. 또한 도시와 파지올로, 로벤티니(Dosi, Fagiolo and Roventini, 2010)는 행위자기반모형(agent-based model)을 사용하여 케인스의 수요 측 이론과 기술혁신에 관한 슘페터의 통찰을 통합하여 K+S 모형을 제시한다. 이러한 모형들은 불평등이 총수요 경로를 통해 성장에 영향을 미칠 수 있는 이론적 가능성을 제시한다고 할 수 있다. 이미 포스트케인스주의 연구들은 노동소득분배율 상승이 총수요를 촉진하여 '규모의 경제(economies of scale)'나 '실행을 통한 학습(learning by doing)'을 통한 칼도-버둔(Kaldor-Verdoorn) 효과를 통해 생산성을 높인다고 보고한 바 있다(Naastepad, 2006). 또한 키퍼와 동료들(Kiefer et al., 2019)에 따르면 기능적 소득분배와 가동률의 상호작용을 고려할 때 미국 경제의 잠재성장률이 노동소득분배율과 장기적으로 밀접한 관계를 맺고 있다. 물론 동아시아와 같이 산업화 과정에서 수출의 중요성이 큰 개도국의 경제발전 과정에서는 기능적 소득분배가 투자에 미치는 영향이 클 것이므로 이와는 다른 결과가 나타날 수도 있을 것이다(Akyuz and Gore, 1996).[23] 앞으로 이러한 이론 틀에서 기능적 소득분배만이 아니라 가구소득의 불평등이 수요와 생산성을 통해 경제성장에 미치는 가능성에 관해 연구들이 더욱 발전되어야 할 것이다(Cavalho and Rezai, 2016).

---

23 실제로 동아시아 국가들은 발전 과정에서 정부의 정책을 배경으로 다른 개도국에 비해 임금몫이 낮고 이윤율이 높았고, 높은 기업 저축이 투자와 자본 축적, 경제성장을 촉진했다고 보고된다(Akyuz and Gore, 1996). 수출 주도적인 동아시아 개도국들에게는 국내시장보다 국제시장이 제조업 제품 수요의 중요한 원천이었고 수출 증가가 투자와 생산성 상승을 촉진했다. 다만 한국과 같은 동아시아 국가는 기능적 소득분배 면에서는 임금몫이 낮았던 반면, 토지개혁과 제조업 고용의 빠른 확대로 부와 소득은 상대적으로 평등했다(You, 1998). 이는 앞서 지적한 경로들을 통해 성장을 촉진했을 것이다.

4. 경제성장의 근본 원인과 불평등

1) 제도와 불평등 그리고 민주주의

불평등과 소득분배의 문제는 최근 경제학에서 발전되어 온 경제성장의 근본적 원인에 관한 연구와 관련해서도 중요한 시사점을 지닌다. 이 연구들은 개방이나 정책들을 넘어 자본의 축적과 생산성 상승을 촉진하는 근본 요인들을 탐구한다(이강국, 2013).[24] 여러 요인들 중 가장 주목을 받고 있는 것은 역시 재산권의 보호를 의미하는 게임의 규칙으로, 법제도나 부패, 관료의 능력 등으로 측정되는 제도(institutions)라 할 수 있다. 서베이 자료에 기초한 제도 지표 자체가 성장에 영향을 받는다는 내생성을 고려하여 여러 연구들은 도구 변수를 사용하여 제도가 성장에 미치는 효과를 보고한다. 예를 들어 아제모을루와 존슨, 로빈슨(Aceomoglu, Johnson and Robinson, 2001)은 식민지에서 유럽인 정착인들의 사망률을 제도의 도구 변수로 사용하는데, 초기 조건에 따라 유럽인들이 정착에 성공한 식민지는 제도가 발전되어 이후 경제성장에 성공했다고 주장한다.[25] 그러나 다른 학자들은 성장의 근본 요인으로서 외생적인 여러 지리적 요인들을 더 강조한다(Sachs, 2003). 제도와 지리 요인 모두와 관련하여 불평등의 역할이 매우 중요함을 잊지 말아야 한다. 먼저 지리가 성장에 미치는 영향도 제도 경로를 통해 나타나는데(Rodrik, Subramanian and Trebbi, 2004), 불평등은 작물 환경 등의 상이한 지리적 초기 조건이 제도의 차이로 이어지는 중요한 메커

---

24 경제성장의 근본적 요인에 관한 논쟁은 제도, 지리, 유전자 등의 요인을 둘러싸고 발전되었는데 전반적으로 제도적 요인이 주류적으로 수용된다고 할 수 있다. 그러나 단일한 하나의 근본적인 요인이 역사적으로 복잡한 경제성장의 동학을 모두 설명하는 데는 한계가 있다. 각 이론의 한계와 논점에 관해서는 이강국(2013) 참조.

25 물론 제도를 협소한 사적 재산권의 보호의 관점에서만 이해하는 것은 한계가 있다. 심각하게 불평등한 재산권의 현상 유지가 아니라 더욱 평등하고 일반적인 재산권의 확립이 성장에 핵심적이며 때로는 사적이지 않은 다양한 형태의 재산권 확립이 성장에 도움이 되기 때문이다.

니즘이라고 할 수 있다. 경제적 불평등은 정치권력의 불평등으로 이어져 경제 발전을 촉진하는 포용적 제도의 수립을 가로막고 돈과 권력이 집중된 특권층의 지대추구를 강화하는 착취적 제도를 낳는다(Savoia, Easaw and Mckay, 2009).

엥거만과 소콜로프(Engerman and Sokoloff, 2002)의 불평등이 제도에 미치는 효과에 관한 역사적 연구는 사탕수수 재배에 적합한 남미의 환경이 대농장제로 이어져 불평등이 심화되었고 착취적 제도와 경제성장의 저해를 낳았다고 주장한다. 반면 밀농사에 적합한 북미에서는 소농 제도가 확립되었고 민주주의와 대중 교육이 발전되어 성장이 촉진되었다. 또한 상이한 질병 조건으로 인한 유럽인 정착의 차이가 식민지의 토지 소유의 불평등을 낳고, 이후 정치적 권력의 불평등과 제도 발전의 차이로 이어졌다고 할 수 있다(Frankema, 2009). 실제로 아메리카 대륙의 사례는 경제적 불평등이 높으면 선거권으로 측정된 정치적 불평등도 심화됨을 보여준다(Engerman and Sokoloff, 2005). 역사적 과정에서 나타난 정치적 변화도 불평등과 제도의 차이에 중요한 역할을 한다. 예를 들어 토지 소유의 불평등이 심각했던 남미의 경우 대지주의 이해가 강했고, 불평등이 관료와 군부, 대기업의 이해 결탁으로 부패로 이어졌다. 그러나 한국과 같은 동아시아는 대외적 위협과 내부적 요구에 기초한 토지개혁의 성공으로 상대적으로 자율적이고 능력 있는 발전국가의 확립이 가능했다(World Bank, 1993). 바네르지와 아이어(Banerjee and Iyer, 2005)는 인도에서 영국 식민지 시절의 지주가 지대를 수취하도록 했던 지역이 불평등이 더욱 심했고 농민들의 재산권이 불안정하여 해방 이후에도 농업 투자와 생산성이 더욱 낮았다고 보고한다. 하지만 델(Dell, 2010)은 페루에서 강제노동 제도인 미타(mita)가 존재했던 지역에 대지주가 적었고 토지 소유가 더 평등했지만 장기적인 경제 성과는 더 나빴다고 보고한다.[26] 불평등과 제도 발전의 관계에 관해서는 더욱 많은 역사적인 사례연구들이 필요할 것이다(Nunn, 2014).

---

26 이는 미타가 없는 지역의 대지주가 토지에 더 투자를 하고 도로와 같은 공공재를 더 많이 제공하도록 로비를 했기 때문이다. 그러나 미타 제도하에서 토지 소유의 불평등은 낮았다 해도, 정치적인 억압과 불평등은 더욱 심했음을 고려해야 한다.

이론적으로도 평등한 소득분배가 제도의 발전에 중요하다는 연구들이 제시되었다. 소닌(Sonin, 2003)은 불평등이 심각하고 부자의 정치적 영향력이 강한 경우 이들은 재산권을 보호하는 제도를 반대하고, 지대추구와 착취적 재분배를 심화시킨다고 보고한다. 이와 비슷하게 그래드스타인(Gradstein, 2007)은 소득분배가 평등하고 부자의 정치적 영향력이 작은 경우에만 민주주의를 통해 제도의 발전이 가능하다는 모형을 제시한다. 또한 불평등은 사회적 응집을 약화시키고 분배를 둘러싼 사회적 갈등과 불안정을 심화시켜 제도의 발전에 악영향을 미친다(Thorbecke and Charumilind, 2002). 여러 실증연구의 결과도 이를 지지한다. 중산층의 소득 비중이 높으면 정부의 역할에 관해 합의가 높고 정치적 불안이 낮아서 제도의 발전과 경제성장도 촉진된다(Keefer and Knack, 2002). 이스털리(Easterly, 2001)는 1차 산품과 석유 생산 비중을 도구 변수로 하여 중산층 소득 비중을 추정하고, 그것이 정치적 불안정과 교육에 악영향을 미쳐 성장을 저해한다고 보고한다. 그의 다른 연구는 밀과 사탕수수의 상대적인 작물 환경을 나타내는 변수가 소득분배에 유의하다고 보고하고, 이 변수를 사용하여 불평등이 제도와 교육에 악영향을 미침을 보인다(Easterly, 2007). 결국 지리적인 작물 환경이 제도와 성장에 악영향을 미치는 것은 불평등 경로를 통해서라는 것이다. 불평등은 또한 부정부패를 심화시켜 제도 발전에 악영향을 미칠 수 있다(You and Khagram, 2005). 물론 권력관계를 반영하는 제도의 특징도 불평등에 영향을 미치므로 불평등과 제도는 서로 영향을 미칠 것이다. 총과 그래드스타인(Chong and Gradstein, 2007)의 실증분석은 평등한 소득분배와 제도의 질 사이에 상호적 인과관계를 발견했는데, 불평등에서 제도로의 인과성이 반대 경우보다 더 컸다.

불평등이 제도에 미치는 영향에서 민주주의의 역할도 중요한 연구 대상이다. 민주주의는 정치적 권력에 대한 접근을 확대해 지대추구를 억제하고 제도의 발전에 도움이 된다(Savoia, Easaw and Mckay, 2009). 하지만 여러 연구는 불평등이 민주화에 미치는 영향이 단순하지 않다고 보고한다. 어느 정도 불평등이 심해야 체제에 대한 위협을 배경으로 민주화가 이루어지지만, 불평등이 너무 심각하면 재분배 요구에 대한 기득권층의 저항이 심해서 민주화가 어렵기 때문이다(Ille, Risso and Carrera, 2017; Acemoglu and Robinson, 2006). 최근에는 제도와 관련하여 민주주의와 불평등을 동시에 고려하는 분석들이 발전되고 있다. 세르벨라티와 포르투나토, 순데(Cervellati, Fortunato and Sunde, 2008)에 따르면 소득분배가 평등하면 민주주의와 사회적 계약으로 갈등을 최소화하는 효율적인 제도가 균형이 되지만 불평등이 심각하면 민주주의보다 과두제가 갈등을 최소화할 수 있어서 제도 발전에 도움이 될 수 있다. 그렇다면 불평등이 제도와 경제에 미치는 영향도 정치체제에 따라 달라질 것이다. 한 실증연구는 불평등이 성장을 촉진하는 법제도의 발전에 악영향을 미치지만, 민주주의와 불평등의 교차항은 유의하게 제도에 악영향을 미친다고 보고한다. 민주주의가 발전된 곳에서는 불평등이 심각할수록 제도 발전이 저해된다는 것이다(Sunde, Cervellati and Fortunato, 2008; Kotscy and Sunde, 2017). 불평등과 제도 사이의 관계에 영향을 미치는 정치체제의 복잡한 역할에 관한 연구가 더욱 발전되어야 할 것이다.

한편 제도를 조정의 실패를 극복하는 국가의 역할 또는 단체행동을 촉진하는 기제로서 광범위하게 파악할 필요도 있는데 여기서도 불평등은 중요한 함의를 지닌다(Bardhan, 2005). 예를 들어 토지개혁 등을 통한 평등한 소득과 부의 분배는 이해집단의 정치적 권력을 약화시켜 동아시아의 발전국가가 성공한 중요한 요인이 되었다고 할 수 있다. 실증분석과 관련해서는, 현실에서 제도의 작동이 일국 내의 지역별로도 다름을 고려할 때 국가 간 분석을 넘어 지역적인 자료 혹은 미시적인 자료를 사용하려는 노력이 필요하다. 자료의 한계와 인과관계 문제를 고려할 때 역사적 연구와 사례분석도 의미가 클 것이다.

2) 불평등이 혁신에 미치는 영향

제도와 함께 새로운 시장과 생산성 상승의 원천인 혁신도 장기적인 경제성장의 근본 요인이라 할 수 있다. 실제로 이근과 김병연(Lee and Kim, 2009)은 재

그림 12-4 ● 특허 출원 대 3학년 수학 성적

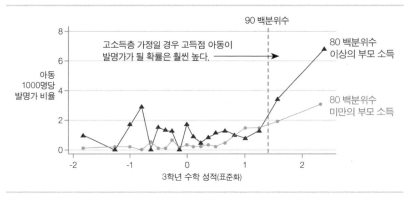

자료: Bell et al. (2019).

산권 보호 등과 관련이 있는 제도와 함께 혁신도 경제성장에 중요한 요인이라 보고한다. 특히 이 연구는 소득수준이 낮은 개도국에서는 제도가 상대적으로 중요한 반면, 소득수준이 높아지면 미국 특허의 수나 GDP에서 차지하는 연구개발 지출의 비중 등으로 측정되는 혁신이 성장에 더욱 중요하다고 보고한다. 불평등이 혁신에 미치는 영향에 관해서는 아직 연구가 많지 않지만, 필자는 최근 실증연구를 통해 소득 불평등이나 기회의 불평등이 인구당 특허 수로 측정되는 혁신에 악영향을 미친다는 것을 발견했다(Lee, 2019).

이론적으로 심각한 불평등이 혁신과 생산성 상승을 저해할 수 있는 여러 가능성이 존재한다. 예를 들어 소득 불평등이 심각한 경우 저소득 가구의 똑똑한 학생들이 자신의 잠재력을 충분히 발휘하지 못해 혁신 활동이 저해될 수 있다. 최근 미국의 방대한 미시 자료를 사용한 한 연구에 따르면 고소득층 가구의 자녀가 자라서 특허를 얻는 발명가가 될 확률이 중하위 가구의 자녀에 비해 크게 높았다. 이 연구는 특히 수학 성적이 좋은 학생들 중에서도 부모의 소득이 높은 자녀가 저소득층 자녀에 비해 발명가가 될 확률이 훨씬 더 높았다고 보고하여, 불평등이 혁신을 저해할 수 있다는 증거를 제시한다(Bell et al., 2019).[27] 똑똑한 저소득층 자녀들은 발명가가 될 기회를 '잃어버린 아인슈타인'이 되고, 따라서 부모의 소득 불평등은 미래의 발명과 혁신에 악영향을 미친다는 것이다. 인적 자본이 혁신에 핵심적이라는 것을 고려하면 소득 불평등이 교육 투자와 교육의 성취도도 저해한다는 연구들도 불평등이 혁신에 미치는 악영향을 보여준다고 할 수 있다.

또한 혁신과 생산성 상승을 위해서는 기업의 연구개발과 신기술 도입 투자가 중요한데 불황과 같은 총수요의 둔화는 이러한 투자를 저해하여 기술혁신과 총요소생산성의 상승에 악영향을 미친다고 보고된다(Anzoategui et al., 2019). 앞서 지적했듯이 심각한 소득 불평등은 총수요에 악영향을 미치고 경제의 불안정을 심화시킬 수 있기 때문에, 이러한 경로를 통해 불평등이 혁신을 저해할 수 있다. 또한 불평등이 심각한 경우 새로운 기술의 도입과 같은 혁신의 도입에 대한 저항이 커서 혁신이 정체될 수 있다. 실제로 혁신은 승자와 패자를 만들어내는데 북유럽과 같이 사회 안전망이 발전되고 평등한 국가에서는 신기술로 인한 잠재적 패자들의 저항이 약해질 수 있다. 나아가 사회 안전망은 언제나 실패의 위험이 존재하는 경제주체의 혁신 활동을 더욱 촉진할 수 있을 것이다. 한편 베나부와 티키, 빈디그니(Benabou, Ticchi and Vindigni, 2015)는 국가 간 자료와 미국의 주별 자료를 사용하여 높은 신앙심과 인구당 특허 수가 음의 관계를 맺고 있다는 흥미로운 결과를 보고한다.[28] 이들의 이론 모형에 따르면 미국과 같이 특정한 상황에서 불평등이 높아지는 경우 종교적 부자와 종교적 빈자가 연합을 통해 신앙심을 약화시키는 발견을 억누를 수 있는데, 이러한 정치경제학적 관

---

27 미국에서 자녀가 특허를 얻는 발명가가 될 확률과 부모의 소득 사이의 관계를 실증분석한 이들의 연구는 뉴욕의 공립학교 데이터를 사용하여 3학년 때 수학 성적이 높은 학생들이 발명가가 될 확률이 높다고 보고한다. 그러나 똑같이 수학 성적이 높은 학생들 중에서도 부모의 소득이 상위 20%의 경우가 하위 20%의 자녀에 비해 그 확률이 2배나 더 높았다 (Bell et al., 2019).

28 이들의 이론 모형은 신앙심을 약화시키는 과학의 발견이 주기적으로 발생하는 상황에서 정부가 혁신을 가로막거나 확산시킬 수 있고 종교 조직이 새로운 지식에 교리를 조정할 수 있다는 가정에 기초하여 종교적/비종교적, 부자/빈자 집단의 상호작용이 서로 다른 균형을 낳는다는 것을 보인다(Benabou, Ticchi and Vindigni, 2015). 그러나 그들의 국가 간 실증분석은 소득 불평등을 독립변수에 포함하지 않으며 패널 OLS 기법을 사용한다.

표 12-1 • 소득 불평등과 혁신(2000년대 국가 간 회귀분석)

	(1) lpatent	(2) lpatent	(3) lpatent	(4) lpatent	(5) lpatent	(6) lpatent
SWgini	-0.110*** (-6.62)	-0.108*** (-7.27)	-0.0922*** (-5.45)	-0.0699*** (-4.12)	-0.0758*** (-4.51)	-0.0759*** (-4.49)
lgdppc	0.723*** (7.38)	0.490*** (3.76)	0.315** (2.34)	0.140 (1.06)	0.229 (1.20)	0.230 (1.20)
pvtcr		0.0112*** (2.66)	0.00918** (2.12)	0.00520* (1.75)	0.00701** (2.31)	0.00701** (2.29)
ter			2.035*** (4.33)	1.403*** (3.04)	1.164** (2.53)	1.166** (2.52)
research				0.899*** (4.21)	0.920*** (4.12)	0.915*** (3.94)
gadp					-0.0986 (-0.79)	-0.0967 (-0.76)
open						-0.000146 (-0.10)
_cons	0.988 (0.74)	2.207 (1.59)	2.277 (1.62)	2.751** (2.00)	2.957* (1.91)	2.956* (1.89)
N adj. R^2	110 0.637	109 0.670	99 0.728	90 0.780	86 0.784	86 0.781

* $p < 0.10$, ** $p < 0.05$, *** $p < 0.01$

주: 1) lpatent: 2000년대 인구 백만 명당 특허출원수의 자연로그값, SWgini: SWIID(ver 6.0) 지니계
   수, lgdppc: 1인당 GDP의 자연로그값, pvtcr: 민간신용/GDP, ter: 평균 고등교육연수,
   research: 연구개발지출/GDP, gadp: government antidiversion policy(재산권 보호 정도를
   나타내는, ICRG의 법제도, 부패, 관료의 질 등을 통합한 제도 지표), open: 무역의존도.
2) 괄호 안은 t 통계량, 이분산-일치 표준오차에 기초함.

점에서 보아도 불평등은 혁신의 촉진을 가로막을 수 있다.

이러한 여러 연구를 고려하면 소득 불평등의 심화가 특허로 측정되는 혁신
활동을 저해한다는 가설을 세워볼 수 있다. 이러한 가설을 검증하기 위해 2000
년에서 2013년까지 2000년대의 국제적 자료를 사용하여 국가 간 횡단면 회귀
분석을 수행해 보면 SWIID나 세계은행의 지니계수로 측정된 소득 불평등이
인구당 특허 수에 뚜렷하게 악영향을 미침을 알 수 있다(표 12-1). 이 결과는
베나부와 티키, 빈디그니(Benabou, Ticchi and Vindigni, 2015)를 따라 1인당 소
득수준, 금융 발전, 교육수준, 정부의 연구개발지출, 제도 발전, 무역 의존도 등

표 12-2 ● 기회의 불평등과 혁신

	(1) lpatent	(2) lpatent	(3) lpatent	(4) lpatent	(5) lpatent	(6) lpatent
intgenelas	−3.373*** (−5.13)	−3.251*** (−4.86)	−2.926*** (−4.15)	−2.062*** (−2.77)	−2.160** (−2.43)	−2.145** (−2.37)
lgdppc	0.890*** (8.22)	0.873*** (6.55)	0.766*** (5.23)	0.515*** (3.27)	0.682*** (3.54)	0.678*** (3.47)
pvtcr		0.00215 (0.47)	0.00235 (0.50)	0.000511 (0.17)	0.00222 (0.75)	0.00239 (0.79)
ter			1.008 (1.59)	0.905* (1.76)	0.726 (1.42)	0.730 (1.42)
research				0.858*** (4.32)	0.917*** (4.74)	0.931*** (4.51)
gadp					−0.154 (−1.23)	−0.162 (−1.25)
open						0.000589 (0.27)
_cons	−2.526** (−2.07)	−2.618* (−1.98)	−2.428* (−1.76)	−1.404 (−0.92)	−1.705 (−0.98)	−1.691 (−0.97)
N	61	60	56	54	52	52
adj. R^2	0.778	0.779	0.783	0.832	0.837	0.833

* $p < 0.10$, ** $p < 0.05$, *** $p < 0.01$

주: 1) integenelas: 세대 간 소득탄력성, 1960년생 또는 1970년생 코호트, GDIM(Global Database on Intergenerational Mobility) 자료.

2) 괄호 안은 t 통계량, 이분산-일치 표준오차에 기초함.

혁신에 영향을 미칠 수 있는 여러 변수들을 통제하고도 마찬가지였다. 결과의 강건성 검증을 위해 더욱 장기간의 시기나 OECD 국가들만을 대상으로 한 경우에도 질적인 결과는 달라지지 않았다.

홍미로운 점은 소득 불평등과 마찬가지로 세대 간 소득탄력성으로 측정된 기회의 불평등도 혁신에 악영향을 미친다는 것이다(표 12-2). 특히 두 변수를 모두 사용했을 때는 기회의 불평등이 통계적으로 유의했고 소득 불평등은 그렇지 못했다(표 12-3). 이는 아마도 단순한 결과의 불평등보다 노력이 아닌 환경으로 인한 기회의 불평등이 혁신 활동을 더욱 저해함을 시사하는 것일 수 있다. 그러나 오늘의 소득 불평등이 다음 세대의 기회의 불평등을 낳는다는 것을 고려하면, 이 결과는 또한 소득 불평등이 세대 간 기회의 불평등이라는 경로를 통해 혁신에 악영향을 미치기 때문일 수도 있다. 또한 특허 변수 대신 각국의

표 12-3 • 소득 불평등, 기회의 불평등 그리고 혁신

	(1) lpatent	(2) lpatent	(3) lpatent	(4) lpatent	(5) lpatent	(6) lpatent
intgenelas	-2.925*** (-3.59)	-2.676*** (-3.13)	-2.353** (-2.65)	-1.664** (-2.03)	-1.812* (-2.01)	-1.782* (-1.93)
SWgini	-0.0262 (-1.15)	-0.0329 (-1.24)	-0.0334 (-1.12)	-0.0250 (-1.00)	-0.0296 (-1.20)	-0.0304 (-1.18)
lgdppc	0.845*** (7.67)	0.774*** (4.69)	0.649*** (3.44)	0.430** (2.42)	0.618*** (3.04)	0.611*** (2.97)
pvtcr		0.00405 (0.74)	0.00402 (0.73)	0.00181 (0.54)	0.00405 (1.16)	0.00433 (1.20)
ter			1.099* (1.70)	0.971* (1.82)	0.791 (1.57)	0.799 (1.58)
research				0.838*** (4.10)	0.908*** (4.61)	0.926*** (4.44)
gadp					-0.205 (-1.47)	-0.218 (-1.46)
open						0.000807 (0.43)
_cons	-1.402 (-0.98)	-0.986 (-0.54)	-0.631 (-0.30)	-0.0377 (-0.02)	0.0383 (0.02)	0.102 (0.04)
N adj. R^2	61 0.779	60 0.782	56 0.785	54 0.833	52 0.838	52 0.835

* $p < 0.10$, ** $p < 0.05$, *** $p < 0.01$

주: 1) integenelas: 세대 간 소득탄력성, 1960년생 또는 1970년생 코호트, GDIM(Global Database on Intergenerational Mobility) 자료.
  2) 괄호 안은 t 통계량, 이분산-일치 표준오차에 기초함.

총요소생산성 자료를 사용해도 소득 불평등이 생산성 상승에 악영향을 미친다는 결과를 얻었다. 불평등과 혁신 사이의 인과관계와 구체적인 경로에 대해서는 더욱 발전된 연구가 필요할 것이다. 하지만 이러한 실증분석 결과는 소득 불평등과 특히 기회의 불평등이 혁신에 부정적인 영향을 미치며 혁신과 생산성 상승에 기초한 경제성장을 위해 불평등을 개선하는 노력이 중요함을 시사한다.

5. 맺음말: 한국에 주는 시사점

불평등이 심화되고 있는 현실을 반영하여 최근 경제학계에서 불평등에 관한 연구들이 활발하게 발전되고 있다. 불평등 문제는 특히 경제발전론에서 핵심적인 주제라 할 수 있다. 이 글은 발전에서 불평등의 의미, 불평등과 경제성장 사이의 상호관계, 경제성장의 근본 요인과 불평등을 검토하며 불평등과 경제발전 사이의 관계를 살펴보았다. 그림 12-5는 그것을 요약해서 보여준다. 필자는 기존의 연구들과 논쟁을 소개하며 앞으로의 연구 방향에 관해 논의했고, 인구당 특허 수로 측정되는 혁신에 불평등이 미치는 악영향에 관한 실증분석의 결과를 제시했다. 이 연구가 보고하듯이 불평등에 관한 최근의 경제학 연구들은 심각한 불평등이 지속적인 경제성장과 번영에 악영향을 미칠 것이라 주장한다. 이러한 논의들에 기초하여 이제 현실에서도 포용적 성장과 같이 불평등을 개선하며 경제적 번영을 추진하기 위한 노력들이 발전되고 있다.

한국에서도 이미 오래전부터 불평등의 심화에 관한 우려가 높아졌다. 특히 최근에는 교육을 통한 부의 대물림이 나타나고 있어서 계층 이동성이 약화되고 세습 자본주의가 나타나고 있다는 비판이 제기되고 있다. 금수저, 흙수저 이야기로 대표되듯 부모를 잘 만나지 못하면 열심히 노력해도 성공하기 어렵다는 절망감이 높은 청년들의 현실은 기회의 불평등 문제를 생생하게 보여준다. 한국에서 교육과 관련된 기회의 불평등은 과거에 비해 악화되지는 않았다는 보고도 있지만, 다른 방법으로 측정된 소득 기회의 불평등은 최근 더 높아졌다는 연구도 제시된다(최성수·이수빈, 2018; 오성재·주병기, 2017). 경제성장이 둔화되고 좋은 일자리의 기회가 줄어든 현실에서는 이러한 불평등 문제가 더욱 심각하게 인식될 것이다.

기회의 불평등에도 결국 결과의 불평등이 중요함을 고려할 때 우리는 역시 소득이나 부의 불평등의 변화에 주목할 필요가 있다. 한국은 1990년대 중반 이후, 특히 1997년 외환위기를 거치면서 소득 불평등이 크게 악화되었다. 상이한 시각이 존재하지만 그 원인으로는 주로 세계화와 산업구조의 변화, 위기 이후

그림 12-5 • 불평등, 성장 그리고 발전

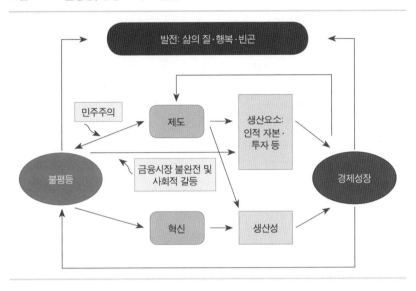

노동시장의 변화와 노동자의 협상력 약화, 고령화 등 여러 요인들이 제시되고 있다(조윤제 엮음, 2016; 전병유, 2013). 소득 불평등의 악화와 함께 노동소득분배율도 하락하여 총수요와 성장을 둔화시키는 결과를 낳았다. 따라서 최근에는 이를 극복하기 위해 소득 주도 성장이나 포용적 성장과 같이 불평등을 개선하며 성장을 촉진하기 위한 노력이 나타났지만, 그 성과에 관해서는 논란이 이어지고 있다. 앞서 살펴보았듯이 불평등의 심화가 여러 경로들을 통해서 경제성장과 발전에 악영향을 미친다면 이러한 방향은 올바르다고 할 수 있다. 하지만 현실에서 도입된 정책들이 얼마나 정합적이고 효과적이었는지에 대해서는 진지한 평가와 반성도 필요할 것이다.

이제 한국에서도 불평등의 개선과 진정한 경제발전을 위해 불평등에 관한 더욱 깊은 논의가 필요한 시점이다. 먼저 과세 자료 등 더 상세한 자료에 기초하여 여러 차원의 불평등의 현실과 궤적에 관한 분석이 선행되어야 한다. 그리고 불평등의 변화를 가져다준 원인, 불평등이 경제와 사회에 미치는 영향에 관해 더욱 발전된 분석과 치열한 논쟁이 요구된다. 특히 한국에서 특징적인 공공부문과 대기업의 정규직 노조를 포함하는 소득 상위 10% 계층의 심각한 소득 집중 문제에 대해 주목해야 한다. 나아가 한국에서도 불평등의 개선을 위해 소득과 부의 새로운 분배와 재분배를 위한 효과적인 정책대안들에 관한 논의들이 나타나기를 기대해 본다. 예를 들어 해외에서는 최고 소득세율의 급속한 인상, 자산에 대한 부유세 부과, 누진적 재산세의 도입, 상속세의 인상, 그리고 기본소득이나 기본자본 등 여러 가지 대안들이 논의되고 있다(Atkinson, 2016; Saez and Zucman, 2019; Piketty, 2019). 불평등을 분석하고 극복하기 위한 이러한 학계의 논의는 정치적 변화와 긴밀히 상호작용할 수 있을 것이다. 이 과정에서 현실의 증거에 기반하면서도 미래의 전망을 보여줄 수 있는 경제발전론의 역할이 중요하다.

참고문헌

오성재·주병기. 2017. 「한국의 소득기회불평등에 대한 연구」. ≪재정학연구≫, 10권 3호, 1~30쪽.

이강국. 2013. 「경제성장의 근본요인은 무엇인가: 제도, 지리, 인종적 설명에 관한 문헌연구」. ≪사회경제평론≫, 42호, 177~205쪽.

_____. 2017. 「소득주도성장: 이론, 실증, 그리고 한국의 논쟁」. ≪재정학연구≫, 10권 4호, 1~43쪽.

_____. 2019. 「한국경제의 노동생산성과 임금, 그리고 노동소득분배율」. 한국경제포럼, 12권 2호, 73~99쪽.

전병유. 2013. 「한국 사회에서의 소득불평등 심화와 동인에 관한 연구」. 민주사회의 정책연구, 23호, 15~40쪽.

조윤제 엮음. 2016. 『한국의 소득분배: 추세, 원인, 대책』. 파주: 한울.

최성수·이수빈. 2018. 「한국에서 교육 기회는 점점 더 불평등해져 왔는가: 부모 학력에 따른 자녀 최종학력 격차의 출생 코호트 추세」. ≪한국사회학≫, 52권 4호, 77~113쪽.

Acemoglu, D. and J. Robinson. 2006. *Economic Origins of Dictatorship and Democracy*. Cambridge, UK: Cambridge University Press.

_____. 2012. *Why Nations Fail: The Origins of Power, Prosperity and Poverty.* New York: Crown Business.

Acemoglu, D., S. Johnson and J. A. Robinson. 2001. "The Colonial Origins of Comparative Development: An Empirical Investigation." *American Economic Review*, Vol. 91, No. 5, pp. 1369~1401.

Aghion, P., E. Carol and C. Garcia-Penalosa. 1999. "Inequality and Economic Growth: The Perspective of the New Growth Theories." *Journal of Economic Literature*, Vol. 37, No. 4, pp. 1615~1660.

Aiyar, S. and C. H. Ebeke. 2019. "Inequality of Opportunity, Inequality of Income and Economic Growth." *IMF Working Paper*, No. 2019/034

Akyuz, Y. and C. Gore. 1996. "The Investment-Profit Nexus in East Asian Industrialization." *World Development*, Vol. 24, No. 3, pp. 461~470.

Alesina, A. and D. Rodrik. 1994. "Distributive Politics and Economic Growth." *Quarterly Journal of Economics*, Vol. 109, No. 2, pp. 465~490.

Alesina, A. and R. Perotti. 1996. "Income Distribution, Political Instability, and Investment." *European Economic Review*, Vol. 40, No. 6, pp. 1203~1228.

Alvaredo, F., L. Chancel, T. Piketty, E. Saez and G. Zucman. 2017. *World Inequality Report 2018.*

Anzoategui, D., D. Comin, M. Gertler and J. Martinez. 2019. "Endogenous Technology Adoption and R&D as Sources of Business Cycle Persistence." *American Economic Journal: Macroeconomics*, Vol. 11, No. 3, pp. 67~110.

Atkinson, A. B. 2015. *Inequality: What Can Be Done?* Cambridge, MA: Harvard University Press.

Atkinson, A. B. and A. Brandolini. 2001. "Promise and Pitfalls in the Use of 'Secondary' Data-Sets: Income Inequality in OECD Countries as a Case Study." Journal of Economic Literature, 39, No. 3, pp. 771~799.

Autor, D., D. Dorn and G. H. Hanson. 2016a. "The China Shock: Learning from Labor Market Adjustment to Large Changes in Trade." *Annual Review of Economics*, Vol. 8, pp. 205~240.

Autor, D., D. Dorn, G. Hanson and K. Majlesi. 2016b. "Importing Political Polarization? The Electoral Consequences of Rising Trade Exposure." *NBER Working Paper*, No. 22637.

Bagchi, S. and J. Svejnar. 2015. "Does wealth inequality matter for growth? The effect of billionaire wealth, income distribution, and poverty." *Journal of Comparative Economics*, Vol. 43, No. 3, pp. 505~530.

Banerjee, A. and A. F. Newman. 1993. "Occupational Choice and the Process of Development." *Journal of Political Economy*, Vol. 101, No. 2, pp. 274~298.

Banerjee, A. and L. Iyer. 2005. "History, Institutions, and Economic Performance: The

Legacy of Colonial Land Tenure Systems in India." *American Economic Review*, Vol. 95, No. 4, pp. 1190~1213.

Banerjee, A. and S. Duflo. 2003. "Inequality and Growth: What Can Data Say?" *Journal of Economic Growth*, 8, No. 3, pp. 267~299.

Banerjee, A., D. Munshi and D. Ray. 2001. "Inequality, Control Rights and Rent Seeking: Sugar Cooperatives in Maharashtra." *Journal of Political Economy*, 109, No. 1, pp. 138~190.

Barbosa-Filho, N. H. and L. Taylor. 2006. "Distributive and Demand Cycles in the US Economy: A Structuralist Goodwin Model." *Metroeconomica*, Vol. 57, No. 3, pp. 389~411.

Bardhan, P. 2005. *Scarcity, Conflict and Cooperation: Essays in Political and Institutional Economics of Development.* Cambridge, MA: MIT Press.

Barro, R. J. 2000. "Inequality and Growth in a Panel of Countries." *Journal of Economic Growth*, Vol. 5, No. 1, pp. 5~32.

_____. 2008. *Inequality and Growth Revisited.* ADB Working Paper Series on Regional Economic Integration No. 11. Asian Development Bank.

Bell, A., R. Chetty, X. Jaravel, N. Petkova and J. Van Reenen. 2019. "Who Becomes an Inventor in America? The Importance of Exposure to Innovation." *Quarterly Journal of Economics*, Vol. 134, No. 2, pp. 647~713.

Benabou, R., D. Ticchi and A. Vindigni. 2015. "Forbidden Fruits: The Political Economy of Science, Religion and Growth." *NBER Working Paper*, No. 21105.

Benigno, G and L. Fornaro. 2018. "Stagnation Traps." *Review of Economic Studies*, Vol. 85, No. 3, pp. 1425~1470.

Berg. A., J. D. Ostry , C. G. Tsangarides and Y. Yakhshilikov. 2018. "Redistribution, Inequality, and Growth: New Evidence." *Journal of Economic Growth*, Vol. 23, No. 3, pp. 259~305.

Bourguinon, F. 2015. "Revisiting the Debate on Inequality and Economic Development." *Revue D'economie Polititique*, Vol. 125, No. 5, pp. 633~663.

Bowles, S. 2012. *Essays on the New Economics of Inequality and Redistribution.* Cambridge University Press.

Brueckner, M. and D. Lederman. 2018. "Inequality and Economic Growth: The Role of Initial Income." *World Bank Policy Research Working Paper*, No. 8467.

Brueckner, M., E. Dabla-Norris and M. Gradstein. 2015. "National Income and Its Distribution." *Journal of Economic Growth*, Vol. 20, No. 2, pp. 149~175.

Cavalho, L. and A. Rezai. 2016. "Personal Income Inequality and Aggregate Demand." Cambridge *Journal of Economics*, Vol. 40, No. 2, pp. 491~505.

Cervellati, M., P. Fortunato and U. Sunde. 2008. "Hobbes to Rousseau: Inequality, Institutions and Development." *The Economic Journal*, Vol. 118, No. 531, pp. 1354~1384.

Chetty, R., N. Hendren, P. Kline, El Saez and N. Turner. 2014a. "Is the United States Still a Land of Opportunity?" *The American Economic Review*, Vol. 104, No. 5, pp. 141~147.

_____. 2014b. "Where is the Land of Opportunity: The Geography of Intergenerational Mobility in the United States." *Quarterly Journal of Economics*, Vol. 129, No. 4, pp. 1553~1623.

Chong, A. and M. Gradstein. 2007. "Inequality and Institutions." *Review of Economics and Statistics*, Vol. 89, No. 3, pp. 454~465.

Corak, M. 2013. "Income Inequality, Equality of Opportunity, and Intergenerational Mobility." *Journal of Economic Perspectives*, Vol. 27, No. 3, pp. 79~102.

Credit Suisse Research Institute. 2018. *Global Wealth Report 2018*.

Dabla-Norris, E., K. Kochhar, N. Suphaphiphat, F. Ricka and E. Tsounta. 2015. "Causes and Consequences of Income Inequality: A Global Perspective." IMF Staff Discussion Note, SDN/15/13.

Dao, M. C., M. Das, Z. Koczan and W. Lian. 2017. "Why Is Labor Receiving a Smaller Share of Global Income? Theory and Empirical Evidence." *IMF Working Paper*, WP/17/169.

Deininger, K. and L. Squire. 1996. "A New DataSet Measuring Income Inequality." *World Bank Economic Review*, Vol. 10, No. 3, pp. 565~591.

_____. 1998. "New Ways of Looking at Old Issues: Inequality and Growth." *Journal of Development Economics*, Vol. 57, No. 2, pp. 259~287.

Dell, M. 2010. "The Persistent Effects of Peru's Mining Mita." *Econometrica*, Vol. 78, No. 6, pp. 1863~1903.

Dollar, D. and A. Kraay. 2002. "Growth is Good for the Poor." *Journal of Economic Growth*, 7, No. 3, pp. 195~225.

Dosi, G., G. Fagiolo and A. Roventini. 2010. "Schumpeter Meeting Keynes: A Policy-Friendly Model of Endgenous Growth and Business Cycles." *Journal of Economic Dynamics and Control*, Vol. 34, No. 9, pp. 1748~1767.

Durlauf, S. N. and A. Seshadri. 2017. "Understanding the Great Gatsby Curve." *NBER Macroeconomics Annual 2017*, Vol. 32.

Easterlin, R. A. 2017. "Paradox Lost?" *Review of Behavioral Economics*, Vol. 4, No. 4, pp. 311~339.

Easterly, W. 2001. "The Middle Class Consensus and Economic Development." *Journal of Economic Growth*, Vol. 6, No. 4, pp. 317~335.

_____. 2007. "Inequality Does Cause Underdevelopment: Insights from a New Instrument." *Journal of Development Economics*, Vol. 84, pp. 755~776.

Engerman, S. and K. Sokoloff. 2002. "Factor Endownments, Inequality, and Paths of Development among New World Economies." *NBER Working Paper*, No. 9259.

_____. 2005. "The Evolution of Suffrage Institutions in the Americas." *Journal of Economic History*, Vol. 65, No. 4, pp. 891~921.

Feeny, S., H. Mitchell, C. Tran and M. Clarke. 2012. "The Determinants of Economic Growth versus Genuine Progress in South Korea." *Social Indicators Research*, Vol. 113, No. 3, pp. 1055~1074.

Ferreira, F. and C. Lakner, M. Lugo and B. Ozler. 2018. "Inequality of Opportunity and Economic Growth: How Much Can Cross-Country Regressions Really Tell Us. 2018." *Review of Income and Wealth*, Vol. 64, No. 4, pp. 800~827.

Ferreira, F. and J. Gignoux. 2011. "The Measurement of Inequality of Opportunity: Theory and Application to Latin America." *Review of Income and Wealth*, Vol. 57, No. 4, pp. 622~657.

Foellmi, R. and J. Zweimüller. 2006. "Income Distribution and Demand-Induced Innovations." *Review of Economic Studies*, Vol. 73, No. 4, pp. 941~960.

Forbes, K. J. 2000. "A Reassessment of the Relationship between Inequality and Growth." *American Economic Review*, Vol. 90, No. 4, pp. 869~887.

Fosu, A. K. 2017. "Growth, Inequality, and Poverty Reduction in Developing Countries: Recent Global Evidence." *Research in Economics*, Vol. 71, No. 2, pp. 306~336.

Frankema, E. 2009. "The Colonial Roots of Land Inequality: Geography, Factor Endowments, or Institutions?" *Economic History Review*, Vol. 63, No. 2, pp. 418~451.

Galbraith, J. K. and H. Kum. 2005. "Estimating the Inequality of Household Incomes: A Statistical Approach to the Creation of a Dense and Consistent Global Data Set." *Review of Income and Wealth*, Vol. 51, No. 1, pp. 418~451.

Gallup, J. 2012. "Is There a Kuznets Curve?" Portland State University.

Galor, O. 2012. "Inequality, Human Capital Formation and the Process of Development." IZA DP No. 6328.

Galor, O. and O. Moav. 2004. "From Physical to Human Capital Accumulation: Inequality and the Process of Development." *Review of Economic Studies*, Vol. 71, No. 4, pp. 1001~1026.

Galor, O., O. Moav and D. Vollrath. 2009. "Inequality in Land Ownership, the Emergence of Human Capital Promoting Institutions, and the Great Divergence." *Review of Economic Studies*, Vol. 76, No. 1, pp. 143~179.

Galor, O. and J. Zeira. 1993. "Income Distribution and Macroeconomics." *Review of Economic Studies*, Vol. 60, No. 1, pp. 35~52.

Gradstein, M. 2007. "Inequality, Democracy, and the Property Rights." *The Economic Journal*, Vol. 117, No. 516, pp. 252~269.

Grigoli, F. and A. Robles. 2017. "Inequality Overhang." IMF Working Paper, WP/17/76.

Halter, D., M. Oechslin and J. Zweimüller. 2014. "Inequality and Growth: The Neglected Time Dimension." *Journal of Economic Growth*, Vol. 19, No. 1, pp. 81~104.

Harrison, A.(ed.). 2007. *Globalization and Poverty*. Chicago, IL: University of Chicago Press.

Hassler, J. and J. R. Mora. 2000. "Intelligence, Social Mobility, and Growth." *American Economic Review*, Vol. 90, No. 4, pp. 888~908.

Helpman, E. 2018. *Globalization and Inequality*. Cambridge, MA: Harvard University Press.

Ille, S., A. Risso and E. S. Carrera. 2018. "Democratization and Inequality: Empirical Evidence for the OECD Member Countries." *Environment and Planning C*, Vol. 35, No. 6, pp. 1098~1116.

IMF. 2017. *Fostering Inclusive Growth*. G-20 Leader's Summit.

Islam, M. R. and M. McGillivray. 2020. "Wealth Inequality, Governance and Economic Growth." *Economic Modelling*, Vol. 88, pp. 1~13.

Jaumotte, F., S. Lall and C. Papageorgiou. 2013. "Rising Income Inequality: Technology, or Trade and Financial Globalization?" *IMF Economic Review*, Vol. 61, No. 2, pp. 271~309.

Kaldor, N. 1955. "Alternative Theories of Distribution." *Review of Economic Studies*, Vol. 23, No. 2, pp. 83~100.

Keefer, P. and S. Knack. 2002. "Polarization, Politics, and Property Rights: Links between Inequality and Growth." *Public Choice*, Vol. 111, No. 1/2, pp. 127~154.

Kiefer, D., I. Mendieta-Munoz, C. Rada and R. V. Arnim. 2019. "Secular Stagnation and Income Distribution Dynamics." *Department of Economics Working Paper* 2019-05. University of Utah.

Knowles, S. 2005. "Inequality and Economic Growth: Empirical Relationship Reconsidered in the Light of Comparable Data." *Journal of Development Studies*, Vol. 41, No. 1, pp. 135~159.

Kotschy, R. and U. Sunde. 2017. "Democracy, Inequality, and Institutional Quality: Panel Evidence." *European Economic Review*, Vol. 91, pp. 209~228.

Kotz, D. M. 2015. *The Rise and Fall of Neoliberal Capitalism*. Cambridge, MA: Harvard University Press.

Kraay, A. 2015. "Weak Instruments in Growth Regressions: Implications for Recent Cross-Country Evidence on Inequality and Growth." *World Bank Policy Research Working Paper* 7494.

Kruse, D. L., R. B. Freeman and J. R. Blasi. 2010. *Shared Capitalism at Work*. University of Chicago Press.

Kubiszewski, I., R. Costanza, C. Franco, P. Lawn, J. Talberth, T. Jackson and C. Aylmer. 2013. "Beyond GDP; Measuring and Achieving Global Genuine Progress." *Ecological Economics*, Vol. 93, pp. 57~68.

Kuznets, S. 1955. "Economic Growth and Income Inequality." *American Economic Review*, Vol. 45, No. 1.

Lee, K. and B. -Y. Kim. 2009. "Both Institutions and Policies Matter but Differently for Different Income Groups of Countries: Determinants of Long-Run Economic Growth Revisited." *World Development*, Vol. 37, No. 3, pp. 533~549.

Lee, K. -K. 2014. "Globalization, Income Inequality and Poverty: Theory and Empirics." *Social Systems Research*, Vol. 28, pp. 109-134.

_____. 2017. "Growth, Inequality and Structural Changes in Korea: Egalitarian Growth and Its Demise." *The Japanese Political Economy*, Vol. 43, pp. 79~100.

_____. 2019. *Inequality and Innovation.* presentation at Economic Institute at SNU Institute of Economic Research.

Lee, K. -K. and V. V. Trung. 2020. "Economic Complexity, Human Capital and Income Inequality: A Cross-Country Analysis." *Japanese Economic Review*, Vol. 71, No. 4, pp. 695~718.

Li, H. and H. Zou. 1998. "Income Inequality Is Not Harmful for Growth: Theory and Evidence." *Review of Economic Development*, Vol. 2, No. 3, pp. 318~334.

Lundberg, M. and L. Squire. 2003. "The Simultaneous Evolution of Growth and Inequality." *The Economic Journal*, Vol. 113, No. 487, pp. 326~344.

Marrero, G. A. and J. G. Rodriguez. 2013. "Inequality of Opportunity and Growth." *Journal of Development Economics*, Vol. 104(C). pp. 107~122.

Milanovic, B. 2016. *Global Inequality: A New Approach for the Age of Globalization.* Cambridge, MA: Harvard University Press.

_____. 2019. Capitalism, *Alone: The Future of the System That Rules the World.* Cambridge, MA: Harvard University Press.

Moll, B. 2017. *Inequality and Macroeconomics.* University of Luxembourg/European Investment Bank Lecture.

Murphy, K. M., A. Shleifer and R. W. Vishny. 1989. "Income Distribution, Market Size and Industrialization." *Quarterly Journal of Economics*, Vol. 104, No. 3, pp. 537~564.

Naastepad, C. W. M. 2006. "Technology, Demand and Distribution: a Cumulative Growth Model with an Application to the Dutch Productivity Growth Slowdown." *Cambridge Journal of Economics*, Vol. 30, No. 3, pp. 403~434.

Nissanke, M. and E. Thorbecke. 2006. "Channels and Policy Debate in the Globalization-Inequality-Poverty Nexus." *World Development*, Vol. 34, No. 8, pp. 1338~1360.

Nunn, N. 2014. "Historical Development." in P. Aghion and S. Durlauf(eds.). *Handbook of Economic Growth.* Vol. 2. North-Holland.

OECD. 2014. *Report on the OECD Framework for Inclusive Growth.*

_____. 2017. *How's Life? 2017: Measuring Well-Being.*

Onaran, Ö. and G. Galanis. 2014. "Income Distribution and Growth: A Global Model." *Environment and Planning A*, Vol. 46, No. 10, pp. 2489~2513.

Ostry, J. D., A. Berg and C. G. Tsangarides. 2014. "Redistribution, Inequality and Growth."

IMF Staff Discussion Note, SDN/14/02.

Perotti, R. 1996. "Growth, Income Distribution, and Democracy: What the Data Say." *Journal of Economic Growth*, Vol. 1, No. 2, pp. 149~187.

Persson, T. and G. Tabellini. 1994. "Is Inequality Harmful to Growth?" *American Economic Review*, Vol. 84, No. 3, pp. 600~621.

Piketty, T. 2014. *Capital in the Twenty-First Century.* Cambridge, MA: Harvard University Press.

_____. 2019. *Capital et idéologie.* Paris: Editions du Seuil.

Ravallion, M. 2018. "Inequality and Globalization: A Review Essay." *Journal of Economic Literature*, Vol. 56, No. 2, pp. 620~642.

Ravallion, M. and S. Chen. 2003. "Measuring Pro-Poor Growth." *Economics Letters*, Vol. 78, No. 1, pp. 93~99.

Rodrik, 1999. "Where Did All the Growth Go? External Shocks, Social Conflict, and Growth Collapses." *Journal of Economic Growth*, Vol. 4, No. 4, pp. 385~412.

Rodrik, D., A. Subramanian and F. Trebbi. 2004. "Institutions Rule: The Primacy of Institutions Over Geography and Integration in Economic Development." *Journal of Economic Growth*, Vol. 9, No. 2, pp. 131~165.

Sachs, J. D. 2003. "Institutions Don't Rule: Direct Effects of Geography on Per Capita Growth." *NBER Working Papers*, No. 9490.

Saez, E. and G. Zucman. 2016. "Wealth Inequality in the United States since 1913: Evidence from Capitalized Income Tax Data." *Quarterly Journal of Economics*, Vol. 131, No. 2, pp. 519~578.

_____. 2019. "Progressive Wealth Taxation." Brookings Papers on Economic Activity Conference, September 5~6.

Savoia, A., J. Easaw and A. Mckay. 2009. "Inequality, Democracy, and Institutions: A Critical Review of Recent Research." *World Development*, Vol. 38, No. 2, pp. 142~154.

Scholl, N. and S. Klasen. 2019. "Re-estimating the Relationship between Inequality and Growth." *Oxford Economic Papers*, Vol. 71, No. 4, pp. 824~847.

Sen, Amartya. 1999. *Development as Freedom.* Oxford: Oxford University Press.

_____. 2009. *Idea of Justice.* Cambridge, MA: Harvard University Press.

Solt, F. 2016. "The Standardized World Income Inequality Database." *Social Science Quarterly*, Vol. 97, No. 5, pp. 1267~1281.

Sonin, K. 2003. "Why the Rich May Favor Poor Protection of Property Rights." *Journal of Comparative Economics*, Vol. 31, No. 4, pp. 715~731.

Stiglitz, J. E., A. Sen and J. -P. Fitoussi. 2009. *Report by the Commission on the Measurement of Economic and Social Progress.*

Stockhammer, E. and R. Wildauer. 2016. "Debt-driven growth? Wealth, Distribution and

Demand in OECD Countries." *Cambridge Journal of Economics*, Vol. 40, No. 6, pp. 1609~1634.

Sunde, U., M. Cervellati and P. Fortunato. 2008. "Are All Democracies Equally Good? The Role of Interactions between Political Environment and Inequality for Rule of Law." *Economics Letters*, Vol. 99, No. 3, pp. 552~556.

Thorbecke, E. and C. Charumilind. 2002. "Economic Inequality and Its Socioeconomic Impact." *World Development*, Vol. 30, No. 9, pp. 1477~1495.

Todaro, M. P. and S. C. Smith. 2015. *Economic Development*. 12th edition. Pearson Education.

Tuominen Elina. 2016. "Reversal of the Kuznets Curve: Study on the Inequality-Development Relation Using Top Income Shares Data." *Working Papers*, No. 1610. University of Tampere, School of Management, Economics.

UNCTAD. 2017. "Beyond Austerity: Towards a Global New Deal." *Trade and Development Report 2017*.

Wilkinson, R. and K. Pickett. 2009. *The Spirit Level: Why More Equal Societies Work Better for Everyone*. London: Allen Lane.

_____. 2018. *The Inner Level: How More Equal Societies Reduce Stress, Restore Sanity and Improve Everyone's Well-being?* London: Allen Lane.

World Bank. 1993. *The East Asian Miracle: Economic Growth and Public Policy*.

_____. 2005. *World Development Report 2006: Equity and Development*.

_____. 2018. *Fair Progress: Economic Mobility across Generations*.

Yellen, J. L. 2016. "Macroeconomic Research After the Crisis." Remarks at the 60th Annual Economic Conference Sponsored by the Federal Reserve Bank of Boston, 2016.

You, J. -I. 1998. "Income Distribution and Growth in East Asia." *Journal of Development Studies*, Vol. 34, No. 6, pp. 37~65.

You, J. -S. and S. Khagram. 2005. "A Comparative Study of Inequality and Corruption." *American Sociological Review*, Vol. 70, No. 1, pp. 136~157.

소득과 투표 참여의 불평등

한국 사례 연구(2003~2014년)

권혁용·한서빈

1. 머리말

한국 선거에서 소득과 투표 참여의 관계는 어떻게 나타나는가? 많은 나라들에서 발견되는 투표 참여의 소득격차(income bias in voting) 현상이 한국에서도 발견되는가? 소득 불평등과 투표의 소득격차는 어떠한 관계를 나타내는가? 투표의 소득격차는 저소득층이 고소득층에 비해서 투표에 더 많이 불참하고, 소득이 높을수록 더 많이 투표에 참여하는 현상을 가리킨다. 이러한 현상은 선출직 대표들이 저소득층의 요구와 이익에 반응하지 않는 대신에 고소득층의 경제적 이해관계에 매우 민감하게 반응하는 '불평등한 반응성(unequal responsiveness)'과 연결되어 있다(이현경·권혁용, 2016; Bartels, 2008; Gilens, 2012). 투표의 소득격차와 선출직 대표들의 불평등한 반응성의 결합은 불평등한 민주주의를 불러온다. 소득 불평등과 정치적 불평등은 밀접하게 연관되어 있다. 물론 이

---

* 이 글은 권혁용·한서빈, 「소득과 투표 참여의 불평등: 한국 사례 연구, 2003~2014」, ≪정부학연구≫, 24권 2호(고려대학교 정부학연구소, 2018), 61~85쪽을 수정·보완한 것이다.

두 가지 불평등 사이의 인과관계를 밝히기 위해서는 더 체계적인 이론을 수립하고 인과 추론을 가능하게 하는 연구 디자인과 결합된 경험적 분석이 필요하다. 그런데 분명한 것은, 소득 불평등이 시민들의 정치 참여와 선택에 영향을 미친다는 점이다. 동시에 소득 불평등이 정당의 선거 전략과 정부의 정책 선택에 영향을 미치는데, 소득에 따른 정치적 반응성의 불평등이 중요한 메커니즘으로 작동하여 소득 불평등을 완화하기 어렵게 한다. 하나의 순환 고리를 이루는 것이다(Bonica et al., 2013). 이러한 점에서, 한국에서 투표 참여의 소득격차를 분석하고 소득 불평등과 투표 참여의 소득격차의 관계를 고찰하는 것은 현실적으로 매우 중요한 연구 주제이다.

소득과 투표 참여의 관계에 관한 연구들은 일반적으로 소득이 높을수록 투표할 확률이 높고 저소득층은 상대적으로 투표할 확률이 낮음을 밝혀냈다. 주로 미국 정치연구에서 이러한 투표의 소득격차가 발견되며, 유럽 국가들을 대상으로 한 비교연구에서도, 그 정도는 미국에 비해 미약하지만 소득에 따른 투표 참여의 격차가 발견되었다(Franklin, 2004; Leighley and Nagler, 2014; Wattenberg, 2002). 투표의 소득격차 현상은 규범적으로 민주주의의 작동과 관련해 중요한 이슈가 되어왔다. 다시 말해, 고소득층이 저소득층에 비해서 투표장에서 훨씬 과다 대표(overrepresentation)되고 있다는 것이다. 이는 정치적 평등을 바탕으로 한 민주주의의 원리에 어긋나는 현상이라는 점이 지적되어 왔다. 그런데 연구자들 사이에서 이견을 보이는 부분은, 투표의 소득격차 현상이 소득 불평등이 증가해 온 1980년대 이후에 그 이전 시기보다 더 심화되었는가라는 점이다. 레일리와 네이글러(Leighley and Nagler, 2014)는 미국에서 1972년과 2008년에 나타난 투표의 소득격차가 크게 차이가 나지 않는다고 주장했다. 이러한 점은 놀랍게도 1970년대 중반 이후에 비약적으로 증가한 미국의 소득 불평등에도 불구하고 나타나는 현상이다. 반면, 프리먼(Freeman, 2004)은 1970년대에 비해서 1990년대 말 미국 선거에서 투표 참여의 소득격차가 훨씬 심화되었다고 주장했다. 미국 선거정치 연구에서 통시적으로 소득에 따른 투표 참여의 불평등이 심화되었는지에 대한 논쟁이 활발하게 진행되어 온 것에 반해서, 한국의 투표 참여 연구에서 투표 참여의 소득격차에 관한 연구는, 우리가 알기에, 거의 전무하다. 한편, 소득보다는 지역, 세대, 이념에 따라 투표 참여가 어떻게 달라지는지를 분석하는 경향이 강했다(강원택, 2010; 이갑윤, 2008). 또한 선거 경합도와 정치적 이념 성향 등 선거 국면적 변수나 정치적 요인으로 투표 참여를 설명하는 연구는 많이 진행되었다(윤성호·주만수, 2010; 조성대, 2006; 한정훈·강현구, 2009; 황아란, 2008). 다른 한편, 소득과 투표 참여의 관계를 살펴본 연구들도 대부분 일시적인 횡단면 자료 분석에 머물러온 것이 사실이다(서현진, 2009; 서복경, 2010). 이렇듯 기존 연구들이 횡단면 자료 분석이라는 제약이 있었기 때문에, 한국 선거에서 통시적으로 투표의 소득격차 현상이 발견되는지, 그리고 시기적으로 어떠한 추이를 보이는지에 대해 밝혀내지 못했다.

이 글은 첫째, 한국 선거에서 소득과 투표 참여의 상관관계가 발견되는지, 둘째, 투표 참여의 소득격차 현상이 통시적으로 어떠한 추이를 보이는지, 셋째, 소득 불평등과 투표 참여의 소득격차가 어떠한 패턴을 나타내는지를 분석한다. 이러한 질문에 답하기 위해서 한국종합사회조사 2003~2014 자료를 분석했다. 분석 결과 2003~2014년 기간 동안 한국 사회에서 투표 참여의 소득격차를 발견했다. 소득이 높을수록 투표할 확률이 높게 분석되었다. 또한 투표율이 낮은 선거에서 투표의 소득격차가 더 뚜렷하게 드러남이 밝혀졌다. 소득 불평등과 투표 참여의 소득격차는 양(+)의 상관관계를 갖는다는 점도 알 수 있었다. 즉 소득 불평등 수준이 높을 때 투표 참여의 소득격차가 더 큰 것으로 나타났다. 이러한 분석 결과들은 한국 선거에서 투표 참여의 불평등이 발견되며, 투표장에서 고소득층이 과다 대표되고 저소득층이 과소 대표되고 있다는 점을 제시한다.

이 글의 학문적 기여는 첫째, 한국 선거 연구에서 그동안 상대적으로 간과된 투표 참여의 소득격차를 체계적으로 분석한다는 점에 있다. 그리고 한국 선거에서 소득이 투표 참여에 어떠한 영향을 미치는지에 대한 체계적인 정치경제적 연구라는 점에 의의가 있다. 둘째, 이 글은 한국 선거정치 연구에서 투표 참여의 소득격차를 통시적으로 분석한 최초의 연구이다. 2003년에서 2014년까지 12년 동안의 소득과 투표 참여의 관계가 어떠한 추이를 보이는지를 보여준 다는 점에서 연구의 기여가 있다. 셋째, 이 글은 비록 추론적이기는 하지만 한 국의 소득 불평등과 투표 참여의 소득격차에 대한 분석과 해석을 제시한다는 점에서, 소득 불평등과 밀접하게 연결되는 정치적 불평등의 한 단면을 보여준 다는 점에서 의의가 있다. 한국의 투표장에서 고소득층이 과다 대표되고 저소 득층은 과소 대표되는 현상을 제시하는 것은 한국 민주주의의 현실을 정확히 직시하고 정치적 불평등의 완화를 위한 제도적, 정책적 대안을 마련하는 데 첫 문제 제기가 될 수 있다.

이 장은 다음과 같이 구성된다. 2절에서는 소득과 투표 참여에 관한 정치학 적 논의들을 간략히 소개한다. 3절에서 우리가 사용하는 자료와 변수들에 대 해 소개하고, 4절에서 분석 결과를 제시하고, 소득 불평등과 투표 참여의 소득 격차의 패턴을 탐색적 자료 분석을 통해 살펴본다. 5절은 결론과 함께 정치학 적 함의를 제시한다.

2. 투표 참여의 정치학: 이론적 논의

1) 소득과 투표 참여

투표 참여에 관한 논의는 비용-이득 분석(cost-benefit analysis) 이론 틀을 통 해 접근할 수 있다. 대표적으로 다운즈(Downs, 1957)의 모델은 상대적 비용과 이득에 대한 개인의 평가를 반영한 것이다. 즉, 투표를 함으로써 얻는 이득이 비용을 초과할 때 사람들은 투표한다는 것이다. 다운즈는 네 가지 변수가 투표 의 이득에 영향을 미친다고 제시했다(Downs, 1957: 274). 첫째, 정당이 제시하 는 정책의 차이에 대한 인식, 둘째, 선거가 얼마나 박빙 경합인가, 셋째, 투표행 위 자체의 가치, 넷째, 얼마나 많은 사람들이 투표할 것인가에 대한 예측 등이 그것이다. 이러한 투표 참여에 대한 논의는 다음과 같은 간단한 교과서적 수식으로 표현할 수 있다(Enelow and Hinich, 1984; Mueller, 2003).

Vote if and only if PB – C + D > 0

여기에서 P는 어느 한 투표자의 표가 당선자를 결정지을 확률, B는 선호하는 정당/후보자가 당선될 때 얻게 되는 심리적, 물질적 효용, C는 투표에 드는 정보 취합 비용 및 기회비용, D는 투표 자체로부터 얻게 되는 효용을 가리킨다. 이 수식을 위에 제시한 다운즈의 네 가지 요인들과 견주어 살펴보면, 정당 정책의 차이에 대한 인식이 B의 값에 영향을 미칠 것이고, 선거 경합도에 대한 인식과 얼마나 많은 사람들이 투표할 것인가에 대한 인식이 P에 대한 인식(결정적인 표가 될 것이라는 인식)에 영향을 미칠 것이다. 투표 행위 자체의 가치에 대한 투표자의 인식이 D에 영향을 미친다.

이 논의를 더 부연하여 설명하자면, 유권자들은 경쟁하는 정당들의 정책의 차이가 뚜렷하게 나타날수록 B의 값이 커지고, 전체 유권자 수가 적고 선거가 경합적이어서 유권자가 자신이 결정적 투표를 행사할 가능성이 크다고 인식할수록 P의 값이 커지며, 정보 취합 비용과 기회비용이 적을수록 투표에 드는 비용(C)이 적어지고, 투표가 시민의 덕목이라는 규범과 투표함으로써 얻는 표현적 효용(expressive benefits)이 클수록 D가 커진다. 각각의 변수들이 투표할 확률에 영향을 미치게 될 것이다.

이 글의 문제의식과 관련하여, 중요한 것은 소득계층에 따라 이러한 변수들이 어떻게 차이가 나는지, 소득계층에 따라 위의 변수들에 대한 주관적 인식이 다르게 나타나는지에 따라 투표 참여의 확률이 다르게 나타날 것이라는 점이다. 울핑거와 로젠스톤은 미국 선거의 투표 참여에 대한 고전적인 연구에서 극빈층이 투표율을 낮추는 것은 사실이지만, 극빈층을 제외하고 나면 소득이 투표 참여에 그리 커다란 영향을 미치지 않는다고 주장했다(Wolfinger and Rosenstone, 1980: 26). 그럼에도 불구하고 소득이 투표 참여와 연관될 수 있는 다섯 가지 이유를 제시한 바 있다. 첫째, 저소득층은 매일 매일의 생계와 직접적인 관련이 없는 부차적인 일에 헌신할 수 있는 시간이 부족하다. 둘째, 고소득층은 정치적 참여와 관심의 정도를 증가시키는 경향이 있는 직업을 갖는다. 셋째, 소득은 사회적 네트워크에 영향을 미친다. 고소득층은 시민적 덕목과 참여를 강조하는 규범과 사회적 네트워크에 연관될 가능성이 크다. 넷째, 고소득층은 정치적, 사회적 사안에 대해서 적극적으로 의사를 표시하고 개입할 가능성이 크다. 다섯째, 고소득층은 저소득층에 비해서 현재 시스템에 더 큰 이해관계를 갖고 있다(Wolfinger and Rosenstone, 1980: 20~22).

여기에서 지적할 점은, 유권자의 시각에서 투표 참여의 결정요인에 관한 논의는 정당과 후보자의 전략적 행위, 그리고 선거 국면에서 제시되는 중요한 이슈가 무엇이며 정당들이 어떠한 정책공약을 제시하는가에 대한 위로부터의 접근(top-down approach)과 결합되어야 완전한 이론적 논의가 가능하다는 것이다. 올드리치(Aldrich, 1993)는 합리적 행위로서 투표는 다른 집단행동의 논리와 달리 그렇게 큰 비용이 들거나 커다란 이득을 얻는 행위는 아니라는 점을 강조한다. 따라서 투표 참여에는 오히려 전략적인 정당 및 후보자들의 역할이 더 중요하다고 주장한다. 정당 및 후보자들의 정책의 차별성 여부와 캠페인을 통해 어느 계층의 투표를 더 독려하는가가 중요하다는 것이다.

2) 소득 불평등과 투표 참여

소득 불평등과 정치 참여의 관계에 대해 서로 대립되는 이론적 예측이 존재한다. 첫째, 갈등이론(conflict theory)이다. 불평등이 증가하면서 사회의 소득분포 구조에서 저소득층의 위치가 이전보다 더 뚜렷하게 부각되면서 불평등 이슈가 현저화(salient)되며, 이는 저소득층의 계층의식을 증진시킨다. 따라서 저소득층의 적극적인 투표 참여와 재분배정책 요구를 기대할 수 있다는 것이다(Brady, 2004). 소득 불평등의 증가와 저소득층의 투표 참여 증가가 맞물려 있다는 예측인데, 이에 대한 일반적인 경험적 증거는 아직 부족한 것이 사실이다(Solt, 2010).

둘째, 상대적 권력이론(relative power theory)이다. 권력이론은 소득과 자산은 정치적 자원으로 이어진다는 전제에서 출발한다. 소득 불평등이 심한 맥락에서는 고소득층과 저소득층의 정치적 자원의 격차가 더 커지게 된다(Goodin and Dryzek, 1980). 이러한 논의의 맥락에 따르면, 소득 불평등의 증가는 정치 참여의 소득격차를 더 심화시키고, 고소득층의 견해와 담론이 공론 영역에서 더 힘을 발휘하면서 저소득층은 고소득층이 전파하는 가치와 규범을 내면화하는 적응을 보이게 된다. 후버와 스티븐스는 상대적 권력이론의 이론적 예측을 사회학, 정치학, 인류학에서 흔히 가정하는 "'사회구조는 스스로 재생산한다'는 가정에 부합한다"라고 평가한 바 있다(Huber and Stephens, 2012: 37).

그런데 이러한 두 이론은 정치 과정에서의 갈등과 투표 참여를 각 집단이 갖고 있는 자원(resource)으로 설명하는데(Brady, Verba and Schlozman, 1995), 베라멘디와 앤더슨(Beramendi and Anderson, 2008)이 지적하듯이, 투표 참여를 자원뿐만 아니라 인센티브의 차이로도 설명할 필요가 있다. 여기에서 자원과 인센티브는 분석적으로 구분되는 개념이기는 하지만 현실적으로는 긴밀히 맞물려 있기도 하다. 소득 불평등의 증가가 저소득층과 고소득층의 투표 참여의 인센티브에 어떠한 영향을 미치는지에 초점을 둘 필요가 있다는 것이다. 예컨대, 투표할 것인지, 투표하지 않을 것인지를 결정할 때, 소득 불평등이 투표 참여에 미치는 영향은 선거 경쟁에 참여하는 정당들이 어떤 정책을 제시하는지에 따라 조건 지어질 것이다. 정당이 제시하는 정책이 유권자들이 투표 여부를 결정할 때 중요한 B값(선호하는 정당의 승리로부터 얻게 되는 효용)의 크기에 영향을 미칠 것이기 때문이다.

소득 불평등과 투표 참여의 관계와 관련하여, 레일리와 네이글러(Leighley and Nagler, 2014: 8~9)는 다음의 두 가지 가상 시나리오를 제시한다. 첫째, 저소득층에게 유리한 재분배정책을 제시하는 정당이 하나 존재할 경우, 저소득층은 두 정당 모두 재분배정책을 제시하지 않은 경우에 비해 정치적 소외를 덜 느끼게 된다. 따라서 소득 불평등이 증가하고 재분배정책이 현저한 선거 이슈로 등장할 때 하나의 정당이 재분배정책을 제시하고 선거 경쟁에 뛰어든다면,

저소득층은 투표할 가능성이 높다. 이러한 재분배 이슈의 현저성은 고소득층에게도 투표할 인센티브를 제공하여 고소득층의 투표 가능성도 높아진다. 이 경우, 종합적 효과는 저소득층의 투표율이 이미 낮은 수준이었기 때문에, 이전에 비해 투표하는 저소득층 유권자 수가 급격하게 늘어날 것이기 때문에, 이미 투표 참여가 높았던 고소득층의 증가에 비해 더 높은 증가율을 보일 것이다. 따라서 투표의 소득격차는 줄어들게 될 것이다.

둘째, 경쟁하는 어느 정당도 재분배정책을 제시하지 않는 경우, 저소득층은 소득 불평등이 증가한 상황에서 더 정치적 소외를 느끼게 될 것이고 투표할 가능성이 낮아질 것이다. 이는 고소득층에 비해 낮은 투표율을 보이면서, 이러한 경우 투표 참여의 소득격차는 더 높아질 것이다. 두 시나리오 모두 정당의 정책으로부터 도출되는 효용이 유권자들에게 투표함으로써 얻게 되는 이득과 연계된다는 점을 전제로 한 것이다.

3) 한국의 선거와 투표 참여

서구 민주주의 국가에서 사회경제적 요인과 투표 참여의 관계에 관한 연구는 대체로 나이가 많을수록, 교육수준이 높을수록, 소득수준이 높을수록 투표에 참여할 확률이 높음을 밝혀왔다. 그리고 이러한 현상은 대체로 시간이나 정치정보 수준 등 정치 참여를 쉽게 만드는 자원이 풍부하다는 메커니즘으로 설명된다.

그런데 한국 선거 연구에서 제시된 바에 따르면, 연령과 투표 참여의 관계는 분명하게 드러나지만, 소득과 투표 참여의 관계에 대해서는 명확한 경험적 증거를 제시하지 못하거나 상반된 결과를 보여주었다(김성연, 2015; 서복경, 2010; 서현진, 2009). 서현진(2009)은 2007년 대선과 2008년 총선에서 학력 수준이 높을수록 투표에 불참할 확률이 높으며, 소득과는 아무런 상관관계가 없다고 밝힌 반면에, 서복경(2010)은 같은 선거들에서 연령이 높을수록, 학력이 높을수록, 소득이 높을수록 투표에 참여할 확률이 높음을 발견했다. 마찬가지로 김성연(2015)은 2012년 총선과 대선 자료를 분석한 결과 투표 참여 집단과 불참 집단의 사회경제적 특성을 비교한 연구에서 소득의 차이가 뚜렷이 발견되었다고 주장했다. 투표 참여 추정 모델의 차이나, 모델 설정(specification)의 차이가 소득과 투표 참여에 관한 상반된 연구 결과로 이어졌을 수도 있다. 그런데 기존 연구들에서 나타나는 공통점은 기존 연구들이 횡단면 연구 디자인을 바탕으로 한 분석이라는 것이다. 통시적으로 한국 선거에서 소득과 투표 참여의 관계가 어떠한 특성과 추이를 보이는지, 투표 참여의 소득격차가 존재한다면, 소득 불평등과 투표 참여의 소득격차가 어떤 관계를 나타내는지에 관한 연구는 없었다. 이 글이 최초의 시도라 할 수 있다.

3. 경험적 분석: 자료와 변수

이 글은 한국종합사회조사 2003~2014(김지범 외, 2017) 자료를 활용한다. 이 조사는 12년 기간 동안 매년 실시되었고, 다단계 임의추출 기법으로 추출된 응답자들을 대상으로 대면조사를 수행한 자료이다.

이 글에서 사용하는 종속변수는 투표 참여이다. 문항은 "귀하는 지난 ___선거에서 투표하셨습니까?"이고 투표했다고 응답한 경우 1, 투표하지 않았다고 응답한 경우 0으로 코딩했다. 투표 참여뿐만 아니라 이 분석에서 사용된 문항 내용은 **부록 표 3**에 나타나 있다. 12년 기간 동안 두 차례의 대통령선거, 세 차례의 국회의원선거와 지방선거가 시행되었다(2004년 총선, 2006년 지방선거, 2007년 대선, 2008년 총선, 2010년 지방선거, 2012년 총선, 2012년 대선, 2014년 지방선거). 서베이 자료를 활용하여 투표 참여를 분석하면서 다음의 두 가지 점을 지적할 만하다. 첫째, 실제 투표율보다 여론조사 응답자들 중에 투표했다고 응답하는 사람들의 비율이 거의 항상 높다는 점이다. 한편으로는 투표 불참자들일수록 여론조사에 참여하지 않을 가능성이 더 크기 때문이고, 다른 한편으로는 실제 투표하지 않았음에도 불구하고 투표했다고 응답할 인센티브가 존재하기 때문이다(desirability bias). 종합적으로 볼 때, 서베이 응답자 중에 투표 기권자들이 과소 대표되면서 발생할 수 있는 왜곡과 투표에 불참했던 응답자들 중의 일부가 투표했다고 허위로 응답하면서 발생할 수 있는 왜곡이 서로 상쇄된다면 분석에 커다란 편향을 가져오지는 않는다(김성연, 2015: 51에서 재인용). 둘째, 선거의 층위에 따라 투표 참여 여부의 차이를 가져올 수 있다는 점이다(김욱, 2006). 예컨대, 대통령선거가 더 중요한 선거로 인식되고 지방선거의 중요성이 상대적으로 낮은 것으로 인식되면, 지방선거에서는 기권하고 대통령선거에서는 투표할 수도 있다. 그러나 선거 층위에 따른 투표 참여/기권 여부가 소득계층에 따라 체계적으로 차이가 난다고 믿을 만한 이론적인 근거가 존재하지 않는다면, 분석에 커다란 편의(bias)를 초래할 것이라고 볼 수 없다. 예를 들어, 저소득층이 체계적으로 지방선거에서는 기권하고 대통령선거에서는 대거 투표할 것이라고 생각할 논리적 근거는 없다. 따라서 이 글에서는 모든 층위의 선거에서 투표 참여 여부를 분석한다.

투표 참여의 소득격차를 분석하기 위해서 소득계층을 어떻게 구분할 것인지가 중요하다. 한국경제활동인구조사 등 대단위 조사가 정확한 소득 측정에 더 적합한 자료이지만, 경활 조사에는 투표 참여 여부를 묻는 문항이 없다. 투표 참여 문항과 소득 문항이 동시에 있는 경우, 소득은 대체로 주어진 소득구간 중에서 응답자가 선택하는 문항으로 구성되어 있다. 물론, 가구소득 문항에 대한 응답의 정확성에 대해서 의문의 여지가 있다. 모든 가구 구성원의 소득을 정확히 알지 못하거나, 혹은 정확히 알더라도 축소 보고(under-report)할 유인이 있을 수 있다. 그럼에도 불구하고, 더 좋은 측정치의 결여로 인해 한국종합사회조사 자료의 소득 문항을 활용했다.

한국종합사회조사 자료에 포함된 세전(pre-tax and pre-transfer) 가구소득을 묻는 문항은 22개의 소득구간으로 범주화되어 있다. 이 문항을 바탕으로 다음의 두 가지 측정을 분석에 사용했다. 첫째, 22개의 소득구간을 저소득층, 중산층, 고소득층으로 구분했다. 저소득층은 0~3구간, 중산층은 4~10구간, 고소득층은 11~21구간이다. 저소득층은 149만 원 이하, 중산층은 150만 원~499만

원, 고소득층은 500만 원 이상 집단으로 구분된다. 세 소득 집단을 다른 기준으로 범주화하여 분석했을 때도 그 결과는 질적으로 다르지 않았다. 둘째, 전체 응답자들의 중위 응답 구간인 7을 기준으로 중위 소득 이하(7 포함, 0~7) 집단과 중위 소득 이상 집단(8~21)으로 구분하여 분석했다. 중위 소득을 기준으로 이하와 이상을 구분하는 것은 멜처와 리처드(Meltzer and Richard, 1981) 모델에서 제시한 중위 소득과 소득 불평등, 그리고 정부의 크기에 대한 연구와 맞닿아 있다. 멜처와 리처드(Meltzer and Richard, 1981)는 소득 불평등이 증가하면서 중위 소득이 평균 소득보다 하락하는 경향이 있고, 선거에서 결정적인 중위투표자(=중위 소득)가 더 많은 재분배정책을 요구하면서 재분배정책을 제시하는 정당에 투표할 가능성이 높아진다는 이론을 제시했다. 이러한 두 가지 소득 집단을 구분함으로써 한국 사회에서 투표 참여와 소득의 관계를 분석했다.

투표 참여에 영향을 미칠 수 있는 다른 독립변수들을 분석에 포함했다. 연령은 실제 나이로 측정한 것이다. 선진 민주주의 국가뿐만 아니라 한국 선거 연구에서도 연령이 높을수록 투표할 확률이 높음은 잘 알려진 사실이다(이갑윤, 2008). 연령이 높을수록 투표 참여에 필요한 자원, 즉 정보 취합 비용이 적게 들거나, 시간이 더 많거나 아니면 정치에 관심이 더 많은 경향이 있다. 따라서 연령이 높을수록 투표에 참여할 확률이 높을 것이라 예측할 수 있다. 성별(남성=1)을 분석에 포함했다. 한국 선거 연구에서 성별에 따른 투표 참여의 상관관계를 살펴봤을 때 다른 조건이 모두 같다면 어느 한 성이 다른 성에 비해 투표할 확률이 뚜렷하게 높다는 이론적, 경험적 발견을 제시하지는 못했다. 교육수준(1~7 구간 범주)을 분석에 포함시켰다. 미국 등 선진 민주주의 국가의 투표 참여 연구에서는 교육수준이 높을수록 투표 참여의 확률이 높다는 연구 결과들이 축적되어 왔다(Verba, Schlozman, and Brady, 1995; Wolfinger and Rosenstone, 1980). 교육은 개인의 인지적 숙련도, 정치로부터 얻게 되는 이득, 사회적 기술을 증가시켜서 투표 참여의 가능성을 높이는 것으로 제시되었다. 그런데 한국 선거 연구에서 교육수준과 투표의 관계에 대한 경험적 증거는 혼재되어 있다. 서현진(2009)의 연구는 교육수준이 높을수록 기권할 확률이 높다고 밝힌 반면에, 다른 연구에서는 교육수준과 투표의 양(+)의 상관관계를 제시했다(강원택, 2010). 미국 선거 연구에서 흥미로운 논의 중에는 자기 선택(self-selection) 메커니즘을 강조한 연구들이 있다(Kam and Palmer, 2008; Mayer, 2011). 즉, 개인이 갖는 어떤 제3의 특징이 교육에 더 투자하여 높은 교육수준을 달성하는 것을 추구하게 만들고, 동시에 투표에 참여하게 만들 수도 있다는 것이다. 투표를 열심히 할 특성을 갖는 사람이 동시에 더 높은 수준의 교육을 받는 것을 추구한다는 것이다. 경제활동 변수를 분석에 포함시켰다. 현재 수입이 있는 일을 하는 경우 1, 그렇지 않은 경우 0으로 코딩했다. 노동조합원인 경우 1, 그렇지 않은 경우 0으로 코딩했다. 노동조합이 교육과 공동체 형성을 통해 노동조합원으로 하여금 자신의 경제적 이해관계를 더 명확하게 이해하고 그것을 바탕으로 정책 선호를 형성하고 정치 참여를 독려하는 계몽 효과(enlightenment effect)가 있기 때문에 노동조합원일수록 투표할 확률이 높을 것이라 예측할 수 있다.

선거 국면에 따라 투표율에 차이가 발생한다. 더 치열하게 경합하는 박빙의 선거일수록 투표할 인센티브가 증가한다. 또는 특정 선거에서 경제위기 등 외부적 충격이나 스캔들 등의 국면적 변수 때문에 투표 참여의 확률에 차이가 날 수 있다. 이러한 점을 포착하기 위해서 연도 더미변수를 분석모형에 포함시켜서 연도별 고정 효과(fixed effects)를 고려했다.

투표 참여에 영향을 미칠 수 있는 정치적 변수들이 있다. 예컨대, 정치 관심이 높을수록 그렇지 않은 사람에 비해서 투표할 확률이 높을 것이다. 정치 효능감(political efficacy)이 높을수록 투표할 확률이 높다. 즉, 정치적 사안에 대해서 많은 정보를 갖고 잘 알고 있다고 생각하거나 또는 일반 국민의 의견이 정치권에 잘 반영되어 정책으로 산출된다고 믿는 사람일수록 민주적 정치 과정에 참여하여 투표를 통해 목소리를 내는 경향이 있는 것이다. 또한 선거 경쟁에 참여하는 정당들의 정책의 차이가 뚜렷하다고 느끼거나, 아니면 가장 선호하는 정당의 정책 입장과 본인의 정책 입장의 거리가 가까울수록 투표할 가능성이 더 높을 것이다. 그런데 아쉽게도 이러한 정치적 변수를 분석에 포함시키지 않았는데, 그 이유는 한국종합사회조사 자료에서 위의 정치적 변수들은 매우 간헐적으로 문항에 포함되어 있기 때문이다. 이 글은 2003~2014년 기간 동안 소득과 투표 참여의 관계에 대한 통시적 분석을 하는 데 주된 초점을 두고 있다. 따라서 정치적 변수들을 포함시킬 경우, 특정 연도 조사 자료에 대한 횡단면적 분석에 그칠 수밖에 없다. 다만, 매년 조사에 포함된 다음의 두 가지 정치적 변수를 분석에 포함했다. 첫째, 응답자의 정치적 이념(1-5 척도)을 포함했다. 1은 매우 진보, 5는 매우 보수를 가리킨다. 둘째, 지지 정당 존재 여부에 대한 문항을 활용하여 지지 정당이 없다고 응답한 무당파층을 1, 지지 정당이 있는 경우 0으로 코딩한 더미변수를 분석에 포함시켰다. 무당파층일수록 기권할 확률이 높을 것이라 예측할 수 있다.

4. 경험적 분석 결과

1) 소득과 투표 참여

한국 선거에서 소득과 투표 참여는 어떤 특성과 추이를 보여주는가? 우선 2003~2014년 기간의 소득과 투표율의 특징과 추이를 탐색적으로 분석한 후에, 투표 참여가 이항(dichotomous) 변수이기 때문에 투표 참여의 결정요인에 대해 2003~2014년 기간의 통합자료(pooled data)에 대한 로짓(logit) 분석을 수행했다.

그림 13-1은 2003~2014년 사이에 실시된 대통령선거, 국회의원선거, 지방선거의 투표율[중앙선거관리위원회(NEC) 자료]과 한국종합사회조사(KGSS) 자료에서 투표했다고 응답한 응답자들의 비율을 보여준다. 평균적으로 실제 투표율보다 한국종합사회조사 투표 응답이 약 15% 정도 높게 나타났다. 2008년과 2010년 자료의 경우, 중앙선거관리위원회 투표율은 2008년 국회의원선거와 2010년 지방선거 투표율을 나타낸 것이고, 한국종합사회조사 투표율은 두 차

그림 13-1 ● 한국 선거의 투표율(단위: %)

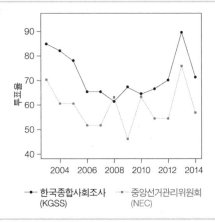

자료: 한국종합사회조사, 중앙선거관리위원회 투표율 자료.

례 모두 2007년 대통령선거에서 투표했는지를 묻는 문항에 대한 응답 분포이기 때문에 자료가 일치하지 않는다. 2004년 자료의 경우, 두 자료가 약 21% 포인트 차이를 나타낸다. 투표율의 차이가 발견되지만, 앞에서 언급한 대로, 투표 불참자가 여론조사에도 불참하기 때문에 발생하는 왜곡과 실제 기권자가 조사에서 투표했다고 응답함으로써 발생하는 왜곡이 서로 대체로 상쇄 효과를 갖는다면, 분석에 커다란 편의를 초래하지는 않을 것이다.

그림 13-2는 소득계층과 투표 참여의 소득격차를 보여준다. 2003~2014년 기간 동안, 고소득층이 저소득층에 비해서 투표 참여를 더 많이 했다는 것을 알 수 있다. 패널 (a)를 보면, 원으로 표시된 고소득층의 투표 참여 비율이 네모로 표시된 저소득층의 참여 비율에 비해서 2003년과 2013년을 제외한 다른 10년의 조사에서 높게 나타났음을 알 수 있다. 전반적으로 2003~2005년에 비해 2006년부터 투표율이 급격하게 낮아지는 것으로 조사되었는데, 이 기간에 고소득층과 저소득층의 투표 참여 비율이 더 차이가 난다는 점이 흥미롭다. 소득에 따른 투표 참여의 격차를 더 뚜렷하게 나타낸 것이 패널 (b)이다. 앞서 언급한 대로 2003년과 2013년을 제외하고는 고소득층 투표 참여에서 저소득층

그림 13-2 ● 소득계층과 투표 참여의 추이(2003~2014년)

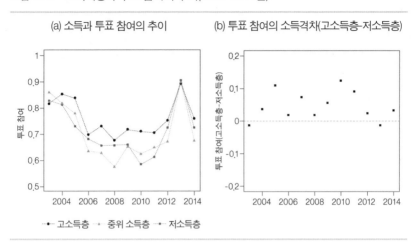

투표 참여를 뺀 차이는 모두 양수를 나타냈다. 2005년, 2010년, 2011년 조사에서 나타난 고소득층과 저소득층의 투표 참여의 격차는 10% 포인트 이상을 기록했다.

언급해야 할 부분은, 전체 투표율이 낮게 나타날수록 고소득층과 저소득층의 투표 격차가 더 크게 나타난다는 점이다. 켄워디와 폰투손(Kenworthy and Pontusson, 2005)은 고소득층이 저소득층에 비해서 더 꾸준하게 투표하고, 저소득층의 투표 참여는 정치적 동원화(mobilization)의 영향을 많이 받기 때문에 전체 투표율이 증가한다는 것은 여태까지 투표장에 잘 나오지 않았던 저소득층의 참여가 증가한 것이라고 주장했다. 그림 13-2가 제시하는 전체 투표율의 하락과 소득계층의 투표 격차가 함께 나타나는 것은 선진 민주주의 국가에서도 나타나는 일반적인 경향이다.

그림 13-3은 소득계층을 중위 소득 이하 집단과 중위 소득 이상 집단으로 구분한 후에 두 집단의 투표율을 보여준다. 2003~2014년 기간에 중위 소득 이상 집단의 투표 참여가 중위 소득 이하 집단의 투표 참여보다 항상 높았음을 알 수 있다. 패널 (b)는 중위 소득 이상 집단과 이하 집단의 투표 참여 격차가 분

그림 13-3 ● 중위 소득 이하와 이상 집단의 투표 참여 추이(2003~2014년)

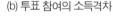

(a) 중위 소득 이하와 이상 집단의 투표율 추이   (b) 투표 참여의 소득격차

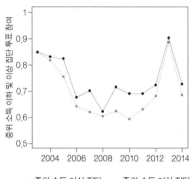
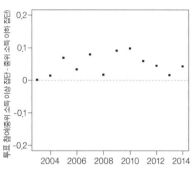

-●- 중위 소득 이상 집단   -■- 중위 소득 이하 집단

석 대상 기간 동안 항상 양수였다는 점을 제시하고 있다. 2009년과 2010년 조사에서는 두 집단의 투표 참여 격차가 약 10% 포인트를 기록했다.

소득이 투표 참여에 미치는 영향을 체계적으로 추정하기 위해 로짓 분석을 수행했다. 표 13-1은 2003~2014년 통합자료에 대한 분석 결과를 보여준다. 투표 참여에 영향을 미치는 사회경제적 변수들과 일부 정치적 변수들을 포함하고 매 연도별 고정 효과를 고려한 변수들을 포함한 모형을 추정했다.

분석 결과는 예측대로 저소득층일수록 중산층(준거 범주)에 비해 투표할 확률이 낮으며, 고소득층은 중산층에 비해 투표할 확률이 높음을 보여준다. 두 변수의 추정 계수는 모두 99% 신뢰 수준에서 통계적으로 유의미한 것으로 나타났다. 승산비(odds ratio)를 계산하면, 저소득층은 중산층에 비해 투표할 확률이 약 15% 낮고, 고소득층은 약 20% 높은 것으로 추정되었다. 모델 (2)는 중위 소득 이하 집단과 이상 집단을 구분하고 중위 소득 이하 집단 더미변수를 분석모형에 포함한 결과이다. 마찬가지로 중위 소득 이하 집단은 중위 소득 이상 집단에 비해 투표할 확률이 낮은 것으로 나타났고, 이 결과는 99% 신뢰 수준에서 통계적으로 유의미했다. 중위 소득 이하 집단은 중위 소득 이상 집단에

표 13-1 ● 소득과 투표 참여(2003~2014년)

변수	[1]	[2]
저소득층	-0.167*** (0.065)	
고소득층	0.181*** (0.051)	
중위 소득 이하		-0.220*** (0.045)
연령	0.058*** (0.002)	0.057*** (0.002)
성별(남성=1)	0.224*** (0.044)	0.227*** (0.044)
교육수준	0.191*** (0.020)	0.192*** (0.020)
경제활동(경제활동=1)	-0.138*** (0.047)	-0.132*** (0.047)
노동조합원	0.288*** (0.080)	0.286*** (0.081)
정치적 이념	-0.080*** (0.022)	-0.079*** (0.022)
무당파층	-0.888*** (0.044)	-0.889*** (0.044)
상수	-0.394** (0.175)	-0.243 (0.182)
연도 고정 효과	Yes	Yes
N	13,398	13,398
Log likelihood	-7,033.46	-7,032.50
Akaike Information Criterion	14,108.93	14,105.00

* $p < 0.10$, ** $p < 0.05$, *** $p < 0.01$
주: 로짓 추정 계수와 표준오차. 연도 고정 효과는 지면의 제약으로 보고하지 않음.

비해서 투표할 확률이 약 20% 정도 낮은 것으로 추정되었다. 분석 결과는 뚜렷하게 2003~2014년 기간 동안 투표 참여의 소득격차를 보여주는 것이다.

많은 연구들에서 나타난 바와 같이, 연령이 한 살 많을수록 투표 참여 확률이 약 5% 높은 것으로 분석되었다. 여성에 비해 남성이 투표할 확률이 약 25%

더 높은 것으로 분석되었다. 교육수준이 0~7 척도에서 한 단계 높아질수록 투표할 확률이 약 21% 높은 것으로 분석되었다. 이 결과는 특정 선거 시기 횡단면 자료를 사용한 연구에서 고학력자가 더 많이 기권했다는 분석 결과(서현진, 2009)와는 다른 것이다. 2003~2014년 기간을 통시적으로 분석했을 때, 한국 선거에서 고학력층이 더 많이 투표한다는 것을 보여준다. 이 점은 고학력층일수록 투표 참여에 대한 시민의식이 더 높기 때문이라고 볼 수도 있지만, 일종의 자기 선택 메커니즘이 작동해서 어떤 특성을 갖는 사람들이 학업을 계속하여 고학력층이 되고 동시에 그 특성의 결과 투표를 하게 되는 것일 수도 있다. 물론 이러한 자기 선택 메커니즘에 대한 경험적 검증은 더 엄밀한 연구 디자인과 패널 데이터 분석을 필요로 할 것이다. 여기에서는 한국 선거에서 학력과 투표 참여의 양(+)의 상관관계를 지적하는 것으로 그친다.

분석 결과에 따르면, 놀랍게도 현재 수입이 있는 경제활동을 하는 사람이 아무 일도 하지 않고 있는 사람들(예컨대, 은퇴, 학생, 구직자, 실업자, 전업주부 등)에 비해 투표할 확률이 약 13% 낮은 것으로 나타났다. 이 결과는 다른 연구들과 차이가 나는 것인데, 고용 상태에 있는 사람들이 실업자에 비해 투표 참여에 적극적이라는 연구들에서 준거 범주는 실업자인 반면에, 이 분석의 준거 범주가 매우 이질적인 다양한 집단을 포함하고 있다는 점을 지적할 수 있다. 노동조합원들은 다른 집단에 비해 투표할 확률이 33% 더 높은 것으로 나타났다. 이념적으로 보수적일수록 투표할 확률이 7% 낮은 것으로 분석되었는데, 이는 소득과 연령, 이념의 상관관계가 매우 높다는 점에서 비롯된 결과일 수도 있다. 지지하는 정당이 없다고 응답한 사람일수록 지지하는 정당이 있다고 응답한 사람들에 비해 투표할 확률이 무려 60% 정도 낮은 것으로 나타났다. 정치에 대한 관심이 낮거나, 정치 현실에 대해 만족하지 못하는 경우에 어느 정당에 대한 지지도 철회하게 될 것이고, 마찬가지 이유로 기권할 가능성이 높을 것이다.

표 13-1에 보고한 분석 결과는 19~65세까지의 응답자들을 대상으로 한 것이다. 강건성 검증(robustness test)을 위해 65세 이상 응답자도 포함하여 모형을 분석한 결과는 표 13-1에 제시된 분석 결과와 질적으로 동일했다. 저소득층 변수

의 로짓 추정 계수는 −0.238, 고소득층 변수의 추정 계수는 0.182로 나타났고, 두 계수 모두 통계적으로 유의미했다. 한 가지 차이는 경제활동 변수가 65세 이상을 포함했을 때 통계적으로 유의미하지 않은 것으로 나타난다는 점이다.

2) 소득 불평등과 투표 참여의 소득격차

저소득층이 고소득층에 비해서 투표 참여를 덜 한다는 발견은 소득 불평등 수준에 따라 다른 패턴을 보이는가? 객관적인 소득분포의 불평등 정도와 투표 참여의 소득격차는 어떠한 관계를 나타내는가? 여기서는 탐색적 수준에서 소득 불평등과 투표의 소득격차의 관계를 살펴본다. 통계청에서 발표하는 지니계수는 2006년 이후부터 입수 가능하다. 따라서 여기서는 2006~2014년의 9개 자료만으로 소득 불평등과 투표 참여의 소득격차의 관계를 살펴보아야 하는 제약이 있다. 물론 서베이 자료에서 소득 불평등에 대한 응답자의 인지와 태도를 묻는 문항들이 있으나, 주관적인 소득 불평등 인식보다는 객관적인 소득 불평등 수준과 투표 참여의 소득격차의 관계를 분석하기 위해 부득이하게 탐색적 수준에서 상관관계를 산점도(scatterplot)를 통해 고찰한다.

그림 13-4는 통계청 자료인 세전 가구소득 지니계수로 측정한 소득 불평등과 투표의 소득격차의 관계를 보여준다. 패널 (a)는 고소득층과 저소득층의 투표 참여 격차를 보여주고, 패널 (b)는 중위 소득 이상 집단과 중위 소득 이하 집단의 투표 참여 격차를 보여준다. 두 패널 모두 소득 불평등과 투표의 소득격차가 양(+)의 상관관계를 나타낸다는 점을 제시한다. 즉, 2006~2014년 시기 한국 사회의 소득분포가 불평등할수록 투표 참여의 소득격차도 더 뚜렷하게 나타난 것이다. 소득 불평등과 투표 참여의 소득격차에 대한 체계적인 분석을 수행한 것은 아니지만, 그림 13-4에 제시된 패턴은 상대적 권력이론의 주장에 조응하는 경험적 증거라 할 수 있다. 즉, 소득 불평등이 높은 맥락에서 고소득층의 정치적 자원이 더 파급 효과를 갖게 되고, 고소득층의 투표 참여는 최소한 그대로 유지되는 반면에, 저소득층의 투표 참여는 더 감소하게 된다는 것이다.

그림 13-4 • 소득 불평등과 투표 참여의 소득격차

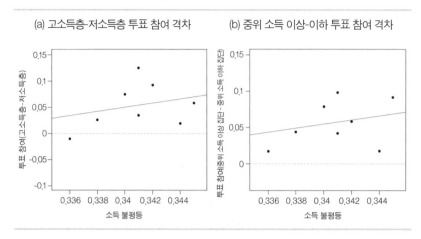

이 경우, 그 효과는 투표 참여의 소득격차의 확대가 된다. 그리고 소득 불평등과 투표의 소득격차는 양(+)의 상관관계를 나타내게 된다.

5. 맺음말

이 글은 2003~2014년 한국종합사회조사 자료를 분석하여 한국 선거에서 투표 참여의 소득격차가 발견되는지, 소득 불평등과 투표의 소득격차가 어떠한 패턴을 보이는지를 통시적 시각에서 고찰했다. 분석 결과는 다음과 같이 요약할 수 있다. 첫째, 2003~2014년 통합자료에 대한 분석 결과, 투표 참여의 소득격차가 뚜렷하게 발견되었다. 중산층에 비해 저소득층은 투표할 확률이 낮고, 고소득층은 투표할 확률이 높은 것으로 분석되었다. 조사 응답자들 중 중위 소득을 기준으로 중위 소득 이하 집단과 중위 소득 이상 집단을 구분하여 추정한 모형에서도 중위 소득 이하 집단이 중위 소득 이상 집단에 비해 투표할 확률이 낮은 것으로 분석되었다. 두 가지 다른 측정을 사용했을 때 모두 소득이 낮을수록 투표 참여 확률이 낮은 것으로 나타났다. 둘째, 탐색적 자료 분석을 한 결과,

소득 불평등과 투표 참여의 소득격차가 양(+)의 상관관계를 나타내는 것으로 제시되었다. 한국 사회에서 소득분포가 불평등할 때 투표 참여의 소득격차가 높았던 것으로 나타났다. 이러한 분석 결과는 갈등이론보다는 상대적 권력이론에 조응하는 특징을 보여준다. 즉, 소득 불평등이 높을수록 더 많은 정치적 자원을 갖는 고소득층의 목소리가 더 활성화되고, 적은 정치적 자원을 가진 저소득층은 정치 과정에서 소외되거나 스스로 기권하는 현상이 발견되는 것이다.

기존 한국 선거 연구에서 소득과 투표 참여의 관계에 관한 논의들이 특정 선거와 관련된 횡단면 연구 설계를 바탕으로 했던 것인 반면, 이 글은 2003~2014년 한국 사회에서 나타난 소득과 투표 참여의 관계를 통시적으로 살펴보았다는 점에서 학문적으로 새로운 기여가 될 것이다. 통시적으로 살펴보았을 때, 투표율이 낮을 때 투표 참여의 소득격차가 더 두드러지게 나타난다는 점을 보여준다. 낮은 투표율은 고소득층에 비해 저소득층에서 기권자가 더 많음을 암시한다. 따라서 투표의 소득격차는 더 증가하게 된다. 또한 소득 불평등의 정도가 높을 때 투표의 소득격차가 높아진다는 점도 소득 불평등의 증가가 저소득층의 정치 소외 및 정치 과정으로부터의 기권을 유도한다는 점을 보여준다. 불평등한 정치 참여가 소득 불평등이 높을수록 더 심화되는 것이다.

레이파르트(Lijphart, 1997)는 25년 전에 '민주주의의 해결되지 않은 딜레마(democracy's unresolved dilemma)'로 정치 참여의 불평등을 지적한 바 있다. 저소득층과 고소득층의 정치 참여의 격차가 심화되면서 투표장에서 고소득층이 과다 대표되는 현상을 가리킨 것이다. 정치적 평등의 원리를 바탕으로 한 민주주의에서 소득에 따른 특정 계층이 과다 대표되는 것은 민주주의의 원리에 커다란 위협이 된다. 그리고 이후 많은 연구들을 통해 투표장에서뿐만 아니라, 정치 과정과 그 산출물인 정책에서 고소득층의 요구와 이익이 훨씬 더 대표된다는 점이 밝혀졌다(Bartels, 2008; Gilens, 2012). 이러한 정치적 불평등의 한 단면이 한국 선거에서의 투표 참여의 소득격차 현상으로 나타난다는 점을 이 글에서 보여주었다. 소득 불평등과 정치 참여의 불평등이 맞물려서 전개된다는 점도 제시했다. 후속 연구에서 업데이트된 최근 자료를 포함하여 분석할 계획이다.

한국 사회의 정치적 대표(representation)의 불평등 현상을 분석하는 것은 좋은 연구 주제가 될 것이다. 한국 사회에서 어느 집단의 이익과 요구가 다른 집단에 비해 더 많이, 더 지속적으로, 반영되고 대표되는지에 대한 체계적이고 실증적인 연구가 필요하다.

부록

부록 표 1 • 기술통계

변수	평균	중위수	표준편차	최솟값	최댓값
투표 참여	0.718	1	0.45	0	1
소득	8.253	7	4.806	0	21
저소득층	0.133	0	0.34	0	1
중산층	0.601	1	0.49	0	1
고소득층	0.266	0	0.442	0	1
중위 소득 이하	0.531	1	0.499	0	1
중위 소득 이상	0.469	0	0.499	0	1
연령	40.829	40	11.789	19	65
성별	0.475	0	0.499	0	1
교육수준	3.785	4	1.349	0	7
경제활동	0.649	1	0.477	0	1
노동조합원	0.084	0	0.277	0	1
정치적 이념	2.997	3	0.97	1	5
무당파층	0.337	0	0.473	0	1

부록 표 2 • 상관관계

	연령	남성	고용	교육	노조원	소득	이념	무당파	투표	저소득	고소득
남성	0.002										
고용	0.092	0.297									
교육	-0.473	0.139	0.048								
노조원	-0.029	0.108	0.222	0.056							
소득	-0.071	0.032	0.162	0.377	0.074						
이념	0.101	-0.041	-0.017	-0.099	-0.018	-0.027					
무당파	-0.069	-0.01	0.023	0.035	-0.022	-0.013	0.005				
투표	0.211	0.055	0.02	-0.012	0.034	0.053	-0.017	-0.168			
저소득	0.19	-0.036	-0.163	-0.3	-0.07	-0.495	0.022	0.008	-0.002		
고소득	-0.02	0.021	0.105	0.288	0.059	0.81	-0.034	-0.018	0.05	-0.236	
중산층	-0.114	0.007	0.018	-0.052	-0.004	-0.388	0.016	0.01	-0.043	-0.48	-0.739

• 투표 참여=1, 기권=0

"귀하는 지난 _____ 선거에서 투표하셨습니까?"

2003 조사 – 2002년 대통령선거

2004 조사 – 2004년 국회의원선거

2005 조사 – 2004년 국회의원선거

2006 조사 – 2006년 지방선거

2007 조사 – 2006년 지방선거

2008 조사 – 2007년 대통령선거 (분석에 사용) / 2008년 국회의원선거

2009 조사 – 2008년 국회의원 선거

2010 조사 – 2007년 대통령선거 (분석에 사용) / 2010년 지방선거

2011 조사 – 2010년 지방선거

2012 조사 – 2012년 국회의원선거

2013 조사 – 2012년 대통령선거

2014 조사 = 2014년 지방선거

• 소득

"귀댁의 월평균 총소득은 세금 공제 이전에 대략 어느 정도 됩니까? 귀하를 포함한 모든 가구원들의 수입을 근로소득, 이자, 재산 및 임대소득과 연금, 각종 보조금 혹은 누군가로부터 개인적으로 받는 돈 등을 모두 합해서 말씀해 주십시오."(0~21구간 척도)

저소득층: 0~3구간(소득 없음~149만 원)

중산층: 4~10구간(150만 원~499만 원)

고소득층: 11~21구간(500만 원~1000만 원 이상)

중위 소득 이하 집단: 0~7구간(소득 없음~349만 원)

중위 소득 이상 집단: 8~21구간(350만 원~1000만 원 이상)

• 성별: 응답자의 성별. 남성 1 / 여성 0

• 연령: 응답자의 실제 연령

• 교육수준: "귀하는 학교를 어디까지 다니셨습니까?" 0 무학, 1 초등(국민)학교, 2 중학교, 3 고등학교, 4 전문대학(2, 3년제), 5 대학교(4년제), 6 대학원(석사과정), 7 대학원(박사과정)

• 경제활동: "지금 수입이 있는 일을 하고 있습니까?" 취업 1 / 미취업 0

• 노동조합원: "귀하는 현재 노동조합에 가입하고 있습니까?" 그렇다 1 / 아니다 0

• 정치적 이념: "귀하는 자신이 정치적으로 어느 정도 진보적 또는 보수적이라고 생각하십니까?" 1 매우 진보적, 2 다소 진보적, 3 중도, 4 다소 보수적, 5 매우 보수적

• 무당파층: "귀하는 현재 어느 정당을 지지하십니까?" 지지정당 없음 1 / 지지정당 있다고 응답한 경우 0

참고문헌

강원택. 2010. 『한국 선거정치의 변화와 지속』. 파주: 나남.

김성연. 2015. "한국 선거에서 투표 참여집단과 불참집단의 정책 선호와 사회경제적 배경: 2012년 양대 선거를 중심으로". ≪아태연구≫, 22권 4호, 41~68쪽.

김욱. 2006. "선거의 유형과 투표참여". ≪한국정치연구≫, 15권 1호, 99~121쪽.

김지범·강정한·김석호·김창환·박원호·이윤석·최슬기·김솔이. 2017. 『한국종합사회조사 2003-2016』. 서울: 성균관대학교출판부.

서복경. 2010. "투표 불참 유권자집단과 한국 정당체계". ≪현대정치연구≫, 3권 1호, 109~129쪽.

서현진. 2009. "투표참여와 학력 수준". 김민전·이내영 공편. 『변화하는 한국유권자 3』. 서울: 동아시아연구원.

윤성호·주만수. 2010. "투표참여의 경제학: 제18대 국회의원 선거 투표율 결정요인 분석". ≪경제학연구≫, 58권 2호, 221~254쪽.

이갑윤. 2008. "한국선거에서의 연령과 투표참여". ≪의정연구≫, 26호, 93~116쪽.

이현경·권혁용. 2016. "한국의 불평등과 정치선호의 계층화". ≪한국정치학회보≫, 50권 5호, 89~108쪽.

조성대. 2006. "투표참여와 기권의 정치학: 합리적 선택이론의 수리모형과 17대 총선". ≪한국정치학회보≫, 40권 2호, 51~74쪽.

한정훈·강현구. 2009. "유권자의 합리적 선택과 정치엘리트의 전략적 행위가 투표율에 미치는 영향: 제18대 국회의원선거 사례분석". ≪한국정치연구≫, 18권 1호, 51~82쪽.

황아란. 2008. "선거환경변화가 당선경쟁과 투표율에 미친 영향". ≪한국정당학회보≫, 7권 2호, 83~109쪽.

Aldrich, John. 1993. "Rational Choice and Turnout." *American Journal of Political Science*, Vol. 37, No. 1, pp. 246~278.

Anderson, Christopher J. and Pablo Beramendi. 2008. "Income, Inequality, and Electoral Participation." in Pablo Beramendi and Christopher J. Anderson(eds.). *Democracy, Inequality, and Representation.* New York: Russell Sage Foundation.

Bartels, Larry M. 2008. *Unequal Democracy.* Princeton, NJ: Princeton University Press.

Beramendi, Pablo and Christopher J. Anderson(eds.). 2008. *Democracy, Inequality, and Representation.* New York: Russell Sage Foundation.

Bonica, Adam, Nolan McCarty, Keith T. Poole and Howard Rosenthal. 2013. "Why Hasn't Democracy Slowed Rising Inequality?" *Journal of Economic Perspectives*, Vol. 27, No. 3, pp. 103~124.

Brady, Henry. 2004. "An Analytical Perspective on Participatory Inequality and Income Inequality." in Kathryn M. Neckerman(ed.). *Social Inequality.* New York: Russell

Sage Foundation.

Brady, Henry, Sidney Verba and Kay Schlozman. 1995. "Beyong SES: A Resource Model of Political Participation." *American Political Science Review*, Vol. 89, No. 2, pp. 271~294.

Downs, Anthony. 1957. *An Economic Theory of Democracy.* New York: Harper & Low.

Enelow, James and Melvin Hinich. 1984. *The Spatial Theory of Voting: An Introduction.* Cambridge: Cambridge University Press.

Franklin, Mark N. 2004. *Voter Turnout and the Dynamics of Electoral Competition in Established Democracies since 1945.* Cambridge: Cambridge University Press.

Freeman, Richard. 2004. "What, Me Vote?" in Kathryn M. Neckerman(ed.). *Social Inequality.* New York: Russell Sage Foundation.

Gilens, Martin. 2012. *Affluence and Influence: Economic Inequality and Political Power in America.* Princeton, NJ: Princeton University Press and Russell Sage Foundation.

Goodin, Robert and John Dryzek. 1980. "Rational Participation: The Politics of Relative Power." *British Journal of Political Science*, Vol. 10, No.3, pp. 273~292.

Huber, Evelyne and John D. Stephens. 2012. *Democracy and the Left: Social Policy and Inequality in Latin America.* Chicago, IL: University of Chicago Press.

Kam, Cindy D. and Carl L. Palmer. 2008. "Reconsidering the Effects of Education on Political Participation." *Journal of Politics*, Vol. 70, No. 3, pp. 612~631.

Kenworthy, Lane and Jonas Pontusson. 2005. "Rising Inequality and the Politics of Redistribution in Affluent Countries." *Perspectives on Politics*, Vol. 3, No. 3, pp. 449~471.

Leighley, Jan E. and Jonathan Nagler. 2014. *Who Votes Now? Demographics, Issues, Inequality, and Turnout in the United States.* Princeton, NJ: Princeton University Press.

Lijphart, Arend. 1997. "Unequal Participation: Democracy's Unresolved Dilemma." *American Political Science Review*, Vol. 91, No. 1, pp. 1~14.

Mayer, Alex. 2011. "Does Education Increase Participation?" *Journal of Politics*, Vol. 73, No. 3, pp. 633~645.

Meltzer, Allan and Scott Richard. 1981. "A Rational Theory of the Size of Government." *Journal of Political Economy*, Vol. 89, No. 5, pp. 914~927.

Mueller, Dennis C. 2003. *Public Choice III.* Cambridge: Cambridge University Press.

Radcliff, Benjamin. 1992. "The Welfare State, Turnout, and the Economy: A Comparative Analysis." *American Political Science Review*, Vol. 86, No. 2, pp. 444~456.

Solt, Frederick. 2010. "Does Economic Inequality Depress Electoral Participation? Testing the Schattschneider Hypothesis." *Political Behavior*, Vol.32, No. 2, pp. 285~301.

Verba, Sidney, Kay L. Schlozman and Henry Brady. 1995. *Voice and Equality: Civic Voluntarism in American Politics.* Cambridge: Cambridge University Press.

Wattenberg, Martin. 2002. *Where Have All the Voters Gone?* Cambridge, MA: Harvard University Press.

Wolfinger, Raymond, and Steven Rosenstone. 1980. *Who Votes?* New Haven: Yale University Press.

14

평등과 이데올로기

김윤태

　'왜 평등인가'라는 문제에 대한 답변은 분명해지고 있다. 1980년대 신자유주의 전성기에 유행했던 "불평등이 오히려 개인의 노동 의욕과 성취동기를 강화한다"라는 주장은 이제 더 이상 설득력을 가질 수 없다. 수많은 학자들의 연구를 보면, 불평등이 다양한 사회문제의 원인이라는 사실은 명확해졌다(Wilkinson and Pikett, 2009). 불평등이 증가한 나라에서 사회적 신뢰가 약화되고, 개인의 심리적 스트레스가 커지며, 사람들의 행복감도 낮아졌다. 불평등이 심화되면서 중산층이 사라지고 내수가 침체되면서 장기적으로 경제성장에도 나쁜 영향을 미친다. 어떤 사회에서도 불평등이 완전히 없어질 수도 없고 어느 정도의 불평등은 사회에서 필요할 수 있다. 그러나 지금처럼 지나치게 커진 불평등은 사회 갈등을 일으키고, 정치적 양극화를 심화시키고, 민주주의를 위협할 수준에 이르렀다. 지난 30년간 '거대한 분열'이 만든 극심한 사회경제적 불평등을 줄이기 위해서는 정부의 새로운 비전과 전략이 필요하다.

---

* 이 글은 김윤태, 「평등과 이데올로기」, 조성은 외, 『중장기 사회보장 발전 방향 모색을 위한 사회보장 의제발굴 연구』(보건복지부·한국보건사회연구원, 2021)에 실린 논문을 수정·보완한 글이다.

평등이 다시 커다란 관심을 끌고 있지만 '무엇에 대한 평등인가'는 여전히 논쟁적 질문이다(Sen, 1992). 평등은 단지 보통 선거권과 의무교육만 가리키는 것은 아니다. '어떤 평등인가'라는 문제는 이론적 관점에 따라 매우 다양하다. 브라이언 터너는 평등을 "모든 사람을 차별이 없이 동등하게 존중하거나 대우하는 상태"라고 정의했다(Turner, 1986). 대한민국 헌법 11조 1항은 "누구든지 성별·종교 또는 사회적 신분에 의하여 정치적·경제적·사회적·문화적 생활의 모든 영역에 있어서 차별을 받지 아니한다"라고 명시한다. 11조 2항은 "사회적 특수계급의 제도는 인정되지 아니하며, 어떠한 형태로도 이를 창설할 수 없다"라고 선언한다. 하지만 모든 사람을 동등하게 대우하고 차별하지 않는 '어떤 평등'이 가능한지 설명하는 이론은 매우 복잡하다. 우리가 일상적으로 사용하는 평등, 정의, 공정의 개념적 차이도 정확하게 구분하기 쉽지 않다.

비트겐슈타인의 '언어 게임'의 주장처럼 언어는 항상 일정한 규칙의 지배를 받는다. 서양 철학의 역사를 보면, 정의를 상징하는 여신이 눈을 가리고 저울을 들고 있는 것처럼 정의는 언제나 평등의 좌표에서 해석되었다. 고대 그리스 철학자 아리스토텔레스는 『니코마코스 윤리학』에서 정의를 법을 지키거나 올바른 행동을 한다는 의미뿐 아니라 평등의 형태로 보았다(아리스토텔레스, 2013). 하지만 아리스토텔레스는 최고의 플루트 연주자가 최고의 플루트를 가져야 한다고 주장했다. 이것이 플루트의 목적(텔로스)을 가장 잘 실현하는 방법이기 때문이다. 한편 고대 중국의 철학자 공자는 "위정자는 백성이 부족한 것을 걱정하지 말고 고르지 않은 것을 걱정하라"라는 말을 남겼다(공자, 2019). 공자의 이 말은 절대적 평등을 가리키는 것은 아니다. 하지만 균등한 분배란 무엇인지 생각하게 만드는 말이다. 고대 로마 철학자 키케로 이후 정의와 평등은 대부분의 경우 법률적 평등으로 이해되었지만, 현대 사회가 등장하면서 사회경제적 평등과 분배적 정의가 새로운 쟁점이 되었다. 20세기 후반부터 정의에 관한 논의는 균등한 기회와 함께 사회적 약자를 배려하는 긍정적 우대 조치를 포함하는 공정의 가치를 강조했다. 평등은 시대에 따라 사회에 따라 항상 다르게 해석되었다.

1. 평등의 세 가지 차원

이 글은 평등을 큰 틀에서 법률적 평등, 기회의 평등, 결과의 평등 등 세 가지 범주로 구분한다(김윤태, 2017). 법률적 평등은 모든 사람들이 법 앞에 평등하다는 원칙에서 출발한다. 기회의 평등과 결과의 평등은 모두 법률적 평등에서 비롯되었지만, 매우 다른 특성을 가진다. 기회의 평등은 개인들이 특정한 기회에 동등한 자격을 가져야 한다고 본다. 반면 결과의 평등은 개인이 단지 제약을 받지 않고 기회를 갖는 차원을 넘어 일정한 몫을 반드시 가져야 한다고 본다. 만약 모든 사람들에게 평등한 결과를 제공할 수 없을 때 기회의 평등은 모든 사람들에게 불평등한 결과를 분배할 공정한 방법을 제시해야 한다. 인류의 역사에서 평등의 세 가지 차원은 서로 다른 역사적 기원과 의미를 가진다. 이에 대해서는 차례로 살펴보겠다.

첫째, **법률적 평등**은 종교적 전통에서 비롯되었으며, 특히 서양의 자연법(natural law)과 관련이 깊다.[1] 모든 인간은 신에 의해 부여된 동등한 가치를 가지기 때문에 누구나 평등하다고 보는 자연권은 서양의 계몽주의와 민주주의의 발전에 큰 영향을 주었다. 법률적 평등은 일반적으로 신체의 자유, 재판을 받을 권리, 언론, 집회, 출판, 집회, 결사의 자유, 선거권, 피선거권을 포함한다. 역사적으로 영국 혁명, 미국 혁명, 프랑스 혁명을 주도한 자유주의자들의 제안이었지만, 보수주의자들의 지지도 얻었다. 법률적 평등은 취약 집단에게 안전과 보호를 제공하는 도구적 역할을 수행한다. 오늘날 현대 국가에서 법률적 평등은 현대 사회의 '법의 지배(rule of law)'를 운영하는 근본적 원칙이다. 특권과

---

1 고대 종교 가운데 불교, 기독교, 이슬람교는 만인의 평등을 강조했다. 현대 자연법 이론은 계몽주의 시대에 고대 로마법, 기독교 스콜라 철학, 사회계약 이론과 관련이 컸으며, 왕권신수설에 정면으로 반대했다. 자연법은 자연권과 긴밀하게 연결되었으며, 특히 자연권은 미국 독립선언문과 프랑스의 인권선언에 큰 영향을 미쳤다. 한편 고대 중국의 유교는 왕도정치와 민본정치를 강조했지만 신분 차이를 당연하게 간주했다. 19세기 후반 조선의 동학은 '인내천' 사상을 통해 모든 사람의 평등을 주장했다. 그 후 1894년 동학농민혁명과 전주화약 직후 일본에 의해 강요된 갑오개혁에서 신분제와 노비제의 폐지가 추진되었다.

반칙에 반대하고 모든 사람의 법 앞의 평등을 강조한다. 그러나 법률적 평등은 본질적으로 소극적 성격을 가진다. 법률적 평등은 대부분 특권의 근절에서 멈춘다. 법률적 평등은 사회의 평등을 확대할 수 있는 능력을 거의 가지고 있지 않다. 부유한 대기업 회장과 가난한 노동자 모두에게 절도 행위를 금지했다고 해서 그들이 평등한 것은 아니다.

법률적 평등은 형식적으로 누구에게나 평등한 대우를 제공하는 것처럼 보이지만 태어날 때부터 불리한 조건을 가진 사람들을 고려하지 않는다. 개인의 능력 또는 노력에 따라 불평등한 보상을 받는 것을 당연하게 간주한다. 부모에게 물려받은 유전적 특성, 지능 수준, 장애 여부, 부모의 경제력과 사회적 인맥에 따른 불평등을 무시한다. 실제로 누구나 학교교육을 받을 수 있도록 의무교육을 도입한다고 해서 누구나 동일한 성적을 얻는 것은 아니다. 결국 개인의 능력에 따라 차등적 보상을 받는 것을 합리화하는 능력주의(meritocracy)가 많은 사람들을 설득하는 데 성공했다. 1958년 마이클 영은 『능력주의』라는 제목의 풍자소설을 통해 영국 사회의 미래를 묘사한다(Young, 1958). 시험을 통한 학생의 지능지수와 학습 능력의 평가에 따른 철저한 위계질서 사회가 '능력'에 따른 계급 불평등을 재생산하는 과정을 날카롭게 비판했다. 마이클 영의 책이 출간되고 50년이 지난 후 토니 블레어 영국 총리가 "영국을 완전히 능력주의로 탈바꿈하자"라는 연설을 하자 마이클 영은 ≪가디언≫ 신문에 "능력주의를 타도하자"라는 글을 써 토니 블레어 총리를 공개적으로 비판했다(Young, 2001). 그는 능력주의가 불평등을 정당화하는 도구가 되고 있다고 개탄했다. 능력주의 신봉자의 주장과 달리 개인의 부는 다른 사람들과 공동체의 기여를 통해 이루어졌다는 사실을 부정할 수 없다(Sendel, 2020).

둘째, **기회의 평등**은 모든 사람이 부모의 재산과 지위와 같은 세습적 지위가 아니라 개인의 잠재적 역량을 실현할 기회를 평등하게 가져야 한다고 강조한다. 기회의 평등은 사회의 모든 사람들이 인종, 종교, 성별에 의해서 불이익과 차별을 받지 않아야 한다고 본다. 이런 관점은 공교육과 공공보건 제도의 도입을 중요하게 간주한다. 부모가 가난하다고 자녀가 학교에 가지 못하거나 병원에서 치료를 받지 못한다면 인생의 기회가 균등하다고 볼 수 없다. 부모의 재산에 의해 인생의 기회가 제한되는 조건은 '기울어진 운동장'이라고 볼 수 있다. 균등한 기회의 개념은 19세기 말 이후 자유주의자와 사회민주주의자의 지지를 받았다. 모든 사람에게 고용의 기회를 확대하는 경제정책을 마련하는 것도 사회의 책임이다. 하지만 어떻게 고용 기회를 활용할 것인지, 어떤 직업을 선택할 것인지의 문제는 전적으로 개인의 책임이다.

1971년 존 롤스는『정의론』에서 균등한 기회가 사회정의(social justice)의 중요한 토대라고 강조한다(Rawls, 1971). 대부분의 사회에서 균등한 기회는 중요한 가치로 인정을 받는다. 인생에서 동등한 출발을 위한 '평평한 운동장'을 만들기 위해서는 오히려 사회적 약자에 대한 적극적인 배려가 필요하다. 이를 위해 대학입시에서 소수집단과 빈곤한 가정의 자녀에게 긍정적 우대(affirmative action) 조치를 제공한다. 한국의 대학입시에서 지역 균형 할당제와 사회적 배려 입학 제도와 공무원의 양성평등채용목표제도 유사한 사례이다. 하지만 기회의 평등은 법률적 평등과 충돌할 수 있다. 역차별의 논란을 일으키기도 한다. 다른 한편 기회의 평등을 제공해도 개인의 성과와 보상의 불평등은 여전히 존재할 수 있다. 균등한 기회가 반드시 결과의 평등을 보장하는 것은 아니다.

셋째, **결과의 평등**은 개인의 재능과 능력의 차이에 따른 차등적 보상이 만든 불평등한 상태를 조정하여 더 평등한 결과를 만들어야 한다고 본다. 사회주의와 공산주의는 사유재산제의 철폐를 주장했으며, 현실 사회주의 국가에서 국영기업의 경영인과 노동자의 평균 급여가 일정 수준의 격차를 넘지 못하도록 제한했다. 그러나 자본주의 사회에서도 결과의 평등을 추구하는 정책을 추진한다. 대부분의 국가에서 고소득층의 과세에 더 높은 누진율을 적용하는 누진세를 운용한다. 또한 조세를 통해 공공부조와 기초연금과 같은 저소득층을 위한 복지지출을 충당한다. 특권적 자원의 향유로 얻은 추가소득을 조세로 환수하여 모든 사회 성원에게 평등하게 재분배해야 한다는 보편적 기본소득도 유사한 주장이다. 기본소득 주장자 가운데 사회적 시민권 차원에서 자격과 무관하게 모든 사람에게 보편적 급여를 제공하자는 주장도 있지만, 이는 기본적으로 강력한 평등주의적 동기를 가진 것으로 보인다.

결과의 평등을 비판하는 사람들은 평등주의가 근로 동기를 감소시키고 경제성장을 방해한다고 주장한다. 대표적으로 로버트 노직은 부의 재분배를 위해 부자에게 세금을 많이 징수하는 것은 부당하다고 주장한다(Nozick, 1974). 공정하게 벌고 시장에서 교환되어 정당성을 가질 때 세금을 거두는 것은 강제노동과 같다고 지적한다. 밀턴 프리드먼은 사회보장제도가 노후연금을 강제하는 것도 부당하다고 주장한다. 그러나 이런 자유지상주의적(libertarian) 관점은 불평등을 외면하고 결국 소수 부유층의 기득권을 합리화하는 이데올로기에 불과하다는 비판을 받는다. 자유지상주의를 비판하는 사람들은 사회정의를 위해 기회의 평등과 결과의 평등을 함께 추구해야 한다고 강조한다. 이와 같이 평등을 둘러싼 다양한 개념과 논쟁은 오늘날 보수주의, 자유주의, 사회주의 등 주요 정치 이데올로기에 커다란 영향을 미친다(김윤태, 2018).

2. 평등과 이데올로기의 효과

앞서 살펴보았듯이 어떻게 평등이 가능한지 결정하는 것은 복잡한 문제이다. 세계 각국 정부의 사회제도는 개인주의, 집합주의, 사회통합, 평등주의, 공동체 의식 등 다양한 가치 선택(value choice)에 따라 상이한 경로로 발전했다(Titmuss, 1968). 어떤 정부 정책도 단일한 객관적 기준에 따라 운영될 수 없다. 현대 사회가 중시하는 합리성도 많은 경우 사회의 관습, 전통, 규범에 의해 제한된다. 이는 지식의 특수한 측면으로 미셸 푸코가 지식/권력의 관계를 지적한 것처럼 우리도 지식과 정책의 관계에 관심을 가져야 한다. 푸코의 지식정치학이든 이 글이 주목하는 지식사회학이든 모든 지식은 단순한 계산과 측정으로 이해되기 어렵고 결코 절대적 가치 판단에 따른 것은 아니다. 현대 사회에서도 정책은 언제나 권력관계에서 분리되거나 독립적일 수 없다. 이러한 권력관계가 지식의 형성에 영향을 주며 다양한 이데올로기를 지속적으로 창조한다. 현대 사회에서도 정치 이데올로기에 따라 평등에 관한 매우 다른 관점과 대안이 제시되었다.

첫째, 급진적 자유주의, 사회주의, 마르크스주의는 경제적 평등을 강조한다. 프랑스 혁명에 영향을 준 장 자크 루소는 『인간 불평등 기원론』에서 불평등이 '사유재산'에서 비롯되었다고 주장했다. 그는 재산이 사회에 등장하기 이전에 형성되었다고 믿는 존 로크의 생각을 비판했다. 루소는 사유재산의 폐지를 주장하지는 않았지만, 사회의 불평등이 지나치게 커지는 현실을 비판했다. 루소를 숭배했던 로베스피에르는 프랑스 혁명을 주도하면서 소유를 자연권이 아니라 사회적 제도로 간주하고 공익을 위해서 부자들이 더 많은 세금을 부담해야 한다고 주장했다. 미국 혁명과 프랑스 혁명에 참가한 토머스 페인도 『인권』에서 공화제 이념에 부합하는 정부에서 개인주의, 자연권, 평등한 정의라는 목표를 제시했다. 그리고 정부가 빈곤층을 위한 공공 연금제도, 무상 공교육, 공공 보조금, 하층민을 대변하는 의회 대표, 누진적 소득세를 도입해야 한다고 주장했다(Paine, 1791). 자유주의 사상가 가운데 루소와 페인은 평등주의적 영감을 제공한 가장 영향력이 큰 인물이며, 훗날 사회주의의 등장에 커다란 영향을 미쳤다.

19세기 후반에 확산된 사회주의와 마르크스주의는 더욱 강한 어조로 경제적 불평등의 문제점을 강조했다. 피에르 조제프 프루동은 프랑스 혁명은 사회제도의 토대인 재산제를 그대로 두었다는 점에서 혁명이 아니며, 사유재산은 도둑질한 것이라고 비난했다. 그는 재산의 평등이 없다면 정치적 평등은 아무런 의미가 없다고 주장했다. 카를 마르크스는 추상적 인권 개념과 '정치적 해방'의 한계를 비판했으며 현실적 인간을 위한 '사회적 해방'을 강조했다. 그는 자본주의 사회에서는 소수의 부자만이 자유를 가지는 반면에, 다수의 노동자는 자유가 없다고 주장했다. 그는 노동자의 해방은 사유재산제의 철폐를 통해서만 가능하다고 주장했다.

마르크스 이후 공산주의는 1917년 러시아 혁명으로 집권한 소련 공산당을 통해 평등의 유토피아로 큰 영향력을 가졌다. 그러나 평등주의를 주장한 공산주의 사회에서 정치적 특권을 가진 공산당 간부가 등장하면서 새로운 불평등이 점점 커졌다. 경제적 불평등은 줄어들었지만, 정치적 불평등이 특권층을 만들고 사실상 더 불평등한 사회를 만들었다. 게다가 소련의 기계적 평등주의는 개인의 자유를 억압하고 전체주의 사회를 강화했다. 재산권이 사회적 불평등을 만드는 사회제도이지만 국가와 지배층의 지배에 저항하는 사회적 토대가 될 수 있다는 사실을 간과했던 것이다. 20세기 소련의 비극적 역사는 중요한 교훈을 준다.

둘째, 19세기 후반 등장한 사회적 자유주의와 사회민주주의는 경제적 불평등을 인정하는 한편, 이를 완화하는 사회적 평등을 강조했다. 존 스튜어트 밀은 '사회적 자유'를 강조하고, 고전적 자유주의자들과 달리 정부의 경제 개입과 소득분배, 노동자 협동조합의 중요성을 강조했다. 존 스튜어트 밀의 영향을 받은 레너드 H. 홉하우스는 사회를 이익을 추구하는 개인들의 단순한 집합이 아닌 상호 작용하고 상호 의존하는 부분의 유기체로 보았다. 그는 재산의 사회적 차원을 강조하며, 재산이 개인의 노력뿐만 아니라 사회조직에 의해 획득된다고 주장했다. 따라서 재산을 가진 사람은 그들의 성공이 사회에 빚을 지고 있으며, 다른 사람에 대한 의무를 가지게 된다고 보았다. 이러한 주장은 국가를 통한 재분배를 정당화한다. 재산권은 로크와 같은 절대적인 의미로 보아서는 안 되며, 개인의 재산은 결국 사회의 다른 성원으로부터 빚을 지는 것이기 때문에 누진세를 통해서 사회에 기여해야 한다고 주장했다. 홉하우스는 완전고용, 여성참정권, 의무교육, 노약자 보호시설 확대 등 사회 개선 프로그램과 자유로운 복지국가를 지지했다(Hobhouse, 1911). 복지국가는 소득분배의 평등보다 사회적 평등에 더 관심을 가진다.

홉하우스는 마르크스가 제시한 사유재산제의 철폐를 반대했으며, 자신의 주장을 '자유주의적 사회주의(liberal socialism)'라고 불렀다. 이는 20세기에 이르러 사회적 자유주의(social liberalism)라고 불렀다. 홉하우스의 생각은 20세기 초 영국의 사회보험제도를 도입한 로이드 조지 자유당 총리의 개혁에 큰 영향을 주었다. 홉하우스의 주장은 1942년 제2차 세계대전 중 보편주의(universalism) 원칙에 따른 국민보험을 제안한 윌리엄 베버리지를 통해 계승되었다. 베버리지는 '국민최저선(National Minimum)'을 보장하는 국가의 의무를 강조하는 동시에 모든 국민이 건강보험, 노후연금, 실업보험 등 사회보험에 의무적으로 가입하는 복지제도를 제안했다. 베버리지의 주장은 고전적 자유주의의 관점에서는 개인의 자유를 침해하는 것으로 간주될 수 있지만, 제2차 세계대전 이후 영국의 사회적 자유주의 또는 독일의 사회민주주의 이데올로기에서 광범하게 수용되었다. 1929년 대공황의 원인을 실업과 소비의 부족으로 지적한 존 메이너드 케인스도 완전고용과 사회보험을 위한 정부의 재정지출 확대를 이론적으로 수용할 만한 것으로 만드는 데 기여했다.[2]

제2차 세계대전 이후 T. H. 마셜은 정치적, 경제적 평등의 차원과 다른 사회적 평등을 강조하는 새로운 이론적 작업을 시도했다. 1950년 마셜은 『시민권과 사회계급』에서 '시민권(citizenship)'을 모든 사람의 평등한 지위로 해석하고 복지국가를 통해 보편적 시민권을 보장해야 한다고 주장했다(Marshall and Bottomore, 1950). 민주주의에서는 모든 사람이 평등하지만 자본주의는 불가피하게 불평등을 만든다. 민주주의와 자본주의의 원리는 전혀 다르기 때문이다(김윤태, 2013). 마셜은 복지국가를 민주주의와 자본주의의 특수한 결합으로 보았다(Marshall and Bottomore, 1950). 복지국가는 기회의 평등과 결과의 평등을 동시에 추구한다. 보육, 교육, 의료는 기회의 평등을 강조하는 데 비해, 공공부조와 기초연금은 결과의 평등을 강조하는 경향이 강하다. 복지국가는 자본주의 시장에서 발생한 불평등을 보완하는 동시에 복지제도를 통한 사회적 평등을 추구한다. 복지국가는 자본주의와 민주주의의 불가피한 갈등을 줄이고 1930년대 대공황 이후 유럽과 미국을 위협한 계급 전쟁의 상태를 해결할 수 있

---

2   실업을 장기적 경기 순환의 불가피한 결과로 간주한 고전파 경제학과 달리 케인스는 재정을 통해 고용을 촉진하는 정부의 단기적 역할을 중시했다. 동시에 케인스는 실업자를 지원하는 사회보험을 도입한 베버리지의 주장에 동의했다. 케인스 경제학과 복지국가의 결합은 전후 서구 사회의 핵심적 사회제도로서 전후 자본주의 황금기와 계급 타협의 '합의의 정치'의 등장에 결정적 역할을 수행했다.

었다. 이런 점에서 마셜은 복지국가를 사회통합의 필수적 요소로 보았다.

셋째, 1970년대 후반 미국과 영국에서 등장하여 전 세계에 확산된 신자유주의(neoliberalism)와 자유지상주의(libertarianism)는 사유재산권과 자유시장을 강조하고 모든 평등을 적대시한다. 평등은 곧 개인의 자유를 억압하거나 말살하기 때문에 거부되어야 한다. 대처 정부와 레이건 정부가 등장하면서 공기업의 사유화, 부자 감세, 복지 축소의 정책이 적극적으로 추진되었다. 신자유주의는 담론 양식에서 헤게모니를 장악했다(Harvey, 2005). 신자유주의 이데올로기의 역사는 뿌리가 깊다. 제2차 세계대전이 벌어지던 1944년 프리드리히 폰 하이에크는 『노예의 길』을 출간하고 소련의 계획경제를 비판했다. 그는 물질적 평등을 주장하는 정부는 전체주의 정부가 될 것이라고 경고했다. 나아가 그는 복지국가와 국가의 경제 개입도 결국 전체주의를 만들 것이라고 주장했다(Hayek, 1944). 이런 관점에 따르면 정부는 당연히 세금을 낮추어야 한다. 누진세도 '동일한 노동에 대한 동일한 대가'라는 경제 정의를 침해하는 것으로 간주된다.

신자유주의 이데올로기를 경제정책에 적용한 대표적 학자는 시카고 대학교의 밀턴 프리드먼이다. 프리드먼은 사유재산이 자유의 가장 중요한 수단이라고 믿었다. 그는 최저임금제와 같은 정부의 인위적 개입은 오히려 더 많은 실업자를 양산할 뿐이라고 주장했다(Friedman, 1962). 프리드먼은 케인스 경제학을 비판하고 기업의 경쟁력 약화의 원인으로 복지국가를 지목했다. 그에 따르면, 시장은 오류를 저지르지 않으며 실업은 자연스러운 것이었다. 완전고용을 달성하는 정책은 오히려 인플레이션을 가속화하며 인플레이션을 억제하는 비용이 더 크다고 주장했다. 프리드먼과 그의 제자들은 1980년대 이후 미국의 레이건 행정부의 통화량 억제와 복지 축소에 영향을 미쳤다. 프리드먼을 추종하는 통화주의 학파는 국제통화기금과 세계은행 등 국제경제기구를 장악하고 세계경제를 근본적으로 바꾸었다.

1980년대에 신자유주의 혁명이 발생한 이후 자유시장 만능주의가 득세하면서 금융의 불안정성은 더욱 커졌다. '워싱턴 합의(Washington Consensus)'는 금융자유화, 규제완화, 감세 등 새로운 경제정책을 적극적으로 추진했다. 신자유주의 이데올로기는 1992년 이후 김영삼 정부가 경제개발계획과 산업정책을 포기하고 노동시장 유연화를 추진하도록 영향을 미쳤다. 1997년 외환위기 이후 김대중 정부와 노무현 정부는 자본자유화, 무역자유화, 공기업 사유화, 노동유연화를 적극적으로 추구했다. 미국에서 공부한 경제학자와 경제관료들이 주도한 신자유주의적 구조조정은 한국 경제의 구조를 근본적으로 바꾸었다. 미국이 주도한 워싱턴 합의는 '글로벌 스탠더드'라는 이름으로 세계경제의 질서를 새롭게 재편했다.

그러나 2008년 세계금융위기 이후 '워싱턴 합의'에 대한 신뢰가 무너졌다. 이제 많은 주류 경제학자들도 자유시장 자본주의가 심각한 위기에 직면했다고 인정한다. 자유시장 근본주의의 교리는 많은 사람들의 의심을 받고 있다. 또한 신자유주의 경제학이 주장한 낙수 효과는 발생하지 않았다는 비판도 거세졌다. 오히려 빈부격차가 더욱 커졌다. 대기업 최고경영자들은 천문학적 연봉을 받게 되었지만 대다수의 중산층과 노동자의 소득은 크게 나아지지 않았다. 하지만 세계 각국 정부는 아직까지 새로운 방향을 찾지 못하고 있다. 과거의 경제질서는 무너졌지만, 아직 새로운 경제질서는 등장하지 않았다. 세계자본주의는 세계금융위기를 구제금융이라는 시장 외부의 힘으로 힘겹게 피했지만, 소득 불평등, 높은 실업률, 재정적자의 위기를 해결할 효과적 대안을 제시하지 못하고 있다. 코로나19 위기가 세계경제를 혼란에 빠트리면서 보호무역주의의 부활, 경제적 지구화와 이민 반대, 대규모 양적 완화, 재난 지원금 지급, 기본소득 등이 새로운 쟁점이 되었지만, 여전히 불평등 위기를 해결할 대안은 제시되지 못하고 있다.

3. 평등을 추구하는 새로운 대안

지식사회학은 인간의 지식이 성장하는 과정의 복잡성을 강조한다. 다른 모든 인간의 지적 작업처럼 사회과학도 비합리성의 영향을 받고, 권력 게임에 휩

쏠리고, 다양한 종류의 사회적, 문화적 영향을 받고 있다. 그러나 이러한 조건에도 불구하고 일부 문화적 상대주의주자와 포스트 모더니스트들의 과장과 달리 사회학적 사고, 특히 이론적 유용성은 여전히 중요한 의미를 가진다. 사회과학은 대부분의 경우 누가 옳고 그른지를 분명하게 밝혀낼 수 있는 사실에 기반하기 때문이다. 그래서 위대한 사상가의 주장도 시간이 지나면 틀렸다고 말할 수 있는 것이다. 당연히 자유시장 자본주의와 국가가 통제하는 계획경제의 성패도 객관적 자료를 통해 증명할 수 있다.

이러한 주장은 사회과학이 반드시 측정 가능한 예측을 하는 기술로 환원된다는 의미는 아니다. 어떤 사회과학자들은 사회과학을 통계 자료를 통한 수치적 예측으로 환원하려고 한다. 하지만 이런 관점은 사회를 충분히 이해하지 못한다. 왜냐하면 우리가 파악하고자 하는 자료가 사회적 현실을 제대로 보여주지 못하거나 오류투성이인 경우가 많기 때문이다. 설사 자료가 사회적 현실에 가장 근접했다 할지라도 다른 문제가 발생한다. 목표와 수단을 혼동할 수 있기 때문이다. 검증 가능한 양적 예측은 가설을 검증하기 위한 것이다. 그러나 사회과학의 목표는 예측을 제시하는 것이 아니라 사회가 어떻게 작동하는지 이해하는 것이다. 사회적 세계를 생각하는 개념적 틀을 발전시키지 않는다면 우리가 살고 있는 세상을 제대로 이해할 수 없다. 그래서 사회과학은 기술이기에 앞서서 관점이다. 물론 잘못된 관점에서 만들어진 이론은 오류로 판명될 수 있다. 그러나 이론을 증명하는 증거가 모아지면 신뢰성이 커질 수 있다. 처음에는 사람들의 관심과 열광을 받았던 공산주의와 신자유주의는 역사 속에서 오류로 판명되었다. 반면에 어떤 자료도 증거도 없이 출발한 사회적 자유주의와 사회민주주의는 복지국가를 통해 역사상 가장 커다란 성과를 보여주었다. 모든 정치 이데올로기는 역사상 하나의 거대한 가정에 불과했다는 점을 잊어서는 안 될 것이다.

20세기를 지배했던 공산주의와 신자유주의라는 양대 이데올로기는 많은 문제점을 야기했고 중요한 역사적 교훈을 남겼다. 소련과 중국의 공산주의는 사유재산제의 철폐를 주장하면서 개인의 자유와 권리를 억압하는 전체주의로 변질되었다. 소련과 동유럽 공산주의 국가의 경제 생산성은 매우 낮았고 매우 비효율적이었다. 미국과 영국에서 등장한 신자유주의는 사유재산을 극단적으로 옹호하고 자유시장을 맹신하면서 사회의 불평등이 증가시키고 다양한 정치 갈등이 심화시켰다. 재산권에 대한 지나친 강조가 결국 균등한 기회를 약화시키고 개인의 자유와 개인의 역량까지 약화시켰다.

20세기의 역사가 우리에게 주는 중요한 교훈은 기회의 평등과 결과의 평등이 반드시 모순적이고 갈등적인 것은 아니라는 점이다. 오히려 양자는 서로 밀접하게 연결되어 있다. 정의로운 사회는 능력 있는 사람이 정당한 보상을 받고, 열심히 노력했지만 행운이 없는 사람도 인간답게 살아갈 수 있는 포용적 사회제도를 제공하는 사회여야 한다. 국가는 개인의 다양성을 고려하며 역량을 키우는 정책을 추진하는 동시에 장애인, 여성, 노인 등 취약계층을 적극적으로 지원해야 한다. 이를 위해서 국가는 최저임금을 통해 노동시장의 소득 불평등을 줄이는 방법과 조세를 통한 재분배, 사회보장, 공교육과 직업훈련을 확대하는 방법을 동시에 고려해야 한다. 미국과 스웨덴 두 나라의 임금격차는 크지 않지만, 스웨덴에서는 보편적 교육, 보건, 사회보험 등과 같은 사회보장 체계를 통해 빈부격차가 크게 감소했다. 불평등을 해소하는 데 사회제도가 중요한 역할을 수행했다.

시장경제는 경제적 효율성을 추구하지만 자동적으로 불평등을 줄이는 제도가 아니다. 칼 폴라니가 주장한 대로 경제가 사회와 완전히 분리되어야 한다는 생각은 거의 현실성이 없다. 역사상 어떤 시장경제도 언제나 사회적 관계와 밀접하게 연결되어 작동했다. 그러나 1980년대 이후 등장한 신자유주의는 시장경제가 완전히 사회와 분리되어야 한다고 주장한다. 이런 주장은 아무런 역사적 근거도 없고 현실적으로 가능하지도 않다. 오히려 시장에 대한 사회의 규제나 시장에서 거래되지 않는 다양한 공공재의 창출이 사회를 통합시키고 인간성을 발전시키는 중요한 역할을 수행했다. 소년노동의 금지, 노예제의 폐지, 노동조합의 인정, 단체교섭권, 남녀 고용 평등, 공교육, 공공보건, 사회보험 등이 대표적이다. 특히 1944년 「베버리지 보고서」가 제안한 전 국민을 위한 사회보험이야말로 사회의 통합을 추구하는 사회제도로서 중요한 역할을 수행했다. 이제는 지구화, 탈산업화, 개인화가 급속하게 진행되는 21세기에 적합한 새로운 비전과 전략이 필요하다. 21세기 현실에 맞는 포용적 사회제도를 만들기 위해서는 다음 요소를 중요하게 고려해야 한다.

첫째, 포용적 사회제도는 시장경제에서 배제되거나 차별을 받는 사회적 약자와 취약계층을 대상으로 지원을 추가하는 긍정적 차별(positive discrimination)을 강조해야 한다. 국가는 저임금, 실업, 질병 등으로 인해 빈곤하지 않은 사람들이 빈곤으로 추락하는 것을 예방하는 한편, 이미 빈곤에 빠진 사람들이 일을 통해 스스로 빈곤에서 탈피할 수 있도록 격려해야 한다. 다만 노동 능력을 갖지 못한 아동, 노인, 장애인 등 취약계층에게 근로 의무를 요구하는 것은 타당하지 않기 때문에 긍정적 차별로서 다른 사람보다 더 많이 지원해야 한다. 긍정적 차별은 단지 사회적 약자에 대한 동정심에서 비롯되는 것이 아니라 모든 문명화된 정치 공동체의 필수적 요소이다. 사회의 누구나 실직, 장애, 질병, 산재, 노화의 위험에서 완전히 자유로울 수는 없다. 개인의 책임을 아무리 강조해도 모든 사람이 개인적 차원에서 위험에 대비하는 것은 불가능하다. 만약 사회적 약자를 외면한다면 이는 더 이상 정치적 공동체라고 볼 수 없다.

합리적이고 민주적 사회에서 포용적 사회제도는 자원 배분을 위해 공정한 방법을 추구한다. 존 롤스는『정의론』에서 평등을 절대적, 기계적 평등이 아니라 '공정성(fairness)'으로 파악했다(Rawls, 1971). 그는 공정한 절차에 의해 합의된 규범을 정의의 기본적 토대라고 보고 두 가지 원칙을 제시했다. 첫째, 평등한 '자유의 원칙'은 공정한 정의를 보장하기 위해서 균등한 시민적 자유권이 필요하다고 강조한다. 이는 언론·출판·집회·결사의 자유, 재판을 받을 권리, 선거권, 피선거권 등을 포함한다. 시민적 자유권은 어떠한 이유로서도 침해될 수 없다. 둘째, '차등의 원칙'은 두 가지 요소가 필요하다. 먼저 '최소극대화 원칙(Maxmin Principle)'에 따라 사회의 취약계층에게 최대의 이익을 제공해야 한다. 롤스는 취약계층에게 최대 혜택을 제공하는 경우에만 불평등이 정당화될 수 있으며, 그렇지 못하면 오히려 모두가 평등한 것이 낫다고 보았다. 다음으로

'기회의 평등 원칙'에 따라 모든 사람들이 균등한 직위와 직책을 가질 기회의 평등이 보장되어야 한다. 여성, 소수민족, 장애인, 한 부모 가정에 대한 긍정적 우대 조치가 대표적 사례이다. 만약 긍정적 우대가 없다면 결과의 불평등을 정당화할 수 없다. 롤스의 정치철학은 철학적으로 공정으로서의 정의를 강조했으며, 경제적으로 명백하게 조세를 통한 재분배를 지지했다.

둘째, 포용적 사회제도는 보편주의의 토대를 전제로 개인의 역량을 강화하는 동시에 불평등을 사전에 예방하는 정책을 강조한다. 사회적 위험이 발생한 후 현금을 지원하는 대신 사전에 개인의 역량을 강화해 스스로 삶의 기회와 웰빙(well-being)을 개선할 수 있도록 도와야 한다. 포용적 사회제도는 소련식 평등주의와 무조건적 재분배를 추구하는 것이 아니다. 아마르티아 센(Amartya Sen)은 『자유로서의 발전』에서 자원의 분배뿐 아니라 모든 개인이 각자의 조건 속에서 '역량(capability)'을 자유롭게 발휘할 수 있도록 만드는 '적극적 자유'가 중요하다고 강조했다(Sen, 1999). 센은 낮은 소득이 빈곤의 원인이고 불평등을 만들 수 있다고 보았지만, 연령, 성별, 장애, 거주지 등 개인이 통제할 수 없는 조건도 빈곤과 불평등을 만들 수 있다고 주장했다. 정부의 간섭을 받지 않는 소극적 자유만으로 빈곤과 불평등을 줄이기에는 충분하지 않기 때문이다. 센은 빈곤층 지원은 현금 급여만으로 충분하지 않으며 일자리를 포함하여 빈곤층이 사회에 참여할 수 있는 역량을 강화하는 것이 중요하다고 강조했다. 센의 주장은 불평등의 경제적 차원뿐 아니라 사회적 차원으로 인식의 지평을 넓혔다(Sen, 2011).

셋째, 포용적 사회제도를 만드는 과정에는 정부 이외의 기업, 노동조합, 시민 사회조직 등 사회적 동반자의 적극적인 참여가 중요하다. 다양한 구성원의 참여와 숙의를 통해 민주적 대표성을 확대해야 사회적 합의를 이룰 수 있다. 악셀 호네트는 『사회주의의 재발명』에서 사회 성원들의 상호 의존과 협력을 토대로 한 '사회적 자유(social freedom)'를 정치적, 인격적 영역으로 확대해야 한다고 주장했다(Honneth, 2017). 이런 점에서 포용적 사회제도의 발전을 위해서는 보통선거권, 언론의 자유, 적극적인 정당 활동, 시민단체의 활성화, 민주적 의사 형성 영역이 필수적이다.

다수의 시민이 공적 이슈에 관심을 갖고 토론을 벌이는 동시에 사회적 약자들이 다양한 방법으로 정책결정에 참여하는 과정이 없다면 포용적 사회제도가 유지되기 어렵다. 승자독식 정치인 미국식 다수제 민주주의 대신 여야의 타협을 추구하고 너그럽게 소수를 포용하는 유럽식 합의 민주주의를 주목해야 한다. 존 스튜어트 밀이 지적한 대로 다수결은 필연적으로 '다수의 횡포'로 귀결되고 소수의 목소리가 배제된다. 다수제 민주주의에서 여당과 야당은 서로 대화의 상대가 아니라 무조건 반대해야 하는 적으로 간주된다. 다수결은 오히려 민주주의를 위협한다. 합의 민주주의를 강화하기 위해서는 비례대표제를 확대하고 다당제와 연합정치가 가능하도록 전면적인 선거제도 개혁이 필요하다. 동시에 다수결을 내세운 흑백논리 대신 다른 입장에 귀를 기울이는 숙의 민주주의(deliberative democracy)를 강화해야 한다. 엘리트 숙의, 대중적 숙의, 숙의 여론조사 등 다양한 방법을 활용할 수 있다. 정부는 국회와 시민사회의 토론을 중시해야 하며, 정부와 기업의 결정에서 민주주의의 질을 높여야 한다. 소수의 엘리트가 주도한 사회제도는 모든 사람의 이익을 포용하기 어려울 뿐 아니라 사회갈등을 조정하는 정치적 합의의 토대가 취약해질 수 있다.

리처드 H. 토니는 "사회제도는 … 인간을 분열시키는 차이보다 인간을 통합하는 공통의 인간성을 가능한 한 강조하고 강화하도록 … 설계되어야 한다"라고 주장했다(Tawney, 1952). 21세기의 포용적 사회제도는 사회적 약자를 우선 배려하는 '최소 극대화' 원칙, 개인의 역량을 키우는 '역량 강화' 접근법, 상호 협력을 중시하는 '사회적 자유'를 강조해야 한다. 이를 위한 대안적 정책은 다음과 같은 세 가지 원칙을 고려해야 한다. 첫째, 불평등을 완화하기 위한 단편적 정책 수단이 아니라 종합적 정책 방안을 담은 제도 개혁을 추구해야 한다. 사회정책과 재분배정책뿐 아니라 거시경제정책, 산업정책, 조세정책의 개혁을 동시에 추구해야 한다. 둘째, 일시적 프로그램이 아니라 장기적 관점에서 정책을 실현해야 한다. 특히 기술과 경제 환경의 변화에 대응하는 개인의 역량을 강화하는 교육과 훈련 제도의 개혁을 위한 장기적 계획을 수립해야 한다. 셋째, 불평등 완화를 위한 사회적 협의와 정치적 합의가 이루어져야 한다. 사회 구성원의 다양한 이해관계를 조정하는 합의 민주주의를 강화하는 정치 개혁이 시급하게 필요하다.

4. 포용적 사회제도의 주요 과제

포용적 사회제도가 추진해야 하는 주요 정책과제는 크게 경제, 사회, 정치 분야를 구분할 수 있다. 먼저, 경제 분야에서 고용 확대, 임금격차 축소, 조세개혁이 중요하다. 좋은 일자리를 확대하는 한편, 정규직 일자리를 창출하는 기업을 우선 지원하는 동시에 신규 고용 창출이 가능한 산업에 대한 정부의 적극적 지원을 확대해야 한다. 최저임금 인상과 생활임금 제도의 확대와 함께 임금격차의 축소와 비정규직 차별 해소를 위한 정책을 실행해야 한다. 또한 재산과 불로소득에 대한 중과세를 추진하는 동시에 장기적으로 누진세를 강화하는 조세개혁이 필요하다. 최상위층 소득세 누진율 인상과 단계적으로 중산층과 모든 국민이 공동으로 부담하는 보편 증세를 추진해야 한다. 조세 기반을 확대하기 위해 비과세와 면세 혜택을 줄이고 소비세 등 역진적 조세의 확대도 검토해야 한다. 또한 불평등이 일정한 수준을 넘으면 자동적으로 누진세를 강화하는 불평등과 누진세 연계 법안도 고려할 필요가 있다.

둘째, 교육을 개혁하고 사회보장을 강화하는 사회개혁이 중요하다. 공교육 강화와 교육제도의 개혁, 직업훈련에 대한 투자를 대폭 확대해야 한다. 다음으로 사회보장제도의 강화가 중요하다. 보편적 사회보험을 확대하는 동시에 비정규직, 특수 고용, 플랫폼 종속 노동자들의 사회보험 사각지대를 없애야 한다. 국민연금에 가입한 노인인구가 너무 적기 때문에 시급하게 모든 노인을 위한 보편적 기초연금을 제공하고 수급액을 대폭 인상해야 한다. 보편적 아동수당, 청년수당, 여성 친화적 사회정책도 확대해야 한다. 국민기초생활보장제도의 극빈층 지원을 강화해야 하고 공공임대주택도 확대해야 한다. 지속 가능한 복지재정을 위해 장기적인 재정 전략과 성장 친화적 복지제도의 강화가 필수적이다. 되도록 빠른 시기에 공적 사회지출이 OECD 평균 수준인 국내총생산 대비 20%에 도달해야 한다. 장기적으로 탈산업화와 산업구조의 변화를 고려하여 공공부문이 주도적으로 보육과 요양 등 사회서비스 일자리를 적극적으로 확대해야 한다.

셋째, 한국 사회의 통합을 강화할 수 있는 거버넌스와 정치 시스템의 개혁이 필요하다. 먼저 가족이 통제하는 재벌 중심의 기업지배구조의 민주적 개혁을 위해 노동조합의 경영 참여, 기업 공개와 종업원 지주제, 사회적 경제와 협동조합을 확대해야 한다. 산별노조의 단체교섭 확대와 함께 사회의 다양한 이해관계자의 사회적 대화와 노사정 3자의 사회적 협의 제도를 발전시켜야 한다. 다음으로 선거제도 개혁을 위해 다양한 사회계층을 대표하는 비례대표제를 확대하고 합의 민주주의를 발전시켜야 한다. 유권자의 지지율만큼 국회의 의석을 배분하는 원칙을 통해 소수 정당의 권리를 보장하고, 국회에서 청년, 여성, 노동자, 빈곤층 등 사회적 약자의 목소리가 대변되어야 한다. 유럽의 합의 민주주의처럼 다양한 정당들의 연정을 통해 정치적 타협과 사회적 약자를 배려하는 포용의 정치가 강화되어야 한다. 나아가 헌법 개정을 통해 제왕적 대통령제의 권력을 축소하고 행정부의 입법권을 제한하는 대신 국회의 권한을 대폭 확대해야 한다. 국회가 감사원 이전 등 행정부를 견제하는 제도를 도입하고 사법부의 독립도 강화해야 한다.

포용적 사회제도는 절대적 평등주의와 폐쇄적 세습주의를 반대한다. 소련 공산주의의 역사적 경험에서 볼 수 있듯이 절대적, 기계적 평등은 가능하지도 않고 바람직하지도 않다. 동시에 부모의 부와 빈곤을 세습하는 경직된 계급사회는 공정한 사회로 볼 수 없다. 불평등의 완화와 사회의 공정성을 높이는 포용적 사회제도를 추구하는 적극적인 정부의 역할이 중요하다. 정부는 개인의 지나친 탐욕을 허용해서는 안 되고, 시장을 적절히 감독하는 역할을 해야 한다. 양적 성장과 무한 경쟁이 아니라 삶의 질과 사회통합을 중시하는 국가의 역할을 통해 자유, 평등, 사회정의, 사회적 연대가 실현되어야 한다. 불평등의 부작용을 완화하고 사회정의를 추구하는 적극적인 전략과 정책이 사회통합을 강화하고 개인의 행복감을 높일 수 있도록 해야 한다.

5. 맺음말: 민주주의의 위기와 정치의 중요성

한국 사회는 불평등이라는 커다란 도전에 직면했다. 코로나19 위기와 기후 위기만큼 '불평등 위기'가 한국 사회를 위협하고 있다. 빈부격차가 지속적으로 커지면서 중산층이 줄어들고 다양한 사회갈등이 격화되고 있다. 정치인들이 지난 30년간 중산층의 고통을 무시한 채 소수 부유층의 편에서 적극적인 활동을 벌인 결과이다. 우리가 한국의 민주주의와 사회정의를 위한 노력을 기울이려고 해도 너무 심각한 장애물이 가로막고 있다. 불공정한 사회제도가 한국의 민주적 정치의 발전을 방해하고 있다. 한국의 부유층에 편향된 사회제도를 바로잡기 위해서는 정치를 개혁하고 정부의 역할을 새롭게 정의해야 한다. 이것이 오늘날 한국의 지나친 불평등을 줄이는 중요한 과제이다.

아직도 많은 사람들은 '개인의 능력과 실력에 따른 불평등은 불가피하다'고 믿는다. 또는 '파이를 키워야 가난한 사람들의 몫도 커질 수 있다'고 주장한다. 그러나 영화 〈기생충〉의 박 사장 가족과 기택의 가족처럼 사회에는 넘을 수 없는 선이 가로막고 있다. 능력도 실력도 없는 사람들은 점차 사회 밑바닥으로 밀려나고 있다. 1인당 국내총생산이 아무리 커져도 하위층 소득은 정체되어 있다. 경제적 지구화, 기술의 진보, 인구학적 변화로 인해 불평등이 증가한다는 주장에 담긴 메시지는 매우 결정론적이다. 어쩔 수 없는 외부 환경에 의해 우리의 운명이 결정된다면 정치인은 전혀 책임을 질 필요가 없다. 정치인들은 선거 때마다 일자리를 늘리고 사회 안전망을 강화하겠다는 약속만으로 편안한 삶을 누리고 있다.

세계경제의 통합, 첨단 기술, 고령화가 현재와 같은 불평등을 만든 것이라는 주장은 설득력이 적다. 한국이 누리는 놀라운 경제성장의 성과가 극소수 부유층에 집중되고 있는 것을 제대로 설명하지 못한다. 지난 30년 동안의 사회적 변화를 살펴보면 정부의 무책임에 따른 결과로 볼 수 있다. 사회의 불평등을 수동적으로 받아들이면서 "경제란 원래 그런 거야"라고 말하는 사람이나, "정치인은 원래 그런 거야"라고 말하는 사람들도 있을 것이다. 바로 그런 이유 때문에 우리는 경제를 개혁하고 정치인을 바꾸어야 한다. 이것이 이 글의 핵심적 주장이다. 영화 〈오징어 게임〉에서 사회적 약자들이 벌이는 '을의 전쟁'은 비참한 현실을 바꾸는 해결책이 될 수 없다. 소수의 기득권이 지배하는 불평등한 사회를 바꾸는 일은 아주 힘든 일이다. 그러나 이토록 심각한 불평등 사회를 만든 것은 기술의 필연적 결과가 아니라 권력관계와 정치적 결정의 산물이라는 것을 직시해야 한다.

최근 전 세계적으로 불평등이 심화됨에 따라 사람들의 불만이 커지고 사회 갈등이 심각해지면서 커다란 저항이 일어났다. 실제로 2008년 미국 월스트리트의 탐욕으로 시작된 세계금융위기가 발생한 이후 2011년부터 전 세계적으로 경제적 불평등에 관한 불만의 목소리가 커졌다. 중동의 '아랍의 봄', 미국의 '월가를 점령하라' 시위, 유럽의 '분노하는 사람들'의 시위에서 불평등에 대한 저항이 최고조에 달했다. 2016년 한국의 '촛불 시민 집회'도 단지 국정농단과 정경유착에 대한 분노만이 아니라 급증하는 사회경제적 불평등에 대한 평범한 사람들의 불만이 폭발한 것으로 볼 수 있다. 그러나 그 후에도 전 세계적으로 불평등은 줄어들지 않았으며 코로나19 위기로 오히려 더욱 심각해지고 있다. 최근 한국 사회에 경제 침체와 고용 불안에 더해 부동산 폭등이 덮쳐 중산층과 하위층의 삶은 더욱 커다란 위기에 직면했다. 그러나 현재 국회와 정당은 진흙탕 속에 빠져 있으며 어떤 정치인도 효과적인 대안을 제시하지 못하고 있다.

인류의 오랜 역사에서 볼 수 있듯이 지나친 불평등은 모든 사회를 위협한다. 사유재산의 권리를 지나치게 강조하는 경우 불평등이 심화될 수 있다. 경제적 불평등 앞에서는 정치적 평등이 아무런 의미가 없다는 주장은 지금도 중요한 의미를 가진다. 자본주의 사회에서 사유재산제와 불평등은 어느 정도 불가피하지만 지나친 부의 집중과 빈곤의 만연은 민주주의를 위협하고, 경제의 역동성을 약화시키며, 사람들의 행복감을 떨어뜨린다. 지나친 불평등은 자존감과 신체 건강의 악화, 우울증, 정신질환, 자살, 살인의 증가 등 심각한 사회문제를 악화시킬 수 있다. 나아가 고삐 풀린 불평등은 국가를 분열시키고, 양극화를 심화시키며, 사회적 결속을 약화시킨다. 지금처럼 빈부격차가 지나치게 커지고 같은 직장에서도 '1등 시민'과 '2등 시민'으로 분리되는 사회에서 사회통합과 공동체 의식이 발전하기는 불가능하다.

불평등의 완화는 한국 사회의 지속 가능한 미래를 위해 반드시 필요한 과제이다. 한국 사회의 발전은 1인당 국내총생산, 인터넷과 스마트폰 보급률, 대학 진학률, 글로벌 대기업의 수, 한류 문화의 인기로만 결정되는 것이 아니다. 한국 사회의 비극을 극단적으로 보여주는 세계 최저 수준의 출산율, 세계 최고 수준의 자살률, 낮은 수준의 행복감은 지나친 불평등과 밀접한 관련이 있다. 지난 수십 년 동안 급증한 불평등은 불가피한 자연현상이나 기술의 변화에 따른 어쩔 수 없는 부작용이 아니라 소수의 부자와 대다수 사람들, 특히 기업과 노동자 사이의 권력관계의 불균형에 따른 불공정한 사회제도의 결과로 보아야 한다. 이러한 불균등한 권력관계가 가장 극명하게 나타나는 것은 바로 정부의 정책결정 과정이다. 특히 조세정책과 사회정책은 정치투쟁의 산물이다. 금권 정치가 지배하면 부유층과 대기업은 정책결정 과정에서 더 많은 이익을 얻는 경우가 많다. 그래서 불공정한 사회제도를 개혁하는 국가의 역할이 중요하다. 경제성장의 혜택이 모든 계층에게 골고루 확산되고 공동 번영이 이루어질 수 있도록 정부가 주도적 역할을 수행해야 한다. 모든 국민에게 공정한 기회를 보장하고, 사회정의를 추구하고, 불평등을 완화하는 국가를 만들기 위한 '새로운 사회계약'이 필요하다.

"모든 인간은 인간으로서의 존엄과 가치를 가지며, 행복을 추구할 권리를 가진다"라는 대한민국 헌법 10조는 모든 국민을 위한 평등의 선언이다. 그러나 한국에서 평등의 가치는 너무나 무기력하다. 1987년 정치적 민주화 이후 사회경제적 불평등이 급속도로 증가했지만 국회와 정부는 자유시장 근본주의와 경제성장 지상주의에 빠져 보편적 복지국가의 중요성과 시장의 경쟁에서 실패한 사회적 약자의 고통을 거의 외면했다. 모든 사람들이 정치적 평등을 누려도 사회적 평등이 보장되지 않는다면 아무런 의미가 없다. 만약 소수 부유층의 탐욕을 규제하는 국가의 역할이 없다면 민주주의는 껍데기만 남을 것이다. 국회가 약자를 외면하고 정부가 부자만 지지한다면 결국 힘없고 가난한 사람들은 영원히 박탈과 빈곤 상태에서 벗어나지 못할 것이기 때문이다. 민주주의는 소수에 모든 부와 권력이 집중되는 것이 아니라 다수를 위한 정치라는 원칙을 잊어서는 안 된다. 중산층보다 빈곤층이 늘어나고 양극화가 심화된다면 민주주의는 제대로 작동할 수 없다. 지나친 불평등은 민주주의를 파괴한다. 불평등을 줄이는 일이 바로 민주주의를 강화하는 일이다.

참고문헌

공자. 2019. 『논어』. 김원중 옮김. 서울: 휴머니스트.
김윤태. 2013. "토마스 험프리 마셜의 시민권 이론의 재검토: 사회권, 정치, 복지국가의 역동성". 《담론 201》, 16권 1호, 5~32쪽.
_____. 2017. 『불평등이 문제다』. 서울: 휴머니스트.
_____. 2018. "불평등과 이데올로기: 능력, 경쟁, 확산의 담론에 대한 비판". 《한국학연구》, 67권, 33~72쪽.
아리스토텔레스. 2013. 『니코마코스 윤리학』. 천병희 옮김. 고양: 숲.

Friedman, Milton. 1962. *Capitalism and Freedom*.
Harvey, David. 2005. *A Brief History of Neoliberalism*. Oxford: Oxford University Press.
Hayek, Friedrich A. 1944. *The Road to Serfdom*. London: Routledge.
Hobhouse, Leonard T. 1911. *Liberalism*.
Honneth, Axel. 2017. *The Idea of Socialism: Toward a Renewal*. Cambridge: Polity.
Marshall, T. H. and Thomas Bottomore. 1950. *Citizenship and Social Class*. University Press.
Nozick, Robert. 1974. *Anarchy, State, and Utopia*. New York: Basic Books.
Paine, Thomas. 1791. *The Rights of Man: In Two Parts*.
Rawls, John. 1971. *A Theory of Justice*. Cambridge, MA: Harvard University Press.
Sen, Amartya. 1992. *Inequality Reexamined*. Oxford: Oxford University Press.